D0848597

DUMBARTON OAKS
MEDIEVAL LIBRARY

Jan M. Ziolkowski, General Editor

THE HISTORY

MICHAEL ATTALEIATES

DOML 16

The History

Michael Attaleiates

Translated by

ANTHONY KALDELLIS
and DIMITRIS KRALLIS

DUMBARTON OAKS
MEDIEVAL LIBRARY

HARVARD UNIVERSITY PRESS
CAMBRIDGE, MASSACHUSETTS
LONDON, ENGLAND
2012

Printed in the United States of America

Library of Congress Cataloging-in-Publication Data
Attaleiates, Michael, 11th cent.
[Corpus scriptorum historiae byzantinae. English & Greek]
The history / Michael Attaleiates ; translated by Anthony Kaldellis and Dimitris Krallis.
p. cm.—(Dumbarton Oaks medieval library; DOML 16)
Greek with English translation on facing pages.
Includes bibliographical references and index.
ISBN 978-0-674-05799-9 (alk. paper)
1. Byzantine Empire—History. I. Kaldellis, Anthony. II. Krallis, Dimitris. III. Title.
DF503.C813 2012
949.5′02—dc23 2012007932

Contents

Introduction

The Life of Michael Attaleiates

Michael Attaleiates was born in or near Attaleia (on the southern coast of Asia Minor) sometime around 1025. Upon completion of his early education, which he credits to his pious parents, he left his hometown and moved to the capital in order to pursue more advanced studies. As the empire was lavishing social and economic advantages upon the members of its civilian administration, Attaleiates sought to join the expanding ranks of functionaries. He studied law in Constantinople's vibrant intellectual scene at a time when the stimulating lectures of Michael Psellos were attracting youths born into families of means.

Between his arrival in the city, in the late 1030s, and the closing years of the 1060s, when he assumed a prominent role in Constantinople's public life, Attaleiates completed his studies in law (probably before Konstantinos IX's reorganization of legal education in 1047), obtained a post in the legal bureaucracy, and wed his first wife, Sophia, and then, after her death, his second wife, Eirene, who gave him a son, Theodoros. He rose steadily in the system of justice, but not too fast and without much by way of provincial appointments.[1] In 1063, when a great earthquake struck Thrace,

causing serious damage to property he owned in Raidestos, he was still on the threshold of his career.[2]

Under Konstantinos X Doukas (r. 1059–1067), Attaleiates entered the Senate as a ranking member of the Constantinopolitan law courts. Soon after that emperor's death, he attained a modicum of notoriety by sitting on the court that tried the conspirator and future emperor Romanos IV Diogenes.[3] In the following months, Romanos moved from the docket to the throne (r. 1067–1071) and Attaleiates entered his close circle, promoted to the previously unattested position of "judge of the army." This was the beginning of four years of intense military activity that the judge personally experienced by accompanying three long campaigns along the eastern frontier. His presence in the field as well as his involvement in the planning and execution of Romanos's ambitious attempt to push back the Turks turned Attaleiates into a supporter of, and eventual apologist for, that emperor.

A new phase of his career began after the Byzantine defeat by the Seljuks at the Battle of Manzikert in 1071, when Romanos's efforts came to a crushing end, possibly as a result of treason orchestrated by members of the Doukas family. It is a testament to Attaleiates' political acumen and his connections that he was able to sail straight back to the capital and claim a position at the new imperial court. A timely dedication of a treatise on law, the *Ponema Nomikon,* to the emperor Michael VII Doukas (r. 1071–1078) and loyal service in the face of personal sacrifice ensured his continued rise in the social and political scene.[4] In this period of imperial retrenchment and political chaos, Attaleiates kept scouring the empire's political horizons for the man who would

best engineer the Roman comeback. This agonizing search is reflected in the *History,* a narrative of the imperial decline of his times, which he eventually dedicated to Nikephoros III Botaneiates (r. 1078–1081), the elderly general who toppled Michael VII. At the end of that narrative, sometime in the second year of Botaneiates' reign, we lose track of Attaleiates, who must not have long outlived the rise of Alexios I Komnenos, given that he had no opportunity to rededicate the *History* to the young aristocrat who figures in his work as the only truly effective leader of men in the field.

The *Ponema Nomikon* and the *Diataxis*

Though mostly known for the *History,* Attaleiates offers his readers a glimpse into his personal life, career, professional expertise, social outlook, and financial interests in two very different texts penned in the 1070s. The *Ponema Nomikon* is a synopsis of Roman law and was dedicated to Michael VII in 1072/3,[5] while the *Diataxis* is a monastic foundation document compiled in 1077 that offers information on the holdings and organization of a monastery and poorhouse in the author's possession.[6] Both texts can be read in tandem with the *History* to complement its patchy portrait of the author's career and offer valuable insights into his outlook.

The *Ponema* appears to have become quite a popular text. It was frequently recopied—it is found today in some twenty-four manuscripts—and was used by Armenopoulos in his monumental work on Roman law. Modern legal scholars have treated it as the work of a sober legal mind and have compared it favorably to Michael Psellos's verse *Synopsis of the Laws.* The *Ponema* is basically a summary of the massive

Basilika, the Greek translation and adaptation of Justinian's *Corpus* and the empire's foundational body of law. Still, it displays the author's personal understanding of law. Its rearrangement of the book order of the *Basilika* and its emphasis in the introduction on the Republican origins of Roman law frame the ideological significance of law by focusing on personal rights and on republican historical precedent in ways that complement the Republican digressions in the *History.*[7]

The *Diataxis* offers a counterpoint to Attaleiates' more secular writings while highlighting the author's financial concerns. Two copies of this document survive: an original one bearing his autograph signature, which is housed in the National Library in Athens, and an eighteenth-century copy in the patriarchal library in Istanbul. The *Diataxis* establishes a monastery in Constantinople conjoined to a poorhouse in the city of Raidestos. It provides for the support of up to seven monks, preferably eunuchs.[8] It refers the reader to a now lost *typikon* for a detailed discussion of the monastery's spiritual life while delving extensively into the fiscal nature of the founder's pious investments. The western gate at Raidestos and Constantinople's southwestern neighborhood of Psamathia emerge as the foci of these investments.[9] In those areas the judge and his son, Theodoros, became notable figures, as the *Diataxis* allocated funds for the celebration of their memory during services conducted in a number of local churches and monasteries. Analysis has assessed Attaleiates' net worth (both liquid assets and real estate) at roughly 150 pounds of gold: hardly impressive by the standards of the Byzantine aristocracy.[10] The *Diataxis* "insured" this fortune by associating a notable portion of Attaleiates'

annual revenues with an ostensibly inviolable pious foundation protected by two imperial decrees.[11]

The *Diataxis* contains reflections on the founder's past, his origins in the city of Attaleia, and the roots that he put down in Constantinople, Raidestos, and the port city of Selymbria. The self-made high judge deploys the language of reciprocity and presents himself as a patron of other men, local benefactor, and adept economic agent as well as a loyal subject and himself a recipient of imperial benefaction. The language of the *chrysoboulla* (imperial grants or decisions authenticated by "gold seals") attached to the end of the document bears witness to the personal nature of the interaction between subject and emperor and attests Attaleiates' proximity to two consecutive administrations (of Michael VII and Nikephoros III) and his ability to maneuver himself successfully through palace revolutions. Notes on this document made by members of the monastery after the founder's death provide a *terminus post quem* for Theodoros's death and for the extinction of Attaleiates' line sometime around 1085.

Byzantium in the Eleventh Century

The period of Attaleiates' life, which largely coincides with that of his *History,* witnessed the turbulent transition between the long career of the Macedonian dynasty and the rise of the Komnenoi. The sisters Zoe and Theodora, daughters of Konstantinos VIII, provided the long coda to the Macedonian dynasty: they mostly legitimated emperors from other families rather than ruling in their own right. Zoe married Romanos III Argyros (r. 1028–1034) and then

her lover Michael IV (r. 1034–1041), adopted the latter's nephew Michael V (r. 1041–1042), and finally married Konstantinos IX Monomachos (r. 1042–1055). Her sister Theodora then reigned in her own name for about a year (1055–1057). After the brief and weak reign of a senior palace official, Michael VI, who was called "the Old Man," the first emperor to bear the name Komnenos seized the throne following a major civil war: Isaakios I (r. 1057–1059). But before he could establish his family, he was displaced by the Doukas dynasty (Konstantinos X, r. 1059–1067, and Michael VII, r. 1071–1078). The Doukai, in their own moment of weakness, had to accept the martial rule of Romanos IV Diogenes (1067–1071), which ended in catastrophe and betrayal. The incompetent Michael VII resumed the throne but eventually lost it to an elderly general, Nikephoros III Botaneiates (r. 1078–1081), under whom Alexios, soon to be the real founder of the Komnenoi dynasty, rose to prominence.

There was, then, considerable instability in the imperial succession during this period. Michael V was destroyed by a popular uprising; Michael VI had to step down after he lost a civil war; Isaakios I was probably forced out by a coup; Romanos IV Diogenes was a resented interloper in the Doukas dynasty and was renounced and defeated in a civil war after Mantzikert; and Michael VII was deposed by Nikephoros III, who was himself to be deposed by his general, the future Alexios I Komnenos (r. 1081–1118). One of the main features and structural problems of imperial history in this period, therefore, and one to which Attaleiates devotes considerable attention in the *History,* was rebellion and civil war. The powerful armies by which the emperor-generals

Nikephoros II Phokas (r. 963–969), Ioannes Tzimiskes (r. 969–976), and Basileios II (r. 976–1025) had restored the strength of the empire and expanded its boundaries on all sides were now pitted against each other, as the ambitious and capable generals produced by this militaristic regime turned their eyes to the ultimate prize, the imperial throne. In the first period of the *History,* when the empire was not yet losing ground to its foreign enemies, Attaleiates recounts, among others, the revolts of Georgios Maniakes (1043), Leon Tornikes (1047), and Isaakios Komnenos (1057). The frequency of plots, conspiracies, and rebellions seems to have increased after that point, and during the reign of Michael VII there were often many in play at the same time in different regions (or even in the same region). Alexios Komnenos managed to restore stability eventually, but when Attaleiates was writing, the political scene of the Byzantine Empire was in chaos: Romans seemed to be more intent on fighting other Romans than the barbarians who were now attacking them from all sides.

That brings us to the third major feature of this period. For a generation after the death of Basileios II in 1025, the empire was mostly at peace and expanding its reach, especially in Sicily and the Caucasus region, by (re)conquering territories or annexing principalities into the 1040s. But when it began to experience the political and dynastic instability described above, it faced sustained attack on all sides by new enemies, including some it had not known before or had not faced along its borders. By 1071 it had lost its Italian possessions to a new power, the Normans. The Danube became unstable after the arrival of groups of Pechenegs, whom the Byzantines had long known but never faced.

Major incursions began in the 1040s. More importantly, most of Asia Minor was overrun by the Turks, including groups that were affiliated with the Seljuk sultan and others that seem to have been acting independently. Major incursions on that front began in the 1060s, culminated in the catastrophic defeat in 1071 at Mantzikert, and led to the permanent loss of most of central Anatolia and the Caucasian territories. When Alexios became emperor, these threats came to a head in the Norman and then Pecheneg-Cuman invasions of the Balkans, and it was his achievement to steer the empire safely through that danger. But the task of Attaleiates was to record and, if possible, explain how it had come to that point, starting in the 1030s, when the empire could see no major threats to its interests arising from any direction.

The Byzantine eleventh century witnessed many other changes as well—intellectual (especially Michael Psellos), spiritual (for example, Symeon the New Theologian), economic and social (especially the consolidation of power by the leading families), and administrative—but except for the last two, these changes do not feature prominently in the *History* compared to the political and military disintegration of what was by then the world's oldest state.

The Literary Genre of the *History*

Byzantine historiography of this period—say, the tenth through twelfth centuries—is difficult to classify by subgenre, as each author produced a unique type of narrative that promoted his particular goals and literary objectives. All were in some way structured around the sequence of

imperial reigns, yet here Attaleiates is most idiosyncratic in relation to his peers. For starters, his narrative, which is 322 pages in the Bonn edition, is not subdivided by reign or any other principle; it is a single continuous text. While Attaleiates does usually indicate the length of each emperor's reign after recounting his or her death, thus providing breaks of a sort, the intervening sections do not always focus on the emperor's activities, and there is much intermediate matter that does not fall neatly under a reign. Some stretches are basically accounts of a single reign—for example, the coverage of Romanos IV—while others focus more on the rebels who tried to topple the emperor and sometimes did (for example, in the cases of Michael VI and Michael VII).

The *History* covers reigns that encompass the years from 1034 to about 1079, but the coverage is uneven in many ways. First—and this was typical—the coverage of recent history is far more detailed than that of the earlier reigns. The seven-year reign of Michael IV at the start of the work is covered in only two pages, while the four years of Romanos IV, including his downfall, receive over eighty. Second, the geographical focus is uneven. Sicily and the west appear at the very beginning and disappear thereafter. The Danube frontier figures prominently in the account of the reign of Konstantinos IX but then gradually fades from view. The main focus of the work overall appears to be the east, especially the warfare against the Seljuks under Romanos IV. This distribution was not just a result of following the action, for Attaleiates omits events that were transpiring in places outside his moving spotlight. The one theme that runs throughout the work is the growing political instability of the empire and the incompetence and disloyalty of its

political and military classes. Attaleiates includes some strongly worded criticisms of his contemporaries, and his effort to explain the decline during the eleventh century centered less on tracking broad geostrategic changes or, for that matter, social and economic developments and more on the moral failures and lapses in leadership of the Roman elite, which he castigates.

The narrative is dominated by war and political rivalry. By contrast, there is little discussion of administrative reforms (e.g., 5.5, under Konstantinos IX), only one, extremely garbled geographical digression (27.12), a few digressions on strange natural phenomena, and almost no ethnography of foreign nations. Speeches are few and usually short. The material on Nikephoros Botaneiates is less historical and more panegyrical, and its relationship to the rest of the text is complex. Botaneiates was the dedicatee of the *History* and someone from whom Attaleiates was probably seeking favors and offices. Thus, whereas the rest of the text is critical, all discussions of Botaneiates are positive. His heroic appearances prior to the 1070s are obvious later additions to the narrative (e.g., 7.13–16 and 11.6), suggesting that Attaleiates had been working on the *History* before Botaneiates' accession, which required retroactive insertions. The account of his reign in the *History* is in form a panegyric, which begins by praising his ancestors, virtues, and so on, according to the usual formula. But this begins in the middle of the narration of the reign of Michael VII, when Botaneiates rebelled, compromising the integrity of the reign both in reality and textually: the usurper overshadows the emperor he replaced. The grim and typically critical narrative of Michael's reign is thus punctuated by praises of Botaneiates, an

odd contrast. After Botaneiates takes the throne, the panegyric focuses on his legal initiatives (36.11–16), reflecting the author's own interest and expertise in this area. The sincerity of all this praise, however, is doubtful; a change in regime would have relegated Botaneiates to the heap of imperial failure where he belonged. There are signs in the text that Attaleiates was critical of his excessive generosity, the alliances that he made with the Turks against his domestic opponents, and his failure to turn back the barbarian assaults.

Note on the Translation

Attaleiates' style is not the most flowing. It is sometimes slow- going or obscure, and while it can be startlingly direct at times, it can also hide a specific sense behind abstract, even vague terminology. This translation aims, in principle, to be a literal rendition of the Greek while recovering the specific sense behind the allusive text and remaining faithful to the texture of the historian's prose. It is, inevitably, a balancing act, though meant primarily for use by historians. For example, Attaleiates normally specifies the names of his protagonists, but in the final section of the *History,* which becomes a panegyric on Botaneiates, he adopts the conceit of that genre to avoid proper names and refers to "the one man" and "the other man" or "the current emperor" and "the previous emperor." To signal this switch of genre, we follow this convention when it is clear from the context who is meant (though in some places we have supplied the specific names).

This three-hundred-page narrative seems never to have been divided formally into books or sections of any kind.

Conventionally, scholars cite it by referring to the page numbers of the Bonn edition, which we have included in bold brackets throughout. We have also divided the text into sections, ranging from two to fifteen pages long, based on narrative coherence. These divisions, and their titles, are our own. In accordance with the guidelines of the series, we have restricted the notes to a minimum, covering mostly prosopographical and chronological issues; for the location of most places mentioned in the text, the reader should consult the maps we have provided.

Attaleiates was sensitive to rank, as the court hierarchy was the structure of his own life. Unlike many Byzantine authors, he explicitly names the dignities and offices of his protagonists, which we have transliterated directly, italicized, and explained in the glossary. It would be misleading to translate some of these (e.g., a *doux* was not a duke), and many cannot be translated meaningfully (e.g., *vestes*). Highlighting these terms in this way reveals how enmeshed this history was in the institutions of the Byzantine state. As for the spelling of Byzantine names, we believe that Anglicizing and Latinizing them is a practice that ought to stop, as it is a form of distortion and insensitivity that is currently inflicted on virtually no other past or present foreign culture (except ancient Greece, of course). Still, no system can be applied with full consistency.

We wish to acknowledge our debt to the late George Dennis, who before his death made available to us his draft translation of the section on the reign of Romanos IV. He was possibly the first to attempt to translate that part of the

History into a modern language. We corrected his draft in many places and standardized its prose to match our own, but tried to preserve his wording where possible.

The only reason this translation exists is that Alice-Mary Talbot asked us to do it, kept us on schedule after we agreed, and played a leading role in creating the series in which it appears. And not only that: she and Stratis Papaioannou then carefully checked the first draft of the translation against the original, saving us from many errors and improving the English style throughout. This is often a tricky text, and a close review by such eminently qualified colleagues proved to be invaluable. We are extremely grateful to both and can take credit only for the remaining errors. Our deepest thanks go also to Inmaculada Pérez Martín, both for preparing an excellent critical edition of the text, with helpful notes and a Spanish translation, and for graciously giving us the electronic text of her edition to accompany our translation. Charis Messis and Stephanos Efthymiades offered sound advice on some difficult passages, while Mark Bartusis and John Haldon advised us on certain technical terms (fiscal and military, respectively). The Open University of Cyprus provided technical assistance by scanning the typescript of George Dennis's translation of the reign of Romanos IV. As always, we have Ian Mladjov to thank for the wonderful maps.

Notes

1 *Diataxis* 27.150–53.

2 *Diataxis* 27.151–54.

3 *History* 16.10.

4 *History* 31.4 on supporting the Doukai during Bryennios's rebellion;

History 31.8 on damage to his property in Raidestos as a consequence of his loyalty to the sitting emperor.

5 The text is in I. and P. Zepos, *Jus Graecoromanum* (Athens, 1931), 7: 411–97.

6 See the introduction by J. Thomas and translation by A.-M. Talbot, "Rule of Michael Attaleiates for His Almshouse in Rhaidestos and for the Monastery of Christ *Panoiktirmon* in Constantinople," in J. Thomas and A. Constantinides Hero, eds., *Byzantine Monastic Foundation Documents: A Complete Translation of the Surviving Founders' Typika and Testaments* (Washington, D.C., 2000), 1: 326–76.

7 See Krallis, *Michael Attaleiates,* Introduction, for this analysis.

8 *Diataxis* 339–40, 346.

9 Attaleiates also possessed rental property at Thracian Selymbria (*Diataxis* 341) and estates in the *thema* of Macedonia (361–64).

10 C. Morrisson and J.-C. Cheynet, "Prices and Wages in the Byzantine World," in A. Laiou, ed., *Economic History of Byzantium* (Washington, D.C., 2002), 2: 869.

11 Lemerle, *Cinq études,* 111, on Attaleiates' rhetoric of piety.

THE HISTORY

I

Λόγος προσφωνητικὸς ἐκφωνηθεὶς παρὰ Μιχαὴλ μαγίστρου βέστου καὶ κριτοῦ τοῦ Ἀτταλειάτου πρὸς τὸν βασιλέα τὸν Βοτανειάτην

Σὺ μέν, ὦ θειότατε βασιλεῦ, πᾶσαν παιδείαν ἔν τε στρατιωτικοῖς ὅπλοις καὶ μάχαις καὶ στρατηγίαις παντοδαπαῖς καὶ ἀνδραγαθίαις καὶ πρὸ τῆς βασιλείας ἐξησκηκὼς καὶ φιλάνθρωπος πᾶσι καὶ γαληνὸς καὶ παντὸς τύφου γενόμενος ὑψηλότερος, ποθεινότατος ἐλογίζου καὶ τῆς πρώτης καὶ βασιλικῆς ἀξίας ἐπάξιος. Βασιλεύσας δὲ ψήφῳ Θεοῦ καὶ ἱκεσίᾳ πάντων ὁμοῦ καὶ συνθήκῃ τῶν τὰ σὰ γινωσκόντων ὑπερφυῆ προτερήματα, τὸν πλοῦτον τῆς σῆς ἀγαθότητος ἔτι μᾶλλον τοῖς πᾶσιν ἐξέχεας ἀφθονώτατα, ὅσῳ καὶ τὴν τιμὴν ὑπερτέραν | περιεζώσω καὶ πάντων ἐξοχωτέραν τῇ τοῦ κράτους ὑπεροχῇ, ποικίλαις γὰρ καὶ παντοίαις τιμαῖς καὶ δώροις καὶ ἀφθόνοις χαρίσμασι καὶ ὅσοις οὐδὲ πάντες οἱ πρὸ σοῦ βασιλεύσαντες τοὺς ἐν τοῖς χρόνοις αὐτῶν ἀνθρώπους ἠμείψαντο, κατελάμπρυνας τὸ ὑπήκοον

Chapter 1

Dedication

[3] Dedicatory address declaimed
by Michael Attaleiates,
magistros, vestes, and *krites,*
to the emperor Botaneiates

You, O most divine emperor, were considered the most desirable and worthy man for the highest office, I mean the imperial one, because even before you came to the throne you had obtained a comprehensive training in military arms, battles, stratagems of every type, and brave deeds, and also because you were compassionate to everyone, gentle, and above all vanity. Ascending to the throne by the will of God and the unanimous pleading and consent of all who are aware of your extraordinary advantages, you have poured out to all people the wealth of your goodness even more abundantly than before, insofar as you have girded yourself with a higher office [4] that is preeminent above all the others in the superiority of its power. You have made your subjects shine with the luster of a wide variety of every type of office, gift, and ample favor, so many of them in fact that all the emperors together who ever reigned before you did not reward the men of their time so richly. You have become

καὶ γέγονας τῷ ὄντι τῶν πρὸ σοῦ βασιλέων βασιλικώτερος ὡς καὶ τοσούτους πολεμίους καὶ τυράννους καθυποτάξας καὶ βίον ἐκ παίδων ἔχων τῶν ἀνδραγαθημάτων τὸ μέγεθος.

2 Ὅθεν καὶ ἀγώνων ὑπόθεσις μεγίστη γέγονας τοῖς περὶ λόγους ἐσπουδακόσιν εἰς τὸ συγγράφειν τῶν σῶν κατορθωμάτων τὸ περιούσιον. Ἐπεὶ δέ, ὥσπερ τις ὀλυμπιονίκης, σεαυτῷ τὰ πάντα καθυπέταξας ἀκριβῶς καὶ οὐδὲν ἀφῆκας τῶν ἐπαινουμένων ἐν κόσμῳ ἀκατόρθωτόν τε καὶ ἀνυπότακτον, εἶτα καὶ πρὸς τὴν ἐν τοῖς λόγοις καὶ πόνοις ὑψηλοτάτοις σπουδὴν ὅλον ἔτρεψας σεαυτόν, ἡμέρας μὲν τοῖς ἄθλοις καὶ τοῖς τῶν πραγμάτων ὄχλοις πονῶν καὶ ταῖς φιλοτίμοις καὶ κοσμιωτάτοις δημηγορίαις καὶ τοῖς κοσμικοῖς διατάγμασι καὶ διακοσμήμασι, νύκτωρ δὲ τοῖς λόγοις φιλοπονῶν καὶ κάλλος ἀμήχανον ἑαυτῷ ἐξυφαίνων εἰς ἑνὸς κόσμου ἤ, τό γε ἀληθέστερον εἰπεῖν, ὑπερκοσμίου δόξης συμπλήρωσιν.

3 Ἁλουργίδα τε καὶ στέφανον οὐκ ἀποχρῶντα τῆς βασιλείας ἡγήσω παράσημα, στέφανον δὲ χαρίτων καὶ ἁλουργίδα ξενοπρεπῆ δι' εὐσεβείας καὶ φιλανθρωπίας καὶ ἀρετῆς διαπαντὸς ἐπιδείκνυσαι καὶ τῷ στέψαντί σε Θεῷ κατὰ τὸ δυνατὸν ἀνθρώπῳ γενέσθαι ὅμοιος περισπούδαστον ἔργον πεποίησαι, ὡς καὶ τῇ ἀναγνώσει καὶ ἀσκήσει τῶν λόγων δικάζειν ἀριπρεπῶς καὶ νομίμως καὶ πράττειν | ἃ χρὴ καὶ πᾶσιν ὑποδεικνύειν ἀψευδὲς σύμβολον τὰ τῶν νυκτερινῶν σου λόγων σπουδάσματα. Καὶ ὡς τὰς βίβλους ἀληθῶς περιέπεις καὶ τούτων ἐπιμελῶς ἀκροᾷ, μείζονα λοιπὸν

truly more imperial than all previous emperors, given the sheer number of enemies and usurpers that you have subdued and also given that ever since childhood you have made it your life's work to accomplish noble deeds.

For this reason, you have become a great cause for com- 2
petition among those who strive to compose accounts of your noble achievements.[1] Like an Olympic victor,[2] you have become a consummate master of all things, for nothing that is praised in this world have you left unaccomplished or beyond the reach of your power. Then you devoted yourself entirely to zeal for both letters and labors of the most lofty kind, so that your days are busy with feats, the multitude of labors that come from public affairs, public speaking that grants honor and brings order, and edicts and regulations for this world, while at night you enjoy the labor of letters, weaving in yourself an irresistible beauty that leads to the completion of one ordered world[3] or, to put it more truthfully, a glory that transcends the world.

You did not think that a crown and imperial mantle were 3
adequate insignia of kingship, so you always reveal yourself as crowned instead by grace and as wearing the unconventional mantles of piety, compassion, and virtue. You have made it your most zealous endeavor to be as similar to the God who crowned you as is possible for a human being, so that through your general reading and practice with letters you may judge cases lawfully and with distinction, and do [5] what is necessary, and thus manifest to everyone the irrefutable proof of your nocturnal study of letters. And because you treat books with the care they deserve and pay close attention to what they say, you have made our task all the more

ἡμῖν τὸν ἀγῶνα καὶ ἀκμαιότερον τέθεικας, ὥστε προφέρειν τι τῶν σῶν τουτωνὶ λογικῶν σπουδασμάτων ἐπάξιον.

4 Διὰ δὴ ταῦτα καί τινα δέλτον συντάξας ἐκ τῶν προσεχῶς τοῖς ἡμετέροις χρόνοις γεγενημένων πράξεων ἔν τε πολέμοις καὶ μάχαις καὶ νίκαις καὶ ἥτταις καὶ πολεμικοῖς κατορθώμασιν ἢ ἀτυχήμασι, προσθεὶς δὲ καὶ τὰς αἰτίας κατὰ τὸ δυνατὸν τῶν οὕτω τετελεσμένων, εἶτα παρατείνας τὸν λόγον, ἢ καὶ ἐξαρτύσας, ὡς ἐνηδύσμασί[1] τισι, τοῖς παρεμπίπτουσιν ἀπροόπτως σημείοις, ἀρετάς τε καὶ κακίας τῶν ἀρξάντων καὶ ἡγεμονικῶς ὑπαρξάντων ἀναταξάμενος, συνεπιπλέξας δὲ καὶ φυσικάς τινας τεχνολογίας καὶ ζώων ἰδέας ἀναφανείσας τοῖς τότε καιροῖς καὶ ἁπλῶς ποικίλην τινὰ βίβλον, ὥσπερ λειμῶνα τοῖς ἄνθεσι βρύουσαν, ἀποτερματίσας ἐπὶ ἐξηγήσει τούτων ἁπάντων. Καὶ γὰρ εἰ καὶ περὶ τῶν ἡμῖν ἐγνωσμένων φθέγγεται, ἀλλ᾽ ἡ τῶν καινοπρεπῶν πραγμάτων χύσις οὐ βούλεται ταῦτα σιγῇ παρελθεῖν καὶ εἰς λήθην τούτων τοὺς ἀνθρώπους ἐλθεῖν. Ταύτην, ὥσπερ τι καλλιέρημα καὶ δεξίωμα δουλικόν, τῇ σῇ φιλανθρωπίᾳ καὶ φιλοχρίστῳ σπουδῇ ἀναφέρω καὶ ἀνατίθημι, ὡς ἂν τῇ ταύτης κρίσει καὶ μεγαλοφυεῖ διαγνώσει διατεθῶσι τὰ καλῶς | ἔχοντα καί, εἰ μή τι ἄλλο, τό γε πρόθυμον τῆς ἐμῆς δουλώσεώς τε καὶ πίστεως εὐπρόσδεκτον λογισθῇ θυμίαμα τῇ σῇ βασιλικωτάτῃ καὶ φιλανθρώπῳ μεγαλειότητι μετρεῖν εἰδυίᾳ μὴ τῇ ἀξίᾳ τοῦ διδομένου ἀλλὰ τῇ διαθέσει καὶ πίστει τοῦ διδόντος τὸ ἀνταπόδομα.

difficult and challenging, if we are to offer you something worthy of these intellectual labors of yours.

For this reason I have written a book containing an account of the deeds that took place during our time in wars and battles, both the victories and the defeats, the military accomplishments and the reversals, and I have added the causes why they happened the way they did, to the best of my ability; then I extended my account, one might say I seasoned it as if with delicacies, with various signs that occurred unexpectedly, and by setting out the virtues and vices of the rulers and the other men in power, weaving in also certain scientific matters concerning natural phenomena[4] and the appearance of animals we saw in those times;[5] in short, I have completed a book with diverse contents, like a meadow teeming with flowers, in order to describe all these matters. And if I have spoken of events I witnessed myself, that is because the abundance of paradoxical developments does not want them to be passed by in silence and so forgotten among men. Therefore, I deliver and dedicate this book to the zeal with which you show compassion to men and devotion to Christ, as a product and pledge of my service to you, so that you may, by your judgment and noble power of discrimination, discern what is good [6] in it; at the very least, the eagerness of my service and devotion to you should make for an acceptable offering to your most imperial and compassionate majesty, which knows that such favors should be rewarded not by the measure of the worth of the gift but by the disposition and devotion of the donor. 4

2

| Ἱστορία ἐκτεθεῖσα
παρὰ Μιχαὴλ προέδρου κριτοῦ
ἐπὶ τοῦ ἱπποδρόμου
καὶ τοῦ βήλου
τοῦ Ἀτταλειάτου

Τὸ τῆς ἱστορίας χρῆμα πολλοῖς τῶν πάλαι σοφῶν σπουδασθὲν οὐ παρέργως χρήσιμον ἐς τὰ μάλιστα κατεφάνη τῷ βίῳ, τοὺς τῶν ἀρίστων καὶ μὴ τοιούτων βίους ἀνακαλύπτον καὶ πράξεις ἐπιφανεῖς ἐξ ἀνεπιλήπτου βουλῆς καὶ σπουδῆς διαγράφον καὶ ἀδοξίας αὖ πάλιν ἐκ δυσβουλίας ἢ ὀλιγωρίας τῶν προεστώτων τοῖς πράγμασιν, ἐξαιρέτως δὲ τῶν ἀρχικὴν μετιόντων ἀξίαν, ὅπως ἄλλοι μὲν ἐξ ἐπιμελοῦς στρατηγίας προφανεῖς κινδύνους κατηγωνίσαντο καὶ ὅπως ἕτεροι, τῆς νίκης ἤδη προσμειδιᾶν ἐπειγομένης αὐτοῖς, διέφθειραν τὰς ἐπὶ τὸ κρεῖττον ἐλπίδας, μὴ συνετῶς χρησάμενοι τοῖς ἐμπίπτουσι. Ταῦτα τοίνυν διὰ τῆς ἱστορίας ἀπογυμνούμενα, πολλήν, ὡς | ἔφαμεν, εἰσενηνοχότα τὴν χρησιμότητα, διδασκαλία σαφὴς χρηματίζοντα καὶ ῥυθμὸς τῶν μετέπειτα, πρὸς μίμησιν ἀτεχνῶς ἕλκοντα τῶν εὖ διακεκριμένων καὶ ἀποτροπὴν τῶν ἀσυμβούλως καὶ δυσκλεῶς πεπραγμένων ἐν πολέμοις καὶ μάχαις καὶ λοιποῖς ἀναγκαιοτάτοις ἐπιχειρήμασι καὶ προβλήμασι.

Chapter 2

Preface

[7] History set forth
by the *proedros* Michael, *krites*
of the hippodrome
and the *velon,*
surnamed Attaleiates

History, the primary preoccupation of many wise men of the past, has proven to be exceedingly useful for life, as it reveals the lives of those who were virtuous and those who were not, describes illustrious deeds born of flawless planning and effort as well as inglorious actions caused by the faulty planning or negligence of those governing public affairs. Above all, it tells us about those who hold the highest office, how some of them successfully overcame clear and present dangers through their diligent military strategies, while others, even when victory was about to smile upon them, ruined everyone's hopes for a happy outcome by not making prudent use of the opportunities given to them. All these things are stripped bare by history and, as we said, there is much [8] utility in them, for they convey clear instruction and set patterns for the future.[6] They simply lead us to imitate what was discerned well and to avoid ill-advised and shameful deeds in wars, battles, and in all other most necessary offensive ventures and challenges of defense.

2 Διὸ δὴ ἔδοξε κἀμοί, καίτοι μυρίαις ἀσχολίαις ἁλύοντι περὶ τὸ στρατόπεδον καὶ δικαστικοῖς διαλόγοις ἀεὶ περιδονουμένῳ καὶ ὅσαι ὧραι τοῖς ἐξ αὐτῶν συγγράμμασι κάμνοντι, προσθήκην ἐμποιῆσαι τοῖς πόνοις καὶ μικρὰ ἄττα διαλαβεῖν βραχεῖ τινι ῥήματι καὶ ἁπλοικῷ, καθὰ προσήκει τοῖς ἱστορίας συγγράφουσιν, ὅτι μὴ ἀγωνιστικὸς ὁ λόγος καὶ διατοῦτο μεθόδου προσδεόμενος τεχνικῆς, ἀλλ' ἱστορικὸς καὶ διπλόης ἁπάσης καὶ ἀκαιρολογίας ἀνώτερος, περὶ ὧν οὐκ ἀκοῇ καὶ μύθοις ἑτέρων παρέλαβον, ἀλλ' ὧν αὐτὸς αὐτόπτης καὶ θεατὴς ἐχρημάτισα, ἵνα μὴ λήθης βυθοῖς διὰ τῆς τοῦ χρόνου παραρροῆς τὰ λόγου καὶ ἄξια συγχωσθεῖεν ἀλλὰ τὴν μνήμην ἀθάνατον ἔχωσιν.

3

Ἄρτι τὰ Ῥωμαίων σκῆπτρα διέποντος τοῦ τῆς εὐσεβοῦς λήξεως βασιλέως Μιχαήλ, ᾧ πατρὶς ἡ τῶν Παφλαγόνων ἐγνωρίζετο ἐπαρχία, κατεπολεμήθη τὸ τῶν Ἀγαρηνῶν φῦλον πρὸς ἑσπέραν ἐν Σικελίᾳ ναυτικαῖς τε καὶ πεζικαῖς Ῥωμαίων | δυνάμεσι. Καὶ εἰ μὴ διαβληθεὶς περὶ τυραννίδος ὁ τὴν στρατηγίαν τῶν ὅλων ἐμπιστευθεὶς

Hence I too decided, though I am busy with thousands of 2
responsibilities in the army, am continually whirled about by legal disputes, and spend hours working away on the documents that result from them,[7] to add to my labors and set forth a few matters in simple and concise terms, as befits those who compose histories, given that my narrative is not part of a competition and so does not require a specialized rhetorical technique. It is a history, superior to all disingenuousness and untimely rambling, about events that I witnessed myself firsthand, not what I learned by hearsay and the unreliable reports of others. My purpose is to prevent noteworthy matters from slipping into the depths of oblivion through the passage of time, and to grant them immortal remembrance.[8]

Chapter 3

Military operations under Michael IV Paphlagon (1034–1041)

While the scepters of the Romans were still held by the blessed emperor Michael, whose homeland was the province of the Paphlagonians, the race of the Agarenes in the west,[9] in Sicily, was pressed hard by Roman forces, both at sea and on land. [9] And had Georgios Maniakes, who had been entrusted with the overall military command, not been

Γεώργιος ἐκεῖνος ὁ Μανιάκης, ἐκ μέσου γέγονε καὶ ἄλλοις ἀνετέθη τὰ τοῦ πολέμου, κἂν ὑπὸ Ῥωμαίοις ἐτέλει νυνὶ νῆσος οὕτω μεγάλη καὶ περιβόητος καὶ πόλεσι περιεζωσμένη μεγίσταις καὶ τῶν ἄλλων χρηστῶν οὐδενὸς ἀποδέουσα. Νῦν δὲ ὁ φθόνος καὶ τὸν ἄνδρα καὶ τὰς πράξεις καὶ τοσοῦτον κατειργάσατο ἔργον, αἰσχρῶς γὰρ καὶ ἀγεννῶς βουλευσαμένων τῶν ὕστερον στρατηγῶν, σὺν αὐτῇ καὶ τὸ πλεῖστον τοῦ στρατεύματος ἀπολώλει Ῥωμαίοις. Οὐ μὴν δὲ ἀλλὰ καὶ οἵ ποτε σύμμαχοι καὶ τῆς ἰσοπολιτείας ἡμῖν συμμετέχοντες, ὡς καὶ αὐτῆς τῆς θρησκείας, Ἀλβανοὶ καὶ Λατῖνοι ὅσοι κατὰ τὴν ἑσπερίαν Ῥώμην τοῖς ἰταλικοῖς πλησιάζουσι μέρεσι, πολέμιοι παραλογώτατοι ἐχρημάτισαν, ἐμπεπαρῳνηκότος εἰς τὸν ἄρχοντα τούτων τοῦ τότε τὴν στρατηγίαν ἰθύνοντος Μιχαὴλ δουκὸς τοῦ Δοκειανοῦ.

2 Ἀλλὰ περὶ μὲν τούτων ἅλις· Μυσοὶ δέ, οἷς ἰδικὴ προσηγορία τὸ τῶν Βουλγάρων καθέστηκεν ὄνομα, τηνικαῦτα τοὺς τῆς δουλώσεως ἀποπτύσαντες χαλινούς, εἰς ἀποστασίαν προκεχωρήκεσαν καὶ τὸν βασιλέα περὶ τὰ ἐν Θεσσαλονίκῃ διατρίβοντα ὅρια καὶ μόνους τοὺς ἐν τῇ αὐλῇ σωματοφύλακας ἔχοντα ὡς διὰ φιλίας παροδεύοντα γῆς ἰταμῶς συνεδίωξαν. Ἐξαρτύσας δ᾽ οὗτος ἅμα τῷ εἰς τὴν βασιλεύουσαν εἰσιέναι | τὰ περὶ τὸν πόλεμον εὐθαρσῶς καὶ τῆς ἐνοχλούσης ἀσθενείας ἐπιλαθόμενος, καὶ γὰρ ἦν τοῖς ἐπιληπτικοῖς, ὡς δέ τινες μελαγχολικοῖς κάτοχος, θᾶττον ἐξ ἁπάσων τῶν ἐπαρχιῶν συνεστήσατο στρατιὰν καὶ μετὰ τῶν δυνάμεων τῇ Σαρδικῇ, τῇ νῦν λεγομένῃ Τριαδίτζῃ, καὶ δι᾽ αὐτῆς τῷ Ἰλλυρικῷ προσβαλών, κατακράτος τοὺς

slandered that he was seeking to usurp the throne and removed from his position, and had the war not been assigned to others,[10] that island would now be under Roman rule, a place so large, famous, endowed with the greatest cities along its coasts, and lacking in no resource. As it was, however, envious resentment brought down the man, his accomplishments, and that great enterprise. For his successors in command made wretched and base decisions, causing the Romans to lose that island along with most of their army. Not only that, but the Albans[11] and Latins who abut upon the Italian regions[12] by the Elder Rome and were previously allies and formed part of our commonwealth, even practicing the same religion, most unexpectedly now became our enemies because the man who held the command, the *doux* Michael Dokeianos, offended their ruler.

But enough about that. As for the Mysians, whose proper 2
conventional appellation is Bulgarians, they threw off the bonds of servitude at that time and embarked upon rebellion.[13] They recklessly attacked the emperor, who was in the region of Thessalonike accompanied solely by the court bodyguard, believing that he was traveling in friendly territory. As soon as he returned to the Reigning City he readied himself [10] vigorously for war, paying no heed to the illness that afflicted him—he was epileptic, though according to others he was beset by melancholy. He quickly assembled an army from all the provinces, and leading it he reached Serdica,[14] now called Triaditze, through which he attacked

ἀποστατήσαντας ἐτροπώσατο καὶ τὴν χώραν αὐτῶν πολλὴν καὶ μεγάλην καὶ στενόπορον οὖσαν καὶ χρόνοις πολλοῖς ἀνταγωνιζομένην τοῖς πρὸ τοῦ βασιλεῦσι διὰ τὸ δυσεξίτητον τῶν ἐν αὐτῇ αὐλώνων ἰσχυρῶς παρεστήσατο καὶ ἀθιγὴς ἐκεῖθεν ἀνέζευξε, τὰ ἐν ταύτῃ καταστησάμενος πράγματα. Καὶ τὸν ἐπιφανῆ λαμπρῶς κατηγάγετο θρίαμβον καὶ ἀγῶνα ἱππικόν τε καὶ πεζικὸν ἑορτάσας, οὕτω δι' ὀλίγου τὸν ἐνταῦθα βίον κατέστρεψε, πολλὰ τῆς ἀρετῆς καταλιπὼν εἰκονίσματα, ζήσας ἐν τῇ βασιλείᾳ χρόνους ἑπτὰ καὶ μῆνας ἑπτά.

4

Τῆς δὲ συζύγου τούτου καὶ βασιλίδος Ζωῆς ἐν τοῖς κατὰ νότον ἀνακτόροις ἐπανελθούσης ἀπὸ τῶν βορειοτέρων μερῶν τῆς πόλεως, ἐκεῖσε γὰρ ὁ βασιλεὺς περὶ τὴν τῶν Ἁγίων Ἀναργύρων μονὴν τὸν χοῦν ἐναπέθητο, σύλλογος εἶχε τὴν μεγαλόπολιν, καθὰ φιλεῖ ταῖς μεταβολαῖς τῶν πραγμάτων ἐγγίνεσθαι, οὐ πολὺ τὸ ἐν μέσῳ καὶ βασιλεὺς ἀνηγορεύθη Μιχαήλ, ὁ τοῦ προαπελθόντος βασιλέως ἀδελφιδοῦς, τὴν καίσαρος | τύχην ἐκ πολλῶν ἕλκων

Illyrikon. He crushed the rebels and utterly pacified their territory, which is large, broad, accessed through narrow passes, and had for many years resisted previous emperors precisely because it is so difficult to exit from its defiles. Michael returned from there unharmed, having put all its affairs in order. He celebrated a splendid triumph, including both horse and foot races. After a short while he departed from this life,[15] leaving behind many visible traces of his virtue, after ruling for seven years and seven months.

Chapter 4

The reign and downfall of Michael V Kalaphates (1041–1042)

The wife of this emperor, the empress Zoe,[16] returned to the palace that is situated south of the more northerly regions of the City, for the emperor had been buried there, by the monastery of the Holy Anargyroi.[17] An assembly was convened in the Great City, as happens whenever there is a change in the regime, and not long afterward Michael, the nephew of the recently departed emperor, was proclaimed emperor, who [11] for many years had held the rank of *kaisar*.

χρόνων, εἶτα τῇ ἀνακτορίσσῃ θέσει χρηματίσας υἱὸς καὶ ὅρκοις φρικωδεστάτοις οὐ μέλανι ἀλλ' αἵματι ἀχράντῳ τοῦ θεανθρώπου λόγου καὶ χειρὶ *τοῦ μείζονος ἐν γεννητοῖς γυναικῶν Βαπτιστοῦ* ἐνσεσημασμένοις ἀνόθευτον τὴν πρὸς αὐτὴν τάχα βεβαιωσάμενος πίστιν.

2 Καὶ ἦν ὁ ἀνὴρ ἐπὶ μὲν τῆς προτέρας διαγωγῆς κακιζόμενος καὶ τοῖς ἐπαινετῶς πολιτευομένοις μὴ συναπτόμενος, ἐπὶ δὲ τῆς βασιλικῆς ἀναβάσεως καὶ λίαν ἐγκωμιαζόμενός τε καὶ σεμνυνόμενος, οἷα φιλοτίμως ἄρτι πρῶτον ὑπὲρ τοὺς πρὸ αὐτοῦ βεβασιλευκότας τῇ συγκλήτῳ καὶ τοῖς ἄλλοις προσφερόμενος ὑπηκόοις, καὶ τιμαῖς περιβλέπτοις καὶ ἀξιώμασι πλείστους ὅσους καταγεραίρων καὶ τὴν εὐνομίαν εἴπερ τις ἄλλος σπουδάζων ἀνεγερθῆναι καὶ τῶν ἀδικουμένων ἐκδικητὴς ἀναφαινόμενος ἀπαραίτητος καὶ δικαιοσύνην τῶν ἄλλων ἁπάντων ὑπεραίρων καὶ προτιμώμενος.

3 Ἐξήγαγε γὰρ καὶ τῆς χρονίας φρουρᾶς τόν τε Κωνσταντῖνον ἐκεῖνον τὸν Δαλασσηνόν, ὡς ὕποπτον περὶ τῆς βασιλείας ἐν πύργῳ ἀποκλεισθέντα παρὰ τοῦ θείου αὐτοῦ, καὶ τὸν πατρίκιον ἐκεῖνον Γεώργιον τὸν Μανιάκην, ὃν καὶ τῷ τῶν μαγίστρων τετιμηκὼς ἀξιώματι, κατεπάνω Ἰταλίας προεχειρίσατο. Τοὺς δὲ συγγενεῖς αὐτοῦ πολλοὺς μὲν καὶ πλουσίους, φορτικοὺς δὲ δοκοῦντας τῷ βάρει τῶν πράξεων, ἄρδην ἐκ μέσου πεποίηκε· τὸν μὲν ἐξάρχοντα τούτων Ἰωάννην μοναχὸν καὶ ὀρφανοτρόφον, ὃς τὴν τῶν πραγμάτων εἶχεν | ὡς μεσοβασιλεὺς διοίκησιν, ἀϊδίῳ ἐλάσας φυγῇ, τοὺς δὲ λοιποὺς ἀκμῆτας καὶ τὸν ἴουλον ἐπανθοῦντας, οὓς δὲ καὶ προσήβους, ἐκτομίας ἀπεργασάμενος·

He was then adopted by the empress and swore fearsome oaths affirming that he would never break faith with her, or so he claimed, and these were confirmed not with ink but with the undefiled blood of the theanthropic Word and using the hand of *the greatest man born of women, the Baptist.*[18]

In the past, he was maligned for his previous conduct and for not associating with men who had conducted themselves in a praiseworthy way. But when he was elevated to the imperial position he was praised greatly and solemnly exalted, since he now began to grant more honor to the Senate and his other subjects than any previous emperor, rewarding a vast number of them with illustrious ranks and honors. More than anyone he also made an effort to restore lawful government, and he presented himself as the inexorable avenger of the victims of injustice and as honoring and preferring justice above all else. 2

He freed that famous man, Konstantinos Dalassenos, from his imprisonment of many years—he had been confined to a tower by the emperor's uncle on the suspicion of plotting to seize the throne[19]—as well as that well-known *patrikios* Georgios Maniakes, whom he honored with the rank of *magistros* and appointed *katepano* of Italy. But his own relatives, who were many and rich but also seemed burdensome because of their overbearing deeds, he wholly removed from the scene. Their leader, the monk and *orphanotrophos* Ioannes, who had governed the state [12] as deputy emperor, he condemned to everlasting exile, while the rest, whether they were grown men with a blooming beard or just 3

καὶ τὸ γένος αὐτοῦ τοῦτον τὸν τρόπον καταστρέψας, ἄφρονα ζῆλον προσφέρειν τοῖς συνετοῖς ἔδοξεν, ἐψιλωμένον ἑαυτὸν τοσαύτης συγγενικῆς βοηθείας ἀπεργασάμενος.

4 Ἀμέλει τοι καὶ κατὰ τὴν θείαν καὶ πάνδημον ἑορτὴν τῆς ὑπερφυοῦς Ἀναστάσεως Χριστοῦ τοῦ Θεοῦ ἡμῶν, ἥτις Πάσχα Σωτήριον τοῖς ὀρθοδόξως δοξάζουσι διωνόμασται, τῆς βασιλικῆς εὐτρεπιζομένης προόδου, οἱ τῆς ἀγορᾶς προεξάρχοντες πέπλα σηρικὰ πολυτελῶς ἐξυφασμένα τῇ γῇ καταστρώσαντες ἀπ᾽ αὐτῶν τῶν ἀνακτόρων μέχρι τῶν τοῦ σεβασμίου καὶ μεγίστου ναοῦ τῆς τοῦ Θεοῦ λόγου Ἁγίας Σοφίας πυλῶν, ἐπὶ τούτοις τὸν βασιλέα μετὰ τῆς δορυφορούσης αὐτὸν εὐταξίας διελθεῖν φιλοτίμως παρεσκευάκασι, μετὰ δὲ ταῦτα καὶ κατὰ τὴν Νέαν Κυριακὴν ἐφίππου τῆς προόδου γεγενημένης, ὑπερεπετάννυντο ὧδε κἀκεῖσε τὰ πολυτελῆ τῶν ὑφασμάτων καὶ τίμια καὶ κόσμος ἄλλος χρυσῷ καὶ ἀργύρῳ καταστράπτων συνεχῶς ὑπερήρτητο καὶ πᾶν τὸ τῆς ἀγορᾶς στεφανηφοροῦν καὶ οἷον ἑορτάζον χαρμόσυνά τινα καὶ σωτηριώδη κατελαμπρύνετο, ἡ δὲ προπομπὴ θαυμαστὴ τῷ ὄντι καὶ βασιλικὴ πανταχόθεν εὐφημίαις συγκροτουμένη καὶ χάρισι καὶ παιανισμοῖς ἐξαιρομένη τῆς πόλεως, πλὴν ὅσον ὅτι, τοῦ συνήθους | πρωϊαίτερον γενομένης τῆς προελεύσεως, ἔκπληξις κατεῖχε τοὺς συνετωτέρους τῶν θεατῶν, συμβαλόντας ὅπως πρὸ τοῦ κατασκευασθῆναι τὸ θέατρον καὶ πλησθῆναι τὰς ἀγυιὰς κατεσπουδασμένην ὁ βασιλεὺς τὴν πρόοδον ἐναπέδειξε· καὶ οἰωνὸς οὐκ ἀγαθὸς ἐδόκει τὸ ἔξωρον. Τέως δὲ τὸν μὲν βασιλέα αὖθις ὑποστρέψαντα ἐκ τοῦ

adolescents, he had castrated. In this way he destroyed his family, which intelligent men saw as mindless zeal, for it deprived him of the crucial support of his relatives.

On the day of the divine festival of the supernatural Resurrection of Christ our God, which is celebrated by the entire populace and known to the Orthodox as the salvific Easter,[20] the superintendents of the marketplace[21] made ready for the imperial procession by covering the road with luxuriously woven silk cloths all the way from the palace itself to the gates of the revered and great church of the Holy Wisdom of the Word of God.[22] They made these preparations diligently so that the emperor, surrounded by his stately retinue, could walk across in this way. After this, the procession takes place on horseback from the point where it reaches the New Church,[23] and here they spread out the most luxurious and expensive fabrics while other glittering gold and silver ornaments were affixed along the full length of the route. The entire forum was garlanded and, as if it too were celebrating, shone with joyful thanksgiving for salvation. The procession was truly wondrous and befitting an emperor, and the City resounded everywhere and was exalted with acclamations, thanksgiving, and songs of praise—with one exception, [13] namely that the procession took place earlier than was customary, which caused concern among more intelligent onlookers. They noticed that the emperor gave the signal to start before the scene was fully set and the streets were full, and this untimeliness was not regarded as a good omen. In the meantime, the emperor 4

μεγίστου ναοῦ τῶν Κορυφαίων Ἀποστόλων εἶχε τὸ παλάτιον, μέγα φρονοῦντα τῷ τυχεῖν τοιαύτης ἀποδοχῆς τε καὶ προπομπῆς, τὴν δὲ δέσποιναν πρὸς τὴν ἑσπέραν ἡ Πρίγκηπος, νῆσος δὲ αὕτη τῆς βασιλευούσης οὐ πόρρω, μελαμφοροῦσαν καὶ κεκαρμένην τὰς τρίχας εἰσδέχεται.

5 Τῇ δ' ἐπαύριον ἔτι τοῖς πολλοῖς ἀγνώστου καθεστῶτος τοῦ δράματος, φιλοτιμία περὶ τῶν διηγημάτων τῆς παρελθούσης ἡμέρας ἐγίνετο· τοῦ μὲν τάδε, τοῦ δὲ τάδε θαυμαστικῶς ἐπιλέγοντος καὶ ἄλλου προφθάνειν ἐπειγομένου τὸ παρεθὲν καὶ πάντων ἀποσεμνύνειν βουλομένων τὰ κράτιστα. Ὡς δὲ κατέπτη τὰ τοῦ πάθους τῷ δήμῳ καὶ περιέδραμεν ἡ φήμη τοὺς περικύκλῳ, εὐθὺς ἦν ἰδεῖν ἀθρόον τὴν ἐναντίαν μεταβολὴν κατασχοῦσαν τοὺς σύμπαντας καὶ ἀντεσηκώθη τοῖς χαρμοσύνοις τὰ σκυθρωπὰ καὶ ἀντὶ τιμῆς καὶ φιλοτιμίας ἣν πρὸς τὸν κρατοῦντα ἐδείκνυον, μῖσος ἄσπονδον ἐξηγείρετο καὶ ἄλλος ἄλλου θερμότερος ἔσπευδε γενέσθαι καὶ τῆς κατ' αὐτοῦ προκατάρξασθαι δυσμενείας καὶ ἀναιδείας.

6 Ταῦτα μεμαθηκὼς | ὁ βασιλεὺς καὶ βουλόμενος καταστεῖλαι τὸ φλεγμαῖνον τοῦ πάθους τῶν Βυζαντίων, ἔγγραφόν τι ποιεῖται τούτοις κατὰ τὸν ἐπισημότερον τόπον τοῦ φόρου ἐπαναγνωσθησόμενον, μεταφέρον τὰς αἰτίας ἐπὶ τὴν πεπονθυῖαν, ὡς αὐτῆς τῆς βουλῆς προκαταρξαμένης, ἀνδρικώτερον οὗτος τὸ προβούλευμα κατειργάσατο, σκῆψιν πάντως ἐπὶ κακῷ τῆς ἑαυτοῦ κεφαλῆς προμηθούμενος ψευδεπίπλαστον, ἵνα περιτρέψῃ τὰς τῶν πεπονθότων ψυχὰς καὶ ὃν ὑπώπτευε διαδράσειε κίνδυνον, ἔλαθε δὲ τὸν καπνὸν ὑπεκκλίνων, εἰσβαλὼν εἰς τὸ πῦρ. Τοῦ γὰρ

returned to the palace from the great church of the Holy Apostles, proud of the approbation and attendance that he had received, while the empress was made to dress in black, shorn of her hair,[24] and transported toward evening to Prinkipos, an island not far from the Reigning City.

On the next day,[25] when most people were still unaware 5
of that dramatic turn of events, there was much excited discussion about the previous day. One man said that he had been most impressed with this, another with that, and a third jumped in to praise something that the others left out; in short, everyone wanted to exalt greatly what they had seen. But when the evil fate of the empress became known to the populace and the news spread everywhere, you could see everyone's mood instantly change to its opposite: sullenness rose up against joyful thanksgiving and an outbreak of implacable hatred took the place of the honor and praise that they had bestowed upon the emperor. People strove to surpass each other in their anger and express their displeasure and lack of respect for him.

When the emperor learned [14] about this he wanted to 6
quell the outrage of the Byzantines.[26] He wrote up some document to be read aloud to them from the most conspicuous part of the forum,[27] laying all the blame on the victim: it was she who had started the trouble and it was he who had valorously suppressed the plan. He proffered a fabricated account of a plot against his own life in order to distract the aggrieved people and evade the danger that he suspected was upon him, but he did not realize that by dodging the smoke he would fall into the fire. As the imperial missive

πιττακίου ἀναπτυχθέντος, πλεῖστος ὄχλος ἐπέρρευσεν εἰς τὴν ἀκρόασιν καὶ οὐδὲ δευτέραν φωνὴν τοῦ ἀναγινώσκοντος προεμένου, ἤρξατο τὸ πλῆθος δίκην ἀγριαινομένης θαλάσσης ἐξοιδοῦσθαί τε καὶ οἷον κυμαίνεσθαι καί τις πρῶτος τῶν ἄλλων ὑβριστικὴν φωνὴν ἀφιείς, καὶ λίθου βολὴν ἐπαφῆκε σὺν τῇ φωνῇ. Αὐτίκα οὖν τὸ περικεχυμένον πλῆθος ἐκεῖσε, ὥσπερ ὑφ' ἡγεμόνι τῷδε τῷ δημοτικῷ στρατηγούμενον, τὴν ὁμοίαν γνώμην καὶ γλῶτταν ἐξέρρηξε. Καὶ κατὰ τοῦ ἐπάρχου μετὰ βοῆς καὶ ἀλαλαγμῶν ἐξορμήσαντες οἱ παρόντες, ὡς εἶχον θυμοῦ καὶ ὀργῆς, καὶ τὰς τῶν ἐμπόρων καταστρέψαντες κραββατίνας, ὅπλοις ἀγχεμάχοις τούτοις κατὰ τῶν τῆς βασιλικῆς μοίρας καὶ τῶν ἐπαρχικῶν κατεχρήσαντο. Καὶ τούτους ἄρδην καταβαλόντες καὶ φυγεῖν αἰσχρῶς ἀναγκάσαντες οὐ διεσκεδάσθησαν, οἷα τὰ τοῦ συμμιγοῦς πλήθους καὶ χηρεύοντος ἀρχηγοῦ, | ἀλλ' ὥσπερ ἄνωθεν στρατηγούμενοι, γενναιοτέροις βουλεύμασι πρὸς τὸ καρτερώτερον ἀνελάμβανον ἑαυτοὺς καὶ προσθήκην ἑκάστης ὥρας ἐκ τῶν συρρεόντων ἐλάμβανον.

7 Τὸ δὲ κεφάλαιον τῆς βουλῆς μὴ ἐνδοῦναι μηδὲ μαλακισθῆναί τι καὶ ἀναβεβλημένον παθεῖν ἀλλὰ τὸν ἀχάριστον καὶ ἀγνώμονα περὶ τὴν εὐεργέτιν καὶ ἀδικίαν κατὰ τῶν φρικωδεστάτων ὅρκων πεποιηκότα τῆς ἀρχῆς καθελεῖν, ὡς ἀλιτήριον καὶ ταύτης ἀνάξιον. Βοὴ δὲ τούτοις οὐκ ἄσημος τὸ ποιητέον ἐπέτρεπε. Καὶ οἱ μὲν τὰς φρουρὰς καθελόντες, τοὺς φυλακίτας τῶν δεσμῶν ἠλευθέρουν καὶ κοινωνοὺς ἐποιοῦντο τῆς διεγέρσεως καὶ τῆς ἐπιτετραμμένης αὐτοῖς ἐνδιαθέτοις ὁρμαῖς ἐκδικήσεως, οἱ δὲ τὰ

was unrolled, a great crowd poured into the area of the proclamation. Yet the herald had not made it to the second word before the multitude began to heave and swell like a stormy sea. First one man, before the rest, yelled out an insult and, along with it, threw a rock. And then the multitude that was crowding that place took up this citizen's lead, as though he were their general, and shouted the same abusive term. Those present rushed against the *eparchos* roaring and yelling, full of anger and wrath. After smashing up the merchants' stands, they used the pieces as weapons to fight hand-to-hand against the imperial guardsmen and the men of the *eparchos*.[28] Routing them utterly and forcing them to shameful flight, they did not disperse, as usually happens to a mixed crowd that lacks a leader, [15] but as though they were led from on high they became ever stronger and bolder in their resolution, especially as their numbers were swelling by the hour from those who poured in to join them.

Their leading objective was neither to yield nor to show 7
weakness nor to suffer any delay, but to depose from power that ungrateful and unfeeling man who had turned against his own benefactress and violated the most fearsome oaths, on the grounds that he was guilty and unworthy of his office. A voice was then heard distinctly inciting them to do just that. Some of them broke open the prisons and freed the prisoners from their bonds, making them participants in the uprising and the vengeance to which their

ἀνάκτορα κατελάμβανον καὶ πόλεμον πολιτικὸν ἀνερρίπιζον. Ἄλλοι τὰς οἰκίας τῶν κατὰ γένος προσηκόντων τῷ βασιλεῖ καὶ μεγάλα δυναμένων τῷ κατ᾽ ἐκεῖνο καιροῦ περιστοιχίσαντες, ἐξεφόδου κατήρειπον καὶ τὸν πλοῦτον πολλοῖς ἀδικήμασι καὶ στεναγμοῖς πενήτων ἀποτεθησαυρισμένον ἐξήντλουν. Οὐδὲ ναοὶ καὶ σεμνεῖα παρ᾽ αὐτῶν πολυτελῶς καὶ πλουσίως ἀνεγερθέντα φειδοῦς ἠξίωντο, ἐλαφυραγωγοῦντο δὲ καὶ αὐτὰ καὶ ὡς ἐναγῆ ἐβεβήλωντό τε καὶ διηρπάζοντο. Ἕτεροι κατὰ τὸ τέμενος τῆς τοῦ Θεοῦ λόγου Ἁγίας Σοφίας εἰσρεύσαντες, τὸν πατριάρχην αὐτὸν τὴν ἱεραρχικὴν στολὴν ἀμπεχόμενον κατεβίβασαν, ἐκβιαζόμενοι τὴν κληρονόμον καὶ δέσποιναν μὴ περιιδεῖν τὰ ἔσχατα πάσχουσαν ἀδίκως παρὰ τοῦ ἐπεισάκτου καὶ ἀντὶ τῆς μεγίστης εὐεργεσίας | ὕβριν παθοῦσαν ἀνήκεστον. Ἔσχον οὖν τοῦ δικαίου τούτου συλλήπτορα ζήλου καὶ τὸν ἁγιώτατον τοῦτον ἄνδρα, Ἀλέξιος ἦν ὁ πρὸ τοῦ τὴν μοναχικὴν πολιτείαν ἀκριβωσάμενος, καὶ ἀνάγουσι γνώμῃ καί τινων τῶν ἐν τέλει τὴν ὁμαίμονα τῆς παθούσης δεσποίνης, Θεοδώρα ταύτῃ τὸ ὄνομα, ἐξ ἑνὸς τῶν Πετρίων ἐν ᾧ χρόνοις πολλοῖς ἰδιωτικῶς μονονουχὶ ἐβιότευσε. Πείθουσι γὰρ αὐτὴν γυναικείας αἰδοῦς καὶ ἀσθενείας ἐπιλαθέσθαι καὶ τούτοις ἀκολουθῆσαι παρασκευῆς οὕτω καὶ γνώμης ἔχουσι πάντα ῥᾳδίως οἴσειν καὶ ταύτης προκινδυνεῦσαι καὶ τῆς αὐταδέλφης αὐτῆς καὶ φόβου παντὸς ἀπαλλάξαι καὶ κινδύνου τοῦ πολεμήτορος.

8 Ἐποχηθεῖσα τοίνυν ἐφ᾽ ἵππον, πρόεισι δορυφορουμένη λαμπρῶς μυριάνδροις ὅπλοις καὶ φυλακαῖς ἀκαθαιρέτοις περιειλημμένη καὶ προκατειλημμένη τὰς διεξόδους, ὁμοίως

spontaneous urges incited them, while others moved on the palace, thereby kindling a civil war. Others surrounded the houses of the emperor's relatives who held great power at that moment, stormed them, destroyed them, and emptied out the riches stored inside, the fruits of much injustice and the groans of the poor. Nor did they respect either churches or monasteries that his relatives had built luxuriously and at great expense, but they likewise plundered, defiled, and stripped them bare as if they were polluted. A third group poured into the sanctuary of the Holy Wisdom of the Word of God,[29] brought down the patriarch himself in his sacerdotal stole, and compelled him not to remain indifferent to the empress, the heir to the throne who was suffering the worst injustice at the hands of that interloper and whose reward for her greatest benefaction [16] was a foul outrage. They thus obtained the support of this most holy man for their just cause. He was Alexios, who had formerly practiced the monastic life to perfection.[30] On the advice of certain officeholders, they also brought back the suffering empress's sister, whose name was Theodora, from one of the monasteries in the Petrion region,[31] where she had lived an essentially sequestered life for many years.[32] They persuaded her to set aside her feminine modesty and weakness and follow them, for they were prepared and determined to suffer anything readily and risk their lives for her and her sister in order to rid them once and for all from the fear and danger posed by their enemy.

So Theodora mounted a horse and was surrounded by a 8
splendid and heavily armed escort of formidable guards; securing the roads in advance, she proceeded directly through

διὰ μέσης τῆς πόλεως παρὰ πάντων εὐφημουμένη καὶ προτρεπομένη μὴ ἐνδοῦναι πρὸς τὸ ἀγώνισμα καὶ τὴν τοῦ ἀναιρέτου καθαίρεσιν. Διασωθεῖσα οὖν πρὸς τὸν περιβόητον καὶ θεῖον ναόν, ἑσπέρας οὔσης βαθείας, ἄνεισιν εἰς τὰς τοῦ πατριάρχου διαγωγὰς καὶ τῷ πλήθει τὰς ὄψεις αὐτῆς εἰς τὸν ναὸν ἐπαφίησι καὶ παρ᾽ ἐκείνων ἔτι παρεγγυηθεῖσα θαρρεῖν, οὕτω διανυκτερεύει, συγκαλεσαμένη πάντας τοὺς ἐν τέλει ταχέως καὶ παντὸς ψιλώσασα τὸν ἀντικείμενον βασιλέα δυνάμεως, ἀρχάς τε εὐθὺς λαμπρὰς καὶ ἀγορανομικὰς ἀποδείξασα καὶ τὸ κράτος τῆς βασιλείας δεξιῶς περιεζωσμένη.

9 | Ὀρθριώτερον δὲ προσβαλόντων τοῖς ἀνακτόροις στρατιωτικῶν ἀνδρῶν καὶ γενναίων μετὰ ῥοΐζου πολλοῦ καὶ βοῆς καὶ ἠχῆς σαλπίγγων τε καὶ βυκίνων, ὥσπερ τυφῶνι βληθεὶς ὁ βασιλεὺς τῷ ἐξαισίῳ τῆς ταραχῆς τῶν ἀνακτόρων ἐκδύς, φυγὰς ᾤχετο διαπόντιος εἰς τὴν τοῦ Στουδίου μονὴν καὶ περιεχόμενος τῶν ἀδύτων ἀπαθὴς ἐφιλονείκει συντηρηθῆναι καὶ μὴ δίκας δοῦναι τοῦ ἀνοσιουργήματος. Ἀλλ᾽ ἡ δίκη τὴν καταδίκην αὐτῷ οὐκ εἰς μακρὰν ἀνεβάλετο, ἅπαντες γὰρ βρύχοντες κατ᾽ αὐτοῦ εἰσήλασαν εἰς τὸ ἱερόν· καὶ βίᾳ τοῦτον ἐκτὸς ἑλκύσαντες, ἡμιόνῳ τῶν εὐτελεστέρων καὶ ταπεινῶν φόρτον τοῦτον τιθέασι καταγέλαστον· καὶ ἄχρι τοῦ Σίγματος φθάσαντος, δόγμα κατεφοίτησε τῆς αὐγούστης τὴν πήρωσιν τῶν ὀφθαλμῶν αὐτοῦ καὶ τοῦ πατραδέλφου αὐτοῦ τοῦ νωβελλισίμου αὐτίκα ἐγκελευόμενον, συνῆν γὰρ καὶ οὗτος αὐτῷ σύμβουλος ἅμα καὶ συλλήπτωρ καὶ τῆς οἰκτρᾶς ταύτης τύχης κοινωνὸς καθιστάμενος. Κατενεχθέντες οὖν τῶν

the City, acclaimed by the entire population and encouraged not to abandon the struggle and to topple the usurper. Late at night she safely reached the famous holy church and went up to the patriarch's chambers. She turned her eyes to the crowd assembled in the church and they again exhorted her to stand firm. Thus she passed the night. Swiftly summoning all the magistrates and stripping her imperial opponent of all authority, she appointed men to the highest offices and to the supervision of the market. She thus capably took on the governance of the empire.

[17] At dawn courageous military men assaulted the palace 9
with a rain of arrows, and their shouts were accompanied by the blaring of trumpets and bugles. The force of the uproar struck the emperor like a typhoon and he fled the palace by sea as a fugitive to the monastery of Stoudios, where he sought refuge in the sanctuary, hoping that he would suffer no harm and pay no penalty for his unholy deed. But Justice did not long postpone his punishment. His pursuers entered the sanctuary, all of them bellowing, and dragged him out by force. They loaded him onto a pitiful and wretched mule, an object of ridicule. When he reached the Sigma,[33] an order arrived from the Augusta that he be blinded immediately, as well as his father's brother, the *nobellisimos.*[34] For he was with him as both his adviser and accomplice, and now would share in his miserable fate. So they were pulled down from their mules in a disgraceful way, and with everyone looking

ἡμιόνων ἀτίμως, πάντων ὁρώντων τὰς κόρας τῶν ὀφθαλμῶν ἐκεντήθησαν. Καὶ συναποβάλλουσι τὰς ὄψεις τῇ βασιλείᾳ καὶ μοναχικῇ παραδίδονται βιοτῇ, διήγημα γενόμενοι σκυθρωπὸν τοῖς μετέπειτα καὶ πρὸς τὸ κρεῖττον ἐπανόρθωσις τῶν ἀγνωμονεῖν ἐθελόντων πρὸς τοὺς εὐεργετήσαντας. Ἐβασίλευσε δὲ ὁ Μιχαὴλ οὗτος μῆνας μόνους πέντε.

5

Τῆς δὲ δεσποίνης ἐκ τῆς ὑπερορίας ἐπανελθούσης καὶ τὴν βασιλείαν αὖθις ἀναλαβούσης, συνέρχεται ταύτῃ καὶ ἡ | ὁμαίμων ἐκ τοῦ ναοῦ. Καὶ γίνεται συμφυΐα καὶ ἀλληλουχία, ὥσπερ τοῦ αἵματος, οὕτω δὴ καὶ τῆς κατὰ τὴν βασιλείαν κοινωνικῆς διαθέσεως, καὶ αὐτοκράτορες ἄμφω θαυμασίως ἀναγορεύονται. Καὶ χρόνον τινὰ δι᾽ ἑαυτῶν ἰθύνασαι τὴν ἀρχήν, τῆς ὑπερορίας ἀνακαλοῦνται Κωνσταντῖνον τὸν Μονομάχον, ἀριστοκρατικὸν ἄνδρα καὶ θρέμμα τῆς Πόλεως, ὕποπτον δὲ ὄντα διὰ τὴν ἀρχὴν καὶ

on, the pupils of their eyes were punctured with needles. In this way they lost their sight along with the imperial power, and were delivered over to become monks. Let their dismal tale be remembered by posterity and may it set upon a better path anyone who intends to be ungrateful to his benefactors. This Michael, then, reigned for only five months.

Chapter 5

The ascent to the throne of Konstantinos IX Monomachos (1042), the revolt of Georgios Maniakes (1043), and the Rus' attack on Constantinople (1043)

The empress Zoe returned from exile and again took up her imperial position. She was joined by her [18] sister who came out from the church and they proceeded to form a partnership of mutual support: just as they were related by blood, so too would they share in the same imperial authority. Therefore they were proclaimed joint empresses, a noteworthy occurrence.[35] After reigning for some time on their own, they recalled from exile Konstantinos Monomachos, a man of the aristocracy who had been raised in the City and suspected of desiring the throne, for which reason he had

διατοῦτο παρὰ τῶν πρώην κρατούντων φυγαδευόμενον. Καὶ παραχωρεῖ πάλιν τῆς συζυγίας ἡ Θεοδώρα τῇ αὐταδέλφῃ Ζωῇ καὶ τὸν ἄζυγα βίον αἱρεῖται ὃν ἐκ παίδων καὶ μέχρι γήρως καὶ τῆς ἐσχάτης ἡμέρας ἐξήσκησεν. Εὐεργετικώτερος δὲ τῶν προβεβασιλευκότων ὁ Μονομάχος ἀποδειχθεὶς καὶ πάντας σχεδὸν βασιλικοῖς ἀξιώμασι καὶ δωρήμασι φιλοτίμοις ἀποσεμνύνας, ἠγάθυνε τὸ ὑπήκοον. Ἐξαίφνης δὲ νέφος ἐκ τῆς ἑσπέρας ἐγείρεται τετριγὸς καὶ ὀλέθριον καὶ πανωλεθρίαν αὐτῷ καὶ τῆς βασιλείας ἀπέλασιν ἀπειλοῦν· ἀνὴρ αἱμοχαρὴς καὶ γενναῖος, ὁ προμνημονευθεὶς Γεώργιος, ᾧ Μανιάκης ἐπώνυμον, ἐκ τῆς ἰταλικῆς ἀρχῆς ἐπαναστὰς μετὰ τῶν ἐκεῖσε συνόντων στρατιωτῶν Ῥωμαίων καὶ Ἀλβανῶν, διὰ παρόρασιν τοῦ βασιλέως ἀνιαθεὶς καὶ προηγησαμένας ἔχθρας μετ᾽ αὐτοῦ δεδιώς, καὶ τὰ μὲν λοιπὰ τῶν συναντησάντων στρατεύματα συνετάραξε καὶ κατέβαλε, πρὸ δύο δὲ τῆς Θεσσαλονίκης ἡμερῶν στρατοπεδευσάμενος, περὶ δείλην ὀψίαν προσβάλλει τῷ μεγίστῳ βασιλικῷ στρατοπέδῳ, | καὶ γὰρ ἦν ἐξεστρατευμένος ὁ παρὰ βασιλέως ἀποσταλεὶς μετὰ τῶν ῥωμαϊκῶν δυνάμεων εἰς ἀντιπαράταξιν. Καὶ πολλὰ δράσας τοῖς βασιλικοῖς στρατιώταις καὶ καταπλήξας τῇ ἀνυποίστῳ τούτου φορᾷ καὶ ταῖς οἰκειοχείροις πληγαῖς, καὶ γὰρ οὗτος τοῦ πλήθους προεπολέμει τε καὶ προεκινδύνευε καὶ οὐκ ἦν ὃς τῷ φασγάνῳ τούτου τραυματισθεὶς οὐ τῷ ἡμίσει καὶ πλείονι περιερρήγνυτο σώματι· τοιοῦτος ἀκαταγώνιστος καὶ σταθηρὸς ἐγινώσκετο, μέγας ὁμοῦ καὶ εὐρύνωτος καὶ τὴν ὄψιν φοβερὸς καθιστάμενος κἀν ταῖς βουλαῖς διαφέρων, καὶ κατορθῶσαι τὴν νίκην ἤδη τότε καταληφθεὶς καὶ

been banished by the previous rulers.[36] Theodora permitted her sister Zoe to marry again,[37] choosing for herself the unwedded life, which in fact she practiced from childhood until old age, even to her last day. Monomachos proved himself to be more generous than the previous emperors and honored virtually everyone with imperial ranks and grandiose gifts, thereby benefiting his subjects. But suddenly dark clouds appeared in the west crackling with doom, and they threatened both to ruin him and drive him from the throne. A bloodthirsty and brave man, the aforementioned Georgios, whose surname was Maniakes, rebelled from his base in Italy along with the soldiers he commanded there, both Romans and Albans. His grievance was that he had been overlooked by the emperor and was fearful on account of a prior hostility that had existed between them. He overwhelmed and subjugated all the armies that were sent against him and made camp two days distance from Thessalonike. Late in the evening he attacked the great imperial army, [19] for the general whom the emperor had sent out with the Roman army was arrayed against him.[38] He inflicted much damage on the imperial soldiers, and his irresistible charge terrified them no less than the blows that he struck with his own hands—for he fought in person ahead of his own ranks, in the most dangerous position, and one could not be wounded by his sword without being cut in half, or losing even more of one's body. He was known to be invincible and steady in battle; tall and broad-shouldered, he was terrifying to behold and also exceptionally clever. He was, in fact, on the verge of winning a victory there and even being

παρὰ τῶν πλείστων ἐναντίων ἐπευφημούμενος, ἐπὶ τέλει τῶν ἀγώνων τοῦ ἵππου αὐτομάτως κατέρρευσεν, οἷα τὰ τοῦ Θεοῦ κρίματα, καὶ ἀθιγὴς ἔκειτο, σκαιωρίαν εἶναι τὸ πρᾶγμα τῶν ἀντιθέτων οἰομένων καὶ σόφισμα. Ὡς δὲ παρεγυμνοῦτο τὸ ἀληθές, ἐκδραμόντες πολλοὶ κείμενον αὐτὸν ἐπ᾿ ἐδάφους κατέλαβον αἵματι διάβροχον καὶ καιρίαν ἔχοντα κατὰ τῆς πλευρᾶς. Τῇ πτώσει τοίνυν αὐτοῦ τῶν ἀμφ᾿ αὐτὸν διασκεδασθέντων καὶ παλιντρόπου γενομένης τῆς νίκης, ἐπανῆλθον οἱ τοῦ βασιλέως χαρᾷ καὶ φόβῳ διηγηματικῶς συνεχόμενοι, τῷ προτερήματι γὰρ μὴ ἐπαιρόμενοι, τὸ πᾶν τῇ θείᾳ δεξιᾷ ἐπεγράφοντο.

2 Θριαμβεύσας δὲ ὁ τὴν ἡγεμονίαν ἐσχηκὼς τοῦ πολέμου | σεβαστοφόρος Στέφανος διὰ τῆς ἀγορᾶς, τὰ πρῶτα παρὰ τῷ βασιλεῖ μετὰ πολλῆς τῆς λαμπρότητος ἔσχηκε καὶ ζηλωτὸς πᾶσι καὶ περισπούδαστος ἐγνωρίζετο. Ἐπεὶ δὲ τὰ τῆς δεσποτικῆς εὐδαιμονίας ἀβέβαια διαβληθείς, καὶ οὗτος ὡς εἴη μελετῶν ἐπιβουλήν, ὑπερορίαν αὐτίκα καὶ δήμευσιν καὶ ἀπόκαρσιν κατεκρίθη. Καὶ ὁ τῶν οἰκειοτάτων αὐτῷ εἷς, ᾧ καὶ τὸ κράτος μέλλειν περιθεῖναι κατηγορεῖτο, τῶν ὀφθαλμῶν μετ᾿ ὀλίγον ἐστέρηται.

3 Ἀπαλλαγεὶς οὖν ὁ βασιλεὺς τῆς τοσαύτης φροντίδος, εἰς ἑτέραν αὖθις ἀνάγκην ἐνέπεσεν, πόλεμος γὰρ ἀλλόφυλος ναυτικὸς ἄχρι τῆς Προποντίδος τὴν βασιλίδα κατέλαβε, πλοίων ῥωσικῶν τῶν τετρακοσίων οὐκ ἀποδεόντων, ἐπιρραξάντων αὐτῇ καταφράκτων ὅπλοις τε καὶ πολεμικῇ ἐμπειρίᾳ καὶ πλήθει τῶν ἐν αὐτοῖς εἰσπλεόντων. Καὶ κατεῖχε φόβος τὴν Βύζαντος οὐκ ἐλάχιστος, διὰ τὸ ἀπαράσκευον ἐκ τῆς ἀπροόπτου τοῦ ἔθνους ἐπιδημίας.

acclaimed as emperor by most of the enemy soldiers, when he inexplicably collapsed from atop his horse toward the end of the battle—such is the will of God—and lay on the ground unmolested, for his opponents thought that this was some kind of trick or stratagem. But when the truth became known, many ran over and found him lying upon the ground drenched in blood, a mortal wound in his side. With his collapse his army scattered and victory inclined now to the other side; the imperial soldiers surged back in a mixture of joy and fear, as in stories. They did not boast in victory, but ascribed everything to the hand of God.

The general in charge of the war, [20] the *sebastophoros* 2
Stephanos, celebrated a triumph along the public thoroughfares, and was illustriously elevated to the highest position beside the emperor. He was envied by all and became quite the man of the moment. But good fortune that comes from imperial favor is highly unreliable. He too was slandered for plotting against the emperor and was exiled, his property was confiscated, and he was forced to take the tonsure. One of his closest associates, accused of being the one upon whom Stephanos would bestow the imperial power, was not long afterward deprived of his sight.[39]

Relieved of this burdensome business, the emperor then 3
immediately had to face another necessary task, a naval war against a foreign fleet.[40] Rus' ships, no fewer than four hundred, penetrated to the Propontis and reached the Reigning City, which they attacked. Their crews were heavily armed, experienced in war, and numerous. The City of Byzas panicked in fear, as no preparations had been made to meet this unexpected foreign invasion. But the emperor assembled as

Ὅμως τὰ παρατυχόντα μακρὰ πλοῖα καὶ λοιπὰς ἑτέρας ναῦς πολεμικὰς ὁ βασιλεὺς συστησάμενος καὶ πεζικῇ δυνάμει τοὺς παρακειμένους αἰγιαλοὺς συμπεριλαβὼν καὶ προσθήκην ἑκάστοτε τῆς πεζικῆς καὶ ναυτικῆς ἰσχύος λαμβανούσης διὰ γραμμάτων φοιτώντων εἰς τὰς κατὰ χώραν ἡγεμονίας, ἐν ἡμέρᾳ πρώτῃ τῆς ἑβδομάδος, ἣν Κυριακὴν ὁ χριστιανικώτατος οἶδε λαὸς ἐκ τῆς τοῦ Κυρίου ἡμῶν Ἀναστάσεως, ἐκτάξας ἄμφω τὰς δυνάμεις, ἀνῆλθε γὰρ καὶ | αὐτὸς μετὰ τῆς βασιλικῆς νεώς, καὶ τὸ ἐνυάλιον ἀλαλάξαι προστάξας, ἐπῆλθε τοῖς ἐναντίοις, τὰς πρῴρας λελαμπρυσμένας ἔχων τῶν οἰκείων νεῶν τῷ μηδικῷ πυρί· καὶ συρραγεὶς τούτοις φυγεῖν κατηνάγκασε, πολλὰς μὲν τῶν νεῶν κατακαύσας πυρί, ἄλλας αὐτάνδρους καταβαλὼν τῷ βυθῷ, τινὰς δ᾿ αὐτοῖς πλωτῆρσι κεκρατηκώς.

4 Ἠρίστευσε δὲ τῶν λοιπῶν ἁπάντων στρατιωτῶν μεῖζον ὁ μάγιστρος ἐκεῖνος Βασίλειος ὁ Θεοδωροκάνος, ἀνὴρ ἐπίδοξος τὰ πολεμικὰ καὶ τὰς πράξεις ἐπιφανὴς κατά γε τὴν ἤπειρον. Τότε δὲ θυμῷ ζέσας, εἰς μίαν τῶν ῥωμαϊκῶν νεῶν ἀναβὰς καὶ προσραγεὶς ῥωσικῇ, ἔνοπλος εἰς αὐτὴν ἐπεπήδησε καὶ μόνος πρὸς ἅπαντας τοὺς πλωτῆρας συστησάμενος πόλεμον, καταπληξάμενος τῇ δυνάμει ὅσους μαχαίρας ἔργον οὐκ ἐναπέδειξε, τῇ θαλάσσῃ βαλεῖν ἑαυτοὺς ἐβιάσατο.

5 Οὕτω καὶ ταύτην τὴν μάχην κατορθώσας ὁ βασιλεὺς ἡσυχίαν ἦγε καὶ τῶν πολιτικῶν πραγμάτων ἡδέως ἀντείχετο, μουσεῖον τῆς νομοθετικῆς ἀναγείρας καὶ νομοφύλακα προστησάμενος, ἀλλὰ καὶ τοῦ τῆς φιλοσοφίας οὐρανοβάμονος ἐπεμελήθη μαθήματος, πρόεδρον τῶν

many long ships as happened to be present, along with other assorted naval vessels, and he arrayed infantry forces along the adjacent shores. Both the naval and the infantry forces were strengthened by provincial units, following orders that were dispatched to them. On the first day of the week, which the most Christian people call the Lord's Day after the Resurrection of our Lord,[41] the emperor deployed both types of forces and he himself sailed up [21] in the imperial barge. He gave the signal for the battle to begin and attacked the enemy. The prows of his ships glowed with Median fire.[42] Engaging with the enemy, he forced them to retreat after burning many of their ships, sending others to the depths with all hands, and taking some captive along with their crews.

More than any of the other fighters, the greatest renown 4 was won by that famous *magistros* Basileios Theodorokanos, a man glorious in war and celebrated for his feats in land battles. On that occasion, inflamed with wrath he embarked on one of the Roman ships and rammed one of the Rus' vessels, boarded it in arms, and single-handedly fought against its entire crew, terrifying them with his vigor. Whomever he did not kill with his sword he forced to jump into the sea.

Prevailing in this battle too, the emperor relaxed and 5 took pleasure now in dealing with political affairs. He established a school for the study of the law and appointed the Guardian of the Laws as its head.[43] He also provided for the study of philosophy, that celestial science, appointing

φιλοσόφων προχειρισάμενος ἄνδρα τῶν καθ' ἡμᾶς διαφέροντα γνώσει, καὶ τοὺς νέους πρὸς ἄσκησιν τῶν σοφῶν λόγων καὶ μαθημάτων προὐτρέψατο σὺν τῷ εὐμαρεῖ τῶν διδασκάλων καὶ γερῶν τούτους ἐν τῷ δημηγορεῖν βασιλικῶν ἀξιῶν. Ἐκαίνισε δὲ καὶ σέκρετον δικῶν ἰδιωτικῶν, ἐπὶ τῶν κρίσεων καλέσας τὸν τούτου προέχοντα· | ἐν τούτῳ οἱ τῶν ἐπαρχιῶν δικασταὶ καὶ συντάττουσι τὰ ποιητέα ἐγγράφως καὶ τὰ τῶν σχεδαρίων ἐναποτιθέασιν ἴσα δι' ὑποψίας ἀπαλλαγήν.

6

Ἀλλ' ὁ βασκαίνων ἀεὶ τοῖς καλοῖς ἕτερον αὖθις ἀνεγείρει πόλεμον ἐπιχώριον ἐκ τοιᾶσδε προφάσεως· συγγενέα κεκτημένος ὁ βασιλεὺς ἐκ τῆς Ἀδριανουπόλεως, Λέοντα κατονομαζόμενον τοῦτον, εἰς λαμπρὰν ὥσπερ εἰκὸς ἀνατίθησι τύχην καὶ τῷ τῶν πατρικίων εἶτα καὶ τῶν βεστῶν ἀξιώματι περίβλεπτον ἀποδείκνυσι, στρατηγίας συχνὰς καὶ δημαγωγίας ἐμπιστεύων αὐτῷ. Ἐν μιᾷ δὲ ἔαρος ὥρᾳ τῇ Μελιτηνῇ στρατηγοῦντος αὐτοῦ, τὰ μακεδονικὰ συνεταράχθη στρατεύματα, μακρὰν ἀποστασίαν ὠδίνοντα, καὶ ὁ βασιλεὺς ἠπίως καταστείλας τούτων τὸ φρόνημα

as Chief of the Philosophers a man who surpassed all our contemporaries in knowledge.[44] He exhorted young men to train in wise speeches and studies under the skillful guidance of their teachers, and rewarded them with imperial titles when they declaimed in his presence. He also founded a bureau for private legal cases, calling its overseer *epi ton kriseon.* [22] Provincial judges were to set their verdicts down in writing and deposit copies of them with this bureau, in order to be free of all suspicion.

Chapter 6

The revolt of Leon Tornikios (1047)

But he who envies all good things[45] incited yet another civil war using the following pretext. The emperor had a relative from Adrianople named Leon. As was only reasonable, he appointed him to illustrious ranks, first as a *patrikios,* then he promoted him to the dignity of a *vestes,* and he often entrusted military commands and various public functions to him. On one occasion, in the spring, when he was the general in Melitene, the Macedonian armies were in a tumult and a serious rebellion was brewing. The emperor gently repressed their plan and foiled the revolt, deferring its

διέλυσε τὴν ἐπιβουλήν, πρὸς καιρὸν μὲν ὡς ὕστερον τὸ ἀποτέλεσμα παραδέδωκεν, ὅμως δ᾽ οὐκ κατεστείλατο. Κατηγορηθεὶς οὖν ὁ προεκφωνηθεὶς αὐτοῦ συγγενής, ὡς τῆς στάσεως καὶ τῆς ἐπιβουλῆς ἀρχηγὸς καὶ ὡς εἰς αὐτὸν ἀναφερομένης τῆς τυραννίδος, παραλύεται τῆς ἀρχῆς καὶ μοναδικῷ παραδίδοται σχήματι καὶ τῇ μεγαλοπόλει ἄνετος καὶ χωρίς τινος παραφυλακῆς ἀπολύεται.

2 Τετάρτην δὲ πρὸς τῇ δεκάτῃ ἄγοντος τοῦ Σεπτεμβρίου μηνός, καθ᾽ ἣν τὸ ζωοποιὸν σημεῖον ὑψούμενον αἴρεται σὺν ἐξιλεώσει πολλῇ, πρώτη δὲ ἰνδικτίων ἦν, ὁπότε καὶ ὁ Κρόνος συνώδευσε τῷ Διί, λάθρᾳ τῆς βασιλευούσης ἀποφοιτᾷ καὶ δι᾽ ἵππων κατὰ | διαδοχὴν ἱσταμένων ὑπόπτερος ὡσανεὶ τῇ Ἀδριανοῦ παραδίδοται πόλει. Καὶ συνήθροιστο πᾶν αὐτίκα μάλα τὸ τὴν στρατεύσιμον ἡλικίαν ἔχον ἑσπέριον καὶ διὰ δύο καὶ τριῶν ἡμερῶν εἰς πλῆθος μέγα καὶ στρατιὰν ἀξιόλογον παραδόξως ἐπαίρεται ἡ συνάθροισις. Καὶ τοῖς παρασήμοις κοσμηθεὶς μετὰ τῆς βασιλικῆς ἐσθῆτος, ὁ φυγαδίας στρατηγὸς αὐτοκράτωρ παρὰ τῶν συνόντων ἀνηγορεύθη καὶ διττὴν ἑτέραν ἡμέραν διαλιπὼν ὥρμησε σὺν πολλῇ πεποιθήσει πρὸς τὴν εὐδαίμονα μεγαλόπολιν.

3 Οἱ δὲ προαχθέντες παρὰ τοῦ βασιλεύοντος ἐξ αὐτῆς στρατιῶται καί τινες τῶν ἐπισήμων τοῦ παλατίου προσμένοντες ἐς ἄστυ τῆς Σηλυμβρίας, ὡς ἔμαθον τὴν τούτου ἔφοδον πολλὴν καὶ ἀνύποιστον, ὡς βαρεῖ στρατῷ καὶ μαχιμωτάτῳ συγκροτουμένην, ᾗ ποδῶν εἶχον γεγόνασιν ὀπισθόρμητοι. Καὶ οἱ ἐπὶ τῶν ὑπαίθρων ἐφοδιάσαντες ἑαυτούς, ὡς ἑκάστῳ παρεῖχε τὸ ἐπικείμενον τοῦ καιροῦ,

effectuation to a later time; at any rate, he did not fully suppress it.[46] His aforementioned relative was accused of being the leader of the revolt and plot and of scheming to seize the throne for himself. He was deposed from his command and forced to take the monastic habit, though he was allowed to live in the Great City comfortably without any restrictions.

On the fourteenth of the month of September, the day 2
on which the life-giving Sign[47] is raised in profound atonement—this was in the first indiction, at a time when Kronos was also in alignment with Zeus—Leon sneaked out of the capital and, by riding a relay [23] of horses, reached Adrianople as if on winged feet. Everyone who was of military age in the western provinces mustered there and in two or three days the assemblage had unexpectedly grown in numbers and had become a sizable army. Invested with the imperial insignia and garb, this fugitive was acclaimed commander in chief by those present. Two days later he set out with much confidence for the prosperous Great City.

The emperor had sent soldiers forth from the City and 3
certain officials of the palace were waiting in the city of Selymbria, but when they learned that he was advancing with a large and irresistible army, heavily armed and ready for combat, they retreated as quickly as their feet could carry them. People who lived in the countryside gathered for themselves as many supplies as they could find under the circumstances

ἐπὶ τὰς πύλας ὠθοῦντο τῆς Πόλεως, ἄλλος ἄλλον προφθάνειν κατεπειγόμενοι. Μικρὸν δ᾽ ὕστερον ἡ τοῦ ἀποστάτου ἐπιδημία φοβερά τις καὶ καταπληκτικὴ κατηγγέλλετο ἵππῳ στρατιωτικῷ καὶ πεζικῇ δυνάμει μὴ ἀποδέουσα πρὸς μάχην βασιλικήν, ἐδῃοῦντο δὲ καὶ τὰ προστυχόντα καὶ διηρπάζοντο καὶ οὐδενὸς ἡττᾶτο τῶν ἐθνικῶν ὁ ἐμφύλιος πόλεμος.

4 Τειχήρεις οὖν γεγονότες οἱ περὶ τὴν βασιλεύουσαν σχεδὸν ἅπαντες τῶν ἐντὸς εἶχον τὴν φυλακὴν ἰσχυρῶς καὶ ὁ βασιλεὺς ἐπὶ τῆς ἐν Βλαχέρναις | καθήμενος ἀκροπόλεως ἤλγει τὴν οἰκείαν ἐπικράτειαν οὕτω λυττῶσαν καὶ μαινομένην, ἔστι δ᾽ οἷς καὶ τὰ ἔσχατα πάσχουσαν καθορῶν. Ἐπεὶ δὲ τοῖς τείχεσι προσεγγίσας ὁ τύραννος τῷ πλήθει καὶ ταῖς δυνάμεσιν ἐνηβρύνετο, βασιλικῶς καὶ ἀγέρωχος ἐμπεριπατῶν καὶ πρὸ τῶν τειχῶν εὐφημούμενος, τινὲς προπετεῖς καὶ ἀτάσθαλοι τοῖς ἀνακτόροις ἐγγίσαντες, ὕβρεις ἀπρεπεῖς τοῦ ἀληθοῦς βασιλέως κατέχεον καὶ οὕτως ἀπηλλάγησαν αὐχήματος ὁμοῦ καὶ φρονήματος γέμοντες. Ἄλλος δέ τις τόξον ἀφεὶς διὰ τῶν κιγκλίδων, μικροῦ ἐδέησε τὸν βασιλέα βαλεῖν, ἥρπασε δὲ τὴν πληγὴν τῶν θαλαμηπόλων αὐτοῦ ὁ ἐγγύτερος.

5 Εἰς δὲ τὴν ὑστεραίαν, Κυριακὴ δὲ ἦν, περιαλγήσαντές τινες τῶν εὐνουστάτων τῷ βασιλεῖ γνώμην διδοῦσιν ἵν᾽ ἐν τῷ προεκκειμένῳ γηλόφῳ κόψωσι τάφρον καὶ ἀνδράσιν αὐτὸν πολεμικοῖς ὅσοι τηνικαῦτα τῇ βασιλικῇ δορυφορίᾳ παρέτυχον, περιλάβωσι καὶ τῷ μήκει τοῦ διαστήματος τὰς ὑβριστικὰς φωνὰς ἀποκρούσωνται καὶ μὴ τῷ βασιλεῖ κατήκοοι γίνωνται. Δόξαν οὖν οὕτως ὅ τε τόπος

and crowded the gates of the City, shoving to get in ahead of the others. A short while later the arrival of the rebel was announced, a frightening and awesome sight: in both cavalry and infantry his forces were not inferior to an imperial battle army. They ravaged all that they encountered, looted at will, and made civil war no less ruinous than war with foreign enemies.

Almost everyone in the Reigning City manned the walls 4
and sought their protection there, while the emperor sat upon the acropolis [24] at Blachernai, deploring the rabid madness that had seized his own domain and watching as it plunged into ultimate destruction. The usurper approached the walls and boasted about the size and strength of his forces. He walked about in an imperial and lordly way and had himself acclaimed before the walls, while certain of his rash and even presumptuous followers came close to the palace and poured out a stream of unseemly abuse against the true emperor, after which they departed full of arrogance and boasting. Another of them loosed an arrow through the lattice railing which almost hit the emperor; instead it struck the nearest of his attendants.

On the following day, which was the Lord's Day,[48] some 5
of the emperor's supporters became greatly upset at this situation and expressed their opinion that a moat should be cut around the hill overlooking that area and that soldiers, who happened to belong to the imperial bodyguard at that time, should be stationed along its length, thereby deflecting the abusive shouts away from the ears of the emperor. No sooner was it said than done: the area was surrounded by

περιτεταφρευμένος ἐδείκνυτο καὶ τῇ ἐπαύριον στρατιῶται τῆς παρεμβολῆς περιείχοντο. Ἀγαρηνῶν δέ τις ξυμμορία τῶν ἐπὶ τῆς φρουρᾶς ἐκβληθεῖσα καὶ δεξιώσεων τυχοῦσα βασιλικῶν, ἐγκάρσιος ἔστη τῇ τάφρῳ περὶ τὰς ὄχθας τῆς περιζωννυούσης ἑτέρας τάφρου τὴν βασιλίδα τῶν πόλεων. Ὡς δὲ ἠγγέλλετο παρὰ τῶν σκοπῶν μεγάλῃ παρατάξει καταλαμβάνειν τὸν | τύραννον, πυκνώσαντες τὰς ἀσπίδας οἱ περὶ τὸν βασιλέα καὶ τὰς αἰχμὰς ἀντιστήσαντες, οὕτω τὴν ἔφοδον ἐξεδέχοντο, βραχεῖς μὲν ὄντες καὶ μηδὲ πρὸς τὸ πολλοστὸν τῆς ἐκείνου στρατιᾶς ἀποσώζοντες, οἱ πλείους δ᾽ αὐτῶν ἀπειροπόλεμοί τε καὶ ξύγκλυδες, πίσυνοι δὲ τῇ ἀποτειχιζούσῃ τάφρῳ καθεστῶτες τοὺς ἐναντίους.

6 Ἀρθέντων οὖν τῶν σημείων αἱ φάλαγγες ἀνεφάνησαν στοιχηδόν, αἱ μὲν προπορευόμεναι τῆς ἀποστατικῆς παρουσίας, αἱ δὲ τῶν κεράτων ἐξηρτημέναι καὶ ἄλλαι τῆς οὐραγίας ἐχόμεναι, ἕως ἀπέναντι τῆς τάφρου συντεταγμένας τὰς δυνάμεις ἐστήσαντο. Εἶτα σιγῆς γενομένης ἀκροβολισμοὶ τὸ πρῶτον ἐγίνοντο καὶ πελτασταὶ σποράδες ἐξ ἑκατέρου μέρους ἀλλήλοις συνέπιπτον καὶ οὕτω τῆς μάχης κατὰ μικρὸν ἀναπτομένης, ἱππόται τοῖς τοῦ βασιλέως πεζοῖς τοῖς ἐκτὸς τοῦ χάρακος προσπηδήσασι τὰς σαρίσσας ἐπέφερον. Εἶτα μοῖρά τις ἀποτμηθεῖσα καὶ τοῖς Ἀγαρηνοῖς ἐπὶ μέτωπον προαχθεῖσα καὶ δόξαν παρασχομένη φυγῆς, τῆς οἰκείας στάσεως ὡς διώκοντας αὐτοὺς μετεστήσατο καὶ ταχέως μεταστρέψασα τοὺς ῥυτῆρας, εἰς μέσον τούτους συνέκλεισε καὶ φόνον τούτων οὐκ εὐαρίθμητον κατειργάσατο. Ἐπεὶ δὲ καὶ δὶς τὴν τοιαύτην ἐπιφορὰν ἐποίησατο, σύνθημα γέγονε τοῖς ἑστῶσι συντεταγμένοις

a moat and on the following day soldiers manned it. A company of Agarenes from the guard were sent out, after receiving imperial gifts, and were positioned athwart the moat by the banks of the other moat, the one that encircles the Queen of Cities. When it was reported by the lookouts that the usurper was approaching with a large battle line, [25] the imperial soldiers locked their shields together and set their spears against the enemy, in this way awaiting the attack. As they formed a short line and could hardly fight off even a small fraction of his army, most of them being inexperienced in war anyway and little more than a mob, they placed their hopes in the moat that walled them off from the enemy.

When the standards were raised, the phalanxes could be 6
seen arrayed in rows; some marched ahead of the rebel himself, others were attached to the wings, and the rest followed in the rear. Their forces finally took their position across from the moat. In the ensuing silence they first began to fire from a distance, and the skirmishers from the two sides engaged with each other here and there, and so the battle slowly gathered intensity. The enemy cavalry brought their lances to bear on those of the emperor's infantry who had jumped outside the moat. Then a cavalry squadron broke off and attacked the Agarenes head-on but executed a feigned retreat, enticing them to abandon their formation in pursuit. But then they quickly reversed direction, surrounded them, and killed a good number of them. When they had executed this maneuver twice, a signal was given to the arrayed formation to shout its battle cry. With trumpets

ἀλαλάξαι πολεμικῶς. Καὶ σαλπισάντων τῶν σαλπιστῶν, αὐτοβοεί τε τῷ χάρακι ἐπιφέρονται καὶ τοῦτον αἱροῦσιν ἐξεφόδου περιστοιχίσαντες δίκην μελισσῶν | τὸ θριγγίον καὶ εἰσπεσόντες ἔνδον πολλοὺς ἀνῄρουν καὶ συνεπάτουν τῶν ἐκ τοῦ χάρακος, ἑτέρους δὲ ζωγρείᾳ εἷλον πολλούς, οἱ δὲ περισωθέντες ἐντὸς πυλῶν ὑπότρομοι εἰσεδέχθησαν. Οἱ δ᾽ ἐπὶ τῶν τειχῶν τῷ φόβῳ κατασεισθέντες τῆς συνδρομῆς καὶ τῶν πυλῶν κυριεῦσαι τοὺς πολεμίους νομίσαντες, ταῦτα καταλιπόντες δρομαίως ἐπὶ τὰ πρόσω τῆς πόλεως ἔθεον καὶ ἦν ἐψιλωμένα πάντα φυλάκων. Καὶ δρόμος ἀνὰ τὴν πόλιν καὶ δίαυλος ἄτακτος, τῶν μὲν πρὸς τοὺς ναοὺς καὶ τὰ ἱερὰ προσφευγόντων καὶ τὴν τῶν ἄνω συμμαχίαν ἐκκαλουμένων, τῶν δὲ σὺν ὀδυρμοῖς προσιόντων οἴκοις συγγενικοῖς, τῶν δὲ πρὸς ἀλκὴν παρεγγυωμένων τραπέσθαι, τὰ τῆς ἁλώσεως ἐνθυμουμένων δεινά. Οὐδὲ γυναῖκες ταύτης τῆς συνδρομῆς ὑπῆρχον ἀμέτοχοι.

7 Καὶ εἰ μή τις λογισμὸς ὑπερήφανος τοῦ νενικηκότος περιεγένετο ἢ φιλάνθρωπος ἔννοια, ὡς λόγος μᾶλλον αἱρεῖ, ἵνα μὴ τῇ τῆς εἰσόδου συγχύσει κακῶς ἄγαν διατεθῇ τὸ ὁμόφυλον, ἢ καὶ παλαιὸς λόγος, ὃν καὶ αὐτῷ ἐπειπεῖν τινα λέγεται, τὸ «νίκα καὶ μὴ ὑπερνίκα», τῆς τῶν πυλῶν ἐπικρατείας αὐτὸν διεκώλυσεν, εὐμαρῶς ἂν ἐπέτυχε τῆς ἐπιβουλῆς καὶ μεῖζον ἢ κατὰ τοὺς λοιποὺς ἀποστάτας ἤρατο κλέος, πολέμῳ τὴν τῶν πόλεων μητρόπολιν ἑνὶ καὶ συντόμῳ παραστησάμενος. Νῦν δὲ καταφρονήσας τοῦ πρόσω, σὺν τῇ νίκῃ καὶ τῆς οἰκείας δυναστείας καὶ σωτηρίας ἐξέπεσεν. Οὕτως ἐν πολλοῖς τῶν ἀνδραγαθημάτων πολλάκις ἡ ἀνοχὴ τὸ | μεῖζον κατεστρέψατο κλέος,

blaring, they rushed the ditch and took it in a single charge, swarming its crest [26] like bees. Spilling inside, they killed many, trampled those who were by the ditch, and took many others prisoner. Those who survived fled in terror and were allowed to enter the gates. But those atop the walls were gripped with panic at the sudden onrush, thinking that the enemy would surely seize the gates, and so they abandoned their posts, running back inside the city at full speed, with the result that there were no guards left anywhere. The population of the city was in flight, rushing to and fro in disorder, some seeking refuge in the churches and sanctuaries, calling upon divine assistance, while others hurried in tears to the houses of their relatives. Others were exhorting everyone to return to the fight, reminding them what terrible things would happen if the city were taken. Nor did women stay out of this confusing rush.

And had the victor not been overcome by arrogance or, as 7
reason rather suggests, by compassion, thinking that it was his own people who would suffer badly in the chaos of his entry; or even, had the old saying "win, but don't press your luck,"[49] of which, it is said, someone reminded him at that moment, not prevented him from seizing the gates, he would have easily succeeded in his goal and would have become more famous than any previous rebel for capturing the Metropolis of all cities in but a single brief war. As it was, however, he refused to press the attack, and thereby lost his shot at victory and destroyed his power and even himself. So it is that in many manly enterprises forbearance often

ἀδυνατούσης πάντως τῆς ἀνθρωπίνης φύσεως τὸ μέλλον ὡς δέον συμβαλεῖν καὶ στοχάσασθαι.

8 Καὶ ὁ μὲν τῷ τοιούτῳ προτερήματι κορεσθείς, λαμπρῶς εἰς τὴν οἰκείαν παρεμβολὴν ἐπανέζευξε, φιλανθρώποις συναντήσεσι καὶ προσηγορίαις εὐφημοτάταις καὶ παιανισμοῖς παρὰ τῶν ἀμφ᾽ αὐτὸν ἀπαντώμενος, ὁ δὲ βασιλεύς, ἐπείπερ ἀδείας ἐδράξατο καὶ ὅπερ ἐδεδίει τὴν ἐξεφόδου δηλονότι τῆς πόλεως ἅλωσιν ἡ θεία ἀντίληψις διεσκέδασεν, οὐκ ἠμέλησε δι᾽ ὅλης ἐκείνης τῆς ἡμέρας καὶ τῆς νυκτὸς τῆς ἐπὶ ταύτῃ ἐπισυναθροίζων τοὺς συμφυγόντας τῶν πολιτῶν καὶ τειχήρεις ἐς αὖθις ποιούμενος, τάς τε πύλας κατοχυρῶν καὶ παντοίοις ὅπλοις καὶ μηχαναῖς καὶ πετροβόλοις ὀργάνοις τὰς ἐπάλξεις περιζωννύων.

9 Τῇ δ᾽ ἐπιούσῃ τὰς δυνάμεις ἀνειληφὼς ὁ τῶν ἑσπερίων ὑπαίθρων κρατῶν, ἐπιφαίνεται τοῖς τῆς πόλεως εὔελπις ὢν ὡς τῇ προτεραίᾳ καταπλήξας τοὺς ἐναντίους σὺν εὐλαβείᾳ καὶ φόβῳ παρὰ τούτων ὑποδεχθήσεται, τὰς πύλας αὐτῷ ἀναπεταννύντων καὶ τῆς πρὸς τὰ βασίλεια φερούσης βασιλικῆς προηγουμένων. Ὡς δὲ τοὐναντίον ἢ κατὰ λογισμὸν εἶχε συνηνέχθη τούτῳ τὰ πράγματα καὶ τὸ μὲν τεῖχος μείζονι παρασκευῇ περιειλημμένον εἰς τὴν ἐπιοῦσαν κατεῖδε, τούς τε ἐπ᾽ αὐτῷ καθημένους πολεμησείοντας καὶ τὴν ἄνοιξιν τῶν πυλῶν προτρεπόμενον διαπαίζοντας τοῦτον καὶ καθυβρίζοντας. Πολλὰ τῆς δυσβουλίας ἑαυτῷ | κατεμέμψατο, ὅτι τοῦ καιροῦ διδόντος τὸ πρότερον, μαλακώτερον αὐτὸς τὴν φιλοτιμίαν ἐδέξατο. Καὶ τότε λοιπὸν εἰς ἔργον ὁ λόγος ἐκβέβηκεν ὅτι «τῷ Ἐπιμηθεῖ τὸ μὲν μέλειν οὐκ ἦν, τὸ δὲ μεταμέλειν ἐνῆν». Πολλοὺς δ᾽

undermines [27] the glory of success, as human nature is altogether incapable of foreseeing the future and preparing for it accordingly.

He was content with the advantage he had won and returned in glory to his encampment, where he was received warmly by his followers with cheers, acclamations, and songs of victory. As for the emperor, having been granted a brief respite, and since the divine succor had prevented that which he had feared, namely that the city would be taken by storm, he did not cease throughout that entire day and the following night from reassembling those citizens who had fled, stationing them back on the walls, securing the gates, and arming the battlements with every kind of weapon, siege engine, and catapult. 8

On the following day, he who now held the countryside to the west took his forces and presented himself to the people of the City in the good hope that his opponents would have been so frightened by what had happened on the previous day that they would now receive him with reverence and fear, throw open the gates for him, and escort him along the imperial boulevard that leads to the palace. But matters turned out for him in the opposite way than he expected. He found the walls even better prepared to resist an attack, the men atop them ready for war, and, when he bid them open the gates, they mocked and insulted him. He then cursed his own bad judgment: [28] opportunity had presented itself, but he had been too soft in pressing his advantage. This, then, confirmed the truth of the saying that "Epimetheus does not plan in advance, but rather he regrets 9

ἐμπεριπατήσας διαύλους πρὸ τῶν τειχῶν, εἶτα τοὺς ἑαλωκότας προαγαγὼν καὶ διαχειρίσασθαι τούτους ἐπαπειλούμενος, εἰ μὴ τὴν εἴσοδον αὐτῷ οἱ ἐντὸς ἐπιτρέψαιεν, ὡς ἔγνω «μάτην» τὸ τοῦ λόγου «θυροκοπῶν» καὶ «πρὸς Κρῆτας κρητίζων», ὀπισθόρμητος γέγονε.

10 Καί τινας ἡμέρας ἐν Θερμοπόλει ἐπιστρατευσάμενος ἑτέρας, ἀρξαμένου τοῦ πλήθους αὐτοῦ ὑπορρεῖν καὶ τῷ βασιλεῖ προσιέναι, ἄρας ἐκεῖθεν νυκτὸς πρὸς ἑσπέραν ἐβάδιζε καὶ κατὰ τῆς Ῥαιδεστοῦ, πόλις δὲ αὕτη παράλιος τῆς Προικοννήσου ἀπέναντι, πανστρατιᾷ ἐξωρμήσατο, μόνη γὰρ αὕτη τῶν μακεδονικῶν οὐ συναπήχθη τούτῳ, καὶ συνεφρόνησε σπεύδων κατακράτος ἑλεῖν τὴν πόλιν καὶ δι' αὐτῆς καταπλῆξαι τοὺς ἀντιβαίνοντας. Προσραγεὶς δὲ τοῖς τείχεσι καὶ μηχανὰς ἐπιστήσας αὐτοῖς, τῶν ἔνδον εὐρώστως ἀνταγωνιζομένων, ἄπρακτος ἀπηλλάγη, μηδὲν κατωρθωκὼς ὧνπερ διενοήσατο.

11 Ἐξ ἐκείνου τοίνυν τὴν παρεμβολὴν ἐν τοῖς μεσογείοις προθέμενος, ἐκαραδόκει τὸ μέλλον. Ἤρξαντο δὲ καὶ ἀπὸ τῶν τῆς ἑῴας πολλοὶ πρὸς τὴν βασιλεύουσαν ἐπιρρεῖν, πανταχῇ γραμμάτων ἐπιφοιτησάντων βασιλικῶν, καὶ προϊόντες τινὲς ἀποσπάδες ἐξήπτοντο τῶν πεμπομένων πρὸ τῆς παρεμβολῆς | καὶ τὰς ἀγορὰς περιέκοπτον καὶ ὡς ἐν ἀκροβολισμῷ τὰ τῆς μάχης ἐγίνετο. Μικρὸν δὲ ὕστερον τῶν ἀπὸ τῆς ἑῴας στρατευμάτων ἁπάντων ἐπανελθόντων καὶ τῆς δυνάμεως ἁδρᾶς ἤδη γενομένης τῷ βασιλεῖ, τὰ πρὸς τὸν πόλεμον ἐξηρτύοντο. Καὶ οἱ μὲν ἐκ τῆς βασιλίδος κατὰ τῶν ἀντιπάλων ἐσκευασμένοι ἐξήεσαν, βουλγαρικὴ δέ τις δύναμις ἀπὸ τῆς ἑσπέρας μεταπεμφθεῖσα κατὰ νώτου

later."[50] After pacing the circuit of the walls several times, he brought forth the prisoners and threatened to kill them if those inside did not allow him to enter. But when he realized, as the proverb says, that he was knocking on the doors in vain, or playing the Cretan to the Cretans,[51] he withdrew his army.

After encamping for some more days at Thermopolis,[52] 10
his army began to drift away and go over to the emperor. He departed from there at night and marched with all his forces to the west against Raidestos, which is a coastal city across from Prokonnesos. This was the only city of Macedonia that had not joined his side, and his intention was to take it suddenly by storm and in so doing terrify his opponents. He attacked the walls and brought siege engines against it, but the inhabitants resisted him valiantly, so he left empty-handed, without having accomplished any of his goals.

Thereupon he encamped in the interior, waiting on 11
events. Meanwhile, reinforcements began to reach the Reigning City from the east in great number, as imperial orders had been dispatched everywhere. Units were detached and sent ahead to engage with those who were sent out from the camp, [29] to cut off their supplies, and so the struggle had turned to skirmishing. Shortly thereafter, when all the eastern armies had assembled and the emperor now had a powerful force, preparations were made for war. The one side marched out fully prepared from the Queen of Cities against the enemy and a Bulgarian force was dispatched from the west to take a position behind the rebel. As a result,

τοῖς περὶ τὸν ἀποστάτην ἐγίνετο, ὅθεν καὶ μοῖραν οὗτος οὐκ ἐλαχίστην ἀποτεμόμενος, ἐπιτρέπει τὴν ἡγεμονίαν αὐτῆς τῷ συγγενεῖ αὐτοῦ στρατηγῷ τῷ Βατάτζῃ, ἀνδρὶ γενναίῳ καὶ συνετῷ καὶ πρὸς πᾶσαν πολεμικὴν ἐμπειρίαν ἀκαθαιρέτῳ. Καὶ συμβαλὼν οὗτος τοῖς ἐπερχομένοις Βουλγάροις περὶ τὴν τῶν Κυψέλων περίχωρον, ἀγῶνι μεγάλῳ τούτων κρατεῖ καὶ πολλοὺς ἀνελών, ἐπανῆλθε τῷ προτερήματι σεμνυνόμενος, εὗρε δὲ τὸν ἀποστείλαντα τοῦτον πάσης ἐψιλωμένον ἰσχύος, οἱ γὰρ στρατιῶται καταλιπόντες αὐτόν, ἄλλος ἀλλαχοῦ διεσπάρησαν. Ἰδόντες δὲ καὶ οἱ περὶ τὸν Βατάτζην τὸ γεγονός, ἀθρόον καὶ αὐτοὶ φυγαδείᾳ ἐχρήσαντο.

12 Συνιέντες οὖν οὗτοι ὅπῃ τύχης εἰσὶ καὶ πᾶσαν ἀπογνόντες σωτηρίας ὁδόν, τῷ ἐν Βουλγαροφύγῳ σηκῷ καταφεύγουσιν, ἐπικαταλαβόντος δὲ τοῦ βασιλικοῦ στρατοπέδου, τῆς ἱερᾶς τραπέζης περιεχόμενοι, ἀποσπῶνται βιαίως καὶ δεσμῶται γενόμενοι, τῷ βασιλεῖ παραπέμπονται περὶ τὴν ἡμέραν τῆς τοῦ μεγάλου Θεοῦ καὶ σωτῆρος ἡμῶν Ἰησοῦ Χριστοῦ γενεθλιακῆς | ἑορτῆς. Καὶ μηδὲ λόγου τυχόντες, χερσὶ δημίων τοὺς ὀφθαλμοὺς ἀποβάλλουσιν, ἑτέρους δὲ τῆς ἀποστασίας συμμύστας ὁ βασιλεὺς εἰς σῶμα κολάσαι οὐκ ᾠκονόμησε, φυγῇ δὲ αὐτοὺς καὶ δημεύσει προσεζημίωσε.

Leon detached a large part of his force and gave its command to a relative of his, the general Batatzes,[53] a man who was brave, prudent, and unrivaled in military experience. He engaged with the advancing Bulgarians in the region of Kypselai[54] and, in a great battle, defeated them, killing many. He returned, proud of his achievement, but found the one who had sent him stripped of all power, as his soldiers had abandoned him, scattering in different directions. When Batatzes' men saw this, they too fled en masse.

Understanding their predicament and despairing of finding any path to their own salvation, they sought refuge in the church at Boulgarophygon.[55] When the imperial army arrived, they were dragged by force from the holy altar to which they were clinging, and then they were bound and led before the emperor on the day when the birth of the Great God and our Savior Jesus Christ is [30] celebrated.[56] Without being given a chance to speak, they were blinded at the hands of the executioners.[57] The emperor refused to impose corporal punishments on the other leaders of the rebellion, but they were exiled and their properties confiscated. 12

7

Καὶ τὰ μὲν τῆς ἐπιβουλῆς τοιοῦτον ἔσχε τὸ τέλος· Σκύθαι δέ, οὓς Πατζινάκους οἶδεν ὁ δημώδης λόγος καλεῖν, τὸν Ἴστρον παγγενεὶ διαβάντες μετ᾽ οὐ πολὺ τοῖς ῥωμαϊκοῖς ἐγκατεσκήνωσαν τόποις, γένος ἀντὶ πάσης ἄλλης ἐπιστήμης καὶ τέχνης τὴν μεθ᾽ ὅπλων ἐπιδρομὴν ἠσκηκὸς καὶ βίον ἔχον τὸ ἐν ῥομφαίᾳ καὶ τόξῳ καὶ βέλει συνεχῶς διαζῆν, μυσαρὸν δὲ τὰ πρὸς τροφὴν καὶ τὴν ἄλλην διαγωγὴν καὶ μιαροφαγεῖν οὐδαμῶς ἀπεχόμενον. Τοῦτο πονηρᾷ τινι τύχῃ τοῖς Ῥωμαίοις ἐπεισκωμάσαν ὁρίοις, πολλὰ δεινὰ καὶ λόγῳ ῥηθῆναι καθεξῆς μὴ δυνάμενα ἐς ὕστερον διαπέπραχε.

2 Τέως δ᾽ οὖν τῆς περὶ τούτων φήμης ἐπιδραμούσης, τὰς πρὸς ἥλιον λήγοντα δυνάμεις ὁ βασιλεὺς αὐτοῖς ἐπεστήσατο, οἱ δὲ τῆς τε ἀλλοτρίας ἔτι καθεστῶτες ἀπείρατοι καὶ νόσῳ λοιμώδει κατατρυχόμενοι, ἀσυνήθως δὲ καὶ πρὸς τὰς ῥωμαϊκὰς φάλαγγας ἀντιστρατεύεσθαι ἔχοντες, χεῖρας μὲν ἀνταῖραι τούτοις οὐκ ἐδοκίμασαν, τοὺς δὲ ἀρχηγοὺς αὐτῶν καὶ συνταγματάρχας δόντες ἐνέχυρον καὶ δούλωσιν οὕτως ὑποκρινάμενοι, φιλανθρωπίας ἐντεῦθεν τυγχάνουσι. Καὶ λύσις τότε τῆς στρατιᾶς διαγίνεται,| τῶν Ῥωμαίων ἀρκεσθέντων τούτοις καὶ χειροήθεις οἰηθέντων ποιῆσαι τοὺς μηδέποτε γενομένους μηδ᾽ ἕξιν ἔχοντας

Chapter 7

The Pecheneg war (ca. 1047–1053)

This, then, was how the rebellion ended. But the Skythians, who are popularly called Pechenegs, crossed the Danube with all their people and soon established themselves on Roman territory.[58] This race practices armed raids more than any other skill or art and makes its living by continuous use of the sword, bow, and arrow. They are loathsome in their diet and the other aspects of their life, and do not abstain from eating foul foods. By some evil chance, they poured over the Roman borders and later on caused many hardships that it would not be possible to enumerate in detail here.

When reports about these events arrived, the emperor 2
sent his western armies against them. The enemy were not yet used to these lands that were foreign to them and were afflicted by a pestilent disease; they were, moreover, not used to fighting against the Roman phalanxes. So they did not even attempt to raise up arms against them, but gave up as hostages their own rulers and commanders and thus pretended to have been subdued, obtaining a reprieve in this way. Thus the campaign was terminated, [31] as the Romans were content with this outcome and believed that they had subdued those who had never been subdued before, people in fact who simply did not have the capacity for it in their

γίνεσθαι. Καὶ οἱ μὲν ἀρχηγοὶ τούτων τῷ βασιλεῖ παραπέμπονται, οἱ δὲ λοιποὶ τοῖς ἰδίοις χάραξι συνετηρήθησαν ἀπαθεῖς.

3 Λωφησάσης δὲ τῆς νόσου καὶ ὥσπερ ὄφεων ὑπὸ θέρμης εὐρώστως συγκινουμένων αὐτῶν καὶ δόξαν παρεσχηκότων ἰσχύος δυσκατεργάστου, σκοπὸν ἔσχεν ὁ βασιλεὺς τοὺς ἀρχηγοὺς αὐτῶν ἀποστεῖλαι συνετίσοντας τυχὸν τὸ ὁμόφυλον, ἔτυχε γὰρ αὐτοὺς τῆς τοῦ θείου λουτροῦ παλιγγενεσίας καταξιῶσαι καὶ φιλοτιμίας ἀξιῶσαι μεγίστης, καὶ δὴ ποιεῖται τούτους τῆς μάχης τάχα καταλλακτῆρας καὶ ταῖς οἰκείαις φατρίαις αὖθις ἀνασῴζει καὶ παραδίδωσιν. Ἔγνω δὲ τότε πρῶτον ὅτι «μάτην Αἰθίοπα λευκᾶναί τις ἐπιβάλλεται» καὶ ὅτι «ὄφιν τρέφειν καὶ πονηρὸν εὐεργετεῖν ὅμοιον», καὶ οὐδ' ἑκάστου τούτων ἡ χάρις ἀποτίκτειν εἴωθεν εὔνοιαν. Κατὰ γὰρ τὸ οἰκεῖον ἔθνος γενόμενοι, πάντα πράττειν ὅσα τὸ ἔθος αὐτοῖς παρῄνει καὶ διηρέθιζεν οὐκ ἀπείχοντο, συνεχεῖς ἐκδρομὰς ἐργαζόμενοι καὶ λαφυραγωγοῦντες τὰ κύκλῳ καὶ πᾶν τὸ προστυχὸν ληϊζόμενοι καὶ τὴν ῥωμαϊκὴν γῆν τοῖς αἵμασι τῶν Αὐσόνων πιαίνοντες. Διὸ καὶ συνηναγκάσθη πάλιν ὁ βασιλεὺς κατὰ τῶν βαρβάρων ἐλάσαι στρατιὰν ἀξιόμαχον· καὶ συνελθούσης αὐτῆς καὶ τοῖς ἐναντίοις ἀντιπαραταξαμένης, μάχαι | συνεχεῖς καθ' ἑκάστην ἐγίνοντο, ποτὲ μὲν τούτων, ποτὲ δ' ἐκείνων προαρπαζόντων τὴν νίκην. Ἐπεὶ δ' ἰσοπαλὴς ἐδόκει, μᾶλλον δ' ἡ τῶν Σκυθῶν ἐπιφορὰ προτεροῦσα, χωρὶς ἥττης θατέρου τῶν ἀντιτεταγμένων ἀπ' ἀλλήλων εὐθύς, ὥσπερ ἀπὸ συνθήματος ἄνευ διωγμοῦ καὶ φυγῆς ἀπηλλάγησαν.

nature. Their leaders were sent to the emperor while the rest remained in their encampments, unharmed.

When the pestilence abated, like snakes warmed up by 3
the heat they began to move again with vigor and gave the appearance of possessing a strength that could not easily be subdued. The emperor's plan was to send their leaders back in the hope that they might bring their people to their senses. He had honored them with the rebirth of holy baptism and the greatest gifts, and hoping to use them to avert war, or so he thought, he spared their lives and restored them to their own clans. But he realized then that it is utterly pointless to "try to paint the Ethiopian white"[59] and that "to benefit a bad man is like feeding a snake." Grace is unlikely to engender goodwill from either one. For once they returned to their own people, they behaved again in accordance with its customs, and would not cease their provocations. They made continual raids and ravaged the lands all around, plundering everything in their path and drenching Roman land with the blood of the Ausones.[60] So the emperor was yet again forced to send a formidable army against the barbarians. When it was mustered and arrayed against the enemy, battles [32] began to take place on a daily basis, and victory would go alternately to one side and then to the other. As they seemed to be evenly matched, or rather the Skythians seemed to have the advantage, both sides withdrew as if by some arrangement, though neither had been defeated, nor was there a rout and pursuit.

4 Ἔγνω τοίνυν ὁ βασιλεὺς προσθήκην ἐμποιῆσαι τῇ στρατιᾷ διὰ τῶν ἑῴων ταγμάτων καὶ οὕτω τὴν σκυθικὴν κατεργάσασθαι παντευχίαν. Διαβιβάζει τοίνυν εἰς Εὐρώπην ἐκ τῆς Ἀσίας τοὺς στρατευομένους πασσυδίᾳ καὶ πολλαπλασιάσας τὸ πλῆθος τοῖς Σκύθαις ἐπαφῆκεν, ὁμοῦ ἀρχηγὸν αὐτοῖς ἐπιστήσας εὐνοῦχόν τινα τῶν ἱερωμένων, τῷ τοῦ ῥαίκτωρος τιμήσας αὐτὸν ἀξιώματι, ὃς τὰς δυνάμεις ἀναλαβὼν κατὰ τῶν ἐναντίων ὁμόσε χωρεῖ. Καὶ πρὸ τοῦ χάρακα βαλεῖν καὶ στρατοπεδεύσασθαι καὶ βουλὰς στρατηγικὰς προσλαβεῖν καὶ συμβαλεῖν τὰ προσήκοντα, κατὰ μέτωπον τοῖς ἐναντίοις ὡς εἶχε φόρτου καὶ συσκευῆς ἀγοραστικῆς ἐπιφαίνεται, σπεύδων αὐτός τε καὶ οἱ σὺν αὐτῷ καταλαβεῖν τοὺς ἀντιτεταγμένους πρὸ τοῦ φυγεῖν καὶ πανωλεθρίαν τούτων ἐργάσασθαι. Ὡς δ᾽ ἐκεῖνοι περιτετειχισμένοι ταῖς ἁμάξαις τὴν ἔφοδον αὐτῶν ἐξεδέχοντο, δρόμῳ καὶ βοῇ πολλῇ τῇ παρεμβολῇ τούτων τῶν ῥωμαϊκῶν φαλάγγων τινὲς προσέβαλον, οἱ δὲ βέλεσιν ἑκηβόλοις χρησάμενοι καὶ τοὺς ἵππους αὐτῶν πληγαῖς θορυβήσαντες, | αἰσχρῶς τούτους φυγεῖν συνηνάγκασαν, εὐλαβουμένου τούτων ἑκάστου ἵνα μὴ τὸν βίον ἀποβάλῃ πληγῇ ἀπροόπτῳ καὶ συμπατηθῇ τοῖς συντρέχουσι. Δευτέρας δὲ συμβολῆς γενομένης ὡς τὴν ὁμοίαν ἐκτροπὴν οἱ Ῥωμαῖοι πεπόνθασιν, εὐθὺς φευγόντων οἱ Σκύθαι τούτων ἐξήρτηντο· καὶ τῇ ἀταξίᾳ τοῦ πλήθους τῶν στρατιωτῶν συμμιγέντων, τῶν τε τῆς ἑσπέρας στρατιωτῶν μήδ᾽ εἰς χεῖρας ἐλθεῖν καὶ τὴν ἧτταν τῶν συμμάχων ἀνασχομένων ἀνακαλέσασθαι διὰ τὸ παρευδοκιμηθῆναι περὶ αὐτὴν τὴν ἡμέραν τῆς προκατάρξεως, παντελὴς τροπὴ τῶν

CHAPTER 7

The emperor then decided to reinforce the army from the eastern units and in this way to suppress the Skythian army. He quickly transported soldiers from Asia to Europe to augment his host and sent it against the Skythians. As its commander he appointed a eunuch priest,[61] honoring him with the rank of *raiktor.* The latter gathered his forces and marched against the enemy. Yet before establishing a perimeter trench and a proper camp, or forming a war strategy and arranging what was necessary, he simply charged the enemy head-on, his soldiers burdened still with their gear and supplies. He and his advisers were in a hurry to overtake the enemy before they had the chance to flee and thereby wreak havoc upon them. As the Skythians received the attack behind a wall of their wagons, some of the Roman phalanxes charged their camp at a run and with a great roar. But the enemy took aim with their bows and wounded the Roman horses, [33] which caused them to panic and flee shamefully, as each man was taking care not to lose his life to an attack that came out of the blue or be trampled by those fleeing beside him. A second clash ensued and the Romans suffered the same reversal as before, with the Skythians pursuing them as soon as they fled. In all the chaos of so many soldiers jostling together, the soldiers of the west dared not to close with the enemy and prevent the defeat of their comrades because they had been slighted on the day when the battle had begun. And so the Roman army was utterly routed 4

ῥωμαϊκῶν δυνάμεων γίνεται καὶ φόνος τούτων ὅσος ἀμύθητος. Οἱ δὲ περισωθέντες τὰς πανοπλίας ἐκδύντες καὶ καταβάντες τῶν ἵππων, εἰς ὕλας τε βαθείας καὶ κρημνοὺς ἑαυτοὺς συνωθήσαντες, μόλις εἰς τὰ ἑαυτῶν ἀνεσώθησαν. Τοιαύτης δὲ τετυχηκότες οἱ Σκύθαι τῆς εὐτυχίας καὶ πολλῶν σωμάτων καὶ χρημάτων γενόμενοι κύριοι καὶ αὐχήματος μεγάλου πληρώσαντες ἑαυτούς, οὕτως ἐμβάλλουσιν εἰς τὴν Μακεδονικὴν καὶ κατατρέχουσι πᾶσαν ὁμοῦ καὶ πλειόνων κυριεύσαντες λαφύρων, εἰς τὰς ἑαυτῶν σκηνὰς περιφανῶς ἀνασῴζονται. Τοῦτο δὲ δὶς καὶ τρισάκις πεποιηκότες, ἄμαχον ἔχειν τὴν ἰσχὺν καὶ ἀκαταγώνιστον ἔδοξαν.

5 Αὖθις δὲ περὶ Ἀδριανούπολιν συντάγματα μεγάλα παραλαβὼν ὁ τῶν Ῥωμαίων ἡγεμὼν Κωνσταντῖνος πραιπόσιτος ὁ εὐνοῦχος, εἰς | τόπον ἱκανὸν καὶ τάφροις αὐτὸν ὀχυρώσας ὑποθημοσύναις Μιχαὴλ βεστάρχου τοῦ Δοκειανοῦ, ἦν ἐπιτηρῶν τὴν τῶν Σκυθῶν ἔφοδον. Δι᾽ ὀλίγου δὲ ἐπελθόντες ἐκεῖνοι, ἅπαν τὸ κατὰ πρόσωπον πεδίον ἐπλήρωσαν καὶ εἰς τὴν τῶν Ῥωμαίων παρεμβολὴν ἐπορεύοντο, πλῆθος ὄντες ὡς ἀληθῶς δυσαρίθμητον. Εἴπερ οὖν προσέσχον τότε τῇ τοῦ μαγίστρου τοῦ Ἀρριανίτου βουλῇ καὶ περιεφύλαξαν ἔνδον ἑαυτοὺς οἱ Ῥωμαῖοι κατ᾽ ἐκείνην τὴν ὥραν, εἶτ᾽ ἐπανιοῦσι τοῖς Σκύθαις ἐκ ποδὸς συνεδίωκον, ἤδη καμοῦσι καὶ κεκμηκόσι τῇ στάσει καὶ τοῖς περιδρόμοις τοῦ χάρακος, κἂν εἰργάσαντό τι ἀξιόλογον ἔργον. Νῦν δὲ ἀπαυθαδιασθέντες καὶ πρὸ τῆς πόλεως ἐμβαλόντες αὐτοῖς ἐν τόποις ἠροτριασμένοις καὶ ἀμπελῶσι καὶ φραγμοῖς κατεσπιλωμένοις, ὀλίγον ἐδέησαν ἀποβαλεῖν

and its soldiers massacred in numbers beyond counting. The survivors shed their armor, dismounted, and forced their way into deep forests and steep gullies, and barely managed to reach safety. Such was the victory of the Skythians, who thereby acquired many prisoners, booty, and a great source of pride. They thus invaded Macedonia and raided the whole of it at once, acquiring much plunder with which they returned gloriously to their tents. This they repeated a second and then a third time, giving the impression that their strength was invincible and irrepressible.

The leader of the Romans, the eunuch Konstantinos the 5
praipositos, again took command of large musters of the units near Adrianople, assembling them in [34] a suitable location which he fortified with trenches, following the recommendation of the *vestarches* Michael Dokeianos, and there he watched for the next raid of the Skythians.[62] Not long afterward they arrived, filling up the entire field that faced the Romans and moving toward their camp in numbers that were truly beyond counting. And if the Romans had then paid heed to the advice of the *magistros* Arrianites[63] and guarded themselves inside their camp at that moment and pursued the Skythians closely from behind when they were on their return journey and already tired and weary from standing at their position and circumventing the trench, then they might have accomplished something noteworthy. As it was, however, they recklessly attacked them before the city in cultivated fields broken up by vineyards and fences. They came close to losing their very encampment, for they

καὶ τὸν χάρακα, ἡττηθέντες ἄρδην τῇ τῶν ἐναντίων ἐπιφορᾷ. Ἔπεσον δὲ καὶ οἱ τῶν ἡγεμόνων ἐπιφανέστατοι, αὐτός τε ὁ Ἀρριανίτης καὶ ὁ Δοκειανός, ὁ μὲν ὑσσῷ βληθείς, ὁ δὲ ζωγρείᾳ ληφθείς. Ἀχθεὶς δὲ πρὸς τὸν τῶν Σκυθῶν ἀρχηγόν, μηδὲν ὑποπτήξας ἁρπάζει ξίφος ἀγχοῦ που κείμενον καὶ παίει τοῦτον κατὰ τοῦ τραχήλου καὶ συναφαιρεῖται τὴν χεῖρα, λέξας· «Ἑνὸς καὶ αὐτὸς δυσμενοῦς φονεὺς γενέσθαι οὐ δέδοικα». Οἱ δὲ Σκύθαι θυμῷ ζέσαντες, διασπαράττουσι τοῦτον· καὶ τὴν γαστέρα τεμόντες τὰ ἔγκατα τούτου ἐξαιροῦσι καὶ κατατεμόντες αὐτοῦ χεῖρας καὶ πόδας ἀντεισάγουσιν ἐν αὐτῇ καὶ θνήσκει λοιπὸν τὸν εὐγενῆ θάνατον. Τῇ δ' ἐπαύριον συμβαλόντες | ἀλλήλοις κατά τινα μέρη διδοῦσι νῶτα οἱ Σκύθαι καί, πεσόντων τινῶν, οἱ λοιποὶ περὶ τὰ σφέτερα διασώζονται.

6 Ἤσχαλλε τοίνυν ὁ βασιλεὺς καὶ μηχανὴν ἐζήτει δι' ἧς ἂν ἀποκρούσασθαι δυνήσαιτο τὸ ἀντίπαλον, αὐτὸς μὲν γὰρ δι' ἑαυτοῦ τὴν ἡγεμονίαν ἀναδέξασθαι τοῦ πολέμου καὶ βουλόμενος οὐκ ἠδύνατο, νόσῳ ποδαγρικῇ περὶ τὰ ἄκρα κακῶς διακείμενος καὶ παντελῶς ἀπρόϊτος ὢν καὶ ἀντὶ ποδὸς κεχρημένος τῷ δίφρῳ, τῶν δὲ στρατηγῶν ἀνανδρίαν καταγινώσκων καὶ περὶ τὴν τῶν δεόντων διάταξιν ἄνοιαν.

7 Μίαν οὖν εὕρισκεν ἀναστολὴν τῆς συνεχοῦς τῶν βαρβάρων ἐπιδρομῆς, τὴν ἐν τοῖς φρουρίοις διανομὴν τῶν στρατιωτῶν. Καὶ οὕτω καστροφυλακοῦντας ἀποδείξας αὐτοὺς καί τινα Λατῖνον ἄνδρα, γενναῖον ἐς τὰ μάλιστα κατὰ χεῖρα καὶ νοῆσαι τὸ δέον οὐδενὸς ἧττονα, τούτοις ἀρχηγὸν ἐπιστήσας, ταῖς τῶν ἐναντίων ἐφόδοις ἐφεδρεύειν

were roundly defeated by the enemy charge. The most prominent men among the leaders were killed, including Arianites himself and Dokeianos, the first struck by a javelin while the second was captured. When he was led before the leader of the Skythians, without the slightest hesitation he grabbed a sword that was lying nearby and struck the Skythian's neck, severing his hand as well, saying, "I too am not afraid to kill one of the enemy myself." The Skythians then were inflamed with wrath and cut him to pieces. Slitting open his belly they pulled out his guts and replaced them with his hands and feet, which they cut off for the purpose. He, then, died a noble death. On the following day they joined battle [35] against each other and the Skythians retreated at certain points in the line; a few of them were killed and the rest returned for safety to their camp.

The emperor was distressed and sought a way to repel 6
this enemy. He could not personally take charge of the war, even had he wanted to, for he was grievously afflicted with gout in his extremities and thus entirely unable to walk; he used a carriage instead of his feet. He did, however, blame the generals for cowardice and their inability to find a proper remedy for the situation.

He could find only one way to counter the barbarians' 7
continual raiding and this was to distribute the soldiers to the various forts. He thus turned them into fortress guards and appointed as their commander a certain Latin, who was extremely brave in battle and second to none in understanding what had to be done.[64] He ordered them to watch

πεποίηκεν. Ἐπιτηροῦντες τοίνυν αὐτοὺς ἐν ταῖς ἐκδρομαῖς καὶ ταῖς διαρπαγαῖς τῶν ἐπιχωρίων, κατὰ μοῖραν ἐξιόντες ἀθρόον τῶν πόλεων καὶ τούτους σποράδας καταλαμβάνοντες, τήν τε λείαν ἀφῄρουν καὶ πολλοὺς ἀνῄρουν καὶ ζωγρείᾳ ἐλάμβανον. Τούτου δὲ γενομένου καὶ φόβου κατασχόντος τοὺς ἐναντίους, ἀναστολὴν ἔλαβε τὸ δεινὸν τῆς ἐπιδρομῆς καὶ οἱ ἐντὸς τῆς Σιδηρᾶς λεγομένης ἄνεσιν τῆς συνεχοῦς καταδρομῆς εἰσεδέχοντο. Ἐν τοσούτῳ δὲ τοῦ θύραθεν λωφήσαντος μαχησμοῦ, | ἀνεθάρρησε τὸ Ῥωμαϊκόν. Καὶ ὁ βασιλεὺς τῶν ἐπὶ τῆς αὐλῆς ἕνα στρατηγὸν ἀναδεδειχώς, τούτῳ τὰς ἑσπερίους δυνάμεις εὐθὺς ἐνεχείρισε καὶ ὃς κατὰ τὸ φρούριον τῆς Χαριουπόλεως γεγονώς, ἐκτὸς ταύτης τὸν χάρακα τίθεται. Μαθὼν οὖν ὡς πλῆθος οὐκ εὐαρίθμητον Σκυθῶν ἄρτι προσβαλὸν τὰ περὶ τὴν Χαλκίδα καὶ Ἀρκαδιούπολιν καὶ ὅσα δυσμικώτερα τούτων ληΐζεται, ἄρας ἐκεῖθεν πανστρατιᾷ τοῖς βαρβάροις καταπληκτικῶς ἐπιφαίνεται· καὶ τὰς φάλαγγας ἐκτάξας πολεμικῶς καὶ θαρρεῖν παρεγγυησάμενος ἅπασι, ἀπὸ ῥυτῆρος ἤλαυνε κατ᾿ αὐτῶν. Οἱ δὲ πρὸς καιρὸν ἀντισχόντες καὶ τὴν μάχην ἐπισυνάψαντες καὶ εἰς ἀλκὴν διερεθίσαντες ἑαυτούς, τῶν Ῥωμαίων ἐπικειμένων καὶ πολλοὺς ἀναιρούντων, εἰς φυγὴν καὶ ἄκοντες ἔνευσαν· καὶ τῆς διώξεως ἐπὶ πολὺ γενομένης, συχνοὶ τῶν Σκυθῶν ἔπεσον. Εἶτα καὶ λόχοι τούτων ἀθρόον τοῖς ἐπὶ τῆς οὐραγίας ἐπιχυθέντες, καὶ αὐτοὶ τῇ φορᾷ τῶν ἐλαυνόντων ἡττήθησαν καὶ πάντες ὁμοῦ συνεδιώχθησαν ἄχρι τοῦ Ῥεντακίου βουνοῦ καὶ εἰ μὴ τοῖς δρυμοῖς καὶ ταῖς νάπαις κατέφυγον, κἂν ἔκειντο πάντες τῆς ῥωμαϊκῆς μαχαίρας γενόμενοι παράναλωμα.

vigilantly against the enemy's raids. So they monitored the Skythians' raids and plundering expeditions against the various localities and, when they saw them dispersed in small groups, they would suddenly rush out of the cities in formation, retrieve the loot, kill many of them, and take others prisoner. This tactic caused the enemy to be filled with fear and so the terrible raiding was suspended and the people living inside the so-called Iron Gates received some relief from the continual attacks.[65] The foreign war subsided to such a degree [36] that the Roman world regained its spirit. The emperor appointed a general from among his courtiers, entrusting the western armies to him.[66] This man went to the fort of Charioupolis and made his camp outside of it. Learning that a prodigiously large host of Skythians had just invaded the region of Chalkis and Arkadioupolis and was plundering it along with the districts to its west, he departed from there with his entire army and suddenly fell upon the barbarians. He arrayed his phalanxes for battle, exhorting his men to be brave, and charged the enemy at full gallop. For a while they held their ground and joined battle, working up a fierce resistance. But the Romans pressed hard and killed many of them, and so the Skythians turned to flight, much against their will. The pursuit stretched out and the Skythians fell in droves. Moreover, some of their bands that suddenly fell upon the Roman rear guard were also defeated by the momentum of that Roman offensive, and on all sides they were driven together to Mount Rentakios.[67] Had they not fled into the forests and vales, they might all have been butchered by the Roman swords.

8 Τοῦτον δὲ τὸν τρόπον προτερησάντων τῶν Ῥωμαίων, μετὰ χρόνον τινὰ φήμη τις ἐπιτρέχει τοὺς Σκύθας λέγουσα μετὰ δυνάμεως ἱκανῆς παρεμβαλεῖν εἰς τὸν Τοπλιτζόν, τόπος δὲ οὗτος οὐ μικρὸν ἄποθεν τῆς Ἀδριανουπόλεως κείμενος. | Συναγαγὼν οὖν ἅπαν τὸ στρατιωτικὸν ὁ δηλωθεὶς στρατηγός, τῶν σημείων ἀρθέντων, χωρεῖ πρὸς τὴν ἄμυναν· καὶ περιτυχὼν κατεστρατοπεδευμένοις αὐτοῖς μάχῃ καὶ τούτων ἐκράτησε καὶ τὸν ὅμοιον τρόπον αὐτοὺς διαθείς, τούς τε πεσόντας ἐσκύλευσε καὶ μετ᾽ ἐπινικίων εἰς τὴν σφετέραν ἐγκατεσκήνωσε. Πολλοῖς δὲ τοιούτοις ἀγωνίσμασιν ἐντὸς τῆς Σιδηρᾶς ὑπέρτερος τῶν ἐναντίων ἀποδειχθείς, πᾶσαν τὴν ἐκεῖσε γῆν τῆς βαρβαρικῆς ἐφόδου βεβαίως ἐκάθηρεν.

9 Ἐπαρθεὶς οὖν ὁ βασιλεὺς τοῖς ἐντεῦθεν ἀγωνίσμασί τε καὶ προτερήμασι, δόγμα ἵει πανστρατιᾷ τοῦτον εἰς τὴν τῶν ἐναντίων γενέσθαι παρεμβολήν, ἑτέρᾳ δυνάμει ἑῴᾳ τὴν στρατιὰν ἐξογκώσας. Ἐπιτρέπει δὲ καὶ τὸν τῶν Βουλγάρων σατράπην, ἦν δὲ οὗτος τοῖς μοναχοῖς μὲν ἐγκατειλεγμένος ἐκτομίας, δόξῃ δὲ διεπτοημένος καὶ διατοῦτο προσηλωμένος τοῖς μὴ προσήκουσιν, συνάρασθαι τούτῳ τοῦ πρὸς τοὺς ἐναντίους πολέμου. Συναγηοχὼς οὖν οὗτος τοὺς ὅλους, ἁδρᾷ δυνάμει διαβαίνει τὸν ὑπερανεστηκότα βουνὸν καὶ οἷον μεθόριον κείμενον τῆς τε Μακεδονικῆς καὶ τῶν περὶ τὸν Ἴστρον χωρῶν, ὃς καὶ Ζυγὸς διατοῦτο τοῖς ἐπιχωρίοις κατονομάζεται, καὶ στενωποὺς ἔχει πολλούς, οὓς ὁ δημώδης λόγος κλεισούρας καλεῖν παρέλαβε, καὶ περὶ τὴν Μεγάλην Πραισθλάβαν διημερεύσας, τὰ

Some time after the Romans had prevailed in this way a report arrived that the Skythians had encamped with a large force at Toplitzos, a place not far from Adrianople.[68] [37] The aforementioned general assembled the entire army, raised the standards, and set out to confront them. He found them in their camp, defeated them too in battle, and treated them in the same way. He despoiled the dead and returned to his own camp, his men singing victory songs. During the course of many similar operations within the Iron Gates, he managed to prevail over the enemy, ridding that entire area of barbarian raids and making it secure.[69] 8

The emperor grew confident from all these battles and victories and sent the man orders to attack the enemy's camp with the entire army, after augmenting it with additional forces from the east. He also instructed the governor of Bulgaria—who was a eunuch enrolled among the monks but was governed by vainglory and for this reason insisted on always making the wrong decision[70]—to assist him in the war against the enemy. So he gathered all his men and, with a powerful force, crossed the mountain range that rises up on the border between Macedonia and the Danubian lands and is therefore called Zygos by the locals;[71] it has many passes, which the popular tongue calls *kleisourai.* He 9

πρὸς τὸν πόλεμον ηὐτρεπίζετο, βουλευτήριον καθίσας καὶ περὶ τῶν εἰκότων δημηγορῶν.

10 Ὁ δὲ βασιλεὺς τὴν | τοῦ μέλλοντος εὐλαβούμενος ἔκβασιν, εἴτε καὶ συμβουλαῖς ἑτέρων πεισθείς, διὰ γραμμάτων παρῄνει τῷ ἀνδρὶ μὴ συμβαλεῖν πόλεμον, εἰ οἷόν τε ἐστί, πρᾶγμα δυσμήχανον αὐτῷ ὑποθείς, ἀγχιθύρου γὰρ τῆς μάχης καθεστώσης, ἀδύνατον ἦν ἀμογητὶ καὶ χωρὶς κινδύνου ἀπαλλαγῆναι ἐκεῖθεν. Καὶ ὁ μὲν τὸ ἧττον κακὸν αἱρούμενος, ἢ μᾶλλον εἰπεῖν ἀμφίβολον πρὸς μάχην ἑώρα καὶ δῆλος ἦν πᾶσι τοῦτο σκοπῶν καὶ διανοούμενος· ὁ δὲ τῶν Βουλγάρων σατράπης φθόνῳ κατεστρατηγημένος καὶ δόλῳ, καὶ γὰρ λέγεται μετὰ τῶν ἄλλων καὶ τοῦτο τὸ πάθος τοὺς πλείονας τῶν ἐκτομιῶν ὡς ἐπίπαν παρενοχλεῖν, προφάσεως ἐκ τοῦ βασιλικοῦ δραξάμενος ὁρισμοῦ, οὐκ ἀνίει τὴν φυγὴν ἀσύντακτον προτρεπόμενος καὶ τὸ συνοῖσον τοῖς πᾶσι τὸ ἑαυτοῦ προτιθέμενος βούλημα, ἵνα μή, φησιν, ἐπεψιθύριζε γὰρ πρὸς τοὺς παρόντας λαθραίως, τοῖς ὅπλοις τῆς ἑαυτοῦ ἡγεμονίας μέγας ὁ παρὰ βασιλέως δόξῃ πεμφθεὶς καὶ τοσοῦτον ἔργον κατωρθωκὼς ἐπιφημισθῇ καὶ καταγάγοι τὸν θρίαμβον. Ἔλαθε δὲ τὸ «ξίφος ὠθῶν» ὡς ὁ λόγος «καθ᾽ ἑαυτοῦ» καὶ τήνδε τὴν γνώμην ἀληθιζομένην δεικνὺς ὅτι «φθόνος οὐκ οἶδε προτιμᾶν τὸ συμφέρον», σκοπῶν γὰρ ὅπως ἑτέρου τὴν νίκην ἀφαρπάσῃ, περὶ τῆς ἑαυτοῦ σωτηρίας ἀπροόπτως οὐ διεσκόπησεν.

11 Ὡς γὰρ ἐκράτησεν ἡ γνώμη τούτου τὸν πόλεμον ἀπαναινομένου, περὶ λύχνων ἁφὰς αἵ τε σκηναὶ περιῃροῦντο καὶ συσκευασάμενος ἕκαστος τῆς οἴκοι | φερούσης ἥπτετο.

stationed for a day at Great Preslav to prepare for war and convened a council to debate what needed to be done.

But the emperor now [38] began to fear the outcome, or 10
was persuaded by the advice of others, and sent letters exhorting the man not to engage in battle, if that were at all possible. But this injunction was difficult for him to implement, for battle was imminent and it would have been impossible to extricate himself from there without effort and danger. He chose the lesser evil, or rather accepted the uncertainty, and looked to the battle, making it clear to everyone that this was his plan and intention. But the governor of the Bulgarians, who was already conquered by envious resentment and deceit—for it is said that most eunuchs are especially afflicted by this vice, along with the others—using the imperial missive as a pretext, he did not relent in his advocacy of a precipitous retreat, arguing that his plan was in the common interest. He secretly whispered to those who were present that the emperor's delegate should not acquire a reputation for greatness in a battle won by his own authority and, having accomplished such a feat, be acclaimed and triumph. It did not occur to him that he was, as the saying has it, "turning a sword against himself," proving that the proverb is true which says that "envious resentment doesn't even know its own good." For in trying to deprive another man of victory, with lack of foresight he took no thought for his own safety.

As the opinion of the one who wanted to avoid the battle 11
prevailed, the tents were taken down at dusk, each man packed his gear, and they took the road [39] that would lead

Οἱ δὲ Σκύθαι προεγνωκότες τὴν τῶν Ῥωμαίων προαίρεσιν παρὰ τῶν ἑαλωκότων αὐτοῖς, προκαταλαμβάνουσι τὰς ἐξόδους καὶ τούτους ἀσυντάκτους εὑρόντες, πολὺν φόνον αὐτῶν εἰργάσαντο. Καὶ κατακράτος αὐτοὺς καταγωνισάμενοι καὶ μέχρι πολλοῦ συνδιώξαντες καὶ τοὺς τούτων νεκροὺς σκυλεύσαντες, οὓς δὲ καὶ ζῶντας ἑλόντες, τὴν προτέραν ἧτταν ἀνεκαλέσαντο καὶ πρὸς εὐετηρίαν ἑαυτοὺς ἀνεκτήσαντο.

12 Ὁ δὲ τῶν Βουλγάρων ἀρχηγός, ὁ τὴν αἰτίαν τοῦ μὴ κροτηθῆναι τὸν πόλεμον συνεισενεγκὼν καὶ φθόνῳ τὸ πᾶν σκαιωρήσας τῆς χαλεπότητος, ἀγερώχῳ τινὶ καὶ θρασεῖ κατεποχούμενος ἵππῳ καὶ τοῖς τούτου ποσὶν ἀνάλωτος εἶναι θαρρῶν, περιτυγχάνει διώρυγι καὶ τοῦ ἵππου ταύτῃ ἀεροβατῆσαι οἱονεὶ βουληθέντος, ἐκτρέπεται τῆς ἕδρας αὐτὸς καὶ πτῶμα τῇ γῇ καταφέρεται δύστηνον. Καί τινες τῶν Σκυθῶν ἐπικαταλαβόντες αὐτόν, λόγχῃ τοῦτον διαχειρίζονται, πύματον ἄρτι μαθόντα ὡς ὁ φθόνος ἐξάπαντος συγκοπὴν ὑφίσται[2] περὶ τὴν γραφὴν καὶ φόνου γεννητικὸς εἴτε τοῦ γεννήτορος εἴθ᾽ ἑτέρων συνενηνεγμένων αὐτῷ καθέστηκε.

13 Τότε δὴ τότε κατὰ τὴν νύκτα τῆς ἀσυντάκτου φυγῆς ἐκ τῆς κατασκοπῆς ὁ Βοτανειάτης τὸ πραττόμενον ἀτύχημα καὶ τὰ παρ᾽ ἐλπίδα τῇ Ῥωμαίων δυσβουλίᾳ συμβεβηκότα θεώμενος, ἀνίας τε πολλῆς ἐπλήσθη καὶ τῆς κακονοίας τοὺς οὕτω συμβουλεύσαντας ἐταλάνισεν. Εἶτα τοῖς ἀμφ᾽ αὐτὸν | παρεκελεύσατο μὴ δίκην προβάτων ἀπ᾽ ἀλλήλων διασκεδασθῆναι, καθὼς οἱ λοιποὶ στρατιῶται ποιοῦντες ὀπτάνονται, καὶ νῶτα δοῦναι τοῖς πολεμίοις καὶ σκοποὺς

them home. The Skythians knew of the Romans' intentions from their prisoners and had already seized the passes. Finding them marching in disorder, they wreaked a great slaughter upon them. They defeated them utterly, pursued them for a long distance, and stripped their dead, though some they captured alive. In this way they redeemed their previous defeat and revived their spirits.

The leader of the Bulgarians, who bore the blame for the 12
fact that battle had not been joined and whose envious resentment had maliciously devised every part of the disaster, rode away on a spirited and bold horse, believing that its speed would keep him safe. He came to a ditch and when his horse decided to fly across it he himself lost his seat and the wretch hit the ground hard. Some of the Skythians caught up with him and killed him with a lance. Thus, at the very end he learned that envious resentment is always cut short, as the proverb has it, and it engenders the destruction either of the one who has engendered it or of those who accompanied him.

It was then, O then!—during the night of that precipi- 13
tous flight, that Botaneiates,[72] observing the unfolding catastrophe from his vantage point and seeing what was unexpectedly befalling the Romans because of their bad judgment, was filled with sorrow and cursed those who had recommended this bad plan. He then [40] instructed his men not to scatter like sheep, as he saw the rest of the soldiery doing, nor to turn their back to the enemy which

ἑαυτοὺς θέσθαι τῶν σκυθικῶν τοξευμάτων, ἀλλὰ παρ᾽ αὐτῷ μένειν καὶ σχολαίως ἕπεσθαι μετὰ καρτεροῦ τοῦ συντάγματος, ὡς δυναμένου τούτου τοῖς ἐναντίοις ἰσχυρῶς ἀνταμύνασθαι. Οἳ δὴ καὶ συμφρονήσαντες ἅμα καὶ τῇ ἀνδρίᾳ τούτου θαρρήσαντες, τὴν ἑαυτῶν σωτηρίαν τούτῳ καὶ τὴν εὐθυωρίαν ἀνέθεντο.

14 Ἐπορεύετο μὲν οὖν μετ᾽ αὐτῶν ὁ Βοτανειάτης, οἱ δὲ Σκύθαι πληθύν τινα ἰδόντες μικρὰν συντάξει καὶ κόσμῳ προβαίνουσαν, ἐπ᾽ αὐτὴν ἀκρατῶς ἤλασαν· καὶ πολλὰ περιιππεύσαντες τούτους καὶ νιφάδας τόξων αὐτοῖς ἐπιπέμψαντες, ὡς ἀμήχανον ἔγνων τὴν τούτων παράλυσιν, ἑαυτοὺς ἀνέλαβον ὄπισθεν. Ὁ δὲ Βοτανειάτης τὸν παραρρέοντα ποταμὸν ἐπιτείχισμα ποιησάμενος καί τινας σκοπιὰς ἀπὸ μέρους ὑπὲρ αὐτοῦ προβαλόμενος, ὡς ἂν μὴ κυκλῷτο παρὰ τῶν ἐναντίων καὶ παντελῶς ἀπείργοιτο τῆς ὁδοῦ καὶ μέσον χορείας ἀπειροπληθῶν πολεμίων ἁλίσκοιτο, προέβαινε μὲν περὶ τὰς ὄχθας τοῦ ποταμοῦ. Οἱ δὲ Πατζινάκοι πάλιν ἐπεισπεσόντες αὐτῷ, δι᾽ ὅλης ἐπολέμουν ἡμέρας, ἐν νυκτὶ δὲ πάλιν κατὰ διαδοχὰς ἕτεροι, κατατροπώσασθαι δὲ τοῦτον καὶ τοὺς περὶ αὐτὸν καὶ πεῖσαι καταθεῖναι τὰ ὅπλα οὐδαμῶς ἠδυνήθησαν. Σκοπὸν δὲ μελετήσαντες τούτους ἀνίππους ποιῆσαι, διὰ πολλῶν βελῶν μακρόθεν | ἐκπεμπομένων τοὺς ἵππους αὐτῶν κατηκόντισαν, εἰς χεῖρας αὐτοῖς ἐλθεῖν μὴ δυνάμενοι, δοκιμάσαντες γὰρ πρότερον τοῦτο πολλάκις πολλοὺς τῶν ἰδίων ἀπέβαλον παρ᾽ αὐτοῦ τοῦ Βοτανειάτου καὶ τῶν σὺν αὐτῷ διαχειρισθέντας. Ὡς δὲ τῶν ἵππων αὐτοὺς οἱ βάρβαροι ἀπεστέρησαν ταῖς ἐκ τῶν τόξων πληγαῖς, ἔμειναν μὲν πεζοὶ μετὰ τῶν ῥωμαϊκῶν

would make them easy targets for the Skythian arrows, but to stay by his side and follow him slowly as a group, keeping their regiment in order and formation so as to defend themselves vigorously against the enemy. They unanimously agreed with this, taking heart from his very manliness, and entrusted their salvation to him and their hopes for the most direct extrication from that predicament.

So Botaneiates marched with them, but the Skythians 14
noticed this small unit advancing in an orderly formation and attacked it violently. They rode circles around the group on their horses and fired swarms of arrows into it, but when they realized that they could not break it up they turned back. Botaneiates used the river flowing through that area as a defensive bulwark and advanced along its banks, placing scouts above on the opposite side so that he would not be encircled by the enemy, have his path entirely blocked off, and be caught in a swirling maelstrom of the enemy's sheer numbers. The Pechenegs again fell upon him and they fought throughout the entire day, and then at night more came against him in succession, but they were utterly unable to break him and the men with him or persuade them to lay down their arms. The Pechenegs then devised a plan to unhorse them by firing many arrows from a distance [41] at their horses, as they were unable to fight them at close quarters—for they had tried to do so earlier many times only to lose many of their men at the hands of Botaneiates and his men. As the barbarians now deprived them of their horses by wounding them with arrows, they became infantrymen

κρηπίδων, ταύτας δ᾽ ἀποτεμόντες ἐν ἐμβάδων τάξει τὰ κάτω μέρη κατέλιπον. Οὐ μὴν τὰς ἀσπίδας καὶ τὰ ξίφη ἀπέλιπον, ἀλλὰ τὴν στρατιωτικὴν ὅπλισιν ἔχοντες, οὕτω τὴν ὁδὸν καὶ τὸν πόλεμον ἤνυον, οὐ γὰρ κατέλιπον αὐτοῖς ἀνακωχὴν οἱ πολέμιοι, ἀλλὰ κατὰ διαδοχὰς πολεμοῦντες ἡμέρας τε καὶ νυκτὸς διὰ πάσης φιλοτιμίας ἐχώρουν, ὥστε πᾶσι τρόποις ὑπὲρ ἅπαν τὸ στρατόπεδον αὐτοὺς παραστήσασθαι. Ἀλλ᾽ οἵ γε πρὸς τὸν ἀρχηγὸν αὐτῶν ἀφορῶντες καὶ πρὸς τὸ θαρσαλέον αὐτοῦ καὶ ἡγεμονικὸν ἐκπληττόμενοι, μένους ἐπληροῦντο καὶ τοῦ ἀπλέτου μόχθου καὶ τοῦ συνεχοῦς πολέμου παρηγορίαν οὐ μικρὰν ἐκομίζοντο.

Τρίτην οὖν ἡμέραν οὑτωσὶ διανύσαντες ἐν πεζοπορίᾳ καὶ τῶν πολεμίων τοὺς εἰς χεῖρας ἐλθόντας πολλοὺς ἀναλώσαντες, ἵππων τριῶν ἐκυρίευσαν καὶ τούτους αὐτῷ προσήνεγκαν δυσωποῦντες ἐποχηθῆναι μόνον μετὰ δύο ὑπασπιστῶν καὶ τοῖς ποσὶν αὐτῶν πιστεῦσαι τὴν σωτηρίαν ἑαυτοῦ. Ὁ δὲ μηδὲν τοιοῦτον καταδεξάμενος, μηδὲ ῥίψασπιν ἑαυτὸν ἀποδεῖξαι μέχρις ἀκοῆς ἀνασχόμενος, πληροφορεῖ μὲν | αὐτοὺς ὡς αἱρετώτερον ἔχει θᾶττον ἁπάντων ἀποθανεῖν ἢ ψεύσασθαι τὴν ὁμολογίαν τῆς μετ᾽ αὐτῶν στερρᾶς διαμονῆς καὶ ἀθλήσεως. Οἰκείαις δὲ χερσὶ τοὺς πόδας ἀποτέμνει τῶν ἵππων· καὶ μέχρι τέλους ἀγωνίσασθαι τὸν περὶ ψυχῆς ἀγῶνα πᾶσι κατεπηγγείλατο καὶ τοῖς πολεμιωτάτοις ἀμύνασθαι καὶ μὴ διαρραγῆναι τῆς συνοδίας αὐτοῦ. Οἱ δὲ τὸ θάρσος αὐτοῦ καὶ τὸ τῆς εὐγενοῦς ἀνδρίας ὑπερφυὲς ἀγασθέντες καὶ τὴν τῆς γνώμης εὐθύτητα καὶ τὴν ἄγαν εὐτολμίαν καὶ στερροτάτην πίστιν

in their Roman boots, which they now cut down for marching, keeping only their lower portions. They did not discard their shields and swords but kept all their military-issue weapons, and continued on with the marching and the fighting. For the enemy gave them no respite but came against them in successive waves both day and night, trying earnestly and in every way to defeat them more than the entire rest of the army. But those men looked up to their commander and were amazed at his valor and leadership, drawing strength from it and no small relief in the midst of all that immense toil and continuous fighting.

After marching for three days on foot under these conditions, they killed many of the enemy who engaged in close combat and captured three horses. These they led to him and implored him to mount one himself, give the others to two bodyguards, and entrust their salvation to their swift hooves. But he absolutely rejected this and refused to even listen to the notion that he might show himself to be craven in battle; in fact, he informed [42] them that he would rather die before any of his men than break his promise to firmly stand by their side and fight. With his own hands he then cut off the horses' feet, and exhorted all the men to fight to the very end for the sake of their souls, to repel the enemy, and not to break from the formation he was leading. They admired his boldness and in awe praised the magnificence of his noble valor, the frankness of his character, his great 15

ἐκπληκτικῶς ἐπαινέσαντες, εὐέλπιδες ὄντως γεγόνασι τοῦ μηδέν τι παθεῖν ἀνήκεστον, τοιοῦτον ἀρχηγὸν κεκτημένοι καὶ τοῦ πολέμου καὶ τῆς ὁδοῦ προσεξάρχοντα.

16 Ἔκτοτε οὖν ἐπὶ ἐννέα ἡμέρας καὶ τοσαύτας νύκτας οὐ διέλιπον οἱ πολέμιοι περιιππεύοντες αὐτοὺς καὶ καθυλακτοῦντες καὶ τόξοις βάλλοντες, οἱ δὲ τὰς ἀσπίδας προτείνοντες, ἐδέχοντο μὲν τούτων τὰ βέλη καὶ ἀπεκρούοντο, ἐχόμενοι δὲ τῆς ὁδοῦ, εἴ τινας εὗρον ἔγγιστα τούτοις παραπελάζοντας, στερροτέραις πάνυ κατεπόνουν πληγαῖς. Καὶ περιέστη τῷ Βοτανειάτῃ μετὰ τῶν ἀμφ᾽ αὐτὸν ὁ τοῦ πολέμου καὶ τῆς ὁδοῦ κάματος εἰς ὅλας ἡμέρας ἕνδεκα καὶ νύκτας ἴσας, πρᾶγμα μήτε τοῖς παλαιοῖς ἐκείνοις καὶ ᾀδομένοις εἰς ἀνδρίας ἐπίτασιν μήτε νέοις ἔν τε Ῥωμαίοις καὶ Πέρσαις καὶ λοιποῖς ἔθνεσι κατορθωθέν τε καὶ τολμηθέν. Ὁ γὰρ πόλεμος καὶ ἡμίτομον ἡμέραν τινὶ προσγενόμενος παραλύειν οἶδεν αὐτὸν καὶ ἀνάλκιδα τίθεσθαι, | καὶ ταῦτα ἱππότην ὄντα καὶ τοῖς ποσὶ μὴ ὀκλάζοντα, τὸ δὲ διὰ τοσούτων ἡμερῶν πεζῇ βαδίζειν καὶ πολεμεῖν καὶ μηδὲ νυκτὸς ἠρεμίαν ἄγειν, οὐδείς πω τῶν ἁπάντων ἀκοαῖς ἔλαβεν, εἰ μὴ ἐπὶ τοῦδε τοῦ ἀνδρὸς ὑπερφυῶς ἐθαυματουργήθη. Ὡς δ᾽ ἀπέκαμον οἱ πολέμιοι καὶ τῇ Ἀδριανουπόλει πλησιάζειν ἐπέγνων, ὀπίσω ἑαυτοὺς ἀνελάμβανον, θαῦμα καὶ οὗτοι τὴν καρτερίαν αὐτοῦ καὶ ἀνδρίαν ὡς ἀνεκδιήγητον λογιζόμενοι, ὅθεν καὶ πολλοὺς συνέβη τῶν φευγόντων Ῥωμαίων ἐκ τῆς τοιαύτης τῶν βαρβάρων σχολῆς τὰς τούτων χεῖρας διαφυγεῖν.

17 Ἔκτοτε τοίνυν οὐδεμίαν ἀξιόλογον δύναμιν ὁ βασιλεὺς ἔγνω κατὰ τῶν ἐναντίων ἐκπέμπειν, ἅμα μὲν τοῖς

daring, and his unshakeable faith, and began to believe that they might just escape unscathed, having such a captain in war and leader on the march.

From that point on and for nine days and as many nights 16
the enemy cavalry did not cease to ride in circles around them, barking at them like dogs and shooting them with bows. But they held up shields to defend against the arrows and deflect them. Keeping to the road, when they found some of the enemy drawing near, they struck them down with devastating wounds. So the whole ordeal of marching and fighting on the road for Botaneiates and his men lasted the whole of eleven days and nights, something never before accomplished or even attempted, neither among those ancients, so renowned in song for the intensity of their bravery, nor among the moderns, whether Romans, Persians, or any other nation. For battle, even when it lasts for only half a day, exhausts the warrior and makes him weak, [43] and that when he is mounted and does not have to rest his legs. But to walk on foot for so many days while fighting and not have any rest at night, well, no one would have ever heard of such a feat if it had not been accomplished in the case of this man through supernatural assistance. When the enemy grew tired and realized that they were nearing Adrianople, they turned back, and they too came to the conclusion that that man's endurance and manliness were an indescribable miracle; and because the barbarians eased up in this way, many fleeing Romans escaped falling into their hands.

After this the emperor decided to send no more substan- 17
tial forces against the enemy, as his soul was pierced by these

παραδείγμασι βαλλόμενος τὴν ψυχήν, ἅμα δὲ καὶ λόγον θρυλλούμενον προσιέμενος ὡς τὸ θεῖον οὐκ ἐπινεύει τὸ ἔθνος ἡβηδὸν κατακεντηθῆναι καὶ γλῶσσαν μίαν τῶν ἀπηριθμημένων σχολάσαι. Προελομένων δὲ τὴν εἰρήνην αὐτῶν, προσίεται τούτους ὁ βασιλεὺς καὶ σπονδαῖς τὸν πόλεμον καταθέμενος, συλαγωγεῖν ἤρξατο τὰς εὐνοίας αὐτῶν καὶ τοῖς ῥωμαϊκοῖς δώροις καὶ ἀξιώμασι καταμαλάττειν τὸ βαρβαρικὸν αὐτῶν καὶ ἀτάσθαλον ἦθος.

8

Κατὰ δὲ τοὺς αὐτοὺς χρόνους Οὖννοι Νεφθαλῖται, Περσῶν ὅμοροι, οὓς τῆς Περσίδος ὁ Γάγγης ἀποτειχίζει ποταμός, | τέσσαρσι πρὸς τῷ ἡμίσει μιλίοις τὸ εὖρος ἀποτεινόμενος, ἐν τοῖς στενωτέροις αὐτοῦ διαβήμασι διαπεραιωθέντες τὸν ποταμόν, ἡγεμόνος αὐτοῖς ἀνεῳξαντος τὴν ὁδόν, ὃς προειλημμένος καὶ ταπεινῇ τύχῃ συμπεπορισμένος καὶ δουλικῇ, μετὰ τελευτὴν τοῦ κρατοῦντος δεσπότου τῆς Περσικῆς γέγονεν ἐγκρατής. Καὶ ἀκαταμάχητον σθένος οἷον τοῖς ἐκεῖσε πᾶσιν ἐναποδείξαντες πρὸς ἀνίσχοντα ἥλιον, τοῖς ἰβηρικοῖς ὁρίοις προσήγγισαν καὶ καταδραμόντες πλείστην ὅσην ἠδύναντο, ἀρχηγὸν τῶν Ῥωμαίων

precedents and at the same time he took to heart the saying that is bandied about, that God would not allow this nation to be cut to pieces from its youth up, nor any of the languages of this world to become extinct. And when they chose to make peace, the emperor agreed and ended the war with treaties. He began to try to win their favor and to soften their barbaric and insolent character by bestowing Roman gifts and titles upon them.

Chapter 8

The rise of the Seljuks (after 1045)

During those same years, the Nephthalite Huns, neighbors of the Persians, who are separated from the land of Persia by the Ganges River,[73] [44] which is four and half miles wide, crossed the river at its narrowest crossing point, when their leader showed them the way. This man, though he had previously been a captive and came from a humble and servile origin, became the lord of Persia after the death of its ruling despot.[74] Making a display of their unconquerable strength to all the people in that part of the east, they approached the borders of Iberia.[75] They raided as much of the territory there as they could and captured the local Roman

ζωγρείᾳ εἷλον, τὴν ἀρχὴν περιεζωσμένον τῶν τῆς Συρίας, Λειχούδην ἐπικαλούμενον, καὶ συνεχεῖς ἐκδρομὰς ἐπετείους τὸ ἔθνος ποιούμενον· οὐκ ὀλίγα τὴν ῥωμαϊκὴν κατέβλαπτε γῆν. Ἀντιπαραταττόμενοι δὲ τούτοις οἱ τῶν ἄκρων ἐπιστατοῦντες Ῥωμαῖοι, τὴν ἧττω πως ἀπεφέροντο, τόξων εὖ εἰδότων τῶν ἐναντίων καὶ κατὰ σκοπὸν βαλλόντων οὐχ' ἥκιστα καὶ τοὺς ἀντιτεταγμένους ἐκδειματούντων ταῖς ἐκηβόλοις πληγαῖς, διὸ καὶ ἀνενδότως κατέτρεχον πᾶσαν τὴν Ἰβηρικήν, πολίχνια καὶ κώμας ἁρπάζοντες καὶ μεγίστας ἀνατρέποντες πολιτείας καὶ χώρας ἀναστάτους ποιούμενοι. Συνηνέχθη δὲ ταῦτα διὰ τὴν τοῦ βασιλέως ὕστερον πλεονεξίαν, στρατεύματος γὰρ ἀξιομάχου τὴν Ἰβηρικὴν περιέποντος καὶ ὀψώνιον ἔχοντός τινας τῶν παρακειμένων δημοσίων χωρῶν, ἀφείλετο ταύτας ὁ βασιλεύς. Καὶ παρελὼν τοσαύτην ἰσχύν, οὐ μόνον τοὺς ἰδίους ἀπέβαλε συμμάχους ἀλλὰ καὶ πολεμίους αὐτοὺς ἰσχυροὺς | ἐργασάμενος προσθήκην διὰ τούτων ἀκαταμάχητον προεξένησε τοῖς ἐναντίοις.

2 Ἐν μιᾷ γὰρ πλήθους κατὰ βασιλικὴν γνώμην στρατιωτικοῦ συναθροισθέντος ἐπὶ τῶν κατ' Ἰβηρίαν ὁρίων συνταγματάρχην ἐπίσημον ἔχοντος ὃς Λιπαρίτης ἐπωνομάζετο, συμβολὴ μεταξὺ τούτων καὶ τῶν Οὔννων καρτερὰ γίνεται καὶ μέχρι πολλοῦ τῆς μάχης καθισταμένης ἰσοπαλοῦς, τέλος οἱ ἀντιτεταγμένοι τὸ κράτος ἠνέγκαντο καὶ τοὺς Ῥωμαίους νικήσαντες, ζῶντα τὸν Λιπαρίτην κατέσχον καὶ πρὸς τὸν ἐθνάρχην αὐτῶν ὡς θήραμά τι τῶν μεγίστων ἀπήγαγον, καλεῖται δ' οὗτος σουλτάνος τῇ περσικῇ διαλέκτῳ. Ἀλλ' ὅ γε τοῦτον ἰδὼν καὶ τὸ γένος τούτου

commander, who was entrusted with the governorship of Syria, a man named Leichoudes.[76] That nation then made continual raids on an annual basis, doing no small damage to Roman territory. The Romans in charge of the borders tried to resist them but were defeated because the enemy knew well how to use the bow and hit targets accurately, which made their opponents fear the wounds inflicted by bows. And so without any restraint the Huns raided throughout Iberia, capturing towns and villages, overturning large states, and spreading turmoil throughout the land. These things took place because of the emperor's later avarice. For a formidable army used to be stationed in Iberia and drew its support and supplies from the neighboring public lands. But the emperor deprived them of this means of support, and by taking away such a great power, not only did he lose his own allies but he turned them into powerful [45] enemies, granting them to the enemy as an invincible addition.[77]

At one point, a large army was assembled by imperial order on the border of Iberia, having as its joint commander a famous man named Liparites.[78] A fierce battle was joined between it and the Huns and for a while the outcome hung in the balance, but in the end the opposing side prevailed and defeated the Romans, capturing Liparites alive and taking him, like some kind of splendid prey, to their ethnarch. He is called sultan in the Persian language.[79] But when he saw him and learned of his family—for the fame of the man's 2

μεμαθηκώς, προκατέλαβε γὰρ αὐτὸν ἡ φήμη τῆς τοῦ ἀνδρὸς γενναιότητος, ἤρετο τοῦτον ὅπως δὴ χρηστέον αὐτῷ, ὁ δὲ βασιλικῶς ἔφη. Καὶ αὐτίκα τῆς δυστήνου τύχης τοῦτον ὁ σουλτάνος ἐλευθεροῖ καὶ πάντων ὧν κατὰ τὸν πόλεμον ἀποβεβλήκει πολλαπλασίονα τὴν ἀντέκτισιν δούς, τὴν πρὸς Ῥωμαίους οὕτω συνεχώρησεν ἔξοδον, θαυμάσας τὴν τοῦ ἀνδρὸς εὐψυχίαν καὶ τὸ τοῦ φρονήματος εὐσταθὲς καὶ θελήσας μὴ δεύτερος αὐτοῦ γενέσθαι περὶ τὸ τῆς πράξεως εὐγενὲς καὶ ἀφιλοχρήματον. Τοῦτον τοίνυν ὁ τῶν Ῥωμαίων δεξάμενος βασιλεὺς τιμαῖς τε δημοσίαις αὐτὸν κατελάμπρυνε καὶ δώροις καὶ λόγοις πανταχόθεν ἔχουσι τὸ λαμπρὸν κατεκόσμησεν, ὡς ὑπὲρ τῆς ῥωμαϊκῆς βασιλείας τὴν ψυχὴν ἀδιστάκτως προέμενον. | Ἐξ ἐκείνου τοίνυν ἀρχὴν ὁ τοῦ σουλτάνου μετὰ τοῦ Ῥωμαίων βασιλέως παρέλαβε σύλλογος καὶ παρ᾽ ἑκατέρων πρέσβεις πρὸς ἀλλήλους ἐπέμποντο καὶ δεξιώσεις ὡσαύτως τὴν φιλίαν ἀνανεούμεναι. Τὸ δὲ ληστρικὸν τῶν Οὔννων οὐκ ἔληγε τῆς ἐπιδρομῆς καὶ ἡ σκῆψις τοῦ σουλτάνου ὅτι τινὲς τῶν ἐπὶ τῆς ληστείας οὐδ᾽ αὐτῷ γινωσκόμενοι τὴν ἔφοδον δίκην ἀγρίων λύκων πεποίηνται.

3 Πρὸ δὲ τῆς τοῦ βασιλέως τελευτῆς αὐτὸς ὁ σουλτάνος μετὰ τῆς παρασκευῆς ἁπάσης τῆς πολεμικῆς ἐξιών, ἔγνω τὴν πόλιν τὴν Μαντζικίερτ πολέμῳ καθελεῖν τε καὶ παραστήσασθαι· καὶ προσβολὰς ἐνεργεῖς κατὰ τῶν τειχῶν ποιησάμενος, οὐδὲν ὧν ἤλπισεν ἔδρασεν, ὁ γὰρ τῶν Ῥωμαίων ἡγεμὼν Βασίλειος οὗτος ὁ ἐπικεκλημένος Ἀποκάπης ἐρρωμένως ἀντιταξάμενος τὰς μηχανὰς ἀπεκρούσατο. Μιᾷ δέ τινι τούτων πολλοῖς ἀνδράσι δυναμένῃ λίθον

bravery had preceded him—he asked him how he thought he should be treated. And he said, "Royally." Whereupon the sultan freed him from his wretched condition, compensated him many times over for all that he had lost in the war, and allowed him to take the path of return back to the Romans, for he admired the man's valor and the firmness of his character, and did not want to appear to be second to him in the nobility of his deeds and his indifference to money. The emperor of the Romans received Liparites and adorned him with public honors, gifts, and words of praise splendid in every way, as he had unhesitatingly risked his life on behalf of the Roman Empire. [46] It was from that moment on that formal relations began between the sultan and the emperor of the Romans: they exchanged embassies and gifts and so renewed their friendship. But the raiding did not stop because of the Huns' rapacious nature, though the sultan excused himself by saying that not even he knew the identity of these plunderers who, like wild wolves, were making the raids.

Before the death of the emperor, the sultan set out with a 3
fully equipped army as he had decided to attack and seize the city of Mantzikert by force.[80] He made vigorous assaults against the walls, but accomplished nothing of what he had hoped, for the commander of the Romans, Basileios, who was surnamed Apokapes, resisted him energetically and repelled the siege engines. But one of those engines was capable of launching a huge rock at a group of many men and

μεταρριπίζειν ὑπερμεγέθη καὶ πᾶσι τοῖς δεχομένοις αὐτὸν ἀπροσμάχητον, δυσχερῶς ἔσχεν ἀντιστῆναι καί τι δραστικώτερον πάλιν ἀντιτεχνάσασθαι, οὔτε γὰρ ἀσπὶς οὔτε πέλτη οὔτ᾽ ἔπαλξις οὔτε στερρότης τειχῶν τῇ ῥύμῃ τοῦ πεμπομένου λίθου παρὰ τοῦ μηχανήματος ἀντιταχθῆναι ἠδύνατο. Ἀλλ᾽ ὁ πάντα δυνάμενος καὶ μετασκευάζων πρὸς τὸ συμφέρον Θεός, ὁ τὸ χριστιανικὸν φῦλον περιέπων ἀεί, τινὶ τῶν Λατίνων ἰσχὺν καὶ βουλὴν ὑπερτέραν ἐννοίας ἐνέπνευσε. Καὶ λαβὼν οὗτος ἄγγος τι φέρον ἔνδον τοῦ μηδικοῦ πυρὸς συσκευήν, τῆς τοῦ | ἄστεως πύλης δρομαῖος ἐξήλασε καὶ καθιεὶς ἑαυτὸν εἰς μέσους τοὺς ἐναντίους, πῦρ τε τῷ στόματι τοῦ ἄγγους ἐναπερείσας, τοῦτο συντρίβει πρὸς τὸ μηχάνημα. Καὶ αὐτίκα πῦρ ἀναφθὲν ἅπαν ἐξέλειξε καὶ κατενεμήσατο, συνήρτηντο γὰρ αὐτῷ καί τινα πέπλα τὰς ἀπὸ τῶν τειχῶν ἀποτειχίζοντα προσβολάς. Καὶ παλίνορσος ὁ Λατῖνος πρὸς τὸ ἄστυ γενόμενος, ἀθιγὴς ἐρρύσθη τῆς τῶν ἐναντίων χειρὸς καὶ καταδιώξεως. Ἐκ τούτου δυσχεράνας ὁ πολεμήτωρ καὶ πολλὴν εὐήθειαν τῶν κατ᾽ αὐτὸν κατεγνωκὼς ὅτι τῶν Ῥωμαίων ἀνανδρίαν καταψηφίζονται τοσούτων ὄντων τὴν ἀρετήν, εὐθὺς ἄρας ἐκεῖθεν ἐπὶ τὴν ἰδίαν μετεστρατοπεδεύσατο γῆν.

none of its targets could do anything to defend against it. It was difficult for him to devise a stratagem by which to cope with this problem, for no shield, screen, or battlement could withstand the impact of the rock hurled by that engine, not even the mass of the walls themselves. But God, who holds the power to do all things and turns everything to our benefit, he who always protects the Christian race, inspired in one of the Latins a powerful plan of superior conception. He took a jar containing the concoction of Median fire,[81] [47] ran out of the gates of the city into the very midst of the enemy, affixed a flame to the mouth of the jar, and smashed it upon the engine. A fire immediately was kindled, ignited, and engulfed the entire engine, burning it up, for certain fabrics had also been hung from it to deflect the missiles of the defenders on the walls. The Latin returned to the city, escaping unharmed from the hands of the enemies who pursued him. Their leader was now furious and accused his subordinates of much foolishness for having thought that the Romans were cowards, when plainly they were exceptionally brave. He immediately departed from there and marched back to his own land.

9

Ἐν τούτῳ τῷ ἔτει τὸν βίον ὁ Ῥωμαίων κατέστρεψε βασιλεὺς Κωνσταντῖνος οὗτος ὁ Μονομάχος, ἐν ἰδιοκτήτοις οἴκοις καὶ μὴ τοῖς ἀνακτόροις διαζευχθεὶς τῆς ψυχῆς καὶ τῷ παρ' αὐτοῦ ἀνεγερθέντι ναῷ τὸν νεκρὸν καταθέμενος, ἀνὴρ πολιτικὸς καὶ γένους ἐπισήμου γενόμενος, δωρηματικός τε καὶ βασιλικῶς εὐεργετεῖν ἐπιστάμενος, φροντίζων μὲν καὶ τῶν ἐν πολέμοις προτερημάτων καὶ τοῖς ἐναντίοις ὡς ἐνὸν ἀντικαθιστάμενος, πλείονι δὲ ῥοπῇ τῆς τρυφῆς ἀντεχόμενος καὶ τῶν ἀφροδισίων μὴ ἀπεχόμενος. Ἔμελλε δ' αὐτῷ καὶ ἀστεϊσμῶν καὶ τῶν ἐν μίμοις γελοιασμῶν καὶ τῆς ἐπικαίρου ῥαστώνης καὶ οἷς ἡ ζωτικὴ ψυχὴ συνέζευκταί τε καὶ συνερρίζωται.

2 Οὐ | μὴν ἀλλὰ καὶ καινῶν οἰκημάτων ἐν διαφόροις τόποις κατάκτισιν ἐπεποίητο καὶ ἀνοικοδομὰς συνεχεῖς ἔχων ἐν ταύταις φροντίδας κατεκένου συχνάς. Τὸ δὲ τῶν ὅλων ἁπάντων ὑπερέχον καὶ προτιμώμενον αὐτῷ τὸ φροντιστήριον ἦν εἰς ὃ καὶ τὸ περικαλλὲς ἱερὸν ἀνηγέρθη ἐπ' ὀνόματι τοῦ ἐν μάρτυσι περιωνύμου ἁγίου Γεωργίου, οἰκοδομαῖς ἑτέραις βασιλικαῖς ἐκλελαμπρυσμένον καὶ πολλὴν ἔχον τὴν τερπωλὴν τοῖς περιέχουσι ταῦτα λειμῶσι καὶ ταῖς ἐαριναῖς πόαις, ὡς ἀνθαμιλλᾶσθαι τὰς οἰκοδομὰς

Chapter 9

Evaluating Konstantinos IX Monomachos

It was in this year that the emperor of the Romans Konstantinos Monomachos died,[82] his soul departing while he was in his private house and not in the palace. His body was buried in the church that he himself had built.[83] He came from a famous family and his background was in the civilian administration. He knew how to bestow gifts and benefit others in ways befitting an emperor. While he was concerned to secure victories in war and resist the enemy as much as possible, he much preferred the life of luxury and did not abstain from sexual gratification. He liked jokes, the slapstick of the mimes, and the indulgences of the moment, in other words things that are inseparable from, in fact rooted in, the lower, corporeal part of the soul.

Moreover, [48] he erected new buildings in various places, 2
was continuously involved in restoration activities, and consumed himself with such preoccupations. His favorite project that surpassed all the rest was the monastery in which an exquisite church was erected and dedicated to the famous martyr saint Georgios. The brilliance of this monastery was enhanced by other imperial constructions and provided much delight also with the gardens that enclosed it and its spring flowers. It was as if the buildings and the landscape

τοῖς ὑπαίθροις καὶ διὰ τῶν ἀμφοτέρων ἁρμονίαν ἡδονῆς τοῖς θεαταῖς περιγίνεσθαι. Συνῆψε δὲ τούτοις καὶ νοσοκομεῖον ἐπιμελείας ἀνάμεστον.

3 Φύσει δὲ μεγαλουργὸς ὢν καὶ βασιλικῶν χαρίτων ἀνάπλεως, καὶ ζώων ἀσυνήθεις ἰδέας τοῖς ὑπηκόοις ἐξ ἀλλοδαπῆς παρεστήσατο γῆς, μεθ᾽ ὧν καὶ τὸν μέγιστον ἐν τετραπόδοις ἐλέφαντα, ὃς θαῦμα τοῖς Βυζαντίοις καὶ τοῖς ἄλλοις Ῥωμαίοις, ὧν εἰς ὄψιν ἐλήλυθε διερχόμενος ἐχρημάτισεν. Ἔστι γὰρ μεγέθει μέγιστος, τοὺς πόδας ἔχων ἐμφερεῖς ἀτλαντικοῖς κίοσιν, ὦτα μηδὲν ἀσπίδος πελταστικῆς ἀποδέοντα, κίνησιν ἄστατον διαπαντὸς προβαλλόμενα, οὐκ ἀναιτίως μέντοι, ἀλλὰ φόβῳ τοῦ κώνωπος, πάντων γὰρ τῶν μεγίστων θηρίων κρατῶν ἐν ἰσχύϊ καὶ ἀλκιμότητι, παρὰ μόνου τοῦ κώνωπος ἡττᾶσθαι ὁμολογεῖ καὶ ὡς θώρακα τὴν τῶν ὤτων κίνησιν ἀντεπάγει αὐτῷ, τὴν προσβολὴν τούτου μακρόθεν ἀποσοβῶν, εἰ γὰρ λαθὼν κώνωψ ἐντὸς | εἰσέλθοι τῆς ἀκοῆς αὐτοῦ, τιμωρίαν αὐτῷ μεγίστην καὶ θάνατον ἐπιτίθησιν. Κέχρηται δὲ τῇ ῥινὶ ὅσα καὶ χειρί, ἔστι γὰρ τὸ μῆκος αὐτῇ κατὰ σάλπιγγα καὶ δι᾽ αὐτῆς ἅπαν ἐνεργεῖ τὸ διδόμενον· καὶ τοῖς κατὰ νῶτα καθημένοις ἡνιοχοῦσιν αὐτὸν ἀναδίδωσι καὶ τὴν τροφὴν παραπέμπει τῷ στόματι καὶ ὅπλον κατ᾽ ἐχθρῶν ἔχει καὶ ἀμυντήριον δύσμαχον. Λώροις δὲ παντοίοις ἢ χαλινοῖς οὐχ᾽ ὑπείκει ἀλλ᾽ ἡ αἴσθησις αὐτῷ τοῦ ποιεῖν ὅσα τοῖς ἡνιοχοῦσι βεβούλευται, πέλεκύς ἐστι κατὰ κρανίου φερόμενος. Χρόνοις δὲ πολλοῖς κυοφορούμενος, δέκα γὰρ ἐνιαυτοῖς τῇ μητρῴᾳ νηδύϊ καλύπτεται, τὴν τῶν ὀστῶν ἁρμονίαν σκληρὰν καὶ ἄτεγκτον πρὸς σύμπτυξιν

were rivals in beauty, and the harmony of the two elements created much pleasure in those who beheld them. To these he added a hospital on which he lavished his attention.

By nature he liked grand gestures and overflowed with imperial grace. For the benefit of his subjects he brought strange animals from foreign lands,[84] among them an elephant, greatest of all four-legged creatures and an amazing sight to the Byzantines[85] and all other Romans who happened to see him as he paraded by. For he is the greatest in size, his legs are like the pillars of Atlas, his ears are not smaller than a light infantry shield and they are always in constant motion, and not without reason, but out of fear of the mosquito. For the elephant may be the most powerful and strongest among the largest beasts, but against the mosquito alone he will admit defeat and uses the motion of his ears as protection against it, repelling its attack from afar. But if it should happen that a mosquito manages to sneak inside his ear, [49] he exacts the greatest revenge by killing him. He uses his nose as a hand. Its length is that of a trumpet and through it he accomplishes all of his tasks: he extends it to the men riding upon his back, uses it to move food to his mouth, and fight his enemies, for it provides a formidable defense. He will not tolerate any sort of straps or a bit, but his natural awareness of what his riders want him to do is like an ax brought down on his skull.[86] The years of an elephant's pregnancy are many—for ten years he is enclosed in the maternal womb—and so his bones are fitted together in a firm union and inflexible when it comes to 3

ἀποδείκνυσι, διατοῦτο καὶ εἰς γῆν κατακλιθῆναι ἀδυνατεῖ, μὴ οἷός τε ὢν τὰ ἄρθρα τῶν ποδῶν ταῖς ἁρμονίαις συνάξαι καὶ περιαγαγεῖν, ἀντὶ δὲ κατακλίσεως τὴν εἰς δένδρον ἢ χειροποίητον ξύλον ἢ τοῖχον κατὰ μίαν πλευρὰν ποιεῖται ἐπίκλισιν, ὄρθιος τούτοις ἐπερειδόμενος μόνον.

4 Ἐπὶ τούτῳ τῷ ζώῳ καὶ τὴν λεγομένην καμηλοπάρδαλιν ἐξ Αἰγύπτου πεμφθεῖσαν αὐτῷ, τοῖς πολίταις ὁ βασιλεὺς καθυπέδειξεν. Ἔστι δὲ καὶ αὕτη κατὰ τὸ ὄνομα σύνθετος, φολίδας μὲν παρδάλεως ἔχουσα, καμήλου δὲ μέγεθος σὺν τῇ κεφαλῇ καὶ τῷ ἀποτεταμένῳ καὶ λεπτῷ τοῦ τραχήλου, πλὴν ὅσον ὅτι ὁ τράχηλος αὐτῇ ὄρθιος ὤν, οὐχ ὡς τῇ καμήλῳ πεποίηται καμπυλώτατος, ἀλλ᾽ οὔτε περὶ τὸ | μέσον τῆς ῥάχεως κύρτωμά τι ἀνίστησιν, ἴσην δὲ τὴν ἀπὸ τῶν νώτων ἄχρι τοῦ οὐραίου εὐθείαν ἐνίστησιν, οὐκ ἐν ἴσῳ δὲ τῷ ὑψώματι, τὰ μὲν γὰρ πρὸς νῶτον τοῦδε εἰς ὕψος ἐπαίρεται, τὰ δὲ πρὸς ὀσφὺν ταπεινοτέραν ἔχει καὶ χθαμαλωτέραν τὴν σύνθεσιν ὡς ἐοικέναι ταύτην ἀνωφερεῖ τινι σκοπιᾷ ἐκ χθαμαλοῦ ἀρχομένῃ. Τὸ δὲ βάδισμα διάφορον τοῖς ἄλλοις ζώοις καὶ ξένον ἔχει παντάπασιν, οὐ γὰρ ὥσπερ ἐκεῖνα τοὺς ὀπισθίους πόδας ἐγείρει πρότερον εἶτα τοὺς ἐμπροσθίους, ἀλλ᾽ ἐναλλὰξ τοὺς τῆς μιᾶς πλευρᾶς δύο πόδας αἴρει τε καὶ κινεῖ καὶ αὖθις ὁμοῦ τοὺς τῆς ἑτέρας πλευρᾶς δύο πόδας ἐν ἰσοταλάντῳ καὶ κινήσει καὶ ἄρσει.

5 Τοιοῦτος δὲ κατὰ τοὺς προτέρους χρόνους τυγχάνων ὁ Μονομάχος ἐπὶ πολυειδέσιν ἁβρότησί τε καὶ θρύψεσι, πρὸ δύο τῆς τοῦ βίου καταστροφῆς ἐνιαυτῶν μεταβολὴν τῶν ἔργων ἀνυπονόητον ἐπεδείξατο, προστεθεὶς γὰρ τοῖς δεινοτέροις τῶν φορολόγων ἀνδρῶν, οὓς σεκρετικοὺς ὁ

bending, for which reason he is unable to lie down on the ground or combine motions and swivel the joints in his legs. Instead of lying down, he leans one of his sides up against a tree or a piece of wood carved for that very purpose or a wall, and supports himself upright by this means alone.

In addition to this animal, the emperor displayed before 4
his people the so-called camel-leopard,[87] which he had sent from Egypt. As its name indicates, it too is a composite animal, having the spots of a leopard but the size of a camel as well as the latter's head and thin, elongated neck, only its neck is upright and not curved like a camel's. Nor is [50] there a hump in the middle of the back, which is straight all the way to the tail. Nor is it all of the same height: its back comes up to a certain height, but its loins are lower down and closer to the ground. Its overall shape is like a hill that starts from below and rises up. Its gait is different from that of other animals and is altogether strange. For it does not lift the hind legs first and then the front ones like the other animals but lifts and moves both legs of one side and then both legs of the other side together, in alternation, producing a balanced swaying motion.

Such was Monomachos in his earlier years, enjoying mul- 5
tifarious delights and petty distractions, but two years before his death he displayed an unexpected change in behavior. He employed the most oppressive tax collectors, whom administrative jargon calls *sekretikoi,* and devised ingenious

πολιτικὸς λόγος οἶδε καλεῖν, ἄρδην ἁπάντων ζημίας ἀπροόπτους καὶ λοιπάδας μεμηχανημένας κατεσοφίσατο καὶ τοὺς βίους τῶν ὁπωσοῦν εὐπορούντων ἐκμυελίζων ἐντεῦθεν ἦν, δίκας ἀδίκους ἐπάγων καὶ καινοφανῆ ζητήματα καὶ προβλήματα. Καὶ ὁ στεναγμὸς ὅσος τῶν οὕτω ζημιουμένων καὶ καθελκομένων εἰς τὴν ἀπόδοσιν, αἵ τε φρουραὶ πλήθουσαι τῶν ἐναγομένων καὶ καθημερινὸς ὀδυρμός· τῶν δὲ πειραθέντων τοῦ ἄλγους οἱ μήπω | πειραθέντες ἐλεεινότεροι, πᾶσι τοῖς φισκοσυνηγόροις ὑποκατακλινόμενοι, καὶ ψοφοδεεῖς ὄντες καὶ τὸ ξίφος ἠρτημένον μονονουχὶ κατὰ τῆς ἑαυτῶν κεφαλῆς ὑποπτεύοντες. Ἐνέσκηψε δὲ τὸ δεινὸν καὶ ἄχρι τῶν ἀφωρισμένων τοῖς θείοις σηκοῖς καὶ φροντιστηρίοις σιτηρεσίων, πανταχοῦ τῶν ἐπαρχιῶν διαταγμάτων πεμφθέντων ἀνερευνᾶσθαι περὶ τούτων καὶ ἀνακρίνεσθαι τοὺς θεραπευτὰς τῶν ἱερῶν καὶ τῶν μὴ εὐλόγως τάχα διδομένων τὴν δόσιν ἐκκόπτεσθαι.

6 Ἐπεὶ δὲ πρὸ τῆς τοιαύτης ἐρεύνης ἔφθη τῷ χρεὼν ὁ βασιλεὺς λειτουργήσας, ἐκράτησε λόγος ἐν ἅπασιν ὅτι οὐρανία πληγὴ τοῦτον ἐκ μέσου πεποίηκε, πειρώμενον ἀλλοιῶσαι τὰ καλῶς δεδογμένα πρὸς τὴν εὐσεβῆ διανέμησιν. Ἐν δὲ τῷ τελευτᾶν ἠβουλήθη χειροτονῆσαι βασιλέα δι᾿ ἑαυτοῦ καὶ τούτῳ τὴν Ῥωμαίων ἐγχειρίσαι ἀρχὴν καὶ διὰ γραμμάτων τινὰ Πρωτεύοντα κεκλημένον πολλῇ σπουδῇ μετεπέμψατο, προέφθασε δὲ ἡ αὐτοῦ τελευτὴ τὴν ἐκείνου σπουδήν. Ἔζησε δ᾿ ὁ Μονομάχος ἐν τῇ βασιλείᾳ χρόνους δώδεκα καὶ μῆνας ἑπτά.

methods for fining everyone unexpectedly and collecting debts; he thus began to squeeze dry the rich, introducing unfair legal challenges against them based on newfangled clauses and headings. A lament rose up from all who were fined in this way and forced to pay up. The prisons became crowded with inmates and echoed with daily complaints. But those who had not yet experienced this grief [51] were even more pitiable than those who had, for they had to bend the knee to all the agents of the fisc, jumped at every sound, and all but feared that a sword had been suspended above their heads. This horrible situation affected even properties that had been set aside for the support of the holy churches and monasteries, as imperial directives were sent out everywhere to the provinces that inquiries should be made concerning these matters and that the administrators of the sacred places should be interrogated, and this for the purpose of canceling payments that were allegedly unjustified.

But when the emperor paid his mortal debt before this 6
inquiry could be concluded, a belief prevailed among all people that a heavenly blow had removed him from the scene because he had attempted to change arrangements that had been made appropriately for the distribution of wealth for religious purposes. As he lay dying, he wanted to appoint his successor and entrust the Roman Empire to him. In great haste he wrote letters summoning a certain Proteuon,[88] but he was not fast enough and death overtook him. Monomachos reigned for twelve years and seven months.

10

Καὶ αὐτίκα τῶν πραγμάτων ἐπελάβετο καὶ τῆς μοναρχίας αὐτῆς ἡ προμνημονευθεῖσα Θεοδώρα αὐγοῦστα, προαπεβίω γὰρ ἡ ταύτης αὐταδέλφη, καὶ μηδενὶ τῶν ἀνδρῶν ἐθελήσασα συζευχθῆναι μήτ᾽ ἄλλως συμβασιλεύειν, αὐτὴ μόνη διὰ τῶν θαλαμηπόλων εὐνούχων τῶν ὅλων ἀντεποιήσατο | πρὸς μικρόν· εἶτ᾽ ἀνενεγκοῦσα τῶν ἐλλογίμων ἀνδρί τινι ἱερωμένῳ τε καὶ συνέσεως γέμοντι καὶ πολυπειρίας οὐκ ἀποδέοντι, Λέων προσηγορία τῷ ἀνδρί, τὴν διοίκησιν τῶν πραγμάτων ἐπέτρεψεν. Ἐπιεικῶς οὖν οὗτος ἐν ἅπασιν ἐνεργῶν καὶ κατὰ λόγον τοῖς παρεμπίπτουσι χρώμενος καὶ τὸν νόμον ποιούμενος βούλημα, πᾶσαν εὐταξίαν καὶ εὐνομίαν πεποίηκε πολιτεύεσθαι καὶ ἀστασίαστον ἦν οὐ μόνον τὸ Ῥωμαίοις ὑπήκοον ἀλλὰ καὶ αὐτὸ τὸ ἀλλόφυλον, τοῦ Θεοῦ πάντως εὐαρεστουμένου τῇ ἀγαθοεργίᾳ τῶν πράξεων καὶ *τὰ σκολιὰ εἰς εὐθεῖαν* ἐξομαλίζοντος.

2 Τῆς δὲ τοιαύτης βασιλίσσης πρὸς τὴν ἐκεῖθεν βασιλείαν μελλούσης μεταναστῆναι, ἐμονάρχησε γὰρ χρόνον ἕνα καὶ μῆνας ὀκτώ, περὶ βασιλέως φροντὶς κατεῖχε τοὺς ἐν τοῖς βασιλείοις τὰ πρῶτα φέροντας καὶ ὡς τὸ ἀποτέλεσμα παρεστήσατο, οὐχὶ τὸν γενναίως ἀνθεξόμενον τῆς ἀρχῆς ἀναγορεῦσαι προείλοντο ἀλλ᾽ ὃς ἂν μᾶλλον ὕπτιος ἔσοιτο

Chapter 10

The sole reign of Theodora (1055–1056)

At that point the aforementioned Theodora Augusta took over the governance of affairs and even the monarchy itself, for her sister had predeceased her[89] and she did not want to marry any man nor in any other way to share power. She herself, acting alone through her eunuch chamberlains, took charge of everything [52] for a brief time, but later she delegated the administration of public affairs to a reputable man, a priest who was wise and experienced, named Leon.[90] He behaved with moderation in all things and dealt wisely with all circumstances, making the law his will. He was responsible for creating an orderly and lawful environment for political activity and there were no revolts, neither among the Roman subjects nor even among the foreigners, as God was altogether pleased with this virtuous governance and made *straight* all *that was crooked*.[91]

When the empress was about to depart to that other Kingdom, having ruled for one year and eight months, the leading officials at the court were concerned to find a successor to the throne. When the fateful event happened,[92] they decided to elevate not a man who would govern nobly but one who would bend over backward and easily be led 2

καὶ αὐτοῖς ὑποκείμενος καὶ τῇ ἀφελείᾳ καὶ ἀμελείᾳ τὴν διοίκησιν μᾶλλον αὐτοῖς ἀναθεῖναι μὴ ἰσχυρίσαιτο.

II

Ἀναγορεύουσι τοίνυν πρεσβύτην τινὰ ὀνομαζόμενον μὲν Μιχαήλ, πολιτικοῖς δὲ συντεθραμμένον ἤθεσί τε καὶ πράγμασι καὶ τὸ τοῦ στρατιωτικοῦ τηνικαῦτα διαφέροντα σέκρετον, ἁπλοῦν μὲν καὶ ἀφελῆ κατὰ τὸ δόξαν αὐτοῖς, πλεῖον δὲ τῷ γήρει τρυχόμενον καὶ διατοῦτο κοινωνοῖς αὐτοῖς τῆς βασιλείας | καὶ συνασπισταῖς ἐξάπαντος χρώμενον καὶ τοῖς ἐκείνων βουλεύμασι καὶ θελήμασι καταχρώμενον. Τῆς οὖν ἐξουσίας εἰς πολλοὺς καὶ ποικίλους διαιρεθείσης καὶ τῶν παραδυναστευόντων ἑκάστου βασιλειᾶν γαυρουμένου, πολὺς γογγυσμὸς τούς τε ἀριστοκρατικοὺς καὶ τοὺς δημοτικοὺς διὰ τὴν δημοκρατίαν κατεῖχε καὶ σύγχυσις, ἐκείνων γὰρ ἦν τὸ εὐπραγεῖν τῶν τῆς μερίδος τυγχανόντων αὐτῶν καὶ τῶν ὁπωσοῦν προσηκόντων τῷ βασιλεῖ, κἄν τε σπουδαῖον τῇ πολιτείᾳ εἰσήνεγκαν κἄν τε δεινὸν ἢ καὶ ἄπρακτον, τῶν δ' ἄλλων λόγος οὐδείς, ὅτι

around by them, and who because of his naïveté and indifference could only delegate to them the governing power.

Chapter 11

The reign of Michael VI the Old (1056–1057) and the revolt of Isaakios Komnenos

Accordingly, they elevated an old man named Michael, whose habits and experience were those of a civil bureaucrat and who happened at that time to be the director[93] of the military *sekreton.* He seemed to them to be simple and naive, but more importantly he was worn down by old age and therefore would have to share the imperial power with them, [53] employ them as his aides in every matter, and generally follow their wishes and plans. Power was accordingly divided up among many different types of people and each one of these men behind the throne put on imperial airs. There was much grumbling in aristocratic circles and among the people concerning this extension and coarsening of imperial power, and there was confusion too. For only those who belonged to this faction and were close in some way to the emperor were benefiting from this situation, regardless of whether they had done something good for the common interest, something bad, or nothing at all, and no attention

μὴ καὶ μᾶλλον ἀλαζονείας ἀλόγου καὶ κενοῦ φυσήματος ἐγίνοντο πάρεργον.

2 Ἐξ οὗ καί τις τῶν εὖ γεγονότων καὶ περὶ τὴν ἑῴαν ὀνομαστῶν καὶ γενναίων, Ἰσαάκιος ὄνομα, Κομνηνὸς αὐτῷ τὸ ἐπώνυμον, ὑβρισθεὶς παροράσει καὶ προπηλακισθεὶς ὠθισμοῖς, μεστὸς ἀνίας ἐφάνη καὶ τὴν συμφορὰν κοινοποιεῖταί τισι τῶν στρατιωτῶν. Προεξοιδούμενοι δὲ καὶ οὗτοι τῇ τῶν γινομένων ἀνωμαλίᾳ καὶ λύπῃ συγκατεχόμενοι, παρορμῶσιν εἰς τὴν ἀποστασίαν αὐτόν· καὶ κατὰ μικρὸν συμβούλους ἱκανοὺς προσλαμβάνοντες καὶ τὴν τοιαύτην μελέτην πρὸς καιρὸν ὠδινήσαντες, μετὰ τὸ τῆς βασιλίδος ἀπᾶραι, μικρὸν ὅσον διαλιπόντες ἐκρήσσουσι τὴν ὠδῖνα καὶ τοῦ κρατοῦντος μυκτῆρα καταχεάμενοι, ἐπαίρουσιν εἰς ὕψος καὶ προῦπτον τὸ μελετώμενον.

3 Πρὸ δὲ τούτων, τῶν ἀρχισυμβούλων εἷς Βρυέννιος τοὔνομα Ἀδριανουπολίτης | στρατηγὸς τῶν Καππαδοκῶν καθιστάμενος, καταδυναστεύσας ἢ μᾶλλον εἰπεῖν ἀπατήσας τὸν ἐκ βασιλέως ἀποσταλέντα πρὸς διανέμησιν τῶν στρατιωτικῶν ὀψωνίων, ἐχειρώσατο τοῦτον καὶ δεσμοῖς καθυπέβαλε. Διαναστάντων δὲ εἰς ἐκδίκησιν ἑτέρων στρατιωτῶν, τῶν τε δεσμῶν ἀνείθη οὗτος καὶ τὸν δεδεσμηκότα κατεργασάμενος, τῶν ὀφθαλμῶν ἀπεστέρησε. Φόβος οὖν κατασχὼν τοὺς τῆς αὐτῆς τῷ πηρωθέντι κεκοινωνηκότας μελέτης, ἠνάγκασεν ἁρπάσαι τὰ ὅπλα καὶ προκινδυνεῦσαι ταχέως καὶ μὴ σποράδας συλληφθῆναι καὶ παθεῖν τὰ ἀνήκεστα.

4 Γενομένης τοίνυν τῆς συγκινήσεως περὶ τὰς ἐαρινὰς τροπάς, προσέθεντο τούτοις πολλοί· καὶ καθημερινὴν

was paid to anyone else other than that they were scorned with pointless arrogance and vain conceit.

Hence one of the notables, well known and highly regarded in the east, Isaakios by name, whose surname was Komnenos, offended at this slight and insulted when he was shoved aside, was furious and shared his grievance with some of the military men. They too were already inflamed by the irregularity of the situation and full of indignation, and they incited him to rebel. In stages they took on reliable collaborators as their plan gestated for a while, and then they left the Queen of Cities. They had not gone far before they let their grievances burst forth: they heaped abuse upon the emperor, and, with their spirits elated to the heights, set their plan into motion. 2

Before that, however, one of the chief conspirators named Bryennios, a man from Adrianople [54] who was serving as general of the Kappadokians, used force—or rather more accurately deceit—to capture and imprison the man sent out by the emperor to distribute military pay.[94] But other soldiers rose up to avenge this act,[95] the man was freed from his shackles, and he overpowered Bryennios, whom he then blinded. Fear now gripped the men who belonged to the same plot as the blinded man, and it forced them to take up weapons earlier and hastily risk everything so that they would not be captured while they were still scattered and suffer the worst. 3

The revolt, then, began on the spring equinox[96] and many joined its ranks. Every day the rebellion grew, its army 4

λαμβανούσης τῆς ἀποστασίας ἐπαύξησιν, εἰς μέγα πλῆθος ἡ συνάθροισις γέγονε καὶ ἀναγορεύουσι στρατηγὸν αὐτοκράτορα τὸν ἀρχισύμβουλον Ἰσαάκιον τὸν Κομνηνόν. Μετατίθενται δὲ πρὸς τὸν ἐν τῇ Βύζαντος βασιλέα συχνοὶ τῶν ἐκ τῆς ἑῴας στρατιωτῶν· καὶ ὁ μὲν ὁ Κομνηνὸς τοὺς ἐκ ταύτης εἶχε μόνους συντιθεμένους αὐτῷ, ὁ δὲ καὶ τοὺς προσρυέντας ἐκεῖθεν καὶ πᾶσαν τὴν ἑσπερίαν δύναμιν. Εὐτρεπίσας δὲ διὰ πάντων στρατιὰν ἱκανὴν ἐκ τῆς Εὐρώπης εἰς Ἀσίαν τοὺς στρατιώτας διαπεραιωθῆναι πεποίηκε· καὶ μέχρι τῆς Νικομηδείας γενόμενοι καὶ τὰς σκηνὰς ἐκεῖσε πηξάμενοι, τὴν τῶν ἐναντίων ὑπέμενον ἔφοδον. Ὡς δ' ἔμελλεν αὕτη, προστάγματι βασιλικῷ τοῖς τῆς Νικαίας ὁρίοις προσεμπελάζουσι, προκαταλαβὼν δὲ ὁ | Ἰσαάκιος τὴν Νίκαιαν πόλιν ἐφ' ἑαυτὸν ἐπεισάγει· καὶ τῆς ἑαυτοῦ μερίδος ἀποδείξας τὸν ὄχλον, κατὰ νώτου ταύτην ἀφίησι καὶ κατὰ τῶν ἐναντίων προσωτέρω χωρεῖ.

5 Συμβαλόντες δὲ μάχην οἱ ἀντιτεταγμένοι πρὸ δέκα σταδίων τῆς πόλεως ἐν τόπῳ διττὴν ἔκπαλαι προσηγορίαν φέροντι τήν τε τοῦ Πολέμωνος καὶ τοῦ Ἅιδου, ἀγῶνα καρτερὸν συνεστήσαντο. Καὶ τὸ μὲν δεξιὸν κέρας ἔκαμνε τοῖς ἀμφὶ τὸν Κομνηνόν, ἐπὶ δὲ τοῦ ἀριστεροῦ πυκνώσας τὴν φάλαγγα διὰ τῶν εὖ γεγονότων ἀνδρῶν, ὁμόσε τοῖς ἐναντίοις χωρεῖ καὶ παλιντρόπου γενομένης τῆς νίκης, φεύγουσιν οἱ ἐκ τῆς Βυζαντίδος πεμφθέντες. Καὶ τοῦ δεξιοῦ κέρατος αἰσθομένου τὴν ἧτταν τῶν ἐναντίων καὶ πάλιν ἀναθαρρήσαντος, παντελὴς φυγὴ τοῦ βασιλικοῦ στρατεύματος γίνεται καὶ πίπτουσιν ἐξ ἑκατέρου μέρους συχνοί, τὸ δὲ πλεῖστον οἱ τὴν φυγὴν ἑλόμενοι κατεκόπησαν. Τότε

increased dramatically, and they chose as their commander in chief the leader of the revolt, Isaakios Komnenos. But many of the soldiers in the east changed over to the side of the emperor in the City of Byzas, so that Komnenos had only eastern soldiers on his side, while the emperor had the entire western force in addition to the easterners who had come over to him. Making ready from among all these forces a sizable army, the emperor had the soldiers cross from Europe to Asia. They reached Nikomedeia and pitched their tents there, awaiting the enemy attack. As that did not come, however, by imperial order they moved to the region of Nikaia. But Isaakios had taken [55] the city first and placed it under his authority; its people joined his side and, keeping the city at his back, he advanced against the enemy.

The two sides joined battle about ten stades from the city 5
at a place that has long borne two names, Polemon and Hades, and the fighting was fierce.[97] Komnenos's right wing gave ground, but he reinforced his left wing with his best men and moved to engage the enemy at close quarters there. The tide of victory now turned and the soldiers dispatched from Byzantion fled. The right wing, perceiving the enemy's defeat, revived its spirits and so the rout of the imperial army was complete. Many men fell on both sides, but most were cut down while they were in flight. And then father and son, as if forgetting their natural bonds, showed no compunction in eagerly slaughtering each other. Hands of sons

τοίνυν πατὴρ μὲν καὶ υἱός, τῆς φύσεως ὥσπερ ἐπιλαθόμενοι, πρὸς σφαγὴν ὀργᾶν ἀλλήλων οὐκ εὐλαβοῦντο καὶ δεξιὰν παῖς πατρικῷ χραίνει φόνῳ καὶ ἀδελφὸς ἀδελφῷ καιρίαν ἐλαύνει καὶ συγγενείας ἢ συμφυΐας εἴτε τῶν ὁμοφύλων ἔλεος οὐδὲ διάκρισις ἦν, ἕως τοῦ θυμοῦ καὶ τῆς βακχικῆς μανίας ληξάντων, τῆς συμφορᾶς ᾔσθοντο καὶ κωκυτὸν αἰθέριον ἤγειραν. Ἀλλὰ καὶ ὥς νικητὴς ἀναδειχθεὶς οὗτος ὁ Κομνηνὸς τὴν ἐπινίκιον εὐφημίαν κατήνεγκε καὶ σεβαστὸς παρὰ πάντων ἀναγορευόμενος καὶ περίβλεπτος πάντας ἐλπίσιν ἐπτέρου | ὡς τῶν κατὰ σκοπὸν μὴ διαμαρτήσοντας.

6 Ἠρίστευσε δὲ πλέον τῶν ἄλλων καὶ κραταιὸς ἐν τούτῳ τῷ πολέμῳ ἐδείχθη καὶ περιβόητος Νικηφόρος μάγιστρος ὁ Βοτανειάτης, ἐκ γένους ἔχων ἐπιφανοῦς τὸ ἐν ταῖς στρατηγίαις καὶ τοῖς ἀνδραγαθήμασιν ἐκδηλότατον καὶ ἐπίδοξον.

7 Τῇ δ᾽ ἐπιούσῃ τὰς δυνάμεις ἀνειληφώς, τῆς πρὸς τὴν βασιλίδα φερούσης ἥπτετο· καὶ πρὸ τοῦ τοῖς προποντίοις προσεγγίσαι τῆς Πόλεως, βουλὴ παρά τινων τῶν ἐν τέλει κατὰ τοῦ βασιλεύοντος ἐν Κωνσταντινουπόλει ἠρτύετο. Εἴτε δὲ καὶ ὁ τῆς ἀρχιερωσύνης ἔξαρχος καὶ πατριάρχης Μιχαὴλ ὁ Κηρουλάριος κεκοινώνηκε τούτοις τῆς σκέψεως, εἴτε καὶ μή, ἄδηλον καὶ προφανὲς οὐδέν· ὅμως δ᾽ ἐκ προλήψεων καὶ τῶν μετὰ ταῦτα συνενεχθέντων τὰ τῆς ὑπονοίας εἰς ἀληθείας ἀμυδρὰν προκεχωρήκασιν ἔμφασιν, καὶ γὰρ τῷ Κομνηνῷ τὰ πάντα συνδιαφέρων ἦν καὶ συμπράττων καὶ τῆς πρώτης βουλῆς γινωσκόμενος, ὡς καὶ τῆς φιλίας καὶ τῆς ἀξίας καὶ τῆς ἀγχιστείας ἐγγύτατος, ὁ

were stained with the blood of fathers; brother struck down brother; and there was no pity or distinction made for close relations or common blood. When this rage and manic frenzy subsided, they understood the extent of the tragedy and raised their laments to the heavens. Nevertheless, Komnenos was shown to be the winner and was cheered as the victor, acclaimed as emperor by everyone, and in this conspicuous way revived the hopes of all [56] that they would not fail in their purpose.

A display of excellence in this battle, its might celebrated 6
and surpassing anyone else, was made by the *magistros* Nikephoros Botaneiates, who came from a family illustrious in military operations and manifestly glorious in their noble exploits.[98]

On the following day he[99] took his forces and headed for 7
the Queen of Cities. But before he reached the coast opposite the City, a plot was hatched by certain officials against the emperor in Constantinople. It is unclear and remains obscure whether the supreme archpriest, the patriarch Michael Keroularios,[100] was part of the plot or not. Nevertheless, some prior signs and the way that events unfolded cast a shadow of suspicion that it was in truth so. For Komnenos's associate in all things, his partner and close adviser, nearest to him by virtue of friendship, rank, and even

βεστάρχης Κωνσταντῖνος ὁ Δούκας, ἀδελφιδῆς τοῦ πατριάρχου σύνευνος καθιστάμενος καὶ πολλὴν εὔνοιαν διδοὺς καὶ λαμβάνων ἐκεῖθεν.

8 Εἶτα τῆς τυρευομένης βουλῆς ἐκραγείσης, εἰσῆλθον ἅπαντες οἱ ταύτης ἐξάρχοντες, ὡς δὲ καὶ οἱ συμμετέχοντες, εἰς τὸ θεῖον καὶ μέγιστον τέμενος τῆς τοῦ Θεοῦ Μεγάλης Σοφίας, σκηπτόμενοι τὸν βασιλέα τὰς συνθήκας σφῶν προδιδόναι διομοσαμένων τὸν Κομνηνὸν | μὴ προσήσεσθαι καὶ αὐτὸν σπονδὰς μετ᾽ ἐκείνου συντίθεσθαι καὶ τῆς βασιλικῆς ἐξουσίας μεταδιδόναι. Καὶ αὐτίκα εὐφημίαις τὸν Κομνηνὸν κατεγέραιρον, κατήγοροι ἐν ταὐτῷ καὶ συνήγοροι καὶ προασπισταὶ δεικνύμενοι τοῦ ἀνδρός, ὃν γὰρ ἐξομόσασθαι ἔλεγον καὶ οὐ τὴν φιλίαν μετὰ τοῦ βασιλέως καθάπαξ ἀπαγορεύειν, τούτῳ παρεμβεβλημένως βασιλικῆς ἀξίας περιετίθουν τιμήν, συνεκρότησε δὲ τούτοις καὶ ἡ πρὸς αὐτοὺς κάθοδος τῶν τοῦ πατριάρχου ἀνεψιῶν, ἐκεῖνοι γάρ, ὡς πευσόμενοι τὴν αἰτίαν τῆς στάσεως καταπτάντες ἐξ ἀποστολῆς τοῦ ἀρχιερέως, συλληφθῆναι παρὰ τῶν στασιαζόντων ἐῴκεσαν καὶ ἄρτι διαχειρισθῆναι εἰ μὴ ὁ πατριάρχης κατελθὼν συμπνεύσειε τούτοις πρὸς τὸ ζητούμενον. Νυγεὶς οὖν τοῖς σπλάγχνοις τῆς φύσεως, ἐπεὶ καὶ πατράδελφος ἦν, πατρὸς μικρὸν ἀποδέων, καί τι καὶ ἀναγκαῖον ὑπολογισάμενος ἵνα μὴ διχονοοῦντος τοῦ πλήθους ἔτι τὰ τῆς ὀργῆς ἐκκαυθῇ καὶ πόλεμος ἐμφύλιος εἰς τὴν καταστέλλουσαν πόλιν τὰς στάσεις ἐγγένηται, πρόεισιν εἰς τὸ ἱερὸν καὶ τοῖς ἀδύτοις προσκαθίσας, οὕτω κριτὴς τῶν λεγομένων καὶ διαιτητὴς ἐχρημάτισε. Καὶ τὴν ῥοπὴν τοῖς καθαιρεθῆναι τὸν βασιλέα καὶ ἀντεισαχθῆναι

marriage bonds, was the *vestarches* Konstantinos Doukas, whose wife was the patriarch's niece,[101] and on account of the connection he was able to both dispense and reap many political boons.

When the plot, until now planned through intrigue, erupted, all of its leaders, as well as its participants, entered the divine and supreme sanctuary of the Great Wisdom of God[102] and alleged that the emperor was breaking his agreement with them, since they had sworn to reject [57] Komnenos but now he himself was coming to terms with him to surrender the throne over to him.[103] Then they began to cheer acclamations for Komnenos, revealing themselves to be, at the same time, that man's accusers, advocates, and advance guard. For the man whom they claimed to have forsworn and whose reconciliation with the emperor they would never accept they were now insidiously investing with the imperial rank. They were reinforced when the nephews of the patriarch came down to them.[104] They ran down on the patriarch's orders, ostensibly to discover the cause of the rebellion, but then acted as if they had been arrested by the rebels and would be killed by them swiftly if the patriarch did not also come down and assist the rebels to get what they wanted. Deeply affected by love for his kin, given that he was their father's brother and nothing short of a father to them, and considering the necessity of the situation, namely that, with the people divided, their anger not be inflamed further and a civil war not erupt in that City which usually suppresses rebellions that erupt elsewhere, he came into the church and took his seat in the sanctuary, adjudicating and arbitrating among the rival claims. He inclined in favor of those who wanted to depose the emperor and put 8

τὸν Κομνηνὸν ἐθέλουσι δοὺς διὰ τὴν τῶν πλειόνων ἀρέσκειαν, ἵνα μὴ τὰ τῆς ἐνστάσεως εἰς ἐμφύλιον, ὡς εἴπομεν, ἐναποσκήψειε πόλεμον, οὕτω τὴν εὐφημίαν τοῦ Κομνηνοῦ μεῖζον ἐξῆρε, τοῖς ἱερεῦσιν αὐτοῦ ταύτην καθολικῶς | ἐπιτρέψας. Ταῦτα τοίνυν τὸ ἀμφίβολον τοῦ πατριάρχου παρεισάγει προβούλευμα πρὸς τὸ εἰκὸς ἑκατέρωθεν μελετώμενον. Ἤρξαντο οὖν πάντες μιᾶς μερίδος τῆς Κομνηνοῦ γίνεσθαι καὶ κατηρείπωτο τὸ κράτος τοῦ Γέροντος, οὕτω γὰρ αὐτὸν ἐκάλεσεν ἡ τῶν συμπνευσάντων κατ᾽ αὐτοῦ συμμορία καὶ ὁ λόγος οὗτος ἄχρι καὶ τήμερον ἐπεκράτησε.

9 Καὶ μικρὸν ἄποθεν τῆς ἀντιπέραν κώμης τῆς Χρυσοπόλεως φήμη τὸν Κομνηνὸν περὶ τούτων κατέλαβε, θαρρεῖν παρεγγυωμένη ὅτι προηνέῳκται αὐτῷ τὰ ἀνάκτορα καὶ ὁ δῆμος ἅπας τῆς Πόλεως αὐτὸν εὐφημεῖ, ἐπέσχε δὲ τὴν ὁρμὴν ἕως ἐντελές τι καὶ περὶ τῆς τοῦ Γέροντος καθαιρέσεως πύθοιτο. Καὶ δῆτα τοῦ πατριάρχου πάντας τοὺς ἐν τέλει μετακαλεσαμένου πρὸς ἑαυτόν, οὓς μὲν ἑκουσίως, οὓς δὲ ἀκουσίως ἐκβιασθέντας τυχὸν οἰκονομικῶς, στρατιωτικὰ δὲ καὶ δημοτικὰ συντάγματα ἐκεῖσε τὴν βασίλειον ἐξουσίαν ἀφυῶς μετεστήσατο καὶ ἀρχὰς τοῖς πράγμασιν ὁπόσαι τούτῳ ἐδόθησαν τῷ καιρῷ πρόσφοροι προεστήσατο. Καὶ τῷ Γέροντι τὴν τρίχα καταθεῖναι αὐτίκα μάλα, εἰ προαιροῖτο τὸ ζῆν, μήνυμα σφοδρὸν ἐξαπέστειλε, τοῦ πλήθους τοῦτο κελεύοντος. Ὁ δέ, καίτοι τῶν τῆς αὐλῆς ὁπλιτῶν καὶ ὅσοι τούτῳ προσήκοντες ἦσαν εἰς ἄμυναν ἐξελθεῖν τῶν ἀντιπάλων διατεινομένων καὶ τούτους ἑτοίμως παραστήσασθαι καὶ τὸ κράτος αὐτῷ βεβαιῶσαι, οὐκ

Komnenos in his place because that would please the most people and also keep the uprising from turning into a civil war, as I said. Thus he greatly strengthened the acclamation of Komnenos, for he allowed all of his clergy to join their voices to it. [58] Therefore, the ambiguity of the patriarch's stance creates the suspicion that it had been planned in advance with an eye to either contingency. So everyone now began to join the one faction, that of Komnenos, and the regime of the Old Man collapsed, for that is what he was named by those who plotted against him, and the name has stuck to this day.

News of these events reached Komnenos when he was 9
near Chrysopolis, on the opposite coast, and the report was encouraging, for it stated that the palace was ready to receive him and that the entire people of the City was acclaiming him. But he restrained any impulsive movement until he made sure that the Old Man had been finally deposed. The patriarch, meanwhile, summoned all state officials, some of them willingly but the unwilling ones he forced, appealing to the necessity of the times; he there effected an unnatural regime change through the military units and the urban associations and appointed the magistracies that seemed best to him in the present circumstances. And he sent a strongly worded message to the Old Man, saying that if he wanted to live he had best take the tonsure, as this was what the majority was demanding. As for the emperor, even though the soldiers of the court and those who were on his side were all for fighting back against the enemy and asserted that they could defeat them and so secure his power, he could not accept

ἠνέσχετο μισανθρωπίας καὶ φιλαυτίας ὁμοῦ πρᾶγμα λέγων εἶναι τὸ δι' | αὐτὸν συγχωρῆσαι φόνοις καὶ σφαγαῖς ἀνθρωπίναις μιανθῆναι τὴν μεγαλόπολιν. Καὶ πρὸς τὰ ἐρυθρὰ πέδιλα κατιδών, «διὰ ταῦτα», εἶπεν ὁ Μιχαήλ, «οὐ προδίδωσι τὴν εὐσέβειαν»· καὶ πόρρω τῶν ἑαυτοῦ ποδῶν ταῦτα σφενδονησάμενος, τὴν κεφαλὴν ἔκκλινε τοῖς ἀποσταλεῖσιν εἰς τὴν κουρὰν καὶ τῆς βασιλικῆς λαμπρότητος τὴν μοναχικὴν πολιτείαν εὐχαρίστως ἀνταλλαξάμενος καὶ τρύχινον ῥάκος τῆς εὐδαίμονος ἀμπεχόνης καὶ πολυτίμου, παραπέμπεται πρὸς τὸ ἱερὸν μελαμφορῶν καὶ τοῖς μοναχοῖς συντατтόμενος. Δέχεται τοῦτον ὁ ἀρχιερεὺς συναντήσει δῆθεν φιλανθρώπῳ καὶ μειδιώσῃ καὶ «Χαῖρε» πρὸς αὐτὸν ἐπειπών, φίλημάτι τοῦτον ἀσπάζεται, ὁ δὲ «Θεός σε ἀξίως, ἀρχιερεῦ, ἀντασπάσαιτο» φήσας, μιᾷ τῶν πατριαρχικῶν οἰκιῶν τῇ ἀνωτάτῳ ἀναχωρητικῇ παραδίδοται, βασιλεύσας ἕνα μόνον ἐνιαυτόν.

12

Εἰσάγεται τοίνυν ὁ Κομνηνὸς διαπόντιος μετὰ τοῦ στόλου παντὸς εὐφημίαις καὶ ἀλαλαγμοῖς καὶ σαλπίγγων καὶ

this course, saying that it would be a selfish and even misanthropic thing [59] to allow the Great City to be polluted with murder and the slaughter of others just for his own sake. Looking at his purple boots, Michael said, "I will not forsake my religion for the sake of these." He hurled them off his feet and bent his head to those who were sent to tonsure it, gladly exchanging imperial splendor for a monastic way of life and his worldly and precious garb for a tattered garment. He entered the sacred life dressed in black and was enrolled among the monks.[105] The archpriest met him ostensibly to send him off with compassion and a smile, told him to "fare well," and embraced him with a kiss. But the other man said, "May God reward you in a fitting way for this embrace, archbishop." He was handed over to one of the patriarchal houses to live the superior life of the anchorites, having reigned for only a single year.

Chapter 12

The reign of Isaakios Komnenos (1057–1059)

Komnenos then crossed the straits with the entire fleet and entered the City, exalted by acclamations, cheering

λοιπῶν ὀργάνων ἠχῇ σεμνυνόμενος καὶ τοῦτον ὑποδέχονται τὰ βασίλεια περὶ δείλην ὀψίαν, Σεπτεμβρίου μηνὸς τῆς ἑνδεκάτου ἰνδικτιῶνος ἐνισταμένου. Τῇ δ᾽ ἐπαύριον προόδῳ λαμπρᾷ τῇ τοῦ Θεοῦ Μεγάλῃ Ἐκκλησίᾳ μετὰ πολλῆς προσελθὼν τῆς δορυφορίας, τὸ στέφος ἐπ᾽ ὀκρίβαντος διὰ χειρὸς τοῦ πατριάρχου κομίζεται καὶ πρόεισι στεφανίτης ἐκεῖθεν, δόξαν παρεσχηκὼς ἀνδρίας καὶ ἀνδραγαθίας μεγίστης οὐ τοῖς ὑπηκόοις | μόνον ἀλλ᾽ ἤδη καὶ τοῖς βαρβάροις, ὡς μάχῃ κεκρατηκὼς τοῦ κρατοῦντος καὶ φασγάνῳ τοσαύτην ἀρχὴν δυνηθεὶς περιζώσασθαι, στηλογραφεῖται δὲ καὶ ἐσπασμένον ἔχων τὸν ἀκινάκην τῷ κήνσῳ, καὶ οὕτω τῆς βασιλείας καὶ τῶν ταύτης ἀπάρχεται πράξεων.

2 Φιλοτίμοις οὖν τοὺς συναραμένους καὶ συναγωνισαμένους πρὸς τὸ κατόρθωμα κοσμήσας τιμαῖς καὶ φροντιστὰς πολλοὺς τῶν δημοσίων ἀποδείξας συλλόγων, οὕτω καὶ τὸ δημοτικὸν τῆς προσηκούσης τιμῆς ἀξιοῖ. Πρὸ δὲ τῶν ἄλλων πολύ τι νέμων αἰδοῦς τῷ πατριάρχῃ, ἴσα καὶ πατέρα ἐτίμα· καὶ τοὺς τούτου ἀνεψιοὺς ταῖς πρώταις ἀξίαις καὶ πράξεσι περιβλέπτους ἀποδεδειχώς, καὶ τὰ τοῖς βασιλικοῖς δικαίοις προσόντα παρὰ τῶν ἱερατικῶν δίκαια τῇ Μεγάλῃ Ἐκκλησίᾳ νέον καθιεροῖ καὶ τούτων ἀλλοτριοῖ παντάπασι τὸ παλάτιον, ὥστε μήτ᾽ ἐπὶ τῆς οἰκονομίας μήτε τῆς τῶν ἱερῶν κειμηλίων προνοίας καὶ προστασίας παρὰ βασιλέως τινὰ προχειρίζεσθαι, ἀλλὰ τῆς τοῦ πατριάρχου ἐξουσίας ἠρτῆσθαι καὶ τὴν προχείρισιν τῶν προσώπων καὶ τὴν τῶν πραγμάτων διοίκησιν.

3 Καὶ καταστησάμενος τὴν ἀρχήν, ἀποβλέπει καὶ πρὸς τὸ

crowds, and the din of trumpets and other musical instruments. The palace received him late in the evening; this was at the beginning of the month of September in the eleventh indiction.[106] On the following day, accompanied by a large retinue he made his way in a magnificent procession to the Great Church of God[107] where, standing on a dais, he received the crown from the hand of the patriarch. He emerged from there a crowned monarch, having already acquired a reputation for manliness and heroism of the highest order not only among his subjects [60] but already among the barbarians too, as he had prevailed over the former ruler in battle and managed to win for himself such a great authority by the sword. He even had himself depicted on his coins with a drawn sword, and this was the beginning of his reign and its accomplishments.

He bestowed lavish honors upon those who had rebelled 2
with him and fought on his side to achieve his goal, appointing many of them to head different bodies of the state; he likewise distributed fitting honors to the civilian class. First above all others, however, he showed respect for the patriarch, honoring him almost like a father and rendering the latter's nephews illustrious through the highest dignities and functions of state. He also ceded to the Great Church all the rights of imperial supervision over the clergy, alienating those rights altogether from the palace, so that henceforth no one would be appointed by the emperor to the administration of the Church or to the care and protection of its holy treasures; both the promotion of personnel and the administration of affairs would lie within the power of the patriarch.

Established now in authority, he looked into the matter 3

τῶν ἀναλωμάτων τῆς βασιλείας καὶ τοῦ ὀψωνιασμοῦ τῶν στρατιωτῶν μέγεθος καὶ ὡς πόλεμοι τούτῳ πρόκεινται πολλὴν δαπάνην ἐφέλκοντες, διὰ τὸ τοὺς ἐναντίους κατισχῦσαι καὶ πανταχόθεν κατεπαίρεσθαι τῶν Ῥωμαίων, καὶ χρημάτων δεῖσθαι σκοπήσας καὶ τὴν τούτων εὐπορίαν πλείστην ὅσην | ἀπαραίτητον λογισάμενος, βαρὺς ἐχρημάτισε φορολόγος τοῖς χρεωστοῦσι δημόσια. Εἶτα καὶ τὰς τῶν ὀφφικίων δόσεις αὐτὸς περιέτεμε πρῶτος καὶ πανταχόθεν, οἷά τις ἄπληστος θηρευτής, εἰσεποιεῖτο τὰ χρήματα. Ἐμέλησε δ᾽ αὐτῷ μετὰ ταῦτα καὶ φειδωλίας καὶ τοῦ προσθήκην ἀγρῶν τῇ βασιλείᾳ περιποιήσασθαι, διὸ καὶ πολλὰ μὲν ἰδιωτικὰ πρόσωπα πολλῶν ἀπεστέρησε κτήσεων, παριδὼν τὰς χρυσοβούλλους τούτων γραφὰς δι᾽ ὧν αὐτοῖς τὰ τῆς δεσποτείας ἡδραίωντο.

4 Ἐνέσκηψε δὲ καί τισι τῶν φροντιστηρίων μεγάλας καὶ πλουσίας κτήσεις ἐχόντων καὶ τῶν τοῖς βασιλικοῖς θησαυροῖς ἀνακειμένων ἀποδεούσας οὐδόλως καὶ πολλὰς αὐτῶν ἀφελόμενος καὶ διὰ λογοποιΐας τὸ ἀρκοῦν ἐγκαταλιπὼν μοναῖς καὶ μονάζουσι, τοῖς βασιλικοῖς τὸ περισσὸν προσαφώρισε, πρᾶγμα παρανομίας μὲν δόξαν ἢ ἀσεβείας εἰσάγον καὶ πρὸς ἱεροσυλίαν τοῖς εὐλαβεστέροις ἐκ τοῦ προχείρου ἀναφερόμενον, ἀποτέλεσμα δὲ μηδὲν ἄτοπον ἀποφέρον πρός γε τοὺς ἐμβριθῶς τὰ πράγματα διακρίνοντας, ἑκατέρωθεν γὰρ ὀνήσιμον εἶναι διεγινώσκετο· τούς τε μοναχοὺς φροντίδων ἀπαλλάττον ἀπροσφυῶν τῇ κατ᾽ αὐτοὺς πολιτείᾳ καὶ χρηματισμοῦ τοὺς ἀκτημοσύνην πεπαιδευμένους ἀπανιστῶν καὶ οὐδὲν τῶν πρὸς τὴν χρείαν ἐπιτηδείων ἀποστεροῦν καὶ τοὺς ἀγρογείτονας

of the magnitude of the imperial expenses and the provisioning of the soldiers, given that there were wars ahead of him that would incur great costs, as the enemies had prevailed over the Romans and scorned them from every side. Recognizing the need for money and considering it essential to have access to as much [61] of it as possible, he turned into a severe tax collector for all who owed anything to the public treasury. Next, he was the first emperor to cut back on the stipends paid to holders of the various *officia* and tried to bring in money from all sources, like an insatiable hunter. After that, he was concerned with thrift and with adding lands to the imperial holdings, hence he deprived many private individuals of many properties, disregarding the *chrysoboulla* by which possession of these lands had been conferred upon them.

He also assailed some of the monasteries which had large 4
and rich holdings that did not fall short of the imperial treasuries in any way. He detached many properties from them and, by making a calculation, left the monasteries and the monks with just enough to suffice for their needs; the rest he appropriated to the imperial estates, a deed that led to a reputation for illegality or impiety. While the more religious people unthinkingly considered it even to be sacrilege, those who understand matters more carefully realized that its results were in fact advantageous. It was recognized to bring a benefit to both sides: on the one hand, it relieved the monks from worldly cares that were not appropriate for their way of life, lifting the pressure to make money from men who were trained to live in poverty—without, however, depriving them of necessities. It also freed the farmers who worked

ἐλευθεροῦν τῆς τούτων βαρύτητος, ὅτι τῷ πολυτελεῖ καὶ πολυταλάντῳ τῶν κτήσεων τὰ σφέτερα καταλιπεῖν αὐτοὺς οἱ μοναχοὶ κατηνάγκαζον, ἀπληστίαν ἤδη νοσήσαντες καὶ εἰς ἕξιν τοῦ πάθους γινόμενοι καὶ | περιγινόμενοι τῶν ἀντιθέτων, εἴ ποτε πρὸς δίκην αὐτοῖς συνεπλάκησαν, διὰ τῆς τῶν κτημάτων καὶ χρημάτων ἐπιρροῆς καὶ τοῦ ἐπὶ τούτοις ἀλογοθετήτους καθίστασθαι καὶ ἀποδοχῆς ἀξιοῦσθαι νικῶντας τοὺς ἀντιβαίνοντας. Καὶ ὁ δημόσιος πολλαῖς χερσὶν ἐπαφιέναι τὰ ἑαυτοῦ πολυμερῶς συνωθούμενος προσθήκην ἐδέξατο καὶ παραψυχὴν οὐ μετρίαν, ἐν οἷς ἑτέρους ποσῶς οὐ διελωβήσατο.

5 Εἶχε μὲν οὖν οὕτω τὰ πρακτέα τῷ βασιλεῖ καὶ συνεῖχε τοῦτον τῇ βασιλίδι τῶν πόλεων διὰ τὴν τῶν ἀγχιθύρων κατάστασιν· κατὰ δὲ τὸν αὐτὸν καιρὸν ἐπαρθεὶς ὁ πατριάρχης οἷς πεπροτερηκέναι ὑπέλαβε καὶ μεῖζον ἢ κατὰ τὴν αὐτοῦ ἀξίαν ἐπὶ τῶν ὅλων γενέσθαι οἰόμενος καὶ θαρρήσας τῇ τοῦ κρατοῦντος εὐνοίᾳ, πολλάκις τοῦτον τινῶν ἐπιχειρημάτων μὴ δοκούντων αὐτῷ, ἀνεχαίτιζε, ποτὲ μὲν πατρικὴν εἰσάγων διάθεσιν καὶ παραίνεσιν, ποτὲ δ᾽ ἐπιτιμητικὴν παραγγελίαν καὶ ἀπειλητικὴν ἀκοαῖς ἐκδεδιῃτημέναις ἐπαίνοις καὶ προσηνέσι λόγοις καὶ ὑποπτώσεσιν, ὡς καὶ τὸν βασιλέα κατὰ μικρὸν ἐκπεπολεμῶσθαι καὶ παροινίαν ἡγεῖσθαι τὴν τέως παραίνεσιν. Οὐ πολὺν δὲ χρόνον τούσδε τοὺς λόγους ὑπενεγκών, ἔγνω τοῦτον ὡς κατεπαιρόμενον τούτου καταβαλεῖν ὁ βασιλεὺς καὶ τῶν ἱερατικῶν ὡς ὑπεροπτικὸν ἐκ μέσου καθάπαξ περιελεῖν καὶ τοῦτον τὸν τρόπον διαδρᾶναι | τὸν ἔλεγχον.

the neighboring fields from the oppression of these monks, because the latter, ill with greed and addicted to this passion due to the extravagance and opulence of their holdings, would force those farmers to surrender their lands to them. [62] And if they ever had to face them in court, they prevailed over their adversaries through the leverage of so much land and money and also because they were exempt from giving an accounting on such matters and even demanded approbation when they defeated their opponents. Lastly, the public estate, which was being pressed by many interests on all sides to give away its properties, now received additional property and no small relief, albeit without causing any injury to others.

5 Such, then, were the policies that the emperor was implementing, and so he remained in the Queen of Cities on account of this pressing business. But at the same time, the patriarch became puffed up by the advantages that he had gained in what had transpired and he began to think that he held greater authority over all things than was appropriate for his actual rank. The emperor's favor made him audacious and he would often attempt to block his projects when he himself did not approve of them, sometimes by advising him in a paternal tone but at other times criticizing him, giving him orders, and even threatening him, and this behavior he directed at a man who was used to being praised and addressed gently and with deference. In time, he gradually even made the emperor into an enemy; what he formerly took as advice was now viewed as insolence. The emperor did not tolerate this type of speech for long and decided to depose this arrogant man who lorded it over him and remove him once and for all from ecclesiastical affairs, and in this way to escape his criticism.

6 Διὸ καὶ τῆς ἀρχαγγελικῆς ἑορτῆς ἀμφὶ μῆνα Νοέμβριον ἐγγιζούσης, παρεγένετο πρὸς τὴν ἐκ βάθρων ἐγερθεῖσαν παρ᾽ αὐτοῦ μονὴν ὁ πατριάρχης οὑτοσὶ Μιχαήλ· καὶ τῶν περιβόλων τοῦ μεγάλου καὶ ἀπορθήτου καὶ θεοτεύκτου πολίσματος ἔξω γενόμενος, τῶν τῆς ἑορτῆς φιλοτίμως ἐφρόντιζε κατὰ τὰ ἑσπέρια μέρη τῆς Πόλεως, ὁ δὲ βασιλεὺς ἠκόνα τὴν σκαιωρίαν καὶ τὴν ῥομφαίαν ἐστίλβου καὶ τὸν ἐνδομυχοῦντα θυμὸν τοῖς ἐγγίζουσι παρεγύμνου. Καὶ προπέμπει τῶν οἰκείων τινὰ ὡς ἱερατικὸν συνομιλήσοντα τῷ ἀρχιερεῖ περί τινων τυχὸν ἀπορρήτων καὶ τὸν καιρὸν τῆς καθ᾽ αὐτὸν σκέψεως καὶ τῆς φήμης τούτῳ ἀποτειχίσοντα· καὶ τῆς διαλέξεως γινομένης, ἐπικατέλαβε πλῆθος στρατιωτῶν ὅπλοις κατάφρακτον καὶ περιχυθέντες πανταχόθεν αὐτῷ ἀνάρπαστον ἐκ τοῦ θρόνου τοῦτον ἀτίμως ἐπαίρουσι καὶ ἡμιόνῳ καθίσαντες συνήλαυνον ἄχρι τῆς ἐν Βλαχέρναις ἀκτῆς· καὶ προστάγματος καταπτάντος βασιλικοῦ, ἑνὶ τῶν λέμβων σπουδαίως ἐντίθεται. Καὶ ὑπερόριος τῶν ἀδικούντων τάχα ὑπερλαλῶν ὁ ποιμενάρχης γίνεται, ὡσαύτως δὲ καὶ αὐτὰ τοῦ γένους τὰ φίλτατα τῆς ὁμοίας ἀπογεύονται τύχης.

7 Φέρει δὲ τοσοῦτον τὸ πάθος ὁ ἀνὴρ μικροψύχως ἢ ἀγενῶς καὶ κατέσεισε[3] τὴν πίστιν αὐτοῦ τὸ τῆς ἀπιστίας πρὸς αὐτὸν τοῦ βασιλεύοντος τόλμημα; Οὐ μὲν οὖν, ἀλλ᾽ εὐψύχως μάλα καὶ εὐγενῶς καὶ τῇ καρτερίᾳ τὸν Ἰὼβ πολλῷ τῷ | περιόντι νικῆσαι διαθρυλλούμενος, ὅτι καὶ τὸ ἄλγος οὐδὲν ἧττον αὐτῷ κατά τε τὴν ἔκπτωσιν τῆς ἀρχῆς καὶ τὴν τῆς πολιτείας καὶ τῆς παρρησίας καὶ αὐτῆς τῆς μεγίστης προεδρίας ἀφαίρεσιν διεδείκνυτο καὶ τὸ ἕλκος

[63] In the month of November, when the feast of the archangel was approaching,[108] the patriarch Michael visited the monastery that he himself had commissioned to be built from its foundations,[109] going outside the circuit of the large and impregnable City that God had built, in order to diligently prepare for the festival in the western parts of the City. Meanwhile the emperor was weaving his plot, whetting his long sword, and baring the smoldering anger within him to his closest associates. He dispatched ahead one of his own men who was a priest to engage with the archpriest in discussion over some supposedly confidential matters, but in reality to block any opportunity that he may have had to consider the plot against him, and any rumors. While they were thus conversing, a large number of heavily armed soldiers arrived and surrounded him on all sides,[110] whereupon they lifted him from his throne and carried him off in a humiliating way, sitting him upon a mule and escorting him to the Blachernai shore. There, upon the swift arrival of an imperial decree, he was hurriedly placed in a boat. And so the patriarch was exiled[111] on the allegation that he was defending men who had committed injustices. His closest relatives suffered the same fate in a similar way. 6

But did the man react to this calamity with pettiness or ignobly, and did the emperor's distrustful and audacious move against him shake his own faith? Not in the least. Instead, he bore it in an exceedingly good spirit and nobly, and was roundly praised for surpassing Job by a wide [64] margin in enduring this suffering. After all, his pain was plainly revealed to be no less than Job's on account of his loss of authority, removal from the public sphere, restriction of his right to speak out, and deposition from the supreme rank. 7

πρὸς ταῦτα συγκρινόμενον ἡττᾶτο φέρον τῆς πατρίδος καὶ τῆς συζύγου τὴν ἀντισήκωσιν. *Εὐλογῶν γὰρ εὐλόγει* τὸν Κύριον καὶ εὐχαριστῶν οὐκ ἀνίει καὶ πάθος οὐκ ἀπεκάλει τὸ πάθος ἀλλὰ πύρωσιν ἀκριβῆ καὶ παίδευσιν πρὸς τελειότητα φέρουσαν καὶ ἀρετῆς ἐπίβασιν κρείττονος. Μὴ ἀφιστάμενος δὲ καὶ τῆς ταπεινώσεως, ἀντεγκαλῶν ἣν αὐτὸς ἑαυτῷ καὶ ἄξια πεπονθέναι κατατιθέμενος καὶ *πρὸς Θεὸν ἅπαν αἰχμαλωτίζων νόημα* καὶ ἐπὶ πᾶσι τοῦ εὐγενοῦς πνέων ἔτι τῷ ὄντι φρονήματος, οὐ γὰρ κατέπεσεν ὅλως οὐδὲ τοῦ ζήλου ἐνέδωκεν, οἷα πάσχειν οἶδε ψυχὴ τοῖς ὑλικοῖς διεπτοημένη καὶ κάτω φέρουσιν.

8 Ὧν ἐν γνώσει γινόμενος ὁ κρατῶν ἤσχαλλε καὶ μετάμελον ἔτρεφε καὶ τὴν ἐπανόρθωσιν ἐδίψα μέν, οὐκ εἶχε δ' ὅπως ἑαυτὸν στηλιτεύσοι κακῶς διανοησάμενον. Βεβούλευται τοίνυν αἰτιάσεις προθεῖναι κατ' αὐτοῦ καὶ ἀναξιότητος γράψασθαι τὸν χρόνοις ἤδη πολλοῖς τὴν ἀξίαν διακοσμήσαντα καὶ *τὸν σωτήριον λόγον ὀρθοτομήσαντα*. Καὶ γεγόνασι μὲν τῆς τούτου βουλῆς τῶν ἐν τέλει τινές, μηδὲ τὸ τοῦ ἀνδρὸς ἀγνοοῦντες ἐπίδοξον, ὅμως δὲ γεγόνασι συμμεταβαλόμενοι τῷ καιρῷ ὁποῖα τὰ τῶν | κολάκων νεανιεύματα. Ἀπόπειραν δὲ τῆς αὐτοῦ προαιρέσεως ποιούμενος ὁ βασιλεύς, τινὰς μητροπολίτας προεστῶτας οὓς καὶ λογιωτέρους τῶν ἄλλων ἐγίνωσκεν, ὡς αὐτὸν ἀποστέλλει διαλεξομένους περὶ τοῦ τὴν τιμὴν καταθέσθαι καὶ μὴ συνόδῳ καὶ συλλόγῳ περιφανεῖ δημοσιευθῆναι τὰ κατ' αὐτοῦ. Ἀνάλωτος δὲ τούτοις ὀφθεὶς καὶ ἀπερίτρεπτος ἐς τὰ μάλιστα καὶ πυρίπνους τὴν γλῶσσαν καὶ τὴν ὁρμήν, καταιδεσθῆναι τούτους πεποίηκε καὶ ἱκέτας πρὸς τὸ

Job's festering wounds compared to all this were of lesser account, counterbalanced as they were by his fatherland and wife. For the patriarch *poured blessings*[112] upon the Lord and never ceased to thank him. He did not call his misfortune a misfortune but rather a necessary cauterization, a punishing lesson that brought him closer to perfection, and a way to access a higher virtue. He embraced his humiliation, becoming his own accuser, and claimed that he deserved all that he had suffered. He *confined all of his thoughts to God*[113] and, in all this, still aired a truly noble sentiment. For he did not lapse in any way nor yield in his zeal, as might happen to a soul defeated by material concerns, which bring it down.

When the ruler became aware of this, he was distressed, 8
nourished a desire for repentance, and thirsted for rectification, but he was unable to indict himself as having acted in bad faith. Therefore, he decided to bring accusations against him, charging that this man, who had dignified his office for many years already and *preached the word of salvation properly,*[114] had unworthily held that position. Some officials took part in his plan. Even though they were not unaware of the man's fame, nevertheless they changed their stance with the season just as [65] flatterers tend to do in their immature recklessness. The emperor now tried to learn the other man's intentions and sent to him some leading bishops who, he knew, were more learned than the rest. They were to speak with him about laying down his office so that the charges against him would not have to be aired publicly in a synod, an open assembly. But they saw before them an unyielding man, utterly immovable, fiery in his speech and passion, who made them feel shame and beg him for

συγγνώμης τυχεῖν. Ἐπανελθόντες οὖν εἰπεῖν ἐκεῖνο πρὸς τὸν πέμψαντα συνεστάλησαν οὐδαμῶς·

9 «Ἡττήμεθα, βασιλεῦ, ἡττήμεθα. Κρείττων ἀπειλῶν ὁ ἀνήρ, παντὸς λόγου καὶ πειθοῦς ἰσχυρότερος ἀλλὰ καὶ λαβῆς ἁπάσης πολλῷ τῷ περιόντι ἀνώτερος. Εἰ οὖν τῷ ἀνεπιλήπτῳ καὶ ἀκαταγωνίστῳ προσβάλλειν ἐθέλεις, ἀναλογίζου τὴν ἧτταν καὶ τὸν ἐντεῦθεν μετάμελον.»

10 Τούτων ἀκηκοὼς ὁ βασιλεὺς σύννους ἦν καὶ πεφροντικὼς πῶς καὶ τίνα τρόπον τοῖς πράγμασι χρήσαιτο. Ἐν τῷ μέσῳ δὲ *τοῦ Θεοῦ κρεῖττόν τι προβλεψαμένου*, ἐν εἰρήνῃ μεταλλάττει τὸ ζῆν ὁ ἀρχιερεὺς προθεωρήσας τὴν θείαν μετάκλησιν δι᾽ ὁσίου καὶ μεγίστου τὴν ἀρετὴν ἁγίου ἀνδρός. Καὶ ὅτι τοῖς ἐν ἀσκήσει καὶ ἁγνείᾳ εὐαρεστήσασιν ἐναρίθμιος ἦν, ἐν μέσῳ τῆς μνήμης αὐτῶν πρὸ τῆς τοῦ σωτῆρος ἡμῶν Ἰησοῦ Χριστοῦ διὰ φιλανθρωπίαν ἐνανθρωπήσεως τῶν φθαρτῶν καὶ ἐπικήρων τὴν ἄφθαρτον ζωὴν καὶ ἀνώλεθρον ἀνταλλάττεται καὶ προέβη τὰ τῆς προρρήσεως τελειωθέντος κατ᾽ ἐκείνας τὰς ἡμέρας τοῦ | ἀρχιποίμενος.

11 Καὶ ὁ μὲν βασιλεὺς μετανοίᾳ βληθεὶς καὶ τὴν ἀρετὴν εὐλαβηθεὶς τοῦ ἀνδρός, μὴ ἔχων οἷς τρόποις τὴν ἁμαρτάδα ἐπανορθώσαιτο, ἐντίμως τὸν νεκρὸν αὐτοῦ εἰσαχθῆναι πρὸς τὴν βασιλεύουσαν διετάξατο καὶ παραδίδωται τῇ σορῷ, ἐν ᾧπερ ἐκεῖνος τόπῳ καὶ ζῶν μετετάξατο κατὰ τὸ ἀνεγερθὲν παρ᾽ αὐτοῦ φροντιστήριον, θαῦμα μέγιστον καὶ τοῦ ἀξίως τῆς ἀρχιερατικῆς τελειωθῆναι σημεῖον ἀπερίγραπτον δείξας τὴν ἐν χειρὶ τοῦ σταυρικοῦ σημείωσιν

forgiveness. When they came back to report to the one who had sent them, they did not hold anything back:

9 "We were defeated, emperor, we were defeated! That man is beyond threats and stronger than any argument or attempt at persuasion. What is more, he will easily repulse any hold that you try to put on him. In fact, if you wish to make a move against this unassailable and invincible man, think rather of the defeat that you will suffer and of your ensuing regret."

10 The emperor was troubled when he heard this and gave thought as to how and in what way he might deal with the situation. But in the meantime *God provided for the best:*[115] the patriarch peacefully passed away after he had learned, through a blessed and holy man of the highest virtue, that God was summoning him to his side. Given that he was ranked among those who pleased God because of their asceticism and purity, he exchanged this corruptible and mortal life with the other one that is incorruptible and indestructible, while the memory of those ascetics was being celebrated and before the feast of the day when our savior Jesus Christ was incarnated on account of his love of humanity. The prediction came to pass, as the archpriest passed away during [66] those very days.[116]

11 The emperor was stricken with remorse and honored the man's virtue. Being unable to repair the damage wrought by his sin, he ordered that the body be brought with pomp into the Reigning City. It was laid to rest in the place that he himself had designated while he was still alive, namely at the monastery that he had built.[117] And the greatest miracle occurred which proved conclusively that he died in a manner worthy of the patriarchal dignity: his hand formed the sign

σχήματος. Καὶ μεμένηκεν ἡ τιμία τῷ ὄντι χεὶρ τοῦτον τὸν τύπον τηροῦσα τῆς διὰ τοῦ σταυροῦ εἰρήνης καὶ εὐλογίας ἄχρι καὶ τήμερον, μὴ ἀλλοιωθεῖσα συνόλως τῇ νεκρώσει τοῦ σώματος.

12 Προχειρίσθη δὲ πατριάρχης Κωνσταντῖνος πρόεδρος καὶ πρωτοβεστιάριος ὁ Λειχούδης, ἀνὴρ μέγιστον διαλάμψας τοῖς βασιλικοῖς καὶ πολιτικοῖς πράγμασιν ἀπό τε τῆς τοῦ Μονομάχου καὶ μέχρι τῆς τότε ἀναρρήσεως καὶ μεσάζων ἐν τοῖς βασιλείοις τὴν τῶν ὅλων διοίκησιν. Καὶ γέγονε δωρηματικὸς τοσοῦτον καὶ προνοητικὸς τῶν τε ἱεροκηρύκων καὶ τῶν μιγάδων ὡς καὶ πάντας τῆς τούτου ἀφθονίας σχεδὸν ἀπόνασθαι καὶ θαυμάζειν τὸν ἔλεον.

13 Τῶν δὲ πρὸς ἥλιον δύνοντα Σαυροματῶν ταραττομένων, σὺν αὐτοῖς δὲ καὶ τῶν περὶ τὸν Ἴστρον Σκυθῶν, οὓς Πατζινάκους τὸ πλῆθος κικλήσκουσιν, ἔγνω λοιπὸν ὁ βασιλεὺς τὰς ῥωμαϊκὰς δυνάμεις ἐπενεγκεῖν κατ' αὐτῶν. Καὶ τὰ πρὸς τὸν πόλεμον ἐξαρτύσας καὶ τὸν στρατιωτικὸν κατάλογον | ποιησάμενος, πασίρρωμος ἔξεισι καὶ μέχρι τῆς Σαρδικῆς γενόμενος καὶ καταπλήξας τοὺς Σαυρομάτας, εἰς φιλίαν ἐλθεῖν συνηνάγκασε καὶ συνθήκαις ἐπιρρώσας τὸ εἰρηναῖον, μεταστρατοπεδεύει πρὸς τοὺς ἀλλογενεῖς, τοὺς Σκύθας φημί, καὶ διῃρημένων αὐτῶν ἐν ἀρχαῖς ὄντων, οἱ μὲν τῶν ἄλλων ἡγέμονες προσῆλθον αὐτῷ καὶ τὰ πιστὰ φυλάττειν συνθέμενοι, φόβου παντὸς ἀπηλλάγησαν· μόνος δὲ ὁ πρὸς τῷ τοῦ Ἴστρου χείλει περινοστῶν καὶ ἀπότομον πέτραν κεκτημένος κρησφύγετον, Σελτὲ τῷ βαρβάρῳ τὸ ὄνομα, οὐκ ἠθέλησε χεῖρας δοῦναι τῷ βασιλεῖ ἀλλ' ὑπεροπτικῶς πρὸς τοῦτον διατεθείς, ἐξῆλθεν εἰς τὸ

of the cross. This truly hallowed hand, preserving this shape of the peace and blessing guaranteed by the cross, has remained until this very day unaffected by the decay of his body.

The *proedros* and *protovestiarios* Konstantinos Leichoudes was then appointed patriarch,[118] a man most eminent in imperial and political affairs from the days of Monomachos until his accession at that time,[119] who had also, as prime minister in the palace, governed the entire state. As patriarch, he became so munificent and concerned with the well-being of the holy preachers and the monks that almost all of them benefited from his bounty and admired his compassion. 12

When the Sauromatai in the west[120] made threatening moves and were joined in this by the Skythians who live by the Danube and are popularly called Pechenegs, the emperor decided to lead the Roman armies against them. He prepared for war, called up the military draft, [67] and set out in full strength. He reached Serdica and terrified the Sauromatai, forcing them to make an alliance with him. Having buttressed peace by these agreements, he turned his army against the other foreign race, I mean the Skythians, who were divided among many different leaders. All of them came over to his side and pledged to keep faith with him, and thus they were freed of all fear. Only one, who frequented the banks of the Danube and used a steep rock as his hideout—this barbarian went by the name of Selte—did not want to extend the hand of peace to the emperor, but rather adopted an arrogant attitude toward him and came 13

πεδίον τοῖς Ῥωμαίοις ἀντιταξόμενος. Οὐκ εἰς μακρὰν δὲ τῆς ἰδίας κακονοίας ἀποίσατο τὰ ἐπίχειρα, κατακράτος γὰρ ἡττηθεὶς βραχείας μερίδος ἀντιταχθείσης αὐτῷ, φυγὰς ᾤχετο, βαθείᾳ τινὶ ὕλῃ, ὥσπερ τις πτώξ, μετὰ τῶν ὑπ' αὐτὸν διεισδύς.

14 Καὶ ὁ βασιλεὺς ἑλὼν τὸ κρησφύγετον καὶ φρουρὰν καταλιπὼν καὶ στρατηγὸν ἐπιστήσας, τὴν ἐπάνοδον εὐθύμως ἐποιεῖτο. Περὶ πρόποδας δέ τινος λόφου Λοβιτζοῦ λεγομένου τὴν παρεμβολὴν θέμενος, πρᾶγμα τι τῆς τοῦ τόπου ἐπωνυμίας ἀπηύρα, ῥαγδαῖος γὰρ ὄμβρος τῆς στρατιᾶς εὐθέως ἐπικαταρραγεὶς καὶ νιφετὸς ἔξωρος, Σεμπτεμβρίου μηνὸς ἔτι τὸν δρόμον ἐλαύνοντος, πολλῆς κακώσεως τὸ στρατιωτικὸν καὶ λύμης ἐνέπλησεν, ἥ τε γὰρ ἵππος σχεδὸν πᾶσα καὶ πολλοὶ | τῶν παρόντων τῷ κρύει καὶ τῷ ὄμβρῳ συνεχεῖ καὶ ἀνυποίστῳ μήκιστον χρόνον ταλαιπωρούμενοι, τὸ ζῆν ἐναπέρρηξαν καὶ τὰ ἐπιτήδεια παρ' ἐλπίδα τοῖς στρατευομένοις ἐπέλιπε, ποταμίου ῥεύματος καὶ χειμῶνος γενόμενα πάρεργον. Ἀναστολῆς δὲ γενομένης, ἐξῄει πρωΐας ὁ βασιλεὺς καὶ τὸν ποταμὸν ἀγχοῦ καταρρέοντα τραφέντα τῇ ἐπομβρίᾳ διαπεραιούμενος, πολλοὺς τῶν σφετέρων ἀπέβαλε. Λήξας δὲ πρὸς μικρὸν τῆς ὁδοιπορίας, ὑπὸ σκιὰν ἔστη δένδρου τινὸς ἅμα τισὶ τῶν ὑπερεχόντων καὶ μετ' ὀλίγον ἠχῆς γενομένης ἐκ τῆς δρυός, προῄει μικρὸν ὁ βασιλεὺς ὅσον μὴ τῷ μήκει ταύτης καταλαμβάνεσθαι, ῥιζόθεν δ' αὕτη τμηθεῖσα σὺν πολλῇ τῇ βοῇ, ὑπτία τῇ γῇ προσήρεισε. Γέγονεν ὁ βασιλεὺς ἐννεός, καταμαθὼν οἵας μικροῦ δεῖν τελευτῆς ἔμελλε τυχεῖν, καὶ ἦν προοίμιον οὐκ ἀγαθὸν τὸ συγκύρημα.

down into the plain to face the Romans in battle. It was not long before he received the fitting reward for his own malice. For he was roundly defeated by only a small part of the army arrayed against him. Thereupon he fled with the men under him and hid in a deep wood, like a small hare.

The emperor captured his hideout, garrisoned it, and ap- 14
pointed a general in command; he then set out to return in good spirits. But when he encamped at the foot of a hill called Lobitzo, he suffered a fate that reflected the name of the place.[121] For a torrential rain and a snowstorm suddenly struck the army—very unseasonably, for it was, after all, still during the month of September[122]—and this caused great damage to the army and many casualties. Almost all the cavalry and many [68] of those who were present lost their lives after being exposed for so long to the constant and unbearable cold and rain. Also, the army suddenly found itself lacking in supplies, which were washed away by the flooding river and the wintry weather. When the storm subsided, the emperor set out in the morning, but when he forded the nearby river that was swollen by the floodwaters he lost many of his men. Pausing briefly in his march, he stood under the shade of a tree with some of his officers. Presently a sound was heard from the tree and the emperor stepped aside just in time so as not to be crushed by its falling trunk. It had been severed to its root and, with a deafening sound, crashed headlong to the ground. The emperor was speechless, realizing how narrowly he had avoided such a death, and the omen did not bode well.

15 Προβιβάζων δὲ τὴν στρατιὰν ἐπεπορεύετο ταύτῃ, ἐπετάχυνε δ' αὐτὸν καί τις φήμη ψευδὴς καὶ οὐκ ἔμπρακτος τυραννίδος ἀπάρχεσθαι λέγουσα τὸν πρὸς ἑῴαν ἀποσταλέντα παρ' αὐτοῦ πολιτικὸν ἄνδρα διὰ τὴν τῶν δημοσίων κτημάτων ἐξίσωσιν. Καὶ μέχρι τῆς βασιλίδος γενόμενος καὶ πρὸς τὸ οἰκτρὸν τοῦ συμβάντος εἰκότως ἀνιαθεὶς καὶ τὴν κατηγορίαν τοῦ ἄρχοντος ἐπίπλαστον ἐγνωκώς, ἀνελάμβανεν ὅμως τῆς ἀθυμίας ἑαυτὸν καὶ περὶ τὸν κατὰ πρόσωπον τῆς βασιλίδος προεκκείμενον πορθμὸν ἀνιών, ἐνησχολεῖτο τῇ θήρᾳ | ψυχαγωγῶν ἑαυτὸν τῇ συνεχεῖ γυμνασίᾳ. Περὶ δὲ ὥραν ἀρίστου φῶς ἀστραπήβολον τοῖς τόποις ἐκείνοις ἐπέσκηψε, Νεάπολις τούτοις τὸ γνώρισμα, καὶ ὁ βασιλεὺς πληγείς, ὡς λόγος, ἐκεῖθεν ἀκατίοις ἐξαίφνης πρὸς τὰ βασίλεια ὥρμησε. Καὶ νοσομαχήσας ἡμέραις τισὶ τὸν μόρον ἐκαραδόκει καὶ διατοῦτο πρὸς ἐξιλέωσιν τοῦ θείου ἀσπάζεται τὴν μετάνοιαν καὶ τῆς βασιλικῆς ἐξουσίας τὸν μοναδικὸν καὶ ἀπέριττον ἀνταλλάττεται βίον, βασιλέα προχειρισάμενος οὐ τὸν ὁμαίμονα Ἰωάννην, οὐ τὸν ἀδελφιδοῦν, οὐκ ἄνδρα προσζεύξας τῇ θυγατρί, ἀλλὰ τὸν πρόεδρον Κωνσταντῖνον τὸν Δοῦκαν, ὃς αὐτῷ συνίστωρ καὶ συναγωνιστὴς περὶ τὴν τῆς βασιλείας κατάκτησιν διαπαντὸς ἐχρημάτισεν.

16 Αὐτὸς δ' ὁ Κομνηνὸς μοναχικοῖς ῥάκεσι τὴν τοῦ Στουδίου καταλαμβάνει μονὴν ἔτι τῇ νόσῳ τρυχόμενος, ζήσας μὲν [. . .], βασιλεύσας δὲ ἔτη δύο καὶ μῆνας τρεῖς, ἐπιζήσας δὲ τούτων ἐλάττονα τῷ μοναχικῷ. Μετὰ δὲ τὴν τελευτὴν ὑγρότητος μεστὴ θεαθεῖσα ἡ τούτου σορός, πολὺν λόγον εἰς τὸν δῆμον ἐκίνησε, τῶν μὲν τιμωρίαν εἶναι λεγόντων

Still, he led the army on and marched along with it. A false 15
rumor that could not have been true hastened him on his way: this was that the civil official whom he had sent to the eastern provinces to assess the impost on imperial estates had started a rebellion. He reached the Imperial City distressed, as was only to be expected, at the terrible events that had taken place, and discovered that the charge against the man was falsified. He thus began to recover from his foul mood and went up to the straits facing the Imperial City to spend his time hunting [69] and amusing himself with constant exercise. Around the time of the morning meal, however, a light as bright as lightning flashed over those parts, which are known as Neapolis.[123] The emperor, they say, was struck down and suddenly rushed back to the palace in a small boat. After battling the illness for some days, he resigned himself to an imminent demise. To appease God, then, he embraced a state of repentance and exchanged imperial power for the simplicity of the monastic life.[124] First, however, he appointed as emperor not his own brother Ioannes,[125] or his nephew,[126] or even some man married for this purpose to his daughter, but instead the *proedros* Konstantinos Doukas, who had been privy to the plot to gain the throne from the beginning and had fought with him through to the end.[127]

Komnenos himself, now in monastic attire and increas- 16
ingly wasted by his illness, moved to the Stoudios monastery. He lived for . . . and ruled for two years and three months, and survived less than that afterward as a monk.[128] After his death, his sarcophagus was observed to be full of moisture, which occasioned much talk among the people. Some said

καὶ κολάσεως ἔνδειγμα τὸ φανὲν διὰ τὸν πολὺν φόνον ἐκεῖνον τὸν ἐκ τοῦ κροτηθέντος ἐμφυλίου πολέμου γενόμενον περὶ Νίκαιαν, ἄλλοι διὰ τὴν τῶν πολλῶν κάκωσιν καὶ ὑστέρησιν μερικὴν καὶ καθόλου τῶν διδομένων τοῖς πλείστοις ἐπετείως ἐκ τῶν βασιλικῶν θησαυρῶν, ἄλλοι διὰ | τὴν τῶν ναϊκῶν καὶ ἰδιωτικῶν κτημάτων ἀφαίρεσιν, ἕτεροι διὰ πάντα, ἄλλοι διὰ σωφρονισμὸν τῶν μετέπειτα, μονονουχὶ τοῦ μεταλλάξαντος τὴν κόλασιν, συνέβαλον γὰρ τὴν μετάνοιαν ὅτι τὴν θείαν φιλανθρωπίαν ἐκκαλεῖται πρὸς ἔλεον, οἱ δὲ τούτων ἐναντίοι μὴ μετάμελον θρέψαι τὸν ἄνδρα μετὰ τὴν ἀναχώρησιν ἔλεγον καὶ κατὰ τοῦτο τῆς μεταβιώσεως μὴ ἀπόνασθαι, οἱ δὲ τὸ ῥεῦσαν ἁγιωσύνης ἔργον ἐτίθεντο διὰ τὴν μετὰ ταῦτα μᾶλλον μετάνοιαν καὶ τὸ δειχθῆναι πᾶσιν ὡς οὐκ ἔστιν ἁμάρτημα τὸ τὴν θείαν εὐμένειαν βιαζόμενον, εἰ τῶν κακῶν τις ἐκκλίνας τὸ ἀγαθὸν ἕλοιτο. Ἐγὼ δὲ ἀμφοτέρων τὴν γνώμην ἐπαποδέχομαι τῷ τὴν μὲν κωλυτικὴν εἶναι μελλόντων κακῶν, τὴν δὲ προτρεπτικὴν ἀπὸ τοῦ χείρονος πρὸς τὸ βέλτιον, καὶ οὐδενὸς τὴν ἧττω καταψηφίζομαι.

that it was a sign of his punishment in Hell for the many people who died at Nikaia during the outbreak of civil war. Others ascribed it to his mistreatment of so many people and his cancellation, whether partial or total, of the largesse that was given annually to the majority of subjects from the imperial treasury; others to [70] to his confiscation of ecclesiastical and private lands; and others to everything that he did. Another group believed that it was intended to chasten those who would rule after him but not to signify the punishment of the deceased; in support of their position they cited his repentance, which calls upon divine compassion for mercy. Others who opposed this view claimed that he had not[129] repented after his resignation and so did not benefit with respect to this from his conversion to the monastic life. Others cited the moisture as the work of sanctity, due to his repentance after all that, believing that it signified to all that there is no sin that can overcome divine benevolence, if one but breaks away from evil and chooses good. For my part, I accept both positions, one, that it was meant to discourage future evil deeds and, second, that it exhorted people to a change from a worse life to a better one. Thus I do not vote against either position as being inferior.[130]

13

Ἀλλ᾽ ὅ μοι λέγειν ὁ λόγος ὥρμητο, ἐπιλαβόμενος τῶν βασιλικῶν σκήπτρων Κωνσταντῖνος ὁ Δοῦκας, συνήθροισε τὰ σωματεῖα τῆς Πόλεως καὶ λόγους ἐπιεικείας γέμοντας ἐδημηγόρησε πρὸς αὐτούς·

2 «Ἐμέ,» φήσας, «ὦ ἄνδρες, βασιλέα τεθεικὼς τῶν ἐπὶ γῆς ὁ βασιλεύων ἐν οὐρανοῖς, τῆς ἁπασῶν μεγίστης τιμῆς πεποίηκε μέτοχον. Ἐγὼ δὲ οὐκ ἂν ψεύσαιμι τὰς πρὸς ἐκεῖνον συνθήκας ἀλλ᾽ εὐμενὴς καὶ φιλάνθρωπος ἔσομαι, πατήρ τε τοῖς νέοις καὶ τοῖς ἥλιξιν ἀδελφὸς καὶ | βακτηρία τοῖς γέρουσι καὶ παῖς τῇ διαθέσει καὶ μιμήσει τῆς φύσεως. Εὐθηνήσετε δὲ ἐν ἐμοὶ καὶ τὸ προφητικὸν πληρωθήσεται, *ἀλήθεια γὰρ ἐκ τῆς γῆς ἀνατελεῖ καὶ δικαιοσύνη ἐκ τοῦ οὐρανοῦ διακύψει* καὶ οὐδεὶς ἔσται καθάπαξ ἐπὶ τῶν ἡμῶν ἡμερῶν ὁ στεναγμῷ καὶ κλαυθμῷ καὶ στερήσει ἀδίκῳ συγχυθησόμενος.»

3 Ταῦτ᾽ εἰπὼν καὶ συναποκρύψας ἑαυτόν, ὡς ἔθος τοῖς βασιλεῦσι, παραπετάσματι σὺν εὐφημίᾳ, μεγίσταις ἐλπίσι καὶ φιλανθρώποις μετέωρον εἰργάσατο τὸ ὑπήκοον. Τὸ δ᾽ ἀπὸ τοῦδε τῆς τῶν πραγμάτων ἐχόμενος ἀντιλήψεως, ἀνθαμιλλομένῳ ἐῴκει τοῖς ἑαυτοῦ καὶ προχαράττειν ἄλλ᾽ ἄττα, τοῦ ἐπιεικοῦς καὶ μετρίου μὴ ἀφιστάμενος. Πεποίηκε

Chapter 13

The reign of Konstantinos X Doukas (1059–1067): internal affairs

At any rate, that which my narrative was about to say was that when Konstantinos Doukas took hold of the imperial scepters he gathered the associations of the City and spoke to them in fair and fitting terms:

"It was I," he said, "who was appointed over the affairs of 2
this earth by the King in Heaven, allowing me to share in the greatest honor that exists. I will not prove false in my contract with him but will be kind and compassionate, a father to the young, a brother to those my age, [71] a cane to the elderly and like a son to them in disposition and imitation of nature. You will flourish under me and the words of the prophet will be fulfilled, for *truth will dawn over the earth and justice will look down from the heavens,*[131] and not one person will there be in our times who will be troubled by sorrows, laments, and unjust deprivations."

After speaking these words he stepped back behind a 3
screen, as emperors are accustomed to do while being acclaimed. He had raised his subjects' hopes for a better fortune to the highest level of expectation. From that point on, he took on the management of public affairs in such a way that he seemed to be striving to meet his own benchmarks and forging new paths, never deviating from a reasonable and moderate course. He also granted honorific titles and

δὲ καὶ τιμήσεις καὶ ἦσαν οἱ τιμηθέντες πολλοὶ τῶν τε τῆς ἀγορᾶς καὶ τῆς συγκλήτου βουλῆς, ἀνώρθωσε δὲ καὶ τοὺς ἤδη παρὰ τοῦ πρὸ αὐτοῦ βεβασιλευκότος τῶν οἰκείων ἐκπεπτωκότας τιμῶν, καὶ γὰρ ἐκεῖνος τοὺς τῷ καθαιρεθέντι παρ' αὐτοῦ βασιλεῖ προσῳκειωμένους πολλοὺς ὅσους παγανοὺς ἐξ ἐντίμων ἀπέδειξε, καὶ εἰς τὰς σφῶν αὐτῶν ἀξίας πάλιν ὁ Δούκας ἀνεκαλέσατο.

4 Ἔτι δὲ τοῦ κράτους αὐτῷ συναυξανομένου, ἐπέστη τὰ τῆς ἐπετείου ἑορτῆς τοῦ ἐν μάρτυσι περιωνύμου ἁγίου Γεωργίου· μετὰ δὲ τὴν τοῦ θείου Πάσχα σωτήριον ἐπιφοίτησιν καὶ ὁ βασιλεύς, ὡς ἦν ἀπὸ τοῦ Μονομάχου τεθεσπισμένον τοὺς κατὰ τὴν ἡμέραν βασιλεῖς εἰς τὸ τοῦ ἁγίου φοιτᾶν | μαρτύριον, ὅπουπερ αὐτὸς οἰκοδομὰς λαμπρὰς καὶ πολυτελεῖς καὶ βασιλεῦσι προσηκούσας ἐπήξατο, πληρῶν τὴν ἐντολὴν αἰδοῖ τοῦ ἐντειλαμένου, μᾶλλον δὲ τῇ τοῦ μάρτυρος ἐπευφραινόμενος ἑορτῇ, καὶ κομίσασθαι μέλλων τὸ προσωρισμένον τάλαντον ἐπὶ δεξιώσει τῆς παρουσίας, παρεγένετο, θύσων αὐτῷ βασιλικῶς τὴν τιμήν. Καὶ μέντοι καὶ τὴν ἑορτάσιμον ἡμέραν διηνεκῶς ἐπέμενεν ἐκεῖσε, τὴν διαγωγὴν οὐκ ἀηδῆ καθορῶν.

5 Τινὲς δὲ τῶν τῆς βασιλευούσης κακοήθως διατεθέντες ὡς τοῦ βασιλέως χαρακτῆρας παραγυμνοῦντος οὐκ εὐγενεῖς καὶ ἀστατοῦντος τοῖς λόγοις καὶ πρὸς τὸ βασιλικὸν ὀλισθαίνοντος χάρισμα, τὸ δὲ καὶ μεταβολῆς ἐρῶντες ἐλπίδι λημμάτων καινῶν, βουλὴν πονηρὰν ἐξαρτύσαντες ἄρτι προβεβουλευμένην αὐτοῖς, μεταδιδόασι τῆς λύμης αὐτῆς οὐ μόνον στρατιωτῶν τισὶ τῶν περὶ τὴν ἤπειρον ἀλλὰ καὶ τοῖς ἀπὸ τοῦ βασιλικοῦ στόλου καὶ τῆς κατὰ

the honorands were many and belonged to both the Senate and the common people. He even raised up those who had lost their titles at the hands of his predecessor, for the latter had expelled from the ranks of the title-holders many of the closest associates of the emperor whom he had deposed,[132] especially those who did not hold offices; Doukas now recalled them to their previous dignities.

While his power was still growing, the annual feast day of 4
the famous martyr Saint Georgios arrived.[133] After the salvific advent of the divine Easter, it had been established as a custom by Monomachos for the emperors of that time to visit the saint's [72] martyr shrine, where the saint was honored with splendid and luxurious edifices befitting an emperor. The emperor now reverently fulfilled the injunction of the one who established this custom, or rather he personally rejoiced in the celebration for the martyr, intending to provide the predetermined tithe that attended his personal presence. With this sacrifice he paid majestic honors to the saint, and he stayed there throughout the entire feast day, as he regarded the celebrations as not unpleasant.

But some in the Reigning City were maliciously disposed 5
toward him because they believed that the emperor was displaying ignoble character traits, was not keeping his promises, and was slacking in his imperial munificence; moreover, they longed for regime change, hoping to gain new profits from it. They had prepared a criminal conspiracy, already planned out by them, and they communicated this iniquity not only to members of the land army but also to some men in the imperial fleet, both the imperial escort at sea and the

θάλασσαν δορυφορίας τε καὶ δυνάμεως. Καὶ ἦν αὐτοῖς διεγνωσμένον τε καὶ συγκείμενον ἵνα, τοῦ βασιλέως ἔτι ταῖς μαρτυρικαῖς ἐμφιλοχωροῦντος σκηναῖς, ὀρθριώτερον πρὸ τοῦ *διαγελᾶν* ἀπάρξασθαι *τὴν ἡμέραν*, οἱ μὲν σὺν ἀλαλαγμῷ καὶ βοῇ καὶ θορύβῳ μεγίστῳ τὰς τῆς Πόλεως πλατείας διαταράξωσι καὶ ταῖς φρουραῖς προσβαλόντες, ἀνάστατον ἅπαν τὸ ἔμφρουρον ἀπεργάσωνται καὶ πολλοὺς τῶν ὁμοίων πρὸς ἀνταρσίαν διερεθίσωσιν, οἱ δὲ τῆς βουλῆς αὐτοῖς συμμετέχοντες ναυτικοὶ τοῖς ἀκατίοις πρὸ τῶν ἄλλων προσοκείλωσι τῇ χέρσῳ τῶν μαρτυρικῶν ἐκείνων σκηνῶν καὶ | τὸν βασιλέα κατιόντα τῷ κυδοιμῷ κατεπτοημένον καὶ πρὸς τὰ βασίλεια μέλλοντα παραγενέσθαι καὶ κατασφαλισθῆναι πρὸς τὴν ἐπιβουλήν, ὃ πάντως ἀναγκαίως ποιῆσαι τοῦτον προέκειτο, ὑποδέξωνται τοῖς ἑαυτῶν ἀκατίοις καὶ πελάγιοι γενόμενοι τῷ βυθῷ παραδώσουσι. Καὶ ἦν ἡ γνώμη δεινή τις καὶ ἄφυκτος καὶ πανταχόθεν σοβοῦσα τὸ θήραμα καὶ πλεκτάναις κατά γε τὴν ἀνθρωπίνην ἀσθένειαν τοῦτον συγκατασχεθῆναι καὶ θηραθῆναι συνάγουσα.

6 *Τοῦ δὲ διασκεδάζοντος βουλὰς ἐθνῶν καὶ λογισμοὺς ἀθετοῦντος ἀρχόντων Κυρίου*, ἀπερίτρεπτος μένουσα ἡ βουλὴ τὰς τῶν γηΐνων σκαιωρίας παρέσφαλε καὶ παρ᾽ ἐλπίδα τὴν σωτηρίαν τῷ ἀπεγνωσμένῳ πανταρχικῶς ἐχαρίσατο. Ὡς γὰρ ἡ στάσις ἀνῆψε καὶ θόρυβος ἀνερριπίσθη πολύς, αἵ τε ἀγγελίαι φθάνουσαι ἑτέρα τὴν ἑτέραν τῷ βασιλεῖ προσεφοίτων καὶ ὁ δῆμος ἅπας συνεκροτεῖτο καὶ συνηθροίζετο καὶ ταραχῆς ὑπῆρχον τὰ κατὰ τὴν πόλιν ἀνάμεστα καὶ συγχύσεως, συσκευασάμενος οὕτως ὁ βασιλεὺς ἅμα τῇ

armada in general. They had decided and agreed that, while the emperor was still visiting the shrine of the saint, early in the morning, in fact before *the day* began *to smile,*[134] some of them would create a commotion in the public squares of the City with their shouts and cries and by making a great din; they would also attack the sentries, sending the entire guard into a tumult; and they would incite many like-minded people to join the mutiny. Meanwhile, those participants in the plot who were in the navy would dock their ships ahead of the others by the saint's shrine and [73] lead the emperor down to them while he was terrified by the uproar and eager to return to the palace to secure himself against the plot. It was certain that he would do this, so they were to take him aboard their ships and throw him overboard once they were at sea. It was a wicked plan from which he could not escape; like prey, he would be corralled from all sides into nets, surrounded, and caught on account of human weakness.

But *the will of the Lord, who counters the plans of nations and* 6
scatters the thoughts of rulers,[135] was immutable: it undermined this earthly plot, omnipotently granting deliverance beyond all hope to that man in his desperate situation. For as the rebellion erupted, there was much commotion and reports kept reaching the emperor, one after the other. The entire people began to gather and assemble as the regions of the City filled with tumult and confusion. The emperor made

αὐγούστῃ καὶ τοῖς ἐξ αὐτῶν γεννηθεῖσιν εἰς τὴν γείτονα κατῆλθον ἀκτὴν καὶ μὴ εὑρόντες τῶν βασιλικῶν πλοίων τινά, εἰς τὸ προσορμίσαν νέον ἔκ τινος ἀπροόπτου καὶ δεξιᾶς τύχης, μᾶλλον δὲ προνοίας ἀρρήτου θελήματος, ἀρχοντικὸν πλοιάριον ὡς εἶχον σπουδῆς ἀνέβησαν· καὶ τῶν βασιλείων εὐθὺ τῆς εἰρεσίας ἀγούσης, ἐπικατέλαβε τὸ τῆς ἀνοσίας βουλῆς μετεσχηκὸς ἀκάτιον, τὸν βασιλέα προκαλούμενον εἰσελθεῖν ἐν αὐτῷ ὡς σπουδαιότερον δῆθεν | ἀχθησόμενον δι᾽ αὐτοῦ. Ὡς δ᾽ ἀπεπέμπετο καὶ κατὰ χώραν ὁ θηρευόμενος ἔμενε, καί τι προύργου πράξειν ἀπηναισχύντουν οἱ ἐν αὐτῷ προσαράσσειν ταῖς κώπαις οὐκ ἐξ εὐπλοίας σχηματιζόμενοι.

7 Διασωθέντος τοίνυν τοῦ βασιλέως ἀθιγοῦς ἐν τοῖς ἀνακτόροις, ἐπεὶ καὶ ὁ τούτου αὐτάδελφος διὰ τῆς ἀγορᾶς προῄει, προπορευομένων αὐτοῦ καὶ περικυκλούντων στρατιωτῶν ἐγχεσιμάχων, διάλυσιν ἐλάμβανε τὰ τῆς στάσεως, τοῦ γὰρ ἄλλου πλήθους τῆς Πόλεως μὴ συναποστατῆσαι θελήσαντος καὶ συνδιαφθαρῆναι τῇ τῶν ἐπιβούλων σκαιότητι, φόβος κατέσχεν αὐτούς. Καὶ οἱ μὲν ἐπισημότεροι καὶ τὰς ὡπλισμένας ἤδη παραγυμνώσαντες τῷ μεγάλῳ καὶ περιωνύμῳ ναῷ τῆς τοῦ Θεοῦ Σοφίας προσέδραμον, τὴν περὶ ψυχῆς σωτηρίαν τῶν ἄλλων ἁπάντων χρημάτων τέ, φαμεν, καὶ κτημάτων ἀνταλλαττόμενοι, οἱ δὲ λαθεῖν οἰηθέντες ἐπὶ τὰς ἑαυτῶν κατοικίας καὶ συναυλίας ἑτέρας διεσκεδάσθησαν. Ἐξῆλθε δὲ καὶ ὁ τῆς Πόλεως ἔπαρχος *μετὰ τὴν πολλὴν* τὸ τοῦ λόγου *τυφθεῖσαν θάλασσαν*, τὸ φλεγμαῖνον καὶ αὐτὸς καταστέλλων καὶ συνεμίγη τῷ τοῦ βασιλέως ὁμαίμονι κατὰ τὴν ἀγορὰν προοδεύοντι, ἦσαν

his preparations and, along with the empress and their children, went down to the nearest shore. Not finding any of the imperial barges, they hurriedly climbed aboard the ship of one of the magistrates that was docked there by some fortunate and quite unforeseen chance, or rather by the forethought of an ineffable Will. And as they were rowing straight for the palace, they were overtaken by a ship adhering to the unholy conspiracy, and they invited the emperor to embark on their ship on the grounds that he would allegedly [74] be conveyed faster thereby. But the hunted man sent them away and stayed put, whereupon they had the audacity to try another tactic to serve their purpose, which was to strike his ship with their oars, pretending that it was the fault of the bad weather.

The emperor nevertheless made it safely to the palace 7
and the rebellion was broken up, especially when his brother[136] marched through the main avenue preceded and surrounded by soldiers armed for battle. For the rest of the people of the City did not want to join the rebellion and be destroyed by the stupidity of the plotters. The latter were now gripped by terror. The most well-known among them discarded their weapons and rushed to the large and famous church of the Wisdom of God,[137] ready to purchase the safety of their lives in exchange for the whole of their money and property. The rest, thinking that they had escaped detection, scattered to their houses and other dwellings. The *eparchos* of the City also came out[138]—*after the worst of the storm had passed,* as the saying goes[139]—and he too suppressed the uprising, joining the emperor's brother who was making his way through the main avenue. For everyone had now

γὰρ ἀναλαβόμενοι πάντες ἑαυτοὺς καὶ τούτῳ συγκροτοῦντες τὰ νικητήρια καὶ τοῖς βασιλεῦσι τὸ κράτος ἐπικροτοῦντες καὶ σὺν εὐφημίαις καὶ θυμιάμασι πλείστοις τὴν προπομπὴν ἐργαζόμενοι.

8 Ὡς δὲ κατάστασις ἔσχε καὶ νηνεμία τουτὶ τὸ κλυδώνιον καὶ παντελὴς πληροφορία τοῖς περὶ τὸν βασιλέα καὶ | αὐτῷ τῷ βασιλεῖ γέγονεν ὡς μερική τις δυσβουλία καὶ συνέλευσις συνετάραξε τὸ ὑπήκοον, οὐχὶ συνθήκη κοινὴ καὶ συγκίνησις ἐξεπολέμωσε τοῦτο, καὶ θάρσους ἐνεπλήσθησαν, εἰς ἔρευναν εὐθὺς διανέστη καὶ τῶν τετολμημένων ἐκδίκησιν ὁ κρατῶν. Καὶ ἐπεὶ λαθεῖν οὐκ ἐνῆν τοὺς τοσούτου κακοῦ πρωτεργάτας καὶ στασιαστὰς καὶ συνίστορας, ἤγοντο τούτων συχνοὶ καὶ καθοσιώσεως εἰς βασιλέα φερομένης ἐκρίνοντο. Καὶ οἱ μὲν εἱρκταῖς δημοσίαις, οἱ δὲ ἀμειδέσιν οἰκίσκοις ἐδίδοντο, ἄλλοι δὲ τούτων τὸν θάνατον ἐκκλῖναι σπουδάζοντες, ὑποσχέσεσιν ἐλευθερίας σαινόμενοι, προεδίδουν ἑτέρους. Καὶ καθ' ἑκάστην συνελαμβάνοντο συχνοὶ καὶ φόβος εἶχε τοὺς πλείστους ἵνα μὴ συλληφθῶσι κατηγορούμενοι. Τέως δὲ μαστιγώσας τούτων τινὰς ὁ κρατῶν καὶ εἰς φῶς τοὺς ἐπιβούλους προαγαγών, οὐδὲ πρὶν ἀγνοουμένους διὰ τὸ ἐκραγῆναι τὸ μελετώμενον, φυγῇ τούτους καὶ δημεύσει προσεζημίωσε, μηδένα δι' αἵματος τιμωρήσασθαι ἀνασχόμενος ἀλλ' εὐψύχως τὴν παροινίαν καὶ μετριώτερον ἐνεγκών. Πρὸ δὲ πάντων ὁ εἰρημένος ἔπαρχος συνειδότος κατηγορηθεὶς καὶ κριθείς, ὑπερορίᾳ καὶ δημεύσει κατὰ τὴν αὐτὴν ἡμέραν τῆς ταραχῆς ὑπεβλήθη, εἰσιὼν μὲν εἰς τὰ βασίλεια ὥς τι τῶν

recovered his composure and all were applauding him for his victory and chanting in favor of the dynasty; thus they escorted this procession with many acclamations and much incense.

When order and calm were restored after this tempest, 8
the emperor's associates and [75] the emperor himself ascertained fully that his subjects had been buffeted by the ill will and conspiracy of a few people only; it was not a universal consensus and movement that had launched the attack. This revived their spirits, and the ruler immediately made an investigation so as to take vengeance against these rash deeds. As it was not possible for the instigators of such a crime, nor for the other conspirators and mutineers, to escape notice, a large number of them were brought to justice and convicted of treason directed against the emperor. Some of them were thrown into the public prisons, while others were confined to some miserable little dwellings. Another group, making every effort to avoid the death penalty and led on by the promise of freedom, informed against the others. Every day many people were being arrested and most were gripped by the fear that they might be accused and arrested. Finally, the emperor had some of them whipped and brought the conspirators to light; their identities, after all, were already known, as their plan had been revealed at its outbreak. He imposed exile and confiscation on them, but refrained from shedding any blood, enduring their offense with equanimity and moderation. First before the others, the aforementioned *eparchos* was accused of knowing about the plot. He was convicted and sentenced to exile and confiscation on the very day of the troubles. He waltzed into the palace as if he had accomplished something noteworthy

δεόντων κατωρθωκὼς καὶ τὸ στασιάζον κατευνακώς, ἀφαιρεθεὶς δὲ τὴν ζώνην καὶ τὰ παράσημα καὶ κατάκριτος ἀπροσδοκήτως γενόμενος.

9 | Ἐπόθησε δὲ καὶ τῶν ἄλλων ἁπάντων ὁ βασιλεὺς ἐπέκεινα τήν τε τῶν δημοσίων χρημάτων ἐπαύξησιν καὶ τῶν ἰδιωτικῶν δικῶν τὴν ἀκρόασιν κἀν τούτοις τὴν μείζονα φροντίδα κατεκένου τῆς βασιλείας, τῶν ἄλλων ἧττον βασιλικῶν ἀντεχόμενος, στρατιωτικῶν φημὶ καὶ στρατηγικῶν πλεονεκτημάτων καὶ τῆς ἐντεῦθεν εὐδοξίας, τοῖς εἰρημένοις πολιτικοῖς εὐδοκιμεῖν προαιρούμενος. Διὰ δὴ ταῦτα καὶ συκοφαντικαῖς ἐπηρείαις καὶ σοφιστικαῖς μεθόδοις καὶ δικανικῶν προβλημάτων ἑσμῷ καὶ σεκρετικῶν ζητημάτων ἐπιπλοκαῖς τὸ Ῥωμαϊκὸν ἐκλονεῖτο καὶ κοινὴ μελέτη τοῖς ἅπασι τὸ κατορθῶσαι τὰ τοιαῦτα ἐγίνετο, ὡς καὶ αὐτοὺς στρατιώτας μεταβαλεῖν καὶ μεταμαθεῖν τὰ πρὸς τὴν τούτων γνῶσιν παράγοντα.

10 Καὶ τοῦ βασιλέως εὐπροσίτου καὶ μετριόφρονος ὄντος καὶ ἧττον περὶ τὸ σῶμα κολαστικοῦ καὶ τὰ περὶ τὸ θεῖον εὐσεβεῖν δοκοῦντος ὡς μάλιστα, φιλοπτώχου τε πέρα τοῦ δέοντος καὶ φιλομονάχου καθισταμένου καὶ διεπτοημένου περὶ τὰ ἱερά, ἡ πρὸς τὰ λεχθέντα ἕτερα κεφάλαια εὔνοια τὴν τῶν τοιούτων προτερημάτων ἤμβλυνεν ἐπιμέλειαν καὶ κατὰ σφᾶς αὐτὰς ἀρετὴ καὶ κακία περὶ τὸ αὐτὸ ὑποκείμενον μονονουχὶ ἐστασίαζον, ἐνίκα δὲ παρὰ πολλὰς ψήφους τὸ δυσπαθοῦν, ὅσῳ καὶ πλείονι μερίδι ἐφήπλωτο. Τὸ γὰρ εὐσεβὲς καὶ τὸ φιλόπτωχον ἅμα καὶ φιλομόναχον καὶ τὸ μὴ πρὸς κόλασιν δι᾽ αἵματος ἕτοιμον καὶ αὐτὸ τὸ εὐπρόσιτον ἐπαίνων μὲν οὐδεὶς ἦν ὁ μὴ ἀξιῶν, πλὴν ἀλλὰ τῷ

in suppressing the rebels, but there his ceremonial belt was removed along with his insignia and he unexpectedly found himself convicted.

[76] More than anything else the emperor desired to in- 9
crease the public funds and to supervise private trials, even if it meant devoting the greater part of his reign to these efforts. He was less concerned about the other imperial matters, I mean our military and strategic advantage and the good reputation that comes from it, as he preferred the repute that stems from those civil concerns. As a result, Roman society was shaken by sycophantic accusations, sophistic tricks, a swarm of judicial technicalities, and the complexity of bureaucratic procedures. Everyone now had to learn how to become accomplished in these things, and even the soldiers themselves had to change their ways and reeducate themselves in the skills conducive to this knowledge.

The emperor was accessible and modest, not prone to 10
imposing corporal punishment, and appeared to be extremely pious when it came to religious matters, caring for the poor beyond what was proper, being a great patron of monks, and reverent to the point of dread when it came to churches. However, his interest in those other spheres I mentioned above dulled his cultivation of these virtues. It was almost as though virtue and vice were fighting each other on the same ground, but the worse element prevailed by a wide margin, insofar as it spread to the larger portion. For piety, compassion for the poor, a love of monks, a reluctance to impose bloody punishments, and his accessibility were qualities that no one could fail to praise, except that in

ἔχοντι μόνῳ τὴν ὄνησιν | ἐπιφέρειν ἐδοκιμάζοντο καί τισιν ὀλίγοις τῶν προσιόντων ἢ ὁμαλῶς προσδεχθέντων αὐτῷ. Τὸ δὲ φειδωλὸν καὶ ἄγαν ποριστικὸν τῶν δημοσίων χρημάτων, ἔστιν οἷς καὶ οὐκ ἐν εὐπροσώποις αἰτίαις, καὶ τὸ κατ' ἐξουσίαν δικαστικὸν καὶ τὸ καταφρονητικὸν τῆς στρατιωτικῆς εὐπραγίας καὶ στρατηγικῆς καὶ ἀκριτικῆς εὐπαθείας, πολλῶν καὶ σχεδὸν ἁπάντων τῶν ὑπὸ Ῥωμαίοις τελούντων λυμαντικὸν ἐψηφίζοντο. Ἠγείρετο γὰρ πολὺς γογγυσμὸς τῶν τε καταδικαζομένων οὐ νομικῶς καὶ τῶν κατηγορουμένων σοφιστικῶς καὶ τῶν ἀπαιτουμένων εἰς τὸ δημόσιον ἐνίοτε ἀχρεώστητα καὶ τῶν δεχομένων φορολογικὰς ἐπαυξήσεις ἐπαρχιῶν καὶ τῶν καταδρομὰς ὑφισταμένων βαρβαρικὰς διὰ τὸ μὴ κατὰ λόγον τὸν στρατιωτικὸν κατάλογον γίνεσθαι. Ἐλέγετο δὲ μὴ τῆς τοῦ βασιλέως φύσεως ἔργα ταῦτα, εἶναι γὰρ τοῦτον πρὸ τῆς ἀρχῆς ἄφθονον τὰ πάντα καὶ ἀπειρόκακον καὶ τῆς ἐλεημοσύνης ὁλοσχερῶς ἐφαπτόμενον, ὑποφθορᾶς δέ τινων καὶ παραινέσεως φιλοπράγμονος ὅσοι τῆς πρὸς τὰ βασίλεια οἰκειώσεως μεῖζον οὐδὲν οὐδ' ὑπέρτερον ἥγηνται, ἵνα τὸ εὐμενὲς τοῦ κρατοῦντος συλήσωσιν. Ἀλλ' οὔτε τὸ τῆς ἀρετῆς τοῦ βασιλέως μέρος ἀγέραστον οὔτε τὸ ἄλλως ἔχον ἀνώλεθρον τῇ ῥωμαϊκῇ ἐπικρατείᾳ διαμεμένηκε.

11 Περὶ μὲν γὰρ τῶν ἐντός, ὅπως καλῶς ἔσχε τῷ βασιλεῖ καὶ ὡς ἦν αὐτῷ βουλητόν, τῶν παίδων, ὧν μὲν ἰδιωτῶν | συνανελθόντων τούτῳ εἰς τὰ ἀνάκτορα καὶ συμβασιλεύειν γεγενημένων, ὧν δὲ μετὰ τὴν βασιλείαν γεννηθέντων καὶ αὐτόχρημα βασιλέων ἀναδειχθέντων καὶ τῇ πορφυρίδι κατὰ τὸν τῶν Ῥωμαίων ἐθισμὸν συναναδοθέντων, καὶ τοῦ

practice they proved to be beneficial only to the one who had them [77] and to a few more in his circle or who were received favorably by him. On the other hand, his stinginess, zeal in collecting public funds, even by means that were not so reputable, his arbitrary exercise of judicial power, and disregard for military success, strategic planning, and the maintenance of the frontiers were reckoned to be extremely harmful to many, in fact to almost all of those who lived under Roman authority. Much grumbling was heard from those who were convicted illegally, those who were accused on specious grounds, and those who were made to pay sums to the public treasury that they did not owe, as well as from provinces burdened with new taxes and suffering raids by barbarians because the army was not being maintained properly. It was said that all this was not in the nature of the emperor, that before he came to power he was generous in all ways, ignorant of evil, and thoroughly devoted to charity, but that it was all due to the corruption and self-serving advice of those who had no higher goal or ambition than to insinuate themselves into the palace in order to take advantage of the ruler's kindness. So neither did the part of the emperor that was virtuous remain without recompense, nor did its opposite fail to wreak havoc on the Roman state.

As for the emperor's family life and how it was ordered 11
well for him and according to his will, for instance how some of his children were private [78] citizens when they accompanied him to the palace and were elevated to the throne as co-emperors, while others were born after his accession and were immediately crowned and received the purple, as is the custom among the Romans,[140] or how the empress was in

τῆς αὐγούστης ἐνεαριζούσῃ τῇ ἡλικίᾳ ἄνθους, οὐ πολὺς λόγος οὐδὲ παράθεσις πρὸς τὴν τῶν ἀντικειμένων τουτωνὶ ἅμιλλαν. Τὸ δὲ εἰς κοινὸν ἧκον ὄφελος ἐξεταστέον, ὡς προδιείληπται, τῆς μὲν γὰρ κακίας ταῦτα ἐπίχειρα.

14

Κατὰ μὲν τὴν ἑῴαν ἐληΐζοντο πάντα καὶ διεφθείροντο τῇ τε τῶν Νεφθαλιτῶν Οὔννων, ἤτοι τῶν Τούρκων, ἐπιδρομῇ καὶ κατισχύσει καὶ τῇ βιαίᾳ ὑποχωρήσει καὶ δείματι τῶν ἠμελημένων στρατιωτῶν ἐκ τοῦ ῥωμαϊκοῦ καταλόγου. Καὶ συνεχεῖς ὑπῆρχον αἱ ἐκδρομαὶ καὶ ἡ εὐδαίμων χώρα τῆς Ἰβηρίας παντελῶς κατηρείπωτο, ἤδη προκατειργασμένη ὡς εἴπομεν, μετελάμβανον δὲ τοῦ δεινοῦ καὶ ὅσαι ταύτῃ παρέκειντο, Μεσοποταμία τε καὶ Χαλδία, Μελιτηνὴ καὶ Κολώνεια καὶ τὰ τῷ Εὐφράτῃ συγκείμενα ποταμῷ. Καὶ εἰ μὴ στρατεύμασιν ἐνίοτε, μᾶλλον δὲ φήμαις δυνάμεων, διείργοντο τὰ τῶν βαρβάρων καί τις ἀρχηγὸς τούτων Χωροσάλαρις οὕτω λεγόμενος, ἕτερος δὲ Ζαμούχης τὴν ἧτταν συμβαλόντες τύχῃ τινὶ ἀγαθῇ ἐκληρώσαντο, κἂν καὶ μέχρι Γαλατίας καὶ Ὁνωριάδος καὶ αὐτῆς Φρυγίας

the bloom of youth and beauty,[141] about all this, then, there is no reason to say much nor to juxtapose it to rival claims made by his opponents. What is important instead is to examine the public welfare, as I have already argued, and the following were the results of his severe failings.

Chapter 14

The reign of Konstantinos X Doukas (1059–1067): barbarian invasions

The east was entirely plundered and destroyed by the raids of the Nephthalite Huns, that is to say the Turks, who overpowered the soldiers of the regular Roman army. The latter had been neglected and were now violently pushed back and terrified. These raids were continual and entirely ruined the prosperous land of Iberia, which had already been overpowered, as I mentioned. The misfortune was shared by its neighbors, Mesopotamia, Chaldia, Melitene, Koloneia, and the regions by the Euphrates River. And if the barbarians had not been hindered on some occasions by our armies, or rather by rumors that they were approaching, and if their leader, named Chorosalaris, and the other one, Zamouches, had not been defeated in battle through some propitious chance,[142] the enemy would have reached all the way to Galatia, Honorias, and Phrygia itself. When the need

τὸ ἀντίπαλον περιέδραμε. Καὶ ὅτι μὲν ἀνάγκης κατεπειγούσης, ἐστέλλετο στρατιωτικὸν οὐκ ἀποτρόπου, ὅτι δὲ ψιλὸν καὶ | ἀπρόθυμον τῇ τοῦ ὀψωνιασμοῦ ὑστερήσει, εἰπεῖν δὲ καὶ τὸ κάκιστον μέρος, ὡς τῶν κρειττόνων ἀπελαυνομένων τῆς στρατιᾶς διὰ τὸ μείζονος τυγχάνειν βαθμοῦ τε καὶ ὀψωνιασμοῦ, καταγνώσεως οὐκ ἀπῆν τὸ γενόμενον, μηδενὸς γενναίου κατορθουμένου, καὶ τῆς ῥωμαϊκῆς ποτὲ μεγαλοπρεπείας καὶ ἰσχύος ἀνάλογον, ἐξ οὗ καὶ συνέβαινε τοὺς μὲν Ῥωμαίους δυσπαθεῖν καὶ καταπληκτικοὺς ἡγεῖσθαι τοὺς ἐναντίους καὶ μηδὲ φωνὴν ὑπομένειν αὐτῶν, ἐκείνους δὲ ἐναβρύνεσθαι καὶ ἀγερωχεῖν καὶ μετὰ πολλῆς προσρήγνυσθαι πεποιθήσεως, ὡς προησσηθέντας πολλάκις ποιουμένους τὸν πόλεμον, ἐξ οὗ καί τι συνηνέχθη παραλογώτατον καὶ οὐκ ἀνίαν μόνον ἀφόρητον ἀλλὰ καὶ τῆς ῥωμαϊκῆς ἐπικρατείας ἐπιφέρον ἐλάττωσιν καὶ ἰσχύος μεγίστης ἀφαίρεσιν.

2 Τὸ Ἀνίον πόλις ἐστὶ μεγάλη καὶ πολυάνθρωπος καὶ πανταχόθεν τάφροις οὐ χειροποιήτοις ἀλλὰ φυσικαῖς κοιλάσι καὶ ἀδιεξοδεύτοις καὶ πέτραις ἀποτόμοις συμπεριειλημμένη καὶ ποταμῷ βαθυδίνῃ καὶ ἀβάτῳ περιεζωσμένη τὸ μέρος καθόπερ ἀπορρῶγες καὶ φάραγγες ἐπιλείπουσι· καὶ βραχύς ἐστι τόπος ὁ τὰς ἀμφόδους ἔχων τῆς πόλεως καὶ οὗτος μετεώροις καὶ ἰσχυροῖς κατωχύρωτο τείχεσι. Ταύτην ὁ τῆς ἀοιδίμου λήξεως βασιλεὺς ὁ Μονομάχος ἀξιομάχῳ πρότερον στρατιᾷ παριστάσασθαι διαγωνισάμενος, οὐκ ἠδυνήθη, συνθήκαις δὲ καὶ | μεγίσταις ἐπαγγελίαις τὸν ἄρχοντα ταύτης καταστησάμενος εὔελπιν, συνέπεισε μεταθέσθαι πρὸς τὰ ἡμέτερα καὶ τὴν πόλιν θέσθαι

was pressing, an army was indeed sent out, which was not at all unreasonable, but the fact that it was lightly equipped and [79] demoralized by the inadequacy of its supplies, and that it was, moreover, the worst part of the army, given that the best had been discharged because they were higher ranked and so cost more; well, all this had to be condemned, for it accomplished nothing of account or worthy of the former magnificence and power of the Romans. Whence it came about that the Romans were having the worst of it and were terrified of the enemy—even the sound of their voices they could not endure. This made the enemy arrogant and haughty, and they attacked with great confidence as they were warring against men whom they had previously defeated often. As a result, something happened that was altogether unlikely and not only caused unbearable sorrow but also brought about the reduction of Roman territory and the greatest loss of power.

The city of Ani is large, populous, and surrounded on all 2
sides not by a man-made moat but by natural gullies that are impassable and full of steep rocks, and on the side where sheer cliffs and ravines are lacking it is enclosed by a deep-eddying river that cannot be forded. The area that allows entry into the city is narrow and fortified by high and strong walls. The emperor Monomachos of blessed memory had formerly tried to take it with a formidable army, but had failed, yet by [80] offering treaties and impressive promises he played on the hopes of its ruler and persuaded him to join our side and entrust his city to the Romans.[143] And the ruler

Ῥωμαίοις. Καὶ ὁ μὲν μὴ διαψευσθεὶς τὰς ἐλπίδας ἐν εὐπαθείαις καὶ ἁβρότησι καὶ ἀντιδόσεσι κτήσεων καὶ ἀξιωμάτων μεγίστων τὸν βίον εἷλκεν ἐπέραστον, ἡ δὲ πόλις χώραν τε πολλὴν ἔχουσα καὶ πολίχνια ὑπ' αὐτήν, δουκικῇ κατεκοσμήθη ἀρχῇ, πρὸς τοῖς συριακοῖς τοῦ Τιβίου διακειμένη ὁρίοις, καὶ ἦν ἡμῖν χαράκωμα μέγιστον καὶ ἀποτροπὴ τῶν ἐκεῖθεν εἰσβάλλειν μελλόντων βαρβάρων εἰς τὴν Ἰβηρικήν.

3 Τὸ δὲ φειδωλὸν τοῦ κρατοῦντος καὶ ταύτης τοὺς Ῥωμαίους ἐστέρησεν, ἐπεὶ γὰρ σιτηρέσιον καὶ ὁ ἐν ταύτῃ σατράπης ἐλάμβανε, προσελθών τις Ἀρμένιος Παγκράτιος οὕτω καλούμενος τῷ βασιλεῖ, συντίθεται τούτῳ καὶ ὑπισχνεῖται χωρίς τινος ἀπολήψεως τὴν τοιαύτην ἀρχὴν ὑπελθεῖν καὶ κρειττόνως συντηρῆσαι τὸ ἄστυ καὶ ὅση τούτῳ παραπέφυκε σύγκτησις· καὶ λαμβάνει τὸν βασιλέα τῇ ὑποσχέσει συνεπινεύοντα καὶ δοὺξ ἀποδείκνυται καὶ καταλαμβάνει τὴν ἐν τούτοις ἡγεμονίαν. Ἀναξίως δὲ τὰ πράγματα διοικῶν καὶ μήτε τῇ ἀκροπόλει σῖτον ὡς τὸ εἰκὸς προμηθούμενος μήτε ἀλλ' ὅτι πολεμικὸν ἢ πολιτικὸν ὀρθῶς καὶ βεβαίως ἐμπορευόμενος, εἰς μεγάλους κινδύνους τὴν θαυμασίαν παρενέβαλε πόλιν.

4 Παροδεύων γὰρ ὁ σουλτάνος ἐκεῖθεν πανστρατιᾷ, τοῦτο γὰρ ἦν ὄνομα τῷ τούτων ἐξάρχοντι, παρ' | αὐτοῦ καὶ τοῦ ἐπαποσταλέντος βασιλικοῦ ἀνδράποδος εἰς οὐδὲν δέον κατὰ τῆς τοιαύτης ἐκπεπολέμωται πόλεως, τούτου γὰρ ἀθιγῆ τὴν ὑπὸ Ῥωμαίους παρερχομένου, οὗτοι τῆς οὐραγίας καὶ τῶν ὑστερούντων τῷ κόπῳ φιλοκερδῶς ἐξαπτόμενοι, πολλοὺς ἀνῄρουν καὶ τούτους ἐσκύλευον, ἕως

of the city was not cheated of his hopes, spending the rest of his charmed life in luxury and enjoyment on account of the properties and superlative titles that he was given in exchange. As for the city, it commands a large territory in which there are many villages, and it became the headquarters of a *doux*. Lying by the Syrian borders of Tivion, it was for us a major bulwark, defending against barbarians who intended to invade Iberia through that region.

Our ruler's stinginess, however, cost the Romans this city 3
too. Its governor was entitled to draw a supply of grain. But a certain Armenian named Pangratios approached the emperor and made an agreement with him by promising that he would take over that command and not require any support and that he would keep and maintain the city and the entire territory that belonged to it even better than before. He found that the emperor was amenable to this promise and so he was appointed *doux* and took command of that area. But he governed in an unworthy way and neither supplied the citadel with grain as he ought to have nor took any other precautions of a military or political nature to safeguard the place, placing this magnificent city at great risk.

When the sultan—for that is the name of their ruler— 4
was passing through with his entire army,[144] [81] he ended up waging war against such a city on account of this man and of the slave that was serving the emperor there,[145] when there was no need for this to happen. He was passing through Roman territory but without causing any damage, yet they, eager to profit, fell upon the rear of his column and those who had fallen behind because of exhaustion. They killed many

ἡ φήμη ταχύτατα πρὸς τὸν σουλτάνον διέδραμεν· ὁ δὲ τὴν ὕβριν μὴ ἐνεγκών, ἀνῆπτε γὰρ τὴν ὀργήν, καὶ τὸ τῶν συνόντων αὐτῷ στρατιωτῶν πλῆθος μὴ ἀνεχομένων τὴν παροινίαν καταλιπεῖν ἀτιμώρητον, θυμοῦ πνέων καὶ ἱταμότητος εἰς τὸ Ἀνίον ἐπάνεισι καὶ καταστρατοπεδεύει πρὸ τούτου καὶ τῆς πολιορκίας μετὰ πολλῆς ἀπάρχεται τῆς παρασκευῆς. Οἱ δ᾽ ἔνδον φρουρὰν ἱκανὴν μὴ ἔχοντες, περιεῖλε γὰρ καὶ ταύτην χρηματισμὸς οὐκ ἀκίνδυνος, ὑποσχομένου τοῦ ἀμίσθου τουτουὶ στρατηγοῦ καὶ ταύτης χωρὶς φυλάξαι καὶ κέρδος τῷ δημοσίῳ ποιῆσαι τὰ ἐν αὐτῇ δαπανώμενα, ἀντέσχον μὲν πρὸς καιρόν, οἷα δ᾽ ἔμποροι καὶ πολεμικῶν μηχανημάτων καὶ προβλημάτων ἀπείρατοι, καὶ ἄρχοντος χηρεύοντες εὐγενοῦς, μᾶλλον δὲ τὴν ἀρχὴν ὁρῶντες διχοστατουμένην καὶ τεμνομένην, τῷ τὸ μὲν βασιλικὸν ἀνδράποδον τὸ πᾶν μεθέλκειν εἰς ἑαυτόν, τὸν δὲ Παγκράτιον εἰς ἑαυτὸν τὸ κράτος ἀντισφαιρίζειν, καὶ στασιάζον ὁρῶντες τὸ κρατοῦν, ἄλλως τε καὶ πληγέντες ζημίᾳ τὸ πρότερον ἐφ᾽ ᾧ δώροις ἐκμειλίξασθαι τὴν τοῦ πολεμήτορος ἀγριότητα, ταῖς συχναῖς ἀπειρηκότες προσβολαῖς καὶ κατασεισθέντες | τοῖς σπαραγμοῖς τῶν τειχῶν, εἰς φυγὴν ὥρμησαν. Καὶ γνόντες τὴν τούτων προαίρεσιν οἱ πολέμιοι, ὁμόσε ταῖς πύλαις σὺν ἀλαλαγμῷ πολλῷ καὶ βοῇ διωθήσαντο καὶ ταύτας καὶ μέρη τοῦ τείχους ἐπιθετικῶς καταστρέψαντες, αἱροῦσιν ἀνακράτος τὴν πόλιν καὶ γίνεται φόνος τῶν ἔνδον ἀμύθητος, οὔτε γὰρ ἡλικίας οὔτε φύσεως οὔθ᾽ αἱρέσεως ἔλεος ἦν, ἀλλὰ πάντες ἡβηδὸν ἀνῃροῦντο καὶ ποταμὸς αἵματος τὴν οἰκτρὰν ταύτην καὶ δύστηνον κατεδίαινε πόλιν, περιεσώθη δὲ τοῦ κρατίστου

and despoiled them, but the news quickly reached the sultan. He could not bear this insult, and his anger was stoked by the mass of soldiers at his side who would not allow this outrage to go unpunished. Full of rage and wrath he turned back to Ani, encamped before it, and began a siege for which he was well prepared and supplied. Those inside did not have an adequate garrison, as this too had been stripped down by the emperor's irresponsible parsimony. This unsalaried general had promised to both protect the city without a garrison and make a profit for the treasury from the money that would have been spent on it. The inhabitants resisted for a time, but they were merchants inexperienced in military engineering and planning. They were also lacking a brave commander, especially as they saw that the command was in dispute and divided into two, for the imperial slave wanted total control, while Pangratios was competing to hold all power himself. So they saw their leaders fighting among themselves and, moreover, they had suffered a loss earlier when they tried to temper the enemy's ferocity with gifts. Losing heart at the continual attacks and terrified [82] because the walls were being rent asunder, they rushed to flee. The enemy realized what they were about to do and charged the gates all at once, shouting their war cries loudly. Aggressively destroying the gates and parts of the walls, they took the city by storm,[146] and the slaughter of those inside was beyond telling. For no mercy was shown on account of age, sex, or creed: all were killed from the young and up and a river of blood flowed through this pitiable and unhappy city. A tiny part of its ruling class saved itself, along with

ταύτης πολλοστημόριον σὺν τοῖς κακίστοις ἡγεμόσιν εἰς τὴν ἀκρόπολιν ἀνιόν. Τῶν δ᾽ ἐν χερσὶ γενομένων ὅσοι κατά τινα χρηστοτέραν συγκύρησιν τὸν ἐκ τοῦ σιδήρου διέφυγον ὄλεθρον, αἰχμαλωσίᾳ πικρᾷ παρεδόθησαν, ἀλλὰ καὶ οἱ τῆς ἀκροπόλεως μήτ᾽ ἐπισιτισμὸν ἔχοντες καὶ τῇ σπάνει τῶν ἀναγκαίων τρυχόμενοι, ὁμολογίαις ὕστερον ὑποσπόνδοις καὶ μόνην τῆς ζωῆς ἐχούσαις τὴν ἔφεσιν καὶ αὐτοὶ παραδεδώκασι τὸ κρησφύγετον. Καὶ γέγονεν ὑπὸ πολεμίοις τοιαύτη πόλις μετὰ τῶν πολιχνίων καὶ τῶν ὑπαίθρων αὐτῶν δι᾽ ἀπληστίαν καὶ χρημάτων ἄκαιρον φυλακήν, μὴ εἰδότος τοῦ βασιλεύοντος ὅτι πολλάκις μὲν ὤνησε καὶ διαφόρως ἄφθονος χείρ, ἐν δὲ τοῖς ἀναγκαίοις διαπαντός, ὀλιγάκις δὲ κἂν μὴ τοῖς ἀναγκαίοις κατέβλαψε καὶ ὡς αὐτὸ τὸ ὄνομα τῶν χρημάτων χρῆσιν ἅμα παρυπεμφαίνει καὶ χρησιμότητα.

5 Καὶ τὰ μὲν κατὰ τὴν Ἀσίαν τοῦτον εἶχε τὸν τρόπον | καὶ εἰς τοσοῦτον σκυλμὸν περιήγοντο τῆς ἐπιδρομῆς καὶ τῆς ἐνέδρας μὴ ληγούσης τῶν ἐναντίων, τὰ δὲ τῆς Εὐρώπης ἐνόσουν μὲν καὶ αὐτὰ ταῖς τῶν Πατζινάκων ἐπιδρομαῖς, σχολαίως δὲ καὶ βραδέως καὶ μέρει τινὶ τῷ πρὸς αὐτοὺς πλησιάζοντι. Προετέρουν δὲ ἔν τισι προσβολαῖς οἱ Ῥωμαῖοι καὶ τὴν ἧτταν ἀνελαμβάνοντο, οὐ μὴν οὐδ᾽ ἐκεῖσε κατεπολεμήθη τὸ πολεμοῦν, σπονδαῖς δὲ μόνον εἰρηνικαῖς ἀναστολὴν ἐλάμβανεν ἡ τοῦ ἔθνους ἐπιδρομή.

6 Τὰ δὲ τῆς ἀρετῆς προτερήματα ταῦτα. Τῆς γ´ ἰνδικτιῶνος ἐνστάσης ἐπαρχόντων τῶν κατὰ τὸν Ἴστρον πόλεων τοῦ τε μαγίστρου Βασιλείου τοῦ Ἀποκάπη καὶ τοῦ μαγίστρου Νικηφόρου τοῦ περιβοήτου Βοτανειάτου, παγγενεὶ

those unworthy commanders, by going up to the citadel. Those who fell into the hands of the enemy and who, through some most lucky chance, escaped being put to the sword, were given over to bitter slavery. But also those in the citadel, as they did not have supplies and were hard pressed by the lack of necessities, eventually made terms and surrendered their refuge, in exchange for which they were granted only their lives. And so such a city was taken by the enemy along with all its villages and their lands on account of greed and an untimely economizing. The emperor did not understand that a hand that gives liberally has often done an exceptional amount of good, and where there is need it always does good, but it rarely does any harm, even in situations where there is no pressing necessity. Even the very name of "money" refers to "use" and "utility."[147]

That was the situation in Asia, [83] those were the vast 5
troubles caused by the enemy's raids and incessant ambushes. Matters in Europe were also in a bad state because of the Pecheneg raids, but developments there were slow and more gradual and only in the regions that were near to the enemy. The Romans were prevailing in some encounters and so recouped their previous defeats. But it was not as though the enemy there had been conquered. That nation's raiding was only postponed by making peace agreements with them.

The advantages secured by virtuous action, on the other 6
hand, were the following. At the beginning of the third indiction,[148] when the governors of the cities along the Danube were the *magistros* Basileios Apokapes and the famous *magistros* Nikephoros Botaneiates, the entire nation of the

τὸ τῶν Οὔζων ἔθνος μετὰ τῆς ἰδίας ἀποσκευῆς τὸν Ἴστρον διαπεραιωθὲν ξύλοις μακροῖς καὶ λέμβοις αὐτοπρέμνοις καὶ βύρσαις τοὺς διακωλύοντας τὴν τούτων περαίωσιν Βουλγάρους καὶ λοιποὺς στρατιώτας κατηγωνίσαντο καὶ τοὺς ἡγεμόνας αὐτῶν καίτοι διαγωνισαμένους ἐκθύμως, καὶ μᾶλλον τοῦ Βοτανειάτου, αἰχμαλώτους παρέλαβον καὶ τὴν ἐκεῖσε πᾶσαν ἐπλήρωσαν ὕπαιθρον, συνεψηφίζετο γὰρ τὸ ἔθνος εἰς ἑξήκοντα μυριάδας ἀνδρῶν. Μοῖρα δέ τις οὐκ ἐλαχίστη τῶν ἐκεῖ σπουδαίως ἀπάρασα, τὸ Ἰλλυρικὸν ἅπαν ἄχρι Θεσσαλονίκης καὶ αὐτῆς Ἑλλάδος κατέδραμε καὶ κατεληΐσατο καὶ λείαν ἤλασεν οὐκ ἀριθμητήν. Χειμῶνι δὲ πολλῷ | περιπεπτωκότες, ὅτε πρὸς τὰ σφέτερα ἤλαυνον, οἱ τὴν τοιαύτην μοῖραν πληροῦντες οὐ μόνον τὰ ἀλλότρια ἀλλὰ καὶ τὰ ἑαυτῶν σχεδὸν ἀπέβαλον ἅπαντα καὶ δυστυχῶς εἰς τὴν παρεμβολὴν ἐπανέζευξαν.

7 Ὁ δὲ βασιλεὺς περὶ τοῦ πληθυσμοῦ πυνθανόμενος ἤσχαλλε μὲν καὶ ἠδημόνει, στρατιὰν δ᾿ ἀξιόμαχον συναθροῖσαι καὶ δυνάμεις ἀφεῖναι τούτοις ὀκνηρότερος ἦν, ὡς μέν τινες, φειδοῖ τῶν ἀναλωμάτων, ἦν γάρ, ὡς προέφαμεν, φιλοχρήματος ὁ ἀνήρ, ὡς δ᾿ ἔνιοι, μὴ ἀποθαρρῶν πρὸς τοιαύτην ἰσχὺν ἀντιπαρατάξασθαι. Καὶ γὰρ ἅπαντες ἀπρόσμαχον εἶναι τὸ τῶν ἐναντίων πλῆθος καὶ ὅλως ἀκαταγώνιστον συνετίθεντο, μηδὲ γὰρ εἶναι τῶν ἐνδεχομένων ἢ δυνατῶν ὑπενόουν τοσαύτας μυριάδας πολέμῳ καὶ μάχαις συντεθραμμένας καὶ προχείρους ἐχούσας τὰς δεξιὰς καὶ γεγυμνασμένας πρὸς ἀντικατάστασιν καὶ ἀναίρεσιν, παρατάξει κατατροπώσασθαι. Καὶ ἀμήχανος ἐδόκει πᾶσιν ἡ λύτρωσις καὶ μετοικίαν ἤδη τὸ τὴν Εὐρώπην ἅπαν οἰκοῦν ἐβουλεύετο.

Ouzoi[149] crossed the Danube with all their gear on long dugouts and boats made of branches, roots, and skins. They defeated the Bulgarians and the other soldiers who sought to block their passage and took their leaders captive, even though the latter fought bravely, especially Botaneiates. They spread out all over the countryside, for that nation numbered sixty times ten thousand men. A not insignificant portion quickly left to ravage the entire region of Illyrikon all the way to Thessalonike and even to Hellas itself, plundering and gathering countless spoils. But the weather [84] turned against them on the way home, so this contingent lost not only what they had seized from others but also almost all of their own belongings, and returned to their camp in this sorry state.

The emperor made inquiries concerning their numbers 7
and was distressed and sorely troubled at what he learned, but hesitated to assemble a battle-worthy army or send forces against these people. Some say that he was reluctant to pay the cost, for the man was, as I said, greedy, but others say that he did not feel confident enough to stand up to such strength. For everyone agreed that the enemy horde was invincible and altogether unconquerable; they deemed it neither likely nor even possible to meet and defeat on the field so many tens of thousands of men who were experienced in war and battle, ready to fight, and trained in resisting and killing the enemy. There seemed to be no way to be safe from them and so all the people of Europe were thinking now of emigrating.

8 Ὁ δὲ βασιλεὺς πρεσβείαν ἀπεσταλκὼς πρὸς τοὺς ἐθνάρχας αὐτῶν ἐπειρᾶτο καθ᾽ ὅσον οἷόν τε τούτους παρενεγκεῖν καὶ πρὸς καιρὸν καταστεῖλαι καὶ πάλιν εἰς τὴν ὑστεραίαν βουλεύεσθαι· πολλὰ τούτοις ἐπιστείλας ἐπαγωγὰ καὶ μεταπεμψάμενος ἐνίους, χαρίσμασι τούτους ἐδεξιώσατο. Τὸ δ᾽ ἔθνος μέγιστον ὂν καὶ πρὸς πορισμὸν τῶν ἀναγκαίων ὁσημέραι ἐπιρρηγνύμενον, ἐν πολλοῖς μέρεσι τὴν Εὐρώπην συνέθλιβε. Μὴ φέρων | δ᾽ ὁ βασιλεὺς τὸν γογγυσμὸν τῶν πολλῶν καὶ τὴν λέγουσαν φήμην ὅτι φειδωλίας τὰ Ῥωμαίων ἀπεμπολοῦντό τε καὶ καταπροίεντο, ἔξεισι τῆς βασιλευούσης καὶ καταντικρὺ τοῦ Ἀθύρος περὶ τόπον οὕτω καλούμενον Χοιροβάκχους, ἐν ᾧ καὶ βασιλικαὶ παραπεπήγασι κτήσεις, σκηνὰς ἰδίας ἐπήξατο καὶ τῶν σὺν αὐτῷ. Καὶ ἦσαν πλείους τῶν ἑκατὸν καὶ πεντήκοντα, οὐ ποσότητι μείζονι, ὅθεν καὶ πολλοῖς θαυμάζειν ἐπῆλθεν ὅπως τηλικαύτην ἰσχὺν μετὰ τοσούτων ὁ βασιλεὺς ἀνδραρίων τῆς βασιλευούσης ὑπανεχώρησε, δέον πρότερον τὰς ἑῴας δυνάμεις συναγαγεῖν καὶ οὕτως ἐξορμῆσαι πρὸς τὰ ἑσπέρια. Καὶ ἐῴκει τῇ μυθευομένῃ τοῦ Διονύσου στρατιᾷ, ὅτε μετὰ τῶν Μαινάδων ἐκεῖνος καὶ τῶν Σειληνῶν ταύτην ἐπ᾽ Ἰνδοὺς ἤλαυνεν.

9 Ἐν τοιαύτῃ δὲ τούτου παρασκευῇ καθεστῶτος, δρομαῖοί τινες ἐκ τῶν ἀπεσταλμένων εἰς τὸν Ἴστρον ἐπανελθόντες παντελῆ τοῦ ἔθνους ἀπήγγειλαν ὄλεθρον, προέφθασαν γὰρ οἱ αἰχμαλωτισθέντες ἡγεμόνες ῥυσθῆναι ἐκ τῆς ἐκείνων χειρὸς καὶ γνώμας εἰσενεγκόντες τῆς αὐτῶν καταλύσεως, φράζοντες ὡς οἱ μὲν λογάδες τῶν Οὔζων σκάφεσιν ἐμβάντες παραινέσει τῶν ῥωμαϊκῶν ἀρχῶν τῶν

The emperor sent an embassy to the barbarian leaders in an attempt to distract them, insofar as that was possible, and restrain them temporarily, so that he might have time to make his own plans. He sent them many alluring gifts and invited some of them to visit, receiving them with generous favors. But this nation was extremely large and had to attack daily in search of necessities, so it was wreaking havoc in many regions of Europe. The emperor could not endure [85] the complaints of so many people or the talk going around to the effect that parsimony was selling out and abandoning the interests of the Romans. He left the Reigning City and set up camp for himself and his men exactly across from Athyron at a place named Choirobakchoi, where there are imperial lands. They were not more than a hundred and fifty men, whence many wondered why the emperor had departed from the Reigning City to face such a powerful enemy in the company of so few manikins, when he should have first gathered the eastern armies and only then marched west. His company resembled the army of Dionysos in myth, who marched out against the Indians with the Maenads and the Seilenoi. 8

Such was the state of his preparation when messengers from those who had been dispatched to the Danube returned posthaste with the news that that nation had been utterly destroyed. For the captured generals had managed to escape their captivity and explained how this destruction had occurred, saying that the leaders of the Ouzoi had, at the instigation of the Roman authorities in the cities along 9

ἐν τοῖς ἰστρικοῖς χείλεσι πόλεων τὸν Ἴστρον διαβεβήκεσαν καὶ εἰς τὴν σφῶν αὐτῶν ἐπανέδραμον, οἱ δὲ περιλειφθέντες, πλῆθος καὶ οὕτως ἀμύθητον, τὸ μέν τι νόσῳ λοιμικῇ καὶ λιμῷ καταπονηθέντες καὶ ἡμιθνῆτες τυγχάνοντες, τὸ δὲ καὶ τοῖς παρακειμένοις Βουλγάροις καὶ τοῖς Πατζινάκοις καταπολεμηθέντες, ἄρδην ἀπώλοντο σιδήρῳ | καὶ ὁπλαῖς ἀλόγων ζώων καὶ αὐταῖς ταῖς ἰδίαις ἁμάξαις συμπατηθέντες καὶ ἀναιρεθέντες παρὰ πᾶσαν ἀνθρωπίνην ἐλπίδα καὶ εἰς οὐδὲν λογισθέντες οἱ πάντων κρατήσειν ποτὲ προσδοκώμενοι καὶ ἦν ἡ φήμη τοῦ ἀληθοῦς μὴ ἀπᾴδουσα.

10 Ὁ δὲ βασιλεὺς παραδόξως διασωθεῖσαν τὴν ὑπ᾽ αὐτὸν ἰδὼν καὶ περιχαρὴς εἰκότως γενόμενος καὶ τῷ Θεῷ καὶ τῇ παναχράντῳ καὶ δεσποίνῃ Θεοτόκῳ χαριστήρια θύσας, εὐθὺ τῆς βασιλίδος ἐπεπορεύετο, εὗρε δὲ ταύτην ἐκπλήξεως καὶ θαύματος γέμουσαν καὶ σῶστρα τῇ ζωαρχικῇ Τριάδι καὶ τῇ Μητρὶ τοῦ θεανθρώπου Λόγου λαμπρῶς ἐπιθύουσαν. Οἱ δ᾽ ἐπὶ τῆς Εὐρώπης καὶ αὐτοὶ τὴν εὐχαριστίαν ὅσον εἰκὸς ἀπονέμοντες, ἀφήγημα μέγιστον καὶ θεῖον ἔργον τὸ ἔργον τοῦτο ἐτίθεσαν.

11 Οὕτως ἐπὶ τοῦ αὐτοῦ βασιλέως καὶ πληγαὶ τῇ Ῥωμαίων προσετρίβησαν γῇ καὶ ἀπαλλαγὴ πάλιν κινδύνου μεγίστου καὶ καταστροφὴ πολεμίων ἀπροσδόκητος ἐπιγέγονε καὶ ὅσην οὐδεὶς οὐδέπω κατορθώσειν ἐπήλπισε. Διὸ καὶ κακίᾳ καὶ ἀρετῇ βασιλικῇ τὰς δυσπραγίας καὶ αὖθις τὰς εὐπραγίας οἱ νουνεχῶς συμβάλλοντες τὰ πράγματα διεμέριζον.

the Danubian shores, embarked on ships and crossed the Danube, returning to their own lands. Among those who were left behind, however, a vast horde still, some were devastated by an epidemic disease and hunger and were only half alive, while others had been defeated by the Bulgarians and the Pechenegs who were in proximity and were utterly annihilated by iron [86] and the hooves of horses and were even crushed by their own wagons. And so they were killed contrary to all human expectation and those who at one point thought that they would prevail over all others were now held in little regard. In fact, the reports were not far from the truth.

10 The emperor, seeing how unexpectedly his state was saved, with good reason was filled with joy and gave thanks to God and the immaculate Lady, the Mother of God. He immediately returned to the Imperial City and found it full of amazement and wonderment, offering splendid celebrations of thanks for its deliverance to the life-giving Trinity and the Mother of the theanthropic Word. The inhabitants of Europe were also giving thanks, as one would expect, holding that this feat was a divine feat and the greatest tale ever told.

11 Thus it happened that under one and the same emperor the land of the Romans both endured many blows and experienced deliverance from great danger and the unexpected destruction of its enemy, so great that one would never have hoped to bring it about. That is why those who think carefully about events made a distinction between things that were done well and things that were done badly, ascribing the former to the emperor's virtues and the latter, accordingly, to the emperor's failings. But if one were to suppose

Εἰ δὲ τὰ μὲν δύστηνα πάθη τῶν ἀνθρωπίνων ἁμαρτημάτων τυγχάνειν ἀντέκτισιν, τὸ δ' εὐπαθὲς τῆς θείας μόνης ἀντιλήψεως θείη τις καὶ μὴ βασιλικῆς ἔπαθλον ἀρετῆς, ὡς τῆς εὐπραγίας γενικῆς καὶ μὴ εἰδικῆς καθεστώσης, οὐκ ἂν διαμάρτοι τοῦ πρέποντος, πάντα | γὰρ ἄνωθεν τὰ βελτίονα· ἀλλὰ καὶ τὸ εὐμενὲς πάλιν ἐπικάμπτεται δι' εὐχῆς ἐνεργουμένης καὶ συγκροτουμένης εὐαρεστήσεσιν, ἐπιγράφονται δὲ τοῖς βασιλεῦσι τὰ παρεμπίπτοντα, διὰ τὸ καὶ τὴν πλείονα μέμψιν καὶ ἀνίαν τῶν δρωμένων οὐ συνετῶς καὶ τὴν εὐφροσύνην ὡσαύτως τῶν κατορθουμένων ἐπιεικῶς εἰς αὐτοὺς παραγίνεσθαι, ὥσπερ εἰς τοὺς τῶν ἁρμάτων ἰθυντῆρας καὶ μὴ τοὺς ἵππους τὰ ἐντεῦθεν ἀποτελέσματα.

12 Τούτου δὲ τοῦ ἔθνους τοῦ σκυθικοῦ οἱ μὲν τὸν Ἴστρον ἀντιπεραιωθέντες λιμῷ δυσθεραπεύτῳ διαφθειρόμενοι διὰ τὸ καὶ σιτίων ἀπορεῖν καὶ μηδὲ καρπῶν προσδοκίαν ἔχειν, ἀσπάρτου καὶ ἀνηρότου τῆς γῆς αὐτῶν ἐαθείσης, εἰς ὀλίγους ἀπετελεύτησαν καὶ τούτους, φασί, τῷ τῶν Μυρμιδόνων ἄρχοντι προσρυῆναι καὶ παρ' αὐτοῦ διασπαρῆναι ταῖς ἀμφ' αὐτὸν πόλεσι καὶ τὴν ἰδίαν γῆν ἔρημον ἀνθρώπων καταλειφθῆναι παντάπασιν. Ὅσοι δὲ προσῆλθον τῷ τῶν Ῥωμαίων βασιλεῖ, καὶ γὰρ προσῆλθον τινές, χώραν λαβόντες δημοσίαν ἀπὸ τῆς Μακεδονικῆς, τὰ Ῥωμαίων ἐφρόνησαν καὶ σύμμαχοι τούτων ἐξ ἐκείνου μέχρι τῆς δεῦρο γεγόνασι, καθὰ δὴ καὶ τῶν Πατζινάκων τινὲς ὅσοι τούτοις παρωμοιωμένως μετέθεντο καὶ ἀξιωμάτων συγκλητικῶν καὶ λαμπρῶν ἠξιώθησαν.

that unhappy sufferings constitute punishment for human sins, while happy experiences are solely divine rewards and not the prizes of imperial virtue, given that the good things under discussion affected everyone generally and were not limited to specific persons, he would not offend against what is fitting to say, for all [87] good things come from above. Divine goodwill is indeed secured for us through active prayer accompanied by good deeds that please God. But the emperors are held more responsible for what actually befalls us, since they are blamed and reproached for what they do not do well and praised for what they accomplish prudently, as if the results of a race were due to the drivers of the chariots and not the horses.

As for this Skythian nation, some crossed the Danube 12
and were destroyed by a famine against which there was no recourse, for they had no food and no hope of foraging for it, as their land had neither been plowed nor sown. Only a few of them survived and they, it is said, went over to the ruler of the Myrmidons[150] and were distributed by him among several cities, thereby leaving their own land altogether empty of people. But those who came over to the emperor of the Romans—and some did—received public lands in Macedonia, made the Romans' interest their own, and have been their allies down to this day. In the same way, some of the Pechenegs who came over to our side in a similar fashion were also honored with illustrious senatorial offices.

15

Πρὸ δὲ τούτου τοῦ ἔτους κατὰ τὸν Σεπτέμβριον μῆνα | δηλαδὴ τῆς δευτέρας ἐπινεμήσεως, εἰκοστὴν καὶ τρίτην ἄγοντος τοῦ αὐτοῦ μηνός, περὶ δευτέραν νυκτὸς φυλακὴν γέγονεν ἀθρόον σεισμὸς ἐξαίσιος, τῶν πώποτε γενομένων ἐκπληκτικώτερος, ἐκ τῶν ἑσπερίων μερῶν ἀρξάμενος. Τοσοῦτος δὲ ἦν τὸ μέγεθος, ὡς καὶ οἰκίας ἀνατρέψαι πολλάς, ὀλίγας δὲ ἀνυβρίστους καταλιπεῖν, οὐδὲ ναοὶ τῆς τούτου σφοδρότητος ἀθιγεῖς μεμενήκασιν ἀλλὰ καὶ αὐτοὶ κατά τινα μέρη, ἔστι δ' οἷς καὶ τὰ πλεῖστα περιερράγησαν καὶ κίονες ὥσπερ τισὶ λαξευτηρίοις περιεδρύφθησαν. Οὐ γὰρ ἅπαξ προσβαλών, ὡς τὰ πολλὰ εἰώθει, ἐλώφησεν, ἀλλὰ μετὰ σφοδρότητος κινήσεις τρεῖς προσεχῶς ἐτελέσθησαν, ἀφ' ὧν κωκυτὸς μέγιστος καὶ φόβος ὅσος οὐδέπω τοῖς ἀνθρώποις ἐπέπεσε· καὶ τῶν οἰκιῶν ἐξιόντες τὸ σύνηθες ἐπιφώνημα πρὸς Θεὸν ἀνεβόων καὶ γυναῖκες θαλαμευόμεναι τῷ φόβῳ κατασεισθεῖσαι τὴν αἰδῶ περιεῖλον καὶ τοῖς ὑπαίθροις ἐφίσταντο τὴν αὐτὴν ἐπαφιεῖσαι φωνήν. Εἶτα τῆς νυκτὸς ἐκείνης ἄχρι τῶν δέκα καὶ δώδεκα τρόμοι τῆς γῆς ἠκολούθησαν τῶν προηγησαμένων πολλῷ τῷ περιόντι ἐλάττονες, ἢ γὰρ ἂν εἰ τοῖς πρώην ἐξίσωνται, οὐδὲν ἦν τὸ κωλῦσον μὴ οὐχὶ πᾶσαν ὁμοῦ τὴν κτῆσιν δι' ἧς ἐπεπόλασε καὶ ἣν ἐπῆλθεν ἐκ βάθρων αὐτῶν

Chapter 15

The earthquake of September 23, 1063

Before this year, in the month of September {88} of the second indiction, on the twenty-third of that month, during the second watch of the night, there was a sudden powerful earthquake, more frightening than any that had happened before, and it began in the western regions. It was so great in magnitude that it overturned many houses, leaving only a few undamaged.[151] Nor did churches remain untouched by its ferocity, but some suffered cracks in a few places while others suffered serious structural damage, their columns fractured as if cleanly hewn that way. For it did not strike only once and then, as usually happens, cease, but it consisted of three violent motions in succession, which caused people to lament loudly and feel a terror the likes of which humanity had never known. People came out of their houses intoning the usual invocation to God,[152] and even women confined to their chambers were so gripped by fear that they set aside their modesty and rushed outdoors to add their voices to the same invocations. During that night another ten to twelve tremors of the earth ensued, though they were far less violent than the previous ones. For had they been equal to the first ones, nothing would have prevented every single building they reached and affected from falling down

ἀνατραπῆναι καὶ εἰς οὐδὲν χρησιμεῦσαι καὶ παγγενεὶ τοὺς οἰκήτορας πάντας οἰκτίστου θανάτου γεύσασθαι.

2 Καθ᾽ ὃν δὴ λόγον καὶ τοῖς φυσιολογοῦσι περὶ σεισμῶν, ὡς εἰκῇ καὶ ἀναισθήτως διὰ τῆς τοῦ ὕδατος ἐν | τοῖς κοίλοις τῆς γῆς κινήσεως καὶ τῆς τῶν ἀνέμων ἐν τούτοις δινήσεως ὁ κλόνος προσγίνεται, ἀνατέτραπται τὸ ἐννόημα, εἰ γὰρ ἐκ μόνης τῆς βίας αὐτῶν ὁπόταν ἐν τοῖς κοιλώμασι τῆς γῆς περιελιχθεῖεν καὶ διάπνοιαν συμπεπιλημένην λάβοιεν, καθὼς οὗτοι φασίν, ἡ συγκίνησις ἐτελεῖτο, κἂν ἀταξίαν εἶχεν ὁ κλόνος καὶ οὐχὶ μέχρι πτώσεως ἀκαταπτώτως τὴν ἄπλετον ἔληγεν ὁρμήν, ἵνα μὴ τὸ πᾶν αὐτίκα καταποθῇ. Νῦν δὲ διὰ τῆς τοσαύτης καὶ συμμέτρου παρακινήσεως δείκνυται θεοσημίας ἔργον ὁ κλόνος, εἰς ἀναστολὴν καὶ παίδευσιν τῶν ἀνθρωπίνων ὁρμῶν, καὶ τῆς θείας ἀνεξικακίας ἡ ἐπιτίμησις, ἐφ᾽ ᾧ μὴ ἄρδην ἀπολέσθαι τὸ γένος ἀλλ᾽ ἐπιστρέψαι πρὸς τὰ βελτίονα. Τὸ δ᾽ ἐξ ἐπιπνοίας ἀνεμιαίας εἴτε μὴν ὑδάτων κινήσεως γίνεσθαι τὸν σεισμόν, οὐκ ἄκαιρον οὐδ᾽ αὐτὸ πρὸς φυσικὴν συγκατασκευήν, ἐνδέχεται γὰρ τοῦτο καὶ πάνυ, ἀλλ᾽ οὐκ αὐτομάτως ἡ ἐπισκίρτησις, τοῦτο γάρ ἐστι τὸ ἀνατρεπόμενον παρ᾽ ἡμῶν, ἀλλ᾽ ἐκ θείου βουλήματος, ὅτι μὴ ἀμέσως τὸ θεῖον τὰ περὶ τὴν γηΐνην φύσιν οἰκονομεῖ, οὕτω γὰρ καὶ ὑετοῦ ἡ νεφῶν συμπίλησις καὶ βροντῆς ἡ τούτων σύγκρουσις καὶ ἀστραπῆς ἐπὶ ταύτῃ παραίτιοι καταφαίνονται, ἀλλὰ τὸ πᾶν τῆς θείας γνώμης κατὰ τοὺς εὐσεβοῦντας ἐξήρτηται.

3 Ἐν δὲ τοῖς μακεδονικοῖς μέρεσιν αἱ παράλιοι πόλεις κατ᾽ ἐκείνην τὴν νύκτα μᾶλλον τῶν ἄλλων πεπόνθασι, | Ῥαιδεστός τε φημὶ καὶ Πάνιον καὶ αὐτὸ Μυριόφυτον, ὡς

to its foundations and being rendered useless, and all of their inhabitants would have tasted a most horrible death.

For this reason one theory of those who investigate earthquakes as natural phenomena was overturned, namely that the tremors are caused at random and without warning by the flow of water in [89] the hollows of the earth and the turbulence of the winds there. For if the motion was caused, as they claim, solely by the violence of those elements as they twist around in the hollows of the earth and create flows of compressed air, then the tremors would not have any order to them and their vast and irrepressible force would not cease at the point of collapse, lest the entire world be subsequently destroyed. On this occasion the tremor was revealed as a sign sent from God, given that the turbulent motion was both large and also orderly, and its purpose was to restrain and control human urges. This sanction is the work of divine forbearance whose goal is not to utterly destroy mankind but turn it to a better path. That earthquakes are caused by air flows or the motion of the waters is not out of place considering the interconnected structure of nature, and it is even likely to be true to a certain extent. However, the shaking does not happen randomly—this is what is being refuted by us—rather, it is caused by divine will, given that God does not govern the things of this world in an unmediated way. Thus, the immediate cause of rain appears to be the gathering of clouds and the cause of thunder and lightning their crashing together, but everything, according to those who think in a pious way, depends on divine will. 2

In the regions of Macedonia the coastal cities suffered more on that night than the others, [90] I mean Raidestos and Panion and Myriophyton, where whole sections of the 3

καὶ μέρη τειχῶν ἐξ αὐτῆς ὑποβάθρας ἀνατραπῆναι καὶ πλείστας οἰκίας καὶ φόνον ἐπιγενέσθαι πολύν. Ἐν δὲ τῷ Ἑλλησπόντῳ ἡ Κύζικος, ὁπότε καὶ τὸ ἐν αὐτῇ ἑλληνικὸν ἱερὸν κατεσείσθη καὶ τῷ πλείστῳ μέρει κατέπεσε, μέγιστον ὂν χρῆμα πρὸς θέαν δι᾽ ὀχυρότητα καὶ λίθου τοῦ καλλίστου τε καὶ μεγίστου τεχνικωτάτην ἁρμονίαν τε καὶ ἀνοικοδομὴν καὶ ὕψους καὶ μεγέθους διάρκειαν.

4 Ἀπὸ τότε δὲ καὶ μέχρις ἐνιαυτῶν δύο σποράδες ἐπεφοίτων σεισμοὶ κατὰ διαφόρους καιροὺς καὶ τὸ θάμβος μέγιστον ὅσον περιεγένετο τοῖς βροτοῖς. Ἦσαν γάρ τινες ἔξωροι ὅσοι παρεοικότας σεισμοὺς τῷ μεγίστῳ δύο ἀνέφερον, οἱ μὲν τοῦτον, οἱ δ᾽ ἐκείνους κατὰ σύγκρισιν ὑπεραίροντες καὶ παρηκολουθηκέναι τότε δι᾽ ἡμερῶν τεσσαράκοντα καὶ μὴ πλείω βραχεῖς τινὰς προσεπέφερον, τὸ δὲ διὰ διετοῦς χρόνου κλονεῖσθαι τὴν γῆν πᾶσιν ἀμνημόνευτον ἦν καὶ μηδ᾽ ἱστορίᾳ περιληπτόν. Ἀγαθίας γὰρ περὶ τοῦ ἐν ταῖς ἡμέραις τοῦ Ἰουστινιανοῦ συμβεβηκότος σεισμοῦ γεγραφὼς καὶ καταπληκτικὸν τοῦτον καὶ μέγιστον συγγραψάμενος ὡς καὶ κίονας ἀποσφενδονᾶσθαι τοῦδε τοῦ οἴκου πρὸς ἕτερον, τοὺς μετὰ ταῦτα τρόμους ἐλάττονας ἄχρι τεσσαρακονθημέρου καὶ μὴ περαιτέρω προβῆναι ἱστόρηκε.

5 Μετὰ δὲ τὴν διετίαν σεισμοῦ | γενομένου μείζονος μὲν τῶν μετὰ ταῦτα συχνῶν, ἐλάττονος δὲ τοῦ πρώην μεγίστου, πέπονθε πτῶσιν ἡ κατὰ Βιθυνίαν Νίκαια καὶ πανωλεθρίαν μικροῦ δεῖν καὶ καταστροφὴν παντελῆ, οἱ γὰρ ἐπισημότατοι ταύτης ναοὶ καὶ μέγιστοι, ὅ τ᾽ ἐπ᾽ ὀνόματι τῆς τοῦ Θεοῦ λόγου Σοφίας καθιδρυμένος καὶ καθιερωμένος τῇ

walls collapsed to their very foundations along with many houses, and many people died. In the Hellespont, Kyzikos was especially struck, where the ancient Greek temple was also shaken and most of it collapsed. This had been quite a sight to behold on account of the solidity of its construction, the technical harmony by which it was built out of beautiful and great blocks, as well as on account of its height and size.

From that time on and for two years earthquakes contin- 4
ued to occur sporadically at various times, leaving mortal men speechless in wonder. There were some very old people who claimed that there had been two earthquakes similar to the major one now, some of them finding this recent one to have been bigger in comparison while others found for the other two, adding that they had been followed by other smaller ones for forty days but no longer. That the earth would shake for two years is something altogether unheard-of and found in no book of history. For Agathias wrote about the earthquake which occurred in the time of Justinian and described it as so powerful and large that columns were hurled from one house to another; he also recounted that the subsequent smaller quakes lasted for forty days but not longer.[153]

After the two-year period, an earthquake [91] occurred 5
that was larger than the frequent aftershocks, but smaller than the initial one. It happened at Nikaia in Bithynia and brought almost total devastation and ruin to the place. Its most important and large churches—the one founded in honor of the Wisdom of the Word of God, which was also

μητροπόλει καὶ ὁ τῶν Ἁγίων Πατέρων, ἔνθαπερ ἡ κατὰ τοῦ Ἀρείου σύνοδος τοῖς ὁσιωτάτοις καὶ ὀρθοδόξοις ἐβεβαιώθη πατράσι καὶ τὸ ὀρθότομον ἐπαρρησιάσθη καὶ τηλαυγέστερον ἡλίου διέλαμψε, συνταραχθέντες κατηδαφίσθησαν καὶ τὰ τείχη τῆς ὁμοίας τύχης σὺν τοῖς πολιτικοῖς οἰκήμασι μετεσχήκασι. Καὶ ἀπ' ἐκείνης τῆς ἡμέρας τὰ τοῦ τρόμου κατέληξεν, ἦσαν δὲ ταῦτα καὶ εἴσπραξις ἁμαρτημάτων καὶ χόλος θεῖος ἐξάπαντος, ᾐνίττοντο δὲ ὡς ἔοικε καὶ τὴν τοῦ εἰρημένου ἔθνους ἐπιφοίτησιν καὶ κατάλυσιν, ἐν γὰρ ταῖς θεοσημείαις πρὸς τοῖς εἰρημένοις καί τι μέλλον ἐπισκῆψαι προτεθεώρηται.

6 Μαΐου δὲ μηνὸς τῆς δʹ ἰνδικτιῶνος ἐνδιϊππεύοντος, ἐφάνη κομήτης ἀστὴρ κατόπιν τοῦ ἡλίου δύντος τὸ μέγεθος σεληναῖον φέρων ὅταν ἡ σελήνη πλησιφαὴς γένηται καὶ ἐῴκει μὲν τηνικαῦτα καπνόν τινα καὶ ὁμίχλην ἐκπέμπειν. Ἐν δὲ τῇ ἐπιούσῃ ἤρξατο παραδεικνύειν βοστρύχους τινὰς καὶ ὅσον οὗτοι προεπετάννυντο, τοσοῦτον τὸ μέγεθος τοῦ ἀστέρος ὑπέληγεν. Ἀπέτεινε δὲ τὰς ἀκτῖνας ὡς πρὸς ἑῴαν καὶ ὡς πρὸς | ἐκείνην προήρχετο καὶ ἦν ἐπικρατῶν ἄχρις ἡμερῶν τεσσαράκοντα.

7 Ἀπὸ δὲ μηνὸς Ὀκτωβρίου νόσος ἐνσκήψασα τῷ βασιλεῖ ἄχρι τοῦ ἐπιόντος Μαΐου μηνὸς κατέτρυχεν, ἐν αὐτῷ δὲ κατειργάσατο τοῦτον καὶ τῆς ἐνταῦθα ζωῆς ἀπεστέρησεν. Ἡ δὲ ὁσία τούτου οὐκ ἔνθαπερ προσεδόκησε γέγονεν ἀλλὰ διαπόντιος ἀχθεὶς ἐπὶ τῶν ἀκατίων τῆς Χρυσῆς Πόρτης ἐκτός, περί τι φροντιστήριον ἐπ' ὀνόματι τοῦ ἁγίου Νικολάου καθιδρυμένον εἴς τινα σορὸν προκατεσκευασμένην ἑτέρῳ ἐναπετέθη, ζήσας ἐν τῇ βασιλείᾳ χρόνους ἑπτὰ καὶ μῆνας ἕξ.

the cathedral, and the one of the Holy Fathers, where the Council of the most Holy and Orthodox Fathers against Areios confirmed its decisions and where Orthodoxy was proclaimed openly to shine brighter than the sun[154]—those churches, then, were shaken and collapsed as did the walls of the city along with many private dwellings. And on that day the shaking ceased. These events were earned by our sins and were surely caused by divine anger; but it seems also that they were a predictive sign of the invasion by that nation, which I mentioned, and its destruction, for in divine signs it is possible to glimpse not only the things that we have already spoken about but also some things to come.

During the course of the month of May of the fourth in- 6
diction,[155] a bright comet appeared after the sun had set,[156] which was as large as the moon when it is full, and it gave the impression that it was spewing forth smoke and mist. On the following day it began to send out some tendrils and the longer they grew the smaller the comet became. These rays stretched toward the east, the direction toward which [92] it was proceeding, and this lasted for forty days.

From the month of October until the following May, the 7
emperor was afflicted by illness, which wore him out and so he departed from this life.[157] His funeral did not take place where he had expected, but instead he was taken by sea in a boat outside the Golden Gate to a monastery dedicated to and named after Saint Nikolaos, and he was laid to rest in a casket that had been previously made for someone else. He reigned for seven years and six months.

16

Καὶ κατέσχον τὰ σκῆπτρα τῆς βασιλείας ἥ τε σύμβιος αὐτοῦ Εὐδοκία καὶ οἱ παῖδες, προκατησφαλίσθη γὰρ ἡ αὐγοῦστα μὴ δευτέροις γάμοις προσομιλῆσαι ἀρχιερατικῇ καὶ συγκλητικῇ συνελεύσει.

2 Ἦν γὰρ τῆς συνόδου προεξάρχων καὶ τὴν πατριαρχίαν κοσμῶν Ἰωάννης ὁ ἐπικεκλημένος Ξιφιλῖνος, ἐκ Τραπεζοῦντος μὲν ὡρμημένος, ἀνὴρ δὲ σοφὸς καὶ παιδεύσεως εἰς ἄκρον ἐληλακὼς κἀν τοῖς πολιτικοῖς περίβλεπτος γεγονὼς καὶ τῆς ἀρετῆς εὐφρόνως ἐπιμελούμενος, ὥστε τοῖς βασιλείοις ἔτι ἐμφιλοχωρῶν καὶ τὰ πρῶτα φέρων παρὰ τῷ βασιλεῖ τὴν μοναχικὴν πολιτείαν ἐν ἀκμῇ τῆς εὐημερίας καὶ τῆς ἡλικίας ἀσπάσασθαι καὶ τὸν ἀναχωρητικὸν βίον περὶ τὸ Ὀλύμπιον ὄρος ἑλόμενος, χρόνον ἐπὶ συχνὸν ἦν διαλάμπων ἐπ᾽ ἀρετῇ καὶ φόβῳ Θεοῦ. Καὶ διατοῦτο τοῦ πατριάρχου | θανόντος καὶ πολλῶν ἀνερευνηθέντων, οὐδεὶς ἄξιος πλὴν αὐτοῦ πρὸς τὸν τοιοῦτον ἐλογίσθη βαθμόν, εἰ καὶ ἀπαναινόμενος, ἐδιώχθη πρὸς τῆς τιμῆς καὶ λαμπτὴρ τῆς Μεγάλης Ἐκκλησίας καὶ πατριάρχης οἰκουμενικὸς ἐχρημάτισε.

3 Μετὰ δὲ τὸ τὸν βασιλέα τεθνάναι πάλιν οἱ τὴν ἑῴαν κατατρέχοντες Οὖννοι περὶ Μεσοποταμίαν γενόμενοι

Chapter 16

Seljuk attacks and the accession of Romanos IV Diogenes (1067–1068)

The imperial scepters now came to his wife Eudokia and their children,[158] for the Augusta had been bound in advance before an assembly of the Senate and the ecclesiastical hierarchy not to enter upon a second marriage.

Leading the ecclesiastical synod and adorning the patri- 2
archate was Ioannes who was surnamed Xiphilinos,[159] from Trebizond by origin, a wise man who was extremely well educated and had an illustrious political career. He was so deeply concerned for virtue that while he was still occupied with palace affairs and in the highest favor in the eyes of the emperor, he embraced the monastic way of life, even though he was at the peak of his prosperity and age. Yet he preferred to lead the life of an anchorite on Mount Olympos,[160] where he remained for a long time and shone on account of his virtue and fear of God. For this reason when the patriarch [93] died and many men were proposed and examined, none of them was deemed to be worthy of that rank except him. Even though he was not willing, he was compelled to accept and became a beacon of the Great Church and ecumenical patriarch.

After the death of the emperor, the Huns, who had 3
been rampaging through the east, again appeared in

ἐφήδρευον τοῖς περὶ Μελιτηνὴν ἐστρατοπεδευμένοις ῥωμαϊκοῖς τάγμασιν, οἵπερ τοῦ ὀψωνιασμοῦ ὑστερήσαντος, ἐνδεῶς εἶχον καὶ ταπεινῶς καὶ ὀργίλως διὰ τὴν ἔνδειαν καὶ οὐδὲ τοῖς ἐν Μεσοποταμίᾳ στρατιώταις Ῥωμαίοις ἴσχυσαν συνελθεῖν, μὴ βουληθέντες τὸν Εὐφράτην διαπερᾶσαι. Ἐπερχομένων οὖν τῶν βαρβάρων διὰ τοῦ ποταμοῦ, ἀντέστησαν οὗτοι διασπαρέντες περὶ τὰς διεξόδους αὐτοῦ· καὶ οἱ βάρβαροι ἑκηβόλων τυγχάνοντες, εὐμαρῶς αὐτοὺς ἄποθεν κατετίτρωσκον, ἀπαθεῖς αὐτοὶ διαμένοντες, ἕως ἠνάγκασαν τούτους εἰς τὸν ποταμὸν ἐμβαλεῖν καὶ τὴν μάχην συστήσασθαι. Καὶ πάλιν οἱ τοῖς χείλεσιν ἐφιστάμενοι τοὺς Ῥωμαίους ἐπετοξάζοντο καὶ κακῶς ἄγαν διετίθουν καὶ νῶτα δοῦναι παρεβιάσαντο. Καὶ τροπῆς γενομένης, ἔπεσον συχνοὶ τῶν Ῥωμαίων, ἕτεροι δὲ ζωγρείᾳ ἐλήφθησαν, οἱ δὲ περισωθέντες τῷ ἄστει τῆς Μελιτηνῆς ἀνεσώθησαν. Περιφρονήσαντες δὲ τούτους οἱ βάρβαροι, ὡς ἤδη καταστραφέντων καὶ καταστρατηγηθέντων ὁλοσχερῶς, ἐκτρέχουσιν | ἄχρι Καισαρείας καταληϊζόμενοι πάντα καὶ καταστρέφοντες καὶ πῦρ αὐτοῖς ἐπανάπτοντες. Καὶ τῷ μεγάλῳ σηκῷ τοῦ ἐν ἱεράρχαις περιωνύμου ἁγίου Βασιλείου ἐπεισπηδήσαντες, δῃοῦσι μὲν ἅπαντα καὶ τὰ ἱερὰ διαρπάζουσι, προσραγέντες δὲ καὶ τῇ τοῦ ἁγίου σορῷ τῷ ἁγίῳ μὲν τούτῳ λειψάνῳ δρᾶσαί τι πονηρὸν οὐδαμῶς ἠδυνήθησαν, προκατησφάλιστο γὰρ καὶ περιεδεδόμητο κτίσμασιν ὀχυροῖς καὶ χρόνου πολλοῦ πρὸς καθαίρεσιν δεομένοις, τὰ δὲ τὴν ὀπὴν περιστέλλοντα θύρια, πολυτελῶς καὶ ἀφθόνως ἐξειργασμένα χρυσῷ καὶ μαργάροις καὶ λίθοις, ἐξαίρουσι· καὶ τὸν ὅλον κόσμον ὁμοῦ συμφορήσαντες,

Mesopotamia[161] and lay in wait for the Roman units encamped around Melitene. Provisions for the latter had been delayed, and they were lacking in necessities, miserable, and angry on account of the scarcity. They failed to join forces with the Roman soldiers in Mesopotamia because they did not want to cross the Euphrates. So when the barbarians attacked along the river, these soldiers had to make a stand scattered among the various fords. The barbarians, who were prepared to shoot from a distance, easily wounded them from afar while remaining untouched themselves, to the point where they forced them to go into the river and fight them there. At the same time, the enemy who stood on the banks kept shooting at the Romans, causing many casualties and forcing them to turn and run. In this flight a large number of Romans fell, while others were taken captive. The survivors found safety in the city of Melitene, but they were contemptuously ignored by the barbarians for they were already beaten in battle and utterly outmarshaled. The barbarians then raided [94] as far as Kaisareia, pillaging and destroying everything and setting it all on fire. They broke into the great shrine of the illustrious hierarch, Saint Basil, and tore it apart, looting all the sacred furnishings. They even broke open the saint's tomb, but were utterly unable to profane his holy relics, for these were securely enclosed in a strong structure, which would have taken a long time to tear down. But they did take away the panels that covered the opening, which were skillfully and exquisitely made of gold, pearls, and precious stones. They completely wiped out the

αἴρουσιν ἐκεῖθεν, πολλοὺς ἐν τῇ Καισαρέων μητροπόλει σφαγῇ παραδόντες καὶ τὸν ναὸν καταχράναντες.

4 Καὶ μεταστραφέντες διέρχονται τοὺς εἰς Κιλικίαν ἄγοντας στενωπούς, μηδενὸς προγνόντος τὴν τούτων ἔφοδον, καὶ τοῖς Κίλιξιν ἐπιφανέντες ἐκπλήκτως ἐμφόβους εἰργάσαντο, φόνον πολὺν ποιοῦντες τῶν παρεμπιπτόντων αὐτοῖς, χρονίσαντες δὲ τῇ χώρᾳ καὶ καταλυμηνάμενοι ταύτην καὶ λαφύρων τὰς οἰκείας ἐπιθυμίας ἐμπλήσαντες. Προαυτομολήσαντος ἐκεῖσε τοῦ κατ᾽ αὐτοὺς ἐπιφανοῦς Ἀμερτικῆ λεγομένου καὶ δυσμενοῦς ὄντος τοῖς Ῥωμαίοις καθόπερ τὰς ὁμολογίας τούτοις ἐψεύσατο. Καὶ γὰρ προσελθὼν πρότερον τῷ τῶν Ῥωμαίων βασιλεῖ τῷ Γέροντι καὶ μεγάλων τυχὼν δεξιώσεων παρῆν τῇ βασιλευούσῃ· κατηγορηθεὶς δὲ παρὰ τῷ βασιλεῖ Κωνσταντίνῳ τῷ Δούκᾳ ὡς μέλλοι τοῦτον μαχαίρᾳ διαχειρίσασθαι, | κατεκρίθη φυγήν. Εἶτα γενομένης αὐτῷ τῆς καθόδου, ἀπεστάλη κατὰ τῶν Οὔννων τῶν Ῥωμαίων ὑπερμαχήσων καὶ τηνικαῦτα δι᾽ αἰτίαν τῆς τῶν στρατιωτικῶν σιτηρεσίων ὑποκρατήσεως τῷ ἄρχοντι προσερρύη τοῦ Χάλεπ. Εἰ δ᾽ εὐφρόνως κατὰ τῆς οἰκείας ἀπεστάλη μερίδος, καίτοι κακωθεὶς ὁ βάρβαρος καὶ μηδὲ μέλλων τῶν ὑπεσχημένων τυγχάνειν σιτηρεσίων, τοῖς ἀναγινώσκουσιν ἐξετάζειν παρίημι.

5 Γενόμενοι τοίνυν κατὰ τὸ Χάλεπ οἱ Οὖννοι καὶ προσαναμιχθέντες αὐτῷ τε τῷ συγκαλεσαμένῳ καὶ τοῖς παρακειμένοις Ἄραψι, τὴν ἐν Συρίᾳ Ἀντιόχειαν καὶ τὰς παρ᾽ αὐτῇ πόλεις καὶ κώμας ἀπανθρώπως ἐμάστιζον καὶ ἡ μάστιξ σφαγαὶ καὶ πυρπολήσεις καὶ ἀνδραποδισμοὶ καὶ λαφυραγωγίαι καὶ ὅσα ταῖς βαρβαρικαῖς ἐπιδρομαῖς

beauty of the place and departed from there after slaughtering many people in the metropolis of Kaisareia and defiling the church.

Turning back, they passed through the narrow passes leading into Kilikia without anyone knowing ahead of time that they were coming. When they did appear, the Kilikians were panic-stricken and terrified. The barbarians massacred many of the people they chanced upon and spent some time in that area, devastating it and satiating their appetite for plunder. One of their prominent men, named Amertikes, had changed sides there.[162] He was very hostile to the Romans because he had been deceived in his dealings with them. He had formerly come to the emperor of the Romans, who was then the Old Man,[163] and was splendidly received during his stay in the Reigning City. But he was accused before the emperor Konstantinos Doukas of plotting to stab him [95] and was condemned to exile.[164] Then, after his return, he was sent out to fight for the Romans against the Huns, and it was then that he went over to the ruler of Aleppo because the money for the soldiers' rations was withheld. Now, whether it was prudent to send this barbarian against his own people, especially when he had been ill-treated and would not have even received the promised ration money, I leave to my readers to investigate. 4

At any rate, the Huns went to Aleppo and joined with its ruler, who had invited them, and with the Arabs of those regions. They cruelly scourged Syrian Antioch and the nearby cities and towns, and by scourge I mean massacres, burning to the ground, taking captives, pillaging, and all the hostile actions that accompany barbarian invasions. Obviously, an 5

συμπαρέπονται. Ἐπεὶ δ' ἔδει στρατιὰν ἐς αὐτοὺς πεμφθῆναι, συνήθροιστο μὲν ἀξιόλογον στράτευμα καὶ ἡγεμόνες τούτου προέστησαν. Ἡ δὲ φειδωλία ἄπρακτα πάλιν καὶ ἀκλεῆ κατειργάσατο, οὐ γὰρ ὁλοκληρίαν ἠθέλησαν οἱ κρατοῦντες τοῦ ὀψωνιασμοῦ παρασχεῖν ἀνθρώποις πολέμοις[4] καὶ μάχαις κακοπαθήσειν ὀφείλουσιν, ἀλλὰ μέρει τινὶ τούτους ἐλαχίστῳ πρὸς τὸν ὑπὲρ τῆς ψυχῆς ἀγῶνα παρακινῆσαι ἐσπούδασαν. Ἀπέτυχον δὲ τῶν ὅλων ὁμοῦ, τὸ μὲν γὰρ ὀψώνιον οἱ στρατιῶται ἐδέξαντο, κατὰ δὲ τῶν ἐναντίων πορευθῆναι οὐ κατεδέξαντο, μέρος τι τῶν προϋστερησάντων αὐτοῖς λογισάμενοι τοῦτο· καὶ φωνὴν ἐγείραντες ἄσημον, εἰς τὰ οἰκεῖα | διεσκεδάσθησαν.

6 Καὶ πάλιν ἦσαν οἱ βάρβαροι τὴν ῥωμαϊκὴν χώραν ἀδεῶς κατατρέχοντες. Εἶτα νεολαίαν τινὰ μικροῖς ἀναλώμασιν ἀθροίσαντες, οἱ περὶ τοὺς βασιλεῖς τούτους ἐγχειρίζουσι τῷ ἐν Ἀντιοχείᾳ ἡγεμονεύοντι, οἳ δρᾶσαι μέν τι μὴ δυνηθέντες γενναῖον, ἀπειροπόλεμοι τινὲς καὶ δύσιπποι καὶ ἄνοπλοι σχεδὸν καθεστῶτες, πολλὰ δὲ παθόντες ἀνήκεστα εἰς τὴν σφῶν δυσκλεῶς ὑπέστρεψαν γῆν. Τοῦ παραλαβόντος αὐτοὺς δουκός, ἦν δὲ ὁ μάγιστρος Νικηφόρος ὁ Βοτανειάτης, μετὰ τῶν ἐπιχωρίων καὶ τῶν ἰδίων ὑπασπιστῶν τὴν τῶν βαρβάρων δι' οἰκείας ἀρετῆς καὶ γενναιότητος καὶ φρονήσεως ἀνατρέποντος καὶ καταβάλλοντος ἔφοδον, κἀκείνου δὲ τῆς ἀρχῆς παραλυθέντος, ἔκτοτε τὰ τῶν βαρβάρων ἐθρασύνετο πλέον καὶ εἰς στενὸν κομιδῇ τὰ τῶν πόλεων περιΐστατο, σιτοδείας πιεζούσης αὐτὰς καὶ τῶν ἄλλων ἐπιτηδείων ἐνδείας.

army had to be sent out against them and a good-sized force was mustered and officers placed in command, but again stinginess made it all ineffectual and inglorious. For those in power did not want to pay a full salary to men who would have to endure a war and the hardships of battle, and they tried to encourage them to risk their lives by giving them only the tiniest recompense. The result was that they failed in every respect. For the soldiers accepted the money on the one hand, but not the idea that they should march against the enemy, since they thought the sum was only a portion of what they were already owed. They raised some meaningless shouts and then dispersed [96] to their homes.

Once more the barbarians raided Roman territory with 6
impunity. The emperors' men then assembled a band of youths at little expense and put them under the command of the governor in Antioch.[165] But they were unable to do anything noteworthy: they had no experience of war, could not ride a horse properly, and were practically without weapons. After suffering many hardships, they returned ingloriously to their own territory. The *doux* who had received them—this was the *magistros* Nikephoros Botaneiates—managed, through his own virtue, bravery, and intelligence, to repel and suppress the barbarian raiding by employing local soldiers together with his own retainers. But when he too was relieved of his command, the barbarians grew bolder and the cities were reduced to very narrow straits, squeezed by the lack of food and scarcity of other provisions.

7 Ἀλλ᾽ ἐπείπερ ἔδει βασιλέως ἐπιστασίαν γενέσθαι δυναμένου ἐν τοιούτοις καιροῖς διεξάγειν τὰ πράγματα καὶ ἀντεπεξάγειν ἑαυτὸν τοῖς ἐναντίοις μετὰ καρτεροῦ τοῦ συντάγματος, ἐψηφίζετο μὲν ἀξιολογώτατος ὁ ῥηθεὶς Βοτανειάτης, ὡς διαφέρων τῶν ἄλλων ὅσον ἀστέρων ἥλιος· ὁ δὲ φθόνος καὶ ἡ ἄδικος κρίσις ἀνεβάλετο μὲν τότε τὸ δέον, ἕτερον δὲ συγγενέα τούτου ἀντεψηφίσατο δι᾽ αἰτίας ἴσως ἀπορρήτους ἀνθρώποις, οἷα τὰ τοῦ Θεοῦ κρίματα, ἐδόκει μὲν γὰρ ἡ τοσαύτη τῶν ἐθνῶν ἔπαρσις καὶ κατακοπὴ τῶν ὑπὸ Ῥωμαίους τελούντων, ὀργὴ κατὰ τῶν αἱρετικῶν | οἳ τὴν Ἰβηρίαν καὶ Μεσοποταμίαν καὶ ἄχρι Λυκανδοῦ καὶ Μελιτηνῆς καὶ τῶν παρακειμένων οἰκοῦσιν Ἀρμένιοι καὶ οἱ τὴν ἰουδαϊκὴν τοῦ Νεστορίου καὶ τὴν τῶν Ἀκεφάλων θρησκεύοντες αἵρεσιν, καὶ γὰρ πλήθουσιν αἱ χῶραι τῆς τοιαύτης κακοδοξίας· ἐπὰν δὲ καὶ τῶν ὀρθοδόξων ἥψατο τὸ δεινόν, εἰς ἀμηχανίαν ἦσαν πάντες οἱ τὰ Ῥωμαίων θρησκεύοντες.

8 Ὅμως δ᾽ οὖν ἀνίσταταί τις τῶν εὐπατριδῶν, Ῥωμανὸς βεστάρχης ᾧ τὸ ἐπίκλην Διογένης, οὗτος γὰρ καὶ πρότερον μὲν ὁρῶν ἐκ τῆς τῶν κρατούντων αἰτίας καὶ τῶν ἐκεῖθεν ὑστερημάτων ἀναπληρούμενα τῶν ἐχθρῶν τὰ θελήματα καὶ μεγάλους γινομένους ταῖς μικρολογίαις τῶν Ῥωμαίων, ἐποτνιᾶτο καὶ ἤσχαλλε καὶ ἀποστασίαν ὤδινεν, οὐκ ἔρωτι μέν, ὡς διεβεβαιοῦτο ὕστερον, καὶ ἀπολαύσει τῶν ἐξαιρέτων αὐτῆς, ἀλλ᾽ ὡς τὰς τύχας ἀνορθῶσαι τῶν ἤδη πεσόντων Ῥωμαίων, ὅτι μὴ κατὰ λόγον εἶχε τὰ πράγματα. Ἐμπιστευθεὶς οὖν ἐπὶ τέλει τοῦ βασιλέως τοῦ Δούκα τὴν τῆς Σαρδικῆς ἀρχήν, ἐβουλεύσατο τοὺς

Given that a situation of this sort demanded that an emperor be appointed who could govern affairs and who could himself lead out a strong military force to oppose the enemy, the aforementioned Botaneiates was deemed the most noteworthy candidate, who outshone the others as the sun outshines the stars. But envious resentment and an unjust decision put off, at that time, what was right, and another relative of his was preferred for reasons that remain perhaps inscrutable to us mortals—such was the will of God. For it seemed that such a large uprising of the foreign nations and the slaughter of those who live under Roman authority could be attributed only to his anger against the heretics, [97] that is the Armenians dwelling in Iberia, Mesopotamia, and as far as Lykandos and Melitene, and the vicinity, and those whose religion was the heretical, Jewish one of Nestorios and the Akephaloi. For those lands abounded in such wicked beliefs. But when disaster also struck the Orthodox, all who followed the religion of the Romans were unsure what to make of it. 7

But one from among the nobility rose up, Romanos, a *vestarches,* whose surname was Diogenes. For some time he had seen that it was the fault of the rulers' incompetence that enabled the enemy to do whatever they wanted, and that it was the parsimony of the Romans that made the enemy increase in strength. Indignant at this and saddened, he was seriously thinking of rebellion, not, as was later claimed, because he had a passion for power and wanted to enjoy its advantages, but in order to raise up the fallen fortunes of the Romans, for the state was not being governed rationally. Entrusted with the command of Serdica in the final days of the 8

Σαυρομάτας προσλαβέσθαι συνεργοὺς εἰς τὸ μελετώμενον καὶ εἰς προῦπτον αὐτὸ ἀγαγεῖν, ἐπείθοντο γὰρ ἐκεῖνοι τῷ ἀνδρὶ τούτῳ διὰ τὸ ἐκ τῆς ἀγχιθύρου στρατηγίας προεπιγινώσκεσθαι τοῦτον αὐτοῖς, ὁπότε τῶν περὶ τὸν Ἴστρον ἄρχων πόλεων τούτοις ἀντεπολέμησε καὶ πεσεῖν ἐκινδύνευσεν, εἰ μὴ ἐξείλετο τοῦτον ἀκαταγωνίστῳ ῥύμῃ καὶ ῥώμῃ Νικηφόρος μάγιστρος ὁ Βοτανειάτης, τοῦτο γὰρ ἐγὼ | διὰ χειλέων τοῦ Διογένους ὁμολογούμενον ἐπυθόμην.

9 Γενομένων δὲ γραμμάτων πρὸς ἐκείνους ἐφ᾿ ᾧ τελεσθῆναι καὶ τὰς συνθήκας δι᾿ ὅρκου, τῶν συμβούλων αὐτοῦ τις τὸ γένος Ἀρμένιος, ὃς καὶ πρὸς τὸ ἔργον αὐτὸν μειζόνως ἠρέθισεν, ἐπεβουλεύσατο τούτῳ καὶ συμπείσας ἀποστεῖλαι τοὺς ἀμφ᾿ αὐτὸν μηνυτὰς τῶν βεβουλευμένων πρὸς σύμπνοιαν ἄξοντας τῶν τε στρατηγούντων καὶ τῶν ὑπηκόων τινάς, ὡς εἶδεν αὐτὸν ἐψιλωμένον χειρός, κατεῖπεν αὐτοῦ ἐν τοῖς ἐγχωρίοις ὡς εἴη μεμελετηκὼς ἀποστασίαν, μᾶλλον δὲ προδοσίαν αὐτῶν εἰς τοὺς Σαυρομάτας. Καὶ πρὸς θυμὸν διερεθίσας αὐτούς, ἐπιτίθεται τούτῳ ἀθρόον καὶ μόνον εὑρηκὼς συλλαμβάνει καὶ εἰς τὴν βασιλεύουσαν ἄγει δεσμώτην, δίκας τοῦ τολμήματος δώσοντα.

10 Κριθεὶς τοίνυν παρὰ τῶν πρώτων τῆς συγκλήτου βουλῆς, τῷ τῶν ἐπιβούλων νόμῳ ἑάλω καὶ κατεψηφίσθη θανεῖν, μὴ ἀντερίσας ἢ ἀντιθέσεις πλασάμενος ἢ τὴν κατηγορίαν ἀπαρνησάμενος, ἀλλ᾿ αὐτέλεγκτος ἐκ τῆς ὁμολογίας γενόμενος. Εἰ δὲ καὶ αὐτὸς τῶν δικασάντων μέρος ὑπῆρχον, ἴσασιν οἱ πολλοί. Διὸ καὶ ὑπερορίᾳ ἀπεστάλη πρὸς νῆσον, πᾶσιν ἀνίαν ἐνθέμενος ὅσοι τῆς αὐτοῦ

emperor Doukas,[166] he decided to make the Sauromatai[167] his allies in this plan and to manifest his intentions. They obeyed this man because they already had firsthand knowledge of his military abilities. When he was the governor of the cities along the Danube and had fought against them, he would have fallen if the *magistros* Nikephoros Botaneiates had not come to his rescue with irresistible force and strength.[168] This I [98] learned from Diogenes himself, who admitted it with his own lips.

Letters were sent to them asking to have the agreements 9
confirmed by oath. One of his advisers, an Armenian by race who had been strongly urging him to carry out his plan, plotted against him by persuading Diogenes to send some of his men with messages about his plans to convince some of the military leaders and their subjects to join him. Then, when he saw him unguarded, he denounced him to the locals, saying that he was planning rebellion and would even betray them to the Sauromatai. After arousing their anger, he suddenly attacked Diogenes, found him alone, captured him, and led him in bonds to the Reigning City to be punished for his audacity.

He was subsequently tried by the leading men of the Sen- 10
ate, convicted by the law regarding treason against the throne, and sentenced to death. He did not answer the charges or contrive any rebuttals, nor did he deny the accusation, but he was self-convicted by his own admission. Most people know whether I myself was one of these judges. As a result, he was exiled to one of the islands. This really displeased everyone who had personal experience of his

νεότητος ἢ καὶ γενναιότητος ἐν πείρᾳ καθίσταντο, οἱ δ' ἀγνοοῦντες αὐτὸν ἐκ τῶν εἰδότων παραλαμβάνοντες, ὑπῆρχον ἐξ ἀκοῆς ἐρασταὶ καὶ διατοῦτο δι' εὐχῆς ἦν τοῖς ὅλοις ἀνώτερον γενέσθαι τὸν ἄνδρα κολαστηρίων καὶ χαρισθῆναι τῇ | Ῥωμαίων ἀρχῇ. Ἐπεὶ δὲ καὶ ὁ σκοπὸς τοῦ ἀνδρὸς οὐ φιλαυτίας ἀλλὰ φιλαδελφίας καὶ φιλευσεβείας ὅλος ἦν, ὡς προέφαμεν, περιαλγοῦντος τῆς τῶν ὀρθοδόξων κακοπαθείας, ἐνηργήθη λοιπὸν τοῖς εὐχομένοις τὰ τῆς εὐχῆς. Καὶ παραστάντος αὐτοῦ τῷ βασιλικῷ βήματι, περιέσχεν ἔλεος ἄσχετον τὴν αὐγοῦσταν καὶ σταλαγμοὶ δακρύων τῶν βλεφάρων ταύτης ἐξέπεσον, ἦν γὰρ ὁ ἀνὴρ οὐ μόνον τοῖς ἄλλοις πλεονεκτήμασι προτερῶν, ἀλλὰ καὶ θεαθῆναι παντάπασιν ἥδιστος, ἐπιμήκης τε καὶ στέρνων καὶ νώτων ἐν καλῷ καθορώμενος καὶ εὐγενές τι πνέων ὡς ἀληθῶς καὶ διογενές, εὐόφθαλμός τε εἴπερ τις ἄλλος καὶ κάλλος ἀποστίλβων τοῖς ὀφθαλμοῖς, μήτ' ἀκριβὲς τὸ λευκὸν μήτε τὸ μέλαν ἀποσῴζων ὡσαύτως ἀλλ' ὥσπερ τῇ δημιουργίᾳ τῆς φύσεως κατ' ἴσον συγκεκραμένα τῷ ἐρυθήματι, κἀν τούτοις ἅπασι τὴν γλυκύτητα περιθέουσαν ἔχων καὶ *ἄξιον εἶδος* κατὰ τὸν κωμικὸν *τυραννίδος* ἐπιδεικνύμενος. Ὡς οὖν καὶ ἡ ἑστῶσα γερουσία συνέπαθεν, εὐθὺς ἐπηκολούθησεν ἡ συμπάθεια καὶ περισωθεὶς τοῦ κινδύνου καὶ βασιλικῶς ἀξιώσεων ἔτυχε καὶ ἀπολυθεὶς παρὰ πάντων ἠσπάζετό τε καὶ εὐφημεῖτο καὶ ἔργον εὐχῆς γενέσθαι κατήκουε καὶ τὴν αὐτοῦ σωτηρίαν ἰδίαν ἐνόμιζεν ἕκαστος.

11 Ἐξιὼν οὖν εἰς τὴν Καππαδοκῶν, ἐξ ἧς τὴν ἀρχὴν τῆς

youthful spirit and his nobility. Others who had no direct knowledge of him came to know him from those who did, and what they heard made them love him. For this reason everyone prayed that he might rise above this disgrace and be favored with the [99] sovereignty of the Romans. Given, moreover, that the man's goal was not love of self but solely love of his brothers and love of true religion, as we have said, distressed as he was on behalf of the Orthodox who were suffering terribly, the prayers of the people who wished this were answered. As he stood before the imperial throne, unrestrained mercy took hold of the Augusta and streams of tears flowed from her eyelids. For the man not only surpassed others in his good qualities, but he was also pleasant to look upon in all aspects. He was tall and his broad chest and back gave him a fine appearance, and he seemed to breathe nobility as if he were truly "born of Zeus."[169] He had more beautiful eyes than anyone else, and even beamed beauty out from his eyes. His complexion was not exactly white or dark, but as though mixed by the artifice of nature with a ruddy color. In all these features a tint of sweetness could be observed, and *his appearance was worthy,* as the comic poet says, *of absolute power.*[170] As the Senate, therefore, standing about felt sorry for him, they immediately became sympathetic. Just saved from danger, he received the imperial dignity; just released, he was embraced by all and acclaimed; he heard that he was the fulfillment of people's prayers, and each person regarded his salvation as being his own.

He then left for Kappadokia, which was the original 11

γενέσεως ἔσχηκε, πάλιν μεταπεμφθεὶς εἰς τὴν βασιλεύουσαν εἰσελήλυθε κἀν τοῖς γενεθλίοις τοῦ Χριστοῦ μάγιστρος καὶ στρατηλάτης | ἀνεδείχθη παρὰ τῆς βασιλίδος προελθούσης βασιλικῶς μετὰ τῶν ἰδίων παίδων, ὡς ἔθος τοῖς βασιλεῦσιν, εἰς τὸν μέγιστον σηκὸν τῆς τοῦ Θεοῦ Σοφίας.

12 Ἀνάγκης δὲ πολλῆς καὶ συγχύσεως ἐκ τῆς τῶν ἀλλοφύλων ἐθνῶν ἀπηνεστάτης ἐπιδρομῆς τὴν Ῥωμαίων συμπιεζούσης, καὶ γὰρ τὰ μὲν ἐν τοῖς νοτίοις μέρεσιν ὅσα πρὸς Ἀντιόχειαν καὶ Κιλικίαν ταῖς προειρημέναις ἐκδρομαῖς ἀπειρηκότα, ἐν ἐσχάτοις ἦσαν κινδύνοις, ἐν δὲ τοῖς βορειοτέροις αὐτὸς ὁ σουλτάνος πανστρατιᾷ ἐξελήλυθε δυνάμεις ἄγων ἀνυποίστους καὶ τοῖς ὁρίοις ἐν τῷ φθινοπώρῳ τῶν Ῥωμαίων προσήνωτο, βουλόμενος παραχειμᾶσαι ἐκεῖσε καὶ ἀρχομένου τοῦ ἔαρος, προσεχῶς προσβαλεῖν καὶ ἄρδην ἀνατρέψαι τὰ Ῥωμαίων καὶ καθελεῖν. Ἐσκέπτετο ἡ αὐγοῦστα καὶ ὅσοι τῆς πρώτης ἦσαν βουλῆς, σὺν αὐτοῖς δὲ καὶ ὁ πατριάρχης, πῶς καὶ τίνα τρόπον τοσοῦτον δεινὸν ἀποτρέψαιεν καὶ συνέδοξε τὴν ὑπὲρ τῶν ὅλων κρατῆσαι πρόνοιαν καὶ τῆς ἰδικῆς καὶ ἐπιθανατίου παραγγελίας τὸ κοινῇ συμφέρον ἐπιεικῶς προτιμήσασθαι, ὅτι μὴ τὰ ἰδικὰ σύμφωνα τὰ πρὸς δημοσίαν συντέλειαν ἀφορῶντα περιτρέπειν δεδύνηνται. Τὸ γὰρ μὴ γίνεσθαι βασιλέα διὰ τὸν τῆς μίξεως ζῆλον, κοινὴ συμφορὰ καὶ καθαίρεσις τῆς Ῥωμαίων ἀρχῆς ἐγινώσκετο.

13 Δόξαν οὖν οὕτω κεκράτηκεν ἡ τοιαύτη γνώμη. Καὶ βασιλέα μὲν ὁ καιρὸς ἐδεῖτο ἐξάπαντος, εἰ μέλλοι τὰ Ῥωμαίων μὴ ἀπολέσθαι δι' ὅλου, | ὁ δὲ τοῦ καιροῦ καὶ τῆς

home of his family. Called back again, he entered the Reigning City and on the Nativity of Christ[171] the empress promoted him [100] to *magistros* and commander of the armies, and she and her sons led the imperial procession, as was customary for the emperor, to the greatest temple of the Wisdom of God.[172]

But the empire of the Romans was being pressed hard by the savage raiding of the foreign races, and there was great urgency and confusion. In fact, the southern regions by Antioch and Kilikia had been so battered by these raids that they were in the most dire danger. In the more northern regions, meanwhile, the sultan himself now marched with his whole army, leading an irresistible force, arriving at the Roman frontier in autumn.[173] He planned to spend the winter there and at the beginning of spring to invade in force, completely overthrow the Roman state, and destroy it. The Augusta, the members of the high council,[174] and with them the patriarch, deliberated on how and by what means they could avert such a disaster, and they agreed that the careful management of the entire empire should be their guiding criterion: it was only reasonable for the common good to be preferred over the private wishes of a man on his deathbed.[175] For private agreements should not be able to override the public good. Thus, not to have an emperor because one man was too jealous to allow his widow to be with another man, it was recognized, would harm the common good and contribute to the destruction of the Roman Empire. 12

This view of the matter therefore prevailed. More than anything else, in the present situation an emperor was needed if the Roman state was not to be completely 13

ἀξίας ταύτης ἐπάξιος ἐζυγομαχεῖτο, τοῦ Βοτανειάτου ἀποδήμου τυγχάνοντος εἰς τὴν τῆς Ἀντιοχείας ἀρχήν, ἕως εἰς νοῦν τινὸς τῶν τοῦ βουλευτηρίου προϊσταμένων ὁ Διογένης ἀφίκετο, μᾶλλον δὲ πρὸ αὐτοῦ ἡ αὐγοῦστα τοῦτον ὡς αὐτίκα παρόντα καὶ γυναικὸς ἀμοιροῦντα προέκρινεν. Ἐπὰν δ' οὗτος ἐρρήθη, πάντες αὐτῷ τὴν ἀξίαν φόβῳ τοῦ μὴ φανῆναι ἀλλότριοι ὅσοι τῇ δεσποίνῃ προσήγγιζον ἐχειροτόνουν.

14 Διὸ καὶ πρώτην ἄγοντος τοῦ Ἰανουαρίου μηνὸς τῆς ς´ ἰνδικτιῶνος, ὁπότε τῶν χειμερινῶν τροπῶν ὁ ἥλιος μεθιστάμενος τὴν οἰκουμένην φρυκτωρεῖν καὶ θάλπειν ἐπείγεται καὶ ἀρχὴν εὔκαιρον τοῦ ἐνιαυτοῦ τὸ πλεῖστον μέρος τοῦ χειμῶνος ἐπεξεργάζεται καὶ ἡνίκα ἡ μνήμη τοῦ μεγάλου ἀρχιερέως καὶ θύτου ἁγίου Βασιλείου, ὃν καὶ αὐτὸν ἡ Καππαδοκῶν ἤνεγκε φωστῆρα τῆς ἐκκλησίας, διαφανέστατον ἑορτάζεται, βασιλεὺς αὐτοκράτωρ ὀρθριώτερον οὗτος ἀναγορεύεται, νυκτὸς ἀνιὼν εἰς τὸ Καπιτώλιον διὰ τῆς δεσποίνης ἐν ὅπλοις καὶ λαθὼν τοὺς τῆς βασιλίδος υἱεῖς.

destroyed. [101] But there was debate over who the right man was for the times and for this dignity, since Botaneiates was away governing Antioch. Finally, one of the leading men of the Senate thought of naming Diogenes. Actually, the Augusta had already decided on him, inasmuch as he was already at hand and not married. After he had been named, all who were close to the lady, afraid to appear disloyal, voted to bestow this dignity on him.

Therefore, on the first of the month of January of the 14
sixth indiction,[176] when the sun, after departing from the winter solstice, hurries to illuminate and to warm the entire inhabited world; when it marks the depths of winter with a propitious beginning to the year; and when the memory of the great archpriest and offerer of the spiritual sacrifice, Saint Basil, is brilliantly celebrated, he who was also brought forth from Kappadokia to be an illuminator of the Church;[177] at that time, then, early in the morning, Romanos was proclaimed emperor and commander in chief. During the night, at the empress's instigation, he had ascended to the Capitol bearing arms,[178] in such a way that her sons did not find out.

17

Καὶ ὡς τὰ πράγματα ἔδειξαν, οὐ πάνυ μάτην ἠλπίκασιν οἱ πολλοί, τῶν γὰρ ῥωμαϊκῶν σκήπτρων ἐπιλαβόμενος οὗτος, οὐκ ἔλαττον τῶν ἐν ποσὶ πολιτικῶν πραγμάτων τῆς στρατιωτικῆς εὐταξίας ἐφρόντισε καὶ συστάσεως, κἂν ὅτι μάλιστα προγόνους εἶχε περὶ αὐτὸν καὶ συνέδρους, εἰπεῖν δὲ δεῖ καὶ ἐφέδρους, καὶ σὺν αὐτοῖς τὸν τούτων πατράδελφον | Ἰωάννην τὸν καίσαρα. Ἤρξατο γὰρ αὐτίκα ἐν αὐτοῖς τοῖς πολιτικοῖς διατάγμασι καὶ τῶν παρατυχόντων στρατιωτῶν τοῖς ἐπισημοτέροις συνομιλεῖν καὶ περὶ πολεμικῶν ἀγώνων βουλεύεσθαι καὶ πρεσβευτὰς ἑτοιμάζειν καὶ πανταχόθεν τοῖς ἐναντίοις διακωλύειν τὰς προσβολάς. Διαταῦτά τοι καὶ χρόνος οὔτι συχνὸς κατέσχε τοῦτον εἰς τὰ βασίλεια ἀλλὰ μετὰ διττὴν σεληναίαν περίοδον ἡ τῆς ἑῴας τοῦτον ἐδέξατο Προποντὶς καὶ τὸ παράσημον τῆς βασιλικῆς σκηνῆς πᾶσιν ὁμοῦ παρεστήσατο τὴν βασιλέως πρὸς τὴν ἑῴαν ἐκστρατείαν καὶ ἀποφοίτησιν. Καὶ ὁ ζῆλος τῆς ἐκδικίας νενίκηκε τὴν κατὰ τὴν βασιλίδα τρυφήν τε καὶ θυμηδίαν καὶ τὸ κατὰ τὰς προόδους μέχρις οὐρανοῦ φθάζον κλέος πόνους τούτων ἀντικαταλλάξασθαι τὸν κρατοῦντα παρέπεισεν. Ὃ καὶ πάντας κατέπληξε συμβαλόντας, ὅτι εἰς τὸ διατάξασθαι μόνον τὴν τῆς ἐκστρατείας

Chapter 17

Romanos IV Diogenes' first eastern campaign (1068)

As events proved, the hopes of the majority of people were not in vain. For when this man accepted the Roman scepter, he concentrated no less on the good order and condition of the military than on the civil problems close at hand, and this despite the fact that he was surrounded by his stepsons who shared his throne,[179] or rather, one must say, by those who were lying in ambush for him, and with them was their father's brother, [102] the *kaisar* Ioannes. Even in the midst of his political administration, Diogenes began deliberations with the more prominent military leaders who happened to be present, making plans for war, briefing ambassadors, and blocking the incursions of the enemy on all fronts. All these matters kept him in the palace for a short time, but after the second cycle of the moon he crossed to the eastern side of the Propontis. The standard over the imperial tent made it clear to everyone that the emperor was departing on an expedition to the east. His zeal for vengeance proved stronger than the pleasant life and luxury of the Imperial City, and the glory of the march that can rise to the heavens convinced the ruler to choose that toil over all that. On reflection, this impressed everyone, because just to prepare the supplies and equipment for the expedition three

παρασκευὴν καὶ ἀποσκευήν, οὐδὲ τριῶν ὅλων διάστημα μηνῶν ἐξαρκεῖ, ὁ δὲ νεοπαγὴς γεγονὼς τά τε ἄλλα καταστησάμενος ἦν καὶ πρὸς τῇ ἀποσκευῇ καὶ στρατιωτικὸν ἐκ τῆς ἑσπέρας καὶ τῆς τῶν Καππαδοκῶν φθάσας προσυνελέξατο καὶ Σκύθας συνεκαλέσατο καὶ πρὸ τῆς τούτων ἐπιδημίας μετὰ τῶν ἐν τῇ βασιλείῳ μόνων αὐλῇ τῆς ὁδοῦ σπουδαίως ἐφήψατο. Εἰ δὲ καὶ αὐτὸς ὁ ταῦτα συγγράφων τῶν ἐκ προκρίσεως αὐτῷ συνεπομένων ἐτύγχανεν καὶ τὰς τοῦ στρατοῦ διευθετῶν | ὑποθέσεις ἐν κρίσεσι, πάντως ἂν οὐκ ἐξ ἀκοῆς ἀλλ᾽ ἐξ αὐτοπτίας τὰ καθεξῆς παραδώσει διὰ γραφῆς τοῖς μετέπειτα.

2 Εἶχε μὲν οὖν τὸν βασιλέα ἡ τῶν Βιθυνῶν ἐπαρχία καὶ μετ᾽ αὐτὴν Φρυγία, τὸ θέμα λέγω τῶν Ἀνατολικῶν. Καὶ συνήγοντο ἐκ διαταγμάτων προσφοιτησάντων οἱ τῶν ταγμάτων ἐξάρχοντες καὶ ὅσοι τὴν τάξιν ἀνεπλήρουν ἑκάστου τάγματος καὶ ἦν ἰδεῖν τοὺς διαβοήτους λόχους καὶ λοχαγοὺς ἐξ ὀλίγων συγκειμένους ἀνδρῶν καὶ τούτων συγκεκυφότων τῇ πενίᾳ καὶ πανοπλίας ἐστερημένων καὶ ἵππου πολεμικῆς. Ἐκ πλείονος γὰρ παραμεληθέντες, ἅτε μηδὲ βασιλέως στρατευσαμένου διὰ πολλῶν ἐνιαυτῶν περὶ τὴν ἑῴαν, καὶ τὸν ἀφωρισμένον ὀψωνιασμὸν μὴ ἀπειληφότες καὶ κατὰ μικρὸν τοῖς ἐναντίοις ἐκ τῆς ἀπαρασκευάστου προσβολῆς καὶ λυπρᾶς καταβαλλόμενοι καὶ τρεπόμενοι, οὕτως εἰς ἐσχάτην ταλαιπωρίαν συνελαθέντες δειλοὶ καὶ ἀνάλκιδες καὶ πρὸς οὐδὲν γενναῖον χρησιμεύοντες κατεφαίνοντο, ὡς καὶ αὐτὰς τὰς σημαίας μονονουχὶ σιωπηρῶς ἀποφθέγγεσθαι ταῦτα, πιναρὰς ὁρωμένας ὥσπερ ἀπὸ καπνοῦ καὶ ὀπαδοὺς ἐφεπομένους ἐχούσας

whole months were normally not enough. But this man who had only recently been installed was now firmly setting up everything else. In addition to the equipment, he quickly assembled armies from the west and Kappadokia, and sent an invitation to the Skythians. But before their arrival, and accompanied only by those in the imperial guard, the emperor made haste to set out on the road. Since the author of these words happened to be one of those chosen to follow him and was in charge of the military [103] tribunal, then the following account that he writes down and transmits to posterity surely comes not from hearsay but from what he himself witnessed.

The emperor marched through the province of Bithynia 2
and, after it, to Phrygia, I mean the Anatolikon *thema.* The unit commanders, along with the soldiers who made up the complement of each unit, assembled there after receiving orders. It was something to see the famous units and their commanders now composed of just a few men, and these bent over by poverty and lacking in proper weapons and warhorses. For a long time they had been neglected, since no emperor had gone on an expedition to the east for many years, and they had not received their allotted money for supplies, and little by little they were being defeated and routed by the enemy because they were in a miserable condition and unprepared to meet an attack. They had been driven to the absolute depths of misery and appeared cowardly, feeble, and absolutely useless for anything brave. Their very standards, as it were, silently proclaimed this condition, for they looked filthy as though they had been exposed to smoke, and those who marched behind them were few

εὐαριθμήτους καὶ πενιχρούς. Πολλὴν ἀθυμίαν προσῆγον ἀναλογιζομένοις ὅθεν καὶ τίνα τρόπον εἰς τὸ ἀρχαῖον ἐπανελεύσονται καὶ τὴν προτέραν ἀξίαν τὸ στρατιωτικὸν καὶ διὰ πόσου τοῦ χρόνου ἀνακαλέσοιτο, τῶν μὲν ὑπολελειμμένων τοῖς τάγμασιν ὀλίγων ὄντων καὶ ἀπορουμένων τοῖς ὅπλοις καὶ τοῖς ἐκ τῶν ἵππων | κινήμασι, τῆς δὲ νεολαίας ἀπειροπολέμου καθεστηκυίας καὶ τοῦ πολέμου μαχιμωτάτους καὶ τῶν πολεμικῶν κινδύνων ἐθάδας τοὺς ἀντιτεταγμένους καὶ ἀντιβαίνοντας ἐχούσης. Ἀλλὰ τὸν βασιλέα τὸ τοιοῦτον συγκύρημα οὐ κατέπληξε, τοὐναντίον δὲ μᾶλλον τοὺς ἐναντίους ἡ ἀθρόα τούτου ὁρμή τε καὶ ἔφοδος οἰηθέντας, ὥσπερ ὕστερον μεμαθήκαμεν, ὅτι κινδύνων οὗτος ὁ ἄνθρωπος οὐδένα λόγον πεποίηται ἀλλ' Ἄρεός ἐστι φοιτητὴς καὶ καινοποιήσει τὰ Ῥωμαίων καὶ ἀντισηκώσει τοῖς ἐχθροῖς τὰ ἐπίχειρα.

3 Διαταῦτα καὶ ὁ μὲν σουλτάνος ὀπισθόρμητος γέγονε, μοῖραν δέ τινα μεγάλην ἀποτεμόμενος καὶ ταύτην διχῇ διελὼν εἰς τὴν ἄνω Ἀσίαν στρατοπεδεύειν πεποίηται, τὴν μὲν βορειοτέραν, τὴν δὲ περὶ τὰ νότια θέμενος, ὁ δὲ βασιλεὺς κατάλογον στρατιωτικὸν ποιησάμενος καὶ ἐκ πάσης χώρας καὶ πόλεως νεότητα συλλεξάμενος καὶ ἀξιώμασι καὶ δώροις ἀναθαρρῆσαι πεποιηκὼς καὶ δι' ὀλίγου τὸν ἀριθμὸν τῶν ταγμάτων ἀναπληρώσας καὶ λοχαγοὺς τοὺς ἀρίστους ἑκάστῳ τούτων ἐπιμελῶς προστησάμενος, συμμίξας δὲ καὶ τοῖς ἀπὸ τῆς ἑσπέρας ἐλθοῦσιν, ἐν ὀλίγῳ χρόνῳ στρατιὰν ἀξιόμαχον κατεπράξατο καὶ μετὰ τοσαύτης δυνάμεως ἐπὶ Πέρσας ἐπιστατικώτερον ἤλαυνεν. Ὡς δὲ τὸ βορειότερον στρατόπεδον τῶν Περσῶν ἐκδρομήν τινα πρότερον

and pitiful. It was truly depressing to those who considered from what source and by what means the army might be restored to its ancient condition and former worth and how long that would take, given that the men remaining in their units now were few and at a loss when it came to using weapons or maneuvering with their [104] horses, and the young men had no combat experience. Opposed to them and advancing against them was a foe accustomed to the dangers of battle and warlike to the extreme. A situation of this sort, however, did not cause the emperor to be dejected. On the contrary, it was his sudden and rapid advance that disconcerted the enemy and made them think, as we later learned, that this man paid no heed to dangers but was a student of Ares, and that he would renew the Roman state and get even with the enemy for what they had done.

Because of this the sultan[180] hastened back, detaching a 3
fairly large contingent that he divided into two parts and encamped in upper Asia, placing the one more to the north and the other to the south. Meanwhile, the emperor conscripted soldiers for the army and recruited young men from every region and city, encouraging them with positions and gifts. In a short time the units were brought up to strength and the most competent commanders were carefully placed over each of them. Adding them to the soldiers who came from the west, he had in a short time organized a combat-ready army, and with this great force he marched against the Persians with greater confidence. Since the Persian army to the north showed itself earlier in an excursion[181] and gave

φαντάσαν, δόξαν ὑποχωρήσεως ἐκ τῆς τοῦ βασιλέως προόδου | παρέσχετο, ἔγνω λοιπὸν ὁ Διογένης τοῖς νοτίοις ἐπεισπεσεῖν, οἳ τὰ περὶ τὴν Κοίλην Συρίαν καὶ Κιλικίαν καὶ αὐτὴν Ἀντιόχειαν καταληΐζοντες ἦσαν. Καὶ διαταῦτα καταλιπὼν τὸ εὐθὺ Σεβαστείας καὶ Κολωνείας φέρεσθαι τῷ τοῦ Λυκανδοῦ ἐπεχωρίασε θέματι, διατρῖψαι τὸν θερινὸν καιρὸν ἐν αὐτῇ διανοηθεὶς κἀν τῷ φθινοπώρῳ τοῖς συριακοῖς μέρεσι προσβαλεῖν, ὁπόταν τὸ πολὺ τῆς φλογὸς ἐκ τῆς ἀποστάσεως ὁ ἥλιος ἀποτίθεται, ἵνα μὴ τῷ ἀσυνήθει τοῦ καύσωνος διαλωβηθῇ τὸ στρατόπεδον καὶ νόσοις ἁλώσιμον γένηται.

4 Ἐν τοσούτῳ δὲ χρονίζοντος τούτου, λάθρᾳ προσβαλόντες οἱ Πέρσαι, Τούρκους δὲ τούτους νυνὶ ὁ λόγος οἶδε καλεῖν, τὴν Νεοκαισάρειαν ἐξ ἀπροόπτου τῆς ἐπιδρομῆς καταστρέφουσιν καὶ πολλῶν σωμάτων καὶ χρημάτων ἐν τῷ ἀσφαλεῖ κυριεύσαντες, παλινοδίαν[5] ἦσαν, βάρος λαφυραγωγίας οὐκ ἐλάχιστον ἐπαγόμενοι. Ἐλθὼν οὖν ὁ λόγος οὗτος εἰς τὸν βασιλέα, πολλὴν αὐτῷ καὶ τοῖς ἀμφ᾿ αὐτὸν ταραχὴν ἐνεποίησε, διασκοποῦσι τήν τε τῶν ἐναντίων μηχανὴν καὶ ἣν ὑπέστησαν ἀπάτην καὶ τὸν ἐκ πολλῶν μῶμον, ὅτι τοῦ βασιλέως ἐκστρατευομένου τυγχάνοντος, οὐδὲν ἧττον οἱ πολέμιοι τὰ ἑαυτῶν διεπράξαντο, μὴ δυνηθέντος τοῦ κρατοῦντος ἀμύνασθαι. Ἀμέλει τοι καὶ ταχὺ τὰς δυνάμεις ἀνειληφὼς δι᾿ ἀτραπῶν ἀβάτων καὶ δυσβάτων ἀπὸ ῥυτῆρος κατόπιν ἤλαυνε. Καὶ πλησιάσας τῇ τῶν Σεβαστηνῶν μητροπόλει, τὴν μὲν στρατιωτικὴν ἀποσκευὴν καὶ τὸ πεζὸν ἅπαν εὐθὺ τοῦ ἄστεος ἀπιέναι διεκελεύσατο | μετὰ τοῦ συνόντος αὐτῷ προγόνου τοῦ Ἀνδρονίκου, ὃν

the impression that it was withdrawing before the emperor's advance, [105] Diogenes decided to attack those to the south, who were pillaging around Koile Syria, Kilikia, and Antioch itself. Because of this he abandoned the idea of going directly to Sebasteia and Koloneia, and marched into the *thema* of Lykandos with the intention of staying there during the summer and then in autumn invading the Syrian lands, when the sun is farther away and loses much of its fire, so that the army, unaccustomed to such heat, might not be harmed and become prey to illness.

While the emperor was spending his time in this way, the 4
Persians, who are now called Turks, secretly attacked and, because their raid was utterly unexpected, destroyed Neokaisareia. Without any danger to themselves, they took many prisoners and plunder and began to return home, carrying a huge burden of loot. When the news reached the emperor, both he and his advisers were greatly disturbed, for they understood the enemy's trick and how they had been deceived, and they knew that many people would mock them, since even when the emperor did go on campaign, the enemy had no less trouble in doing what they wanted and the emperor was unable to ward them off. At any rate, he quickly got his forces together and pursued them along inaccessible and treacherous trails. On approaching the metropolis of Sebasteia, he ordered the soldiers' baggage train and all the infantry to go straight to the city [106] along with his stepson Andronikos,[182] who was present and whom he

αὐτὸς βασιλέα χειροτονήσας ὡς ἐνέχυρον ἢ συστράτηγον εἶχεν ἢ τόπον ἀντισηκώσοντα τούτου, εἴ πη πολλάκις παρήκων καὶ ὁπλίτης ἐπιτιθέμενος τοῖς ἐχθροῖς καιρίαν ὡς ἄνθρωπος δέξοιτο.

5 Αὐτὸς δὲ μετὰ πάσης τῆς ἵππου κατεδίωκεν ὀπίσω τῶν ἐναντίων καὶ διὰ πολλῶν ὑψηλοτάτων βουνῶν τῶν τῆς Τεφρικῆς διερχόμενος καὶ τοῖς ἐχθροῖς ἐπιτεθῆναι κατὰ τὸ ἐγκάρσιον ἐπειγόμενος, οὕτω τὸν στρατὸν κατειργάσατο, ὡς καίτοι τῶν ἐχθρῶν ἔγγιστα τυγχανόντων καὶ θεαθέντων αὐτοῖς, μὴ δύνασθαι τοῖς περὶ αὐτὸν ταχυδρομῆσαι διὰ τῶν ἵππων καὶ μνήμης ἄξιον κατόρθωμα διαπράξασθαι. Ὅμως μέντοι τῷ ἀδοκήτῳ τοῦ πράγματος κατασεισθέντων τῶν ἐναντίων καὶ τῇ φήμῃ τῆς τοῦ βασιλέως ἐπιστασίας ἰσχυρῶς ἀποναρκησάντων, πολὺς μὲν φόνος τούτων ἐγένετο, αὐτίκα νῶτα δεδωκότων καὶ πρὸς φυγὴν ὁρμησάντων, ὅσοι δὲ καὶ ζωγρείᾳ ἑάλωσαν, οὐδὲν ἀπώναντο τῆς ἰδίας ζωῆς μαχαίρας ἔργον γενόμενοι. Ἡ μέντοι λεία πᾶσα ἀπὸ ἀνθρώπου ἕως κτήνους ἐλευθερωθεῖσα τὸν βασιλέα καὶ γλώσσῃ καὶ θαύματι ἐπευφήμησε, καὶ γὰρ θαυμαστὸν τῷ ὄντι καὶ ἀξιόλογον γέγονεν, ἵνα βασιλεὺς Ῥωμαίων ἀκρατῶς διώκῃ χωρὶς τῆς οἰκείας ἀποσκευῆς μετὰ μόνου τοῦ ἰδίου ὁπλιτικοῦ ἐπὶ ὅλας ἡμέρας ὀκτὼ διὰ τόπων ἀδήλων τε καὶ ἀβάτων καὶ μὴ ἀποτύχῃ τῆς ἐπιβολῆς.

6 | Ὑποστρέψας οὖν ἐκεῖθεν εἰς τὴν Σεβαστηνῶν μητρόπολιν, πρώτην ἄγοντος τοῦ Ὀκτωβρίου μηνός, καὶ διαναπαύσας τὸν στρατὸν ἐν μόναις ἡμέραις τρισίν, ἄρας ἐκεῖθεν τῆς πρὸς Συρίαν ἀγούσης εἴχετο· καὶ διὰ τῶν τῆς

himself had appointed an emperor as a guarantee, or a co-general, or one to take his place in case he should, inasmuch as he was human, be mortally wounded, given that he often joined the ranks as a soldier himself and fought against the enemy.

So he pursued the enemy with all the cavalry. They tra- 5
versed many of the highest mountains in Tephrike and he intended to fall upon the enemy at an angle. But he wore down his army so that, although the enemy was very close and could be seen by them, it was impossible for his men to ride fast, because of the horses, and so accomplish something worthy of remembrance. Still, their unexpected appearance shocked the enemy and they were quite paralyzed by the news of the emperor's arrival. A great massacre of the enemy thus took place as they immediately turned their backs and rushed off in flight. Those who were taken prisoner did not long enjoy their lives since they were put to the sword. All the booty, from men to beasts, was freed, and they acclaimed the emperor with their voices and admiration. Indeed, it was truly admirable and memorable that the emperor of the Romans should relentlessly pursue the foe without his own supplies, with only his own band of soldiers, for eight whole days, through unknown and inaccessible places, and not miss his target.

[107] On the first of the month of October he returned 6
from there to the metropolis of Sebasteia. He allowed his army only three days of rest and then took the road from there to Syria. By way of the defiles and nearly impassable

Κουκουσοῦ αὐλώνων καὶ δυσδιεξοδεύτων ἀτραπῶν εἰς Γερμανίκειαν καταστάς, εἰς τὸ θέμα τὸ καλούμενον Τελοὺχ παρὰ τοῖς Ἀρμενίοις εἰσβάλλει, πρότερον οὐκ ὀλίγην ἀποτεμόμενος φάλαγγα στρατιωτικὴν μετὰ συνταγματάρχου καὶ εἰς Μελιτηνὴν ἐκπέμψας ἐπὶ φυλακῇ τῶν τῆς ἑῴας θεμάτων καὶ ἀντιπτώσει τῶν ἐκεῖσε τότε προσεφεδρευόντων ἐχθρῶν ὧν ἦρχεν ἀνὴρ πανοῦργος καὶ μάχιμος ὀνόματι Αὐσινάλιος. Διατοῦτο γὰρ καὶ ὁ βασιλεὺς μετὰ τῶν ἄλλων λόχων καὶ λοχαγῶν καὶ τοὺς ἅπαντας Φράγγους, ἄνδρας αἱμοχαρεῖς καὶ πολεμικούς, τῷ στρατηγῷ τουτωῒ παραδέδωκεν, ἐφ' ᾧ δι' ἁδρᾶς δυνάμεως περιγίνεσθαι τοῦ πολέμου ἐν οἷς ἐκείνῳ ποτὲ πόλεμος ἀλλόφυλος ἐπιγένοιτο. Ἀλλ' οὗτος οὐκ εὐθαρσῶς εἰς ἅπαξ καὶ ἀφιλοτίμως χρησάμενος τῷ καιρῷ καὶ τοῖς πράγμασι, μικροῦ τῷ βασιλεῖ διπλοῦν πόλεμον ὑστερουμένῳ τοιαύτης στρατιᾶς μαχιμωτάτης ἀνθ' ἁπλοῦ προεξένησε, πολλάκις γὰρ προκαλουμένων αὐτὸν τῶν ἐχθρῶν καὶ μὴ ἐπαΐοντος ἐξιέναι τοῦ ἄστεος τῆς Μελιτηνῆς, καίτοι τῶν στρατιωτῶν προθυμοποιουμένων αὐτοῖς ἀντεπεξελθεῖν, ὡς εἶδον ἐκεῖνοι τὸ γλίσχρον αὐτοῦ καὶ περιδεὲς καὶ ἀπόλεμον, διὰ τόπων ἀδήλων βαδίσαντες, τῆς βασιλικῆς στρατιᾶς μοίρᾳ τινὶ δι' ἀγορὰν | σιτίων ἐξιούσῃ προσέβαλον. Καὶ εἰ μὴ ταχὺ διαναστὰς ὁ βασιλεὺς ἐκ τῆς φήμης ὥρμησε κατ' αὐτῶν, κἀκεῖνοι μὴ ὑποστάντες διέφυγον, τάχα ἂν ἀπώλετο μέρος στρατιωτῶν οὐκ εὐκαταφρόνητον. Ἀφ' ὧν εἴ τις τοῖς στρατηγοῖς ἐπιγράφει ὡς ἐπίπαν ἔχοι τὰ τῶν ἐκβάσεων εἴτ' ἐπὶ τὸ χεῖρον εἴτ' ἐπὶ τὸ κρεῖττον συνάγοιντο, οὐ

trails of Koukousos, he arrived at Germanikeia and invaded the *thema* called Telouch by the Armenians. Previously he had detailed a fairly large contingent of the army under one overall commander and sent it to Melitene to guard the eastern *themata* and to block the furtive attacks that the enemy was making there under the command of a devious and warlike man named Ausinalios. Hence the emperor, in addition to the other units and officers, also gave to that commander all the Franks, men who were warlike and enjoyed bloodshed, so that he might prevail in war through a strong force when it had come about that a foreign war was upon him.[183] That man, however, did not make good use of the opportunities and circumstances with courage and honor, and, as a result, he almost forced the emperor, who had already deprived himself of such a warlike contingent, into a double war rather than a single one. Although the enemy frequently provoked him and his troops were very eager to go out and face them, he would not agree to leave the city of Melitene. When they saw his reluctance, timidity, and unwillingness to fight, the enemy traveled through unknown country and attacked some units of the imperial army [108] on their way to purchase grain. If the emperor had not taken swift action upon hearing this news and marched out against them, and had they not then fled without putting up any resistance, he would have lost a not inconsiderable number of his soldiers. From all this, if someone should lay down as a general rule that the final result, whether for better or for worse, should

διαμάρτοι πάντως τοῦ ὀρθοῦ καὶ τῆς ἀληθοῦς διαγνώσεως.

7 Ἀλλ᾽ ὁ μὲν βασιλεὺς οὕτω διασωθεὶς καὶ διασώσας τὸ στρατόπεδον πρὸ τῆς τοῦ Χάλεπ χώρας πανστρατιᾷ κατεσκήνωσε, πρὸ τοῦ καταβῆναι δὲ τοῦ ἵππου τούς τε Σκύθας καὶ τῶν Ῥωμαίων οὐκ ὀλίγους εἰς προνομὴν ἀποστείλας, τὴν πολεμίαν χώραν κατεληΐσατο, ἀνδρῶν τε καὶ γυναικῶν καὶ βοσκημάτων δορυάλωτον πλῆθος οὐκ ἐλάχιστον ποιησάμενος. Ἐκεῖθεν δὲ προβιβάσας τὴν στρατιάν, προήει διὰ τῆς πολεμίας καὶ διτταῖς ἡμέραις ὁμοῦ μεταβαίνων εἰς τοὔμπροσθεν τὰς προνομὰς οὐδὲν ἧττον ποιούμενος ἦν, τριταῖος δὲ πρὸς τὴν Ἱεράπολιν ἀφιγμένος ἑώρα τοὺς Ἄραβας περιρρέοντας κυκλόσε καὶ παραδεικνύντας ἐκ φαντασίας τὸν πόλεμον, ἀλλ᾽ εἰς χεῖρας ἐλθεῖν καὶ συνάψαι Ῥωμαίοις εὐθαρσεῖς οὐ γεγόνασιν, εἰ μή πού τινες ἀκροβολισμοὶ προτρεχόντων τινῶν καὶ τῆς τάξεως προπηδώντων ἐπιγεγόνασι. Καὶ προήεσαν οἱ μὲν Ῥωμαῖοι συντεταγμένως κατὰ λόχους καὶ φάλαγγας, οἱ δ᾽ Ἄραβες μετὰ καὶ τῶν συνόντων αὐτοῖς Τούρκων οὐκ ὀλίγων | ὧν ἦρχεν ἀνὴρ δραστήριος καὶ γένος αὐχῶν βασιλικὸν ἐκ Περσίδος, ὀνόματι Ἀμερτικῆς, μακρόθεν ἑπόμενοι καὶ οἷον δορυφοροῦντες ἢ πρὸς ἐπίδειξιν περιτρέχοντες. Περὶ δὲ δείλην ὀψίαν στρατοπεδευσάμενος ὁ βασιλεὺς πρὸ τοῦ τῆς Ἱεραπόλεως ἄστεος, τάφρον ἐκεῖσε καὶ χάρακα κατὰ τὸ εἰθισμένον ἐπήξατο, οὔπω δὲ τὴν ἀποσκευὴν οἱ Ῥωμαῖοι βεβαίως ταῖς σκηναῖς ἀποθέμενοι μηδ᾽ ἐγχρονίσαντες ταύταις, ὅσοι τῆς ὑπηρεσίας ὑπῆρχον καὶ τῆς τῶν Ἀρμενίων συντάξεως εὐθὺ τῆς πόλεως ὥρμησαν καὶ ἐπείπερ

be attributed to the commander, he would not altogether fall short of a true and accurate judgment.[184]

The emperor now, having been saved and having himself saved his army in this way, set up camp with his whole army in the country of Aleppo. Before dismounting, however, he sent the Skythians and not a few of the Romans on a foraging expedition. They plundered the enemy's land and captured a large number of men, women, and animals. Leading his army on from there, he marched through enemy territory and pushed on for two days without letting up on the pillaging. On the third day, as he was approaching Hierapolis, he saw the Arabs circling about and giving the impression of getting ready for battle. But when it came to close fighting with the Romans, they proved to be not so brave, except for some shooting from afar by soldiers who ran out in front of the battle line. The Romans advanced in an orderly fashion by companies and phalanxes, while the Arabs, together with a large force of Turks who had joined them [109]—the latter were commanded by an energetic man named Amertikes, who claimed to be of the imperial family of Persia[185]—followed at a distance, acting as though they were a force of bodyguards or else running around to put on a show. In the late afternoon the emperor set up camp before the city of Hierapolis and, following standard practice, had a ditch dug and a palisade erected. The Romans did not put their supplies away securely in their tents, nor did they linger in them, but the imperial guard and the Armenian units immediately assaulted the city. As they found it very 7

εὗρον αὐτὴν οὐ πάνυ διὰ τῶν ἐντὸς ἀντιμαχομένην, ἔφθησαν γὰρ οἱ Σαρακηνοὶ τῷ φόβῳ τῆς βασιλικῆς ἐπιδημίας φυγαδείαν ἑλέσθαι πέραν τοῦ Εὐφράτου ποταμοῦ, ταχὺ βιασάμενοι τὰς πύλας, ἐντὸς εἰσεπήδησαν· καὶ σιτίων μὲν καὶ τῆς ἄλλης διατροφῆς εἰς κόρον μετακομιδὴν ἐποιήσαντο, ἀφθονίαν γὰρ τούτων εὗρον ἐκεῖσε καὶ οἴνου τι μέρος καὶ τῶν εὐτελεστάτων εἰδῶν, τῶν δὲ τιμιωτέρων λαφύρων ἀπέτυχον, προλαβόντων τῶν πολεμίων καὶ συσκευασαμένων αὐτὰ μεθ᾽ ἑαυτῶν ἐν τῷ ἀποδρᾶναι.

8 Καὶ ταῦτα μὲν ἐπὶ τῆς μεγαλοπόλεως ἐκείνης, ἥτις ἀμαχητὶ κρατηθεῖσα πολλὴν εὐμάρειαν δέδωκε τοῖς στρατιώταις πρὸς τὴν ἐκεῖσε διαγωγήν, πλὴν τινων πύργων ὑψηλοτάτων, τριῶν ἢ τεσσάρων, ἔνθα Σαρακηνοὶ ἀνιόντες καὶ τὴν ἄνοδον ὡς στενόπορον κατασχόντες, ἐφιλονείκησαν | κατὰ τὸ πάτριον αὐτῶν νόμιμον τῆς ἰδίας προκινδυνεῦσαι θρησκείας καὶ πόλεως, ἀλλ᾽ οὐκ ἠδυνήθησαν μέχρι παντὸς ἀντισχεῖν, διὰ πολλῶν γὰρ μερῶν περισχόντες αὐτοὺς οἱ Ῥωμαῖοι καὶ τόλμῃ πολλῇ καὶ ὅπλοις ἑκηβόλοις καὶ συνασπισμῷ καταπλήξαντες, δορυκτήτους αὐτοὺς πεποιήκασιν. Ἐπὶ δέ γε τῆς ἀκροπόλεως, ἔστι γὰρ ἐπίπεδος μὲν καὶ αὐτὴ καὶ τῇ πόλει ὁμόστοιχος, τείχεσι δὲ ὑψηλοτάτοις ἄγαν καὶ πύργοις ἀερίοις πεπυκνωμένη καὶ οἷον ἀνάλωτος, οὐ τοιαύτην εὗρον οἱ Ῥωμαῖοι τὴν εὐκολίαν. Ἐκεῖσε γὰρ εἰσιὸν Σαρακηνῶν οὐκ εὐαρίθμητον πλῆθος ἐρρωμένως ἠμύνατο, οὐ μὴν μέχρι πολλοῦ τὴν φυλακὴν τῆς ἄκρας τηρεῖν ἠδυνήθησαν, κυκλόσε γὰρ ὁ βασιλεὺς ὅπλοις καὶ μηχαναῖς αὐτοὺς κατατείνας καὶ πετροβόλοις ὀργάνοις καὶ τόξοις ὡς νιφάσι κατακοντίσας καὶ χώματι τὴν ἅλωσιν

poorly defended from inside—for the Saracens, frightened by the arrival of the emperor, had decided to flee across the Euphrates River—the Romans quickly forced open the gates and charged inside. They carried off a surfeit of grain and other food supplies, for they found these in abundance there along with some wine and items of little worth. But they did not find the more valuable plunder, as the enemy had managed to carry it off with them when they fled.

This is what happened in that great city, which was taken 8
without a fight and provided great ease for the soldiers during their stay there, except for a few very high towers, three or four, which the Saracens had climbed into and blocked the entrances, which were narrow. They fought [110] in their traditional way for the defense of their religion and city but were unable to hold out forever. The Romans hemmed them in on many sides and overwhelmed them by their bold attacks, missile weapons, and dense formation, and so took them captive. But as for the citadel, which was on the same plane with the city and level with it, it had been constructed with extremely high walls and towers reaching to the sky and appeared impregnable; this the Romans did not find as easy to take. A large number of Saracens were inside and vigorously defended themselves. Still, they were unable to maintain the defense of the citadel for long, for the emperor bound them tight in a circle of weapons and machines and hurled arrows and stones from catapults at them as thickly as a snowstorm. When it seemed that he would take the

ἐκ πολιορκίας ἐπιδειξάμενος, ὑποσπόνδους πεποίηκε. Πρεσβεύσαντες γὰρ καὶ συγγνώμης τυχεῖν αἰτησάμενοι καὶ λύτρων τὴν ἱκετηρίαν αὐτῶν τε καὶ γυναικῶν καὶ παίδων καὶ τῆς λοιπῆς οὐσίας προθέμενοι, τὸν βασιλέα κατεδυσώπησαν καὶ τῶν κατὰ σκοπὸν οὐ διήμαρτον, κυριεύσαντες δὲ καὶ τῆς ἀκροπόλεως οἱ Ῥωμαῖοι, μεσιτεύοντος τοῖς πράγμασιν ἀνδρὸς Ἀσσυρίου μὲν τὸ γένος γέννημα τῆς Μεγάλης Ἀντιοχείας τυγχάνοντος, ἄκρως δ' ἐξησκημένου τήν τε ῥωμαϊκὴν σοφίαν καὶ παίδευσιν καὶ τὴν τῶν Σαρακηνῶν, διὰ τὸ τῆς φύσεως εὐσταλὲς καὶ μετέωρον, καὶ προσιόντος εὐμηχάνως τῇ ἀκροπόλει καὶ τὰς πύλας ῥωσικοῖς ὅπλοις ἐν τῷ | εἰσιέναι κατεσχηκότος τῆς ἀκροπόλεως. Πέτρος ἡ προσηγορία τουτωῒ τῷ ἀνδρί, τὸ ἐπίκλην Λιβελλίσιος, τῇ δὲ τῶν μαγίστρων ἀξίᾳ τῷ τότε τετιμημένος. Οὕτως τῆς πολιορκίας ἀπέσχοντο, ἐπείπερ καὶ ἐκ παρόδου πολλὰς πόλεις, ἃς μὲν βραχείας, ἃς δὲ καὶ μείζους, ἐκ πολέμου καὶ βίας ἀνήρπασαν.

9 Τὸ δ' ἐντεῦθεν ἀγῶνες ὁπλιτικοὶ τὸ βασιλικὸν στρατόπεδον διεδέξαντο. Ὁ γὰρ ἀμηρᾶς τοῦ Χάλεπ συνάψας τοῖς λοιποῖς τῶν Ἀραβιτῶν σὺν τῷ οὐννικῷ καὶ δύναμιν ἁδρὰν ποιησάμενος, εἰς χεῖρας ἐλθεῖν τῷ βασιλεῖ καὶ μάχεσθαι διεσκέπτετο. Τοῦ δὲ βασιλέως ἔνδον ὄντος τῆς προαλωθείσης Ἱεραπόλεως καὶ πυργομαχοῦντος ἐν μέρει καθὸ λείψανον ὑπολέλειπτο τῆς πυργοκρατείας, παρατάξεις ἀφωρίσθησαν δύο τὸν μεταξὺ τόπον τοῦ τε κάστρου καὶ τῆς παρεμβολῆς ἐκ τῶν ἐναντίων διατειχίζουσαι, διεφαίνοντο γάρ τινες τῶν Σαρακηνῶν κατὰ τὸ πεδίον ἐκ διαστήματος ἱππαζόμενοι. Εἰσὶ γὰρ περὶ τὴν Ἱεράπολιν

place by siege by heaping up a mound of earth, he found them ready to make terms. For they sent envoys requesting pardon and begging to pay a ransom for themselves, their wives, their children, and all their possessions. This moved the emperor and so they did not fail to obtain what they wanted. The Romans then took possession of the citadel. The mediator in the negotiations was a man who was an Assyrian by descent but born in Antioch the Great. He had been superbly educated in Roman wisdom and culture as well as in those of the Saracens on account of his natural ability and adeptness. He approached the citadel in an ingenious way, and, on entering it, secured the gates with Rus' arms,[186] [111] and took possession of the citadel. Petros was his name, his surname was Libellisios, and at the time he held the dignity of *magistros.* Such was the end of the siege. On their subsequent march they seized many cities, some of them small and some of them large, through war and violence.

After this the imperial army had to engage in infantry 9
combat. For the emir of Aleppo had joined the rest of the Arabs along with the Huns and, with such a strong force, he planned on engaging with the emperor and giving him battle. Meanwhile, the emperor was inside the captured city of Hierapolis and busy attacking one of the towers which was still holding out. He also had two battle lines drawn up in a defensive position between the fortress and the encampment of the enemy, for some Saracens had appeared riding in the plain at a distance. For around Hierapolis there are

ἱππήλατα πεδία πρὸς μῆκος ἐπεκτεινόμενα μέγιστον καὶ πλὴν γηλόφων οὐδέν ἐστι τὸ ὑπερανεστηκὸς εἰς ὄρος μέγα καὶ πρὸς ἀέρα διατεινόμενον. Καυσώδης δὲ ὁ τόπος ἐστίν, ὡς ἂν τοῦ ἡλίου θερμότερον ἐκεῖσε προσβάλλοντος διὰ τὸ μεσημβρινόν, περὶ δὲ τὰ ἑσπέρια τοῦ κάστρου λειμῶνες πεφύκασιν ὑδραγωγίοις κατάρρυτοι, χλιαρὸν δὲ τὸ ὕδωρ ἐστί, μεταλαμβάνον πάντως τῆς ἐκ τοῦ ἀέρος καὶ τῆς γεώδους φλεγμονῆς ἐπιτάσεως.

Τότε μὲν οὖν κατὰ μικρὸν | οἱ πολέμιοι ταῖς κατὰ μέτωπον ἱσταμέναις δύο παρατάξεσι πλησιάσαντες, ἀπῆν δ᾽ ἔτι ὁ τοῦ Χάλεπ ἀμηρᾶς, ὄνομα τούτῳ Μαχμούτιος, καὶ ἀκροβολισμοὺς ποιησάμενοι, παρελάσαι μέν τινας τῶν Ῥωμαίων πρὸς αὐτοὺς κατηνάγκασαν καὶ δὶς τοῦτο καὶ τρὶς πεποιήκασι καὶ πάλιν διεγειρόμενοι τούτους ἀντέστρεφον ὄπισθεν. Ἐν ἑτέρᾳ δὲ συμβολῇ[6] τροπὴν ποιησάμενοι τῶν παρελασάντων, οὐκέτι κατὰ τὰς προτέρας προσβολὰς γεγόνασιν ὀπισθόρμητοι ἀλλ᾽ ἀκρατῶς ἐλάσαντες μέχρι τῆς τῶν Στρατηλατῶν φάλαγγος, εἰς χεῖρας αὐτοῖς συνερράγησαν· καὶ τρεψάμενοι ταύτην καὶ παρελθόντες τὸ τῶν Σχολῶν σύνταγμα, πολλοὺς μὲν ἀνεῖλον, τοὺς δὲ λοιποὺς φυγεῖν αἰσχρῶς κατηνάγκασαν, ἐν δεξιᾷ καταλιπόντες τὸ τῶν Σχολῶν σύνταγμα, ὅπερ τὴν τῶν ἑτέρων ὁρῶν ἧτταν, οὔτε παραβοηθῆσαι οὔτε τι πρᾶξαι στρατιωτικὸν ἐμελέτησεν ἀλλ᾽ ἦν πεπαγιωμένον ὡς ἂν λαθεῖν τοὺς ἐναντίους ἐκ τῆς ἠρεμαίας διανοούμενον στάσεως. Ἐπεὶ δ᾽ ὑποστρέψαντες οἱ πολέμιοι, τὸ τάγμα τοῦτο μόνον εὗρον ἀγεννῶς προϊστάμενον, ταχὺ καὶ τούτου τὴν ἧτταν εἰργάσαντο, πολλοὺς μὲν ἀνῃρηκότες, τοὺς δὲ λοιποὺς εἰς τὴν παρεμβολὴν κατακλείσαντες καὶ τὰ σημεῖα τούτων στρατηγικῶς

plains suitable for horseback riding, stretching for great distances and, except for some hills, there was nothing even resembling a high mountain or anything that rises up above the horizon. The place is burning hot, for the sun shines more hotly there because it is to the south. Toward the west of the fortress the fields are irrigated by canals but the water is lukewarm, heated by the temperature of the air and the earth.

At that moment, then, the enemy slowly [112] rode up to the two battle lines drawn up facing them. The emir of Aleppo, whose name was Machmoutios, was still absent. They began to shoot from a distance and forced some of the Romans to ride out toward them. They did this two or three times, provoking them again, and then wheeling around. The next time they attacked they routed those who rode out against them, but did not then wheel around and retreat as in their earlier maneuvers: rather, they charged directly into the phalanx of the *Stratelatai* and engaged with it in close fighting, putting it to flight. They overtook the *tagma* of the *Scholai,* killing many and forcing the rest into a shameful flight. They left on their right the *tagma* of the *Scholai,* which, even while witnessing the defeat of the others, gave no thought to coming to their assistance or doing anything else expected of soldiers, but rather they stayed fixed there, apparently with the idea that they would not be noticed by the enemy if they stood calmly at ease. But when the enemy returned, they found this *tagma* ignobly standing there all alone and quickly defeated them, killing many and chasing the others into the encampment. They captured

ἀφελόμενοι, ὥστε καί τινες τῶν Σαρακηνῶν καταβάντες τῶν ἵππων καὶ πολλοὺς τῶν στρατιωτῶν τραχηλοκοπήσαντες, τὰς κεφαλὰς τούτων εἰς ἔνδειγμα τῆς νίκης πρὸς τὸ Χάλεπ ἀπέστειλαν.

11 Τότε τοίνυν κἀγὼ οὐ τοσοῦτον ἀπέγνων | τὴν ἐμαυτοῦ σωτηρίαν ὅσον τὴν τῶν Ῥωμαίων κατέγνων δειλίαν ἢ ἀπειροκαλίαν ἢ ταπεινότητα, τοσαύτης γὰρ γενομένης καταφορᾶς καὶ ἥττης τῶν Ῥωμαίων πρὸ τῆς παρεμβολῆς, οὐδεὶς τῶν λοιπῶν λόχων καὶ λοχαγῶν εἰς ἄμυναν διηρέθιστο, ἀλλὰ πάντες ἔνδον καθήμενοι ἕκαστος τὸ οἰκεῖον ἔργον, ὡς διὰ φιλίας γῆς ἐνσκηνούμενος, διεπράττετο καὶ κίνησις ψυχῆς οὐδ᾽ ἀγωνία τούτους τὸ παράπαν ἐξώρμησεν.

12 Ὁ δὲ βασιλεὺς ἔνδον τοῦ κάστρου τοῦτο μεμαθηκώς, μετὰ πολλῆς τῆς ἀνίας ἐκεῖθεν ἐπανελθὼν πρὸς τὸν χάρακα μετὰ τῶν συνόντων αὐτῷ Καππαδοκῶν, πολλὴν καὶ αὐτὸς τὴν ἀβελτηρίαν κατέγνω τούτων καὶ τῶν Ῥωμαίων ὁμοῦ. Διὸ καὶ ἡ νὺξ ἐκείνη πάντας εἶχεν ἐν ἐλπίσιν οὐκ ἀγαθαῖς, καθότι καὶ τὸ πεζὸν ἅπαν τῶν Ἀρμενίων ἐπιταχθὲν διανυκτερεύειν περὶ τὴν τάφρον ἐν προτειχίσματι, ἀποστασίαν ἐσκόπησε, μὴ πειθαρχῆσαν τοῖς λοχαγοῖς.

13 Καὶ ἡ μὲν νὺξ ἐκείνη δριμεῖά τις καὶ βαρεῖα τοῖς Ῥωμαίοις διετετέλεστο, οὔπω δ᾽ ἡμέρα προήει καὶ οἱ πολέμιοι τὸν χάρακα πανστρατιᾷ περιέζωσαν, μεμαθηκὼς γὰρ ὁ τοῦ Χάλεπ ἄρχων τὸ προγεγονὸς προτέρημα παρὰ τῆς μοίρας αὐτοῦ, μεθ᾽ ὅλης ἧκε τῆς ἑαυτοῦ δυνάμεως ὡς αὐτοβοεὶ αἱρήσων τὸν βασιλέα μετὰ τῆς συνούσης αὐτῷ στρατιᾶς. Καὶ οἱ μὲν οὕτω περιϊππεύοντες ἡμᾶς καὶ θηριωδῶς ἐκφοβοῦντες ταῖς βαρβαρικαῖς ὑλακαῖς οὐ διέλιπον,

their standards by this strategy, and some Saracens dismounted and hacked through the necks of many of the Roman soldiers and sent their heads to Aleppo as a sign of their victory.

It was then that I not so much despaired [113] of my own safety as I came to despise the cowardice, ineptitude, or wretchedness of the Romans. For although the Romans had suffered an overwhelming defeat before their encampment, none of the remaining companies or officers was moved to action. Instead, they all sat around inside, each one attending to his own business as though they were camping in a friendly country. They were absolutely unmoved by any inner drive or anxiety. 11

The emperor was inside the fortress when he learned of this, and it was with great bitterness that he came out from there to the palisade together with the Kappadokians who accompanied him. He too expressed great disdain for the stupidity of those soldiers and the Romans in general. Thus everyone spent that night in trepidation, given also that all the Armenian infantry, who had been ordered to spend the night before the moat as a protective screen, planned to defect and refused to obey their officers. 12

That night turned out to be bitter and oppressive for the Romans. Before dawn the enemy had encircled the fortified camp with their entire army, for when the ruler of Aleppo had learned of the victory won by his side he came with all his forces in the hope of capturing in a single blow the emperor and the army that was with him. They rode their horses around us and, like wild beasts, tried to terrify us with their unceasing barbarian howling, while the emperor was in 13

ὁ δὲ βασιλεὺς ἔνδον τῆς σκηνῆς διαγράφων | τὸν πόλεμον, περὶ τρίτην ὥραν ἀθρόον ἐξελήλυθεν ἔφιππος, ἐνίστατο δὲ εἰκοστὴ τοῦ Νοεμβρίου μηνὸς ἰνδικτιῶνος ζ′, βοῆς βυκίνων ἢ σαλπίγγων μὴ προενηχησάσης αὐτοῦ τὴν πρόοδον. Ἀρθέντων δὲ τῶν σημείων καὶ τῆς στρατιᾶς κατὰ λόχους συντεταγμένως ἐξιούσης, ἤρξαντο οἱ πολέμιοι περὶ μέρος ἓν καθὸ τοὺς Ῥωμαίους εἶδον ἐλαύνοντας κατὰ φάλαγγας καὶ αὐτοὶ συναθροίζεσθαι· καὶ ὁ ἀγὼν ὅσος καὶ ἡ τοῦ μέλλοντος ἔκβασις οἵα ταῖς ψυχαῖς ἐναπέστακτο. Ὅμως δ᾽ οὖν ἐνυάλιον ἀλαλαξάντων τῶν κατὰ μέτωπον προασπιζόντων, ἐν τῇ συμβολῇ πολλοὺς τῶν πολεμίων οἱ Ῥωμαῖοι κατηγωνίσαντο διαχειρισάμενοι, τοῦ δὲ λοιποῦ πλήθους τῶν Ῥωμαίων ἐξορμήσαντος κατ᾽ αὐτῶν, φυγὴ τούτων ἀνυπόστατος γίνεται, οἱ δὲ κατόπιν τῶν φευγόντων ἐλαύνοντες, πολλοὺς μὲν ἀνεῖλον, οὐκ ὀλίγους δὲ ζωγρήσαντες ἔλαβον. Τῆς δὲ διώξεως μέχρι πολλοῦ μὴ γενομένης, μεγάλης οἱ Ῥωμαῖοι νίκης καὶ αὐχήματος ἐξηστόχησαν, τῶν γὰρ ἀραβικῶν ἵππων ταχυδρομεῖν εἰδότων ἄχρι τινός, μὴ εὐψυχούντων δ᾽ ἐπὶ πολλοῦ διαστήματος, ὅταν οἱ Ῥωμαῖοι τὴν ἀτονίαν ἐκείνων οἰκείαν εὐτονίαν ἢ εὐψυχίαν ποιήσασθαι ἔμελλον, τότε τοὺς ῥυτῆρας ἐξ ἐπιτάγματος βασιλικοῦ ἐπιστρέψαντες, τὴν νίκην ἀμβλεῖαν ἑαυτοῖς ἀπειργάσαντο, κορεσθέντες μόνῃ τῇ τῶν ἐναντίων ἀποτροπῇ.

14 Οὕτως εἶδον ἐγὼ τοὺς νῦν Ῥωμαίους μήτε καιρὸν | ἁρπάσαι δεδυνημένους μήτε λόχους καθίσαι μήτε πολέμῳ δριμεῖ κρῖναι τὸ πᾶν εὐθυφρονοῦντας μήτε δυνάμεις τῶν ἐναντιουμένων αὐτοῖς διακρίνοντας, ἀλλ᾽ ἑνὶ κανόνι χρωμένους πρὸς ἅπαντας, τούς τε δυνατωτάτους τῶν ἐναντίων

his tent making plans [114] for the battle. About the third hour he suddenly came out mounted on his horse—it was the twentieth of the month of November, of the seventh indiction—without having the trumpets and bugles announce his advance. The standards were raised, and the army, drawn up in companies, marched out. The enemy began to gather around one section where they saw the Romans marching by phalanx. The fighting was as fierce as the hope for its outcome in the soul of each person was great. But when those who were fighting in the front ranks shouted the battle cry, the Romans defeated and killed many of the enemy in the clash, and then the rest of the Roman army also charged out against them, and headlong flight ensued. Those pursuing the fleeing enemy killed many and took not a few prisoner. Although the pursuit did not last a long time, the Romans fell short of winning a glorious victory, even though the Arabian horses were good at running fast up to a certain distance, but were not strong enough for a long distance. At the point when the Romans could have turned the enemy's exhaustion to their own invigoration and advantage, they pulled in their reins at the emperor's command and dulled the edge of their victory, being satisfied only with the flight of the enemy.

Thus I realized that the Romans of our day are neither 14
capable [115] of seizing opportunities, nor of setting ambushes, nor of deciding everything prudently in the midst of bitter war, nor of discerning the strength of their opponents. But in every case they observe just one rule, whether they are dealing with the most powerful of their enemies or with

καὶ τοὺς γλίσχρως, καὶ ἡγεμονικῶς εἴτ᾽ οὖν τοπαρχικῶς ἔχοντας. Τί γὰρ ἦν τότε δέος πρὸς τὸν τοῦ Χάλεπ ἡγεμόνα εἰς τὸ μὴ διώκειν αὐτὸν ἀκρατῶς μετὰ τὴν τροπήν, ὀπισθοφυλακοῦντος τοῦ βασιλέως μετὰ τῆς λοιπῆς τοῦ στρατοῦ μοίρας, καὶ κατόπιν ἐπιτρέπειν τὴν παρεμβολὴν ἕπεσθαι μέχρις ὅτου καὶ τῷ Χάλεπ ἐπέστησαν καὶ τοὺς ἔνδον τῷ φόβῳ κατέσεισαν καὶ τὴν πόλιν αὐτῶν παρεστήσαντο, τοὺς πλείους τῶν στρατιωτῶν ἐν τῇ φυγῇ κατακόψαντες; Καθὼς γὰρ καὶ ὕστερον μεμαθήκαμεν ὅτι καὶ αὐτοὶ οἱ τοῦ Χάλεπ καραδοκοῦντες ἦσαν, ἐφ᾽ ᾧ τὴν πόλιν αὐτῶν ὁμολογίᾳ καὶ συνθήκαις ἀφεσίμοις παραδοῦναι τῷ βασιλεῖ, ἐπείπερ καὶ ἡ νεότης τούτων παθεῖν ἔμελλε πᾶσα, εἰ προέβη τὰ τῆς διώξεως, ἤλαυνον γὰρ καὶ αὐτοὶ πεζικῇ παρατάξει διὰ τὴν ἐλπίδα τοῦ πρώην τῶν Σαρακηνῶν προτερήματος ὥστε τὸν χάρακα τῶν Ῥωμαίων ἐξ ἐπιθέσεως αἱρήσειν πολεμικῆς. Νῦν δὲ τῷ ἀδιακρίτῳ τῆς τῶν ἀρχόντων ἡγεμονίας καὶ τῆς αὐτῶν ἰσχύος, τῶν Ῥωμαίων οἱ βασιλεῖς καὶ ἡγεμόνες ἰσχυρῶς συνεχόμενοι, τάς τε νίκας αὐτῶν εἰς ἀγενὲς περιστέλλουσι πέρας καὶ τοὺς ἐχθροὺς εἰς αὔχημα μεῖζον ἐπαίρουσιν, οἱ καὶ κυριαρχεῖν ἐν ταῖς νίκαις | τῷ συνεχεῖ τῆς διώξεως μὴ διανοούμενοι, τὴν τῶν Ῥωμαίων γῆν ὑπόφορον αὐτῶν ἢ μηλόβοτον πεποιήκασιν, ὡς διὰ τῶν ἡμετέρων ὑστερημάτων ἀναπληροῦσθαι τὰ ἐκείνων θελήματα.

15 Ἀλλὰ τοῦτο μὲν οὕτως· ἐπανελθὼν δ᾽ ὁ βασιλεὺς εἰς τὸν χάρακα μετὰ τὴν τῶν ἐχθρῶν ἀποσόβησιν, ἔγνω τὴν ἀκρόπολιν τῆς Ἱεραπόλεως ἐνοικίσαι καὶ στρατηγὸν ἀποδεῖξαι ταύτης, ἐφ᾽ ᾧ κατὰ μικρὸν καὶ τὴν ἄλλην πόλιν

the most miserable, or with supreme or local authorities. Why did they so fear the ruler of Aleppo as not to pursue him in full force after routing him? The emperor was guarding their rear along with the other units of the army; he could then have allowed the pursuit to reach right up to the walls of Aleppo, where they would have instilled such fright in the inhabitants that they would have handed over their city, for most of their soldiers would have been cut down during the flight. In fact, as we later learned, the citizens of Aleppo themselves fully expected that they would have to surrender their city to the emperor and would have to come to an agreement and sign a treaty, since if the pursuit had continued none of their young men would have survived. For these too had marched out in an infantry formation in the hopes raised by the earlier Saracen victory that they could capture the Roman palisade by military assault. But in our times, the emperors and the commanders of the Romans are unable to discern the extent of foreign rulers' hegemony and their military strength, and so they restrain themselves and turn their victories into inglorious conclusions, which only give the enemy cause for great boasting. Our rulers do not understand how to prevail in victory [116] by continuing the pursuit, and so they have made the land of the Romans tributary to the enemy or into grazing land for sheep, and because of our own limitations the will of the enemy is fulfilled.

But enough about that. The emperor returned to his 15
camp after chasing off the enemy and he decided to occupy the citadel of Hierapolis and place a general in charge of it. These measures would gradually make the rest of the city

Ῥωμαίων γενέσθαι καὶ Ἀρμενίων κατοικητήριον. Καὶ διατοῦτο χρονίσας ἐκεῖσε καὶ φρουρὰν ὅση τις ἐδόκει πρὸς φυλακὴν αὐτάρκης καὶ στρατηγὸν ἐπιστήσας Φαρασμάνιον ἐκεῖνον βέστην τὸν Ἀποκάπην, ἐξ Ἀρμενίων τὸ γένος ἕλκοντα, χώραν δέδωκε τοῖς ἐναντίοις ἀνακαλέσασθαί τε τὴν ἧτταν καὶ ἀντίπαλα φέρεσθαι.

16 Καὶ ἕως μὲν ἐστρατοπεδευμένος ὁ τῶν Ῥωμαίων στρατὸς διεδείκνυτο, κατὰ χώραν ἐδόκουν μένειν οἱ Ἄραβες· ὡς δ᾽ ἀναστρέψας τὴν στρατιὰν εὐθὺς τοῦ φρουρίου τοῦ | Ἀζᾶς ἤλαυνεν, ἤρξαντο σποράδην ἐκ διαστήματος κατὰ τὸ εἰθισμένον αὐτοῖς ἐπιφαίνεσθαι, καὶ περὶ τὴν οὐραγίαν πολλάκις ἐπιτιθέμενοι ἢ καὶ τοὺς τὰ σιτία μετακομίζοντας, ἐλύπουν τοὺς Ῥωμαίους, ὡς ἂν ἐξ ἐπιδρομῆς καὶ λόχου τὰς ἐπιθέσεις ἐν τῷ λεληθότι ποιούμενοι. Ὅμως δ᾽ οὖν καταφραξάμενος ἑκηβόλοις καὶ πελτασταῖς ὁ βασιλεὺς τὸ στρατόπεδον, οὕτω τεθωρακισμένον αὐτὸ διῆγε καὶ τὰς τῶν ἐχθρῶν προσβολὰς ῥᾳδίως ἀποκρουόμενον, ἕως ἐν τῷ φανερῷ καὶ μάχῃ νικήσας αὖθις τοὺς ἐναντίους, τῷ φρουρίῳ τοῦ Ἀζᾶς μεθ᾽ ὅλης τῆς στρατιᾶς καὶ τῆς ἀποσκευῆς προσηνέχθη, μανθάνων παρά τινων ὅτι εὔυδρός ἐστιν ὁ τόπος ἐκεῖνος καὶ ἱκανὸς χορηγεῖν τοσούτῳ στρατοπέδῳ δαψίλειαν τοῦ ὑδρεύεσθαι. Ὡς δὲ προσεγγίσας αὐτῷ οὐδὲ καθ᾽ ἡμίσειαν τόξου βολήν, ἐρυμνότατόν τε εἶδεν ἐπ᾽ ἀκρωρείας τοῦ λόφου ἱστάμενον καὶ τείχεσι διπλοῖς περιεζωσμένον καὶ πέτραις ὥσπερ χειροποιήτοις γεγομφωμένον καὶ λιθίνην τὴν ἄνοδον πρὸς τὴν πύλην ἀποφερόμενον· μικρόν τε ὕδωρ ἀπορρέον ἐκεῖθεν καὶ μὴ δυνάμενον ὅσον πρὸς χιλιοστὸν μέρος τοῦ στρατοῦ ἐξαρκεῖν, ἀπέγνω

Roman too, and an Armenian settlement. For this reason he spent some time there and appointed a garrison which he thought sufficient to hold it securely, and as its commander he named Pharasmanios, the *vestes* surnamed Apokapes, an Armenian by race. He thus gave the enemy the opportunity to recover from their defeat and to regroup their opposition.

Indeed, as long as the Roman army was encamped the Arabs deemed it best to remain in their own territory, but as soon as the emperor turned the army around and marched to the [117] fortress of Azas they began little by little to show themselves. As usual they kept their distance but harassed the Romans by frequent attacks on the rear guard or even on the baggage trains, making their attacks unexpectedly in ambushes and raids. The emperor, however, reinforced his army with long-distance archers and peltasts and, thus protected, it advanced and easily repelled the attacks of the enemy until, after defeating the foe in open battle again, it arrived at the fortress of Azas with all its personnel and equipment. He had learned that there was a good supply of water in the place, enough even to provide the water needs of such a large army. On approaching the place, however, when he was less than half a bow shot away, he observed that it was very well fortified, standing on the ridge of the hill, surrounded by double walls whose stones looked as though they had been joined by hand, and that the road leading up to the gate was of stone. In that area only a small amount of water was flowing, not enough for a thousandth part of the 16

τὴν ἐκεῖσε στρατοπεδείαν καὶ ἀναζεύξας ἐκεῖθεν εἰς τόπον ἐπήξατο τὴν παρεμβολὴν ἔνθα τὸ ὕδωρ ἀφθονώτερον ἔρρεε. Διασκοπήσας οὖν ὡς οὐκ εὔθετόν ἐστιν ἐκ διαστήματος τοσούτου προσιέναι τῇ πόλει καὶ μηχανὰς ἐφιστάναι, φθάνειν γὰρ τὴν νύκτα καὶ δεῖσθαι μετακομιδῆς αὐτῶν εἰς τὸν χάρακα ἵνα μὴ πυρίκαυστα τοῖς πολεμίοις ἱστάμενα γίνοιντο, τόν τε χειμῶνα περὶ ἀκμὴν ἐρχόμενον καθορῶν καὶ τοὺς ἐναντίους περικεχυμένους ἀεὶ τῷ θάρρει τῆς τῶν ἵππων ἐν τῷ θεῖν ἀρετῆς, ἀναστὰς ἐκεῖθεν, ὥρμησε πρὸς τὰ τῆς Αὐσονίτιδος ὅρια.

17 Καὶ πυρπολήσας χωρίον τι μέγιστον Κάτμα λεγόμενον τῷ ἀμηρᾷ τοῦ Χάλεπ ἀφωρισμένον ἐκ παλαιοῦ, εἰς ἕτερον χωρίον κατέλυσε Τερχαλᾶ κατονομαζόμενον, ἔνθα κοπτομένου τοῦ χάρακος καὶ τοῦ βασιλέως ἐπ᾽ ὄχθης ἱσταμένου κατὰ τὸ δεξιὸν καὶ προασπιζουσῶν | στρατιωτικῶν παρατάξεων. Ἦν δὲ τόπος ῥύακος τάξιν ἐπέχων, ἐξ ἑκατέρου μέρους βουνοῖς συνεχόμενος, ἀφ᾽ ὧν ὁ ἀριστερὸς τοὺς πολεμίους εἶχεν ἐπ᾽ ἀκρωρείας ἱσταμένους κατὰ τὸ ἀσφαλές, τοῦ τε λοιποῦ πλήθους περὶ τὴν ἀπόθεσιν τῶν φορτηγῶν ζώων ἠσχολημένου καὶ τῆς οὐραγίας ἐφεπομένης καὶ ἀντιπολεμούσης τοῖς ἐπεμβαίνουσι τῶν Σαρακηνῶν, Ἄραβες δύο λαθόντες κατόπιν τῆς ἀκρωρείας καὶ τοὺς ἵππους ἀπὸ ῥυτήρων ἐλάσαντες, ἐπ᾽ ἄκρου τῆς παρεμβολῆς ἐφορμῶσι καὶ δύο τῶν πεζῶν ταῖς λόγχαις ἀναιροῦσιν αὐτῶν· οὓς ὁ βασιλεὺς πρῶτος τῶν λοιπῶν θεασάμενος καὶ φωνῇ καταμηνύσας τὴν ἔφοδον, διανέστησε μὲν τοὺς στρατιώτας εἰς δίωξιν, οἱ δὲ φθάσαντες ἐξαισίῳ δρόμῳ τῶν ἵππων εἰς τὸ

army. He decided not to encamp there but, marching away from there, made camp in a place where the water was more abundant. Then he realized that it would not be easy from such a distance to advance against the city and bring up siege machines. For night was upon them, and they would have to move them back to the camp to keep the enemy from setting them on fire. He also saw that the depth of winter was approaching and the enemy was circling all around them, always relying on the superiority of their horses' speed. So they left that area and marched swiftly to the borders of Ausonitis.[187]

He burned down a very large village called Katma, which 17
had for a long time belonged to the emir of Aleppo, and then stopped at another village named Terchala, where they dug the camp ditch. The emperor established himself on the raised bank to the right and the military units [118] drew up in defensive formation. The place had a stream going through it and was enclosed by mountains on both sides. The enemy was on the left, installed along the mountain ridge for safety, while the rest of the army was occupied in taking care of the pack animals and the rear guard was screening and fighting off the Saracen attacks. Two Arabs who had been hiding behind the ridge charged at a full gallop, attacked the edge of the camp and killed two infantrymen with their spears. The emperor was the first to see them and sounded the alarm, ordering the soldiers to pursue them, but the two men managed to ride back to the safety of their own army thanks to the swiftness of their horses. The

οἰκεῖον στρατόπεδον ἀνεσώθησαν. Τότε μὲν οὖν διανυκτερεύσαντες οὐκ ἀμαχητί, περιεβόμβουν γὰρ ἔξωθεν ὑλακαῖς ἀσήμοις οἱ Ἄραβες, τῇ ἐπαύριον ἄραντες εἰς τὴν ῥωμαϊκὴν ἐπεβάλομεν γῆν, οὕτω μὲν τυπουμένην ἐκ τῶν ὁρίων, προκατειργασμένην δὲ καὶ ἀνάστατον οὖσαν εἰ τάχα καὶ ἀγαθότης ἦν καὶ χρήματι καλλίστῳ καὶ μεγίστῳ τῶν τε ἄλλων καὶ αὐτῶν τῶν ἐλαιῶν βρίθουσα, πλὴν εἰ μήπου προϊόντες κρησφύγετά τινα εὑρίσκομεν βραχύτατά τινα συντηροῦντα τῆς χώρας ἐκείνης ἐπίμονα λείψανα.

18 Διελθόντες οὖν τοιούτους τόπους πολλούς, εὐθὺ τοῦ Ἀρτὰχ ἐβαδίζομεν. Τὸ δὲ τοιοῦτον κάστρον ἐστὶ στρατηγῷ | μὲν ἀρχόμενον, φρουρᾷ δὲ καὶ κώμῃ πολλῶν καὶ ἀγαθῶν ἀνδρῶν συντηρούμενον καὶ στρατιωτῶν οὐκ ἀμοιροῦν ἐν ταῖς κατ᾽ ἐπιδρομὴν ἐπιθέσεσι· τὸ δὲ τοιοῦτον προαλωθὲν φρουρὰν εἶχε Σαρακηνῶν ἀποταμιεύουσαν αὐτοῖς τὴν εἰς τὸ ἑξῆς αὐτοῦ καταδούλωσιν, ὅπερ ἔγγιστα τῆς Μεγάλης Ἀντιοχείας τυγχάνον μεγάλην αὐτῇ βλάβην καὶ παντοδαπὴν ἐκ τῶν ἐναντίων ἐπιτρέφειν ἔμελλε καὶ οἷον ἀντίπολις εἶναι καὶ ἀντίθετον καταγώγιον. Ἄρτι δὲ τοῦ βασιλέως εὐτρεπιζομένου πρὸς τὴν αὐτοῦ πολιορκίαν, φόβῳ κατασεισθέντες οἱ τὴν φρουρὰν ἐμπεπιστευμένοι τούτου Σαρακηνοί, νυκτὸς ἐκεῖθεν ἀπέδρασαν. Ὁ δὲ βασιλεὺς ἀνακωχὴν τοῦτο τῆς ἐργολαβίας καλῶς ἡγησάμενος, τίθησι μὲν αὐτοῦ που τὸν χάρακα, διατίθησι δὲ τὰ κατ᾽ αὐτοὺς εὐπρεπῶς, στρατηγόν τε καὶ φρουρὰν ἐπιστήσας καὶ σιτήσεις ἐναποθέμενος καὶ πάντα τὰ τῷ καιρῷ διαταξάμενος πρόσφορα.

Romans did not spend the night without battle, for the Arabs were outside making a din all around with their inarticulate howling. Setting out the next day we entered Roman territory. This was signaled by the boundary markers, but the land had been previously attacked and laid waste. Even if it might have had some good qualities and abounded in a great amount of excellent produce of all kinds and especially of olives, still, as we advanced, we hardly ever found a place of refuge, except some small ones sheltering the few remaining survivors of that land.

Passing through many such regions we marched straight 18
for Artach. This fortress is commanded [119] by a general and is protected by a garrison and a settlement consisting of many capable men, and so it is not without soldiers in case of sudden assault. But it had previously been captured and had a garrison of Saracens to keep it in subjection to them from now on. Since it is very close to Antioch the Great, it was in a position to cause great harm and all sorts of damage to that city at the hands of the enemy, becoming a kind of anticity,[188] a base for hostilities. But when the emperor began to prepare to besiege it, the Saracens who had been entrusted with its defense were seized with fear and ran away from there during the night. The emperor thought that this was a good place to bring his labor to an end and he put a fortified camp there, organized everything in that place properly, appointed a general and garrison, apportioned provisions, and generally made arrangements appropriate to the situation at hand.

19 Ἐπ᾽ αὐτοῦ τοίνυν τοῦ βασιλέως ἤρξαντο Ῥωμαῖοι πολεμίοις ἀντοφθαλμίζειν καὶ πρὸς γενναιότητος ἀναφέρειν λόγον καὶ συνίστασθαι πρὸς ἀντίθεσιν, ἐπεὶ τά γε κατὰ τοὺς προβεβασιλευκότας, ἐξ οὗπερ ὁ Μονομάχος καὶ οἱ καθ᾽ ἑξῆς ἐπεκράτησαν, πλὴν ἐπιδείξεως μόνης καὶ πλήθους συναγωγῆς οὐδενὶ καρτερὰν πρὸς μάχην συνέρραξαν, ὡς εἶναι δῆλον ὅτι τοῦ ἡγεμόνος ὡς ἐπίπαν ἐστὶ τὸ κατορθούμενον ἐν ὅλοις τοῖς πράγμασιν.

20 Ἐπεὶ δὲ ἡ Ἀντιόχεια προκατείργαστο ταῖς ἐπιδρομαῖς | καὶ σίτου σπάνιν ἐκέκτητο, δείσας ὁ βασιλεὺς μὴ παραγενόμενος ἐκεῖσε καινοτομήσῃ τῇ πόλει τὰς ἰδίας τροφάς, καταφρονήσας ἐπὶ συμφέροντι ταύτης τῆς ἰδίας τρυφῆς, διὰ τόπων ἐλάσας ἐρήμων, ὑπερέβη τοὺς αὐλῶνας ἐκείνους καὶ τὰς κλεισούρας δι᾽ ὧν ἡ Κοίλη Συρία τῆς Κιλικίας χωρίζεται. Καὶ κατελθὼν ἐπιπόνως εἰς πόλιν τῆς Κιλικίας λεγομένην Ἀλεξανδρόν, μεγίστη γὰρ ἔκθλιψις ἐν τοῖς τόποις ἐκείνοις τῷ στρατοπέδῳ γέγονε διὰ τὸ στενόπορον καὶ τὸ ἀπότομον τῶν πετρῶν καὶ τὸ συνεχὲς τῶν κρημνῶν, ἐκεῖσε τὴν παρεμβολὴν καὶ τὸν χάρακα πήγνυσι. Καὶ οὕτω διελθὼν τὴν χώραν ἐκείνην καὶ τὸν Ταῦρον τὸ ὄρος πανστρατιᾷ ὑπερβάς, εἰσβάλλει τῇ Ῥωμαίων. Ἐντυχόντες δ᾽ ἀθρόον οἱ στρατευόμενοι τῷ κρυμῷ καὶ τῇ συστροφῇ τῆς ἄγαν ψυχρότητος, ἐκ τόπων θερμῶν ἀναγόμενοι, περὶ τὸ τέλος γὰρ ἦν ὁ Δεκέμβριος μήν, πολλῆς ᾔσθοντο τῆς δριμύτητος, ὁπότε συνέβη καὶ ἵππους καὶ ἡμιόνους καὶ ἀνθρώπους ὅσοι μὴ εὐσαρκοῦντες ἦσαν ἢ μὴ εὐειματοῦντες τῷ ἀθρόῳ τῆς ψύξεως ἀποψῦξαι καὶ τῆς ὁδοῦ προβεβλῆσθαι θέαμα οἴκτιστον.

It was, therefore, during the reign of this emperor that the Romans began to stand up to their enemies, recover their more noble outlook, and organize their resistance. For during previous reigns, from the time when Monomachos and his successors exercised power, apart from mere show and an assemblage of sheer numbers, they never engaged in real combat with anyone. It is clear that, generally, what is accomplished is the leader's responsibility in all matters. 19

Since Antioch had previously been ravaged by the raids [120] and was suffering from a scarcity of grain, the emperor feared that if he passed by there he would further deplete the city's food supply. Placing the city's interests above his own convenience, he marched through deserted lands and crossed over those defiles and *kleisourai* which separate Koile Syria from Kilikia. He then descended, laboriously, to a city of Kilikia called Alexandron, for in those regions the army was in great distress because of the narrow roads, the precipitous rocks, and the never ending cliffs. Next to that city he pitched his camp with a palisade around it. And proceeding through that country in this way and crossing over the Tauros mountain with his entire army, he entered Roman territory. But the men marching with him, who were coming from a warm climate, suddenly found themselves in icy cold weather, with everything covered with frost. It was about the end of the month of December, and they felt the bitter cold. Thus it happened that horses, mules, and men, especially those whose bodies were not robust or well clothed, froze to death in the sudden cold and had to be left on the road, a pitiable sight. 20

21 Τότε κἀγὼ περὶ στενωπὸν τοῦ Ταύρου ὄρους ἄφυκτον διέφυγον κίνδυνον, ὁ γὰρ ἵππος εἰς ὃν ἐπωχούμην, προεστενοχωρημένος ὢν ἐκ πάθους λυκοεντερικοῦ λεγομένου, ὀκλάσας τι μικρὸν τοὺς ἐμπροσθίους, ἔσχε με καταβάντα τούτου αὐτίκα διὰ τοῦ δεξιοῦ μέρους, ἐν ἀριστερῷ γὰρ οὐκ ἦν διὰ | τὸ κρημνὸν ἀποτέμνεσθαι μέγιστον. Ὡς δ᾽ ἀνέστησα τοῦτον τῷ ῥυτῆρι νύξας, εὐθὺς διατιναξάμενος αὐτόματος δι᾽ ἑαυτοῦ τῷ κρημνῷ ἑαυτὸν κατηκόντισεν· ἐγὼ δὲ μείνας σῶς, δόξαν μὲν τῷ Θεῷ τῆς τοῦ κινδύνου ἐλευθερίας ἀνέπεμψα, θαῦμα δὲ τοῖς πολλοῖς προσενέσταξα, ὅπως οἷον ἐκ προγνώσεως θειοτέρας οὐκ ἐπέμεινα τοῖς νώτοις τοῦ ἵππου, ἦν γάρ τι μικρὸν ὀκλάσας ὅσον ἀναστῆναι καὶ πάνυ ῥᾴδιον, ἀλλὰ καταβὰς ἐν τάχει, οὐ συναπῆλθον τῷ κρημνῷ καὶ συνετρίβην ὡς τάχιστα. Ἵσταντο γὰρ πάντες θεώμενοι τὸ καινόν, ἐπεὶ τοῖς κατόπιν οὐκ ἐξῆν περαιτέρω ἰέναι, τῆς ὁδοῦ ἐκείνης ἕνα καὶ μόνον συγχωρούσης διέρχεσθαι διὰ τὸ πάνυ στενώτατον, ἕως ἑτέρου μοι προσαχθέντος ὑποζυγίου ἡ ἐπίβασις ἐπιγέγονεν.

22 Ἐξιοῦσι δ᾽ ἡμῖν εἴς τι χωρίον τῆς τοῦ Ποδανδοῦ κλεισούρας ἐκτὸς Γυψάριον κατονομαζόμενον, φήμη τις ἐπεπόλασε τὸν καταλελειμμένον ἐν Μελιτηνῇ στρατηγὸν ἐπὶ τῇ φυλακῇ τῆς Ῥωμαίων γῆς αἰσχρῶς καὶ βουλεύσασθαι καὶ τὰ κατὰ τὸν στρατὸν οἰκονομῆσαι καὶ τοσοῦτον ὅτιπερ οἱ πολέμιοι διελθόντες τὴν τοῦ Ἀμωρίου πολιτείαν ἀνήρπασαν καὶ φόνον ἀνδρῶν ἀμύθητον πεποιήκασι καὶ πανοικεσίᾳ ταύτην ἠνδραποδίσαντο. Τῆς δὲ παρεμβολῆς αὐτῶν ἀφεθείσης ἐν τῇ τοῦ Χαλκέως τοποθεσίᾳ, αὐτὸς

It was at that time that I myself escaped an inescapable danger along the narrow road through Mount Tauros. The horse that I was riding had been suffering from an affliction called lykoenteritis.[189] He bent his forelegs a little bit, causing me to slide off on the right side, for on the left it was impossible as there was [121] a huge precipice. As I got the horse to stand again by forcing him with the reins, he immediately lurched uncontrollably on his own and threw himself over the cliff. But I remained safe and praised God for rescuing me from the danger. I caused everyone to marvel because, as if through a divine premonition, I did not remain on the horse's back. For its legs had bent only a little so that it would have been very easy to straighten up again. But I slid off quickly and did not get thrown over the cliff with him and become instantly smashed to death. Everyone stood there gawking at the spectacle. Actually, the men behind me could not go forward, since the road was so narrow that it would allow only one person to pass at a time. Finally, another mount was brought up for me, and the journey continued. 21

As we were marching out to a village beyond the *kleisoura* of Podandos, which is called Gypsarion, news arrived that the commander who had been left behind in Melitene to defend Roman territory was doing a shamefully poor job of planning and administering military affairs. He was doing such a bad job that the enemy, passing by the city of Amorion, had taken it by storm, massacred an incredible number of men, and led all the others away as captives. Their camp had been left in the place named after Chalkeus, but this 22

ἀπὸ διαστήματος ὀλίγου συνηθροισμένην ἔχων τὴν στρατιὰν ἐν τῷ τοῦ Τζαμαντοῦ ὀχυρώματι | οὔτε ταύτην ἑλεῖν ἢ προσβαλεῖν παρετόλμησεν οὔτε τῷ Ἀμωρίῳ προσβοηθῆσαι, ὅτι μὴ μᾶλλον οἱ Τοῦρκοι τῷ Τζαμαντῷ προσεγγίσαντες ἐν τῷ ἐπανιέναι, πολλοὺς μὲν τῶν ἐπεξιόντων Ῥωμαίων ἀνεῖλον, τοὺς δ᾽ ἄλλους εἰς τὰ ἐρυμνότατα τοῦ κάστρου κατέκλεισαν. Ἀνιαθεὶς δὲ ὁ βασιλεὺς καὶ πλέον τι ποιῆσαι μὴ δυνηθεὶς διὰ τὸ τοῦ χειμῶνος ἐπαχθὲς καὶ ἀσύμφορον, τὸ μὲν μισθοφορικὸν καὶ ὅσοι τῆς ἑσπερίας μερίδος ἐτύγχανον εἰς παραχειμασίαν διέδωκεν, αὐτὸς δὲ μετὰ τῶν σωματοφυλάκων καὶ Βυζαντίων καὶ τῶν οἰκοφυλακούντων ἐν βασιλείοις εἰς τὴν βασιλεύουσαν εἰσελήλυθε, περὶ ἀκμὴν τοῦ χειμῶνος ὄντος, πρὸς τῷ τέλει γὰρ ἦν Ἰανουάριος μήν.

18

Διαγαγὼν τοίνυν ἐν τῇ τῶν πολιτικῶν πραγμάτων διοικήσει χρόνον τινὰ καὶ τιμὰς εἴς τινας τῶν συγκλητικῶν ποιησάμενος καὶ τὰς ἐτησίους δωρεὰς αἳ τοῖς συγκλητικοῖς ἀξιώμασι προσήρτηνται ποιησάμενος, καὶ οὐδὲ τὰς πασχαλίους ἡμέρας περιμείνας εἰς τὸ Βυζάντιον, εἰς τὸν

man, though he had assembled an army not far away in the fortress of Tzamantos, [122] did not dare to capture or even assault it or go to the aid of Amorion. On the contrary, the Turks on their return came close to Tzamantos and killed many of the Romans who came out against them and kept the others hemmed in the most secure sections of the fortress. The emperor was distressed, but was unable to take any further action because of the burdensome and disadvantageous winter season. He assigned the mercenaries and the soldiers from the west to winter quarters, while he himself with his bodyguards, the residents of Byzantion, and the household guards of the palace, entered the Reigning City in the depth of winter. It was close to the end of the month of January.[190]

Chapter 18

Romanos IV Diogenes' second eastern campaign (1069)

He spent some time in dealing with civil matters, bestowing honors on some of the senators and distributing the annual gifts connected with the senatorial dignities. Yet he did not remain in Byzantion even for Easter, but sailed

ἀντιπέρας κείμενον βασιλικὸν οἶκον καὶ λεγόμενον τῶν Ἠρίων ἀπέπλευσεν, ὁρμὴν ἔχων εἰς τὴν ἑῴαν αὖθις στρατοπεδεύσασθαι καὶ τοῖς Τούρκοις ἐπεξελθεῖν· ἐπισυνέβη γὰρ καί τι τῶν ἀτόπων πρὸς ἐκστρατείαν καλοῦν τὸν ἄνακτα σπουδαιότερον.

2 Ἀνὴρ γὰρ Λατῖνος ἐξ Ἰταλίας τῷ βασιλεῖ προσελθών, Κρισπῖνος ὀνόματι, πρὸς τὴν ἑῴαν προαπεστάλη παραχειμάσων ἐκεῖσε μετὰ τῶν συνδιαπλευσάντων αὐτῷ καὶ συναφικομένων ὁμογενῶν. | Δόξας δὲ μὴ κατ᾽ ἔφεσιν τιμηθῆναι παρὰ τοῦ βασιλέως καὶ δωρεὰς ἀποχρώσας λαβεῖν, ἀποστασίαν ἐσκόπησε καὶ αὐτίκα τοὺς συναντῶντας φορολόγους τε καὶ λοιποὺς σκυλεύειν καὶ διαρπάζειν ἤρξατο καὶ πάντα δρᾶν ὅσα δεσπότου ἀποπτύουσι χαλινούς, φόνον δὲ Ῥωμαίων οὐδένα εἰργάσατο. Διὸ καὶ κατὰ βασιλικὴν ἐντολήν, ἐμεμαθήκει γὰρ πάντα ὁ βασιλεύς, πολλοὶ τῶν στρατιωτῶν πρὸς μάχην τούτῳ συνήντησαν, πάντες δὲ τῆς τούτου ῥομφαίας ἡττήθησαν. Τελευταῖον δὲ στρατῷ μεγάλῳ τῶν ἑσπερίων πέντε ταγμάτων ἐπιστρατεύσας κατ᾽ αὐτοῦ ἐκ τῶν Ἀρμενιακῶν θεμάτων ἐν ᾧ παρεχείμαζον ὁ τὴν ἡγεμονίαν τούτων ἐπιτραπεὶς Σαμουὴλ βεστάρχης, ὁ Ἀλουσιάνος λεγόμενος. Καὶ περὶ ὄρθρον ἐπιτεθεὶς τούτῳ ἠρεμοῦντι καὶ ἀναπαυομένῳ κατὰ τὸ εἰωθὸς τῆς Ἀναστασίμου ἡμέρας καὶ μεγάλης Κυριακῆς ἐφισταμένης. ἔπραξε μὲν γενναῖον οὐδέν, ἔπαθε δὲ μᾶλλον πάνυ κακῶς· ἐμπεσόντες γὰρ οἱ στρατιῶται τοῖς τῶν σκηνῶν καλωδίοις καὶ συμπλακέντες αὐτοῖς, γνῶσιν τοῖς Φράγγοις τῆς ἐπιβουλῆς πεποιήκασιν, οἱ δὲ σταθηρῶς ἑαυτοὺς ἀνακαλεσάμενοι καὶ πρὸς ἄμυναν τραπέντες εὐθύς, οὐ μοχθηρῶς

across the straits to an imperial residence called Hieria with the urge to set out again on campaign in the east and to attack the Turks. And a rather curious thing occurred at that time, which made the ruler all the more zealous to begin the expedition.

A certain Latin man from Italy had approached the em- 2
peror. His name was Krispinos and he had been sent to the east to spend the winter with his countrymen who had sailed and arrived along with him. [123] Believing that he had not been properly honored by the emperor or given sufficient presents, he thought of rebelling and soon he began to rob and despoil the tax collectors and others whom he encountered. In all ways he acted as though he had thrown off the restraints of his master, but he did not murder any Romans. The emperor had learned all this and sent out an imperial order that many soldiers should engage him in battle, but they were all defeated by his sword. Finally, a large army marched out against him, consisting of five western units quartered for the winter in the Armeniac *themata,* and they were placed under the command of the *vestarches* Samuel, the one called Alousianos. About dawn he came upon him as he was peacefully at rest according to custom, for it was the Great Sunday, the day of the Resurrection,[191] but he accomplished nothing memorable, and in fact suffered a great deal of harm, for his soldiers tripped over the tent ropes, became entangled in them, and so let the Franks know of their plan. The latter calmly got themselves together, turned to defend themselves, and without much trouble drove the Romans

τοὺς Ῥωμαίους τῆς παρεμβολῆς ἀπεώσαντο. Ταχὺ δὲ τῶν ἵππων ἐπιβάντες ὡς εἶχεν ἕκαστος σπουδῆς καὶ παρασκευῆς καὶ κατόπιν ἐλάσαντες, πολλοὺς μὲν ἀνεῖλον, ἄλλους δὲ ζωγρήσαντες ἔλαβον.

3 Τότε δὴ προκαθίσας ὁ τῶν Λατίνων ἐξάρχων οὐκ ἄκαιρον οὐδ᾽ ἀνεύλογον δημηγορίαν | συνήγαγε, κατέγνω γὰρ τῶν Ῥωμαίων ἀσέβειαν, ὅτι ἐν τοιαύτῃ φοβερᾷ καὶ θαυμασίᾳ ἡμέρᾳ ἥτις ἑορτῶν ἐστιν ἑορτή, τὰς χεῖρας κατὰ χριστιανικῶν αἱμάτων ἐξώπλισαν, μὴ ἐφειμένον ὂν ἐν ταύτῃ τοῖς ὀρθοδόξοις μηδὲ κατὰ ἀλλοφύλων ἐπεξιέναι καὶ τὴν χάριν ὑβρίζειν τῆς ἀναστάσεως. Ὅμως πράως τούτοις προσενεχθεὶς καὶ συμπαθείας ἀξιώσας ἀπέλυσε, τοὺς δὲ τραυματίας ἐν ταῖς κώμαις ἀπέθετο, τὴν ἐπιμέλειαν αὐτῶν ἐπιτρέψας ἀπαραλόγιστον.

4 Ταῦτα τοῦ βασιλέως μεμαθηκότος, κατήπειξαν αὐτὸν πρὸς τὴν ἔξοδον. Γενόμενος οὖν ἐν τῇ ἐπισκέψει τῶν Μελαγγείων καὶ κατὰ μικρὸν ἀθροίζων τὴν στρατιάν, ὁπότε κἀμὲ πρὸς τὴν αὐτὴν λειτουργίαν μὴ θέλοντα ἐλθεῖν κατηνάγκασε, τῷ τῶν πατρικίων τετιμηκὼς ἀξιώματι, μέχρι τοῦ Δορυλαίου τὴν φορὰν ἐποιήσατο. Ἐκεῖσε δὲ τρεῖς ἡμέρας προσκαρτερήσαντος, πρέσβεις ἧκον ἐκ τοῦ Κρισπίνου τὴν ὁμολογίαν τῆς δουλώσεως ἐκείνου σαφῶς ἀπαγγέλλοντες καὶ τὴν ἀπολογίαν τῆς ἀντιστάσεως. Καὶ ἁπλῶς ἀμνηστίαν ἐπιζητήσας τῶν πρὶν γενομένων, ὡς αὐτοῦ μὴ θέλοντος πολεμεῖν οἱ Ῥωμαῖοι προσυπαντήσαντες κατηνάγκασαν, ἔτυχε τῆς αἰτήσεως, τοῦ βασιλέως περιχαρῶς δεξαμένου τὴν τοιαύτην ὁμολογίαν διὰ τὸ τοῦ ἀνδρὸς γενναῖον καὶ πρὸς τὰς πολεμικὰς πράξεις καὶ διατάξεις ἐπίδοξον· καὶ

out of their encampment. They quickly mounted their horses and, as vigorously and well armed as each one could muster, they pursued them, killing many and taking others captive.

After that the leader of the Latins called the men together 3
and gave a speech which was not out of place or [124] without merit, for he condemned the impiety of the Romans who on such an awesome and marvelous day, the feast of feasts, took up arms to shed Christian blood on a day when the Orthodox were not allowed to assault even foreigners and thus make a mockery of the grace of the Resurrection. Nonetheless, he dealt with them gently, showed them compassion, and freed them. He found a place for the wounded in the villages and saw that they received care without any impediment.

When the emperor learned this news, it prompted him 4
to set out on the road. So he went to the muster point of Melangeia and gradually assembled the army, at which time he compelled me against my will to perform the same service as before, bestowing the patrician dignity on me. He then advanced to Dorylaion, where he waited for three days, during which envoys from Krispinos arrived, and conveyed his clear statement of submission and an explanation for his rebellion. He sought a simple amnesty for his past actions since, contrary to his will, the Romans had come up and forced him to fight. His request was granted, as the emperor was very happy to receive his profession of loyalty because of the man's courage and his reputation for martial deeds and ability to command. In fact, he had previously

γὰρ καὶ Τούρκων | προεντυχὼν πληθύϊ πολλῇ μεγάλας τὰς ἀνδραγαθίας ἐκ χειρὸς ἀπειργάσατο.

5 Προϊόντι δὲ τῷ βασιλεῖ ἐκεῖθεν μεθ᾽ ἡμέρας τινὰς ἀπαντῶν καὶ δουλοπρεπῶς ἅπαντα ποιησάμενος, συνείπετο τῷ βασιλεῖ καὶ αὐτός, ὀλίγους τινὰς τῶν οἰκείων στρατιωτῶν ἐπαγόμενος, τοὺς γὰρ ἄλλους κατέλιπεν εἰς ὅπερ ἐπεκράτει τοῦ Μαυροκάστρου φρούριον, εἰς ἕνα τῶν Ἀρμενιακῶν τόπων ἐπὶ λόφου κείμενον ὑψηλοῦ καὶ δυσκατεργάστου. Διαβληθεὶς δὲ πρὸς τὸν βασιλέα ὡς μελετῶν καὶ αὖθις ὠμόν τι καὶ ἄπιστον κατὰ τὴν οἰκείαν φυλήν, φύσει γὰρ ἄπιστον τὸ γένος τῶν Φράγγων, καὶ ὅτι οὐχ ἡ προαίρεσις ἀλλ᾽ ἡ τῶν ἑταίρων αὐτοῦ ἀπουσία τὴν ἀναβολὴν ποιεῖ τοῦ μὴ ἐπιθέσθαι τῷ βασιλεῖ, πολλὰ καταγνωσθεὶς ὡς ἀχάριστος καὶ θεομισής, ἐκεῖθεν ἀπεπέμφθη τοῦ στρατοπέδου, μὴ καθαρῶς μὲν ἀπελεγχθείς, ὑπονοηθεὶς δὲ διά τε τὴν προτέραν ἀπόνοιαν καὶ τὸ παρὰ Νεμίτζου τινὸς τῶν ἐπισήμων κατηγορηθῆναι σφοδρῶς. Οἱ δ᾽ ἑταῖροι τούτου μαθόντες τὸ γεγονός, ἄραντες ἐκ τοῦ φρουρίου τὴν Μεσοποταμίαν κατέλαβον, πολλὰ δεινὰ τοῖς ἐκεῖσε δι᾽ ἐπιδρομῆς ἐργαζόμενοι.

6 Ἐπεὶ δ᾽ ὁ βασιλεὺς μετὰ πλήθους ἧκεν εἰς τὴν Καισάρειαν, εἶτα καὶ τῇ Λαρίσσῃ προσέμιξε καὶ ἡ φήμη φθάνουσα ἦν ὡς Τούρκων πλῆθος ὅσον οὔπω ποτὲ πρὸ διαστήματος οὐκ ὀλίγου λεηλατεῖ καὶ κατατρέχει τὴν χώραν, ἐξέπεμψε μὲν μέρος τι τῆς στρατιᾶς κατ᾽ αὐτῶν, μηδὲν δὲ | ἀνύσαν ἀλλὰ φεῦγον ὑποδεξάμενος τὸ πεμφθέν, συντεταγμένως τῆς πρόσω φερούσης εἴχετο. Ἅμα δὲ τῷ καταλαβεῖν τὸν τῆς παρεμβολῆς τόπον καὶ τὸν βασιλέα τὴν

encountered [125] great multitudes of Turks and had accomplished exceptionally valiant deeds in close combat.

A few days later as the emperor was marching on from 5
there, Krispinos met him and acted in all respects as his loyal servant, following along with the emperor. He brought a few of his own soldiers with him, while leaving the others in the fortress of Mavrokastro, of which he was in charge and which was situated in one of the Armeniac localities on a high and inaccessible hill. But he was accused before the emperor of again planning something cruel and faithless, as was to be expected of his race—for by nature the Frankish race is faithless—and that it was not by his free choice but rather only because of the absence of his companions that he was delayed in attacking the emperor. He was denounced as ungrateful and God-hating and was dismissed from the expedition, not so much convicted legally as suspected because of his former depravity and the strong accusations made by a prominent figure, a Nemitzos.[192] When his companions heard what had happened, they left the fortress and invaded Mesopotamia,[193] raiding and inflicting terrible harm on the inhabitants.

The emperor subsequently came to Kaisareia with a large 6
army and then moved on to Larissa, where news arrived that the Turks in greater numbers than ever before were at a considerable distance away, looting and rampaging through the country. He sent a portion of his army against them, but nothing [126] was accomplished: when he came upon this dispatched unit again, they were in flight. So he made his advance in formation. But just as they had reached a site where

βασιλικὴν σκηνὴν ὑπελθεῖν, μὴ τάφρου μὴ χάρακος περιστάντων, ἀλλ᾿ ἐν ὄχλῳ τῆς τῶν σκευῶν ἀποθέσεως τοῦ στρατοῦ καθεστῶτος, ἐφάνησαν οἱ πολέμιοι τὰ ἐρυμνότατα τῶν τόπων κατέχοντες καὶ τὰς ἀκρολοφίας αὐτάς. Οὕτω γὰρ ἔλαχεν ὁ τόπος ἐκεῖνος θέσεως, ὡς τὴν μὲν πεδιάδα τοὺς Ῥωμαίους κατέχειν, εἰς δὲ τοὺς περικυκλοῦντας βουνοὺς περικεχύσθαι τοὺς ἐναντίους, λανθάνοντας πρώην ἐκ τοῦ κατόπιν αὐτῶν ἀποκρύπτεσθαι. Βοῆς δὲ γενομένης καὶ τοῦ βασιλέως μὴ ἐκδεδωκότος ἑαυτὸν εἰς ἀνάπαυσιν ἀλλὰ τὸ ἐνυάλιον σαλπίσαι προστάξαντος, προῄεσαν κατὰ τάξιν οἱ στρατιῶται, μηδὲ τῆς οὐραγίας ἔτι καταλαβούσης διὰ τὸ σχολαίως βαδίζειν εἰς φυλακὴν καὶ διάσωσιν τῶν ἐπαγομένων τὴν ἀγοράν.

7 Ἀρθέντων οὖν τῶν σημείων καὶ κατὰ φάλαγγας τῆς στρατιᾶς συνταχθείσης τοῦ βασιλέως προάγοντος, προέκυψαν μὲν τῶν ἐναντίων πολλοί, προλαβόντα δὲ τῶν ταγμάτων ἓν μὲν τῶν Λυκαόνων λεγόμενον, ἓν δὲ τῶν ἑσπερίων Ἀριθμῶν, καὶ τοῦ συνήθους θρασύτερον κατὰ τῶν ἐναντίων ἐλάσαντα πρὸς φυγὴν εὐθὺς ἀπιδεῖν κατηνάγκασαν. Προβιβάζοντος δὲ τοῦ βασιλέως τὴν λοιπὴν στρατιάν, καὶ τὸ λοιπὸν τῶν πολεμίων πλῆθος τοῖς φεύγουσι συνδιέφυγεν. Ἐπεὶ δὲ κατὰ νώτων τῶν ἐναντίων ἐλαύνοντες | οἱ Ῥωμαῖοι, προηγουμένου καὶ μισθοφορικοῦ τῶν Σκυθῶν, παρῆλθον τοὺς μηνοειδεῖς ἐκείνους ἀγκῶνας καὶ κατόπιν ἐγένοντο, λόχος τουρκικὸς καθήμενος ἐν ἀδήλῳ, τῇ ῥωμαϊκῇ παρεμβολῇ προσεπέλασεν ἐν οὐκ ὀλίγοις ἀνδράσι παραμετρούμενος, οὓς οἱ παραλειφθέντες εἰς φυλακὴν στρατιῶται δεξάμενοι, πρὸ πάντων δ᾿ οἱ

they would encamp and the emperor had entered the imperial tent, but before there was a ditch or palisade, and the army's equipment was deposited in heaps, the enemy was seen occupying the strongest positions and heights of the hills. The terrain and positions there were such that the Romans held the plain, whereas the enemy was spread over the surrounding mountains, unnoticed at first because hidden behind them. A shout was raised, and the emperor, without allowing himself any rest, ordered the trumpeter to sound the charge. The soldiers advanced in formation, though the rear guard had not yet arrived, because it was moving slowly to guard and protect those who were bringing up their provisions.

The standards were raised and the army was arrayed by 7
phalanx with the emperor taking the lead. Many of the enemy came out, but one of our units, the one called the Lykaonai, and one of the western *Arithmoi,* headed them off, charging against the enemy more boldly than usual and forcing them to turn and flee. The emperor continued his advance with the rest of the army and put the remainder of the enemy to flight along with those already fleeing. The Romans pursued the enemy [127] with the Skythian mercenaries in the lead, and they passed through those winding, crescent-shaped valleys and came up behind them. But meanwhile a Turkish unit made up of not a few men, which had been in hiding, rode up to the Roman camp. The soldiers who had been left behind to guard it met their attack,

Φράγγοι, καὶ ἀγχεμάχως συμπλακέντες καὶ ἱκανῶς ἀνθαμιλληθέντες ἐτρέψαντο, μηδενὸς τῶν ἱσταμένων ταγμάτων ῥωμαϊκῶν τοῖς Φράγγοις μέχρι καὶ ἁπλῆς ὁρμῆς παραβοηθήσαντος. Ἐν τούτῳ δὲ ὑπέστρεψεν ὁ βασιλεὺς τῆς διώξεως, πρὸς ἑσπέραν γὰρ ἦν, ἐπεὶ καὶ ὁ πόλεμος περὶ δείλην ὀψίαν συνίστατο, ἠρέμα τοῦ στρατοπέδου βαδίζοντος πρότερον καὶ περιέποντος τοὺς ἀσθενεστέρους καὶ πεζοὺς διὰ τὴν τοῦ πολέμου προσδοκίαν ὡς παρὰ τῶν σκοπῶν ἀπηγγέλλετο.

8 Τῇ δ' ἐπαύριον δημοσίᾳ καθίσας, τοὺς ἑαλωκότας τῶν πολεμίων κατεῖδε καὶ τῇ τελευταίᾳ ψήφῳ τούτους παραδοθῆναι προσέταξε, μηδενὸς τὸ παράπαν φεισάμενος μήτ' αὐτοῦ τοῦ τὴν ἡγεμονικὴν αὐχοῦντος λαμπρότητα, ὃς καὶ ἀπὸ τῆς ἐσθῆτος, λαμπρειμονῶν γὰρ ἦν ἐν τοῖς ὅπλοις καὶ τῇ ἄλλῃ σκευῇ, ἐμαρτυρεῖτο τοιοῦτος, εἰ καὶ πολλῶν λύτρων ἑαυτὸν ὤνιον ποιήσασθαι ἐπηγγέλλετο καὶ Ῥωμαίους αἰχμαλώτους ἑαυτοῦ ἀντιδοῦναι τῷ πλήθει πολλούς.

9 Τριημερεύσας δ' ἐν τῇ παρεμβολῇ ὁ βασιλεὺς τῷ προτερήματι τούτῳ κόρον δῆθεν λαβὼν ἢ μεγαλαυχῶν, πολλὴν | ἄδειαν δέδωκε τοῖς ἐναντίοις εἰς τὴν ἀποφυγήν, ὥστε μηδὲ τῆς λείας ἀποσχέσθαι ἀλλὰ καὶ ταύτην ἐλαύνειν καὶ ἀλύπως τὸν δρόμον καὶ περιεσκεμμένως ποιεῖν. Ὡς δ' ὁ βασιλεὺς ἀπαναστὰς ἐκεῖθεν πανστρατιᾷ κατόπιν ἐβάδιζε, διεπεραιώθησαν τὸν Εὐφράτην ποταμὸν οἱ πολέμιοι· ὁ δέ, ὡς ἀπὸ διαστήματος μιᾶς ἡμέρας ἢ καὶ πλείονος τῆς Μελιτηνῆς στρατοπεδευσάμενος, βουλὴν βουλεύεται λίαν ἀγεννῆ καὶ ἐπίκρημνον, καὶ συνέστησεν ἤδη ταύτην,

especially the Franks, and they joined in close combat, routing them after a tough fight. During all this not one of the Roman units stationed there furnished any assistance to the Franks, not even a simple charge. Meanwhile the emperor returned from the pursuit, for it was getting late in the evening, since the battle had begun in the late afternoon and the army had previously been marching slowly, taking care of the weaker soldiers and the infantry, since they were expecting to give battle, as the scouts had told them.

On the next day the emperor held a public assembly at 8
which he judged and condemned the enemy prisoners and ordered that they be executed, sparing not a single one, not even the one who proudly claimed to be their leader. It was clear that he was such, for he was resplendent in his dress, weapons, and other equipment. He was not spared even though he promised to pay a huge ransom and to release a large number of Roman prisoners in exchange for himself.

The emperor spent three days in the camp as if to savor 9
this victory, or to boast of it, and by so doing [128] he provided the enemy with a full opportunity to get away, so that not only did they not have to abandon their loot but could now carry it off and continue along their way safely and taking every precaution. When the emperor left from there and marched after them with his whole army, the enemy had already crossed the Euphrates River. As he pitched camp at a distance of one day or more from Melitene, he conceived an extremely ignoble and dangerous plan; in fact, he had

πάντων συνεπινευσάντων καὶ ἐπαινεσάντων τὸ τοιοῦτον προβούλευμα διὰ τὸ λύειν τὴν στρατιὰν καὶ τὴν ἐπ᾽ οἴκου ἀπαναχώρησιν ἐπαγγέλλεσθαι. Καὶ ἡ σκῆψις, ὅπερ οἱ πολέμιοι προτρέχοντες εἰς τὰ πρόσω καὶ μηκέτι συνελθεῖν εἰς χεῖρας τοῖς Ῥωμαίοις ἰσχύοντες, ἀκατάληπτοι πάντως εἰσὶ καὶ εἰς κενὸν ὁ δρόμος τοῖς διώκουσιν ἡμῖν παραγίνεται καὶ διὰ τοῦτο δέον ἐστὶν ἀπόμοιραν περιλειφθῆναι Ῥωμαίων πρὸς ἀντιπαράταξιν ἀξιόχρεων, τὸν δὲ βασιλέα μετὰ τῆς λοιπῆς ὑποστρέψαι δυνάμεως καὶ πρὸς τὰς οἰκίας ἕκαστον ἀποπέμψαι κἀκεῖνον εἰσελθεῖν εἰς τὴν βασιλεύουσαν, ὡς ἂν διαναπαυθεὶς ὁ στρατὸς ἰσχυρότερος ᾖ πρὸς τὸ ἐπιὸν ἔτος, πολέμου τυχὸν γενομένου ῥαγδαιοτέρου δι᾽ ἐπιδημίας τοῦ τῶν ἀλλοφύλων ἐξάρχοντος.

10 Ἐπεὶ δὲ τουτὶ τὸ ψήφισμα ἐκυρώθη, ἀνάμνησις γέγονε τῷ βασιλεῖ τῶν τοῦ στρατοπέδου κριτῶν καὶ μετακαλεσάμενος ἡμᾶς μόνους ἐν τῷ δειλινῷ, τήν τε βουλὴν ὡς εἶχεν ἀνεκοινώσατο καὶ γνώμην ἡμετέραν περὶ ταύτης ἐζήτησε. Καὶ | οἱ μὲν ἄλλοι τῶν δικαστῶν, μαρτυρούσης μοι τῆς ἀληθείας αὐτῆς, οὐ γὰρ θρυπτόμενός τι λέξω ἢ ἐξαίρων ἐμαυτὸν ἢ σεμνόν τι καὶ παρὰ τῶν ἀνθρώπων θηρεύων ἔπαινον, οὐδὲ γὰρ ἐμαυτῷ σύνοιδά τι ζηλωτόν τε καὶ περιδέξιον οὐδ᾽ ὑπεροχῆς τι μέτριον λείψανον, ἀγαπητὸν γὰρ εἰ καὶ τοῖς ἐσχάτοις τῶν τοῦ λόγου ποσῶς μετεχόντων συνταττοίμην, οὗτοι οὖν οἱ τῆς ἐμῆς τάξεως καὶ κοινωνίας ἢ ἑταιρείας συνεπαινέται καὶ αὐτοὶ τοῖς προβεβουλευμένοις γεγόνασι, μόνος δ᾽ αὐτὸς ἐσιώπων ἱστάμενος. Ὁ δὲ βασιλεὺς συμμετρησάμενος τὸ ἐρημαῖον τῆς κατ᾽ ἐμὲ παραστάσεως, λόγον ἐξῃρημένως ἀπῄτησέ με καὶ τί μοι τὸ

already made his decision, as everyone agreed with him and praised his plan because it entailed disbanding the army and returning home. The idea was that the enemy was riding along far ahead; they were not strong enough to meet the Romans in close combat; they were beyond their reach anyway; and our pursuit would be in vain. Therefore, while it was necessary to leave some Roman units behind sufficient to defend the area, the emperor with the rest of his force should return; all should be sent to their homes, and the emperor should enter the Reigning City. After the army was rested, it would be stronger for the coming year, when the war might become more violent with the arrival of the foreign ruler.

After this decision had been ratified, the emperor re- 10
membered the *kritai* of the army. Toward evening he called us together, only us, explained his plan, and requested our opinion about it. [129] The other judges—my witness is truth itself, for in what I will say I am not putting on airs, exalting myself, or trying to gain respect or praise from men, for I am not conscious of possessing any enviable, clever, or even moderately brilliant qualities, for I would be happy enough to be numbered among the least of those who have some share in learning—at any rate, my colleagues in office and rank or profession all approved the decision which had been made, whereas I alone stood there in silence. The emperor, carefully observing how quiet I was, demanded that I speak

παριστάμενον περὶ τούτων ἐστίν. Αὐτὸς δὲ τερατευσάμενος πρότερον, ὡς οὐδέν τι τοῦ πλήθους ἐκτὸς δυναίμην εἰπεῖν οὐδὲ καρτερώτερος ὀφθῆναι, κἂν τι δοκιμάσω, πάντως ἀποδοκιμασθήσομαι τῆς τῶν πλειόνων ψήφου ἐπικρατούσης ἀεί, μετὰ πολλῆς ὁ βασιλεὺς τῆς ἐπιμονῆς καὶ τῆς ἀμεταθέτου ἐνστάσεως προετρέψατό με τὸ κατὰ λογισμὸν ἀδεῶς ἀνειπεῖν, τὸν θεὸν ἐπιστήσας μοι μάρτυρα. Μεταβαλὼν οὖν μὴ ἀρέσκειν μοι τὴν βουλὴν ταύτην εὐθὺς ἐκ προοιμίων ἀπήγγειλον, προσθεὶς ὡς οἱ πολέμιοι οὐ παντελῆ δυσκληρίαν καὶ καταστροφὴν ἐν τῷ πολέμῳ ἐδέξαντο, ἡ γὰρ ἑσπέρα ταχὺ καταλαβοῦσα διέσωσεν αὐτούς, καὶ τὸ ἐπὶ τρεῖς ἡμέρας ἀνεθῆναι τὴν δίωξιν τὸ δέος τούτοις ἀνεκαλέσατο· καὶ τοῦτο δῆλον ἔκ τε τοῦ μὴ καταλειφθῆναί τι τῶν λαφύρων | αὐτοῦ καὶ προεμπλακῆναι ἡμῖν παροδεύουσι καὶ τοῦ τῶν ἑαλωκότων πλήθους, ὡς οὐκ ἦν ἐν τοῖς μάλιστα μηδὲ πρὸς τοὺς ἑκατὸν ἀποσῶζον ἄνδρας, ὡς εἶναι δῆλον ὅτι τὸ στράτευμα τούτοις σχεδὸν ἀνεπαισθήτως ἠκρωτηρίασται, ἐπεὶ τῷ ἔθνει τούτῳ οὐδὲν ἡ τοιαύτη ἧττα καὶ ὅσαι ταύτῃ παραπλήσιαι δουλῶσαι δεδύνηνται, θᾶττον γὰρ ἑαυτοὺς ἀνακαλοῦνται οἱ στρατευόμενοι καὶ πάλιν εἰς μάχην ἀποκαθίστανται. Καὶ διὰ τοῦτο εἴ τις καταλειφθείη μοῖρα Ῥωμαίων, ἀγεννεῖς ἐμφάσεις καὶ διαθέσεις αὐτίκα προσλήψεται, τῆς τοῦ βασιλέως καὶ τῶν λοιπῶν στρατιωτῶν ἀπορραγεῖσα συνόδου, ἐξόχως δ᾽ ἀναθαρρήσουσιν οἱ πολέμιοι. Καὶ ὅσῳπερ ἡ δειλία τῶν Ῥωμαίων καθίκοιτο, τοσοῦτον ἐκείνοις ἡ τόλμα προσυπαντήσει καὶ ῥᾳδίως τῶν ἡμετέρων περιγενήσονται, ἐπεὶ καὶ προεκπεφοβημένοι τυγχάνουσιν οἱ Ῥωμαῖοι καὶ μόνον αὐτοὺς ὁρᾶν τοὺς πο-

and asked me for my view about these matters. At first I dissimulated by appearing unable to say anything that would differ from the majority opinion or to prevail over that opinion, even if I were to attempt it; in any case, I would surely be overturned as the vote of the majority always prevails. Persistently and without relenting the emperor kept urging me to say what I thought without fear, calling on God as my witness. Changing my stance, I immediately made it clear right from the outset that this plan did not please me. I added that the enemy had not been utterly defeated and destroyed in the war, for the quick advent of evening had saved them and the delaying of the pursuit for three days gave them a chance to get over their fright. This is clear from the fact that they did not leave any of their plunder [130] behind and that they tried to fight with us along our line of march, as well as from the number of their prisoners, which could not have been more than a hundred men at best. Surely it was clear that the damage inflicted on their army was almost imperceptible, since such a defeat means nothing to those people and they are able to endure others like it. Their soldiers soon rally and are again ready for battle. For this reason, if any Roman unit should be left behind, it will immediately be perceived as a reflection of cowardice, separated as it will be from the main force with the emperor and the rest of the soldiers, and the enemy will be greatly encouraged. The more cowardly the Romans become, the bolder will the enemy become and they will defeat our men more easily, especially since the Romans are already panicked from their previous experience. The only thing that makes them face

λεμίους ποιεῖ, ὅτε τὴν τοῦ κρατοῦντος ὁρῶσι μετ' αὐτῶν γενναιότητα. Καὶ εἴπερ ἐκείνους τρέψονται, ἄφυκτος ἡμᾶς καταλήψεται κίνδυνος, οὐ γὰρ ἀμελήσουσιν οἱ Τοῦρκοι μὴ οὐχὶ καταδραμεῖν καὶ ἡμῶν καὶ νίκην διαβόητον ἀπεργάσασθαι, διακεκομμένους εὑρηκότες καὶ διεσκορπισμένους τῇ πρὸς τὰ οἰκεῖα σπουδῇ.

11 Καὶ ἅμα «Τίς ἡ ἀνάγκη», ἔφην, «ὦ βασιλεῦ, ἔτι τοῦ ἔτους περὶ ἀκμὰς τοῦ θέρους ὄντος, καταλιπεῖν τοὺς ἐναντίους εἰς τὴν Ῥωμαίων καὶ πρὸς ἀνέσεις καὶ ἀπολαύσεις ἑαυτοὺς ἐκδοῦναι καὶ μὴ νῦν κακοπαθῆσαι, | ἵν' εἰς τὸ μέλλον εὐπαθῆσαι δυναίμεθα; Διὰ τί δὲ καὶ μὴ ἐκ πολιορκίας αἱρήσομεν τό τε ἄστυ τὸ Χλίατ καὶ τὰ ὑπὸ τούτου πολίχνια, ἵνα καὶ οἱ στρατιῶται τῆς ἐκ τῶν λαφύρων ὠφελείας πλησθῶσι καὶ προθυμότεροι γένωνται καὶ τοῖς ἐναντίοις ἐπέλθῃ δέος καὶ ἀντὶ πολεμίων αἱ τοιαῦται πόλεις ῥωμαϊκὴν ἡγεμονίαν πλουτήσωσι καὶ δυνάμεις ἐφιστάμεναι τὸ ἀντίπαλον ἰσχυρῶς ἀποκρούσωνται καὶ ἡ τῶν Τούρκων πάροδος ἐκ διαστημάτων κατὰ μοίρας ἐρχομένων βραχείας ἀνασταλῇ καὶ μὴ ὁρμητήριον μᾶλλον καὶ ὀψωνιασμὸν ἐν τούτοις εὑρίσκῃ ἀλλὰ πολεμητήριον ἀτεχνῶς καὶ ἡ διὰ Μεσοποταμίας ὁδὸς τούτοις ἀνεπίβατος γένηται;»

12 Ταῦτ' εἰπόντος μου πρὸς τὸν βασιλέα, εἰσῄει τούτῳ μέχρι βάθους ὁ λόγος, ὥσπερ τις σπόρος εἰς εὔγεω καὶ ἐρίβωλον γῆν, καὶ μεταθέμενος εὐθὺς τῆς προσωτέρω φερούσης ἥψατο ἕως τὸν Εὐφράτην διαπεραιωθεὶς τοὺς πολεμίους εἰς τὰ σφέτερα βαδίζειν παρέπεισε· περὶ τὰς ὄχθας γὰρ τοῦ ποταμοῦ στρατοπεδευόμενοι ἦσαν καραδοκοῦντες τὴν τοῦ βασιλέως ἀπαναχώρησιν. Εἶχον μὲν οὖν

the enemy is when they see the bravery of their own ruler with them. And, if they defeat these men, we cannot avoid further danger, for the Turks will not hesitate to run us down and effect a famous victory, when they find us separated from each other and scattered about busy with our own affairs.

And I also said, "Why is it necessary, O emperor, to leave 11
the enemy in Roman territory while the year is still in the middle of summer, and take it easy and enjoy ourselves and not go to some trouble now [131] so that we may prosper in the future? For what reason should we not take by siege the city of Chliat and the towns subject to it, which will also enable our soldiers to get their full share of the plunder, become more eager, and inspire fear into the enemy? Instead of being under enemy control, those cities will enrich the Roman Empire. Forces stationed there will vigorously repel the hostile forces, and the invasions of the Turks, which take place at intervals and in small bands, would be blocked; they would no longer find there a rallying point and supply base but simply military opposition, and the road through Mesopotamia will be closed to them."

After I said this to the emperor, my reasoning penetrated 12
deeply into him like a seed in rich and fertile soil. He immediately changed his mind and took the road leading forward until, after crossing the Euphrates, he forced the enemy to return to their own country. For they were encamped along the banks of the river awaiting the emperor's withdrawal.

ἐλπίδες ἅπαντας στρατηγίας μεγίστης καὶ λαφυραγωγίας ἐκ τῆς τῶν εἰρημένων κάστρων ἁλώσεώς τε καὶ παραστάσεως, ἡ δ᾽ ἐλαύνουσα τὰ Ῥωμαίων εἰς τὴν κατόπιν ἀκληρία οὐκ εἴα πέρας ἐπιτεθῆναι συνετῷ διατάγματι, ὡς γὰρ ὁ βασιλεὺς εὐθὺς τῆς Ῥωμανοπόλεως | ἐλαύνων ἐφαίνετο, ἐξ ἧς ἡ πρὸς τὸ Χλίατ κάθοδος διὰ στενωπῶν ἐπιγίνεται, μεταστρέψας τὴν γνώμην καὶ τὰς σημαίας ἐν ἀριστερᾷ ποιησάμενος, περιπλανώμενον ἀφῆκε τὸ στρατόπεδον τὴν ὡρισμένην ἀταρπὸν ἐν δεξιᾷ προερχόμενον, ἕως φήμη καταλαβοῦσα μετήγαγεν αὐτὸ πρὸς τὴν καινοτομηθεῖσαν τῷ βασιλεῖ. Κατελθόντες οὖν ἀποτόμους τινὰς καὶ κρημνώδεις ὁδούς, ἐν βαθεῖ τόπῳ τὸν βασιλέα κατασκηνώσαντα εὕρομεν ἐκεῖσε, τὴν πρώτην βουλὴν ἐπὶ κακῷ τῶν Ῥωμαίων ἀκλεῶς ἀνανεωσάμενον. Διελὼν γὰρ διχῇ τὸν στρατόν, παρέδωκε τὸ ἰσχυρότερον μέρος τῷ Φιλαρέτῳ, ἀνδρὶ στρατιωτικὴν μὲν αὐχοῦντι περικοπήν, αἰσχροῦ δὲ βίου καὶ διαβεβλημένου τυγχάνοντι καὶ τῷ ἔθνει μαχεσαμένῳ μὲν διαφόρως, ἐν δὲ τοῖς μεγίστοις καταπολεμηθέντι καὶ καταφρονηθέντι ὡς τὸ εἰκός, οὐ μὴν ἀπεχομένῳ τούτων ἀλλ᾽ ἐπιτρέχοντι τὴν ἡγεμονίαν διὰ φιλοκερδείας καὶ φιλοδοξίας ὑπόθεσιν.

13 Καὶ ταῦτα μὲν τοῦτον τὸν τρόπον ἐπράχθησαν, τῶν δὲ βορειοτέρων μερῶν ὁ βασιλεὺς ἐπελάβετο δι᾽ εὕρεσιν χιόνος καὶ ὑδάτων ψυχρῶν, ἀκρατῶς γὰρ εἴχετο τούτων τὸ σῶμα κατὰ πολὺ διαθερμαινόμενος. Διὰ ταῦτά τοι καὶ ἠναγκάσθη τὴν ὁρμὴν ἀλλαχόθεν ποιῆσαι καὶ φυλακὴν ἐπιστῆσαι, ὥς γε ᾤετο, καὶ τοῖς ἐναντίοις ἀντίπρῳρον δύναμιν. Καὶ τῷ μὲν Φιλαρέτῳ πόλεμον ἔνοπλον ἐγκατέ-

All of us now had every expectation that a great expedition would take place and huge amounts of plunder would be taken from the capture and occupation of the aforementioned forts. But the bad luck that hounded Roman affairs did not permit a wise instruction to yield fruit. For as soon as it seemed that the emperor was to march against Romanopolis, [132] from which point one makes the descent to Chliat through narrow passes, he changed his mind, and had the standards turned to the left, allowing the army to wander along the preset route which led to the right until the news reached it that it should set out in the new direction decreed by the emperor. Descending by several steep and precipitous roads to a deep valley, we found the emperor had pitched his tent there, and had ingloriously revived his first plan, which boded ill for the Romans. For he divided the army in two, entrusting the stronger part to Philaretos, a man proud of his accomplishments in war but whose private life was shameful and despicable. He had distinguished himself in battle against these people, but on the most important occasions he had been miserably defeated and, as was only reasonable, treated with scorn. Still, he did not refuse the appointment, but eagerly sought after the command because of his greed and ambition.[194]

That is how those things were done. The emperor went to the north in search of snow and cold water, for which he felt an uncontrollable need since his body had greatly overheated. It was for this reason that he was forced to turn elsewhere and leave a garrison, which he thought would prove a bulwark against the enemy. So he left military operations to Philaretos while he and his soldiers [133] took on the no less 13

λιπεν, ἑαυτῷ δὲ καὶ τοῖς | συνοῦσι τὸν ἐκ τῆς δυσχωρίας οὐχ ἥττονα, διελθὼν γὰρ διὰ πολλῶν τραχεινῶν καὶ δυσβάτων λόφων, εἰς τοὺς λεγομένους Ἀνθίας μετὰ τῆς ὑπολειφθείσης αὐτῷ στρατιᾶς κατεκομίσθη. Ἔστι δ' ὁ τόπος ἐξ ὑπωρειῶν μεγάλων ὀρῶν πεδινός τε καὶ εὔυδρος καὶ ταῖς δυσχωρίαις ἐνειλημμένος, ψυχαγωγίαν οὐχ ἥκιστα τοῖς καταίρουσιν ἐν τούτῳ ἐνίησι, ποηφόρος ἅμα καὶ σιτοφόρος τυγχάνων καὶ οἷον ὀμφαλὸς ἢ ταμιεῖον τῆς γῆς ἐκείνης καὶ πεδίον τρυφῆς. Τρεῖς ἡμέρας οὖν ἐκεῖσε στρατοπεδευσάμενος ὁ βασιλεὺς καὶ τὸν Ταῦρον τὸ ὄρος, τὸν παρὰ τοῖς ἐγχωρίοις καλούμενον Μούνζουρον, ὑπερβὰς ἐπιπόνως, εἰς τὴν Κελεσίνην χώραν κατήντησε, διαβὰς τὸ δεύτερον τὸν Εὐφράτην ποταμόν, κατὰ τοὺς ἀρκτῴους πρόποδας τοῦ Ταύρου παρὰ τὸ μέρος ἐκεῖνο παραρρέοντα καὶ διαιροῦντα τό τε ὄρος καὶ τὴν Κελεσίνην ὥσπερ μεθόριον.

14 Ἐν ταύτῃ οὖν ἡμέρας τινὰς αὐλισθέντος τοῦ στρατοπέδου, φήμη τις εἰσερρύη τὸν ὑπολειφθέντα στρατὸν εἰς τὴν τῶν Τούρκων ἀντίστασιν μάχῃ καὶ πολέμῳ κραταιῶς ἡττηθῆναι καὶ πολλοὺς ἀπολέσθαι, τοὺς δ' ὑπολοίπους περὶ τὸν Ταῦρον διασωθῆναι τὸ ὄρος, ἔγγιστά που τοῦ πολέμου γεγενημένου, καί πού τινας σποράδας εἰς τὴν παρεμβολὴν εἰσιέναι καὶ ἄλλους οὐκ ὀλίγους ἐλπίζεσθαι. Ἦν δὲ οὐ ψευδής, ὡς ἀληθίζεσθαι κἀνταῦθα τὸ ἡσιόδειον, ὅτι

φήμη δ' οὔπω πάμπαν ἀπόλλυται, ἥντινα πολλοί |
λαοὶ φημίζουσι, θεός νύ τίς ἐστι καὶ αὐτή.

arduous struggle against the rough terrain. Passing through many rugged and trackless hills, he arrived at a place called Anthiai with the soldiers left to him. The place is formed by the skirts of vast mountains; it is a plain, well watered, and surrounded by difficult terrain but a refreshing place for those who get to it, for there is grass and grain and it is like the navel or treasure-house of that country and a field of luxury. The emperor camped there three days and then laboriously climbed Mount Tauros, the one called Mounzouros by the natives, and came down to the region of Kelesine, crossing the Euphrates River a second time where it flows by the northern foothills of the Tauros and then divides the mountain from Kelesine as a boundary.

The army had encamped in this place for several days 14
when news arrived that the army left behind to resist the Turks had been severely defeated in battle and many had been killed, and the survivors had found safety near Mount Tauros, somewhere close to the battle site; also that, somehow, a few of those dispersed had made it to the camp and not a few more were expected to arrive. And this was not false, so that even in this case the saying of Hesiod was true: "Rumor is by no means completely lifeless, as many [134] people say; but surely it too must be a god."[195]

15 Προκατειργασμένοι γὰρ ὄντες τὰς ψυχὰς οἱ Ῥωμαῖοι τῷ φόβῳ τῶν Τούρκων, ὡς τοῦ βασιλέως καὶ τοῦ λοιποῦ διερράγησαν πλήθους, καὶ εἰς ὁρμὰς τῶν ἐναντίων καὶ φενακισμοὺς ἐξ ἐπιδείξεων πολεμικῶν περιέστησαν, πτοίας πλησθέντες καὶ τὰς ψυχὰς κατασεισθέντες, κατόπιν τοῦ βασιλέως ἐβάδιζον, ἀφέντες τοὺς τόπους ἐκείνους ὧν τὴν φυλακὴν ἐπετράπησαν ἕως κατὰ μικρὸν εἰς τοὺς εἰρημένους Ἀνθίας κατήντησαν. Ἔνθα τῶν πολεμίων φανέντων ἐξ οὐραγίας, μηδὲν εὐγενὲς καὶ ἄξιον λόγου φρονήσαντες, αἰσχρὰν τὴν φυγὴν καὶ πρὸ τοῦ ἀγωνίσματος εἵλοντο· καὶ περιχυθέντες τὸν Ταῦρον, οἱ μὲν ἐκ ποδός, οἱ δὲ διὰ τῶν ἵππων, ἀποσκεδασθέντες, εἰς τὴν Κελεσίνην κατήντησαν, τῶν πολεμίων πάσης τῆς τούτων κυριευσάντων ἀποσκευῆς καί τινων ὀλίγων ὅσοι τῆς φυγῆς τὴν ἐπιτομωτέραν ἑαυτοῖς οὐκ ἐπραγματεύσαντο.

16 Ταῦθ᾽ οὕτω συμβεβηκότα πολὺν ἐνῆκαν τῷ βασιλικῷ στρατοπέδῳ καὶ αὐτῷ τῷ βασιλεῖ τὸν ἐναγώνιον θόρυβον, τὸ μὲν τῇ τῶν οἰκείων ἥττῃ σκυθρωπάσασιν οὐ μικρῶς, τὸ δὲ καὶ τὴν τῶν ἐναντίων ἐπιφορὰν προσδοκήσασιν, ὡς ἂν φυσηθέντων ἐκ τῆς παλιντρόπου ταυτησὶ νίκης καὶ δυναμένων τῷ ὑπολελειμμένῳ πλήθει δι᾽ ἐρήμωσιν τοῦ κρατίστου μέρους ἐπιθέσθαι πρὸς πόλεμον. Καὶ ἦν οὐκ ἀπὸ τρόπου τὸ προσδοκώμενον καὶ γέγονεν ἂν τοῦτο, εἰ μὴ ὁ Ταῦρος τὸ ὄρος ἀπήντησε τούτοις, ὑψηλὸς ὢν κατὰ πολὺ καὶ τραχὺς καὶ | δυσδιεξόδευτος καὶ κρημνώδης καὶ δυνάμενος στρατὸν διασκεδάσαι καὶ παραστῆσαι ἀσύντακτον καὶ τὰς ὁπλὰς ἐπιτρῖψαι τῶν ἵππων, ὅπερ καὶ ἐφ᾽ ἡμῶν προσυμβέβηκε, καὶ ἡ τοῦ βασιλέως φήμη περιδεεῖς αὐτοὺς

For the Romans were already obsessed with fear of the Turks, since they had been separated from the emperor and the rest of the host and exposed to the assaults of the enemy, their tricks, and their hostile demonstrations. Thus filled with terror and stricken in their souls, they marched after the emperor, abandoning those places which they had been entrusted to defend and, in a short while, arriving at the aforementioned place Anthiai. There the enemy appeared behind them and they did nothing noble or memorable but chose shameful flight without even putting up a fight. They scattered around the Tauros, some on foot, some on horseback, and so arrived in disorder at Kelesine. The enemy seized all their equipment as well as some soldiers who had not managed to run away fast enough. 15

This turn of events filled the imperial army and the emperor himself with great consternation. On the one hand they were deeply saddened at the defeat of their own men, while on the other they expected the enemy to attack, thinking they would be puffed up after such a victory that reversed the balance and would be quite capable of attacking the remaining army that was now deprived of its strongest part. Such an expectation was not unfounded and it would have happened had Mount Tauros not blocked them, for it is very high, rugged, [135] trackless, precipitous, and able to cause an army to disperse and fall into disorder as well as to wear out the hooves of the horses, which is in fact what had already happened to us. Also, the reputation of the 16

ἀπειργάσατο. Διὰ ταῦτα καὶ τὴν μὲν ὁρμὴν τοῖς ἐναντίοις ταυτὶ διεκώλυσεν, ὀπισθόρμητοι δὲ γενόμενοι μεθ᾽ ἧς ἐκράτησαν λείας ἐπὶ τὸ δυτικὸν μέρος, ἄνωθεν τῆς Μελιτηνῆς διαπεραιωθέντες τὸν Εὐφράτην, εὐθὺ τοῦ θέματος Καππαδοκίας κατὰ τὸ εἰθισμένον αὐτοῖς ἀκρατῶς ἤλαυνον, καταληϊζόμενοι μὲν τὸ προστυχὸν ἐξεφόδου, ἐφορμῶντες δὲ πανστρατιᾷ κατὰ τῆς τοῦ Ἰκονίου πολιτείας· ἦν γὰρ τότε πλήθει τε καὶ μεγέθει ἀνδρῶν τε καὶ οἰκιῶν καὶ τῶν ἄλλων χρηστῶν καὶ ζηλωτῶν διαφέρουσα καὶ ζώων παντοδαπῶν γένη τρέφουσα.

17 Προσκαρτερήσας δ᾽ ὁ βασιλεὺς εἰς Κελεσίνην ἐφ᾽ ᾧ τοὺς διασωθέντας εἰς τὴν παρεμβολὴν ὑποδέξασθαι, ἵνα μὴ καταλαμβανόμενοι σποράδες ἐξ ἐρήμης ὑπὸ τῶν Ἀρμενίων ἀπόλωνται, κατόπιν τῶν ἐναντίων ἐν τῷ ὑποστρέφειν ἐγένετο, ἐπεὶ καὶ κρίσιν ἐπέστησε μεταξὺ τοῦ λαοῦ καὶ τοῦ στρατηγοῦ, εἰ καὶ οὐδὲν κατ᾽ οὐδενὸς ἀπεφάνθη, ψηφισαμένων μὲν διάφορά τινων καὶ γνωματευσάντων· ἐμοῦ δὲ καταγνόντος διὰ προπέτειαν καὶ ἀμφοτέρων ἐν ἀμφοτέροις ἀσθένειαν ὅτι πλὴν τοῦ βασιλέως οὐδέν ἐστι τὸ συνιστῶν τοῖς Ῥωμαίοις τὸν πόλεμον, εἰ μή που δεήσει πρὸς ἀλλήλους ἐριστικῶς διαμάχεσθαι.

18 | Μέλλοντος οὖν τοῦ βασιλέως διὰ τοῦ καλουμένου πολιχνίου Κεράμου πρὸς τὰς ὄχθας τοῦ Εὐφράτου μέχρι Μελιτηνῆς τὸν οἰκεῖον διαβιβάζειν στρατόν, ἀσύμφορον πάλιν τοῦτο αὐτὸς προπετευσάμενος ἐξεφώνησα, ὡς μὴ ἀναγκαῖον ὂν τῶν τοιούτων μερῶν φροντίζειν ἡμᾶς προηρημωμένων ὄντων καὶ περιῃρημένων πᾶσαν τὴν εὐκοσμίαν αὐτῶν ἐκ διαφόρων ἐπιδρομῶν, ἀφ᾽ ὧν καὶ σπάνις

emperor made them hesitant. All of these reasons, then, kept the enemy from making a direct attack. Instead, with the plunder they had seized they turned back to the west, crossing the Euphrates above Melitene. Immediately, in their usual manner, they simply marched into the *thema* of Kappadokia, pillaging along the way with sudden raids and attacking in full strength the city of Ikonion. For at that time it had a large population, many houses, and other great and enviable qualities as well as animals of every kind.

The emperor waited in Kelesine to receive the survivors 17
within the camp, so that they might not be caught wandering about in small groups in the wilderness and be killed by the Armenians. He turned to pursue the enemy as they withdrew, but first he sat in judgment over the army and the general, though no decision was handed down against anyone, as everyone supported a different position and various opinions were expressed. I, however, condemned both of them for rashness and weakness in both matters, given that, apart from the emperor, there is nothing that will get the Romans set for war except when they may have to fight against one another.

[136] Now the emperor intended to march his own army 18
through the town of Keramos to the banks of the Euphrates as far as Melitene, but I intervened and loudly stated that this too was not in our interests. There was no need for us to be concerned with those regions since they were already laid waste and had lost their good qualities because of various incursions. Because of this the army would encounter a

ὀλεθρία συναντήσει καὶ κατατήξει τὸ στράτευμα καὶ ἅμα χρονίσει διὰ στενωπῶν τοσούτων βαδίσαι μέλλον, καθ' ἓν τῶν ὑποζυγίων ἠναγκασμένων καὶ τῶν ἀνθρώπων διέρχεσθαι. Καὶ τούτου μελήσειν ἐξεῖπον εἰκός, ὅπως ὡς τάχιστα τοῖς ἀπαθέσι καὶ ἔτι τὴν σύστασιν ἔχουσι θέμασιν ἐπιστῶμεν κἀκεῖνα τῆς τῶν ἐναντίων διατηρήσωμεν λώβης.

19 Ταύτης οὖν τῆς γνώμης κεκρατηκυίας, διὰ τῆς Κολωνείας καὶ τῶν Ἀρμενιακῶν θεμάτων μέχρι Σεβαστείας ὁ βασιλεὺς σὺν τῷ στρατεύματι διελήλυθεν, ἐκεῖσε δὲ μεμαθηκὼς ὡς οἱ Τοῦρκοι προῄεσαν ἐπὶ Πισιδίαν καὶ Λυκαονίαν ἐλαύνοντες καὶ ὡς εἰς σκοπὸν ἀποτεινόμενοι τὸ Ἰκόνιον, ὥρμησε καὶ αὐτὸς κατ' οὐρὰν ἐλαύνειν αὐτῶν μέχρι τῆς λεγομένης τοῦ Ἡρακλέος κωμοπόλεως. Ἐνταῦθα δὲ μεμαθηκὼς ὡς οἱ Τοῦρκοι τὴν τοῦ Ἰκονίου πολιτείαν καταστρεψάμενοι, χρονίσαι ταύτῃ οὐκ ἀπεθάρρησαν, δεδιότες τὴν τοῦ βασιλέως κατ' αὐτῶν ἐπιδίωξιν, ἀπόμοιραν μέν τινα τῶν ταγμάτων εἰς Κιλικίαν ἐξέπεμψεν ἑνωθησομένην τῷ τῆς Ἀντιοχείας | δουκὶ τῷ Χατατουρίῳ, ἀνδρὶ γενναίῳ καὶ πολλὰ ἐπιδειξαμένῳ τῆς ἀρετῆς αὐτοῦ τὰ γνωρίσματα πρότερον, προδεξαμένῳ δὲ παρὰ τοῦ βασιλέως εἰς Μοψουεστίαν ἀπαντῆσαι ὡς τάχος καὶ τοῖς Τούρκοις ἐκεῖθεν παροδεύουσι συμμῖξαι πολεμικῶς, ἅτε καὶ τῶν ἐν τοῖς ὀρεινοῖς τῆς Σελευκείας κατοικούντων Ἀρμενίων προδιορισθέντων ἐν τοῖς στενωποῖς τοὺς Τούρκους καταδραμεῖν καὶ κακῶσαι κατὰ τὸ ἐγχωροῦν.

20 Καὶ γὰρ τὴν ἐπάνοδον δείσαντες οἱ πολέμιοι διὰ τὸ πυθέσθαι περὶ τῆς τοῦ βασιλέως ἐπιδημίας, διὰ τῶν τῆς Σελευκείας ὀρῶν ἐπορεύθησαν καὶ εἰς τὴν τῆς Ταρσοῦ

disastrous scarcity and hunger and would, moreover, be delayed by having to pass through those narrow passes in which both pack animals and men would have to proceed in single file. I added that we should be concerned to proceed as quickly as possible to those *themata* which had not suffered harm and were still intact, so that we could keep them secure from damage at the hands of the enemy.

This view prevailed, and the emperor together with the 19
army traversed Koloneia and the Armeniac *themata* as far as Sebasteia. There he learned that the Turks had ridden on ahead as far as Pisidia and Lykaonia and that their objective was to reach Ikonion. He rode rapidly on their tail as far as the town called Herakleia. There he found out that the Turks who had ravaged the city of Ikonion did not dare to remain there, for they were afraid of being pursued by the emperor. He then sent several units into Kilikia to join up with the *doux* of Antioch, [137] Chatatourios, a noble man who had in the past given much proof of his valor. He had previously been ordered by the emperor to march to Mopsouestia as quickly as possible and to attack the Turks there as they were passing through that region. For the Armenians living in the mountainous parts of Seleukeia had also previously been ordered to charge down upon the Turks in the narrow passes and to inflict as much damage as they could upon them.

Indeed, the enemy was fearful about their return because 20
of what they learned of the emperor's line of march, and so they rode through the mountains of Seleukeia to the valley

πεδιάδα κατηκοντίσθησαν. Ἔνθα παρὰ τῶν Ἀρμενίων συγκυρηθέντες τὴν λαφυραγωγίαν πᾶσαν σχεδὸν ἀπέβαλον, αὐτοὶ δὲ διασωθέντες μοχθηρῶς ἐπέτεινον τὸν δρόμον ἐφ᾽ ᾧ διελθεῖν δι᾽ ὅλης τῆς Κιλικίας καὶ εἰς τὰ τοῦ Χάλεπ προσμῖξαι ὅρια. Προεντυχόντες δ᾽ ἀλλήλοις οἵ τε παρὰ τοῦ βασιλέως πεμφθέντες καὶ ὁ τῆς Ἀντιοχείας στρατὸς μετὰ τοῦ δηλωθέντος ἡγεμόνος αὐτῶν ἑώρων τοὺς ἐναντίους κατά τινας μετρίους ἀριθμοὺς προϊόντας, αὐτοὶ κατὰ τὴν πόλιν Μοψουεστίας αὐτοῖς ἐφεδρεύοντες, προέμενοι δὲ τὸν καιρὸν τῆς εἰς αὐτοὺς ἐπιθέσεως προφάσει τοῦ μὴ σποράδας ὄντας αὐτοὺς διασκεδασθῆναι ποιήσωσι καὶ περιμείναντες ἕως ἂν ἐπὶ παρεμβολῆς ἀθροισθῶσι, μεγάλης νίκης καὶ στρατηγίας ἀπέτυχον. Μαθόντες γὰρ οἱ πολέμιοι ἐξ ἑαλωκότων τινῶν τὴν εἰς Μοψουεστίαν τῶν Ῥωμαίων συνάθροισιν, μηδὲ μικρὸν ἐγχρονίσαντες | καὶ διαναπαύσαντες ἑαυτοὺς εἰς ἣν τεθείκασιν ἐν τῇ Βλατιλιβάδι παρεμβολήν, ᾤχοντο διὰ τῆς νυκτὸς ὑπερβάντες τὸ Σαρβανδικὸν ὄρος καὶ εἰς τὰ τοῦ Χάλεπ ἐπελάσαντες ὅρια.

21 Ἀπρακτησάντων οὖν τῶν ἐν Μοψουεστίᾳ καὶ μὴ εὑρηκότων τοὺς ἐναντίους εἰς ὅπερ ἤλπισαν καταγώγιον, ἀνία μὲν κατέσχε τὸν βασιλέα πυθόμενον. Ἐπεὶ δὲ καὶ αὐτὸς μικρὸν ἄποθεν τῆς ἐν Σελευκείᾳ Κλαυδιουπόλεως καταστὰς περὶ τῆς τῶν πολεμίων ἐμεμαθήκει φυγῆς, ὀπισθόρμητος γέγονεν, εὐθὺς μὲν τῆς βασιλευούσης ὡς καὶ τοῦ μετοπώρου προϊόντος κατεπειγόμενος, ἕτερον δὲ λαὸν εἰς τὰ κατόπιν καταλιπὼν διὰ τὸ καὶ ἑτέρους Τούρκους καταληΐζεσθαι τὴν ῥωμαϊκὴν γῆν κατὰ φατρίας καὶ μοίρας

of Tarsos where they were met by the Armenians who shot them down with spears. They abandoned almost all their booty, saving themselves, and with difficulty continued their journey, riding through the whole of Kilikia until they reached the frontier of Aleppo. In the meantime the soldiers sent by the emperor and the army from Antioch under their aforementioned leader had joined forces. They noticed that the enemy was proceeding in moderately sized units and so they lay in wait for them near the city of Mopsouestia. But they missed the opportunity to attack them on the excuse that if they did so they might disperse these scattered units even further. So they stayed there until the enemy could be assembled in an encampment and thereby they missed gaining a great military victory. For when the enemy found out from some captives that the Romans had gathered at Mopsouestia, they wasted no time [138] resting at the camp that they had set up at Vlatilivadi, but rather crossed Mount Sarvandikon during the night and marched on to the borders of Aleppo.

The emperor was disappointed to learn that those in Mopsouestia accomplished nothing and did not catch the enemy in the place where they had hoped. But since he was camped not far from Klaudioupolis in Seleukeia when he learned of the enemy's escape, he turned back and hastened directly back to the Reigning City, for it was already autumn. But he left some soldiers behind because other Turks, divided into clans and bands, were raiding through Roman 21

διαιρουμένους καὶ κατατρέχοντας καὶ τὸ προστυχὸν ἀφανίζοντας. Εἰσιόντος οὖν τοῦ βασιλέως ἐν Κωνσταντινουπόλει, ἐπ᾽ οἴκου καὶ τὸ λοιπὸν τοῦ στρατεύματος γέγονε καὶ τὸ ἔτος ἐτελεύτα ἐκεῖνο, ἰνδικτιῶνος ἐνισταμένης ὀγδόης τοῦ ςφοη΄ ἔτους, ὅτε καὶ τὸ μέγιστον ἱερὸν τῶν Βλαχερνῶν ἕως ἐδάφους ἐπυρπολήθη.

19

Ἐπεὶ δὲ τὸ ἔαρ ὑποφαίνεσθαι ἤρξατο, ἐσκέψατο τῇ βασιλίδι παρεῖναι ὁ βασιλεὺς καὶ τὴν ἡγεμονίαν τοῦ στρατοῦ πρὸς τὴν ἑῴαν ἑνὶ τῶν προεχόντων ἐμπιστεῦσαι Ῥωμαίων. Προκρίνας οὖν Μανουὴλ πρωτοπρόεδρον τὸν Κομνηνὸν καὶ τῷ τοῦ κουροπαλάτου τιμήσας ἀξιώματι, στρατηγὸν τοῦ πολέμου καὶ ἀρχηγὸν τοῦ στρατεύματος ἀποδείκνυσι. Τὸ δ᾽ | ἐντεῦθεν τὰ προσάντη καὶ δυσχερῆ τῇ Ῥωμαίων βασιλείᾳ συνήντησεν.

2 Ἐξιὼν οὖν ὁ προβεβλημένος εἰς τοῦτο, εἰ καὶ νέος τὴν ἡλικίαν ἐτύγχανεν, ἀλλά γε πεπλανημένον οὐδὲν οὐδ᾽ ἀπαγὲς καὶ μειρακιῶδες ἐνεργῶν κατεφαίνετο, πολὺν δὲ λόγον ποιούμενος τῶν εἰκότων, τάς τε δυνάμεις συνηθροίκει καὶ τῇ Καισαρέων πασίρρωμος ἐπεφοίτησεν, οὐ

territory, plundering and destroying everything in their path. The emperor entered Constantinople and the rest of the army dispersed to their homes. So that year came to an end, the eighth indiction of the year 6578,[196] when also the great shrine of Blachernai burned to the ground.

Chapter 19

Manuel Komnenos's eastern campaign (1070)

At the beginning of spring the emperor decided to remain in the Imperial City and to entrust the command of the army in the east to one of the most prominent Romans. He therefore designated the *protoproedros* Manuel Komnenos,[197] upon whom he also bestowed the dignity of *kouropalates,* as general for the war and commander of the army. From [139] this time on the empire of the Romans was beset with adversities and difficulties.

The newly appointed commander departed to perform 2
his task and, even though he was young in years, his actions were not ill-conceived, weak, or juvenile. He thought hard about what needed to be done, assembled his forces, and in full strength arrived at Kaisareia. He not only saw to the

μόνον τὰ τοῦ στρατοῦ καθιστῶν ἀλλὰ καὶ τῆς εὐνομίας προσηκόντως φροντίζων καὶ τοὺς ἀδικοῦντας τῶν στρατιωτῶν ἐκτίσει καὶ προστίμοις τῆς ἀτασθαλίας καθυποβάλλων. Πολέμοις δέ τισιν ἐντυχὼν νικητὴς ἀναπέφηνε καὶ τὴν περὶ αὐτοῦ εὐδοξίαν ἤδη πλατύνειν καὶ μεγαλύνειν διηγωνίζετο. Ἀλλ' ὁ κρατῶν ταυτὶ τὰ προτερήματα πυνθανόμενος εὐθυμεῖν μὲν ἐῴκει, ἐνθυμεῖσθαι δέ τι παρὰ τὴν ὁρωμένην ὄψιν οὐκ εἶχέ τις ἀντειπεῖν. Ὅμως δ' οὖν ἵνα τὴν τῆς Ἱεραπόλεως πολιορκίαν ἀποσοβήσῃ καὶ τὴν πιέζουσαν τοὺς ἔνδον σιτοδείαν παραμυθήσηται, μοῖραν οὐκ ἐλαχίστην τοῦ στρατοπέδου ἀποτεμόμενος ἐκεῖσε κατὰ Συρίαν ἀπελθεῖν διωρίσατο καὶ τοῦτον τὸν τρόπον τῆς ἐκ τούτων ἰσχύος τὸν στρατηγὸν ἀπεστέρησεν. Εἰς δὲ Σεβάστειαν παραγενομένου τούτου μετὰ τῶν ὑπολελειμμένων δυνάμεων καὶ περὶ τὸ ἄστυ στρατοπεδεύσαντος, ἐπῆλθέ τις πληθὺς οὐννικὴ πόλεμον τούτῳ καὶ μάχην ἀναρριπίζουσα. Ἐξιόντος δ' αὐτοῦ, συνέστη μὲν καρτερὰ διαμάχη, | φαντασίαν δὲ φυγῆς δεδωκότων τῶν ἐναντίων, οἷα τὰ τούτων μηχανήματα καὶ συνθήματα, ἐπεὶ διασκεδασθέντες οἱ Ῥωμαῖοι ἐδίωκον, ὑποστροφῆς αἰφνιδίου εὐθὺς γενομένης ἐκείνων, παλίντροπος ἡ συμπλοκὴ γέγονε καὶ πολλοὶ μὲν ἑάλωσαν, πλείους δὲ μαχαίρας ἔργον γεγόνασι, συνεάλω δὲ τοῖς ἄλλοις καὶ αὐτὸς ὁ τοῦ πολέμου τὴν στρατηγίαν ἐπέχων. Σὺν τοῖς ἄλλοις δὲ καὶ αὐτῆς τῆς παρεμβολῆς παράστασις καὶ διασκύλευσις γέγονεν καὶ εἰ μὴ τὸ ἄστυ πλησίον ὂν τοὺς πλείστους διέσωσε, πανστρατιᾷ ἐκινδύνευσεν ἂν ἡ τῶν Ῥωμαίων ἡλικία πᾶσα ὅση πρὸς τὴν ἐνταῦθα ἐκστρατείαν συνέδραμε.

needs of the army but was also properly concerned about the observance of the laws, and so he subjected soldiers who broke the laws to punishments and fines for their misbehavior. He was victorious in some battles and was already ambitious to increase and spread his own reputation. The sovereign, however, on learning of these triumphs certainly seemed to rejoice, but whether he was thinking something other than what appeared on the surface nobody could tell. Nonetheless, to relieve the siege of Hierapolis and to bring some relief to the people inside who were suffering from lack of food, he separated off a sizable unit of the army and ordered it to head for Syria; in this way he deprived the general of their strength. The latter came to Sebasteia with his remaining forces and camped near the town, where a large force of Huns came upon him and provoked him to fight. He did come out and a fierce battle ensued. [140] Finally, the enemy made believe that they were retreating, one of their usual tricks and stratagems, and while pursuing them the Romans became scattered. Suddenly, the enemy turned back and attacked, and the tide of battle was reversed. Many were captured and many more cut down by the sword, and among the prisoners was the commander of the army himself. In addition to this, they also charged in to pillage the camp and, had the town not been close by and able to provide refuge for most of the soldiers, all the Roman youth who had gone on that expedition would have run the risk of utter annihilation together with the entire army.

3 Τῆς φήμης δὲ ταύτης καταλαβούσης τὸν βασιλέα, πολλή τις ἀνία κατέσχε καὶ αὐτὸν καὶ ὅσοι τὰ Ῥωμαίων φρονοῦντες ἐτύγχανον. Οὔπω δὲ τὰ τῆς φήμης παρήκμασε καὶ αὖθις ἑτέρα ἐπῆλθε τοὺς Τούρκους ἀπαγγέλλουσα τὴν ἐν Χώναις πολιτείαν καὶ αὐτὸν τὸν περιβόητον ἐν θαύμασι καὶ ἀναθήμασι τοῦ Ἀρχιστρατήγου ναὸν καταλαβεῖν ἐν μαχαίρᾳ καὶ φόνου μὲν ἅπαντα τὰ ἐκεῖσε πληρῶσαι καὶ λύθρου, πολλὰς δὲ ὕβρεις τῷ ἱερῷ ἐμπαροινηθῆναι. Καὶ τὸ δὴ σχετλιώτερον μὴ τὰς τοῦ χάσματος σήραγγας ἐν ᾧπερ οἱ παραρρέοντες ποταμοὶ ἐκεῖσε χωνευόμενοι διὰ τῆς τοῦ Ἀρχιστρατήγου παλαιᾶς ἐπιδημίας καὶ θεοσημίας, ὡς διὰ πρανοῦς ἀστατοῦν τὸ ῥεῦμα καὶ λίαν εὔδρομοῦν ἔχουσι, τοὺς | καταφυγόντας διατηρῆσαι καὶ ὑπαλύξαι τὸν κίνδυνον μελετῆσαι, ἀλλ' ὅπερ οὐ γέγονέ ποτε, πλημμυρῆσαι τὸ ὕδωρ καὶ οἷον ἀναρροιβδῆσαι καὶ ἀνερεύξασθαι καὶ πάντας ἄρδην τοὺς καταπεφευγότας κατακλῦσαι καὶ διὰ ξηρὰς ὑποβρυχίους ὑποποιήσασθαι.

4 Ταῦτα τοιγαροῦν ἐπιδιηγηθέντα πολλὴν ἐνῆκαν τὴν ἀθυμίαν ἡμῖν, ὡς ἐκ θεομηνίας τῶν δεινῶν ἐπισυμβαινόντων καὶ μὴ μόνον τῶν πολεμίων ἀλλὰ καὶ τῶν στοιχείων ἀντιμαχομένων τοῖς καθ' ἡμᾶς. Ἀλλὰ καὶ ὢς ἐδοκίμαζε μὲν καὶ οἷον ἐσφάδαζεν ὁ κρατῶν διαπεραιωθῆναι μετὰ τῶν περιόντων αὐτῷ στρατιωτῶν καὶ τοῖς κατὰ τὴν ἑῴαν παραβοηθῆσαι κατὰ τὸ δυνατόν, ἀπείργετο δὲ τοῖς τε συμβούλοις καὶ τῇ ἀγνοίᾳ τοῦ πλήθους τῶν ἐναντίων καὶ τῇ περικοπῇ τῶν μετὰ τοῦ κουροπαλάτου δυνάμεων, ὅθεν καὶ ἄκων τοῖς βασιλείοις ἐπέμεινεν.

5 Ἡμερῶν δὲ διαγενομένων τινῶν, ἑτέρα τις φήμη τὸν

When news of this reached the emperor, he and everyone else who had the interests of the empire at heart were greatly disappointed. Even before this news became widely known, they heard more tidings to the effect that the Turks had taken by storm the city of Chonai and the very shrine of the Archgeneral, famous for its miracles and dedications,[198] and that they had filled the place with slaughter and filth, and polluted the church with many outrages. Worst of all was this: the channels in the cavern that, ever since the ancient visitation and divine manifestation of the Archgeneral, funnel the rivers flowing past that area whose current is precipitous, turbulent, and swift, failed to [141] protect the refugees who sought to escape from the danger in them. Instead—and this had never happened before—the water flooded, was then sucked down, and again disgorged. It drowned almost all the fugitives, submerging them under water even though they were on land. 3

The news of this greatly depressed us, for it was as though these disasters were being caused by divine anger. Not only the enemy but the very forces of nature seemed to be fighting against us. Nonetheless, the ruler was considering the idea, in fact he was chafing, to cross over with the soldiers he had with him and do all he could to aid those in the east. But he was held back by his advisers, by lack of information regarding the numbers of the enemy, and by the fact that the forces with the *kouropalates* had been decimated. Unwillingly, then, he stayed in the palace. 4

Several days later another report revived the spirits of the 5

βασιλέα καὶ τὸ Ῥωμαϊκὸν ἀνεκτήσατο, ἦν γὰρ ὅτι ὁ τῶν Τούρκων ἡγούμενος καὶ καταπολεμήσας τὸ ἡμέτερον στράτευμα καὶ τὸν στρατηγὸν ὑποχείριον ποιησάμενος, ὃν πολλῶν ταλάντων πρίασθαι οἱ τοῦ γένους αὐτοῦ παρεσκεύασαν, προσέρχεται τῷ βασιλεῖ μόνος μετὰ τοῦ στρατηγοῦ, φιλῶν οἰκέτης μᾶλλον εἶναι τοῦ βασιλέως ἢ στρατάρχης τῶν Οὔννων γνωρίζεσθαι. Καὶ ὁ λόγος εἰς ἔργον ἐκβέβηκεν, ἐλήλυθε γὰρ ἔχων μεθ᾽ ἑαυτοῦ τὸν εἰρημένον τοῦ στρατοῦ προεξάρχοντα, ὃς καὶ τῇ | βασιλίδι ἐπιδεδήμηκε τὸ οἰκεῖον πλῆθος καταλιπὼν καὶ τὴν αὐτομολίαν αἱρετισάμενος ἀπροαίρετον. Καὶ ἡ αἰτία, ὅτιπερ ὁ σουλτάνος ὁ τῆς Περσίας κρατῶν δυσμενῶς ἔχων πρὸς τοῦτον ὡς ἀποστάτην, στρατιὰν κατ᾽ αὐτοῦ καὶ ἀγελάρχην ἀπέστειλεν, ὧν τῷ φόβῳ κατασεισθείς, οὐκ ἄλλως διαδρᾶναι τὸν κίνδυνον διεσκόπησεν ἢ τῷ προσφυγεῖν τῷ βασιλεῖ τῶν Ῥωμαίων, ὃ δὴ καὶ κατὰ νοῦν αὐτῷ προκεχώρηκεν. Ὑπεδέχθη μὲν γὰρ καὶ ἀσινὴς τῷ οἴκῳ τοῦ διασωθέντος παρ᾽ αὐτοῦ κουροπαλάτου προσεδέχθη, ὁ δὲ βασιλεὺς οὐκ εὔθετος αὐτῷ κατεφάνη, μὴ κατ᾽ ὄψιν αὐτὸν ἀγαγὼν δι᾽ ἡμερῶν οὐκ ὀλίγων· εἶτα τῆς συγκλήτου συνάθροισιν μετὰ τῆς συνήθους λαμπροφορίας ποιησάμενος, ὁρᾷ τοῦτον ἐν τῷ Χρυσοτρικλίνῳ περὶ τὴν τοῦ ἡλίου ἐπιτολήν. Τότε δὲ πάντες οἱ συνιόντες καὶ τὸ διανοητικὸν εἴτ᾽ οὖν αἰσθητικὸν ἰσχυρότερον ἔχοντες ἐπὶ μεῖζον τὴν φωνὴν ἦραν καὶ τὸ πάθος ἐξῆραν ὡς τὸ εἰκός, νέος μὲν γὰρ ἦν ὁ φανείς, πυγμαῖος δὲ τὴν ἡλικίαν σχεδόν, τὴν ὄψιν Σκύθης καὶ ἄχαρις, ἐπειδὴ τοῦτο τὸ γένος ἐκ Σκυθῶν καὶ τῆς ἐκείνων κακοηθείας καὶ δυσμορφίας κατάγεται. Τιμήσας

emperor and all the Romans. It was that the leader of the Turks who had defeated our army and captured our general,[199] whom his own people were prepared to ransom for many talents, had of his own accord decided to join the emperor and was bringing the general along with him. He would rather be known as a servant of the emperor than grand commander of the Huns. And the report was confirmed, for he arrived here bringing with him the aforementioned commander of the army. He [142] came to the Imperial City having left behind his own forces and made his decision to change sides, though it was not fully voluntary. The reason was that the sultan governing Persia was ill-disposed toward him as though he were a traitor, and had sent out one of his captains with an army against him.[200] He was seized with fear and could think of no other way of escaping the danger than to seek refuge with the emperor of the Romans. And things worked out as he intended. He was received unharmed and was welcomed in the house of the *kouropalates* whom he had saved, though the emperor was not kindly disposed toward him and did not bring him into his presence for many days. Finally, with the customary magnificence he convoked the Senate and saw him in the Chrysotriklinos[201] about sunrise. Then everyone present, whether they were of the more intelligent lot or more perceptive, raised their voices and loudly expressed their feelings, as might be expected. For the man who appeared before them was young but almost a pygmy in height, and his face was that of a Skythian and ugly because this people are of Skythian ancestry and have inherited their depravity and deformity. The

δὲ τοῦτον ὁ βασιλεὺς πρόεδρον καὶ συμβαλέσθαι τοῦτον πρὸς τὴν κατὰ τῶν Τούρκων ἐκστρατείαν οὐ μικρῶς οἰηθείς, ἐξ ἐκείνου διεῖπεν αὐτόν.

20

Καὶ τὴν ἐν τῇ βασιλευούσῃ παραχειμασίαν τελέσας, κατάλογον στρατιωτῶν ἐπεποίητο καὶ διαπεραιωθεὶς ἄρτι | τοῦ ἔαρος ὑπανοίγοντος περὶ αὐτὴν τὴν ἡμέραν τῆς ἐπισήμου λεγομένης Ὀρθοδοξίας, ἐν ᾗ φυλοκρινεῖν τοὺς αἱρετικοὺς ἀπὸ τῶν ὀρθοδόξων καὶ ἀναθέματι καθυποβάλλειν τοὺς ἑτεροδόξους τῇ ἐκκλησίᾳ νενόμισται, εἰς τὰ τῶν Ἡρίων παλάτια κατὰ τὸ ἔθος προσώρμησε, τῇ πρὸ αὐτῆς ἡμέρᾳ τὴν ἐτησίαν φιλοτιμίαν τὴν λεγομένην ῥόγαν τοῖς μεγιστᾶσι τῆς βουλῆς καταθέμενος.

2 Διαπεραιουμένου δ' αὐτοῦ τὸν Χαλκηδόνιον πορθμόν, περιστερά τίς ποθεν ἱπταμένη οὐ πάνυ τι λευκή, πρὸς τὸ μέλαν δὲ τὸ πλεῖστον αὐτῆς ὑποφαίνουσα τὴν φέρουσαν τὸν βασιλέα νῆα ἐπήρχετο, ἕως εἰς αὐτὸν ἐκεῖνον καθεσθεῖσα χερσὶ ταῖς αὐτοῦ προσερρύη. Κἀκεῖνος ταύτην τῇ

emperor honored him with the title of *proedros* and, thinking that he would have a great deal to contribute to the campaign against the Turks, he spent much time in conversation with him.

Chapter 20

Romanos IV Diogenes' third eastern campaign (1071) and the Battle of Mantzikert

Having spent the winter in the Reigning City, the emperor called up the soldiers and crossed over at the very [143] beginning of spring, on the day designated as that of Orthodoxy,[202] on which it is customary for the Church to distinguish the heretics from the Orthodox and subject the heterodox to anathema. As usual, he went to the palace of Hieria, having on the previous day carried out the annual distribution of gifts, called the *roga,* to the leaders of the Senate.

While he was crossing the straits of Chalkedon, a dove happened to fly overhead. It was not completely white, but most of its appearance was dark, and it approached the ship bearing the emperor, finally coming to rest right in his hands. He sent the dove to the empress, who, contrary to 2

βασιλίδι ἀνέπεμψε, περὶ αὐτὰ τὰ ἀνάκτορα τῆς Πόλεως παρὰ τὸ εἰωθὸς ἐπιμεινάσῃ. Τοῦτο δὲ σύμβολον ἐδόκει μελλούσης τινὸς ἀποβάσεως, οὐκ ἰσότητος δὲ καὶ ὁμοφωνίας τοῖς τοῦτο συμβάλλουσιν ἐδίδου παράθεσιν, ἀλλ' οἱ μὲν πρὸς τὸ κρεῖττον, οἱ δὲ πρὸς τὸ χεῖρον τὴν ἔκβασιν προεσήμαινον. Ἡ δὲ βασιλίς, εἰ καὶ ἀμφίβολος τῷ βασιλεῖ καὶ ἀσύμβατος ἦν ἐν τῇ προπομπῇ καὶ οἷον ἀμφήριστος ἔκ τινων τοῖς συνοικοῦσιν ἐπισυμβαινουσῶν θρύψεων, ἀλλά γε τῇ πρὸς τὸν ἄνδρα στοργῇ καταπονηθεῖσα, πρὸς τοῦτον εἰς τὴν ἐπιοῦσαν διεπεπεραίωτο· καὶ πρὸς ἡμέρας τινὰς καρτερήσασα καὶ τὸν συντακτήριον λόγον καὶ τρόπον ἀποσεμνύνασα, νόστου τε ἐμνήσθη κἀκεῖνον εἰς τὴν ἑῴαν μετὰ τῶν εἰωθότων προπεμπτηρίων ἀπέλυσεν.

3 | Ἔσχεν οὖν κἀνταῦθα καινόν τινα καὶ παρὰ τὸ εἰθισμένον ἡ τοῦ βασιλέως διαπεραίωσις ὅρμον, οὐ γὰρ ἐν ταῖς Πύλαις καὶ τοῖς βασιλείοις δόμοις ὁ βασιλεὺς προσωρμίσατο, οὐδ' ἐν Νεακώμῃ χωρίῳ τινὶ χωρητικῷ βασιλικῆς δορυφορίας ἢ ὑπατείας, ἀλλ' εἰς Ἑλενόπολιν αὐτῷ τὸ σύνθημα τῆς ἀποβάσεως γέγονεν, ὅπου καὶ ἡ βασίλειος σκηνὴ προδιωρίσθη καὶ προεπήγνυτο, Ἑλενόπολιν τὴν προδιατεθεῖσαν τοῖς εὔφροσιν ἐκ τῆς προσηγορίας Ἐλεεινόπολιν. Οὐδὲ γὰρ αὐτὸ τοῦτο, τὸ ἀπὸ τῶν Ἠρίων εἰς Ἑλενόπολιν τὸν βασιλέα μεθαρμόσασθαι τὴν ἑῴαν ἀπόβασιν, οἰωνὸς ἀγαθὸς τοῖς ἀκριβοῦσιν ἐδόκει τὰ πράγματα. Καὶ τί γάρ, ἔτι τῆς βασιλείου σκηνῆς ἱσταμένης, κατεαχθὲν τὸ ὑποστηρίζον αὐτὴν ξύλον πεσεῖν ταύτην αἰφνηδὸν παρεσκεύασεν, ὡς μὴ ἀπᾴδειν τῷ τοῦ τόπου ὀνόματι τὴν τοῦ βασιλέως ἐν αὐτῷ ἐπισκήνωσιν; Ἀλλ' ἡ τῶν νῦν ἀνθρώπων

custom, had remained in the City in the palace. This seemed to be a sign of some outcome, but there was no consistency or agreement whatsoever among those who tried to interpret it. Some foretold a good outcome, others a bad one. As for the empress, although she had been ambivalent in her feelings about the emperor and did not escort him when he set out—there was some tension between them as a result of certain delicate matters which occur between married couples—but she was still overcome by love for the man and the next day crossed the straits to join him. She remained with him for several days and solemnized the occasion with a farewell address in the proper manner. She then returned home, letting him go off to the east with the usual farewell solemnities.

[144] This time the emperor sailed across to a different 3
and not customary port, for he did not land at Pylai and the imperial residence there, nor in the Nea Kome, a village which is able to accommodate the imperial guard and retinue. Instead, the orders for the disembarkation were for Helenopolis, where the imperial tent had been sent and pitched. Helenopolis was called Eleeinopolis[203] by people with a sense of humor, a pun on its name. This too, namely the fact that the emperor had changed the place of his disembarkation to the east from Hieria to Helenopolis, seemed not to be a good omen to those who examined matters closely. For what, when the imperial tent had been set up, caused the pole holding it up to break which brought about the tent's sudden collapse? Thus the emperor's stay there was not inconsistent with the name of the place. But the usual stupidity of men today, their bad habits, and their lack

συνήθης ἀβελτηρία καὶ καχεξία καὶ τὸ ἐν τῇ δοκούσῃ πίστει ἄπιστον καὶ ἀσύμβλητον, ἀνάλγητον καὶ τοῦτο καὶ ἀπολυπραγμόνητον εἴασε.

4 Προῄει τοίνυν ὁ βασιλεὺς καὶ τῆς ἑῴας ἀποτέρω προήρχετο ἕως εἰς τὴν τῶν Ἀνατολικῶν λεγομένην ἐπαρχίαν εἰσέβαλε, νῦν μᾶλλον ἤπερ τὸ πρότερον φειδωλίᾳ περὶ πάντας τοὺς ἀμφ' αὐτὸν συνεχόμενος. Ἐάσας οὖν τὸ ἐπὶ πεδίων πυροφόρων κατασκηνῶσαι τῷ περιρρέοντι ταῦτα ποταμῷ | προστιθεμένων, πρός τι ἄναντες καὶ τραχὺ χωρίων τὴν ἰδίαν κατασκήνωσιν ἐποιήσατο, δωματίοις ἐπιστέγοις ἐπιγαννύμενος καὶ φεύγων τὴν ἐκ τῆς σκηνοπηγίας ἐνσκήνωσιν.

5 Ἔνθα δή τι καὶ συνέβη τῶν προτέρων οὐκ ἔλαττον εἰς κακοδαιμονίας οἰώνισμα, πῦρ γάρ ποθεν ἐναχθὲν τοὺς δόμους ἐκείνους ἐν οἷς ὁ βασιλεὺς ἐγκατῴκιστο μετὰ πολλῆς τῆς ἠχῆς ἐξαφθὲν κατενέμετο. Καὶ πολλοὶ μὲν συνέδραμον εἰς τὴν αὐτοῦ κατάσβεσιν καὶ ἀπόπαυσιν, ὀλίγον δέ τι τοῖς βασιλικοῖς παρεβοήθησαν πράγμασιν, οἱ γὰρ τοῦ βασιλέως ἵπποι, ὅσοι τὰ πρῶτα τῶν ἄλλων ἐκέκτηντο, καὶ τὰ τῶν ὅπλων τιμιώτερα καὶ χαλινοὶ καὶ ὀχήματα βρῶσις ὁμοῦ τοῦ πυρὸς γεγόνασι καὶ κατάποσις. Μόλις δ' οὖν ἠδυνήθησάν τινα τῶν ἄλλων ἀποφυγεῖν τὴν τοῦ πυρὸς ἐρωήν. Ἕτεροι δὲ τῶν ἵππων καὶ ἡμιόνων ἡμίφλεκτοι γεγονότες, ἐβάδιζον ἐν τῇ στρατιᾷ, οὐδὲν μὲν λυσιτελὲς παρεχόμενοι, μαρτυρίαν δὲ διεμφαίνοντες τῆς ἐν τοῖς βασιλείοις προσγενομένης κακότητος καὶ τῆς συμβολικῆς ἐν ἅπασι διαθέσεως.

6 Ἀλλὰ ταῦτα μὲν ὕστερον τὸ ἀποτέλεσμα συνεπέραινεν,

of faith in what they seem to believe, and their unwillingness to put two and two together, allowed this too to slide by quietly and not to be scrutinized.

The emperor then proceeded further to the east until he 4
arrived in the province called Anatolikon. More than ever before he was now constrained to be stingy with all those who were in his company. Passing by the opportunity to encamp on plains that were full of wheat along the banks of the river flowing [145] through there, he made his own encampment in a steep and rocky location, pleased with the roofed hovels he found there and avoiding the encampment in which the tents were pitched.[204]

It was there that an omen occurred that presaged ill for- 5
tune no less than any of the previous ones, for somehow fire broke out in those houses in which the emperor was staying, bursting out and spreading with a great crackling. Many ran to extinguish it and put it out but they could not provide much help to the emperor's possessions. For the emperor's horses, which were of the greatest value, the more valuable of his weapons, the bridles, the carriages, all were utterly devoured and consumed by the fire. Some other items barely escaped the rush of the flames, and some other horses and mules wandered about through the host half burned and of no use whatsoever, clear evidence of the disaster which had struck the emperor and proof that everything contains a predictive power.

But the meaning of these things was revealed later. The 6

ὁ δὲ βασιλεὺς διαπεραιωθεὶς τὸν Σαγγάρην ποταμὸν διὰ τῆς τοῦ Ζόμπου καλουμένης γεφύρας ἤρξατο τὰς ὑπολειπομένας συναθροίζειν δυνάμεις, ἦσαν γὰρ οἱ τῆς στρατιᾶς διεσκεδασμένοι κατὰ λόφους καὶ σήραγγας καὶ κρησφύγετά τινα καὶ ἄντρα διὰ προδεδηλωμένην τῶν βαρβάρων ἐπίτασιν. Καταλέξας δ᾽ οὖν ὅσους αὐτῷ βουλομένῳ ἐνῆν, πλείστους δ᾽ | ἀποπεμψάμενος, τῆς εἰς τὰ πρόσω πορείας εὐθυμότερον εἴχετο, διαφόρως ἀποξενῶν ἑαυτὸν τοῦ στρατοῦ εἰς τὰς οἰκείας ἐπαύλεις καὶ κτημάτων ἐπιδείξεις οἰκείων καὶ πολυτελεστέρων οἰκοδομῶν διατάξεις. Διαπεραιωθέντος οὖν τοῦ στρατοῦ τὸν Ἅλυν λεγόμενον ποταμόν, αὐτὸς οὐ συνδιεπεραιώθη τηνικαῦτα αὐτῷ, ἀλλ᾽ εἰς νεοπαγὲς φρούριον ἐκ προστάξεως αὐτοῦ συνοικοδομηθὲν ἐπιμείνας, ἐκεῖσέ τινας ἡμέρας διέτριψεν· εἶτα διαπεραιωθεὶς καὶ αὐτός, κἀν τῇ τοῦ Χαρσιανοῦ ἐπαρχίᾳ τὴν διαίρεσιν ἐκ τοῦ στρατοῦ εἰς κτήσεις οἰκείας συνδιεγράψατο καὶ ἀπ᾽ ἐκείνου ἀδιαίρετος ἦν, τῇ Καισαρέων μὴ προσμίξας τὸ σύνολον ἕως εἰς τὴν λεγομένην Κρύαν Πηγὴν ἐνηυλίσατο. Ἔστι γὰρ ὁ τόπος οὐδενὸς τῶν χρηστῶν τὸ παράπαν ἀπολειπόμενος, τό τε γὰρ ὕδωρ διειδὲς ἅμα καὶ πότιμον καὶ ψυχρότατον, δένδρα τε συνηρεφῆ μετὰ δαψιλοῦς τῆς πόας ἐκτρέφον καὶ ξυλίσασθαι εὔπορος, παντοίοις τε ῥόδοις κατάκομος καὶ κρινωνιαῖς, λόφοις τε ἠρέμα πρὸς ἑαυτοὺς ἀνάγουσιν εὔθετος καὶ οἷον εἰπεῖν ἀστυκώμη καὶ ἀγρόπολις διὰ τῆς συμμιγοῦς πορμότητος γνωριζόμενος.

7 Ἐκεῖσε δ᾽ ὁ βασιλεὺς ἡμέρας τινὰς στρατοπεδευσάμενος, ὡς εἶδε τὴν χώραν ἀφειδῶς κατακειρομένην ἐκ τῶν

emperor crossed the River Sangarios over the bridge known as Zompos, and began to assemble his remaining forces. These consisted of soldiers who had scattered among the hills and gullies, the caves and hiding places because of the barbarian assaults already described. He picked out as many troops as he wanted, but [146] dismissed most of them and continued his advance in good spirits. At various times he would take leave of the army and go to his own manors, showing off his own lands and arranging for more ostentatious constructions. When the army, therefore, crossed the river named Halys, he did not cross over at the same time with it but stayed behind and spent a few days at a fortress recently constructed at his orders. Then he too crossed over and in the province of Charsianon he decided that he would no longer separate himself from the army to attend to his private properties, and from there on was inseparable from it. He did not allow the bulk of the army to enter the city of Kaisareia, and finally encamped at the place called Krya Pege.[205] This place was lacking in no necessity whatever: the water was crystal clear, drinkable, and very cold; wood was abundant as the land was forested with trees with thick foliage; there were also all sorts of roses and lilies; it was well situated with gradually sloping hills; and, so to say, it was a city in the countryside or a rustic city because it was known for the variety and mixture of its resources.

There the emperor camped for several days, but when he 7
saw that the countryside was being mercilessly laid waste by

στρατιωτῶν καὶ μᾶλλον ἐκ τοῦ μισθοφορικοῦ καὶ ἀλλογενοῦς καὶ ἅπαν λήϊον ἐξώρως ἀποτεμνόμενον καὶ τοῖς βοσκήμασι λαφυραγωγούμενον, δηχθεὶς τὴν ψυχὴν ἀπηνέστερον προσηνέχθη τισὶ τῶν | Νεμίτζων λεγομένων, οὓς ὁ παλαιὸς λόγος Σαυρομάτας καὶ αὐτοὺς ἐγίνωσκεν, ἀλλ' οἵ γε θράσει καὶ θυμῷ ζέοντες καὶ ἀπονοίᾳ βαρβαρικῇ πρὸς ἐκδίκησιν τῶν ἰδίων ἰταμῶς διανέστησαν καὶ τῶν ἵππων περὶ τὴν τοῦ ἀριστᾶν ἐπιβάντες ὥραν τῆς τοῦ βασιλέως σκηνῆς καὶ αὐτοῦ βασιλέως κατεξαναστῆναι συνέθεντο. Γνωσθείσης δὲ τῆς αὐτῶν ἐπιθέσεως, βοή τε περὶ τὸ στρατόπεδον γέγονε καὶ ταχὺ διαβοηθέντος τοῦ πράγματος, συνέστη μὲν ὁ βασιλεὺς καὶ διηυτρεπίσθη τὰ πρὸς τὸν πόλεμον· ἐπιβὰς δὲ τοῦ ἵππου καὶ τὴν στρατιὰν ὡς εἰς μάχην συναρμοσάμενος, κατέπληξε τοὺς ἰδιοξένους εἰς τὸ πεδίον εὐσυντάκτως γενόμενος· καὶ ὑποσπόνδους αὐτοὺς ποιησάμενος, τὴν ἐσχάτην τούτοις χώραν ἐκ τῆς σωματοφυλακίας καὶ τῆς πρώην ἐγγύτητος ἀπενείματο, ἐν τούτῳ καὶ μόνῳ τὸ πρόστιμον αὐτοῖς τοῦ τοιούτου ἐγκλήματος ἐγκαταθέμενος.

8 Ἐκεῖθεν δ' εἰς Σεβάστειαν καὶ τὰ πρόσω κεχωρηκὼς ἀπῄει τὴν τῶν Ἰβήρων καταλαβεῖν ἐπειγόμενος, ὅτε καὶ δύο ἀτραπῶν ἐκ Σεβαστείας διαιρουμένων καὶ εἰς τὸ θέμα Κολωνείας συναγουσῶν, τὴν ἐν ἀριστερᾷ πορευθῆναι θελήσας ὁ βασιλεύς, πολλῶν πτωμάτων θέαν ἀνθρωπίνων προσέβαλεν, ἐν ἐκείνῳ γὰρ τῷ τόπῳ συνέστη τῷ παρελθόντι ἔτει ὁ πόλεμος τοῖς τε Ῥωμαίοις καὶ τοῖς Τούρκοις, στρατηγοῦντος Μανουὴλ κουροπαλάτου τοῦ Κομνηνοῦ, καὶ τὸ ῥωμαϊκὸν ἡττήθη | στρατόπεδον. Ἐφάνη δὲ καὶ τοῦτο τοῖς στρατοπεδευομένοις οὐκ εὔθετον θέαμα.

the soldiers, especially the mercenaries and foreigners, as all the crops were being cut down prematurely and carried off to feed the animals, the emperor's soul was stung. He lashed out more harshly against a group of the [147] so-called Nemitzoi,[206] who in ancient times were also known as the Sauromatai. But they, full of insolence, anger, and barbarian mindlessness, recklessly rose up to avenge their own men. Around the time of the midday meal they mounted their horses and determined to go to the emperor's tent and confront the emperor himself. When this assault became known, a cry resounded through the camp and the news quickly spread about. The emperor was roused and prepared for battle. He mounted his horse, lined up the army in battle array, and amazed those guests of his by showing up on the field in such disciplined order. He subjected them to his authority, and assigned them to the last place whereas before they had been in his bodyguard, in fact in the closest position near him, and this was the only punishment he meted out to them for such a crime.

From there he marched on to Sebasteia and beyond, has- 8
tening to reach the country of the Iberians. They came to a fork where two routes led out of Sebasteia into the *thema* of Koloneia. The emperor wanted to proceed along the one to the left and so he beheld the spectacle of many human corpses, for the previous year in that place the Turks had fought against the Romans, who were commanded by the *kouropalates* Manuel Komnenos, and the Roman army had been defeated. [148] This too seemed to the soldiers to be an ominous sight.

9 Διελθὼν οὖν ἡμέραν ἐξ ἡμέρας τὴν προκειμένην ὁδόν, κατέλαβε τὴν Θεοδοσιούπολιν, ἐπὶ μὲν τῷ πρὸ τοῦ χρόνῳ παραμεληθεῖσαν καὶ ἀοίκητον γενομένην διὰ τὸ ἐν τῇ πολιτείᾳ τοῦ Ἄρτζη πλησίον οὔσῃ καὶ ἐν καλῷ τῆς θέσεως ὁρωμένῃ μεταθέσθαι τοὺς ἀνθρώπους τὴν οἴκησιν καὶ μεγάλην ἐγκαταστῆσαι χωρόπολιν καὶ παντοίων ὠνίων ὅσα Περσική τε καὶ Ἰνδικὴ καὶ ἡ λοιπὴ Ἀσία φέρει πλῆθος οὐκ εὐαρίθμητον φέρουσαν, πρὸ ὀλίγων δὲ χρόνων ἀνοικοδομηθεῖσαν καὶ κατοχυρωθεῖσαν, τὴν Θεοδοσιούπολιν λέγω, τάφρῳ καὶ τείχεσι διὰ τὴν τῶν Τούρκων ἐκ τοῦ ἀνελπίστου γειτνίασιν, δι᾽ ὧν ἐξ ἐπιδρομῆς ἡ πολιτεία τοῦ Ἄρτζη παμπληθεὶ τὴν σφαγὴν προϋπέμεινε καὶ τὴν ἅλωσιν. Ἐκεῖσε τοίνυν ἐπιμείνας ὁ βασιλεὺς οὐκ ὀλίγας ἡμέρας, διεκηρυκεύσατο πᾶσι διμήνου τροφαῖς ἐφοδιασθῆναι, ὡς διὰ χώρας ἀοικήτου καὶ καταπεπατημένης τοῖς ἔθνεσι διαπορεύεσθαι μέλλουσι. Πάντων δὲ τὸ προσταχθὲν δι᾽ ἐπιμελείας ποιησαμένων, προαπέστειλε μὲν ὁ βασιλεὺς ἐκ τοῦ μισθοφορικοῦ Σκύθας εἰς τοῦ Χλίατ προνομήν τε καὶ διασκύλευσιν, τοῦτο καὶ πρότερον ποιησάμενος, ἐπαπέστειλε δὲ καὶ Γερμανοὺς τοὺς λεγομένους Φράγγους μετά τινος ἡγουμένου τούτων, ἀνδρὸς εὐσθενοῦς κατὰ χεῖρα, Ῥουσέλιος τούτῳ τὸ ὄνομα. Ἐκεῖνος δὲ μετὰ τῆς λοιπῆς στρατιᾶς | κατόπιν ἐλαύνων, οὐ προέθετο συμμῖξαι τοῖς προαποσταλεῖσι καὶ τῷ Χλίατ προσβαλεῖν ἀλλ᾽, ἐπείπερ ἔφθη κατὰ τὸ παρελθὸν ἔτος χειρώσασθαι ῥωμαϊκὴν πόλιν Μαντζικίερτ λεγομένην ὁ τῶν Περσῶν ἀρχηγός, σουλτάνον οἶδε τοῦτον ἡ ἐκείνων καλεῖν φωνή, καὶ φύλακας ἐγκαταστῆσαι Τούρκους ἱκανοὺς μετὰ καὶ Διλιμνιτῶν,

Day after day he continued on the road before him until 9
he arrived at Theodosioupolis, which had previously been neglected and was now deserted because the inhabitants had moved to the city of Artze, which was close by and perceived to be better situated. They had established a great regional center there which abounded in all sorts of products from Persia, India, and the rest of Asia. A few years previously it had been rebuilt and fortified, Theodosioupolis, I mean, with a moat and walls because of the unexpected establishment of the Turks in the vicinity, and because of their raids the city of Artze had suffered the slaughter of its entire population and capture.[207] There it was that the emperor remained for not a few days and issued a proclamation that everyone should supply himself with provisions for two months, since they would be marching through uninhabited regions which had utterly been laid waste by the tribes. After everyone diligently carried out this order, the emperor sent ahead toward Chliat foraging and pillaging parties of Skythian mercenaries, as he had done on previous occasions. He also sent out the Germans who are called Franks under one of their leaders, a warrior strong of arm, Rouselios by name.[208] The emperor himself, however, with the rest of the army [149] marched along behind, but did not intend to join those who were sent ahead to attack Chliat. Rather, given that the previous year the ruler of the Persians, whom they call sultan in their language,[209] had arrived to subject the Roman city of Mantzikert and to establish a good-sized garrison of Turks there together with Dilimnitai,[210] the emperor

διέγνω λοιπὸν ὁ βασιλεὺς πρότερον εἰς τὸ ἄστυ τοῦτο παραβαλεῖν καὶ ἀναρρύσασθαι καὶ τῇ Ῥωμαίων ἀποκαταστῆσαι καὶ οὕτω τοῖς ἀλλοτρίοις προσεπιβαλεῖν, ἤτοι τῷ Χλίατ, μὴ ἐκ πολλοῦ συγκειμένῳ τῷ διαστήματι.

10 Καταφρονήσας οὖν τῶν καστροφυλακούντων ἐν τῷ Μαντζικίερτ πολεμίων, ὡς οὐχ ἱκανῶν ὑποστῆναι τὴν τούτου ἔφοδον, καὶ ἑτέραν μοῖραν ἀποτεμόμενος πλείστην τοῦ στρατοῦ ἑνὶ τῶν ἐπισήμων ἐγχειρίζει τὴν στρατηγίαν αὐτοῦ, Ἰωσὴφ μαγίστρῳ τῷ Τραχανειώτῃ προσεπιδούς, αὐτῷ καὶ στῖφος πεζῶν οὐκ εὐκαταφρόνητον. Ἦν δὲ τὸ ἐγχειρισθὲν ἐκείνῳ στρατιωτικὸν τὸ ἔκκριτόν τε καὶ δυσμαχώτατον κἀν ταῖς συμπλοκαῖς καὶ τοῖς ἄλλοις πολέμοις προκινδυνεῦον καὶ προμαχόμενον καὶ εἰς πλῆθος πολὺ προέχον τῶν ὑποκρατηθέντων τῷ βασιλεῖ. Καὶ γὰρ ἐν ταῖς προηγησαμέναις μάχαις οὐ τοσαύτη περιέστη τοῖς Ῥωμαίοις ἀνάγκη μετὰ τοῦ βασιλέως, ὥστε καὶ τὴν αὐτοῦ μοῖραν, τὸ λεγόμενον συνήθως ἀλλάγιον, διακινδυνεῦσαι καὶ πόλεμον ἀγωνίσασθαι, ἀλλὰ προαρπαζόντων τὴν νίκην τῶν λοιπῶν ἀλλαγίων, ἔμενον οἱ τῷ βασιλεῖ | περιαρτώμενοι λόχοι πολεμικῶν ἀγωνισμάτων ἐκτὸς καὶ τρόπον τινὰ τῆς ἐναγωνίου μάχης ἐπιλελησμένοι καὶ συμπλοκῆς.

11 Καὶ ὁ μὲν Τραχανειώτης τοὺς ἐπιλέκτους, ὡς προδιείληπται, προσλαβόμενος, ἄρας ἐκεῖθεν τῆς ἐπὶ τὸ Χλίατ φερούσης ἥπτετο, παραβοηθήσων τοῖς προαποσταλεῖσι Σκύθαις καὶ Φράγγοις, ἀπήγγελτο γὰρ τὸ μετὰ πλήθους μυριάνδρου τοὺς ἐναντίους αὐτοῖς ἐπιφέρεσθαι, καὶ ἅμα συντηρήσων ἐκτὸς τοῦ ἄστεος τοὺς καρπούς, ἵνα μὴ

decided to attack this city first, to make it secure again, and restore it to Roman rule, and then to launch an attack against the foreigners, that is, Chliat, which was not very far away.

He regarded the enemy garrison in Mantzikert with con- 10
tempt and as insufficient to withstand his onslaught, and so he picked out another large part of the army and entrusted its command to one of the notables, the *magistros* Ioseph Trachaneiotes, giving him in addition a sizable body of infantry. The army entrusted to him consisted of select troops, difficult to withstand, taking the initiative in close combat and other types of battle and ready to face danger, and far more numerous than the soldiers retained by the emperor. For in past battles when the emperor was present the Romans had not faced such a dire situation that his own personal unit, which is usually called the *allagion,* had to risk all by taking part in the fighting. But generally, while the other *allagia* were gaining the victory, these units remained around the emperor [150] away from the actual combat and, as it were, indifferent to the onslaught and clash of battle.

Trachaneiotes, as mentioned, took command of the se- 11
lect soldiers and started on the road to Chliat to provide assistance to the Skythians and Franks who had been sent on ahead, for it was reported that innumerable enemy soldiers were moving against them. At the same time he was also to preserve the crops outside the city, so they would not be

διαρπαγέντες ὑπὸ τῶν ἔνδον Χλιατηνῶν καὶ συγκομισθέντες, σπάνιν παράσχωσι τῷ στρατῷ, μεταθεμένου τοῦ βασιλέως ἐκεῖσε καὶ χρονίζοντος ἐπὶ πολιορκίᾳ τοῦ ἄστεος. Καὶ διπλοῦς τούτοις ὁ πόλεμος περιρρεῖ· τὸ μὲν ἐκ τῶν ἐναντίων, τὸ δὲ ἀπὸ τοῦ λιμοῦ.

12 Τοῦτο γὰρ ὁ βασιλεὺς διασκοπήσας, τὸν στρατὸν διεχώρισεν, ἐλπίζων ταχέως τὸ Μαντζικίερτ, ὅπερ καὶ γέγονε, παραστήσασθαι, δι᾽ ὀλίγου δὲ καταστῆσαι τὰ ἐπ᾽ αὐτῷ καὶ οὕτω τοῖς οἰκείοις παλινοστῆσαι, εἰ δέ τις καὶ πόλεμος αὐτοῖς ἐξ ἀπροόπτου συνεπιστῇ, διὰ ταχυδρόμων μετακαλέσασθαι τοὺς οἰκείους μεγάλῳ διαστήματι μὴ ἀπέχοντας· ἀπεκομίζετο γὰρ αὐτῷ παρὰ τῶν σκοπῶν πρὸς τὴν Περσίδα τὸν σουλτάνον ἐπείγεσθαι. Καὶ κατὰ τοῦτον τὸν λόγον ἡ διαίρεσις αὐτῷ τοῦ στρατοῦ καὶ οὐκ ἄλογος γέγονε καί γε ἦν οὐκ ἀπὸ λογισμοῦ στρατηγικοῦ τὸ ἐννόημα, εἰ μὴ πεπρωμένη τις, μᾶλλον δὲ θεῖος χόλος ἢ λόγος ἀπόρρητος, τὴν ἔκβασιν εἰς τὸ ἐναντίον ἐπέστησε, καὶ πρὸς τῷ τέλει | τῶν ἔργων καὶ τῇ ἐκεῖθεν ἀπαναχωρήσει καὶ αὐθημέρῳ προσμίξει τοῦ διαιρεθέντος στρατοῦ προκατέλαβεν ὁ σουλτάνος ἀκηρυκτεὶ καὶ τὰ δοκηθέντα τελεσθῆναι διεκωλύθησαν. Οἱ δὲ πολλοὶ ἀγνοοῦντες τὸ τῆς διαιρέσεως αἴτιον, μῶμον ἐκείνῳ προσάπτουσιν, ὡς οὐκ εἰς δέον ποιησαμένῳ τὸν τοῦ στρατοῦ διαμερισμόν, τῆς δὲ ὑπὲρ ἡμᾶς αἰτίας οὐδεμίαν ἔννοιαν κατὰ φρένα καὶ κατὰ θυμὸν ἐντιθέασι.

13 Παραβαλὼν δ᾽ ὁ βασιλεὺς εἰς τὸ Μαντζικίερτ, τὴν μὲν παρεμβολὴν μετὰ τῆς ὅλης παρασκευῆς ἀγχοῦ που τεθῆναι καὶ χαρακωθῆναι κατὰ τὸ εἰθισμένον παρεκελεύσατο,

gathered and taken by the inhabitants of Chliat and thereby inflict scarcity on the army, especially when the emperor arrived there and spent time besieging the city. Then they would have to fight a double war: one against the enemy, the other against starvation.

12 It was with this in mind that the emperor divided his army: he hoped to subject Mantzikert as quickly as possible, in which he succeeded, and to spend a little time putting its affairs in order, and so return home. But if the army should unexpectedly find itself attacked, he could send out swift messengers to recall his armies which would not be far away. For spies had already reported to him that the sultan was in a hurry to return to Persia. For this reason, then, his unit of the army was not unreasonable nor inconsistent with strategic reasoning, except that some fate, or rather some ineffable divine wrath or reason, turned the outcome to the opposite. For as their work was being completed [151] and they were departing from there to join up the same day with the other part of the army, the sultan arrived without any warning, and so the plan could not be executed. But the majority of people, ignorant of the reason for which he divided the army, blame him for not making the division of the army in the proper way, while they take no account, either with their minds or with their hearts, of the cause that is beyond us.

13 As the emperor approached Mantzikert, he ordered a fortified camp and palisade set up in the usual manner with all their equipment someplace nearby. With a select

αὐτὸς δὲ τὸ ἔκκριτον ἀναλαβὼν τοῦ στρατοῦ, περιῆλθε τὸ ἄστυ, κατασκοπῶν ὅπῃπερ εὐχερὲς τὰς προσβολὰς κατὰ τοῦ τείχους ποιήσασθαι καὶ τὰς ἑλεπόλεις προσαγαγεῖν, εἶχε γὰρ ταύτας ἐκ παρασκευῆς ξύλοις παντοίοις καὶ μεγίστοις κατωργανωμένας καὶ φερομένας δι' ἁμαξῶν τῶν χιλίων μὴ ἀποδεουσῶν, ἤλαυνε δὲ καὶ τῶν ἄλλων βοσκημάτων εἰς δαπάνην τοῦ στρατοῦ μυριομέτρους ἀγέλας. Τῶν δὲ πολεμίων ἔνδον ἀλαλαζόντων τὸ ἐνυάλιον καὶ τὰ ξίφη παραγυμνούντων καὶ ὅπλοις ἑκηβόλοις χρωμένων, μετὰ τῆς ἀσπίδος ὁ βασιλεὺς περιϊππεύσας τὸ τεῖχος, ἐπανῆλθεν εἰς τὴν παρεμβολήν.

14 Οἱ δὲ πεζοὶ τῶν Ἀρμενίων προσβαλόντες τῷ ἐκτὸς τῆς ἀκροπόλεως τείχει καὶ πολλὰς προσβολὰς ποιησάμενοι, αὐτοβοεὶ αἱροῦσιν αὐτό, τοῦ | ἡλίου πρὸς δυσμὰς ἀποτρέχοντος. Ἡσθέντος δὲ τοῦ βασιλέως τῷ γεγονότι, κατέλαβον ἀπὸ τῶν ἐναντίων καὶ πρέσβεις συμπαθείας τυχεῖν ἐξαιτούμενοι καὶ τῶν ἰδίων πραγμάτων συγχώρησιν καὶ τοιαύταις ὁμολογίαις παραδοῦναι τὴν πόλιν τῷ βασιλεῖ. Συνθέμενος δὲ πρὸς τοῦτο καὶ τοὺς πρέσβεις δώροις τιμήσας, ἀπέστειλε τὸν παραληψόμενον αὐτίκα τὸ κάστρον. Οἱ δ' ἔνδον φρουρὰν ἐν τοιούτῳ καιρῷ εἰσδέξασθαι μὴ καταδεξάμενοι, ἵνα μὴ κακόν τι διὰ τῆς νυκτὸς τοῖς ἐναντίοις ἐπιτεχθῇ, ἔδοξαν ἠλογηκέναι καὶ καταψεύσασθαι τῶν σπονδῶν. Διατοῦτο καὶ ταχὺ σαλπίσας ὁ βασιλεὺς τὸ πολεμικόν, ἐξῆλθε πανστρατιᾷ τῆς παρεμβολῆς καὶ τοῖς τείχεσι προσεπέλασε. Καταπλαγέντες δὲ οἱ Τοῦρκοι καὶ πρὸς ἀπολογίας τραπόμενοι καὶ πλείονα πίστιν τῆς ἑαυτῶν ἀπολυτρώσεως αἰτησάμενοι καὶ λαβόντες, ἐξίασι

contingent of his army he rode around the city to look for the best place to launch an assault on the walls and move up his siege towers. These had been carefully prepared of huge logs of various kinds of wood and transported on almost a thousand wagons. Innumerable flocks and herds of animals were also driven along for the use of the army. In the city, the enemy were shouting their war cries, brandishing their naked swords, and shooting at us. After the emperor, protected by a shield, finished riding around the walls, he returned to the camp.

The Armenian infantry attacked the wall outside the cit- 14
adel and after many attempts took it in one sudden assault around sunset. [152] The emperor, of course, was elated by this turn of events. Envoys then came from the enemy begging that he be merciful to them, spare their property, and, if they could obtain such an agreement, they would hand over the city to the emperor. He agreed to their request, honored the envoys with fine presents, and immediately dispatched an officer to receive the surrender of the fortress. But the inhabitants were not willing to allow a garrison to enter at that late hour because they were afraid that the enemy might harm them during the night. Thereby they seemed to be disregarding the treaty and refusing to honor it. Thus the emperor quickly had the battle trumpet sounded and with all his forces marched out of the camp and attacked the walls. The Turks were so astonished that they started making excuses; they requested stronger assurances for their own safety and, on receiving them, departed from the city

μὲν ἐκ τῆς πόλεως μετὰ τῆς οἰκείας ἀποσκευῆς καὶ τῷ βασιλεῖ γόνυ κλίνουσιν,[7] οὐ κεναῖς δὲ χερσὶν ἀλλὰ πάντες ξιφήρεις καὶ τῷ βασιλεῖ γυμνῷ πανοπλίας οἱ πλείονες προσεγγίζοντες, ὅ τι δὴ αὐτὸς συμπαρὼν οὐκ ἐπῄνεσα, τὴν τοῦ βασιλέως ἁπλότητα μέσον θανατούντων ἀνδρῶν καὶ τόλμῃ καὶ ἀπονοίᾳ συζώντων ἑαυτὸν ἀθωράκιστον καταμίξαντος. Ἕτερον δέ τι συνηνέχθη, ζῆλον μὲν τοῦ βασιλέως δικαιοσύνης φαντάζον, ἄμετρον δὲ τὴν τιμωρίαν καὶ οὐκ εὐσεβῆ συντιθέμενον. Ἐγκληθεὶς γάρ τις τῶν στρατιωτῶν ὡς | ὀνίσκον τουρκικὸν ὑφελόμενος, παρήχθη μὲν κατ᾽ ὄψιν τῷ βασιλεῖ δεδεμένος, τιμωρία δ᾽ ἐψηφίσθη τοῦ ἁμαρτήματος ὑπερφέρουσα, οὐ γὰρ ἐν χρήμασιν ἡ ζημία διώριστο ἀλλ᾽ ἐν ῥινὸς ἐκτομῇ. Πολλὰ δὲ παρακαλέσαντος τοῦ ἀνθρώπου καὶ πάντα τὰ ἑαυτοῦ προεμένου καὶ προβαλλομένου μεσίτην τὴν πάνσεπτον εἰκόνα τῆς πανυμνήτου δεσποίνης Θεοτόκου τῆς Βλαχερνιτίσσης, ἥτις εἰώθει τοῖς πιστοῖς βασιλεῦσιν ἐν ἐκστρατείαις ὡς ἀπροσμάχητον ὅπλον συνεκστρατεύεσθαι, οὐκ εἰσῄει οἶκτος τῷ βασιλεῖ ἀλλ᾽ οὐδ᾽ αἰδὼς τῆς ἐκ τοῦ θείου εἰκονίσματος ἀσυλίας, ὁρῶντος δ᾽ αὐτοῦ καὶ πάντων καὶ αὐτῆς τῆς εἰκόνος βασταζομένης, ἀπετμήθη τὴν ῥῖνα ὁ δείλαιος, κράξας μεγάλα καὶ στενάξας τὸ βύθιον. Τότε δὴ τότε μεγάλην ἡμῖν ἔσεσθαι τὴν ἐκ τοῦ θείου νέμεσιν προωπτευσάμην αὐτός.

15 Ἀντεισαγαγὼν δὲ εἰς τὸ ἄστυ πλῆθος ῥωμαϊκὸν καὶ στρατηγὸν ἐπιστήσας, ἐπανῆλθεν εἰς τὴν παρεμβολὴν παιάνοις καὶ εὐφημίαις καὶ νικητικοῖς ἐπιφωνήμασι σεμνυνόμενος. Τῇ δ᾽ ἐπαύριον μέλλοντος αὐτοῦ συνθήμασιν

with all their goods and bent their knee to the emperor. Their hands were not empty, however, as they did this, and they all had swords in them; most of them even came close to the emperor, who was not wearing armor. I myself was also present and could not approve of the emperor being so naive as to place himself without armor in the middle of those reckless, ruthless, murdering men. Something else happened which seemed to highlight the emperor's zeal for justice but which was really only a disproportionate and not pious punishment. One of the soldiers was accused of [153] stealing a small Turkish ass and was brought in bonds before the emperor, who decreed a punishment much worse than the offense. Instead of having him make up for the loss in cash, he ordered his nose cut off. The man begged and begged: he offered all his possessions and invoked the intercession of the most revered image of our glorious Lady, the Mother of God of Blachernai, the image which usually accompanies the faithful emperors on their campaigns as an invincible weapon. But the emperor would show no mercy, nor even reverence for the sanctuary provided by the holy icon. In the sight of the emperor and the whole army, even with the icon itself held aloft, the wretch had his nose cut off with loud cries and groans of pain. At the time this struck me as ominous, and I felt that some great vengeance would come upon us from God.

The emperor replaced the army in the city with a Roman 15
one and appointed a general in command. On returning to the camp he was greeted by hymns of praise, acclamations, and cries of triumph. The next day he planned to make the

ἐγγράφοις καὶ δαπάνῃ τῶν ἔνδον κατοχυρῶσαι τὸ φρούριον καὶ αὐτίκα πρὸς τὸ Χλίατ ἀναδραμεῖν, φήμη τις ἐπεφοίτησε πολεμίους ποθὲν ἐπιτεθῆναι τοῖς εἰς τὴν λείαν ἐξιοῦσι στρατιωτῶν ὑπηρέταις προσαπαγγέλλουσα καὶ διαταράττειν καὶ κατατρύχειν αὐτούς. Φθανούσης δὲ τὴν ἑτέραν ἑτέρας, ᾠήθη ὁ βασιλεὺς | ἡγεμόνα τοῦ σουλτάνου τινὰ μετά τινος μερικῆς δυνάμεως ἐπιστῆναι καὶ διακλονεῖν τοὺς σποράδας τῆς ῥωμαϊκῆς ὑπηρεσίας καὶ ἀπέστειλεν ἐπὶ τῷ τούτους ἀποκρούσασθαι Νικηφόρον μάγιστρον τὸν Βρυέννιον μετὰ τῆς ἀρκούσης δυνάμεως, ὃς καὶ κατὰ μέτωπον στάς, ἀκροβολισμούς τινας καὶ ἱππομαχίας οὐκ ἀκριβεῖς, κατ᾽ ὀλίγους γὰρ ἀλλήλοις συνέπιπτον, ἐποιεῖτο. Ἐν δὲ τῇ ἀστάτῳ ταύτῃ περιφορᾷ, τῶν Τούρκων ἑκηβόλων ὄντων, πολλοὶ τῶν Ῥωμαίων ἐτραυματίσθησαν, ἔπεσον δὲ καὶ ἕτεροι, ῥωμαλεώτεροι γὰρ τῶν ἄλλων ὧν πεῖραν ἐλάβομεν Τούρκων καὶ θρασύτερον προσρηγνύμενοι, ἀγχεμάχοις τοῖς ἐπερχομένοις ἀντικαθίσταντο, ἕως ὁ δηλωθεὶς στρατηγὸς φόβῳ κατασεισθείς, δύναμιν ἑτέραν παρὰ τοῦ βασιλέως ἐζήτησεν. Ὁ δὲ καταγνοὺς αὐτοῦ δειλίαν, ἠγνόει γὰρ τὸ ἀληθές, προσέθετο μὲν οὐδέν, ἐκκλησίαν δὲ συστησάμενος, ἐδημηγόρησε τὰ περὶ τοῦ πολέμου παρὰ τὸ εἰωθός, ἥψατο δὲ καὶ τραχυτέρων ῥημάτων. Ἐν δὲ τῷ μέσῳ τὴν ἐπιφώνησιν ὁ ἱερεὺς τοῦ Εὐαγγελίου ἐσήμανε, περὶ οὗ ἔθεντό τινες ἐν ταῖς καρδίαις ὡς ἔσται τὰ ἐπ᾽ αὐτῷ λαληθησόμενα τῶν ἐπικειμένων πραγμάτων ἐπίβασις, εἰ δὲ τούτων καὶ αὐτὸς μέρος ἐγεγόνειν, οὐκ ἀναγκαῖον εἰπεῖν· εἶχε δὲ τὸ Εὐαγγέλιον, ἵνα τἆλλα παρῶ, τὸ «*Εἰ ἐμὲ ἐδίωξαν καὶ ὑμᾶς διώξουσιν· εἰ τὸν λόγον μου ἐτήρησαν καὶ*

fortress more secure by making written agreements and arranging for provisions for its inhabitants, and then immediately march on to Chliat. But news began to arrive that enemy forces from somewhere were attacking the soldiers' servants who were out gathering the loot, harassing and wearing them out. As one report followed upon another, the emperor thought [154] that one of the sultan's officers had come up with a small detachment and was assaulting and roughing up the Roman servants they found wandering about. To repel them he sent out Nikephoros Bryennios, the *magistros,* with a sufficient force. He took his stand in the front lines and attempted some missile skirmishing and cavalry fighting, but with uncertain results, for they were fighting each other in small groups. In this confusing melee, the Turks were shooting from a distance, wounding many Romans and killing others. These Turks were more courageous than the others we had experienced as they charged more boldly and stood up to their opponents in hand-to-hand combat. Finally, the general I just mentioned became so frightened that he asked the emperor for reinforcements. But he, unaware of what was really going on, accused Nikephoros of cowardice and sent no additional men. Instead, he assembled the army and, contrary to custom, spoke to them about the battle using harsh language. During the course of this, the priest signaled that the Gospel was about to be read aloud and some believed deep in their hearts that the verses to be recited would indicate the outcome of their present undertaking. Obviously, I was personally present at these events; I don't need to say it. Leaving aside the rest, the Gospel passage included the following. *If they persecuted me, they will persecute you; if they kept my word, they will keep yours also.*

τὸν ὑμέτερον τηρήσουσιν· ἀλλὰ ταῦτα πάντα ποιήσουσιν ὑμῖν ὅτι οὐκ οἴδασι | τὸν πέμψαντά με· ἀλλ' ἔρχεται ὥρα ἵνα πᾶς ὁ ἀποκτείνας ὑμᾶς, δόξῃ λατρείαν προσφέρειν τῷ Θεῷ.» Εὐθὺς οὖν ἀγωνιᾶν οἱ τοῦτο προσημηνάμενοι κατηρξάμεθα καὶ ἀψευδὲς εἶναι τὸ λαληθὲν ἐπὶ τῆς σημειώσεως διεγνώκειμεν.

16 Ζέοντος δὲ τοῦ πολέμου, ἐπαπέστειλεν ὁ βασιλεὺς καὶ τὸν μάγιστρον Βασιλάκην καὶ κατεπάνω Θεοδοσιουπόλεως μετά τινων ἐγχωρίων στρατιωτῶν, ὡς τῶν λοιπῶν ὄντων μετὰ τοῦ Τραχανειώτου εἰς τὸ Χλίατ. Προστεθεὶς οὖν τῷ Βρυεννίῳ μέχρι τινὸς τοὺς ἀκροβολισμοὺς καὶ αὐτὸς ὑπεδέχετο. Συνθεμένων δὲ τῶν στρατιωτῶν κατόπιν αὐτοῦ ἀκολουθεῖν, πρωταγωνιστεῖν αὐτὸς καθυπέσχετο καὶ εὐθὺς ἐξορμήσας νῶτα δεδωκότων τῶν ἐναντίων ἐδίωκε. Συνακολουθήσας δ' αὐτῷ μετὰ τοῦ πλήθους ὁ Βρυέννιος, εἶτα τοὺς ῥυτῆρας ἐκ συνθήματος ἐν ἀγνοίᾳ τοῦ Βασιλακίου ἀνέχειν τοὺς ἀμφ' αὐτὸν προτρεψάμενος, ἀφῆκεν αὐτὸν μετὰ τῶν πειθομένων τούτῳ καὶ μόνων ἀκρατῶς διώκειν ἐπιπολύ. Ἐπεὶ δὲ τῷ χάρακι τῶν ἐναντίων προσέμιξε, διαπαρέντος τοῦ ἵππου, προσέσχε τῇ γῇ, βάρος τῶν ὅπλων ἐπιφερόμενος, διὸ καὶ περιχυθέντες αὐτὸν οἱ πολέμιοι ζωγρίᾳ λαμβάνουσι.

17 Καταλαβούσης δὲ ταύτης τῆς ἀγγελίας τὸν βασιλέα καὶ τὸν στρατόν, δειλία καὶ κινδύνων ἐλπὶς τοῖς Ῥωμαίοις ἐπέσκηψεν, ἐπεὶ καὶ οἱ τραυματίαι φοράδην ἀγόμενοι καὶ ταῖς | ἐκ τῶν πληγῶν ὀδύναις ἐπιστενάζοντες ἦσαν. Ἀναγκασθεὶς δ' ὁ βασιλεὺς ἐξῆλθε μετὰ τοῦ λοιποῦ πλήθους εἰς τὴν τῶν πραττομένων θέαν καὶ ὥστε εἴ τις αὐτῷ ἐπίοι

But all this they will do to you because they do not know [155] *him who sent me. Indeed, the hour is coming when whoever kills you will think he is offering service to God.*[211] Immediately, those of us who were already expecting a sign began to worry greatly and we deduced that the recited passage was infallible in its prediction of the future.

As the battle was heating up, the emperor also dispatched the *magistros* Basilakes, the *katepano* of Theodosioupolis,[212] 16
with some local soldiers, since the others were with Trachaneiotes at Chliat. He joined Bryennios and, for a while, took part in the skirmishing. When the soldiers agreed to follow along behind him, he promised to lead them personally in the fighting and immediately led the charge. The enemy turned their backs and he pursued. Bryennios followed along in pursuit with the bulk of the army but then he gave the signal to his men to rein in and turn back. Basilakes, however, was not aware of this and so he was left to keep up a mad pursuit for a long distance but only with the men under his immediate command. As they came to the enemy camp, Basilakes' horse was wounded and he fell to the ground, dragged down by the weight of his armor. The enemy surrounded him and took him alive.

When news of this reached the emperor and the army, 17
fear and an expectation of danger overwhelmed the Romans, as also the wounded were being brought in on stretchers and they [156] were groaning from the pain of their wounds. The emperor was compelled to take the rest of the army out to see what was happening and to fight, if the

πόλεμος ἀγωνίσασθαι. Μέχρι δ' ἑσπέρας ἐπί τινων λόφων ἑστὼς ὑψηλῶν, ἐπείπερ οὐκ εἶδέ τινα τὸν ἀντικαταστησόμενον, οἱ γὰρ Τοῦρκοι πονηρίᾳ καὶ ἐπινοίᾳ βαθυτάτῃ συζῶντες διὰ μηχανῶν τὸ πᾶν κατορθοῦσι καὶ συστολῶν ἀπηγκωνισμένων, ὑπέστρεψεν εἰς τὴν παρεμβολήν, ἄρτι τοῦ ἡλίου τὸ ὑπὲρ γῆν ἡμισφαίριον ἀπολείποντος. Οἱ δὲ Τοῦρκοι ὥσπερ ἀπὸ μηχανῆς κατόπιν περιχυθέντες, τοῖς ἐκτὸς τῆς παρεμβολῆς Σκύθαις καὶ τοῖς πωλοῦσι τὰ ὤνια ῥαγδαίως προσέβαλον, ὑλακαῖς ἀσήμοις καὶ τόξου βολαῖς καὶ περιϊππεύσεσι φόβον οὐ μικρὸν καὶ κίνδυνον αὐτοῖς ἐπιφέροντες, ὅθεν καὶ ἠναγκάσθησαν οἱ τὴν ἔφοδον ὑφιστάμενοι ἐντὸς γενέσθαι τοῦ χάρακος. Ἀθρόοι τοίνυν ἄλλος κατ' ἄλλον ὡς ἀπὸ διωγμοῦ τὴν εἴσοδον βιαζόμενοι, μεγάλης ταραχῆς τοὺς ἔνδον ἐπλήρωσαν οἰομένους καὶ τοὺς ἐναντίους συνεισπεσεῖν καὶ πᾶσαν ὁμοῦ τὴν παρεμβολὴν μετὰ τῆς ὅλης ἀποσκευῆς γενέσθαι ἁλώσιμον, νὺξ γὰρ ἀσέληνος ἦν καὶ διάκρισις οὐκ ἦν τῶν φευγόντων ἢ τῶν διωκόντων καὶ τίνες τῆς ἐναντίας μοίρας εἰσί, τὸ γὰρ τῶν Σκυθῶν μισθοφορικὸν ἐμφερὲς κατὰ πάντα τοῖς Τούρκοις ὄν, ἀμφίβολον ἐποίει τὸ νῦν ἐπικείμενον. Τότε δὴ τότε καὶ φόβος ἐξαίσιος καὶ λόγος ἀπαίσιος καὶ βοὴ συμμιγὴς | καὶ ἄσημος κρότος καὶ πάντα μετὰ θορύβων καὶ κινδύνων ἐδείκνυτο καὶ πᾶς τις θανεῖν ἐπεθύμει μᾶλλον ἢ τοιοῦτον ἰδεῖν καιρὸν καὶ τὸ μὴ κατιδεῖν ὡς εὐτυχὲς ἐνομίζετο καὶ τοὺς μὴ τοιοῦτον ἰδόντας ὡς εὐτυχεῖς ἐμακάριζεν. Ἀλλ' ἐν τούτῳ πάθους τῶν Ῥωμαίων ὄντων, οὐκ ἠδυνήθησαν οἱ πολέμιοι ἐντὸς τοῦ χάρακος εἰσπεσεῖν, εὐλαβούμενοι καὶ οὗτοι τὸ ἀπρόσφορον τοῦ καιροῦ καὶ

action came near to him. He remained on some high hills well until evening, but saw no sign of an opposing force, for the Turks are wicked by nature and masters of deceit; they accomplish everything by trickery and unabashed reversals. He returned to the camp just as the sun was departing from the hemisphere above the earth.[213] Then, as if *ex machina,* the Turks poured out and violently charged the Skythians outside the camp and those selling army supplies. With inarticulate howling and shooting of arrows they rode around terrifying them and placing them in a tight spot so that the victims of the attack were forced to run inside the palisade. All jammed together one after another as they were being chased and pressed into the entranceway, which caused tremendous confusion among those inside because they thought it was a full-scale attack by the enemy and that the whole camp and all their equipment would be captured. For it was a moonless night and you could not tell who was fleeing and who was pursuing, or who belonged to the other side. The Skythian mercenaries, moreover, resembled the Turks in all respects, which made the situation that night all the more confusing. It was then that a tremendous fear took over; there was talk of disaster, incoherent cries, [157] and meaningless shouting; it was a scene of utter confusion and there was danger everywhere. Death would be, so everyone felt, preferable to what we then witnessed. Not seeing such a thing was regarded as a stroke of luck, and those who did not have to behold such a sight were deemed fortunate. But although the Romans were in such a tight spot, the enemy were unable to break into the camp, since they had enough

τὰς κοινὰς ἐννοίας εἰς ἑαυτοὺς ἐμπλέκοντες· οὐ μὴν γεγόνασιν ὀπισθόρμητοι ἀλλὰ δι᾽ ὅλης νυκτὸς περιηχοῦντες ἦσαν ἐκτὸς δρόμοις καὶ περιδρόμοις τὴν Ῥωμαίων παρεμβολὴν τόξοις καὶ σκυλμοῖς βάλλοντες καὶ πανταχόθεν περιβομβοῦντες καὶ περιφοβοῦντες αὐτούς, ὡς ἅπαντας διανυκτερεῦσαι ἠνεῳγμένοις καὶ ἀγρύπνοις τοῖς ὄμμασι, τίς γὰρ ἂν καὶ εἶχεν εἰς ὕπνον τραπῆναι, τοῦ κινδύνου τὴν ῥομφαίαν ἐσπασμένην μονονουχὶ προδεικνύοντος;

18 Οὐ μὴν ἀλλ᾽ οὐδ᾽ εἰς τὴν ἐπιοῦσαν ἡμέραν τῆς ἱππασίας καὶ τῆς εἰς μάχην προκλήσεως ἔληξαν οἱ πολέμιοι ἀλλὰ καὶ τὸν ἔξωθεν παραρρέοντα ποταμὸν ὑφ᾽ ἑαυτοὺς ποιησάμενοι, δίψει παραστήσεσθαι τοὺς Ῥωμαίους ἐφιλονείκουν. Ἐν ταύτῃ δὲ τῇ ἡμέρᾳ μοῖρά τις σκυθικὴ ἔξαρχον ἔχουσα Ταμίν τινα κατονομαζόμενον, τοῖς ἐναντίοις προσερρύη, ὅπερ οὐκ εἰς μικρὰν ἀγωνίαν τοὺς Ῥωμαίους ἐνέβαλεν, ὑποπτεύοντας | καὶ τοὺς λοιποὺς τοῦ ἔθνους, ὅτι τὸ ἀπὸ τοῦδε πολεμίοις ἐοικότες συνδιατρίβουσι τούτοις καὶ συνδιαγωνίζεσθαι μέλλουσιν. Ἐξιόντες δέ τινες τῶν πεζῶν μετὰ τόξων, πολλοὺς τῶν Τούρκων ἀνεῖλον καὶ τῆς παρεμβολῆς ἐκστῆναι συνέπεισαν.

19 Ὁ δὲ βασιλεὺς ἤθελε μὲν ἀγχεμάχῳ πολέμῳ καὶ ἀντιθέτῳ παρεμβολῇ κρῖναι τὸ τέλος παραυτίκα τῆς μάχης, τοὺς δ᾽ ἀπόντας εἰς τὸ Χλίατ περιμένων στρατιώτας, πλῆθος ὄντας οὐκ εὐαρίθμητον καὶ συνήθως ἀεὶ προπολεμοῦντας καὶ ἠσκημένους μᾶλλον τὴν πυρρίχιον ὄρχησιν, τὸν ἀγῶνα τοῦτον ὑπερετίθετο. Ὡς δ᾽ ἀπεγνώκει τὴν ἐκ τούτων βοήθειαν καί τι διακωλῦσαι τούτους πρὸς τὴν ἄφιξιν ἰσχυρὸν ὑπελάμβανεν, ἐσκέψατο λοιπὸν εἰς τὴν

common sense to realize that the moment was not opportune. Still, they did not retreat but throughout the night raced around and around outside the Roman camp yelling and screaming, shooting arrows and other missiles, making tremendous, horrifying noises from all sides, so that everyone spent the night with their eyes wide open and sleepless. For who could get any sleep when danger had drawn its sword and pointed it at us?

As if that were not enough, even the next day the enemy 18
did not let up in their riding around and provoking us to fight. They also got control of access to the river which flowed nearby and tried to make the Romans suffer from thirst. That same day a band of Skythians commanded by a certain Tamis went over to the enemy, which threw the Romans into some real consternation because they suspected [158] that the rest of that people, whose way of life was so similar to that of the Turks, might join them and fight on their side. Meanwhile some of our infantry took their bows and went out and killed a large number of Turks, which forced them to stay clear of the camp.

Now the emperor wanted to bring the fighting to an im- 19
mediate and decisive conclusion by engaging in close combat right in front of the encampment, but he was waiting for the soldiers who had been sent off to Chliat, a large contingent composed of experienced men who were used to fighting in the front ranks and were especially well trained in the dance of war. So he put off the battle. But then he gave up on receiving any help from them, for he suspected that some powerful obstacle was preventing their arrival, and decided

ὑστεραίαν μετὰ τῶν συνόντων αὐτῷ προθύμως κατὰ τῶν ἐναντίων ἐπαγωνίσασθαι. Εἶχε δ᾽ ὅμως τοῦτον καὶ αὖθις ἐλπὶς ὡς οὐδὲ κἂν ἐς τὴν αὔριον ὑστερήσωσιν, ἠγνόει γὰρ ὡς ὁ στρατηγὸς τούτων μαθὼν τὴν τοῦ σουλτάνου κατ᾽ αὐτοῦ τοῦ βασιλέως ἐπέλευσιν, ἄρας τοὺς ἀμφ᾽ αὐτὸν ἅπαντας διὰ τῆς Μεσοποταμίας φυγὰς ἀγεννῶς εἰς τὴν Ῥωμαίων ἐνέβαλε, μηδένα λόγον τοῦ δεσπότου μήτε μὴν τοῦ εἰκότος ὁ δείλαιος θέμενος.

20 Ὁ γοῦν βασιλεὺς κατὰ τὸ συγκείμενον τὴν εἰς τὸν πόλεμον παρασκευὴν ἐς τὴν αὔριον ἐξαρτύσας, τὰ κατ᾽ αὐτὸν διετίθετο ἔτι τῆς βασιλείου σκηνῆς ἐντὸς καθιστάμενος, ὁπότε τὴν εἰς τοὺς Σκύθας ὑποψίαν περιαιρῆσαι βουλόμενος, αὐτὸς ἐγὼ ὅρκῳ | κατασφαλίσασθαι τούτους τῷ βασιλεῖ συνεβούλευσα. Καὶ δῆτα τὴν βουλὴν ἐπαποδεξάμενος, τελεστὴν τοῦ ἔργου καὶ διοριστὴν αὐτίκα με προεβάλετο. Οὐκοῦν καὶ κατὰ τὸ πάτριον αὐτοὺς καθορκώσας, ἦ μὴν ἀνεπιβούλευτον τηρῆσαι τὴν εἰς τὸν βασιλέα πίστιν καὶ τοὺς Ῥωμαίους, οὕτως αὐτοὺς ἀκριβεῖς τῶν σπονδῶν διατέθεικα φύλακας καί γε τῶν κατὰ σκοπὸν οὐκ διήμαρτον, οὐδεὶς γὰρ ἐκ τούτων οὐδ᾽ ἐν αὐτῷ τῷ πολέμῳ τοῖς πολεμίοις προσετέθη.

21 Ἐν ὅσῳ δὲ τὰ τοιαῦτα ἐπράττετο καὶ οἱ στρατιῶται κατὰ τάξεις καὶ λόχους ἐπὶ τῶν ἵππων ἐφίσταντο ἔνοπλοι, πρέσβεις ἧκον ἐκ τοῦ σουλτάνου τὴν εἰρήνην ἀμφοτέροις ἐπικηρυκευόμενοι. Ὁ δὲ βασιλεὺς ἐδέξατο μὲν αὐτοὺς καὶ λόγων αὐτοῖς κατὰ νόμον τῶν πρέσβεων μεταδέδωκεν, οὐ πάνυ δὲ τούτους φιλανθρώπως ἐδέξατο. Ὅμως δ᾽ οὖν συνεπινεύσας, καὶ τὸ προσκυνούμενον σημεῖον αὐτοῖς

to do battle against the enemy on the following day as bravely as he could with the soldiers he had at hand. He had, moreover, some hope that the others would not be delayed beyond the next day, for he was unaware that their general, upon learning of the sultan's attack against the emperor, had taken all of his soldiers and shamefully retreated through Mesopotamia until he came into Roman territory. The coward took no account of his lord or even his duty.

At any rate, the emperor, according to the agreement, prepared for battle on the following day, and was making his final arrangements while he was still sitting inside the imperial tent. Wanting to lift the suspicion that hovered over the Skythians, I myself advised [159] the emperor to bind them with an oath. He accepted my advice and right away appointed me to execute and oversee the matter. Therefore, I had them swear oaths in their traditional manner that they would observe genuine loyalty toward the emperor and the Romans, and so I made them into firm guardians of the agreement. Nor did I fail in my purpose, for not one of them defected to the enemy during the battle. 20

While all this was happening, and the armed soldiers were mounting their horses and lining up in their companies and ranks, envoys came from the sultan stating that they wanted peace for both sides. The emperor received them and engaged in verbal exchanges in the tradition of diplomatic missions, but he was not at all friendly in receiving them. Nonetheless, he agreed and gave them the revered sign,[214] 21

ἐπιδέδωκεν, ἵνα τῇ ἐπιδείξει τούτου ἀβλαβεῖς πρὸς αὐτὸν ἐπανέλθοιεν, κομίζοντες ἀγγελίας ἃς ἂν ἐκ τοῦ σουλτάνου διενωτίσοιντο, δεδήλωκε γὰρ τῷ ἀνελπίστῳ τοῦ μηνύματος ἐπαρθείς, ἵν' ὁ σουλτάνος καταλιπὼν τὸν τόπον τῆς παρεμβολῆς πορρωτέρω στρατοπεδεύσηται, αὐτὸς δ' ὁ βασιλεὺς ἐν ἐκείνῳ τῷ τόπῳ ὃς τὰς τουρκικὰς εἶχε δυνάμεις πρότερον ἐπιθήσει τὸν χάρακα καὶ τηνικαῦτα πρὸς συμβάσεις αὐτῷ παραγένηται. Ἔλαθε δὲ τὴν | νίκην διὰ τοῦ νικητικοῦ σημείου τοῖς ἐναντίοις παραπεμψάμενος, καθὼς οἱ τὰ τοιαῦτα διακριβοῦντες συμβάλλουσιν, οὐ γὰρ ἔδει, μάχης προκειμένης, τοιοῦτον σύμβολον ἐξ ἑαυτοῦ πρὸς ἐναντίους μεταθεῖναι. Τὸ δ' ἀπὸ τοῦδε δυσάντητος ἡμῖν ὁ λόγος διὰ τὸ ἐργῶδες τῶν ἀτυχημάτων καὶ λίαν ἀπόφημον καὶ τὴν εἰς τοὺς Ῥωμαίους ἐπισυμβᾶσαν χαλεπωτάτην δυσκληρίαν.

22 Οὔπω τέλος ἔσχεν οὐδ' ἀναβολὴν ἡ τῶν πρέσβεων ἄφιξις καί τινες τῶν ἐγγυτάτων τῷ βασιλεῖ πείθουσιν αὐτὸν ἀποβαλέσθαι τὴν εἰρήνην, ὡς ψευδομένην τὸ ἔργον καὶ ἀπατῶσαν μᾶλλον ἢ τὸ συμφέρον ἐθέλουσαν, δεδιέναι γάρ, φασι, τὸν σουλτάνον διὰ τὸ μὴ ἀξιόλογον ἔχειν δύναμιν καὶ περιμένειν τοὺς κατόπιν αὐτοῦ βαδίζοντας καὶ τῷ προσχήματι τῆς εἰρήνης μετεωρίζειν τὸν χρόνον, ὡς ἂν ἐπικαταλάβοι τὸ ὑστεροῦν τῆς δυνάμεως. Ταῦτα ῥηθέντα διανίστησι τὸν βασιλέα πρὸς πόλεμον.

23 Καὶ οἱ μὲν Τοῦρκοι κατὰ σφᾶς αὐτοὺς τὰ τῆς εἰρήνης ἐπραγματεύοντο, ὁ δὲ βασιλεὺς σαλπίσας τὸ ἐνυάλιον τὸν μόθον παραλόγως ἐκρότησε. Καταλαβοῦσα δ' ἡ φήμη τοὺς ἐναντίους ἐξέπληξε. Τέως δ' οὖν καθοπλισάμενοι καὶ

by the display of which they would be able to return to him safely and report to him the sultan's response, whatever it was. Elated by the unexpected proposition, he declared that the sultan should leave the area around the camp and settle his men further away, while the emperor could set up his own camp in that place where the Turkish forces had previously placed theirs; then they could meet to discuss a treaty. But without realizing it, [160] he had handed the victory to the enemy along with the victorious sign.[215] This, at any rate, is the opinion of those who study such matters. For when everything was set for battle, he should not have handed over such a symbol of victory to the foe. From this point on our narrative becomes less bearable on account of the terrible misfortunes, extreme shame, and most grievous catastrophe that befell the Romans.

The mission of the envoys was not yet completed or sus- 22
pended when some of the emperor's closest associates persuaded him to reject the offer of peace as insincere and designed to deceive rather than serve a useful purpose. The sultan, they said, was afraid, since his army was not strong enough, and he was waiting for his other forces to join up with him. Under the guise of peace, he was simply stalling for time until the remainder of his force could catch up with him. These words persuaded the emperor to resume fighting.

While the Turks, for their part, were trying to negotiate 23
for peace, the emperor had the war trumpet sounded and so unreasonably opted for the battle din.[216] When the news of this reached the enemy they were astonished. The Turks

αὐτοὶ τὸ μὲν ἄχρηστον πλῆθος εἰς τοὐπίσω προήλαυνον, αὐτοὶ δὲ κατόπιν φαντασίαν ἐδίδουν πολεμικῆς ἀντιπαρατάξεως, τὸ δὲ πλεῖστον φυγή τις κατεῖχεν αὐτούς, συντεταγμένας | ἰδόντας τὰς τῶν Ῥωμαίων φάλαγγας ἐν τάξει καὶ κόσμῳ καὶ πολεμικῷ παραστήματι· καὶ οἱ μὲν προῄεσαν εἰς τοὐπίσω, ὁ δὲ βασιλεὺς κατόπιν αὐτῶν πανστρατιᾷ ἐπεδίωκεν ἕως ἄρα δείλη ὀψία κατέλαβεν. Ἐπεὶ δ' ὁ βασιλεὺς τοὺς ἀντιτεταγμένους καὶ ἀντιπολεμοῦντας οὐκ εἶχε, τὴν δὲ παρεμβολὴν ἐψιλωμένην στρατιωτῶν καὶ πεζοφυλάκων ἐγίνωσκε διὰ τὸ μηδ' εὐπορεῖν ἱκανοῦ πλήθους ὥστε καὶ παρατάξεις ἐνταῦθα καταλιπεῖν, ἤδη προεξαντληθέντων τῶν πλείστων, ὡς προδιείληπται, ἔγνω μὴ πλεῖον ἐπιτεῖναι τὴν δίωξιν, ἵνα μὴ λόχον πεποιηκότες οἱ Τοῦρκοι, ἀφυλάκτῳ ταύτῃ ἐπίθωνται, καὶ ἅμα διασκοπῶν ὡς εἰ πλεῖον ἐκμακρυνθείη, καταλήψεται τοῦτον ἐν τῇ ἐπανόδῳ ἡ νὺξ καὶ τηνικαῦτα οἱ Τοῦρκοι παλίντροπον θήσουσι τὴν φυγὴν ἑκηβόλοι τυγχάνοντες. Διὰ ταῦτα καὶ τὴν βασιλικὴν σημαίαν ἐπιστρέψας, νόστου ἐπιμνησθῆναι διήγγελλεν. Οἱ δὲ πόρρω τὰς φάλαγγας ἔχοντες στρατιῶται τὴν ἐπιστροφὴν τῆς βασιλικῆς σημαίας ἰδόντες, ᾠήθησαν ἥττῃ τὸν βασιλέα περιπεσεῖν, ὡς δ' οἱ πολλοὶ πληροφοροῦσιν ὅτι τῶν ἐφεδρευόντων αὐτῷ τις, ἐξάδελφος ὢν τῷ τοῦ βασιλέως προγόνῳ Μιχαήλ, προβεβουλευμένην ἔχων τὴν κατὰ τούτου ἐπιβουλήν, αὐτὸς τὸν τοιοῦτον λόγον τοῖς στρατιώταις διέσπειρε καὶ ταχὺ τοὺς οἰκείους ἀναλαβών, ἐμπεπίστευτο γὰρ παρὰ τῆς τοῦ βασιλέως καλοκαγαθίας οὐ μικρόν τι μέρος λαοῦ, φυγὰς εἰς | τὴν παρεμβολὴν ἐπανέδραμε. Μιμησάμενοι δὲ τοῦτον οἱ

were already armed and, after driving all their noncombatants to the rear, gave the appearance of a warlike battle line ready to resist attack. But for the most part they were inclined to flight when they saw the Roman phalanxes [161] all drawn up in ordered, disciplined battle array. They fled to the rear and the emperor pursued them with all his forces until evening. When he found that no one was resisting or fighting against him and realized that his camp was stripped bare of soldiers, including foot sentries, because he simply did not have a sufficiently large army so as to leave a protective force there too, and given that most of his soldiers were exhausted, as already explained, he decided to bring the pursuit to a halt. He was afraid that the Turks would make an ambush and attack the unguarded camp, and at the same time he reasoned that if he extended the pursuit much farther night would overtake their return, and then the Turks would reverse their flight and shoot at them from a distance. For these reasons, he ordered the imperial banner to be turned around as a signal for the troops to return to the camp. But when those soldiers who were far from the main body saw the imperial banner being turned around, they thought that the emperor had fallen in defeat. Many relate that one of those who was waiting for a chance to get at him, a cousin of the emperor's stepson Michael who had previously plotted against him,[217] spread this report among the soldiers. He quickly got his men together—for the emperor, with his good heart, had entrusted a large contingent to this man's command—and fled back [162] to the camp. The nearest units followed his example and one by one they turned

πλησιέστεροι λόχοι, εἷς καθένα τὴν φυγὴν ἀμαχητὶ διεδέξαντο, κἀκείνους ἕτεροι. Καὶ οὕτως ὁ βασιλεὺς ἰδὼν τὸ παράλογον τῆς ἐξαγωνίου φυγῆς, ἔστη μετὰ τῶν περὶ αὐτόν, τὴν τῶν οἰκείων φυγὴν ὡς ἔθος ἀνακαλούμενος, ἦν δὲ ὁ ἐπακούων οὐδείς.

24 Τῶν δ᾽ ἐναντίων οἱ ἐπὶ λόφων ἱστάμενοι, τὸ τῶν Ῥωμαίων ἰδόντες ἐξαίφνης ἀτύχημα, τῷ σουλτάνῳ καταγγέλλουσι τὸ γενόμενον καὶ τὴν ἐπιστροφὴν αὐτῷ κατεπείγουσιν. Εὐθὺς οὖν ἐπανελθόντος αὐτοῦ, μάχη τις ἀθρόον τῷ βασιλεῖ προσρήγνυται· καὶ κελεύσας τοὺς ἀμφ᾽ αὐτὸν μὴ ἐνδοῦναι μηδὲ μαλακόν τι παθεῖν, ἠμύνατο μὲν ἐρρωμένως μέχρι πολλοῦ. Ἐν δὲ τῷ μέσῳ τῆς τῶν ἄλλων φυγῆς περιαντλησάσης ἔξω τὸν χάρακα, συμμιγής τις ἦν ἐκ πάντων βοὴ καὶ ἄτακτος δρόμος καὶ λόγος οὐδεὶς ἀπηγγέλλετο καίριος, τῶν μὲν λεγόντων ἰσχυρῶς ἀντιπαρατάξασθαι τὸν βασιλέα μετὰ τῶν ὑπολελειμμένων αὐτῷ καὶ τοὺς βαρβάρους τρέψασθαι, τῶν δὲ σφαγὴν ἢ ἅλωσιν καταγγελλόντων αὐτοῦ καὶ ἄλλων ἄλλα συναιρόντων καὶ παλίντροπον ἑκατέρου μέρους τὴν νίκην καταλεγόντων ἕως ἤρξαντο καὶ τῶν σὺν αὐτῷ Καππαδοκῶν πολλοὶ κατὰ μοίρας τινὰς ἐκεῖσε ἀποφοιτᾶν. Εἰ δέ τι καὶ αὐτὸς τοῖς φεύγουσιν ἀντίξους γεγονώς, πολλοὺς ἠμυνάμην τὴν ἀνάκλησιν ἐπιτρέπων τῆς ἥττης, ἕτεροι λεγέτωσαν. Τὸ δὲ μετὰ τοῦτο καὶ τῶν βασιλικῶν ἱππέων πολλοὶ μετὰ τῶν | ἵππων ἐπαναστρέφοντες μὴ ἰδεῖν τὸν βασιλέα τί γέγονεν ἐρωτώμενοι ἀπεκρίναντο, καὶ ἦν σεισμὸς οἷος καὶ ὀδυρμὸς καὶ πόνος καὶ φόβος ἀκίχητος καὶ ἡ κόνις αἰθέριος καὶ τέλος οἱ Τοῦρκοι πανταχόθεν ἡμῖν περιρρέοντες, ὅθεν καὶ ὡς

to flight without a fight, and others followed after them. When the emperor saw this irrational flight and desertion, he took a stand with his own men, trying in the usual way to check the flight of his men, but nobody was listening to him.

The enemy, who were stationed on the hills, saw the sud- 24
den misfortune that hit the Romans, told the sultan what was going on, and insisted that he turn around. He immediately returned and charged with full force against the emperor. The latter ordered the men about him not to yield or let up in the slightest and for quite a while he valiantly defended himself. Meanwhile, the flight of the others had led them to cluster outside the camp palisade and all were shouting incoherently and running about in disorder; nobody could say what exactly was going on. Some claimed that the emperor was firmly resisting with what was left of his army and that he had routed the barbarians. Others said that he had been killed or captured. Everyone had something different to report, claiming victory for each side and then alternately denying it. Finally, many of the Kappadokians who were with the emperor, one group after another, began to desert. Whether I myself was trying to stop many of the soldiers from running away and getting them to return to their posts to save us from defeat, I leave it to others to report. After this, many of the imperial cavalry returned with their [163] horses, and when we asked them what happened, they replied that they had not seen the emperor. It was like an earthquake with howling, grief, sudden fear, clouds of dust, and, finally, hordes of Turks riding all around

εἶχεν ἕκαστος ὁρμῆς ἢ σπουδῆς ἢ ἰσχύος, φυγῇ τὴν ἑαυτοῦ σωτηρίαν ἐπίστευσεν. Οἱ δ᾽ ἐναντίοι κατόπιν διώκοντες, οὓς μὲν ἀνεῖλον, οὓς δὲ ζωγρίᾳ εἷλον, ἑτέρους δὲ συνεπάτουν. Καὶ ἦν τὸ πρᾶγμα λίαν ἐπώδυνον καὶ πάντα θρῆνον ὑπερβάλλον καὶ κοπετόν. Τί γὰρ ἐλεεινότερον τοῦ στρατόπεδον ἅπαν βασιλικὸν φυγῇ και ἥττῃ παρὰ βαρβάρων ἀπανθρώπων καὶ ἀποτόμων ἐλαύνεσθαι καὶ τὸν βασιλέα βαρβαρικοῖς ὅπλοις ἀβοήθητον περιεστοιχίσθαι καὶ τὰς βασιλείους σκηνὰς καὶ τὰς ἡγεμονικὰς ἅμα καὶ στρατιωτικὰς ὑπὸ τοιούτων ἀνδρῶν κυριεύεσθαι καὶ ἅπαν ἀνάστατον τὸ Ῥωμαϊκὸν καθορᾶσθαι καὶ βασιλείαν ἐν ἀκαρεὶ κατανοεῖν συμπεσοῦσαν;

Καὶ τὰ μὲν τοῦ λοιποῦ πλήθους ἐν τούτοις, τὸν δὲ βασιλέα περιστοιχίσαντες οἱ πολέμιοι, οὐκ εὐχείρωτον ἔσχον εὐθύς, ἀλλ᾽ ἅτε στρατιωτικῆς καὶ πολεμικῆς ἐμπειρίας εἰδήμων καὶ κινδύνοις προσομιλήσας πολλοῖς, καρτερῶς ἠμύνατο τοὺς προσπίπτοντας καὶ πολλοὺς ἀνελών, τέλος ἐπλήγη φασγάνῳ τὴν χεῖρα· τοῦ τε ἵππου βέλεσι κατακοντισθέντος ἐκ ποδὸς μαχόμενος ἵστατο, καμὼν δ᾽ ὅμως πρὸς ἑσπέραν ἁλώσιμος καὶ ὑπόσπονδος, φεῦ τοῦ πάθους, ἐγένετο καὶ τῇ μὲν νυκτὶ | ἐκείνῃ ἐπίσης τοῖς πολλοῖς ἐπὶ γῆς ἀτίμως καὶ περιωδύνως κατέδραθε, μυρίοις πανταχόθεν καὶ ἀφορήτοις περικλυζόμενος τοῖς ἐκ τῶν λογισμῶν καὶ τῶν κατ᾽ ὄψιν ἀνιαρῶν κύμασι· τῇ δ᾽ ἐπαύριον ἀγγελθείσης τῷ σουλτάνῳ καὶ τῆς τοῦ βασιλέως ἁλώσεως, χαρά τις ἄπλετος ὁμοῦ καὶ ἀπιστία κατέσχεν αὐτὸν οἰόμενον ὡς ἀληθῶς μέγα τι καὶ ὑπερμέγεθες εἶναι τὸ μετὰ τῆς ἥττης τοῦ βασιλέως καὶ αὐτὸν ἐκεῖνον δορυάλωτον καὶ οἰκέτην

us. To the extent that his speed, eagerness, and strength permitted, each man sought safety in flight. The enemy chased us, killing some, capturing some, and trampling others underfoot. It was a terribly sad sight, beyond lament and mourning. For what could be more pitiable than the entire imperial army in flight, defeated and chased by inhuman and cruel barbarians, the emperor defenseless and surrounded by armed barbarians, and the tents of the emperor, the officers, and the soldiers taken over by men of that ilk, and to see the whole Roman state overturned, and knowing that the empire itself might collapse in a moment?

That was how matters stood with the rest of the army. 25
Meanwhile, the enemy surrounded the emperor but they did not find it easy to capture him quickly, for he was an experienced warrior and general who had faced many dangers. He vigorously defended himself against his attackers and killed many of them, but in the end he was wounded on his hand by a sword. His horse, moreover, had been shot with many arrows and he was fighting on foot. Toward dusk he tired, surrendered, and—O to suffer such a thing!—was taken prisoner. That night [164] he lay down on the ground like all the others in shame and agony, buffeted on all sides by the myriad waves of misery that were sent by his troubled thoughts and the grievous sights that he beheld. On the next day it was announced to the sultan that the emperor too had been captured, and he was at once filled with boundless joy but also with suspicion, for he thought that this was indeed too good to be true, namely that the emperor himself should be captured after being defeated and should be made his

λαβεῖν. Οὕτως ἀνθρωπίνως καὶ νουνεχῶς τὸ προτέρημα τῆς νίκης οἱ Τοῦρκοι ἐδέξαντο, μήτε μεγαλαυχήσαντες, οἷα φιλεῖ περὶ τὰς εὐτυχίας ὡς ἐπίπαν περιπολεῖν, μήτε τῇ οἰκείᾳ δυνάμει τὸ γεγονὸς ἐπιτρέψαντες ἀλλὰ τὸ πᾶν τῷ Θεῷ ἀναφέροντες, ὡς μεῖζον ἢ κατὰ τὴν ἑαυτῶν ἰσχὺν ἀποτελέσαντες τρόπαιον.

26 Διατοῦτο καὶ προσαχθέντος τῷ σουλτάνῳ τοῦ βασιλέως ἐν τῇ εὐτελεῖ καὶ στρατιωτικῇ ἀμπεχόνῃ, καὶ αὖθις διαπορῶν ἦν καὶ μαρτυρίαν περὶ τούτου ζητῶν. Ὡς δ' ἐπληροφορήθη παρά τε ἄλλων <αἰχμαλώτων> καὶ τῶν εἰς αὐτὸν ἀφικουμένων ποτὲ πρέσβεων τὸν τῶν Ῥωμαίων βασιλέα τυγχάνειν τὸν παριστάμενον, εὐθὺς ἐξανέστη καὶ αὐτὸς καὶ περιπτυξάμενος τοῦτον, «Μὴ δέδιθι,» ἔφη, «ὦ βασιλεῦ, ἀλλ' εὔελπις ἔσο πρὸ πάντων, ὡς οὐδενὶ προσομιλήσεις κινδύνῳ σωματικῷ, τιμηθήσῃ δ' ἀξίως τῆς τοῦ κράτους ὑπεροχῆς, ἄφρων γὰρ ἐκεῖνος ὁ μὴ τὰς ἀπροόπτους τύχας ἐξ ἀντεπιφορᾶς εὐλαβούμενος.» Ἐπιτάξας οὖν αὐτῷ | σκηνὴν ἀποταχθῆναι καὶ θεραπείαν ἁρμόζουσαν, σύνδειπνον αὐτὸν αὐτίκα καὶ ὁμοδίαιτον ἀπειργάσατο μὴ παρὰ μέρος καθίσας αὐτόν, ἀλλὰ σύνθρονον ἐν εὐθύτητι τῆς ἐκκρίτου τάξεως καὶ ὁμόδοξον κατὰ τὴν τιμὴν ποιησάμενος. Οὕτω δὶς τῆς ἡμέρας συνερχόμενος τούτῳ καὶ συλλαλῶν καὶ πρὸς παράκλησιν ἀνακτώμενος διὰ πολλῶν ἐπᾳσμάτων ἀναγόντων εἰς τὴν βιωτικὴν περιπέτειαν, μέχρις ἡμερῶν ὀκτὼ τῶν ὁμοίων αὐτῷ ἐκοινώνει καὶ λόγων καὶ ἁλῶν, μηδὲ μέχρι καὶ βραχυτάτου λόγου πρὸς τοῦτον ἐμπεπαρῳνηκὼς ἢ ὅσον τε δοκούντων τινῶν σφαλμάτων ἐν τῇ ἐλάσει τῆς στρατιᾶς ὑπομνήσας, ὁπότε καὶ ἡ τοῦ

prisoner. It was with such an awareness of their human fallibility and with levelheadedness that the Turks reacted to their victory, neither boasting loudly, as people tend to do when things go their way, nor ascribing the deed to their own powers, but rather they ascribed the whole thing to God, as a feat that surpassed their own power to accomplish.

Therefore, when the emperor was led before the sultan in 26
his simple military attire, the latter was still unsure and seeking proof of his identity. When he learned from other captives and from the envoys that had previously been sent to him that this truly was the emperor of the Romans, he immediately stood up and embraced him. "Do not fear," he said, "O emperor, and above all be of good hope that you will suffer no bodily punishment and will, instead, be honored in a manner worthy of your high station. For a man would be foolish if he did not fear that sudden changes of fortune might reverse a situation." He ordered that he [165] be assigned to a tent and given suitable attendants, and then invited him to sup with him and share his table, not placing him off to one side but made him sit next to him at an equal station to his rank and share in the same honors. In this way he would meet with him twice a day, talk with him, and raise his spirits with words of consolation and with many maxims regarding the vicissitudes of life. Eight days he spent in his company in this way, sharing conversation and food, and in that time the sultan did not utter even the slightest offensive word to him or point out to him possible mistakes in the

Θεοῦ κρίσις μετὰ τῶν ἄλλων κἀνταῦθα δικαία καὶ ἀρρεπὴς κατεφάνη, οὐ γὰρ οἱ ἄλλοι μόνον ἀλλὰ καὶ αὐτὸς ὁ ἁλωθεὶς βασιλεὺς ἄξιον εἶναι νικᾶν αὐτὸν ἀπεφήνατο, εἰ νόμον μὴ ἔχων ἀγαπᾶν τοὺς ἐχθρούς, ἀνεπαισθήτως ποιεῖ τὸν θεῖον νόμον ἐκ φυσικῆς καὶ ἀγαθῆς διαθέσεως. Οὐ γὰρ τοῖς ὑπερόπταις ὁ παντέφορος ὀφθαλμὸς ἀλλὰ τοῖς ταπεινοῖς καὶ συμπαθέσι τὸ κράτος χειροτονεῖ, ἐπεὶ «*μὴ ἔστι προσωποληψία*», κατὰ τὸν θεῖον Παῦλον εἰπεῖν, «*παρὰ τῷ Θεῷ*.» Καὶ γὰρ ἔν τινι συλλόγῳ διερωτήσαντος τοῦ σουλτάνου τὸν βασιλέα «Τί ἂν ἔδρασας εἰ οὕτως ἔσχες αὐτὸς ἐμὲ ὑποχείριον;», ἀνυποκρίτως καὶ ἀθωπεύτως ἐκεῖνος ἀπήγγειλεν ὅτι «Πολλαῖς ταῖς πληγαῖς κατεδαπάνησά σου τὸ σῶμα γίνωσκε.» Ὁ δέ· «Ἀλλ᾽ ἐγώ,» φησιν, «οὐ μιμήσομαί σου τὸ αὐστηρὸν καὶ ἀπότομον.»

27 | Διακαρτερήσαντες οὖν ἐν τούτοις ἀμφότεροι μέχρι τῶν δηλωθεισῶν ἡμερῶν καὶ σπονδὰς ποιησάμενοι καὶ συνθήκας εἰρηνικάς, εἶτα καὶ κῆδος ἐπὶ τοῖς ἰδίοις παισὶ συστησάμενοι, μόνην δεξίωσιν ἁδρὰν τοῦ βασιλέως αὐτῷ προσομολογήσαντος, ἐκεῖθεν ἀπ᾽ ἀλλήλων διεχωρίσθησαν, ἀπολύσαντος αὐτὸν τοῦ σουλτάνου σὺν πολλῇ τῇ περιπλοκῇ καὶ τῇ συντακτηρίῳ τιμῇ πρὸς τὴν οἰκείαν βασιλείαν, προσεπιδόντος δὲ καὶ τῶν Ῥωμαίων ὁπόσους ᾐτήσατο καὶ πρέσβεις ἐκ τῶν οἰκείων.

28 Εἰς δὲ τὸ Μαντζικίερτ τὸ κάστρον φθάσαντες πολλοὶ τῶν Ῥωμαίων καταφυγεῖν κατεῖχον αὐτό, ὡς δ᾽ ὁ βασιλεὺς ἐπανῆλθε, δι᾽ ἄλλης ὁδοῦ ἀφέντες τοῦτο ἐκεῖνοι νυκτὸς ἐξέφυγον, ἀφ᾽ ὧν καί τινες πολεμίοις περιπεπτωκότες διεκινδύνευσαν, οἱ δ᾽ ἄλλοι πρὸς τὰ σφέτερα διεσώθησαν.

management of the campaign. Thus God's will was shown here as well to be just and infallible, for not only the others but the captured emperor himself came to the opinion that the sultan was worthy of victory. Even if the Turks do not have a law of loving one's enemy, he unconsciously carried out this divine law through his naturally virtuous disposition. For the All-Seeing Eye grants power not to those who are arrogant but to the humble and compassionate, given that *God shows no partiality for individuals,* as the divine Paul says.[218] In one of their meetings the sultan asked the emperor, "What would you have done if you yourself held me in your power like this?" Without any dissimulation or attempt to flatter, he answered him, "Know that I would have inflicted much torture on your body." And the other one replied, "But I will not imitate your severity and harshness."

[166] The two of them passed the days that I mentioned 27
in this way, and they made peace agreements and a treaty, arranging also for a connection by marriage through their children. The only assurance the emperor gave him was a strong handshake and then they parted, the sultan releasing him to return to his own empire with many embraces and farewell honors. He also gave him as many Romans as he requested and sent along his own representatives.

Meanwhile, many of the Romans managed to reach the 28
fort of Mantzikert and sought refuge in it, holding it under their power, but when the emperor returned they left it by another road and escaped at night. Some of them ran into the enemy and came to harm, but the rest safely reached

Ὁ δὲ βασιλεὺς κατηντηκὼς εἰς Θεοδοσιούπολιν μετὰ τουρκικῆς τῆς στολῆς καὶ ὑποδεχθεὶς φιλοτίμως, ἡμέρας τινὰς ἐκεῖσε διεκαρτέρησε, θεραπευόμενος μὲν τὴν χεῖρα, συνδιαναπαύων δὲ καὶ τὸ ἄλλο σῶμα καὶ ἀνακτώμενος, ῥωμαϊκήν τε σκευὴν ἄρτι καινίζων καὶ τὴν ἄλλην ἐκεῖσε κατασκευάζων ἐπίτευξιν διὰ τὸ μέλλειν εἰς τὰ πρόσω τῆς Ῥωμαίων χωρεῖν. Ἄρας οὖν ἐκεῖθεν μετὰ βασιλικῆς τῆς σκευῆς τε καὶ προπομπῆς, διῄει τὰς ἰβηρικὰς κώμας, ὀλίγους πάνυ καταλαβὼν τῶν φυγάδων τῆς μάχης στρατιωτῶν, οὓς καὶ αὐτοὺς μετὰ τῶν συνελευθερωθέντων εἶχε μεθ' ἑαυτοῦ, τὸ δ' ἄλλο πλῆθος συνείλεκτο | παρὰ τῶν προσοίκων τῶν ἐκεῖσε κωμῶν τε καὶ πόλεων, συνῆσαν δὲ τούτῳ καὶ πρέσβεις παρὰ τοῦ σουλτάνου προσεφοδιασθέντες αὐτῷ.

29 Ταύτης οὖν τῆς φήμης αὐτήκοοι καὶ ἡμεῖς γεγονότες ἐν Τραπεζοῦντι, ἐκεῖσε γὰρ κατηνέχθημεν διαπόντιον τὴν πορείαν ποιῆσαι σκεψάμενοι, ἀμήχανον ἅμα καὶ ἄπιστον τὸ πρᾶγμα ἡγούμεθα καὶ διατοῦτο τὴν διὰ θαλάσσης ὁδὸν ἠνύομεν ἀμεταστρεπτί, πλοιάρια τῶν ἐγχωρίων ἱκανὰ μισθωσάμενοι. Συνῆσαν γὰρ καὶ τῆς βασιλικῆς αὐλῆς ἄνδρες ἐκ τῶν πρώτων τῆς συγκλήτου βουλῆς παραδόξως τὸν κίνδυνον συνδιαφυγόντες ἡμῖν, ἕτεροι δὲ κατεκόπησαν ἐν αὐτῷ τῷ πολέμῳ καὶ τῷ δρασμῷ, μεθ' ὧν καὶ Λέων ἐκεῖνος ὁ ἐπὶ τῶν δεήσεων, ἀνὴρ λόγῳ καὶ γνώσει διαφανέστατος, καὶ ὁ μάγιστρος Εὐστράτιος καὶ πρῶτος ἀσηκρῆτις ὁ Χοιροσφάκτης· ἑάλω δὲ καὶ ὁ πρωτοβέστης Βασίλειος ὁ Μαλέσης, τὰ πρῶτα φέρων τῷ βασιλεῖ, τὸ τοῦ λογοθέτου τῶν ὑδάτων ὀφφίκιον περιεζωσμένος, λόγῳ καὶ αὐτὸς καὶ πείρᾳ πολλῶν ὑπερκείμενος.

their own lands. The emperor reached Theodosioupolis wearing Turkish attire and was received with honors. He spent some days there so that his hand could heal and allowed his entire body to rest and regain its strength. He had fashioned some new Roman attire and made the other necessary arrangements so that he could march deeper into Roman territory. He departed from there in imperial regalia and pomp, passing through the Iberian towns, but he came across very few soldiers who were refugees from the battle. These too he kept by his side along with the ones who had been freed with him. The rest of his retinue was assembled [167] among the residents of the towns and cities of that area, and he was also accompanied by the envoys with whom the sultan had furnished him.

We ourselves also heard this news when we were in Trebi- 29
zond. We had gone there thinking to make our return journey by sea and believed that what was being said was unlikely and not to be trusted, and so we took the sea route without even pausing to look back, renting a sufficient number of small ships from the locals. For present with us were men of the imperial court, among the first in the Senate, who had against all hope escaped the danger with us, though others had been cut down in the battle itself and the flight, among whom was Leon, who was *epi ton deeseon,* a man notable for his knowledge and speaking ability; also the *magistros* and *protasekretis* Eustratios Choirosphaktes. Among those who were captured was the *protovestes* Basileios Maleses, the emperor's closest associate, invested with the office of the *logothetes* of the waters, who was also exceptional in terms of his experience and speaking ability.

21

Μέχρι μὲν οὖν τούτων ἀσύγχυτος ἡμῖν ὁ λόγος καὶ οἷον ἀπερικτύπητος καὶ ὁμαλώτερον βαίνων, κἂν εἰ καὶ προσάντεις εἶχε καὶ οἰκτρὰς τὰς ἐπεξηγήσεις. Τὸ δ᾽ ἀπὸ τοῦδε, τίς ἂν κατὰ μέρος τὸ πλῆθος τῶν ἐπισυμβάντων χαλεπῶν διηγήσαιτο; Οὐ γὰρ πρόσαντες ἡμῖν τὸ προκείμενον μόνον ἀλλὰ | καὶ λίαν ἀπρόσβατον διὰ τὴν τῶν γενομένων ἀπηνῆ σκυθρωπότητα.

2 Ἤλαυνε μὲν οὖν ὁ βασιλεὺς ἐξ ἑῴας πρὸς τὴν ἑσπέραν μέχρι Κολωνείας αὐτῆς, ἐπὰν δὲ γένοιτο ἐντὸς τοῦ Μελισσοπετρίου, κάστρον δὲ τοῦτο ἐπί τινος λόφου κείμενον, ἤρξαντο τούτῳ προσομιλεῖν τὰ δεινά, ὁ γὰρ σύμβουλος αὐτῷ καὶ πρῶτα τῇ στρατηγίᾳ Παῦλος πρόεδρος, ὃν ἀπὸ τοῦ κατεπανικίου τῆς Ἐδέσσης μεταπεμψάμενος ὁ βασιλεὺς ἐν τῷ πρὸς Πέρσας ἐλαύνειν, εὗρεν ἐν Θεοδοσιουπόλει σχεδιάζοντα τὴν ταύτης ἀρχήν, διὰ τὸ τὸν δοῦκα προαλωθῆναι μετὰ τοῦ βασιλέως, καὶ πάντα ἐδόκει αὐτῷ συναιρόμενον, νύκτωρ διαδρὰς τὴν βασιλίδα κατέλαβε, μαθὼν τὰ γεγενημένα κατ᾽ αὐτὴν καὶ τὴν τῆς αὐγούστης προαίρεσιν.

3 Αὕτη γὰρ ἀπογνοῦσα τὴν τοῦ βασιλέως ἀπόλυσιν, μετεπέμψατο μὲν καὶ τὸν τοῦ πρώτου ἀνδρὸς καὶ βασιλέως

Chapter 21

The civil war and fall of Romanos IV Diogenes (1071–1072)

Until this point our account has been free of confusion and distractions and has proceeded in a relatively smooth way, though it has included both repugnant and pitiful aspects. From here on, however, who could itemize and recount the multitude of grievous events? For what followed was not only repugnant but [168] extremely hard to tackle on account of the cruelty and sadness inherent in the events.

The emperor, then, was proceeding from east to west on 2
his way to Koloneia. But when he entered Melissopetrion, a fort on a certain hill, the bad news began to reach him. His adviser and chief of the campaign, the *proedros* Paulos, whom the emperor had transferred from the position of *katepano* of Edessa when he was marching against the Persians, he found in Theodosioupolis acting in the place of its governor, because its *doux* had been captured along with the emperor. The emperor believed him to be his supporter in all things, but now he escaped at night and went to the Imperial City, having learned what was happening there and what the empress was planning.

For she, refusing to accept the emperor's release, called 3
upon the *kaisar* Ioannes, the brother of her first husband

ὁμαίμονα, Ἰωάννην τὸν καίσαρα, μετὰ δύο αὐτοῦ υἱῶν, ὧν ὁ εἷς ὁ Ἀνδρόνικος νέηλυς ἦν ἐκ τῆς στρατιᾶς καταλαβὼν ἐν φυγῇ, διεπέμψατο δὲ καὶ δόγματα πρὸς πάσας τὰς ἐπαρχίας μὴ ὅλως δέξασθαι καὶ ἀπαντῆσαι τῷ Διογένῃ διαταττόμενα καὶ τὴν βασιλικὴν τούτῳ προσκύνησιν προσενεγκεῖν καὶ τιμήν. Ἀλλὰ τοῦ καίσαρος εἰσιόντος μετὰ τῶν δύο υἱέων καὶ τῇ βασιλίδι προσμίξαντος ἐν τῷ παλατίῳ, μεταστρέφεται κατ᾽ αὐτῆς ἡ βουλὴ τῆς τοῦ ἀνδρὸς ἀποκηρύξεως καὶ διώξεως, διὸ καὶ τὸν μὲν πρῶτον υἱὸν αὐτῆς ὃν ἐκ τῆς τοῦ Δοῦκα συναφείας ἀπέτεκεν, αὐτοκράτορα καὶ δεσπότην ἀθρόως | φημίζουσιν· ἐν τῷ τοῦ Χρυσοτρικλίνου βασιλείῳ θρόνῳ καθιδρύσαντες αὐτόν, καὶ τὴν ἀρχὴν ἐγχειρίζουσι μόναρχον· τήν τε δέσποιναν καὶ μητέρα τούτου καθαιροῦσι μετὰ σφοδρᾶς τῆς ἐπιφορᾶς, εἶτα καὶ πλοίῳ παραδόντες ὑπερόριον τίθενται κατὰ τὸν ἑῷον πορθμὸν ὃν Στενὸν οἱ πολῖται κατονομάζουσιν ἐκ τῆς θέσεως, ἐγκαταστήσαντες ταύτην τῷ παρ᾽ αὐτῇ συστάντι φροντιστηρίῳ καὶ λεγομένῳ Πιπερούδη, μελαμφοροῦσαν ἐπαποδείξαντες καὶ κεκαρμένην τὰς τρίχας καὶ τῷ τάγματι τῶν μοναζουσῶν καταζεύξαντες. Ὁ δ᾽ οὖν Διογένης μέχρι τοῦ θέματος τῶν Ἀρμενιακῶν προϊών, ἐπεὶ τὰ κατ᾽ αὐτὸν ἐπληροφορήθη καὶ ὡς τοῖς πολίταις καὶ τοῖς ἀνακτόροις ἐπικεκήρυκται, φρούριόν τι κατασχὼν Δόκειαν κατονομαζόμενον, ἐκεῖσε κατεστρατοπεδεύσατο.

4 Ὁ δὲ καῖσαρ καὶ ὁ τὰ σκῆπτρα νέον ἐγχειρισθεὶς τούτου ἀνεψιὸς μετὰ τὸ πάντα τὰ κατὰ τὴν βασιλεύουσαν διαθεῖναι κατὰ τὸ βεβουλευμένον αὐτοῖς· καὶ τοὺς μὲν τῆς συγκλήτου βουλῆς οἰκειώσασθαι καὶ τιμᾶν αὐτοὺς

and previous emperor, along with two of his sons, one of whom was Andronikos who had just returned after fleeing from the army. She also sent orders to all the provinces that they were not to receive or recognize Diogenes or offer him imperial honors and make obeisance to him. But when the *kaisar* and his two sons entered the palace and came to the empress, her plan to renounce her husband and persecute him was turned against her, as they hurriedly acclaimed as lord and emperor her first son from her marriage with Doukas.[219] [169] They seated him upon the imperial throne in the Chrysotriklinos and made him the single possessor of imperial authority. His mother the empress they deposed, treating her roughly in the process, and then they placed her on a ship and sent her into exile to the eastern side of the straits which the people of the City call Stenon on account of its position.[220] There they put her in the convent that she had founded, the so-called Piperoude, dressing her in black and forcing her to take the tonsure, so enrolling her among the ranks of the nuns. Diogenes, meanwhile, proceeded as far as the Armeniac *thema* where he learned the news that concerned himself, namely that he had been declared deposed by the people and the palace. He took a fort called Dokeia and encamped there.

The *kaisar* and his nephew, just now entrusted with the 4
scepters of power, arranged the affairs of the Reigning City according to their will. They started winning over to their side the men of the Senate by distributing honors among

προκατάρξασθαι, πρὸς δὲ τοὺς τῆς ἀγορᾶς τὰ συνήθη δημηγορῆσαι, καὶ ὡς τὴν πατρῴαν βασιλείαν ψήφῳ Θεοῦ εἰς ἑαυτὸν ἀνεκτήσατο, καὶ ὑποσχέσεσι φιλανθρώποις εὐέλπιδας τούτους ποιήσασθαι, στρατιὰν πέμψαι κατὰ τοῦ Διογένους ἐσκέψαντο. Καὶ στρατηγὸν αὐτοκράτορα προχειρισάμενοι τῶν τοῦ καίσαρος υἱῶν ἕνα, Κωνσταντῖνον ὀνόματι, τὸ ἀξίωμα πρωτοπρόεδρον, τοὺς παρατυχόντας τῶν στρατιωτῶν αὐτῷ ἐγχειρίζουσι καὶ ταχέως | τῆς βασιλευούσης ἐκπέμπουσιν. Ὃς καὶ ἄλλους τῶν ἐπαρχιῶν συλλεξάμενος, οὓς δὲ καὶ διὰ γραμμάτων βασιλικῶν ἑαυτῷ συστησάμενος, ἁδράν τινα δύναμιν ἔδοξε συναγηοχέναι καὶ πλησίον τοῦ κρησφυγέτου τῆς Δοκείας τὸν χάρακα ἔθετο. Προσερρύησαν δὲ τῷ Διογένῃ τῶν Φράγγων οἱ πλείους κἀκ τούτου ἔχειν τὸ ἰσχυρὸν προσεδόκασιν.

5 Ἔκτοτε οὖν παροδικαὶ μάχαι τοῖς μέρεσι διερρήγνυντο, οὐδεμία δ᾽ αὐτοτελὴς τὴν ἔκβασιν ἔκρινε, συναπτομένων ἀλλήλοις κατ᾽ ἄνδρας καὶ αὖθις ἀπαλλαττομένων τῶν ἀντιθέτων στρατιωτῶν. Ὡς δὲ πολλοὺς τῶν Καππαδοκῶν ὁ βασιλεὺς κηρύγμασί τε καὶ γράμμασι μετεπέμψατο ὧν ἦρχε Θεόδωρος πρόεδρος ὁ Ἀλυάτης, ἀνὴρ γένους ἐπιφανοῦς τὰ πολεμικὰ καὶ θεαθῆναι θαυμασιώτατος, μεγέθει καὶ ὄγκῳ τῶν πολλῶν διαφέρων, καὶ ἱκανῶς ἐν πολλοῖς στρατευσάμενος, ἔδοξεν ὁ Διογένης πολὺ τῶν ἐναντίων προέχειν καὶ ταχὺ τοῦ τῆς Δοκείας ἄρας φρουρίου, πρὸς τὴν τῶν Καππαδοκῶν ἤλαυνεν, ἐξ ἧσπερ αὐτὸς τὴν γένεσιν ἔσχηκεν. Ἀλλ᾽ οἱ τῆς μοίρας τοῦ τὴν βασιλείαν ἐν Κωνσταντινουπόλει κατέχοντος παρὰ δόξαν προσθήκην δεξάμενοι κατὰ τὴν νύκτα ἐκείνην, οὐ πολὺ τὸ ἔλαττον

them and they made the usual announcements to the people, namely that Michael had regained for himself the authority of his father with divine support. They gave much hope to them by making attractive promises of benevolence. Then they decided to send an army against Diogenes. As sole commander they appointed one of the *kaisar*'s sons, Konstantinos by name, by rank a *protoproedros.* They gave him as many of the soldiers as happened to be present and quickly sent him out of the Reigning City. [170] He mustered more soldiers from the provinces, whom he gathered to himself through royal decrees, and finally believed that he had constituted a force that was strong enough and set up his camp near the hideout at Dokeia. But the majority of the Franks went over to Diogenes, and because of this they expected that he would be in the stronger position.

5 From that point on, occasional battles took place between the two sides but no decisive one that would settle the issue. Soldiers from each side would fight each other one-on-one and then break it off and return. With his missives and letters, Diogenes called up many of the Kappadokians whose commander was the *proedros* Theodoros Alyates, a man from a family distinguished in warfare and who was impressive to behold, as he was exceptional in size and height and had shown his mettle in many campaigns. Diogenes seemed to be getting the better of his enemies by far, and he quickly left the fort of Dokeia and made for the province of Kappadokia, which was his original homeland. But those who were on the side of the emperor in Constantinople received unexpected reinforcements during that night and determined that now their forces did not fall far short

ἀπενέγκασθαι διεγνώκεσαν, κατέλαβε γὰρ αὐτοὺς μεθ' ἑτέρων ἐκ τῆς βασιλίδος ἀποσταλεὶς σύμμαχος ὁ Φράγγος ἐκεῖνος Κρισπῖνος, ὃν ὁ Διογένης μὲν ἐπ' αἰτίαις ἀποστασίας καθελὼν ἐκ τῆς στρατιᾶς ὑπερόριον εἰς Ἄβυδον ἐποιήσατο, ὁ δ' | ἀντιβασιλεύσας ὕστερον Μιχαὴλ ἐκ τῆς ὑπερορίας μεταγαγών, ἐυεργεσίαις καὶ τιμαῖς κατελάμπρυνε καὶ πρὸς τὴν ἑαυτοῦ ἀνέρρωσεν εὔνοιαν. Οὗτος οὖν γενναιότατος κατὰ χεῖρα τελῶν καὶ ἀλκιμώτατος εἴπερ τις ἀνθρώπων δοκῶν διὰ τὸ πεῖραν δοῦναι τῆς ἑαυτοῦ δοκιμότητος ἐκ τῶν φθασάντων αὐτοῦ ἀνδραγαθημάτων, πολλὴν ἐνέσταξε προθυμίαν τοῖς στρατιώταις ἐν ὥρᾳ καταλαβὼν πολεμικῆς ἐπιδόσεως. Διὰ ταῦτα τοι καὶ ἄραντος ἐκ Δοκείας τοῦ Διογένους, ἐπεφάνησαν καὶ οἱ τοῦ βασιλέως τὰς σημαίας ὑπερτεταμένας ἐκφέροντες· ἀλλ' ὁ Ἀλυάτης τούτων κατεπαρθείς, πολλοὺς τῶν στρατιωτῶν συναγηοχὼς πόλεμον τούτοις προσέμιξεν, ἐρρωμένως δὲ ἀντιταξαμένων αὐτῶν καὶ μᾶλλον ἐπιφημισθέντος τοῦ Κρισπίνου παρεῖναι καὶ τοῖς Φράγγοις τῇ πατρίῳ διαλεχθέντος φωνῇ, πρὸς φυγὴν οἱ τοῦ Ἀλυάτου ἀτάκτως ὥρμησαν, ἀφ' ὧν τινὲς μὲν ἀκοντίοις ἀπέθανον, ἁλοὺς δ' αὐτὸς τοὺς ὀφθαλμοὺς ἐξεκόπη μετὰ σκηνικῶν σιδήρων περιωδύνως τὰς ὁράσεις ἀποβαλών, ὅπερ πολλὴν ἐνῆκε τοῖς στρατιώταις ἀνίαν διὰ τὸ τοῦ ἀνδρὸς ἐπίσημον κατὰ γένος καὶ γενναιότατον.

6 Περιώδυνος δ' ὁ Διογένης ἐκ τῆς φήμης γενόμενος, ὅμως τὸ λοιπὸν ἄγων πλῆθος εἰς τὴν Καππαδοκῶν ἐνέβαλε γῆν καὶ εἴς τι φρούριον ἀνιὼν Τυροποιὸν οὕτως ὀνομαζόμενον ἐπὶ λόφου κείμενον ὀχυροῦ, ἐκαραδόκει τὸ

of his. For that Frank, Krispinos, arrived along with some others who were sent to them as allies from the Imperial City. This was the man whom Diogenes had deposed from his command on a charge of mutiny and had exiled to Abydos.[221] But the one who [171] replaced him on the throne, Michael, recalled him from exile, distinguished him with favors and honors, and thereby strengthened his allegiance to him. This man was extremely brave in hand-to-hand combat and seemed to be the strongest man alive, having given proof of his superior mettle in the noble deeds that he had accomplished. He greatly raised the morale of the soldiers by arriving at the moment when the conflict was reaching a climax. For this reason, and with Diogenes having departed from Dokeia, the emperor's men appeared holding aloft their standards. But Alyates had nothing but scorn for them. Assembling many soldiers, he went into battle against them, but they put up a strong resistance, especially as it was rumored among them that Krispinos was present and speaking to the Franks in their own language. Alyates' men fled in disorder, and some of them were killed with spears. He himself was captured and his eyes were painfully cut out with iron tent pegs, costing him his sight. This distressed the soldiers greatly on account of the man's noble family and bravery.

When he learned of this Diogenes felt a deep sorrow. 6
Nevertheless he led the remainder of his army into the land of the Kappadokians and he went up to a certain fort that is called Tyropoios and is situated on a defensible hill. Here he

μέλλον πανταχόθεν ἐπικαλούμενος στρατιώτας εἰς τὴν ἑαυτοῦ ἀρωγήν. | Ἐπεὶ δὲ παρὰ τοῦ τὴν Βύζαντος ἔχοντος βασιλείαν μετεπέμφθη ὁ τῆς Μεγάλης Ἀντιοχείας κατεπάνω Χατατούριος ἐπονομαζόμενος, ἐξ Ἀρμενίων δ' ἕλκων τὸ γένος, καὶ προσετάγη πόλεμον τῷ Διογένῃ ἐπενεγκεῖν, ἀφίκετο μὲν εἰς τὸν Τυροποιὸν μετὰ πολλῆς τῆς δυνάμεως ἱππέων τε καὶ πεζῶν, κατοικτισάμενος δὲ τὸν Διογένην τῆς τύχης καὶ ἅμα χάριτας τούτῳ προσομολογεῖν ἔχων ὡς παρ' ἐκείνου τὴν ἀρχὴν τῆς Ἀντιοχείας λαβών, συνέθετο τούτῳ καὶ τῆς ἐκείνου μοίρας ἐγένετο καί τινας τῶν στρατιωτῶν οἷς ἐκ βασιλέως διώριστο συνάρασθαι τούτῳ τῶν κατὰ τοῦ Διογένους μόθων τῶν ἵππων ἀποστερήσας καὶ τῆς ἄλλης ἀποσκευῆς, γυμνοὺς ἐκεῖθεν ἀπήλασεν. Εἶτα μικρόν τι διαλιπὼν σὺν τῷ βασιλεῖ καὶ τοῖς ἀμφ' αὐτὸν στρατιώταις εἰς τὴν τῶν Κιλίκων χώραν ἀνέζευξεν, ὁμοῦ μὲν παραχειμασίαν ἐν αὐτῇ ποιησόμενος, παρήμειπτο γὰρ τὸ φθινόπωρον, ὁμοῦ δὲ δύναμιν ἑτέραν ἐν τῷ ἀσφαλεῖ συλλεξόμενος καὶ τοὺς ἀπὸ τοῦ σουλτάνου πεμφθησομένους μετὰ διορίαν τοιαύτην καταλαβεῖν.

7 Ἔλαθον δὲ τὸ ἧττον αἱρετισάμενοι καὶ τὰ χείρω καθ' ἑαυτῶν βουλευσάμενοι, τοῦ γὰρ τροπωσαμένου τὴν πρώτην τὸν Διογένην ἐν τῇ κατὰ τὸν Ἀλυάτην συμβολῇ τῇ βασιλίδι ἐπαναστρέψαντος, διεσκορπίσθη ἅπαν τὸ σὺν αὐτῷ στρατιωτικόν, ὡς τοῦ χειμῶνος ἐγγίσαντος, καὶ ἦν εὐχερὲς τοῖς ἀμφὶ τὸν Διογένην μετὰ τοσούτου πλήθους εἰς τὴν Ῥωμαίων ἐμβαλεῖν, | ὅση κατὰ Πισιδίαν καὶ Ἰσαυρίαν καὶ Λυκαονίαν εἰς αὐτήν τε τῶν Παφλαγόνων καὶ Ὀνωριάδα, καὶ πάντας τῷ πλήθει βιάσασθαι γενέσθαι ὑφ'

awaited future developments, calling upon soldiers to come to his aid from all directions. [172] Meanwhile, the emperor who held power in the City of Byzas called up the *katepano* of Antioch the Great, a man named Chatatourios, an Armenian by race, and ordered him to wage war against Diogenes. Chatatourios reached Tyropoios with a great force of cavalry and infantry, but took pity on Diogenes' evil fortune and also admitted that he was in his debt, as it was from him that he had received the command of Antioch. So he joined him and went over to his side, and some of the soldiers who had been ordered by the emperor to assist him in the struggle against Diogenes he deprived of their horses and sent them away from there stripped of the rest of their equipment. After staying there for a while with the emperor and the soldiers on his side, he moved to the land of the Kilikians to winter there, for the autumn was coming to an end, and also in order to gather another force in safety and to meet with the men who would be sent by the sultan at the end of that set period.

But they did not realize that they were choosing the worst 7
strategy, that what they decided would work against their own interests. For the one who had defeated Diogenes in that first battle against Alyates returned to the Imperial City and his entire army dispersed, as winter was near, and it would then have been easy for those on Diogenes' side, who numbered a sizable force, to make inroads into Roman territory, [173] that is into Pisidia, Isauria, Lykaonia, and even to Paphlagonia and Honorias, and force these regions to become subject to their authority through the sheer size of

ἑαυτόν, εἶτα καὶ εἰς Βυθυνίαν εἰσδῦναι καὶ πᾶσαν ἄδειαν ἐμφράξαι τοῖς ἐκ τῆς Βύζαντος στρατιώτας κατ᾽ αὐτοῦ συναγεῖραι καὶ πόλεμον ἐπεγεῖραι τούτῳ ἄξιον λόγου καὶ πράγματος, οἱ γὰρ τῆς ἑσπέρας στρατιῶται τὴν κατ᾽ αὐτοῦ ἐξωμόσαντο ἀπιστίαν διὰ τὸ προκατασφαλισθῆναι ὅρκοις μὴ ἄν ποτε συμφρονῆσαι τοῖς κατ᾽ αὐτοῦ γενησομένοις. Νῦν δὲ μὴ καλῶς βουλευσάμενος, κακοῖς ἀπλέτοις καὶ περιωδύνοις περιεπάρη πράγμασιν· ἐμβαλὼν γὰρ εἰς τὴν τῶν Κιλίκων χώραν δυσδιοδεύτους αὐλῶνας ἔχουσαν ἐκ τῶν Ταύρου ὀρῶν, ἔμενε κατὰ χώραν ὥσπερ ἑαυτὸν ἐγκαθείρξας ἐπὶ τῷ μένειν ἀπρόϊτον, ἄδειαν δὲ τοῖς ἀντιτεταγμένοις παρέσχεν ἀδεῶς στρατιώτας ἀγείρειν καὶ τὸν πολεμικὸν ποιεῖσθαι κατάλογον.

8 Ἐκπεμφθεὶς γὰρ ὁ ἕτερος τῶν υἱέων τοῦ καίσαρος Ἀνδρόνικος πρωτοπρόεδρος καὶ προβληθεὶς δομέστικος τῆς Ἀνατολῆς, ἐν παρασκευῇ πάντας τοὺς στρατιώτας πεποίηκε, σιτηρέσια διανείμας αὐτοῖς καὶ κατὰ μικρὸν ἅπαντας προοικειωσάμενος, συναιρομένου τοῦ Κρισπίνου. Καὶ οὕτως μετὰ τὸ συστῆσαι τὴν ὅλην σύνταξιν τῶν δυνάμεων, προήει κατὰ τοῦ Διογένους ὡς τῆς Κιλίκων ἐπιβησόμενος· καὶ τὴν συνήθη κλεισοῦραν τὴν τοῦ λεγομένου καταλιπὼν Ποδανδοῦ, διὰ τῆς τῶν Ἰσαύρων εἰς ταύτην | ἐνέβαλεν, οὐ πάνυ τι ἀπεχούσης τῆς τῶν Ταρσῶν πόλεως. Δυσδιεξόδευτοι δ᾽ ὄντες καὶ τραχεῖς καὶ ἀνάντεις καὶ λίαν στενόποροι οἱ διατειχίζοντες τῶν ὀρῶν αὐχένες τὴν Κιλικίαν, οὐ μετρίαν ἐποίουν οὐδ᾽ εὔοδον τῷ στρατῷ τὴν εἰσέλευσιν, ὅθεν καὶ εἴ τινες τῶν τοῦ Διογένους τὰς ἀκρωρείας κατεῖχον καὶ μᾶλλον ἑκηβόλοι καὶ τοῖς ποσὶν

their army. Then they could penetrate into Bithynia and make it impossible for those in the City of Byzas to assemble soldiers against him and wage war, at least not a war worth the name or the effort. The soldiers of the west, for their part, had denounced the breaking of faith with him, for they had been secured with oaths in advance not ever to consent to any acts done against him. But, as it was, he did not plan well and so was entangled by vast and grievous harm. For he invaded Kilikia through the difficult paths that lead from the Tauros mountains, and he was staying put there without making any move, as if he had imprisoned himself, which gave his enemies the opportunity to freely gather soldiers and muster an army.

The other son of the *kaisar* was then sent out, the *protoproedros* Andronikos, promoted to the position of *domestikos* of the east. He made ready all the soldiers, distributed supplies to them, and thus gradually brought them over to his side with the help of Krispinos. Thus, after gathering and organizing his entire force, he marched against Diogenes with the intention of invading Kilikia. Passing as usual through the *kleisoura* that is called Podandos, he entered that land through that of the Isaurians, [174] which is not far from the city of Tarsos. But the passes through the mountains that enclose Kilikia are difficult of access, rough, steep, and extremely narrow, and so the passage of the army was neither convenient nor easy, so that if some of Diogenes' men had held the peaks, advancing on foot and with bows, 8

ἐπιβαίνοντες, οὐκ ἂν ἠδυνήθη ποτὲ τὸ τοῦ Ἀνδρονίκου στρατόπεδον τὴν πορείαν διὰ τούτων ποιήσασθαι, εἰ μὴ καὶ μᾶλλον δέους ἐπειγομένου τοῖς στρατιώταις πρὸς φυγὴν ὥρμησαν. Τούτου δὲ παραμεληθέντος, εἰς κίνδυνον περιέστη τῷ Διογένῃ τὰ πράγματα. Μετὰ γὰρ τὸ κατελθεῖν εἰς τὸ πεδίον τὸν σὺν τῷ Ἀνδρονίκῳ στρατόν, ὁ Χατατούριος ἐπελθών, πόλεμον τούτοις συνέρρηξεν· οὐ διὰ πολλῆς δὲ γενομένου τῆς ὥρας αὐτοῦ, ὡς ἂν τῶν ῥωμαϊκῶν δυνάμεων τῷ τε πλήθει καὶ τῇ ἀρετῇ ὑπερεχουσῶν, πεσὼν ἐκ τοῦ ἵππου ὁ Χατατούριος πεζὸς ἑάλω καὶ τῷ στρατηγοῦντι παρέστη γυμνὸς καὶ ἐλεεινὸς τῇ παρούσῃ τύχῃ καὶ τῇ ἐλπίδι τῶν μελλόντων κακῶν. Τῶν δ' ἄλλων συμφυγόντων εἰς τὸ τῆς Ἀδάνης κάστρον ἐν ᾧπερ ὁ Διογένης ἐκάθητο, πολιορκία τὴν τοιαύτην πόλιν ἀκριβῶς διεδέξατο· περικαθίσαντες γὰρ αὐτὴν οἱ μετὰ τοῦ Ἀνδρονίκου Ῥωμαῖοι σπάνει τῶν ἀναγκαίων τοὺς ἔνδον οὐκ εἰς μικρὰν τὴν ἀγωνίαν ἐνέβαλον. Τέως δ' οὖν περὶ σπονδῶν διαλεχθέντων ἀλλήλοις, συνέδοξεν ἀποθέσθαι μὲν τὴν βασιλείαν τὸν Διογένην, συναποθέσθαι δὲ καὶ τὴν τρίχα καὶ | οὕτω τὸν βίον ἕλκειν ἄχρι βιοτῆς ἁπάσης τοῖς μοναχοῖς συγκαταλεγόμενον. Γέγονε τοῦτο καὶ μετὰ μικρὸν ἐξῆλθε τοῦ κάστρου μελανειμονῶν καὶ τὰ καθ' ἑαυτὸν ὡς ἔσχεν ἀποκλαιόμενος, ὅτε καὶ πολλοῖς εἰσῄει δριμὺς καὶ ἀκάθεκτος ἐπὶ τοῖς ὁρωμένοις φόβος καὶ ἔλεος, λογιζομένοις τὸ ἄστατον τῶν πραγμάτων καὶ πρὸς ἐναντιότητα περιπετὲς καὶ ὀξύρροπον· ἦσαν γὰρ ἅπαντες οἱ τούτῳ πολλάκις συστρατευσάμενοι καὶ δορυφόρων τάξιν πληρώσαντες καὶ τὸ κράτος αὐτῷ περιφημίζοντες ὄλβιον

the army of Andronikos would never have been able to march through them; in fact, his soldiers might well have panicked and turned back in flight. But this opportunity was overlooked, and so Diogenes' fortune hung in the balance. For after Andronikos's army came down into the plain, Chatatourios came up and engaged them in battle.[222] But it did not last long, for the Roman forces were superior in both number and valor. Chatatourios fell from his horse and was taken on foot. He was brought before the general naked and wretched both on account of his present condition and the harm that he was about to suffer. The others fled to the fort of Adane in which Diogenes was staying. The city was then tightly besieged: the Romans with Andronikos surrounded it and placed those inside in a critical situation because of their lack of necessities. Finally, the two sides negotiated with each other and they agreed that Diogenes would divest himself of his imperial claim along with his hair, and [175] thus he would live out the rest of his life as a monk. This was done and shortly afterward he came out of the fort dressed in black and lamenting the misfortunes that had struck him. At that moment many who witnessed this sight felt a horrible and irresistible fear combined with pity, realizing the uncertainty of events and how easily they can reverse to their opposites. For they were all men who had often campaigned with him, made up the company of his bodyguards, had celebrated his reign as blessed, and considered

καὶ προσιτοὶ γενέσθαι τούτῳ δι᾽ εὐχῆς ὅτι μεγίστης ποιούμενοι, εἶτα καὶ συνεξελθόντες αὐτῷ ἐκ Συρίας καὶ τῇ Ἀδάνῃ ἐμβαλόντες βασιλικῶς, δουλικῶς προσεδρεύσαντες. Ἀναπεμπαζόμενοι τοίνυν τήν τε προτέραν εὐτυχίαν καὶ τὴν παροῦσαν ἀτυχίαν, ὅπως εἰς ἄκρον ἐναντιότητος ἥκασι, κατηφιῶντες ἦσαν καὶ ἀμηχανοῦσιν ἐῴκεσαν.

9 Νόστου δ᾽ ἐπιμνησθέντος τοῦ στρατηγοῦ, ἐπανήρχετο μὲν ἡ στρατιὰ τὴν ἐπ᾽ οἴκου ἐλαύνουσα, παρεπέμπετο δὲ καὶ ὁ Διογένης εὐτελεῖ τῷ ὑποζυγίῳ καὶ μοναχικῷ καταστήματι δι᾽ ἐκείνων τῶν κωμῶν καὶ τῶν χωρῶν πορευόμενος, δι᾽ ὧν τὸ πρόσθεν μετὰ βασιλικῆς τῆς δορυφορίας ἰσόθεος ἐγνωρίζετο.

10 Μέχρι δὲ τοῦ Κοτυαείου τὴν πορείαν ὀδυνηρῶς ποιησάμενος, καὶ γὰρ νοσηλευόμενος ἦν ἀπὸ κοιλιακῆς διαθέσεως, ἥτις ἐκ κωνείου τούτῳ κατασκευασθέντος παρὰ τῶν ἐναντίων ἐπιγενέσθαι ἐλέγετο, | κατεσχέθη παρὰ τῶν ἀγόντων αὐτὸν ἕως ἐκ βασιλέως πρόσταξίς τις ἐπιφοιτήσει τὸ ποιητέον περὶ αὐτοῦ ἐπιτάττουσα. Ἀλλ᾽ ἧκεν ἡμέραις ὕστερον ἡ πάντων ἀπηνεστέρα καὶ ἀποφημοτέρα κατὰ τοῦ τὰ τοιαῦτα δεδυστυχηκότος ἀπόφασις, διοριζομένη τοὺς ὀφθαλμοὺς τούτου παραυτίκα διορυγῆναι. Τί φῄς, ὦ βασιλεῦ, καὶ οἱ σὺν σοὶ τὴν ἀνοσίαν βουλὴν κατασκευασάμενοι; Ἀνδρὸς ὀφθαλμοὺς μηδὲν ἀδικήσαντος ἀλλὰ τὴν ἑαυτοῦ ψυχὴν θέντος ὑπὲρ πάσης τῆς Ῥωμαίων εὐετηρίας καὶ τοῖς πολεμικωτάτοις ἔθνεσιν ἀντιταξαμένου μετὰ καρτεροῦ τοῦ συντάγματος, ἐξὸν ὂν αὐτῷ ἀκινδύνως τοῖς βασιλείοις προσμένειν καὶ στρατιωτικοὺς πόνους καὶ φόβους ἀποτινάσσεσθαι; Ἐκείνου οὗ καὶ τὴν ἀρετὴν

it the fulfillment of their greatest prayer just to be near him; they had recently come out of Syria with him and entered Adane with imperial pomp, and waited on him as his servants. Contemplating, then, his former happiness and present misfortune, how one extreme had turned into the other, they were saddened and seemed unable to explain it.

The general now wanted to return and so the army set out 9
on the road leading home. Diogenes was also taken along on a wretched pack animal and dressed in monkish garb; he was conveyed through those villages and regions where formerly he had passed with his imperial retinue and been acclaimed as equal to a god.

As far as Kotyaeion he made the journey in pain, for he 10
was ill with some disturbance of the stomach which, it was said, was caused by hemlock that had been administered to him by his enemies. [176] He was kept there by those in charge of him until an imperial order could arrive decreeing what should be done with him. And a few days later the harshest and most execrable verdict of condemnation arrived against a man who had suffered so much, ordering that his eyes be immediately cut out. What do you have to say, O emperor, you and those who crafted this unholy decision along with you? The eyes of a man who had done no wrong but risked his life for the welfare of the Romans and who had fought with a powerful army against the most warlike nations when he could have waited it all out in the palace without any danger and shrugged off the toils and horrors of the military life? Of a man whose virtue even the enemy

πολέμιος αἰδεσθείς, ἠσπάσατό τε γνησίως καὶ λόγων καὶ ἁλῶν ὡς ἀδελφῷ μεταδέδωκε καὶ σύνθρονον τὸν αἰχμάλωτον ἐποιήσατο καί, ὡς ἀγαθὸς ἰατρὸς φάρμακον ἀκεσώδυνον, τὰς τοιαύτας παρηγορίας τῷ φλεγμαίνοντι τῆς λύπης ἐπέθηκεν ὥστε δικαίως τὴν νίκην ὑπ᾽ ἀθλοθέτῃ Θεῷ λαβεῖν ὁ σουλτάνος διαγινώσκεται τοιοῦτος ἀποδειχθεὶς ἄνθρωπος καὶ τοσοῦτον ὄγκον φρονήσεως καὶ ἀνεξικακίας ἐπιδειξάμενος;

11 Σὺ δέ τί προστάττεις, ὦ βασιλεῦ; Ἀποστερηθῆναι καὶ αὐτοῦ τοῦ φωτὸς καὶ τῆς δεδομένης αὐτῷ θεόθεν τῶν ὁρωμένων κατανοήσεως τίνα; Τοῦτον τὸν πατρὸς ἐπὶ σοὶ πρᾶξιν εἰληφότα καὶ νόμῳ καὶ πράγματι | τὸν ἀποβεβληκότα τὴν βασιλείαν καὶ σοὶ ταύτην προέμενον, τὸν ἐκ πορφυρίδος ῥακοδυτήσαντα, τὸν εἰς βίον μονήρη μεταλλαξάμενον καὶ τοῖς γηΐνοις πᾶσιν ἀποταξάμενον, τὸν ἀσθενῆ καὶ παρειμένον καὶ ἀκεσωδύνου μᾶλλον θεραπείας καὶ ψυχαγωγίας ἐπιδεόμενον, τὸν ἀπειρηκότα τοῖς ὅλοις ἀσθενοῦντα καὶ κακουχούμενον, τὸν ὡς *κάλαμον συντετριμμένον* καὶ ὄμβροις δακρύων ἐκτετηκότα τοὺς ὀφθαλμοὺς καὶ τὸ πρόσωπον;[8] Ἀλλ᾽ εἰ καὶ ταῦτα τοιαῦτα καὶ τοσαῦτα πρὸς πειθὼ παρακλήσεως, μᾶλλον δὲ πλείω τούτων, ὅσῳ καὶ τὸ ἀγγελικὸν σχῆμα σιωπηρῶς σοι παρίσταται πρὸς παράκλησιν, ἀλλὰ σὺ πάντως τῷ θυμῷ καὶ τῇ ἐπιθυμίᾳ τοῦ βασιλεύειν ἐπιμανῶς καὶ ἀκορέστως τὸ πλεῖον τῆς ῥοπῆς ἐπιδώσεις, μήτε τὸ σχῆμα αἰδούμενος μήτε τὴν μητρῴαν θηλήν, ἧς οἱ παῖδες ἐκείνου καὶ σοὶ ἀδελφοὶ κοινῶς μετεσχήκατε. Ὄψεται δὲ πάντως καί σέ ποτε ὄμμα τιτανῶδες καὶ κρόνιον καὶ τὰς τύχας σοι πρὸς τὴν ὁμοίαν παραστήσει κακότητα.

respected when he embraced him genuinely and shared conversation and food with him as a brother, placing a prisoner on a throne of equal status, and, like a good doctor, applying words of consolation like a healing medicine to the open wound of his grief, so that the sultan was recognized as having justly received victory by the verdict of God, proving himself to be humane and revealing such a depth of prudence and forbearance?

As for you, O emperor, what was this order that you gave? 11
Who exactly was to be deprived of light itself and the power of visual perception that was given to him by God? This man, who behaved toward you as a father in both law and fact, [177] who set aside imperial power and yielded it to you; who replaced the imperial purple with those rags; who renounced every earthly ambition and converted to the monastic life; who was ill and helpless and who had need rather of healing treatment and comfort; who had renounced everything and was sick and oppressed with misfortune; who was *a broken reed*[223] and wasted away by streams of tears running from his eyes and down his face? Despite all these many and weighty pleas for compassion—in fact, there is more than this, insofar as an angelic figure also stands silently before you and pleads[224]—you nevertheless will give in to your rage and your frenzied and insatiable lust to rule and show no respect either for his monastic status or for your mother's breast, which you shared with his sons, your brothers. One way or another, a day will come when an Evil Eye, Titanic and Kronian, will turn its gaze upon you and push your fortunes to the same evil fate.

12 Ἀλλὰ ταῦτα μὲν ὡς ἐν τραγῳδίας τρύφει διὰ τὸ πάθος παρεκβατικώτερον εἴρηται· ἐπιφοιτήσαντος δὲ τοῦ παγκακίστου τούτου καὶ ἀνοσίου προστάγματος, δεύτερος πάλιν ἀγὼν ὁ περὶ ψυχῆς καὶ φόβος οἷος καὶ κλόνος ἀπαραμύθητος τὸν ἐν τοσούτοις κατέλαβε δυστυχήμασι. Διὸ καὶ λιταῖς τοῖς ποσὶ τῶν ἐκεῖσε ἀρχιερέων ἐκυλινδεῖτο καὶ τὴν ἐκ τούτων βοήθειαν ὅση τις ἡ ἰσχὺς μετὰ κατωδύνου καὶ ἀφορήτου | τῆς συντριβῆς ἐξεκαλεῖτο θερμῶς, παρῆσαν γὰρ ἐκεῖσε ὅ τε Χαλκηδόνος, ὁ Ἡρακλείας καὶ ὁ Κολωνείας τὰς σπονδὰς αὐτῷ συντελέσαντες, ὑπεμίμνησκε δὲ αὐτοὺς καὶ ὅρκων καὶ τῶν ἐκ τοῦ θείου νεμέσεων· οἱ δὲ καίπερ βοηθῆσαι τούτῳ βουλόμενοι, ὅμως ἀσθενῶς ἔσχον, ἀνδρῶν ἀπηνῶν ἅμα καὶ ὠμηστῶν ἀναρπασάντων αὐτὸν καὶ ὡς ἱερεῖον ἀγόντων ἐπὶ τὸ σφάγιον. Καὶ εἰς τὸ κάστρον ἐγκλείσαντες θαμὰ πρὸς πάντας ἐπιστρεφόμενον καὶ τὴν τῶν ἀρχιερέων κατόπιν παρουσίαν ἰδεῖν διηνεκῶς ἐπευχόμενον, οἰκίσκῳ τινὶ παραπέμπουσι καί τινα Ἰουδαῖον ἀμαθῆ τὰ τοιαῦτα τὴν τῶν ὀφθαλμῶν αὐτοῦ διαχείρισιν ἐπιτρέπουσι. Δήσαντες οὖν αὐτὸν ἐκ τεσσάρων καὶ τῷ στήθει καὶ τῇ κοιλίᾳ πολλοὶ δι᾽ ἀσπίδος ἐπιστηρίξαντες, φέρουσι τὸν Ἰουδαῖον περιωδύνως ἄγαν καὶ ἀπηνῶς σιδήρῳ τοὺς ὀφθαλμοὺς αὐτοῦ ἐκταράττοντα, βρυχωμένου κάτωθεν καὶ ταύρειον μυκωμένου καὶ μηδένα τὸν οἰκτείροντα ἔχοντος. Οὐ μὴν ἅπαξ τοῦτο παθὼν ἀφείθη τῆς τιμωρίας, ἀλλὰ τριχῇ τὸν σίδηρον τοῖς τούτου κατέβαψεν ὄμμασιν ὁ τῆς θεοκτόνου τυγχάνων σειρᾶς, ἕως καὶ πληροφορίαν δι᾽ ὅρκου κείμενος ἔθετο πᾶσαν τὴν οἰκονομίαν ἐκχυθῆναι καὶ ἀπορρεῦσαι τῶν ἑαυτοῦ ὀφθαλμῶν.

All this, however, has been said in the manner of a tragic digression to assuage our agony. When this execrable and unholy decree arrived, the man, already afflicted by such great misfortunes, again now faced unthinkable terror, turmoil, and anxiety for his very life. So he crumpled before the feet of the archpriests who were present and, crushed by unbearable grief, fervently called on them with entreaties to help him [178] as much as was in their power; those present were the bishops of Chalkedon, Herakleia, and Koloneia, who had brokered the agreement with him. He reminded them of their oaths and God's vengeance, and they were willing to help him but were in a weak position. He was then seized by rough and cruel men and led off like a sacrificial animal. They took him off to be imprisoned in the fort, and all the while he kept turning back toward everyone and praying constantly to see the archpriests behind him. They put him in a small room and entrusted his blinding to a certain Jew who was inexperienced in this kind of business.[225] They tied down his four limbs and many men held him down with shields on his chest and belly. Then they brought in the Jew who used an iron pin to destroy his eyes in an extremely painful and cruel way while he roared and bellowed like a bull, though no one took pity on him. Nor did this happen once only, putting an end to his torment; no, three times that man who belonged to the race of God-killers plunged the iron into his eyes, until the prone man swore an oath that his entire power of sight had poured out and had flowed 12

Ἐγερθεὶς οὖν αἵματι διαβρόχους ἔχων τοὺς ὀφθαλμούς, θέαμα δ᾽ οἰκτρὸν καὶ ἐλεεινὸν καὶ θρῆνον ἐπιφέρον τοῖς ὁρῶσιν ἀκάθεκτον, ἡμιθνὴς ἔκειτο, προκατειργασμένος μὲν καὶ τῇ νόσῳ, τότε δὲ | τοῖς ὅπλοις ἀπαγορεύων καὶ τῆς βασιλικῆς ἐκείνης λαμπρότητος καὶ τῆς μέχρις οὐρανοῦ φθανούσης δόξης, μᾶλλον δὲ τῆς ὑπὲρ τῶν Ῥωμαίων ἀνδραγαθίας τοιαῦτα κομισάμενος τὰ ἐπίχειρα.

13 Προαχθεὶς οὖν ἐν εὐτελεῖ τῷ ὑποζυγίῳ μέχρι τῆς Προποντίδος αὐτῆς ὥσπερ πτῶμα σεσηπὸς εἵλκετο, τοὺς μὲν ὀφθαλμοὺς κατορωρυγμένους ἔχων, τὴν δὲ κεφαλὴν σὺν τοῖς προσώποις ἐξῳδηκυῖαν καὶ σκώληκας ἐκεῖθεν δεικνὺς ἀποπίπτοντας. Ἡμέρας δ᾽ ὀλίγας διαλιπών, ἐπωδύνως τὸν βίον καὶ πρὸ τῆς τελευτῆς ὀδωδὼς ἀπολείπει, τῇ νήσῳ τῇ Πρώτῃ τὸν χοῦν ἀποθέμενος κατὰ τὴν ταύτης ἀκρώρειαν, ἔνθα νέον ἐκεῖνος ἐδείματο φροντιστήριον, κηδευθεὶς μὲν πολυτελῶς παρὰ τῆς πρὶν βασιλίδος καὶ ὁμευνέτιδος Εὐδοκίας τῆς τοῦ κρατοῦντος μητρός, ἐκείνη γὰρ αἰτησαμένη τὸν υἱὸν τὴν νῆσον ταύτην καταλαβεῖν, τούτῳ τὰ τῆς ὁσίας φιλοφρόνως ἐτέλεσε· μνήμην δὲ καταλιπὼν τοῖς μετέπειτα τῶν τοῦ Ἰὼβ ἐκείνου δυστυχημάτων ὑπερβαίνουσαν τὴν ἀκρόασιν, τοῦτο δὲ θαυμασιώτατον ἅμα καὶ γενναιότατον τοῖς πᾶσι διήγημα καταλέλοιπεν, ὅτι ἐπὶ τοῖς τηλικούτοις πειρασμοῖς καὶ ἀπαραμίλλοις κακοῖς οὐδὲν βλάσφημον ἢ μικρόψυχον ἀπεφθέγξατο, ἀλλ᾽ εὐχαριστῶν διετέλει καὶ χρόνων προσθήκην ἐπιζητῶν ἐν κακοῖς ἵνα εὐαρεστήσῃ, φησί, τῷ ποιήσαντι, τὸν τῆς ἀσκήσεως δρόμον διανύων ἐπιπονώτερον.

away. When he arose his eyes were drenched with blood, a pitiable and pathetic sight that made everyone who saw it cry uncontrollably. He lay there half dead, as he had already been weakened by his illness, [179] bidding farewell to arms, for such was the reward that he had received for his earlier imperial splendor and glory that reached to the heavens, or rather for doing noble deeds on behalf of the Romans.

He was led on a wretched beast of burden as far as the 13
Propontis, dragged along like a rotting corpse with his eyes gouged out, his head and face all swollen up and maggots were visibly dropping off. A few days later he died in excruciating pain,[226] and even before his death he had begun to stink. He was buried on the peak of the island of Prote, where he had founded a new monastery, and the funeral was lavishly organized by the former empress, his wife Eudokia, the mother of the reigning emperor. She asked her son for permission to go to this island and she dutifully carried out this holy service for him.[227] Romanos left to posterity a record of sufferings exceeding those of Job, but the most amazing and at the same time noble thing for which he is remembered is that throughout all these enormous trials and unparalleled evils he never uttered a blasphemous or petty word but always gave thanks and asked to spend more time in misfortune simply in order, as he put it, to be able to please his Maker by traversing the path of self-denial in an even more challenging way.

22

Ἀλλ' ὁ μὲν ἐν τοσούτοις ἀνιαροῖς τὸ ζῆν καταστρέψας | πολλὴν τοῖς πειραζομένοις παρηγορίαν ἐνέσταξεν, ὅσῳ γὰρ ἄν τις καὶ πειρασθείη, οὐκ ἂν τοῖς τούτου κακοῖς παρισωθείη ποτέ· ὁ δὲ τὴν βασιλείαν διαδεξάμενος, ὁ τούτου πρόγονος Μιχαὴλ τὴν τῶν Ῥωμαίων ἀρχὴν περιεζωσμένος, ἐπιεικής τις ἐδόκει καὶ γέρων ἐν νέοις διὰ τὸ παρειμένον καὶ ἁπαλὸν ἐλογίζετο. Προσελάβετο γὰρ τῶν κοινῶν πραγμάτων διοικητὴν ἄνδρα λόγῳ καὶ πράξει τῶν πολλῶν διαφέροντα καὶ γνώμης περιχαροῦς καὶ ἀρετῆς ἱκανῶς ἀντεχόμενον καὶ πᾶσιν ἱλαρῶς προσφερόμενον, ἀρχιερέα μὲν τῆς ἐν Σίδῃ καθολικῆς ἐκκλησίας ὑπάρχοντα, τὴν πρωτοπροεδρίαν δὲ τῶν πρωτοσυγκέλλων ἐπέχοντα Ἰωάννης τοὔνομα, εὐνοῦχον δὲ τὴν κατάστασιν, ὑπὲρ εὐνοῦχον δὲ τὴν ἀγαθότητα καὶ τὴν πολιτείαν καὶ τὸ μειλίχιον καὶ σωστικὸν καὶ εὐπρόσιτον ἐνδεικνύμενον. Ὅθεν καὶ τῇ τοῦ βασιλεύοντος ἁπλότητι καὶ ἀφελείᾳ τὰς οἰκείας προσθεὶς ἀρετάς, εὐχάριστον τοῦτον ἐποίει καὶ τοῖς ὑποτεταγμένοις εὐάρεστον, ὅσον γε ἥκει κατὰ τοὺς τότε καιρούς. Ἀλλ' ἔμελλε πάντως τῷ εὐγενεῖ τοῦ σίτου παραμιγῆναί τι καὶ ζιζάνιον ἢ τῇ τῆς νυκτὸς ἐπιφοιτήσει τὴν ἡμέραν ἀναγκαίως ὑποχωρῆσαι.

Chapter 22

The regime of Michael VII Doukas (1071–1078) and the rise of the *logothetes* Nikephoros

He, then, ended his life in such grievous circumstances, [180] offering ample solace to those who face hardship, for as much as one may suffer it will never compare to the evils that he endured. As for his successor to the throne, on the other hand, his stepson Michael, once invested with the imperial authority of the Romans he appeared to be moderate and was thought to be an old man amid the youths on account of his relaxed and gentle disposition. He took on as the overseer of public affairs a man who excelled above the rest in words and deeds, who had a friendly attitude and was sufficiently virtuous and cheerful to everyone. He was the archpriest of the cathedral church at Side and held the highest rank among the *protosynkelloi.* His name was Ioannes and though he was a eunuch he showed himself superior to eunuchs in his goodness, public virtues, gentleness, eagerness to help, and accessibility. He thereby added his own virtues to the emperor's simplicity and naïveté, making him gracious and pleasing to his subjects, as much as this was possible at the time. It so happened, however, that a weed was mixed in with the quality grain,[228] or, put differently, that when night arrived day necessarily had to retreat.

2 Ἦν γάρ τις εὐνοῦχος ὀνόματι Νικηφόρος, ἐκ Βουκελλαρίων ἕλκων τὸ γένος, δεινὸς ἐπινοῆσαι καὶ ῥάψαι πράγματα καὶ πολλὴν τῇ καταστάσει τὴν τρικυμίαν ἐπενεγκεῖν, ὅς εἰς τάξιν τῶν σεκρετικῶν ὑποθέσεων τῷ πατρὶ τοῦ Μιχαὴλ ὑπηρετησάμενος Κωνσταντίνῳ τῷ | Δούκᾳ, ἐπεὶ καὶ σκαιὸς ἐφάνη καὶ διαβολεὺς καὶ σοφιστὴς τῶν κακῶν· ὡς καὶ κατὰ τῆς αὐγούστης μοιχείας ἔγκλημα τῷ βασιλεῖ ὑποψιθυρίσαι φθόνῳ τοῦ συνεξυπηρετουμένου καὶ συνδιενεργοῦντος αὐτῷ Μιχαὴλ τοῦ Νικομηδέως, τῆς μὲν βασιλικῆς παραστάσεως ἀπεπέμφθη, δοὺξ δὲ τῆς κατὰ Κοίλην Συρίαν Ἀντιοχείας ἀποδειχθείς, οὐδὲ τοῖς ἐκεῖσε μέρεσιν ἀπράγμονα καὶ ἀστασίαστον τὴν διαγωγὴν καταλέλοιπε· προφάσεις πολέμων ἐκ κατασκευῆς φρουρίων ἐπισυνείρων καὶ διανιστῶν τοὺς Σαρακηνοὺς ἀντιπολίσματα συνιστᾶν εἰς τὴν τῆς ἄκρας ἐπίθεσιν καὶ πολεμεῖν μὲν τούτοις ἢ καταπολεμεῖν μὴ δυνάμενος, ἀντιπολεμεῖν τοῖς Ῥωμαίοις καὶ ἀνθιστᾶν προσοίκους πόλεις τοῖς ῥωμαϊκοῖς ὁρίοις ἠρέθιζεν· οὐ μὴν δέ, ἀλλ᾿ οὐδὲ τοῖς ἐγχωρίοις Ἀντιοχεῦσιν ἀνενόχλητον καὶ ἄλυπον τὴν διαγωγὴν συνετήρησε, ποτὲ μὲν τὰς κτήσεις αὐτῶν ἀφαιρούμενος, ποτὲ δὲ καταβαρύνων αὐτὰς ἀπαιτήσεσι παραλόγοις καὶ ἀπηνέσιν ἐπιφοραῖς. Ὃς τῆς ἀρχῆς ταύτης παραλυθεὶς καὶ μετὰ ταῦτα πάλιν, οἷα τὰ τοῦ κρατοῦντος τότε περιπετῆ καὶ ἀκυβέρνητα ἐφευρήματα, πεμφθεὶς εἰς δευτέραν ἡγεμονίαν, οὐκ ἐλάττω τῶν προτέρων τὴν μοχθηρίαν εἰσήνεγκε.

3 Τοῦ δὲ βασιλεύοντος τεθνηκότος καὶ τῆς αὐγούστης τὴν αὐτοκράτορα περιελομένης ἀρχήν, ἔσχε τις ἐναντία

For there was a certain eunuch by the name of Nikephoros,[229] whose family was from the Boukellarioi *thema* and who was most capable at devising and tailoring affairs and bringing about great commotion in any situation. While serving Michael's father, Konstantinos Doukas, as an imperial secretary, [181] he showed himself to be a sinister plotter and ingenious author of evils. He even whispered into the emperor's ear an accusation of adultery against the empress out of sheer jealous hatred for his fellow secretary and collaborator, Michael of Nikomedeia.[230] Dismissed from the imperial retinue, Nikephoros was appointed *doux* of Antioch, the one by Koile Syria. Even in those lands, however, he did not cease his intrigue and sedition, stirring up war by erecting fortresses and agitating the Saracens to organize counterbases from which to attack the border. Although he was unable to make war against them or to defeat them, he provoked them into attacking the Romans and building their own strongholds along the Roman frontier. Not only that, he did not even spare the people of Antioch but made their lives more difficult by confiscating their properties one day and, on the next, burdening them with unreasonable fiscal demands and harsh exactions. He was relieved of this command but was later assigned to a second posting there as a result of the vacillating and chaotic governance of the ruler of that time, and caused no less malicious damage there than before.[231] 2

When that emperor died and the empress was invested with sole imperial authority,[232] a piece of bad fortune befell 3

τύχη τὸν πονηρότατον τοῦτον καὶ ἀδικώτατον, βασιλικὸν γὰρ δόγμα καταλαβὸν αὐτὸν εἰς τὴν Ἀντιόχειαν τῇ τοῦ αἵματος φρουρᾷ παραδέδωκε καὶ ἦν ἔμφρουρος ἐπὶ χρόνον τινὰ κατ' | ἐκεῖνον τὸν χῶρον, ἐν ᾧ τὸ πρόσθεν περίδοξος ἐγνωρίζετο, τῆς προτέρας εὐετηρίας τοιαύτην δυσκληρίαν ἀνταλλαξάμενος. Ἀναρρυσθεὶς δὲ τῇ τοῦ Διογένους ἀναγορεύσει καὶ εἰς νῆσον ἐξορισθείς, ὑποσχέσεσι δὲ χρημάτων δικαστὴς Πελοποννήσου καὶ Ἑλλάδος ἀποπεμφθείς, τὰ κατὰ τὴν ἐπαρχίαν ἐκείνην διοικούμενος ἦν.

4 Τοῦτον ἐπὶ κακῷ τῆς τῶν Ῥωμαίων ἀρχῆς μεταπεμψάμενος ὁ τὴν βασιλείαν ἐσχηκὼς Μιχαὴλ καὶ μετὰ μικρὸν εἰς τὴν τῶν κοινῶν πραγμάτων διοίκησιν προστησάμενος καὶ λογοθέτην ἀποδείξας τοῦ δρόμου, ταῖς ἐκείνου μαγγανείαις καὶ περινοίαις ἁλώσιμος γέγονεν, οἷα φρονήματος ἀμοιρῶν σταθηροῦ καὶ μειρακιωδῶν ἀθυρμάτων μὴ ἀποδέων. Προσωπεῖον γὰρ εὐνοίας ὁ Νικηφόρος ἐπιδειξάμενος, ἐξωθεῖ μὲν τὸν ἐπιεικέστατον ἄνδρα καὶ λογιώτατον μητροπολίτην τῆς Σίδης τοῦ τὰ κοινὰ διοικεῖν, προφάσεις διὰ παρενθέτων προσώπων κατ' αὐτοῦ ἐσκαιωρηκώς· παραγκωνίζεται δὲ καὶ τὸν τοῦ βασιλεύοντος θεῖον, τὸν καίσαρα, καὶ τῷ βασιλεῖ περιφρονούμενον ἢ μᾶλλον εἰπεῖν ὕποπτον ἀπεργάζεται. Καὶ ἁπλῶς πάντας τοὺς οἰκειοτάτους πολεμιωτάτους εἶναι συκοφαντήσας καὶ τῆς τοῦ βασιλέως ἀποστερήσας ἐγγύτητος, ὅλον εἰς ἑαυτὸν ὑποποιεῖται τὸν μειρακίσκον ἄνακτα καὶ τοῦτο ἦν βασιλικὸν ἐπίταγμα καὶ συντήρημα ὅπερ τῷ κακίστῳ τούτῳ Νικηφόρῳ συνέδοξεν. Ἐντεῦθεν κατηγορίαι καὶ ἀπαιτήσεις ἀθώων ἀνδρῶν καὶ ἀποτίσεις ἀχρεωστήτων καὶ κρίσεις τῷ

this most cunning and unjust man. For an imperial decree reached him in Antioch ordering that he be placed in the prison for murderers, and he remained under guard for some time [182] in the very place where he had previously been recognized as a man of eminence, having exchanged his past prosperity for such a bad lot. With the accession of Diogenes, he was hauled out of prison and exiled to an island. Subsequently, by promising money, he was dispatched as the judge of the *thema* of Peloponnesos and Hellas, administering affairs in that province.

To the detriment of the Roman state, the emperor Mi- 4
chael recalled this man and entrusted him shortly thereafter with the administration of public affairs, appointing him *logothetes tou dromou*. As the emperor lacked steady judgment and showed no lack of childish immaturity, he was overcome by that man's cunning tricks. By wearing a mask of goodwill, Nikephoros sidelined the most moderate and erudite metropolitan of Side from the management of state affairs by contriving calumnies against him through third-party interlopers. He also managed to elbow out the emperor's uncle, the *kaisar*,[233] by making the emperor scornful of him, or rather raising his suspicions about him. In general, he slandered all of the emperor's closest associates by saying that they were in fact extremely hostile to him and so he prevented them from approaching the emperor, thereby fully dominating the child emperor. As a consequence, whatever the most evil Nikephoros wished became an imperial decision and order. Henceforth accusations and demands were made against innocent men to pay up on dues they did not

δημοσίῳ τὸ πλέον ἢ τῷ δικαίῳ προσνέμουσαι, ἀφ᾽ ὧν δημεύσεις | καθολικαί τε καὶ μερικαί, κατηγορίαι συχναί, φισκοσυνηγορίαι πολλαὶ καὶ θρῆνος τῶν πασχόντων καὶ σκυθρωπότης οὔτι μικρά.

23

Ἀλλὰ τούτων οὕτω γινομένων καὶ κακῶς διαγινομένων, θεήλατός τις ὀργὴ τὴν ἑῴαν κατέλαβεν. Οἱ γὰρ ἐκ Περσίδος ἐπιφανέντες Τοῦρκοι τοῖς ῥωμαϊκοῖς ἐπιστρατεύσαντες θέμασι, δεινῶς κατελυμαίνοντο καὶ κατῄκιζον ταῦτα ταῖς συνεχέσιν ἐπιδρομαῖς. Σκεψάμενος δ᾽ ὁ βασιλεὺς στρατιὰν ἐλάσαι κατ᾽ αὐτῶν ἀξιόλογον, συναγείρει μὲν στρατόπεδον, νεώτερον δὲ τούτοις ἡγεμόνα προβάλλεται. Συνίστησι δ᾽ αὐτῷ καί τινα Λατῖνον Ῥουσέλιον ἐπονομαζόμενον, Φράγγους αὐτῷ παραδοὺς τῶν τετρακοσίων οὐχ ἧττονας. Ἐν δὲ τῷ Ἰκονίῳ γενομένου τοῦ στρατοπέδου καὶ φιλονεικίας συνενεχθείσης τινός, ἀποστατεῖ τηνικαῦτα προφανῶς ὁ Ῥουσέλιος καὶ τοὺς Φράγγους παραλαβών, ἑτέραν ἐτράπετο καὶ τὰ καθ᾽ ἑαυτὸν τῷ ἰδίῳ ἐπιτρέπει βουλήματι. Ἀνελθὼν οὖν εἰς Μελιτηνὴν καὶ Τούρκοις τισὶ συντυχών, ἀριστεύει κατ᾽ αὐτῶν ἐξεφόδου τούτοις ἐπεισπεσών.

in fact owe as well as judicial decisions that appropriated for the public fisc more than was just, resulting in total or partial confiscations, [183] frequent indictments, many fiscal trials, and, of course, laments on the part of the victims and no small amount of anger.

Chapter 23

The revolt of Rouselios

While these things were happening, and happening to our detriment, a God-driven wrath fell upon the east. The Turks who appeared from Persia marched against the Roman *themata,* viciously looting and destroying them with their constant raids. The emperor decided to dispatch a significant military force against them, mustered the army, and appointed a young commander over them.[234] He also placed beside him a certain Latin by the name of Rouselios,[235] to whose command he gave no fewer than four hundred Franks. But when the army reached Ikonion, some kind of rivalry erupted as a result of which Rouselios broke into open rebellion, taking the Franks with him and going his own way, making his own decisions about what he would do. Going up to Melitene, he encountered some Turks and triumphed over them with his first charge against them.

2 Τὸ δὲ λοιπὸν ἅπαν τῶν Ῥωμαίων στρατόπεδον τῇ Καισαρέων μητροπόλει παραβαλόν, ἐν ταύτῃ τὸν χάρακα τίθησι. Σκεψάμενος δὲ ὁ τὴν ἡγεμονίαν τοῦ πολέμου ἐπέχων, Ἰσαάκιος ὁ Κομνηνὸς οὗτος ἦν, ἐξεφόδου τοῖς ἐναντίοις Τούρκοις συμμῖξαι, προῄει μὲν τῆς νυκτὸς μετὰ μοίρας τινὸς τοῦ στρατοῦ, ἀποτυχὼν δὲ τῆς ἐπιβουλῆς, τὸ ἐναντίον | πάσχει τῆς ἰδίας βουλῆς καὶ τοῖς ἐναντίοις παρεσκευασμένοις περιπεσὼν ἀπαράσκευος, συρρήγνυσι μὲν ἀκούσιον πόλεμον, ἡττᾶται δὲ περιγενομένων αὐτοῦ τῶν ἐναντίων τῷ πλήθει. Αἰχμάλωτος δὲ γεγονὼς διὰ τὸ ἐρρωμένως ταῖς οἰκείαις χερσὶν ἀντιτάξασθαι καὶ μὴ δοῦναι νῶτα τοῖς πολεμίοις, συναποβάλλει μετὰ τῆς ἄλλης ἀποσκευῆς καὶ τὸν χάρακα, πολλῶν μὲν πεσόντων Ῥωμαίων καὶ ζωγρίᾳ ληφθέντων, πλειόνων δὲ φυγῇ τὴν ἰδίαν σωτηρίαν ἐνεγκαμένων. Ἀλλὰ τῆς φήμης ταύτης καταλαβούσης καὶ προσπεσούσης τῷ βασιλεῖ, ἔδοξε μὲν σκυθρωπόν τι παθεῖν, οὐ μὴν δὲ τῶν πολιτικῶν ἀδικημάτων ἀπέσχετο, ταῖς τοῦ Νικηφόρου κακαῖς ὑποθημοσύναις πειθόμενος, μηδὲ αὐτός, ὡς ἐφάνη, τὴν φύσιν ἔχων τοῖς συμβουλευομένοις ἀντίθετον. Οἱ δὲ Τοῦρκοι τὴν ἑῴαν ἔκτοτε κατέτρεχον ἀδεῶς.

3 Ἁδροῦ δὲ χρυσίου τὴν ἐλευθερίαν ἀνταλλαξαμένου τοῦ ἡγεμόνος, καὶ αὖθις κατὰ τῶν ἐναντίων στρατὸν εὐτρεπισθῆναι καὶ πεμφθῆναι διεγινώσκετο καὶ προχειρίζεται στρατηγὸς αὐτοκράτωρ ὁ καῖσαρ Ἰωάννης, ὁ τοῦ βασιλεύοντος Μιχαὴλ πατράδελφος, ὃς διαπεραιωθεὶς καὶ μέχρι τοῦ Δορυλαίου πανστρατιᾷ διελθὼν κἀκεῖσε τὴν στρατοπεδείαν καταστησάμενος, ἄρας ἐκεῖθεν προσωτέρω

All the rest of the Roman army arrived at the metropolis of Kaisareia and set up camp there. The man who was in charge of military operations—this was Isaakios Komnenos—decided to charge the enemy Turks and join battle with them, so he set out at night with a portion of his army. Failing, however, in his plans, he suffered the exact opposite [184] of what he had anticipated, finding himself unprepared before an enemy that expected him and thus fighting a battle he had not hoped for. He was defeated, overwhelmed by the greater numbers of the enemy. He himself was taken prisoner because he fought vigorously against them with his own hands and did not turn his back to the enemy. Along with the baggage train he lost the encampment, while numerous Romans died or were captured. But most fled and thus saved themselves. When a report of this arrived and reached the emperor, it certainly seemed as though he was upset, yet he did not refrain from his political injustices, being swayed by Nikephoros's evil influence. Nor was he, as it turned out, opposed by nature to the kind of advice he was receiving. As for the Turks, from that time on they began to raid the east without any fear. 2

The general obtained his freedom in exchange for a huge amount of gold. It was immediately decided to prepare and dispatch an army against the enemy, and the *kaisar* Ioannes, the brother of the emperor's father, was given sole command.[236] He crossed the strait and marched with the entire army all the way to Dorylaion, where he established his camp; departing from there, he marched onward, going as 3

ἐπεπορεύετο καὶ μέχρι τῆς γεφύρας τῆς τοῦ Ζόμπου καλουμένης, ἥτις τὸν Σαγγάρην ποταμὸν ἐπικαθημένη τὴν τῶν Ἀνατολικῶν καὶ Καππαδοκῶν ἐπιζευγνύει ἐπαρχίαν, γενόμενος, πρὸ τοῦ ταύτην περαιωθῆναι, τὸν | Ῥουσέλιον ἐμεμαθήκει πρὸς τὴν ἀντιπέραν στρατοπεδεύσασθαι γῆν, ἐκ τῆς τῶν Ἀρμενιακῶν ἄραντα μετὰ πολλῆς καὶ ἀγρύπνου τῆς ἱππασίας καὶ ἐπιτάσεως. Πέμψας πρέσβεις δὲ ὁ καῖσαρ περὶ συνθηκῶν αὐτῷ καὶ εἰρήνης ὡς εἰκὸς διελέξατο, οὐκ ἐν ἴσῳ δὲ τῷ τῆς τύχης ἀποτελέσματί τε καὶ συγκυρήματι τὴν πρεσβείαν εἰσήνεγκεν οὐδ᾽ ἐπὶ φιλοτίμοις ἐπαγγελίαις καὶ δωρεαῖς, ἀλλ᾽ ἐπὶ ταπεινώσει καὶ συμβουλῇ τάχα τοῦ μὴ ἀπηνῶς καὶ χαλεπῶς διαχειρισθῆναι. Ὁ δὲ Ῥουσέλιος ἅμα μὲν ταῖς ἰδίαις χερσὶ θαρρῶν, ἅμα δὲ καὶ πολεμικοῦ φρονήματος καὶ γενναιότητος πνέων, οὐκ ἐδέξατο τὴν πρεσβείαν ὡς ἀτιμάζουσαν αὐτοῦ τὴν ἰσχὺν καὶ ἀπειλοῦσαν καὶ οὐχὶ δεξιουμένην αὐτὸν ὑποσχέσεσι. Καὶ διατοῦτο πόλεμος ἀμφοῖν ἐπεκηρυκεύθη τοῖς μέρεσιν.

4 Ἐπεχείρει μὲν οὖν ὁ καῖσαρ διὰ τῆς γεφύρας περαιωθῆναι κατ᾽ αὐτοῦ, συνεβούλευε δ᾽ ὁ συστράτηγος, ἦν δ᾽ οὗτος Νικηφόρος κουροπαλάτης ὁ Βοτανειάτης, ἀνὴρ ἐξ ἐνδόξων γενόμενος καὶ προγονικὴν ἔχων τὴν στρατιωτικὴν γενναιότητα καὶ κατὰ χέρα καὶ φρένα πάντων ὑπερφέρων καὶ ὑπερκείμενος καὶ γένους λαμπρότητι καὶ περιουσίας ὀλβιότητι κατὰ πᾶσαν Ἀνατολὴν τυγχάνων ἐπισημότατος, μὴ διαβῆναι τὸν ποταμόν, ἀλλὰ περιμεῖναι καὶ τὸ λοιπὸν τοῦ στρατοῦ καὶ ἢ καταμαλάξαι τὸν βάρβαρον ὑποσχέσεσιν ἐκ τῆς ὑπερθέσεως ἢ περαιούμενον ἐκ

far as the bridge that is called Zompos and that straddles the Sangarios River, joining together the provinces of the Anatolikoi and the Kappadokians. Before crossing the bridge, [185] he learned that Rouselios had encamped on the other side, having come all the way from the Armeniac *thema* after long and sleepless marches on horseback. The *kaisar* sent envoys to him to negotiate terms and peace, as was only reasonable. But when he sent out the embassy, he did not intend it to respect the balance of their fortunes and circumstances, nor did he offer honorable terms and gifts, but rather aimed to humiliate Rouselios and dispense advice on how he could avoid being treated roughly and harshly. Rouselios, on his part, trusting in the strength of his own arms and filled with warlike fervor and courage, did not receive the envoys, considering their offers disrespectful of his power, threatening, and failing to provide the appropriate guarantees. As a result both sides gave battle orders.

The *kaisar* then attempted to strike against him by crossing the bridge. But he was advised by his fellow general— 4
this man was the *kouropalates* Nikephoros Botaneiates, a man of glorious origin, drawing military bravery from his ancestral roots, surpassing and exceeding everyone in both might and mind, and a man famous throughout the entire east for the illustriousness of his family and his prosperous fortunes—not to cross the river but to wait for the rest of the army. He could then either appease the barbarian with promises from a position of strength or else the latter would

τῆς γεφύρας δέξασθαι ἀπαράσκευον ἢ μετὰ τὴν ἐπιδημίαν τοῦ ἐπιλοίπου στρατεύματος μετὰ πλείονος τούτῳ τῆς | παρασκευῆς ἐπελθεῖν. Ὁ δὲ παρακούσας τῆς ἀρίστης ταυτησὶ συμβουλῆς καὶ τὸν ποταμὸν διαβὰς ἐπιπόνως διὰ τὸ τῆς γεφύρας εὐόλισθον, πολέμῳ παραυτίκα τεθορυβημένος προσέπταισε καὶ τὰς παρατάξεις ἀντιτάξας τοῖς ἐναντίοις καὶ δόξας αὐτοὺς καταπονῆσαι καὶ τρέψαι, μάχῃ καρτερωτέρᾳ παρὰ δόξαν ἐνέπεσεν. Ὁ γὰρ Ῥουσέλιος μετὰ τῶν ἐπιλέκτων αὐτῷ ἐπελθών, κατακράτος τοῦτον νικᾷ καὶ ταῖς ἰδίαις χερσὶν αἰχμάλωτον τίθησι, τὸ δὲ λοιπὸν τοῦ στρατοῦ διασκεδασθέν, πρὸς φυγὴν αἰσχρῶς ὥρμησε. Καὶ οὕτω τῶν ἀγώνων ἐκράτησεν ὁ Ῥουσέλιος, τοῦ δηλωθέντος συστρατήγου ἀτρέστῳ καὶ ἀκαταπλήκτῳ φρονήματι μετὰ τῶν ἀμφ᾽ αὐτὸν ἐπανελθόντος εἰς τὴν ἰδίαν κατοικίαν καὶ ἔπαυλιν.

5 Τί δὲ τὸ ἀπὸ τοῦδε; Γέγονε μὲν ὁ Ῥουσέλιος μέγας καὶ περιώνυμος λίαν τῷ μεγέθει τοῦ κατορθώματος, χωρῶν δὲ κατευθὺ τοῦ Βυζαντίου τὸν καίσαρα σιδηροδέσμιον εἶχε καὶ πολλοῖς ἀνιαροῖς περιέβαλεν. Ὡς δὲ προσηγγέλη τὸ τοιοῦτον ἀτύχημα τῷ τε κρατοῦντι καὶ τῷ δήμῳ παντί, πολλή τις ἐνέσκηψε μέριμνα πᾶσι τὴν τοῦ Φράγγου ἐπιδημίαν ὕποπτον ἐξ ἐπιβουλῆς ἔνδον οἰομένου τοῦ βασιλεύοντος. Διὸ καὶ καθίσας εἰς τὸν βασίλειον δίφρον, τοιάδε πρὸς τοὺς παρόντας μετὰ πολλῆς τῆς κατηφείας ἐδημηγόρησεν·

6 «Ἄνδρες πολῖται καὶ ὅσοι τῆς συγκλήτου βουλῆς, σκυθρωπὴν ἀγγελίαν καὶ οἵαν οὐδεὶς ὑπέμεινεν ἕτερος ἄρτι καταλαβοῦσαν | ἐνωτισάμενος, μικροῦ δέω θανεῖν. Ἐγὼ

cross the bridge and find himself unprepared or even, after the arrival of the rest of the army, the *kaisar* could attack him [186] fully prepared. But the *kaisar* disregarded this excellent advice and, crossing the river with great difficulty because of the slipperiness of the bridge, he joined battle in a state of confusion. Deploying his troops against the enemy, he thought that he would defeat and rout them, but he encountered much tougher resistance than he had expected. For Rouselios charged him with his best forces, soundly defeated him, and captured him with his own hands, while the rest of the army scattered, rushing into ignominious flight. Thus Rouselios prevailed in those contests, while the aforementioned fellow commander, with intrepid and undaunted spirit and along with his men, retreated to his country estate.

What followed from all this? Rouselios, for his part, ac- 5
quired power and fame as a result of his great accomplishment, and moved immediately against Byzantion, keeping the *kaisar* in chains and harassing him grievously. When news of the misfortune reached the ruler and the entirety of the people, everyone was very concerned, as the emperor suspected that the Frank's attack was part of an inside plot. For this reason he sat on the imperial throne and with a somber demeanor addressed those about him:

"Men of the City and members of the Senate, I have 6
heard dispiriting news such as no one has yet had to endure, [187] and am on the brink of death. I am that Jonah of old, so

γάρ εἰμι ἐκεῖνος ὁ Ἰωνᾶς, λοιπὸν ἄρατέ με καὶ βάλετε εἰς τὴν θάλασσαν, διὰ γὰρ τὰς ἐμὰς πράξεις τὰ τοιαῦτα σκυθρωπὰ καὶ χαλεπὰ συναντήματα τοῖς Ῥωμαίοις ἐπισυμβαίνουσιν.»

7 Καὶ ὁ μὲν λόγος μετάνοιαν τῶν κακῶς πραττομένων ᾐνίττετο, τὸ δ' ἔργον οὐκ ἦν καὶ ἡ διόρθωσις ἐδείκνυτο οὐδαμοῦ· ἦν γὰρ ἐκεῖνος ὁ ταῖς κακίσταις ὑποθημοσύναις ὡς ἀκυβέρνητος καταδουλούμενος ἑαυτόν. Τέως δ' οὖν προϊόντος τοῦ Ῥουσελίου, πρεσβεῖαί τινες ἐκ βασιλέως πεμφθεῖσαι τούτῳ συνήντησαν, ἀξίωμα κουροπαλατικὸν ὑπισχνούμεναι καὶ δωρεὰς φιλοτίμους, εἰ τὴν ἀποστασίαν ἀφείς, ὑπόσπονδος τῷ βασιλεῖ γένηται. Ὁ δὲ μηδενὸς τῶν λεγομένων ἀνήκοος γεγονώς, τῆς πρὸς τὴν βασιλεύουσαν πορείας σπουδαιότερον εἴχετο.

8 Εἶχε γὰρ μεθ' ἑαυτοῦ αἰχμάλωτον, ἐν τῇ τοῦ καίσαρος τροπῇ τοῦτον προσειληφώς, Βασίλειον πρωτοβέστην τὸν Μαλέσην, ἐκ τῆς τῶν Περσῶν αἰχμαλωσίας οὐκ ἐκ πολλοῦ ἐπανιόντα, τῷ καίσαρι δὲ προσληφθέντα καὶ οἰκειωθέντα διὰ τὸ περιφανὲς τῆς τούτου φρονήσεώς τε καὶ γνώσεως. Ἀλλ' εἰ καὶ δορυάλωτον τοῦτον ὁ Ῥουσέλιος ἔλαβεν, ὅμως ἐν τιμῇ μεγίστῃ εἶχε καί, ὡς ἔμπρακτον ἄνδρα καὶ λογιώτατον καὶ πεῖραν αὐτοῦ δεδωκότα διὰ τῶν προτέρων ἐπιστρατεύσεων, ἐν μοίρᾳ τῶν συμβούλων ἐτίθετο, μᾶλλον δὲ πρώτιστον εἶχε καὶ ὡς γλώσσῃ καὶ χειρὶ τῷ τοιούτῳ ἐν τοῖς πολιτικοῖς ἐκέχρητο πράγμασιν. Οὗτος τὰ πολλὰ μὲν ἑλέσθαι τὴν εἰρήνην τῷ Ῥουσελίῳ ὑπετίθει, εἰ δὲ καὶ | μισῶν τὴν τυραννίδα τοῦ Μιχαὴλ ὡς καὶ πολλὴν παρ' αὐτοῦ δεξάμενος τὴν καταφοράν, καθότι αἰχμάλωτος

take me and cast me into the sea, for it is because of my actions that such horrid and dark misfortunes are befalling the Romans."

His words implied a degree of regret for all that he had done wrong, yet his actions failed to confirm that and no change of course was to be seen, for he had surrendered himself to the worst counsel, as if he were rudderless. As Rouselios advanced, the emperor sent envoys, who met him and offered him the rank of *kouropalates* along with generous gifts, on condition that he end his rebellion and take an oath of loyalty to the emperor. But he, paying no heed to any of their proposals, accelerated his march toward the Reigning City. 7

For he had by his side as a captive the *protovestes* Basileios Maleses, whom he had captured when he routed the *kaisar*. Maleses had only recently returned from captivity at the hands of the Persians,[237] only to be admitted into the *kaisar*'s retinue in recognition of his esteemed judgment and practical wisdom. And even though Rouselios had taken him captive, still he treated him with the greatest honor as a man of action and erudition whose experience was acquired in past campaigns, and he placed him among his advisers, or rather as the first among them, and relied on him in political matters as if he were his own voice and hands. Maleses generally advised Rouselios to prefer peace, even though he himself [188] hated Michael's tyranny, having been badly treated by him; for while he had been a prisoner, instead of receiving 8

ὧν ἀντὶ ἐλέους βασιλικοῦ δήμευσιν ὑπέστη δωρεὰν καὶ τῶν ἰδίων τέκνων ἀπάνθρωπον γύμνωσιν, οἷα τὰ τῶν κρατούντων τότε παρανομώτατα κολαστήρια, ὑπεσκέλιζε τὴν τῆς εἰρήνης ἀπόβασιν ἵνα τοὺς ἀλιτηρίους ἀμύνηται. Αὐτὸς μὲν οὐκ οἶδα, λέγουσι δὲ οἱ πολλοί, ὁ δ' ἄνθρωπος, φίλος ἐμοὶ γνησιώτατος ὤν, ἐξώμνυτο τὴν τοιαύτην ὑπόθεσιν, εἰ δὲ καὶ τυραννοκτόνος ἐπεθύμει γενέσθαι, γενναιότητος τοῦτο πάντως τεκμήριον.

9 Ἐν τῷ μέσῳ δὲ τὴν ὁδοιπορίαν τοῦ Ῥουσελίου διηνυκότος καὶ τὰς σκηνὰς ἐν Χρυσοπόλει θεμένου καταντικρὺ τοῦ τῆς βασιλίδος πορθμοῦ, φόβος ἔσχε τὸν βασιλέα καὶ ἡ τοῦ Βύζαντος τῇδε κἀκεῖσε διεκυμαίνετο· τῶν ἁπανταχῇ γὰρ Φράγγων συναθροισθέντων καὶ συνελθόντων αὐτῷ, στρατὸς ἀξιόλογος τὸ τούτου στρατόπεδον ἐγνωρίζετο, ἐγγὺς γὰρ τῶν τρισχιλίων ἦσαν οἱ συνδραμόντες Φράγγοι αὐτῷ. Ἡμέρας δέ τινας ἐν Χρυσοπόλει διακαρτερήσας ἐν σιδηροπέδαις ἔχων τὸν καίσαρα, πῦρ ἐνῆκε ταῖς ἐν Χρυσοπόλει τυγχανούσαις οἰκίαις καὶ ἡ φλὸξ ἀρθεῖσα πολλὴν ἀνήγειρε τὴν βοὴν καὶ τὸν κωκυτὸν τοῖς ἀνθρώποις, ὡς ἂν τοῦ ἀνέμου μεταρριπίζοντος αὐτὴν καὶ καταπληκτικὴν ἀφιέναι φωνὴν μονονουχὶ | τὴν τῶν πυρπολουμένων ὕλην παρασκευάζοντος. Καταμαλάξαι δὲ βουληθεὶς ὁ βασιλεὺς τὴν τοῦ βαρβάρου θρασύτητα, πέμπει τούτῳ τὴν ἰδίαν γυναῖκα μετὰ τῶν παίδων αὐτοῦ, μεταπέμπεται δὲ καὶ τοὺς Τούρκους λαθραίως ἤδη τῇ Ῥωμαίων προσβαλόντας ἐπικρατείᾳ καὶ πολλαῖς ὑποσχέσεσι πείθει τῷ Ῥουσελίῳ ἀνταγωνίσασθαι. Ὁ δὲ Ῥουσέλιος ἄρας ἐκ Χρυσοπόλεως, εἰς τὴν Νικομήδειαν σπουδαίως ὑπανεχώρησε.

imperial mercy he had been "rewarded" with the confiscation of his property and his own children had been despoiled inhumanely. Such were the most criminal tortures imposed by the rulers at that time. He thus undermined the path to peace, wishing to avenge himself on those thugs. I myself do not know this for a fact, but it is what the many claim. This man was a true friend of mine, who denied these allegations with oaths. But even if he had desired to become a tyrannicide, this would have been a mark of his bravery.

Meanwhile, Rouselios had advanced and pitched his tents 9
at Chrysopolis, just across the straits from the Imperial City. Great fear now seized the emperor, and the City of Byzas swayed back and forth. For the Franks had come together from all regions and banded around Rouselios, and a formidable army now occupied his encampment; there were close to three thousand Franks who had come to his aid. While waiting for a few days in Chrysopolis with the *kaisar* in chains, he set fire to the houses in Chrysopolis he chanced upon. The rapid spread of the flames caused the people to cry out and wail, as the wind spread the fire and the burning material [189] produced a terrifying sound. The emperor wished to mollify the barbarian's insolence and so sent him his wife and children. He also secretly contacted the Turks, who were already raiding the territory of the Romans, and with many promises convinced them to fight against Rouselios. Rouselios, for his part, departed from Chrysopolis and retreated in haste to Nikomedeia. He planned to suborn the

Βουλεύεται τοίνυν τοὺς στρατιώτας τῶν Ῥωμαίων ὑποποιήσασθαι καὶ εἰς πλῆθος μέγα τὸν οἰκεῖον ἀγεῖραι στρατόν. Καὶ διατοῦτο τῶν δεσμῶν ἀπολύσας τὸν καίσαρα καὶ φιλανθρώποις δεξιώσεσι τὰς πρώην κακώσεις παρὰ πᾶσαν θεραπεύσας ἐλπίδα, βασιλέα Ῥωμαίων τοῦτον ἀνίστησιν, εὐφημίαις καὶ παρασήμοις βασιλικοῖς τὸ κράτος αὐτῷ μεγαλοπρεπῶς συγκαταστησάμενος.

Ἐπεὶ δὲ μετὰ τὴν ἀναγόρευσιν τούτου ἀγγελία τις τῶν Τούρκων αὐτοῖς ἐπῆλθε, πανστρατιᾷ τὸν λεγόμενον Σόφωνα τὸ ὄρος ὑπερβάντες, ἀγχοῦ τοῦ φρουρίου τῆς Μεταβολῆς τὴν παρεμβολὴν ἐποιήσαντο. Τῶν δὲ σκοπῶν ἀπαγγειλάντων ὥς τινες πολέμιοι, οὐ πλείους τῶν πέντε ἢ ἓξ χιλιάδων, αὐτοῖς ἐπεφάνησαν, εὐθὺς ὁ Ῥουσέλιος τὸ ἐνυάλιον ἀλαλάξαι προσέταττε καὶ τὸ στρατιωτικὸν ἅπαν ἐξώπλιζε πρὸς τὸν πόλεμον. Ἦσαν δὲ πάντες οἱ τούτῳ συστρατευόμενοι Φράγγοι ἑπτακόσιοι καὶ δισχίλιοι, οὐδεὶς γὰρ ἔτι τῶν Ῥωμαίων αὐτοῖς προσερρύη, διὰ τὸ τὴν φήμην τῆς | ἀναγορεύσεως τοῦ καίσαρος ἔτι μὴ πλατυνθῆναι καὶ ἀκουσθῆναι τοῖς Ῥωμαίοις. Ὡς δὲ ἀνέστελλον αὐτοῦ τὴν ὁρμὴν ὅ τε καῖσαρ καί τινες τῶν ἐξοχωτέρων, ἐφ᾽ ᾧ καθαρῶς ἐπιγνῶναι τὸ πλῆθος τῶν ἐναντίων, «Οὐκ ἀνεκτόν,» εἶπε, «τῷ Ῥουσελίῳ ἐστὶ τὸ πρὸς ἓξ χιλιάδας Τούρκων ἀμφιγνωμονεῖν καὶ τὸν πόλεμον ἀναβάλλεσθαι.» Ὅθεν καὶ ταχὺ τὰς τάξεις καταστησάμενος, ὥρμησεν ἐπ᾽ αὐτούς. Σὺν πολλῇ δὲ ῥύμῃ καὶ βοῇ τῶν Φράγγων κατὰ τῶν ἐναντίων καταπληκτικῶς ἐπεληλυθότων, ἐδέξαντο μὲν οἱ Τοῦρκοι τούτους ἐπιόντας ἀντικαταστῆναι βουλόμενοι, μὴ ἐνεγκόντες δὲ τὸ σφοδρὸν καὶ ἀνύποιστον τῆς ἐπιφορᾶς,

Roman soldiers and thus to increase his own army into a huge force. For this reason he released the *kaisar* from his bonds and, ameliorating against all expectation his earlier maltreatment with friendly overtures, proclaimed him emperor of the Romans, ostentatiously investing him with power along with imperial acclamations and insignia.

But when, after this proclamation, news came to them regarding the Turks, they took the whole army over Mount Sophonas and made their camp near the fort of Metabole. When scouts announced that the enemy had appeared,[238] no more, they thought, than five or six thousand, Rouselios immediately gave the order for the war cry to be sounded and equipped his entire army for battle. The Franks banded around him were no more than two thousand seven hundred, for none among the Roman soldiers had yet joined him, as the news of the *kaisar*'s acclamation [190] had not yet been widely circulated or heard among the Romans. When the *kaisar* and some of the notables attempted to restrain his onrush so that they could more clearly ascertain the numbers of the enemy, Rouselios retorted, "It is intolerable to Rouselios that we quibble and postpone a battle against six thousand Turks." At which point he swiftly arrayed his ranks and rushed against them. As the Franks fell upon the enemy with astonishingly great force and noise, the Turks received their onrush and hoped to push them back. But they failed to withstand the force of the

οἱ μὲν ἔπεσον μαχαίρας ἔργον γενόμενοι, μηδενὸς τῶν Φράγγων κενὴν ἐσχηκότος τὴν χεῖρα σφαγῆς, οἱ δ' ἄλλοι πρὸς φυγὴν ὥρμησαν, κατόπιν δὲ διωκόντων τῶν Φράγγων, ἕτεροι πάλιν φονίᾳ χειρὶ παρεδίδοντο. Ἀλλὰ τῆς διώξεως ἐπὶ πολὺ γενομένης, προῆλθον μὲν οἱ Τοῦρκοι τὴν φυγὴν ἐπιτείνοντες, ἀκρατεῖ δὲ ῥυτῆρι τοὺς Φράγγους παρασκευάζων ὁ Ῥουσέλιος φέρεσθαι, τόπον οὐκ ὀλίγον παρήμειψε, πολλὰς δὲ τὰς ἀκρωρείας ἀνιών τε καὶ κατιών, ἔλαθε τοὺς πλείστους τῶν στρατιωτῶν ὀπίσω παραλιπών. Καὶ μετ' ὀλίγων ἀπολειφθεὶς σὺν τῷ καίσαρι ἐν ἵπποις κεκμηκόσι τῷ συνεχεῖ τῆς διώξεως, εἶδε τὸ στῖφος τῶν Τούρκων ἀπειροπληθὲς καὶ θαλάσσης ἀπλέτου μιμούμενον κύματα· ἦσαν γὰρ ὑπὲρ τὰς ἑκατὸν χιλιάδας οἱ βάρβαροι, ὡς δὲ καὶ αὐτὸς ἐθεάθη καὶ διέκρινε καθ' ἑαυτὸν μὴ ἀκίνδυνον εἶναι τὴν εἰς | τοὐπίσω φυγήν, ἅτε τῶν ἵππων αὐτοῦ κεκμηκότων καὶ τῶν ἐναντίων τῇ ἀπονοστήσει θάρσος λαβεῖν δυναμένων, μάχην καθ' ἑαυτὸν συρράξαι διέγνωκεν. Ὡς δὲ προέγνων οἱ πολέμιοι τὴν τῶν ἰδίων κατακοπήν, ἐν φόβῳ καὶ κυδοιμῷ γεγονότες, μικροῦ ἐδέησαν αὐτοὶ τὴν φυγὴν προλαβεῖν, εἰ μή τινες τῶν Φράγγων τῶν ἵππων καταβάντες ἐψυχαγώγουν αὐτοὺς τῇδε κἀκεῖσε σχολαίῳ ποδὶ παρασύροντες, κατανοήσαντες δὲ τούτους ἀπειρηκότας τῷ κόπῳ, ἔστησαν ἐπὶ τὸ αὐτό. Τοῦ δὲ Ῥουσελίου μετὰ τῶν ἀμφ' αὐτὸν τὰ δόρατα τούτοις μετὰ σφοδρᾶς τῆς ῥύμης ἐπιστηρίξαντος, ἀντέσχον μὲν οἱ Τοῦρκοι, ἔπεσον δὲ καὶ τότε τούτων συχνοί. Περικυκλώσαντες δὲ ὀλίγους ὄντας τοὺς ἀμφὶ τὸν Ῥουσέλιον τοσοῦτοι καὶ τηλικοῦτοι τὸ πλῆθος ὄντες οἱ Τοῦρκοι βέλεσι

irresistible attack, and so some died by the sword—the hand of no Frank was unbloodied by that slaughter—while others rushed to flee. After that, when the Franks were in pursuit, many others also fell to their killing hands. But the pursuit dragged on and the Turks advanced even further as they continued their flight, so Rouselios spurred his Franks into an unbridled charge, and covered a great distance, going up and down many mountain ridges, without noticing that he had left most of his soldiers behind him. He was left with only a few, along with the *kaisar,* their horses exhausted from the relentless pursuit, whereupon he saw the mass of Turks, boundless in their multitude and heaving like the waves of a vast sea. For there were more than one hundred thousand barbarians. When he was spotted and realized that a retreat was not without danger for himself, [191] given the exhaustion of their horses and the fact that the enemy would be emboldened if he retreated, he decided to join battle by himself. And as the barbarians realized that their own men had been cut down, they were overcome with fear and would have rushed into flight themselves had not a few Franks dismounted to rest, dragging their tired feet here and there. The Turks understood then that they were worn out to the point of exhaustion and so held their ground. Rouselios and his men set their lances against them in a great charge, but the Turks resisted, despite still suffering heavy casualties. After the Turks encircled Rouselios and his men, who were

συχνοτάτοις αὐτοὺς κατετίτρωσκον τοῖς ἑκηβόλοις τόξοις αἰεὶ κεχρημένοι καὶ τοὺς ἵππους ἐκ τούτων ἀσυμφανῶς κατασφάττοντες καὶ διὰ πολλῶν χειρῶν καὶ βελῶν τούτους ἐν κύκλῳ περισχόντες ἀδιεξοδεύτῳ καὶ παναλκεῖ, πεζοὺς τῇ τῶν ἵππων σφαγῇ κατεστήσαντο.

11 Καὶ οὕτω πολλοὶ μὲν τῶν Φράγγων μετὰ Τούρκων πλειόνων τηνικαῦτα θανόντες κατέπεσον, ἥλω δὲ ζωγρίᾳ ὅ τε καῖσαρ καὶ ὁ Ῥουσέλιος. Οἱ δ' ὑπολειφθέντες τῶν Φράγγων εἰς τὸ τῆς Μεταβολῆς φρούριον συμφυγόντες, ἔνθαπερ ἡ γυνὴ τοῦ Ῥουσελίου ἐτύγχανε, δι' ἀκριβείας ἐποιοῦντο τὴν τούτου φυλακὴν καὶ συντήρησιν. Οἱ δὲ Τοῦρκοι τὸν μὲν Ῥουσέλιον ἐν ποδοκάκῃ βαλόντες ἰσχυροτάτῃ ἀσφαλῶς συνετήρουν, | τὸν δὲ καίσαρα διὰ τιμῆς ἄγοντες, ἄνετον εἶχον καὶ τοῖς οἰκείοις ἀμφίοις ἐπίτιμον. Ὅμως δ' οὖν ἀμφοτέρους χρυσίνων ἱκανῶν ἀνταλλάττεσθαι διεμήνυον· ἀγγελθείσης δὲ τῆς τούτων τροπῆς καὶ ἁλώσεως τῷ κρατοῦντι, ἐκκλησιάσας οὗτος ἐπὶ παλατίου πάσῃ τῇ γερουσίᾳ, ἔκπυστον καὶ φανερὸν ἐποίησε τὸ συμβάν, τοῦ δὲ τιμήματος τῶν ἑαλωκότων τούτων ἐπιζητουμένου παρὰ τῶν Τούρκων, ἔσπευδεν ὁ βασιλεὺς δι' ἐξωνήσεως τούτους χειρώσασθαι.

12 Ἐπικατέλαβε γὰρ καὶ ὁ τὰ πρῶτα φέρων παρὰ τῷ καίσαρι ὡς παιδείας λόγων καὶ πολυπειρίας ἀντεχόμενος, Βασίλειος πρωτοβέστης ὁ Μαλέσης, ἐλευθερωθεὶς μὲν ἐκ τῶν Τούρκων τιμῆς ἁδρᾶς πρὸ καιροῦ, προσληφθεὶς δὲ τῷ καίσαρι στρατηγῷ τοῦ πολέμου ἔναγχος ἀποδεδειγμένῳ, συμβουλεύων τῷ βασιλεῖ ταχέως πρίασθαι τούτους, ἵνα μὴ οἱ Τοῦρκοι, ὡς ἔστι βεβουλευμένον αὐτοῖς, βασιλέα

few where the enemy were so numerous, they kept wounding the Franks with arrows, always using their bows from a distance. By invisibly killing the horses from under their riders, they forced the latter to fight on foot, having placed them within a tight and unbreakable circle of arms and arrows.

And so many of the Franks and even more Turks fell dead, 11
while the *kaisar* and Rouselios ended up in captivity. As for the remaining Franks, they fell back to the fort of Metabole, where Rouselios's wife happened to be, and they diligently undertook its maintenance and defense. The Turks placed strong chains on Rouselios's feet and a vigilant guard around him, [192] while they led the *kaisar* about in honor and granted him freedom of movement, allowing him to wear his own clothing. They sent word that they were prepared to exchange both men for a sufficient sum of gold. When this turn of events and their capture were announced to the emperor, he assembled the entire Senate in the palace and openly revealed what had transpired. Once the Turks set the price to ransom the prisoners, the emperor rushed to get his hands on them by paying.

Now, the *protovestes* Basileios Maleses had been the first 12
among the *kaisar*'s circle by virtue of his profound education and extensive experience. After he had been released by the Turks some time previously in exchange for a hefty ransom, he had been recruited by the *kaisar* who had just been given command of this campaign. He had just returned and advised the emperor to immediately ransom them so that the Turks would not, as they were thinking of doing, proclaim

Ῥωμαίων τὸν καίσαρα προχειρίσωνται καὶ διατοῦτο μεγάλης ὠφελείας παρὰ τῶν ῥωμαϊκῶν πόλεων καὶ κωμῶν καὶ δυναστῶν ἀμαχητὶ ἐπιτεύξωνται· τοῦτο γάρ, φησιν, ἐμεμαθήκει μελετῶντας αὐτούς. Οὕτω δὲ συμβουλεύσας, καλῶς οὐδὲν τῆς τοιαύτης ἀπώνατο συμβουλῆς, εἰ μὴ καὶ μᾶλλον ἀδίκως ὑπερορίαν κατεκρίθη καὶ δήμευσιν, οἷα τὰ τοῦ δεινοῦ καὶ πονηροῦ πολεμήτορος.

13 Ἁδρὰν οὖν καὶ βαρυτάλαντον χρυσίου ποσότητα συστήσας, ὁ βασιλεύων τοὺς ἐξωνησομένους αὐτοὺς ἀπέστειλεν. Ἐπεὶ δὲ ἡ τοῦ Ῥουσελίου | γυνὴ τῷ κάστρῳ τῆς Μεταβολῆς ἐμφιλοχωροῦσα καὶ πλούτου ἱκανῶς ἔχουσα, προεξωνήσατο τὸν ἴδιον ἄνδρα καὶ ἀμφοτέρων τῶν ἐχθρῶν ἐλυτρώσατο, τούτου μὲν οἱ πεμφθέντες ἐκ βασιλέως ἀπέτυχον, τὸν δὲ καίσαρα μόνον ἐξωνησάμενοι ἐπανῆγον εἰς τὴν βασιλίδα τῶν πόλεων. Ἐν δὲ τῇ Προποντίδι γενομένων αὐτῶν, εὐλαβηθεὶς ὁ καῖσαρ ἴσως ἵνα μὴ ὡς ἀποστάτης καταγνωσθῇ καὶ ὕποπτος τὸ ἀπὸ τοῦδε τυγχάνῃ καὶ περιεσκεμμένος ἢ καὶ ἀπόβλητος, οὐκ ἔκρινε μετὰ κοσμικῆς τῆς περιβολῆς ἐπιστῆναι τῷ ἀνεψιῷ καὶ βασιλεῖ, ἀλλὰ τὴν κοσμικὴν ἀποβαλόμενος τρίχα, μεταθέμενος εἰς τοὺς μοναχούς, οὕτως ἐν εὐτελεῖ τῷ σχήματι τοῖς βασιλείοις ἐνέμιξεν, ὁπότε καὶ τοῖς εὐσυνέτοις ἀνδράσι θάμβος ἐπῄει καὶ ἔκπληξις, περὶ γὰρ τῶν ἀφρονούντων καὶ τὰ τοιαῦτα μὴ διακρινόντων λόγος οὐδείς.

the *kaisar* emperor of the Romans and thus receive without fighting great support from the Roman cities, villages, and local notables. For he had learned that they were planning this. That was his advice, but he did not in any way benefit from it; instead, he was unjustly condemned to exile and the confiscation of his property. Such are the works of the terrible and evil Enemy.

The emperor assembled a weighty and precious amount of gold and sent men to ransom the captives. The wife of Rouselios, however, [193] who was lodged in the fort of Metabole and possessed abundant wealth, purchased her husband's freedom before they did and thus saved him from both enemies. Thus the men dispatched by the emperor failed to get their hands on him and, after ransoming only the *kaisar,* began their return to the Queen of Cities. When they reached the Propontis, the *kaisar,* perhaps concerned that he might be condemned as a rebel and henceforth face suspicions and be marginalized or even cast out because of this, decided not to meet his nephew the emperor in secular garb. Instead he divested himself of his secular hairstyle, became a monk, and thus, in humble attire, entered the palace grounds. Whereupon thoughtful men were overcome with wonder and surprise, though nothing need be said about thoughtless men and those who fail to discern the truth. 13

24

Ἐπήει οὖν θάμβος τοῖς συνετοῖς ὅπως οἱ Ῥωμαίων ἀρχηγοὶ μετὰ τοσαύτης περιφανείας καὶ λαμπρότητος κατὰ τῶν ὁμοφύλων ἐπιστρατεύοντες, οὕτως ἀτίμως καὶ γοερῶς καὶ μετὰ τοιαύτης εὐτελείας καὶ δυσθυμίας πεποίηνται τὴν ἐπάνοδον, ἀντὶ τοῦ πρὶν τελουμένου τοῖς πάλαι Ῥωμαίοις λαμπροῦ καὶ στεφανηφόρου θριάμβου, καταγέλαστον κατάγοντες καὶ πανευτελέστατον θέατρον, τὴν ἧτταν οὐ τῶν συστρατιωτῶν μόνον, ἀλλὰ καὶ τὴν ἑαυτῶν κακοπάθειαν καὶ σκληροτυχίαν ὀδυνηρῶς θριαμβεύοντες. Τί τούτου γένοιτ᾽ ἂν | διαδηλότερον θεοβλαβείας ὑπόδειγμα; Ὅθεν καὶ θαυμάζειν μοι ἔπεισι πῶς οἱ Ῥωμαίων βασιλεῖς τοὺς εἰδότας ἔχοντες πολλῶν ἱστοριῶν καὶ πράξεων ἐπιγνώσεις καὶ τύχας λαμπρὰς καὶ ταπεινὰς γινομένας ἐξ αἰτιῶν προφανεστάτων, ὧν μὲν ἐκ θείου χόλου τοῖς ἁμαρτανομένοις σφοδρῶς ἐπαναπτομένου, ὧν δὲ ἀπὸ βουλευμάτων γλίσχρων καὶ ἀγεννῶν καὶ ἀνοικείων τοῖς πράγμασιν, οὐδένα λόγον αὐτῶν πεποίηνται οὐδ᾽ ἀξιοῦσι τὰς αἰτίας μανθάνειν ἐξ ὧν τὰ τοιαῦτα δυστυχήματα τῇ Ῥωμαίων ἡγεμονίᾳ προσπίπτουσιν, ἀλλ᾽ ἔξω πάσης βουλῆς θεοφιλοῦς καὶ θεραπείας τοῦ θείου καὶ τῆς τῶν πατρίων νόμων ἐπανορθώσεως καθιστάμενοι, ἀβούλως

Chapter 24

A comparison of ancient and modern Romans

Specifically, thoughtful men were wondering how it was that the leaders of the Romans, who campaigned with such pride and splendor against their own people, now came back in such dishonor, lamentation, shabbiness, and ill temper, and instead of performing the glorious and wreathed triumphs of the Romans of old, they put on a risible and thoroughly cheap charade, parading not only the defeat of their fellow soldiers but also painfully celebrating their own bad fortune and misery. What could offer [194] clearer evidence of divine displeasure? As a result, I myself wonder how it is that the emperors of the Romans, having in their service men who know well the history of past deeds and understand that good and bad outcomes have most evident causes—some in divine wrath that falls violently upon those who sin, others in faulty and ignoble decisions unsuited to the circumstances—they nevertheless utterly disregard those men and do not seek to learn the causes behind all the misfortunes that befall the empire of the Romans. Instead, they distance themselves from any decision that would please God, honor the divine, and restore the ancestral laws, thoughtlessly and recklessly lead Roman forces into great wars and dangers without having conciliated God in advance, and so suffer grievous harm and are soundly defeated,

καὶ προπετῶς εἰς πολέμους μεγάλους καὶ κινδύνους, μὴ πρότερον τὸν Θεὸν ἱλεωσάμενοι, τὰς ῥωμαϊκὰς δυνάμεις εἰσάγουσι, καὶ πάσχοντες κακῶς καὶ ἡττώμενοι ἀπηνῶς, αἴσθησιν οὐ λαμβάνουσι τῆς ἐκ τοῦ θείου νεμέσεως. Ἀλλ' οἱ πάλαι Ῥωμαῖοι οὐχ' οὕτω ποιοῦντες τὰς φοβερὰς ἐκείνας καὶ μάχας καὶ στρατηγίας κατώρθουν, ἀλλὰ καίπερ τὴν ἐκ τοῦ Θεοῦ λόγου καὶ τῆς ἐκ τῆς ἀρρήτου καὶ ὑπερφυοῦς σαρκώσεως αὐτοῦ καὶ κατὰ τόνδε τὸν κόσμον συναναστροφῆς νομοθεσίαν μηκέτι λαβόντες ἐπὶ τὸ σέβειν τὰ θεῖα καὶ ἀρετῆς ἀντιποιεῖσθαι καὶ τοὺς τῆς ἀγαθοεργίας νόμους καὶ εὐσεβείας καὶ καθαρότητος ἐκθύμως τηρεῖν, ὅμως τῇ φυσικῇ μεγαλοφροσύνῃ πρὸς τὰς τούτων παρατηρήσεις νουνεχῶς ἐπαιδεύοντο. Καὶ εἴπερ ποτὲ συνέβη τῇ Ῥώμῃ εἴτε ἥττης δυσκλήρημα | εἴτε σημεῖον οὐκ ἀγαθὸν ἐπεφάνη, πολλὴν ἐποιοῦντο τὴν ἔρευναν καὶ τὴν ζήτησιν, μή πού τι τῶν δεόντων καὶ ἁρμοζόντων παρελείφθη ἢ παρθένος ἐκ τῶν φυλαττουσῶν τὸ ἀθάνατον πῦρ τὴν παρθενίαν ἐκλάπη ἢ παρανομίας ἐπράχθη ὀνείδισμα, καὶ χόλος ἐντεῦθεν θεῖος τοῖς Ῥωμαίοις ἐπαπειλεῖ. Καὶ διερευνώμενοι πολλάκις εὕρισκον τὰς τῶν ἀτοπημάτων αἰτίας καὶ διορθούμενοι ταύτας καὶ τὸ θεῖον ἐξευμενίσασθαι πληροφορηθέντες, μετὰ τοιαύτης παρασκευῆς καὶ θάρσους εἰς τοὺς πολέμους ἐχώρουν καὶ κατώρθουν αὐτοὺς ἐπὶ μεγάλοις τροπαίοις τὰς νίκας ἐπαίροντες, ἐπεὶ καὶ τοῦτο τοῖς στρατηγοῖς διὰ σπουδῆς καὶ φροντίδος ἐγίνετο, τὸ καθαρμὸν ποιεῖσθαι τῇ στρατιᾷ παντὸς ἀδικήματος καὶ ῥυπάσματος καὶ μετὰ τὸ καθῆραι ταύτην τότε προκινδυνεύειν τῆς πατρίδος ἄμεινον εἶναι διελογίζοντο.

yet still they do not become aware that God is opposing them. The ancient Romans, however, did not prove successful in those awesome battles and campaigns by behaving in this way. Even though they had not yet received the Word of God and the Law that sprang from his ineffable and supernatural Incarnation and his coming to this world, and so they could not honor the divine or be virtuous by holding fast to the laws of good deeds, piety, and purity, still they managed, through their natural magnanimity, to be wisely educated to observe them. And if it ever happened that Rome suffered the misfortune of a defeat, [195] or if an ill-omened sign appeared, they made an extensive investigation and inquired whether some necessary or proper practice was being neglected, or if one of the virgins guarding the immortal fire had lost her virginity,[239] or even if any shameful criminal activity had taken place, and for any of those reasons the wrath of God hung over the Romans. And investigating these matters, they often found the causes of the calamities, took corrective action, and ensured that they had placated the divine, and so prepared and in high spirits they set out for their wars which they brought to successful conclusions, raising up trophies for their great victories. Besides, the generals did this too, carefully and zealously, namely to purify the army of any injustice and pollution, for they believed that it was better to endanger oneself for the good of one's country after such a purification.

2 Τοῖς δὲ νῦν Ῥωμαίοις οὐδὲν τούτων διὰ φροντίδος ἐστίν, ἀλλ᾽ οἱ μὲν ἀρχηγοὶ τούτων καὶ βασιλεῖς προφάσει δημοσιακῆς ὠφελείας τὰ χείριστα καὶ θεομισῆ καὶ παράνομα διαπράττονται. Ὁ δὲ τοῦ στρατοῦ προηγούμενος μὴ προσανέχων τῷ πολέμῳ μηδὲ τῇ πατρίδι νέμειν τὰ ὅσια προαιρούμενος καὶ τὴν ἐκ τῆς νίκης δόξαν περιφρονῶν πρὸς τὸ κερδαίνειν ὅλον ἑαυτὸν ἐπιτείνει καὶ τὴν στρατηγίαν ἐμπορίαν κέρδους οὐκ εὐπραγίαν τοῦ ἰδίου ἔθνους οὐδ᾽ εὐδοξίαν πεποίηται. Τὸ δὲ λοιπὸν πλῆθος ἐκ τῶν ἡγεμόνων τὰς ἀφορμὰς λαμβάνον τῆς ἀδικίας, ἀκαθέκτοις καὶ | ἀναισχύντοις ὁρμαῖς τοὺς ὁμοφύλους κακῶς καὶ ἀπανθρώπως μετέρχονται ἁρπάζοντες καὶ βιαζόμενοι τὰ τούτοις προσόντα καὶ τὰ τῶν πολεμίων δρῶντες ἐν τῇ ἰδίᾳ κατοικίᾳ καὶ χώρᾳ καὶ μηδεμιᾶς κακοποιΐας ἢ λαφυραγωγίας παραχωροῦντες τοῖς λεγομένοις πολεμίοις, ἀφ᾽ ὧν αἱ παλαμναιότατai τούτοις ἀραὶ παρὰ τῶν ὁμογενῶν ἐπιφέρονται, ὡς τῆς ἥττης αὐτῶν ἄνεσιν παρεχομένης πάσαις ταῖς τῶν Ῥωμαίων κώμαις καὶ χώραις καὶ πόλεσι, τοιούτων πράξεων δρωμένων.

3 Καὶ πάλιν τεθαύμακα τίνι θαρροῦντες οἱ τῶν Ῥωμαίων προεστῶτες πρὸς ἀντιπαρατάξεις καὶ πολέμους ἐν οἷς ἀγωνοθέτης ἀρρεπὴς καθέστηκεν ὁ Θεὸς τοὺς ἀμφ᾽ αὐτοὺς ἐξοπλίζουσιν, ἢ πάντως οἰόμενοι λήσειν τὸν ἀνύστακτον ὀφθαλμὸν καὶ κλέψαι τὴν νίκην ὥς τινος οἰκοδεσπότου μὴ ἐπαγρυπνοῦντος τοῖς ἰδίοις οὐσίδιον; Λανθάνουσι δὲ οὐ μόνον τῶν ἐπὶ ταῖς μάχαις ἐλπίδων ἀποτυγχάνοντες, ἀλλὰ καὶ τὸν βίον δυσκλεῶς καταστρέφοντες καὶ τοῖς ἐξ ἀδικίας συμποριζομένοις προσαποβάλλοντες καὶ τὰ ἐκ δικαίων πόρων τῷ δημοσίῳ περιερχόμενα.

CHAPTER 24

As for the Romans of our times, they attend to none of 2
that, and instead their leaders and emperors commit the worst crimes and God-detested deeds under the pretext of the public interest. The commander of the army cares not one whit for the war nor does what is right and proper by his fatherland, and even shows contempt for the glory of victory; instead, he bends his whole self to the making of profit, converting his command into a mercantile venture, and so he brings neither prosperity nor glory to his own people. The rest of the army, for their part, take the cue of injustice from their leaders and with an unstoppable and [196] shameless fervor they inhumanly maltreat their own countrymen. They violently seize their property and act like the enemy in what is their own home and country, falling short of the nominal enemy in no respect of evildoing or plunder. For this reason their own countrymen invoke against them the most dire curses, as their defeat would bring relief to all the Roman villages and lands and cities, given that they behave in this way.

Again, I wonder in whom the leaders of the Romans place 3
their hopes when they arm their soldiers for conflicts and wars, matters in which God is the impartial referee? Do they think that they will evade the Sleepless Eye and steal a victory as if cheating their host when he is not watching carefully over his own property? They do not realize that in this manner they not only undermine any hopes that they may have for battle but also shamefully destroy their own livelihood, losing not only that which was accumulated unjustly but also what the state had justly amassed from its proper sources.

4 Ἔγωγε οὖν ἐν πολλοῖς συνεκστρατευσάμενος κἂν τοῖς βασιλείοις συνεχῶς συναναστρεφόμενος, οὐδέπω ἔγνων ἐν πᾶσι βουλὴν Θεῷ ἀρέσκουσαν οὐδ', ἐπὶ στρατιωτικοῖς ἢ πολιτικοῖς πράγμασι σκέψεως προβαινούσης ἢ διαγνώσεως, εὐλάβειαν προεπιμιχθεῖσαν τοῦ μή πώς ποτε παράνομόν τι συναναφαίνεται τῇ βουλῇ καὶ Θεῷ ἀποτρόπαιον, ἀλλὰ τὸ πᾶν εἰς τὸ κέρδος τοῦ βουλεύματος καταντᾷ, κἂν ἱερὰ βεβηλῶνται κἂν ἄνθρωποι βλάπτωνται, | κἀκεῖνο προέχουσιν ἐν τοῖς βασιλείοις οἱ τὰς προφάσεις τοῦ ἀδίκου καὶ θεομισοῦς κέρδους ἐκ πονηρίας συλλέγοντες, ἀλλ' οὐδ' ἐν πολλοῖς τούτων ὁ Θεὸς ἡγεῖται τοῦ προβουλεύματος καὶ μνήμη τούτου συνανακέκραται. Διαταῦτα τὴν τῶν γινομένων ἐν τοῖς Ῥωμαίοις καταστροφὴν ἐς αὐτὴν ἀναφέρω τὴν ἐκ τοῦ θείου νέμεσιν καὶ τὴν ἐκ τῆς ἀδεκάστου γνώμης ἀπόφασιν· ὅτι τοῖς ἔθνεσι τιμᾶσθαι τὸ δίκαιον λέγεται καὶ συντηρεῖσθαι τὰ πάτρια νόμιμα τούτοις ἀπαρεγχείρητα καὶ πᾶσαν τὴν εὐτυχίαν ἐκ τοῦ δημιουργοῦ καταπτᾶσαν αὐτοῖς συνεχῶς ἐπιλέγουσιν, ἅπερ κοινὰ πᾶσι τοῖς ἀνθρώποις εἰσὶ προτερήματα καὶ παρὰ πάσης ἀπαιτοῦνται θρησκείας. Ἡ γὰρ ἀληθὴς καὶ ἀμώμητος πίστις ἡμῶν τῶν Χριστιανῶν, ἐπεὶ τῶν ἀρετῶν τυγχάνομεν ἔκπτωτοι, κατάγνωσις μᾶλλόν ἐστι καὶ κατάκρισις, καθὼς καὶ τῷ θείῳ νόμῳ τῶν ἐντολῶν δοκεῖ φάσκοντι· «*Ὁ εἰδὼς τὸ θέλημα τοῦ κυρίου αὐτοῦ καὶ μὴ ποιῶν, δαρήσεται πολλάς.*»

5 Καὶ μή μοί τις ἐπιτιμήσῃ τῆς τοιαύτης τῶν ἡμετέρων καταδρομῆς· οὐ γὰρ ἐπὶ λοιδορίᾳ τούτων ἁπλῶς καὶ ἀτιμίᾳ ψευδόμενος γέγραφα, ἀλλ' ἐπὶ ἐλέγχῳ τῶν κακῶς πραττομένων, μήπου ποτὲ ἄρα αἰδὼς καὶ φόβος ὑπέλθῃ τοῦ

As for myself, having participated in numerous campaigns and spent much of my career in the palace, I never witnessed a decision that was in every aspect pleasing to God, nor, in the course of deliberations or in the final decision about military and civilian affairs, was any reverent care taken to avoid any kind of illegality, something loathed by God. Instead, every deliberation was about profit, regardless of whether churches were being desecrated or human beings harmed, [197] and those who deviously offered the best excuses to justify this unjust and God-hated profit stood above everyone else at court. Moreover, most of the time, God is not held to preside over their deliberations and decrees, nor is he even mentioned. It is for this reason that I attribute the disaster that has struck the Romans to divine nemesis and the verdict of his impartial judgment. For it is said that justice is honored among the barbarian nations, that their traditions are maintained uncorrupted by them, and that they always assert that every piece of good fortune comes down upon them from the Creator, which behavior is regarded as advantageous among all people and required by every religion. But the true and blameless faith that we Christians hold is rather an indictment and an accusation, given that we have entirely abandoned our virtues. After all, the divine law of the commandments says that *he who knows his Lord's will and does not do it will be severely beaten.*[240] 4

Let no one fault me for being so critical about our people. For I did not write these words in order to dishonor and vilify them with lies but to correct evil practices, in case somehow, some way, our leaders, generals, and even their subjects 5

θείου τοὺς ἡγεμόνας καὶ στρατηγοὺς καὶ αὐτοὺς τοὺς ὑπηκόους αὐτῶν καὶ μεταβαλόντες ἐπὶ τὰ κρείττονα, τῆς ἄνωθεν εὐμενείας καὶ ἀντιλήψεως τύχωσι καὶ τὰς οἰκτρὰς ἐπανορθώσονται | τύχας. Περιέσχον γὰρ ἡμᾶς *ὠδῖνες θανάτου*, κατά τε πᾶσαν ἑῴαν καὶ τὴν ἑσπέραν τῶν γοτθικῶν καὶ μιαρωτάτων ἐπικρατησάντων ἐθνῶν καὶ κατατρυφησάντων τῆς ἡμῶν εὐηθείας ἢ ἀμελείας, ἢ τό γε ἀληθέστερον εἰπεῖν, θεοβλαβείας καὶ μανίας, ὅτι κατ᾽ ἀλλήλων λυττῶντες καὶ ἀκρατῶς τοῖς ὁμοφύλοις μαχόμενοι καὶ θανάτου καταφρονοῦντες, ἐν τοῖς ἀλλοφύλοις πολέμοις δειλοὶ καὶ ἀνάλκιδες καὶ πρὸ πολέμου νῶτα διδοῦντες φαινόμεθα. Ἀλλὰ ταῦτα μὲν ἱκανὰ πρὸς ἄνδρας πολλὰ ἐξ ὀλίγων δυναμένους νοεῖν καὶ προνοεῖν τοῦ συμφέροντος.

25

Εἰσελθόντος δὲ τοῦ καίσαρος καὶ παραστάντος τῷ βασιλεῖ, ἔμεινε μὲν ἡσυχία τοῖς βασιλείοις καὶ ἔδοξεν ὁ κρατῶν ἤδη κατωρθωκέναι τὸ πᾶν, πλὴν ὅσον ἀπέτυχε τοῦ μὴ τὸν Ῥουσέλιον ἐν χερσὶ λαβεῖν καὶ ἀμύνασθαι. Τὴν γὰρ τῶν Τούρκων κατὰ τῶν Ῥωμαίων ἐπιστρατείαν καὶ τὸ

too will be overcome by shame and fear of the divine and change their behavior for the better, thereby earning the goodwill and help of God and restoring our pitiable [198] fortunes. For we are pressed on all sides *by the pangs of death,*[241] the Gothic and other most foul nations having prevailed over the entire east and the west, preying on our simple-mindedness or neglect, or, to speak more truthfully, on our impiety and madness, given that we rabidly fight against one another, our own countrymen, without restraint, showing contempt for death, but when it comes to wars with foreigners we are cowardly and unmanly, and appear to turn our backs to the enemy even before the battle begins. But all this should be enough for men who can deduce a lot from a little and can plan ahead for an expedient course.

Chapter 25

The policies of Nikephoros and the *phoundax*

When the *kaisar* came in and presented himself to the emperor, there was peace in the palace and the ruler thought that he had achieved all there was to achieve, excepting his failure to capture Rouselios and exact revenge from him. As for the campaigns of the Turks against the Romans, their

σφάττεσθαι τοσοῦτον γένος Χριστιανῶν καὶ δῃοῦσθαι κώμας καὶ χώρας καὶ ἄρδην ἀνάστατον τὴν ἑῴαν ὁρᾶσθαι, πῇ μὲν σφαζομένων ἀναριθμήτων ἀνθρώπων, πῇ δὲ αἰχμαλωτιζομένων, ἐν δευτέρῳ ἐτίθετο.

2 Ὁ δέ γε Ῥουσέλιος, εἰ καὶ οἱ Τοῦρκοι διεσπαρμένοι πρὸς πάντα τὰ ῥωμαϊκὰ ἐτύγχανον θέματα, ἀλλ᾽ αὐτὸς ἄρας ἐκ τοῦ τῆς Μεταβολῆς φρουρίου μετὰ τῶν ὑπολειφθέντων Φράγγων στρατιωτῶν καὶ τῆς συνεύνου καὶ τῶν τέκνων καὶ τῶν ὑπαρχόντων αὐτῷ, διὰ μέσης τῆς χώρας ἀτρέστως | ἐβάδιζε. Καὶ τὸ θέμα τῶν Ἀρμενιακῶν καταλαβών, τοῖς προτέροις αὐτοῦ κάστροις καὶ αὖθις ἀποκατέστη καὶ οὕτως ἐκδρομὰς κατὰ τῶν Τούρκων ποιούμενος, ἀπεῖρξεν αὐτοὺς τοῦ τῷ τοιούτῳ θέματι προσβάλλειν καὶ πολεμικοῖς περιβάλλειν κακοῖς. Ὁ δὲ βασιλεὺς θυμομαχῶν κατ᾽ αὐτοῦ ἐξ ὑποβολῆς τοῦ προρρηθέντος εὐνούχου τοῦ Νικηφόρου, προῃρεῖτο μᾶλλον τοὺς Τούρκους τὰ Ῥωμαίων ἔχειν καὶ ἄγειν πράγματα ἢ τὸν Λατῖνον τοῦτον ἐν ἑνὶ τόπῳ χωρεῖσθαι καὶ ἀπείργειν τὰς ἐκείνων ἐπιδρομάς. Διατοῦτο καὶ πολλὰς μηχανὰς καὶ συνθήματα καὶ ὑποσχέσεις τοῖς Τούρκοις δούς, εἰ τοῦτον ποιήσοιντο αὐτῷ ὑποχείριον, ἐξαπέστειλε τῶν ἐν ὑπεροχαῖς ἀξιωμάτων ἕνα, στρατιώτην μὲν ὄντα, νέον δὲ τὴν ἡλικίαν καὶ φρονήσεως καὶ ἀνδρίας οὐδενὸς ἀποδέοντα, Ἀλέξιον πρόεδρον τὸν Κομνηνόν, ὃς ἐν τῷ ἄστει τῆς Ἀμασείας γενόμενος ἐκαραδόκει τὸ μέλλον. Ὁ δὲ Ῥουσέλιος φιλίας καὶ συνθήκας μετὰ τοῦ τῶν Τούρκων ἐξάρχοντος ποιησάμενος, συνῆλθε τούτοις πολλάκις ἐψιλωμένος στρατιωτῶν. Ἐν μιᾷ δὲ σύνδειπνος τούτοις ὑπάρχων, ἐπιβουλὴν ὑπέστη δεινήν, οἱ

slaughter of so many Christians, the devastation of villages and lands, and the total turmoil visibly prevailing in the east, with countless people being slaughtered or captured, all this he considered of secondary importance.

As for Rouselios, even though the Turks happened to be 2
dispersed in every Roman *thema,* he left the fort of Metabole with the remaining Frankish soldiers, his wife, children, and all that he owned, and marched without pause through [199] the country. When he reached the Armeniac *thema,* he immediately reclaimed his former castles and made raids against the Turks, preventing them from attacking this *thema* and inflicting on it the evils of war. But the emperor was enraged with him because of the counsel he was receiving from the aforementioned eunuch Nikephoros, and preferred to have the land of the Romans under the rule of the Turks than to see that Latin ensconced in one place and blocking their raids. For this reason he used many stratagems and sent messages to the Turks with promises in case they managed to capture him. He also dispatched a man from among those holding high office, a soldier young in age but inferior to none in intelligence and courage, the *proedros* Alexios Komnenos.[242] He reached the city of Amaseia where he waited for events to unfold. Meanwhile, Rouselios, having made a treaty of friendship with the leader of the Turks,[243] met with them on numerous occasions without any soldiers to guard him. On one occasion when he was their dinner

γὰρ Τοῦρκοι πᾶσαν φιλίαν προδιδόντες χρημάτων, κατέσχον αὐτὸν καὶ δεσμώτην ἀπέδειξαν, παράγγελμα νόμιμον ἔχοντες τὸ τοὺς Ῥωμαίους ἀπατᾶν καὶ σφάττειν καὶ προδιδόναι καὶ μὴ δεδιέναι ὅρκον ὅσον τὸ κατ᾽ αὐτούς. Καὶ ὁ μὲν κατείχετο δεσμώτης αὐτοῖς, ὁ δὲ πρόεδρος Ἀλέξιος ἐπραγματεύετο διὰ | δώρων τὴν τούτου κατάσχεσιν καὶ ἀπόληψιν, ἐν τῷ μέσῳ τοῦ βασιλέως οἰομένου εἰρηνεύειν τὰ πράγματα· τὴν γὰρ τῶν Τούρκων ἀπηνῆ ἐπικράτειαν εἰς οὐδὲν ἐλογίζετο δι᾽ ἀναλγησίαν καὶ μῖσος τὸ πρὸς Ῥωμαίους, ὡς ἔοικεν.

3 Ἐν ᾧ καὶ δικάζοντα πολλάκις, ὡς εἴωθεν, ἀσυμβάτους δίκας καὶ ἀπροσφυεῖς βασιλεῖ καὶ ἀνευλόγως καταδικάζοντα τοὺς ἀνθρώπους ὑποθήκαις τῶν συνηγορούντων τοῖς χείροσι, φῆμαι καταλαμβάνουσαι τοὺς Τούρκους λέγουσαι περὶ Χαλκηδόνα καὶ Χρυσόπολιν κατατρέχειν, ἄρτι πρῶτον τῇ τοιαύτῃ πλησιοχώρῳ ἐπιφοιτήσαντας γῇ, οὐδεμίαν ταραχὴν ἐνεποίουν καὶ σύγχυσιν, ἀλλ᾽ ὡς ἀλλοτρίας χώρας πασχούσης αὐτὸς ἄφροντις ἔμενεν. Οὕτως οὖν αὐτοῦ ἔχοντος, ὁ τὰ πρῶτα παρ᾽ αὐτῷ φέρων, Νικηφόρος ὁ λογοθέτης τοῦ δρόμου, τὴν εἰς τὸν βασιλέα εὔνοιαν πολλαχόθεν ἐπισεμνύνειν ἑαυτῷ σοφιζόμενος, ἔπραττε μὲν ὅσα τούτῳ βουλομένῳ ἐνῆν, ἀπετείχιζε δὲ τῆς τοῦ βασιλέως ἀγάπης τήν τε μητέρα καὶ τοὺς ὁμαίμονας καὶ τοὺς λοιποὺς συγγενεῖς, ὡς βασιλειῶντας δῆθεν καὶ τὸ συνοῖσον αὐτῷ μὴ θέλοντας καὶ ὅτι αὐτὸς μόνος τὸ συμφέρον αὐτῷ διασπουδάζων καθέστηκε. Διὸ δὴ καὶ μεγάλα παρὰ τῷ βασιλεῖ δυνηθείς, αὐτὸς ἦν ὁ τὸ πᾶν διεξάγων τῆς βασιλείας καὶ τῷ βασιλεῖ ἐπιτρέπων τὸ πραχθησόμενον καὶ

guest, he suffered cruel treachery. For the Turks, who will betray any friendship for money, arrested him and kept him as a bound captive, for their customary law is to deceive, slaughter, and betray the Romans and not fear breaking any oath they may have taken. And while Rouselios was their captive, the *proedros* Alexios was negotiating [200] his rendition in exchange for gifts, while the emperor believed that this would peacefully resolve the situation. It seems that he paid no heed to the viciousness of the Turks, which is spurred by their heartlessness and hatred for the Romans.

While he was presiding, as was his custom, over trials 3
unbefitting and unbecoming an emperor and condemning people without good reason based on the worst recommendations that were put forth, news arrived that the Turks were raiding in the vicinity of Chalkedon and Chrysopolis, the first time that they had come so close. He was, nevertheless, utterly unperturbed or bothered, and remained indifferent as if it were some other country that was suffering. While he was in this state of mind, his most important official, the *logothetes tou dromou* Nikephoros, often contrived ways by which to showcase his loyalty to the emperor and so gain his favor and do whatever it was that he wanted. He walled off the emperor's heart against his mother, brothers, and other relatives, alleging that they wanted to rule in his place, that they did not desire what was advantageous for him, and that he alone was earnestly devoted to his interests. In this way he gained great power with the emperor, controlling the entirety of the imperial power and indicating to the emperor what was to be done. He distributed

τὰς τιμὰς καὶ προνοίας οἷς ἐβούλετο χαριζόμενος διὰ λημμάτων | οὐχὶ μικρῶν· ἦν γὰρ μετὰ τῶν ἄλλων κακῶν καὶ περὶ φιλοχρηματίαν δαιμονίως σπουδάζων καὶ κτήσεων ἀκινήτων χανδὸν ποιούμενος τὴν ἐπίκτησιν, ὧν ἀκορέστως ἐχόμενος, κέντρον καὶ ταμεῖον τῆς τῶν λοιπῶν αὐτοῦ κτήσεων ἐπισυναθροίσεως τὴν τοῦ Ἑβδόμου μονήν. Ταύτην γὰρ λαβὼν κατὰ δωρεάν, παρεσκεύαζε τὸν βασιλέα πολλὰ τῶν κτημάτων αὐτῷ προσκυροῦν ὁσημέραι καὶ προσόδους ἀφθόνους περιποιεῖν, ὡς αὐτοῦ τάχα διαγωνιζομένου ποιῆσαι τοῦτο μετὰ παρέλευσιν τῷ βασιλεῖ πολύολβον ἐνδιαίτημα, σκεπτόμενος ἐκ μοχθηρίας οἰκειοῦσθαι καὶ παρακερδαίνειν τὰ νῦν προσφερόμενα καὶ τῷ ὀνόματι τῆς μονῆς πλοῦτον ἐπικτᾶσθαι ὑπερφυῆ,[9] τοῦ δὲ μέλλοντος εἶναι τὸν λόγον ἀπόρρητον. Ἐν τούτοις δὲ πᾶσιν οὐδένα κόρον λαμβάνων, καίτοι καὶ παρὰ πάντων τῶν ἐν τέλει καὶ τῶν στρατιωτῶν καὶ τελωνῶν καὶ πρακτόρων δωροδοκούμενος καὶ κτήσεων ἰδικῶν καὶ οἴκων ἐν περιλήψει μεγάλων καὶ πολλῶν καθιστάμενος, οὐδὲ τοῦ κερδαίνειν καὶ ἐκ συκοφαντημάτων ἀπείχετο οὐδὲ τοῦ ἐπιβουλεύειν τῇ εὐθηνίᾳ καὶ τὴν κοσμικὴν ἀδημονίαν καὶ ἔνδειαν, οἰκείαν ποιεῖσθαι φιλοκερδείας ὑπόθεσιν.

4 Τῷ τοι καὶ μαθὼν ὡς ἐν τῷ κάστρῳ τῇ Ῥαιδεστῷ κατάγουσιν ἅμαξαι τὸν σῖτον πολλαὶ καὶ διαπιπράσκουσι διασκεδαννύμεναι εἴς τε τὰ τῶν μοναστηρίων ξενοδοχεῖα καὶ κατατόπια καὶ αὐτῆς τῆς Μεγάλης Ἐκκλησίας καὶ πολλῶν ἐγχωρίων καὶ ἄνετον ποιοῦνται τὴν πρᾶσιν | πρὸς τὸν βουλόμενον καὶ ἀκώλυτον καὶ οὕτως ὁδεύει διὰ πάντων τὸ

honors and tokens of solicitude[244] to men of his choice in exchange [201] for not inconsiderable sums, for he was also, in addition to his other vices, fervently dedicated to the love of money and greedily amassed land and real estate. He was insatiable for these things and made the monastery of the Hebdomon the center and treasury for the hoarding of his other earnings.[245] He had received this monastery as a gift, and had generally arranged matters so that he procured many plots of land and abundant revenues from the emperor on a daily basis, on the grounds that he was allegedly striving to turn it into a most luxurious mansion for the emperor to use during his visits, when in fact he was deviously planning to appropriate and personally benefit from what was being offered to the monastery, and so, in its name, come into the possession of enormous wealth; also, he thought that the true reason for his actions would remain secret in the future. In all this he could not sate his appetite, even though he was being bribed by all those in office, by soldiers, and by customs and tax officials, and found himself in possession of many and large houses and wide stretches of private land. He did not refrain from slander as a means for gain nor from undermining the well-being of the state in an effort to convert the people's distress and poverty into an opportunity for personal profit.

Thus, when he heard that in the town of Raidestos the 4
grain is brought in on numerous carts which then disperse to sell it at the monastic hostels and outlets as well as at those belonging to the Great Church and to many of the locals, and sell it as a matter of course and without hindrance [202] to whoever wishes to buy it, and thus the benefits of abundance find their way to everyone, that most vile man

ἀγαθὸν τῆς εὐθηνίας, φθονήσας τῆς εὐετηρίας τῷ κόσμῳ, φούνδακα ἐκτὸς τοῦ ἄστεως ὁ παγκάκιστος ἐποικοδομεῖ κἀν τούτῳ συναθροίζεσθαι τὰς ἁμάξας ἐπισκήπτει, βασιλικῷ γράμματι τοῦτο διορισάμενος, καὶ μονοπώλιον τίθησιν εἰς τὸ ἀναγκαιότατον χρῆμα, τὸν σῖτον, μηδενὸς δυναμένου εἰ μὴ ἀπὸ τοῦ φούνδακος ἐξωνήσασθαι, φούνδακος τοῦ δολίου καὶ δαιμονιώδους πράγματος καὶ ὀνόματος· ἐξ οὗ γὰρ ἐκεῖνος ἐπάγη, ἡ εὐθηνία τῶν πόλεων ᾤχετο καὶ ἡ τοῦ θείου ὀργὴ τὰ ὑπὸ Ῥωμαίους μειζόνως κατέλαβεν. Οὐ γὰρ ὥσπερ τὸ πρότερον ἦν, ὁ βουλόμενος ἐξωνεῖτο τὸν σῖτον καὶ μετὰ τοῦ πωλοῦντος συνήλλαττε καὶ εἴπερ μὴ ἐν τῷδε τῷ κατατοπίῳ ἠρέσκετο, μετέβαινεν εἰς τὸ ἄλλο καὶ αὖθις εἰς ἕτερον καὶ ἀπὸ τῶν ἁμαξῶν ἡ πρᾶσις ἐγίνετο, ἀλλ' εἰσερχόμενα τὰ γεώργια ἐν τῇ τοῦ φούνδακος εἱρκτῇ σιτῶνας εἶχον ἐνοίκους τοῦ φούνδακος καὶ σιτοκαπήλους πολλούς. Καὶ οὗτοι προαρπάζοντες τὸν σῖτον ἐξωνοῦντο καὶ ἀπετίθουν καὶ διηγωνίζοντο κερδαίνειν ἐπὶ τῷ νομίσματι νομίσματα τρία, ἠγόραζε δὲ ἀπὸ τῶν ἁμαξῶν οὐδείς, οὔτε ναυτικὸς εἰσάγων αὐτὸν εἰς τὴν βασιλεύουσαν οὔτε ἀστικὸς οὔτε ἄγροικος οὔτε ἄλλος οὐδείς, ἀλλ' ἀπὸ τῶν σιτοκαπήλων τοῦ φούνδακος ἡ πρᾶσις προέβαινεν ὡς ἐκεῖνοι ἐβούλοντο. Καὶ ὁ προκαθήμενος αὐτῶν λυμεὼν φουνδακάριος, ὃς καινοτομῶν τοὺς τὸν σῖτον καταβιβάζοντας | καὶ σῖτον ἐκ τούτων κακῶς ἀφαιρούμενος καὶ βαρείας ἀπαιτήσεις ὑπὲρ τῶν τοπιατικῶν εἰσπραττόμενος, ἠνάγκαζε τὴν πρᾶσιν διὰ τὸ καινοτομεῖσθαι πολυειδῶς ἐνδεεστέραν ποιεῖν.

5 Καὶ οὕτως τρεφομένου τοῦ φούνδακος, εἰς ἀδικίαν

envied the people's well-being and built an entrepôt—a *phoundax*—outside the town, ordering through an imperial decree that all the carts had to assemble at that spot. He thereby established a monopoly over this most essential of trades, that of grain, as no one was able to purchase it except from the *phoundax,* this most malicious and diabolical contraption and term.[246] For from the moment that it was built, the prosperity of the cities waned and the wrath of God fell harder than ever before upon the realm of the Romans. The way it used to be was that the person wishing to purchase grain could have a transaction with the retailer, and if he should be unhappy with one outlet he could move to another and then yet another, and the sales were conducted from the carts. Instead of this, now the harvest was brought in to the *phoundax,* as if to a prison, and the *phoundax* had many resident public buyers of grain. These traders sequestered the grain in advance, paid for it, and stored it, and then competed to make three gold coins for every one that they had paid. No one purchased from the carts anymore, neither the captains importing the grain to the capital nor the urban or rural residents, or anybody else. Rather, all transactions went through the grain merchants of the *phoundax,* on the terms set by them. The corrupt supervisor of the *phoundax* made up new rules to exploit those bringing in the grain, [203] wrongly taking it away from them, and by collecting heavy fees for use of the facilities he forced sales to yield a much lower profit through all these innovations.

Thus the *phoundax* was "fed" in this way, and the previous 5

ἀπαραμύθητον ἐξέπιπτε τὰ τῆς προτέρας εὐθηνίας τῇ πολιτείᾳ καὶ περιέστη ἀπὸ δέκα καὶ ὀκτὼ μοδίων[10] εἰς ἕνα μόδιον τοῦ νομίσματος ἡ τοῦ σίτου πρᾶσις· ἐκομμερκεύοντο γὰρ ἔκτοτε, φεῦ τῆς πλεονεξίας, οὐ μόνον αἱ πυροφόροι ἅμαξαι ἀλλὰ καὶ τὰ λοιπὰ ὤνια ὅσα πλησίον ἐκείνου παρώδευον. Ἀπείργοντο δὲ καὶ οἱ τῆς περιχώρου ἐκείνης καὶ οἱ τῆς Ῥαιδεστοῦ ἔποικοι πωλεῖν τὰ ἴδια γεώργια ἐν ταῖς ἑστίαις αὐτῶν, ἀφῃροῦντο δὲ καὶ οἱ μέδιμνοι καὶ μόνος ὁ φοῦνδαξ τῶν μεδίμνων ὑπῆρχε κύριος, ὅπερ οὐδέποτε γέγονεν οὐδ᾽ ὁ ἥλιος εἶδε τοιοῦτον ἀδίκημα. Εἰ γὰρ προσηγγέλη τις πωλήσας οἴκαδε σῖτον ἐξ ὧν ἐγεώργησεν, ὡς φονεὺς ἢ βιαστὴς ἢ ἄτοπόν τι ἕτερον πεπραχώς, ἐδημεύετο καὶ ἡρπάζετο παρὰ τοῦ ἐπιστατοῦντος τῷ φούνδακι. Παρῆσαν γὰρ τῷ φουνδακαρίῳ ἐκ πάσης ἰδέας κακούργων, ἄχρι τῶν ἑκατὸν ταξιῶται ταττόμενοι παρ᾽ αὐτοῦ καὶ τοὺς ἐλεεινοὺς ἐμπόρους καὶ γεωργοὺς πολλοῖς ἀνιαροῖς περιέβαλλον καὶ οὐδεὶς ἦν ὁ ἀντιστῆναι τούτοις δυνάμενος, τῷ τε πλήθει δυσκαταγωνίστοις οὖσι καὶ τῇ δυναστείᾳ τοῦ λογοθέτου τὸ θράσος ἀκάθεκτον ἔχουσι.

6 Καὶ ὁ μὲν ξʹ λιτρῶν τὸν φούνδακα μισθωσάμενος | ἐνηβρύνετο τῷ ἐξ αὐτοῦ πορισμῷ, ἡ δ᾽ ἔνδεια τοὺς πάντας ἐπίεζεν οὐ μόνον τοῦ σίτου ἀλλὰ καὶ τῶν ἄλλων εἰδῶν· ἐκείνου γὰρ στενοχωρουμένου, ἀνάγκη καὶ τὰ λοιπὰ στενοχωρεῖσθαι, ὅτι δι᾽ αὐτοῦ τῶν ἄλλων ὠνίων ἡ ἐπίκτησις ἢ περιποίησις γίνεται καὶ οἱ μισθαρνοῦντες βαρυτέρους τοὺς μισθοὺς διὰ τὸ ἐνδεὲς τῆς τροφῆς ἀπαιτοῦσι. Καὶ οἱ μὲν ἀξιολογώτεροι τῶν ἀνθρώπων καὶ οἱ τῷ φούνδακι πλησιάζοντες ἐγίνωσκον τὴν αὐτοῦ χαλεπότητα καὶ ὅθεν

prosperity of society collapsed into this unmitigated injustice, so that the purchase of grain went from eighteen *modioi* per gold coin to only one.[247] For from that moment on they monopolized not only the grain carts—O the avarice of it all!—but also all other goods that circulated in the vicinity. So the inhabitants of that area and the citizens of Raidestos were barred from selling their own produce from their homes. Even their weights and measures were confiscated, the *phoundax* now becoming the sole arbiter of measures. Such a thing had never happened before, nor had the sun ever looked down upon such an injustice. If it became known that someone had sold at his house grain he had harvested himself, his property was confiscated and plundered by the *phoundax* supervisor as if he had been a murderer, a rapist, or author of some other such crime. The *phoundax* lord had ranged under his command some hundred criminals of all backgrounds who submitted the poor merchants and farmers to much harassment. No one was able to stand up to them because their numbers were hard to match and their insolence was backed by the power of the *logothetes.*

He, then, farmed out the *phoundax* for sixty pounds of 6
gold[248] [204] and enjoyed the proceeds, while everyone else was hard-pressed by a shortage not only of grain but of every other good. For the dearth of grain causes dearth in everything else, as it is grain that allows the purchase or preparation of other goods, while those who work for wages demand higher pay to compensate for the scarcity of food. The most respectable men and those who found themselves in the *phoundax*'s orbit understood its harmful effects and

τῷ κόσμῳ τὸ δεινὸν τῆς ἐνδείας ἀηδῶς ἐπεπόλασε· τὸ δ' ἄδικον κέρδος, ὡς φάρμακον μέλιτι κατεσκευασμένον τε καὶ κλεπτόμενον, τοὺς κρατοῦντας ἀπειροκάλως κατέθελγε μέχρις ἂν σὺν τῷ κέρδει τούτου καὶ τὴν οὐσίαν πᾶσαν καὶ τὴν σωτηρίαν ἀπέβαλε. Ἐν τούτοις οὖν τῶν βασιλικῶν φροντισμάτων ὑπόντων, μᾶλλον δὲ τῶν τοῦ Νικηφόρου δεινῶν βουλευμάτων συναγομένων, ἤρξατο μὲν ὑπορρεῖν ὁ σῖτος καὶ καταλήγειν τὰ τῆς εὐθηνίας εἰς ἔνδειαν· ηὔξανε δὲ ὁ τῶν πολλῶν γογγυσμὸς καὶ μᾶλλον τῶν ἀκριβῶς ἐπισταμένων τὸ ἄτοπον καὶ ὅσοι τῶν γινομένων κακῶν ἐγγυτέρω καθίσταντο.

26

Ἐθρυλλεῖτο δὲ καὶ τὸ περὶ τὸν Ἴστρον κατοικοῦν μιξοβάρβαρον· παράκεινται γὰρ τῇ ὄχθῃ τούτου πολλαὶ καὶ μεγάλαι πόλεις ἐκ πάσης γλώσσης συνηγμένον ἔχουσαι πλῆθος καὶ ὁπλιτικὸν οὐ μικρὸν ἀποτρέφουσαι, πρὸς αἷς οἱ περαιωθέντες Σκύθαι τὸ | πρότερον τὸν σκυθικὸν ἐπιφέρουσι βίον, παρ' ὧν καταληϊζόμεναι, καὶ τὰς ἐκ τῶν βασιλικῶν ταμιείων ἀποστελλομένας ἐτησίως φιλοτιμίας

the source of the people's suffering in scarcity. Unjust gain, like honey-coated poison hiding its true nature, seduced those in power with its irresistible appeal until, eventually, they lost their illegal profits along with their entire fortune and even safety. As a result of the emperor's planning or, rather, of Nikephoros's evil designs, grain was in short supply and abundance turned into dearth. The people's discontent increased, especially among those who fully understood the irrationality of what was going on and those who were in proximity to these evils.

Chapter 26

The end of the revolts of Nestor and Rouselios (1074–1076)

There were also rumors from the region of the semibarbarians who dwell by the Danube. There are numerous and large cities by its shores whose inhabitants constitute a multilingual crowd and support a large number of soldiers. To those cities the Skythians who had previously crossed the river [205] have introduced their ways of life. Even though they were being raided by them, the cities were also deprived, upon Nikephoros's initiative, of the yearly subsidies

σπουδῇ τοῦ Νικηφόρου περιεκόπτοντο καὶ κατὰ τοῦτό τινες τῶν τοιούτων πόλεων εἰς ἀποστασίαν ἀπέβλεψαν καὶ εἰς τὸ ἔθνος τῶν Πατζινάκων παρήγγελλον.

2 Σκεψάμενοι δ᾿ οἱ περὶ τὸν βασιλέα σατράπην στεῖλαι τῶν οἰκειοτάτων αὐτῷ, ἔγνωσαν κατεπάνω τῆς Δρίστρας χειροτονῆσαι Νέστορά τινα τῷ τῶν βεσταρχῶν μὲν ἀξιώματι τετιμημένον, ἀπὸ Ἰλλυρικῶν δὲ τὸ γένος ἕλκοντα καὶ δοῦλον πατρῷον γεγονότα τοῦ βασιλεύοντος, ὃν καὶ τῇ τοσαύτῃ τιμήσας ὁ τηνικαῦτα κρατῶν ἀρχῇ, ἐξαπέστειλε μετά τινων Δριστρηνῶν ὑπισχνουμένων τῷ βασιλεῖ τὴν εἰς τοῦτον τοῦ κάστρου μετάθεσιν. Ἀπελθὼν δὲ καί τινα χρόνον διηνυκώς, εὕρισκε μὲν τοὺς ἐγχωρίους μικρόν τι ἢ οὐδὲν τὴν τοῦ βασιλέως τῶν Ῥωμαίων κυριότητα ἐπιστρεφομένους, εἰς δὲ τὸν ἐξάρχοντα τούτων, Τατοὺς αὐτῷ ἡ προσηγορία, τὴν ἐξουσίαν τῆς ἄκρας ὁλοσχερῶς ἀναφέροντας. Εἴτε δὲ φόβῳ τούτων ὁ Νέστωρ κατασεισθείς, εἴτε τῷ ὁμοτίμῳ τοῦ γένους τῆς ἐκείνων ἐρασθεὶς προαιρέσεως, εἴτ᾿ ἐκ τῆς καταλαβούσης αὐτὸν φήμης δηχθεὶς τὴν ψυχήν, ἥτις ἦν ὡς τὴν οἰκίαν αὐτοῦ καὶ τὴν οὐσίαν τῷ δημοσίῳ ἐγγράφουσι προφάσει τοῦ μὴ καταναλῶσαι τὸ δοθὲν αὐτῷ χρυσίον ἐκ τῶν βασιλικῶν θησαυρῶν εἰς δέον, καὶ γὰρ δυσμενῶς ἔχων πρὸς αὐτὸν ὁ Νικηφόρος ἔπραττε τοῦτο | κακῶς, τῷ φθόνῳ καὶ τῇ κακοηθείᾳ μὴ προτιμᾶν τὸ συμφέρον εἰδὼς καὶ τιμωρῶν ἐπισφαλῶς τὸν ἀκρίτην[11] ἐν οὕτω συγχύσει τῶν πραγμάτων ὑπάρχοντα, καὶ πρὸ τοῦ δοῦναι λόγον τῆς διοικήσεως, τῆς αὐτῆς ἐκείνοις βουλῆς καὶ γνώμης ἐπὶ συνθήκαις καὶ ὅρκοις κοινωνὸς ἐχρημάτισε· καὶ πρὸς τὰς ὁμολογίας ταύτας καὶ τὸ τῶν Πατζινακῶν

that were sent to them from the imperial treasury. For this reason some of the cities turned to rebellion and dispatched messengers to the nation of the Pechenegs.

The emperor's advisers thought to send one of his close 2
associates as governor and decided to appoint Nestor, *katepano* of Dristra, a man honored with the title of *vestarches*.[249] He was of Illyrian origin and had been a servant of the emperor's father. The emperor, having honored him with such a high rank, sent him off along with some Dristrians who were promising the emperor to turn the allegiance of their fortified town back to him. So he left and, after spending some time in the area, found that the locals had little if any desire at all to return to the authority of the emperor of the Romans. They had handed full command over their citadel to their own leader, a certain Tatous by name. As for Nestor, either because he was stricken with fear of them, or embraced their purpose due to the equivalence of their races, or was deeply troubled by the report which reached him that his house and wealth had been confiscated by the state, allegedly because he had not spent the gold given to him from the imperial treasury in a proper way—Nikephoros did this out of malice as he disliked Nestor, [206] for his envy and wicked nature did not allow him to discern and prefer what was advantageous and so he recklessly punished the guardian of the frontiers even though affairs were in such a confused state—Nestor, then, before he even had the opportunity to account for his administration, joined their plans and goals by swearing oaths and making terms with them. To these agreements he added the nation of the

ἔθνος συναρμοσάμενος πολεμεῖν τοῖς Ῥωμαίοις μετ᾽ αὐτῶν ἀσπόνδῳ τῇ μάχῃ συνέθετο. Συγκινήσεως οὖν γενομένης τοιαύτης, τὰ περὶ τὸν πόλεμον καὶ τὴν τῆς ῥωμαϊκῆς χώρας ἐπιδρομὴν αὐτοῖς ἐξηρτύετο.

3 Ἐν δὲ τῷ μέσῳ τοῦ Ῥουσελίου τοῖς Τούρκοις κατεχομένου, πολλὴν ὁ πρόεδρος Ἀλέξιος ἐποιήσατο τὴν σπουδὴν τῷ κάστρῳ τῆς Ἀμασείας ἐνδιατρίβων ὑπὸ τὴν ἰδίαν χεῖρα τοῦτον ποιήσασθαι. Καὶ μέντοι καὶ ταλάντων ἱκανῶν τιμησαμένων τῶν Τούρκων τὸν Ῥουσέλιον, τῇ καταβολῇ τῶν ἀπαιτουμένων ὤνιον αὐτὸν ἀπειργάσατο καὶ ὑπὸ τὴν ἰδίαν ὑπηγάγετο χεῖρα καὶ σιδηροδέσμιον ἀποδείξας, διὰ πολλῆς εἶχε καὶ ἀγρύπνου τῆς φυλακῆς· εἶτα πέμψας γράμματα πρὸς τὸν βασιλέα καὶ παρ᾽ ἐκείνου πάλιν δεξάμενος, διὰ τῆς Ποντικῆς θαλάσσης ἐπεπορεύθη καὶ τοῦτον εἰς τὴν βασιλεύουσαν μετὰ τῆς αὐτῆς ποδοκάκης εἰσήγαγεν.

4 Ὁ δὲ βασιλεὺς μὴ προθέμενος εἰς ὄψιν ἑαυτοῦ καὶ θέαν τοῦτον ἐλθεῖν καί τι βουλεύσασθαι βασιλικῆς ἀνεξικακίας καὶ μεγαλοφροσύνης | ἐπάξιον καὶ προθεῖναι κατ᾽ αὐτοῦ δικαστήριον καὶ μετὰ διάγνωσιν καταδίκῃ μὲν θανατηφόρῳ τοῦτον ὑποβαλεῖν, ἀντιστῆσαι δὲ τῷ δικαίῳ χόλῳ τὸ ἠπιώτατον καὶ φιλάνθρωπον καὶ οὕτω φυλάξαι τῇ Ῥωμαίων ἀρχῇ τηλικοῦτον στρατιώτην καὶ στρατηγόν, δυνάμενον ἐν τοῖς φλεγμαίνουσι κακοῖς τῆς ἑῴας ἰάσασθαι πολλὰ τῶν αὐτῆς συντριμμάτων, ὥστε χάριτας ὁμολογήσαντα τῆς σωτηρίας τῷ βασιλεῖ καὶ ἀνυπερβλήτους εὐχαριστίας πεποιηκότα, ὅπερ πάντως ἀνάγκη τούτῳ ποιῆσαι ἦν, λογικῷ τε ὄντι καὶ φρονήσεως οὐκ ἀμοιροῦντι στερρᾶς, λαβεῖν τὴν ἡγεμονίαν τοῦ πολέμου καὶ τῆς πιεζούσης

Pechenegs, to fight at his side in a truceless war against the Romans. Having put these affairs in motion, they began to prepare for war and for raids on the lands of the Romans.

Meanwhile, Rouselios was in the hands of the Turks, and 3
the *proedros* Alexios Komnenos, who was based in the fort of Amaseia, took great pains to get his hands on him. And though the Turks priced Rouselios at a high sum of money, he paid the required sum and secured his release, placing him in his own custody and keeping him in chains and under heavy guard day and night. Then, sending a letter to the emperor and receiving the latter's response, he sailed on the Black Sea and brought Rouselios to the Imperial City with chains on his feet.[250]

The emperor had no intention of bringing the captive be- 4
fore his presence and into his sight, nor did he reach a decision worthy of imperial benevolence and magnanimity, [207] which would have been to bring legal proceedings against him, and, after the verdict had been reached, to condemn him to death, all in order to be able, at that point, to temper his righteous wrath with gentleness and compassion and thus to preserve for the Roman Empire a soldier and commander of his caliber, who was capable of healing many of the wounds festering in the east. Thus the latter would have acknowledged an immense gratitude toward the emperor for his salvation and would express endless thanks—which it would have been necessary for him to do in any case, as he was a reasonable man with firm judgment—and then he would assume command of the war and free the east

ἐπιδρομῆς ἐλευθερῶσαι τὰ ἑῷα, ὅσον γε ἥκει κατ᾽ ἀνθρωπίνην ἔννοιαν ἐκ τῆς τῶν προτέρων αὐτοῦ κατορθωμάτων καὶ τολμημάτων κατανοήσεως. Μὴ πεποιηκὼς οὖν οὕτως ὁ βασιλεύς, ἀλλὰ τῷ θυμῷ τὸ πλεῖον ἀπονείμας τοῦ πράγματος, ἔλαθε μεγίστης ἰσχύος καὶ εὐπραγίας ἀποστερήσας τὴν Ῥωμαίων ἀρχήν, ὡς καὶ μετὰ ταῦτα τὰ πράγματα παρεστήσαντο. Παραδοὺς οὖν αὐτὸν τοῖς βασανισταῖς, ξεσμοῖς ἀνηκέστοις διὰ βουνεύρων, ὥς τινα δοῦλον δραπέτην, αὐτὸν καθυπέβαλε καὶ εἰς ἕνα τῶν πύργων κατακλείσας ζοφώδη καὶ ἀφιλάνθρωπον, ἀτημέλητον εἶχε καὶ σχοίνοις σιδηροῖς δέσμιον.

5 Ἔφθη οὖν ὁ Νέστωρ τὴν μελετωμένην ἐκπληρώσας βουλὴν καὶ μετὰ τῶν Πατζινάκων εἰς τὴν Μακεδονικὴν ἐμβαλὼν καὶ ταύτην κακῶς ἄγαν καὶ ἀπηνῶς διαθείς, οὐδὲ | γὰρ εἰς πόλεμον ἀντεπεξελθεῖν αὐτῷ οἱ ἐν Ἀδριανουπόλει συλλεγέντες στρατιῶται ἐτόλμησαν· οὕτως Θρᾶκάς τε περιῆλθε καὶ μετὰ πλήθους ἀξιολόγου τῆς Βύζαντος ἐγγὺς ἐστρατοπεδεύσατο, τὸ δ᾽ ἄλλο πλῆθος ἐπαφῆκε τὰς λοιπὰς πόλεις καὶ χώρας ἀποκείρειν τε καὶ δῃοῦν. Θέρους δ᾽ ὥρας ἐνισταμένης καὶ τῶν καρπῶν ἠρτημένων, οὐ μικρά τις τῶν ἀναγκαίων σπάνις κατεῖχε τὴν βασιλεύουσαν καὶ τὰς λοιπὰς ἑσπερίας πόλεις, ὡς καὶ αὐτοῖς τοῖς κτήνεσι τὰς τροφὰς ἐπιλείπειν καὶ πανταχόθεν ἐπιστυγνάζειν τοῖς ὅλοις τὸ ἄπορον. Οὔτε γὰρ ἀξιόλογος στρατιὰ τῇ βασιλίδι παρῆν τοὺς πολεμίους δυναμένη ἀπώσασθαι, οὔτ᾽ ἄλλη τις μηχανὴ εὐέλπιδας τοὺς πολίτας ἐποίει πρὸς τὴν τοῦ ἔθνους ἀπαλλαγήν, ἀλλ᾽ οὐδ᾽ ὁ βασιλεὺς λόγῳ καὶ φρονήσει καὶ πολυπειρίᾳ διαφέρων ἦν ὥστε διὰ τῆς οἰκείας ὀξύτητος

of the raids that pressed upon it, at least insofar as human discernment is able to surmise on the basis of the examination of his prior deeds and accomplishments. But the emperor did not do this; instead, he let anger take over and so, without realizing it, he deprived the Roman Empire of the greatest level of strength and prosperity, as events later demonstrated. Surrendering him to the torturers, he inflicted cruel wounds on him by flogging as if he were a runaway slave. He then confined him in a dark and inhumane tower, where he was kept in iron fetters without proper care.

Meanwhile, Nestor brought his plans to fruition and in- 5
vaded the land of Macedonia with the Pechenegs,[251] damaging it mercilessly [208] as the soldiers who had assembled in Adrianople did not dare to face him in battle. He therefore went through Thrace and set up camp in the vicinity of the City of Byzas with a sizable host. As for the rest of his army, he let it loose on the other cities and countryside, to plunder and pillage. As summer was beginning and the fruit was still hanging unpicked from the trees, there was no small shortage of food in the Reigning City and the other western cities. Even the livestock did not have enough feed and the lack of resources afflicted everyone. Nor was there a significant military force present in the Imperial City able to repel the enemy or some plan that would make the citizens hopeful that they would rid themselves of that foreign nation. Nor was the emperor superior in his reason, judgment, and experience so that he could find a solution to this affliction

λύσιν εὑρεῖν τινὰ τοῦ δεινοῦ. Μία δὲ πᾶσιν ἐδόκει τῶν τοσούτων κακῶν ἀπαλλαγή, ἡ τοῦ ἀπὸ λογοθετῶν Νικηφόρου πρὸς τοὺς πολεμίους ἔκδοσις· τοῦτον γὰρ ἰσχυρῶς ἐπεζήτουν λαβεῖν καὶ κολάσαι ὡς τῶν ὅλων δυσχερῶν αἴτιον, καὶ αὐτίκα τῆς βασιλευούσης ἀπαναστῆναι καὶ δοῦναι τὴν προτέραν ἄδειαν τοῖς Ῥωμαίοις καὶ κατακληρῶσαι τὰ ἑαυτῶν.

6 Ἀλλ᾽ ὁ βασιλεὺς πάντα προέσθαι καὶ παθεῖν ἕτοιμος ἦν, ἢ τὸν ζητούμενον[12] ἐκ μέσου ποιήσασθαι. Καὶ τοῦτο γὰρ ἐζητεῖτο καὶ ἐζυγομαχεῖτο τοῖς πλείοσιν, ὥστε κἂν μὴ ἔκδοτος τοῖς ἐναντίοις δοθῇ, παραλυθῆναι τέως αὐτὸν τῆς | τοῦ λογοθέτου ἀρχῆς, καὶ ἰδιωτεῦσαι καὶ οἴκαδε καταστῆναι ὡς ἄπρακτον πάντῃ καὶ πᾶσιν ἀπόβλητον, ἵνα καὶ τοῦτο ἀρκοῦν ἡγησάμενοι πρὸς τιμωρίαν αὐτοῦ οἱ πολέμιοι τῆς στρατοπεδείας ἀπόσχωνται. Ἐπεὶ δὲ οὐδ᾽ εἰς τοῦτο κατανεύων ὁ βασιλεὺς ἐτύγχανεν οὐδ᾽ ἑνὸς ἀνδρὸς ἀπραξίας σωτηρίαν τοῦ γένους παντὸς τῶν Ῥωμαίων ἀνταλλάξασθαι πρόθυμος ἦν, βοηθεῖ τούτοις ἄνωθεν ἡ θεία ἀντίληψις ταῖς ἀκλινέσι πρεσβείαις τῆς Παναχράντου δεσποίνης ἡμῶν Θεοτόκου. Οἱ γὰρ ἀποσταλέντες πρέσβεις παρὰ τῶν Πατζινάκων ἀναπεμφθέντες πάλιν εἰς αὐτούς, ὑπωπτεύθησαν ἔκ τινος ἀπροόπτου αἰτίας ὡς λάθρᾳ διαχειρίσασθαι μέλλοντες τὸν πρωτοσύμβουλον αὐτῶν καὶ συστράτηγον Νέστορα. Καὶ φοβηθεὶς ἐκεῖνος τὸν ἀπὸ μηχανῆς κίνδυνον, ταχέως ἐκεῖθεν ἀναστήσας τὴν στρατιάν, ὀπισθόρμητος ἤλαυνε· καὶ διελθὼν τὴν Μακεδονικὴν καὶ τοῖς ἄλλοις Πατζινάκοις συμμίξας, οἳ τὴν χώραν πᾶσαν κατέτρεχον καὶ κατεληΐζοντο, οὕτως εἰς τὰ περὶ τὸν

by using his natural ingenuity. Everyone in fact thought that there was only one possible redemption from such troubles, namely that the *logothetes* Nikephoros be surrendered to the enemy. For the latter were vociferously demanding that he be handed over to them to be punished as the cause of all these misfortunes, claiming that they would immediately depart from the Reigning City and allow the Romans to enjoy their previous freedom and reclaim their own property.

6 The emperor, however, was prepared to allow or to endure anything rather than remove the man they were requesting. For this is what was being demanded and aggressively sought by the majority of people, that, if Nikephoros were not to be surrendered to the enemy, then at least he should be demoted from [209] the office of *logothetes* to that of a private individual, to stay completely inactive at home, repudiated by all, so that the enemy would consider that to be sufficient punishment and hold off from their military invasion. But the emperor would not agree even to this, as he was unwilling to exchange the retirement of but one man for the salvation of the entire nation of the Romans. Yet divine succor came to their aid from above through the persistent intercessions of our entirely immaculate Lady, the Mother of God. For the envoys dispatched by the Pechenegs were sent back to them, and for some unknown reason they were suspected of secretly conspiring to murder Nestor, their chief adviser and fellow commander. And fearing the danger of such a plot, he swiftly moved the army away from its position and marched in retreat. After crossing Macedonia and joining the rest of the Pechenegs, who had been ravaging and plundering the entire land, he returned to his

Ἴστρον χωρία καὶ τὰς ἐπαύλεις ἀνέδραμε, πολλὴν ἐπαγόμενος λείαν ἀνθρώπων τε καὶ κτηνῶν καὶ τῆς ἄλλης ἀποσκευῆς. Ἐκείνου δὲ ταχέως ἀναχωρήσαντος, ἀνακωχὴν τὰ πράγματα ἔλαβον καὶ τῶν γεωργημάτων καὶ τῶν ἄλλων χορτασμάτων ἀδεῶς ἐποίουν οἱ πρὸς ταῦτα τεταγμένοι τὴν εἴσοδον. Καὶ τὴν ἀπαλλαγὴν οἱ πλεῖστοι θαυμασίως ἑώρταζον, τῷ Θεῷ καὶ τῇ τούτου πανυπερτίμῳ μητρὶ τὰ χαριστήρια νέμοντες.

7 | Μοῖρα δέ τις τῶν ἑσπερίων στρατευμάτων ἐξ Ἀδριανουπόλεως ἄρασα τῷ βασιλεῖ προσελήλυθεν εἰπεῖν τε καὶ ἀκοῦσαι παρ' αὐτοῦ σπεύδουσα τὴν τῶν ἐπιζητουμένων αὐτοῖς ἀπόκρισιν, ἐπενεκάλουν γὰρ στέρησιν τῶν στρατιωτικῶν ὀψωνίων καὶ κακοπαθείας τινὰς ἐξ ἀπρονοησίας τῶν κρατούντων καὶ ἀπληστίας. Οἱ δὲ περὶ τὸν βασιλέα ἀδίκως αὐτοὺς μετελθόντες, στρατιωτικόν τι πλῆθος εἰς ἐνέδραν αὐτῶν προητοίμασαν καὶ ὅτε τούτους ἔγνων τῶν ἵππων καταβάντας ἐπὶ τῷ ποιῆσαι τὴν ἔγκλησιν, κατ' αὐτῶν ἀφῆκαν τοὺς ἐφεδρεύοντας καὶ οἱ περιχυθέντες τοὺς ὁμοφύλους σφοδρῶς καὶ πολεμίως κατῄκιζον· οἱ μὲν ῥάβδοις σιδηραῖς αὐτοὺς κατατείνοντες, οἱ δὲ ξίφεσι τελείοις ἀναιροῦντές τινας, οἱ δὲ τὰς σκηνὰς αὐτῶν διαρπάζοντες καὶ τοὺς ἵππους συναφαρπάζοντες. Τούτου δὲ γενομένου, πολὺς ἔλεος ἐπῆλθε τοῖς Βυζαντίοις ὑπὲρ τῶν ἀναιτίως παθόντων στρατιωτῶν καὶ κατέγνων τοῦ βασιλέως καὶ τῶν περὶ αὐτὸν οὐκ ἐλαχίστην τὴν ἄνοιαν, ὥστε καὶ αὐτὸν ἐκεῖνον μετάμελον δέξασθαι καὶ ἀνασῶσαι τούτοις τινὰ τῶν διαρπαγέντων, μὴ μέντοι δέ τι πρᾶξαι τὴν τοιαύτην παροινίαν καὶ βλάβην ἀνακαλούμενον μήτε

lands and estates in the Danube area, bringing with him much plunder, including captives, livestock, and other goods. His precipitous departure brought relief to the situation, as those who were entrusted with the task could now without fear import to the capital agricultural produce and other foods. The majority were struck with wonder at their deliverance and celebrated, offering thanks to God and to his most honored Mother.

[210] A unit of the western armies came to the emperor 7
from Adrianople to speak out and receive from him a response to their demands, for they were protesting delays in the payment of army salaries and other problems that were the result of the greed and lack of foresight of those in power. The men around the emperor, however, wrongfully attacked them by preparing an ambush of many soldiers to receive them: when they ascertained that they had dismounted in order to present their petition, they unleashed those lying in wait so that the latter rushed out at their fellow countrymen, striking them vigorously as if they were enemies in war. Some struck them with iron maces, others killed them with long swords, and yet others grabbed their tents and snatched their horses. When this happened, the citizens of Byzantion took great pity on the soldiers who had thus suffered through no fault of their own, and condemned the huge folly of the emperor and his associates, so that he too felt some remorse and returned some of the pilfered goods. But he did nothing to make good on this mad

φιλοτιμίαν τινὰ τοῖς στρατιώταις ἀποδοῦναι, ἀλλ' οἵ γε πρὸς τὰ οἰκεῖα λύπης οὐ μικρᾶς ἀνάμεστοι ἐπαναστραφέντες, οὐκ ἤθελον ἐπὶ τοῦ αὐτοῦ μένειν ἀλλὰ τοὺς πολεμιωτάτους ἀμύνασθαι διεσκέπτοντο.

8 | Ἐν τούτῳ δὲ τῷ ἔτει καὶ τέρατά τινα κατεφάνησαν εἰς τὴν Βύζαντος· τρίπους τε γὰρ ὄρνις ἐγεννήθη καὶ παιδίον ἐτέχθη κατὰ μέτωπον ἔχον τὸν ὀφθαλμόν, καὶ τοῦτον ἕνα καὶ μόνον, τραγοσκελὲς δὲ τοὺς πόδας· καὶ προτεθὲν ἐν τῇ τῶν Διακονίσσης δημοσίᾳ παρόδῳ κλαυθμὸν ἠφίει παιδικῷ προσεοικότα. Δύο δὲ τῶν Ἀθανάτων στρατιωτῶν πλησίον τοῦ δυτικοῦ τῆς Πόλεως τείχους ἐν δημοσίῳ τόπῳ κεραυνόβλητοι γεγόνασιν. Οὐ μὴν δὲ ἀλλὰ καὶ ἐν οὐρανῷ κομῆταί τινες παρετείνοντο. Ἐπεὶ δὲ καὶ τὴν ἑῴαν οἱ ἐκεῖσε καταναλίσκοντες ἦσαν βάρβαροι καὶ πορθοῦντες καὶ καταβάλλοντες, πλῆθος ἐκεῖθεν ὁσημέραι τῇ βασιλίδι προσέφευγεν, ὅτε λιμὸς ἐστενοχώρει πάντας τῇ ἐνδείᾳ τῶν ἀναγκαίων καταπιέζων αὐτούς. Ἐπιγενομένου δὲ καὶ χειμῶνος, ἐπείπερ ὁ βασιλεὺς ἀφιλότιμος ὢν καὶ σφόδρα φειδωλίας ἐχόμενος, οὐδὲν ἐκ τῶν βασιλικῶν θησαυρῶν ἢ τῆς ἄλλης προνοίας εἰσῆγεν ἢ τοῖς ἐν τέλει ἢ τοῖς δημοτικοῖς παραμύθιον καὶ ἕκαστος περὶ ἑαυτοῦ στυγνάζων, οὐδὲ χεῖρα πλουσίαν εἶχε πρὸς τὸ τοῖς δεομένοις ἐπαρκεῖν καὶ παρέχειν τὰ τῆς ζωῆς ἐφόδια, διὰ γὰρ τούτων τοῖς πενεστέροις ὡς ἐπίπαν τὰ χρειώδη προσάγονται. Πολὺς καὶ ἀμύθητος θάνατος οὐ τῶν ξένων μόνον, ἀλλὰ καὶ τῶν τῆς Πόλεως δήμων καθ' ἑκάστην ἐγίνετο, ὡς καὶ τοὺς νεκροὺς αὐτῶν σωρηδὸν ἔν τε τοῖς λεγομένοις ἐμβόλοις καὶ τοῖς ὑπαίθροις | ἀνακεῖσθαι καὶ φοράδην κομίζεσθαι πολλάκις

violence and harm, nor did he grant the soldiers any gifts. As for them, they returned home full of sorrow and, unwilling to leave things at that, were already planning revenge upon their bitter enemies.

[211] In that year a number of portents were observed in 8
the City of Byzas. A three-legged chicken was born as well as a baby with an eye on its forehead (and having a single eye at that) and the feet of a goat. When it was exposed in the public avenue in the area of Diakonissa,[252] it uttered the cries of a human baby. Two soldiers of the Immortals were struck by lightning in a public place close to the western walls of the City. Not only that but certain comets streaked across the sky. Meanwhile, because the east was being wasted by the barbarians there who were ruining and subjecting it, large multitudes were fleeing those regions on a daily basis and seeking refuge in the Imperial City, so that hunger afflicted everyone, oppressing them because of the lack of supplies. When winter arrived, because the emperor lacked generosity and was extremely stingy, he offered no succor from the imperial treasuries or any other form of provident welfare either to those in office or to the people of the City, and so each person wallowed in his own misery, nor did he hold out an abundant hand that could assist the poor and provide them with daily provisions, for it is through these means that the poor are normally supplied with necessities. There were many, indeed countless deaths every day, not only among the refugees but also among the people of the City, so that their dead bodies were heaped both in the so-called porticos and in open spaces, [212] and they were

ἐν μιᾷ καὶ τῇ αὐτῇ κλίνῃ πέντε καὶ ἓξ νεκροὺς ἀτημελήτους καὶ πανταχόθεν ἐπιρρέειν τὰ σκυθρωπὰ καὶ πάσης κατηφείας πληροῦσθαι τὴν βασιλεύουσαν.

9 Τῶν δὲ καθημερινῶν ἀδικημάτων καὶ παρανόμων κριμάτων οὐδεμία τις ἀναστολὴ τοῖς κρατοῦσιν ἐγίνετο, ἀλλ' ὥσπερ μηδενὸς τὸ παράπαν ἐνοχλοῦντος τοῖς Ῥωμαίοις, ἀλλοφύλου πολέμου ἢ θείας ὀργῆς ἢ τοὺς ἀνθρώπους κατατρεχούσης ἐνδείας καὶ βίας βιωτικῆς, οὕτως ἀδεῶς ἔπραττον τὰ θεομισῆ καὶ τυραννικά. Καὶ πᾶν προβούλευμα βασιλικὸν καὶ ἐννόημα εἰς τὸ τοὺς οἰκείους ἀδικεῖν καὶ κατασοφίζεσθαι καὶ θηρεύειν τοὺς βίους αὐτῶν καὶ τὴν ἀφορμὴν τῆς ζωῆς κατεγίνετο.

27

Τί οὖν τὸ ἐντεῦθεν; Ἤσχαλλον πάντες καὶ ἐδυσχέραινον καὶ διηνεκῶς ἐποτνιῶντο πρὸς τὸν Θεὸν ἐπιβλέψαι πρὸς τὴν αὐτοῦ κληρονομίαν διαπαντὸς ἱκετεύοντες καὶ προχειρίσασθαι ἄνδρα, ἅμα μὲν καὶ τοὺς τυράννους αὐτοὺς δυνάμενον καθελεῖν, ἅμα δὲ καὶ τὰς τύχας τῶν Ῥωμαίων πρὸς τὸ εὐθυμότερον ἐπαναγαγεῖν φρονήσει καὶ γενναιότητι καὶ φιλοτίμῳ καὶ φιλοίκτῳ ψυχῇ. Καὶ μέντοι καὶ

carried on stretchers, each one of which was often stacked with five or six bodies piled up in a random heap. Everywhere you saw sad faces and the Reigning City was filled with misery.

The rulers did not let up on their daily injustices and ille- 9
gal trials, but acted as though the Romans were not being afflicted by anything out of the ordinary, be it foreign war, divine wrath, or poverty and violence oppressing the people; it was with such nonchalance that they practiced all their tyrannical impieties. Every imperial scheme and plan, in fact, was preoccupied with some injustice against their own subjects, at the ingenious looting of their livelihoods and their resources for living.

Chapter 27

The rise and origin of Nikephoros Botaneiates

And so what came of all this? Everyone was suffering and facing difficulties and ceaselessly praying to God that he look after his chosen people, begging him with all their hearts to appoint a man who, with judgment, courage, love of honor, and a compassionate soul, would be able to topple the tyrants on the one hand and on the other to return the fortunes of the Romans to a happier state. Well, it just so

τετυχήκασιν οὐκ εἰς μακρὰν τῶν κατὰ σκοπόν· προσδεξάμενος γὰρ τὴν αἴτησιν αὐτῶν ὁ ἐν ἐλέει ἀμέτρητος Κύριος, ἀνίστησιν ἄνδρα κρείττονα τῆς εὐχῆς τῶν φοβουμένων αὐτὸν καὶ τοσοῦτον εἰς ἀρετὴν καὶ μεγαλοφροσύνην καὶ γενναιότητα καὶ στρατιωτικὴν μεγαλοδοξότητα, ὅσον ὁ πρώην βασιλεύων | εἰς κακίαν καὶ μικρολογίαν καὶ ἀγενῆ πολιτείαν διεγινώσκετο.

2 Ἦν δὲ οὗτος ὁ τὸ κράτος δηλονότι ἐκ τοῦ ἐπουρανίου βασιλέως μνηστευθεὶς καὶ ἄξιος αὐτῷ λογισθείς, Νικηφόρος κουροπαλάτης ὁ Βοτανειάτης, ὃν πολλαχοῦ τῆς γραφῆς ὡς τρισαριστέα καὶ δοκιμώτατον διελάβομεν. Οὗτος γὰρ εὐγενὴς τῶν ἀφ᾽ ἡλίου ἀνατολῶν καθεστὼς καὶ τῆς τῶν Ἀνατολικῶν ἐπαρχίας τυγχάνων πρώτιστος πλούτῳ καὶ γένει καὶ παλαιῶν ἔργων καὶ νέων λαμπρότησι. Καὶ τὴν στρατηγίαν ἔχων τοῦ αὐτοῦ θέματος, περίλυπος ἦν ταῦτα ὁρῶν· οὐ γὰρ ἔφερε, φύσιν ἔχων εὐσεβῆ καὶ φιλόθεον, ζῆν καὶ τοιαῦτα καθορᾶν ἀνοσίως πραττόμενα καὶ πᾶσαν τὴν ἑῴαν τοῖς πολεμίοις ἀνάστατον καὶ αὐτὴν τὴν μεγάλην Κωνσταντινούπολιν πολεμουμένην τοῖς τῶν κρατούντων ἀκρατῶς ἀδικήμασι καὶ τὴν ἑσπερίαν γῆν κατακειρομένην τοῖς ἔθνεσιν καὶ τοῖς βλαπτικοῖς ἐννοήμασιν, ἀλλ᾽ ἀναφέρων εἰς τὴν τοῦ γένους ἐπισημότητα καὶ διανοούμενος ἀκριβῶς ὡς πολλῶν καὶ μεγάλων ἀριστευμάτων καὶ βοηθημάτων ἡ Ῥωμαίων ἀπέλαυσε γῆ παρὰ τῶν προγόνων αὐτοῦ κατὰ διαφόρους καιροὺς καὶ χρόνους καὶ δεύτερος φανῆναι τούτων ἀνάξιον λογισάμενος εἰ μὴ βοηθῆσαι τοῖς κάμνουσιν ὀρθοδόξοις, δι᾽ οὓς Χριστὸς ὁ Θεὸς ἡμῶν τὸ οἰκεῖον αἷμα ἐξέχεε, ζηλωτὴς διαπυρώτατος

happened that their prayers were not long left unanswered, for the Lord, whose mercy knows no bounds, accepted their plea and lifted up a man even better than those God-fearers had hoped for, a man who was as great in virtue, magnanimity, courage, and martial glory as the previous emperor [213] was in malice, pettiness, and an ignoble way of life.

This man, whom the Heavenly King espoused to the state 2
and who was deemed worthy by him to rule it, was the *kouropalates* Nikephoros Botaneiates, whom we have on multiple occasions in our account described as a triple champion and most able man. He was of noble origin from the regions of the rising sun, surpassing everyone else in the province of the Anatolikoi in wealth, lineage, and the splendor of noble deeds both past and present. He held the military command of that province and was saddened by what he saw. As he had a pious, God-loving nature, he could not endure the fact that in his own lifetime he had to witness the perpetration of such unholy acts, while the whole of the east was turned upside-down by the enemy, the great City of Constantinople itself was besieged by the unchecked crimes of its rulers, and the lands of the west were desolated by the barbarians and by destructive plots. Hearkening to the nobility of his family and considering the many surpassing feats and assistance that the land of the Romans had enjoyed at different times and occasions from his ancestors, he concluded that he would be thought inferior to them were he not to assist the suffering Orthodox people for whom Christ our God shed

γίνεται καὶ τὴν ψυχὴν αὐτοῦ τίθησιν ὑπὲρ τῆς τοῦ Χριστοῦ ποίμνης καὶ τοῦ ἁγίου ἔθνους αὐτοῦ.

3 Καὶ τῆς Τούρκων ἔτι ζεούσης | ἐπιφορᾶς καὶ πολέμων πανταχόθεν ἀναρριπιζομένων σφοδρῶς, εὐθαρσῶς καὶ γενναίως ἀνθίσταται τούτοις αὐτὸς καὶ ἀνθοπλίζεται κραταιῶς οὐχ ὅπλοις καὶ πλήθει θαρρήσας στρατιωτῶν, ἦσαν γὰρ προκατειργασμένοι πάντες καὶ καταβεβλημένοι ταῖς συνέχεσιν ἐπιδρομαῖς καὶ σφαγαῖς καὶ ἥτταις, οἱ δὲ καὶ δεδιότες ἔτι καὶ τούτῳ μὴ συνερχόμενοι, ἀλλὰ τῷ θείῳ σθένει πᾶσαν ἀναθεὶς τὴν ἐλπίδα καὶ τῷ δικαίῳ ζήλῳ τὴν δεξιὰν ὁπλίσας, κατὰ πασῶν τῶν ἀντικειμένων δυνάμεων παρρησιάζεται τὴν ἀλήθειαν καὶ κατ᾽ αὐτοῦ τοῦ κρατοῦντος, οὐχ ὡς βασιλικῶς διαγινομένου περὶ τὰ πράγματα ἀλλ᾽ ὡς τυραννικῶς καὶ ἀθέσμως καὶ ἀπρονοήτως χρωμένου τῇ διοικήσει τῶν ὅλων καὶ εἰς κακὸν βάραθρον συνωθοῦντος τοὺς Αὔσονας.

4 Ἐπεὶ γὰρ γράφων τὸ δέον πολλάκις καὶ συμβουλεύων τῷ βασιλεῖ μεταβαλεῖν πρὸς τὸ βέλτιον καὶ δικαιοσύνης ὅπλοις καὶ στρατιωτικοῖς μηχανήμασι καὶ δοράτων προβλήμασι καταστρατηγῆσαι τῶν ἐναντίων, οὐ μόνον οὐκ εἶχε τοῦτον καταπειθῆ καὶ ὁμόδοξον, ἀλλὰ καὶ δυσμενῶς πρὸς αὐτὸν διακείμενον καὶ μισοῦντα τοῦτον διὰ τὴν εὐσχήμονα συμβουλήν, αὐτὸς τοὺς τηλικούτους ἀγῶνας καὶ τὰ κατὰ τῶν ἀλλοφύλων παλαίσματα καὶ τὴν ὑπὲρ τῶν Χριστιανῶν φροντίδα μόνος ὑπέρχεταί τε καὶ ἀναδύεται. Καὶ μέσον Θεοῦ καὶ ἀνθρώπων τὴν ἀγαθὴν προαίρεσιν καὶ τὸν ἐμφωλεύοντα τούτῳ σκοπὸν εὐσεβῆ προβαλλόμενος, ἄρχεται τοῦ τῶν | Ῥωμαίων ἐκθύμως ἀντιλαμβάνεσθαι, πόρρω θέμενος τὴν τοῦ βασιλέως βαθεῖαν ταύτην

his own blood. He thus became a fiery zealot and risked his soul for the flock of Christ and his holy nation.

While the Turks' invasions were still at their peak, [214] and with wars being waged violently in every direction, he himself put forth a robust and brave resistance. He was not emboldened to resist them by the weapons and numbers of the soldiers, for the men were already exhausted and dejected by the continual raids, slaughters, and defeats, and failed to respond to his summons out of fear; rather, he placed every hope in divine strength. He armed his right hand with righteous zeal and became a defender of the truth against all forces that stood opposed to it, and against the emperor himself too, who was not managing affairs in a truly imperial manner, but rather tyrannically and illegitimately and, by administering affairs in an improvident way, was leading the Ausonians over a sheer cliff. 3

After repeatedly writing to the emperor and telling him what had to be said, advising him to change his ways for the better and defeat our enemies with the weapons of justice, military stratagems, and an array of lances, he not only failed to convince him to accept his ideas but even turned him against him and made him hate him on account of his good advice. So he then accepted and took upon himself alone these great contests, I mean the struggle against the barbarians and the concern for the Christians. Revealing to both God and men his noble intention and the pious purpose that was lodged in his heart, he began ardently to take command of the affairs of the [215] Romans, putting the emperor's deep 4

ἀπόνοιαν. Οἱ δὲ συνελθόντες αὐτῷ μὴ θαρρεῖν αὐτῷ παρεγγυησάμενοι εἰ μὴ καὶ τῶν παρασήμων τῆς βασιλείας ἐπενδύσηται τὴν λαμπρότητα, ποιεῖται καὶ τοῦτο τῆς αὐτοῦ μεγαλοφροσύνης καὶ κοινωφελοῦς ὑπακοῆς ὑπόδειγμα κράτιστον καὶ περιβάλλεται μὲν χλαμύδα καὶ βύσσον καὶ ἁλουργίδα, τὴν δ᾽ εὐφημίαν τοῦ κράτους παρὰ πάντων εἰσδέχεται, δευτέραν ἄγοντος τοῦ Ἰουλίου μηνὸς τῆς πρώτης ἰνδικτίωνος, ὁπόταν ὁ ἑωσφόρος ἥλιος τὸν ἰσημερινὸν κύκλον ἐλαύνων καθαρώτερον ἅμα καὶ λαμπρότερον τὸν περίγειον κόσμον ἐργάζεται καὶ τοῖς ἀνθρώποις τὴν ἡμέραν μεγίστην καὶ χαρίεσσαν καὶ ὑπερβλύζουσαν τοῖς ἀγαθοῖς ἀποδείκνυσι καὶ κόσμον ὅλον χαρίτων ἀρρήτων ἐμπίπλησιν.

5 Ἄρχεται τοιγαροῦν τῶν κοσμικῶν ἔργων ὁ νέος οὗτος δεσπότης καὶ βασιλεὺς καὶ πρῶτον μὲν καταπλήττει τοὺς Οὔννους ἅπαντας ὅσοι τὴν ἑῴαν κατέτρεχον καὶ θάμβους καὶ ἀπορίας πληροῖ καὶ ἤρξατο συρρεῖν ἐπ᾽ αὐτὸν πλεῖστον ὅσον τουρκικὸν πλῆθος ἐν δουλικῷ τῷ φρονήματι. Παρῆσαν γὰρ τούτῳ αὐτόμολοι τήν τε δουλείαν ὁμολογοῦντες καὶ τὴν πρὸς αὐτὸν ὁμιλίαν καὶ τὴν αὐτοῦ θέαν εὐεργεσίαν μεγίστην εἶναι κατατιθέμενοι. Ἦν γὰρ θεαθῆναι μὲν φοβερώτατος ὁμοῦ καὶ ἡδύτατος τῷ τε καταπληκτικῷ τοῦ μεγέθους καὶ τῇ ἐπιφανείᾳ τῆς ῥώμης καὶ τῷ τῆς ὄψεως χαροπῷ καὶ ἀστραπηβόλῳ· | διαλάμπουσαν γὰρ ἔχων τὴν ὄψιν ἀκράτοις τοῖς ἐρυθήμασι, τοὺς ὀφθαλμοὺς ἐδείκνυ χαρίτων μεστούς, τὸ μέλαν ἄκρατον ἔξωθεν ἐπιτρέχον ὑποδεικνύοντας καὶ κάλλος ἄρρητον ἔνδοθεν ἀποστίλβοντας, τήν τε ὀφρὺν ὑπεραιρομένην δίκην ἁψῖδος ἐν ὁμοίᾳ

madness far out of mind. His advisers, however, suggested that he not proceed without investing himself first with the glorious insignia of imperial office. So he did this too, a mighty example of his magnanimity and submission to the public good, donning the imperial cloak, the linen and mantle, and receiving the acclamations of his authority by all on the second day of the month of July, of the first indiction,[253] when the light-bringing sun, following an equatorial orbit, makes the earthly realms clearer and brighter, and bestows upon mankind the longest and most joyous day, overflowing with bounty, and fills the entire world with ineffable grace.

This new lord and emperor immediately began to deal 5
with these worldly concerns. First, he stunned all the Huns who were overrunning the east, filling them with shock and awe, so that throngs of Turks started flocking to him in the humble obedience of servants. For there were already by his side some of them who had changed sides, declaring their submission to him, who deemed that mere association with this man and seeing him was the greatest benefaction. He was, in fact, most fearsome to behold and at the same time extremely pleasant, with his impressive height, obvious strength, and his joyous and radiant countenance. [216] His face glowed with a pure rosy color, his eyes were full of charm, the pure black on their outside underlining the ineffable beauty that shone from the inside. His eyebrows soared like arches above them in the same true black color.

καὶ ἀψευδούσῃ βαφῇ καὶ τὸ μέτωπον φεγγοβόλοις προσεοικὸς ταῖς μαρμαρυγαῖς καὶ τὴν ἄλλην τοῦ προσώπου κατάστασιν ἀναλογοῦσαν τῷ κάλλει καὶ δεύτερον ἥλιον χειροτονοῦσαν ἐπίγειον. Καὶ θεαθῆναι μὲν τοιοῦτος ἦν καὶ κρείττων ἤπερ ἐκπέφρασται, ὁμιλῆσαι δὲ τοσοῦτον χαρίεις καὶ εὔθυμος καὶ περιδέξιος ἐς τὰ μάλιστα ὡς σειρῆνας μιμεῖσθαι τοὺς φθόγγους αὐτοῦ πάντας ἕλκοντας πρὸς ἀκρόασιν καὶ τῶν οἴκοι ποιοῦντας ἐπιλανθάνεσθαι καὶ μόνῳ προσανέχειν αὐτῷ. Οὕτως ἐκ πρώτης ἐντεύξεως ἅπασι σχεδὸν πόθος τοῦ βασιλέως ἐνέσκηψεν, οὐ μόνον Ῥωμαίοις ἀλλὰ καὶ αὐτοῖς τοῖς ἐναντίοις καὶ μαχιμωτάτοις ἀνδράσι καὶ ὧν ἡ πρᾶξις τῶν ἀγριωτάτων θηρίων οὐκ ἀποδεῖ, αἰδεῖται γάρ, φησιν, ἀρετὴν καὶ πολέμιος, οἳ δὲ οὐκ αἰδῶ μόνον ἔσχον, ἀλλὰ καὶ φόβον καὶ πόθον τῆς τοῦ βασιλεύοντος θεοειδοῦς ἀναβάσεως.

6 Ἀλλ' ὁ μὲν περὶ τοῦ κράτους αὐτοῦ λόγος ἀναμεινάτω μικρόν· ἐπεὶ δὲ περὶ τῆς τοῦ γένους αὐτοῦ μεγαλειότητος ἐπεμνήσθημεν, βραχύ τι περὶ τούτου διαλεξώμεθα, ἵνα γνῶσι πάντες οἵων αὐτῷ τῶν προγόνων ὄντων εἰς περιφάνειαν | ἀνδραγαθίας καὶ δόξης ὅσον οὗτος ὑπερηκόντισεν, ὡς μήτε τοῦτον ἄξιον εἶναι προγόνους ἑτέρους ἔχειν ἢ ἐκείνους μόνους, μήτ' ἐκείνους ἀπόγονον ἕτερον ἢ τὸν νῦν εὐφημούμενον, ὅπερ δὴ καλῶς ποιοῦν καὶ συνέδραμεν. Ἡ μὲν οὖν τοῦ γένους αὐτοῦ ἀνωτάτω καὶ πρώτη σειρὰ ἐκ τῶν Φωκάδων ἐκείνων ὥρμηται, Φωκάδων ὧν κλέος εὐρὺ κατὰ πᾶσαν γῆν τε καὶ θάλασσαν· οὗτοι γὰρ ὑπερφυῶς τῶν ἄλλων τὸ κράτος ἐν βασιλείοις ἐκέκτηντο, στρατηγίαις τε καὶ δημαγωγίαις καὶ ἀνδρείῳ βραχίονι καὶ γένους

As for the forehead, it appeared to emit sparkling light, while the remaining features of his face were of equal beauty, crowning him like a second, earthly sun. That is what it was like to behold him, in fact he was superior to my description of him. In speech he was so graceful, cheerful, and skillful that his utterances sounded like the song of the Sirens, drawing everyone in to pay attention and making people forget their domestic affairs and desire only to listen to him. Thus from the first encounter almost all had a passionate admiration for the emperor, not only the Romans but also his very enemies, the most warlike of men, whose actions differ little from those of wild beasts; for it is said that even the enemy respects virtue.[254] And they not only respected him, but both feared and desired the emperor's divine ascent to the throne.

Let us postpone our account of his reign for a little while; 6
given that we have already mentioned the illustriousness of his family, we should say a few words about it so that all may know how great his ancestors were in pride [217] of valor and glory, because in these respects he surpassed them, so much so that it was neither fitting for him to have any kind of ancestors other than them alone, nor for them to have any descendant other than the one now being praised, as in fact it happily turned out. His family's first rank sprang originally from the Phokades,[255] those very Phokades whose fame is great over the entire earth and all the seas, for they had attained power greater than anyone else's in the palace, easily surpassing all others with their military might, political

ἐπισημότητι πάντας ἐπιεικῶς ὑπεραίροντες. Ἐνενήκοντα γὰρ καὶ δύο γενεὰς εὐημεροῦντες κατὰ τὸ συνεχές, κατὰ πάντων εἶχον τὰ νικητήρια, μηδενὸς ἀνθαμιλληθῆναι δυναμένου καὶ συγκριθῆναι τῷ γένει τῶν Φωκάδων ὑπὲρ ἀνδρίας ἢ ἀνδραγαθίας τινὸς ἢ ὑπατείας μεγίστης καὶ στρατηγίας ἐπιφανοῦς.

7 Εἰ δέ τις ἀναδράμοι πρὸς τὴν τῶν ἐνενήκοντα καὶ δύο γενεῶν ἀρχὴν καὶ ἀκρότητα, μέχρι γὰρ τοῦ τῆς ἀοιδίμου λήξεως βασιλέως κυρίου Νικηφόρου τοῦ Φωκᾶ τὸ ποσὸν τῶν τοιούτων συνεψηφίζετο γενεῶν, εὑρήσει κατηγμένους αὐτοὺς ἀπὸ τοῦ τρισμάκαρος καὶ μεγάλου Κωνσταντίνου, τοῦ πάντων βασιλέων ὑπέρτερον ἐσχηκότος κράτος ἐν ὑπεροχαῖς ἀγωνισμάτων πολεμικῶν καὶ τοῦ ὑπὲρ τῆς εὐσεβείας ζήλου, ὡς καὶ ἰσαπόστολον λογισθῆναι καὶ τῆς Χριστιανῶν ἀμωμήτου πίστεως κρηπῖδα τελεσθῆναι καὶ πρόβολον. Οὗτος γὰρ ἀπὸ τῆς | πρεσβυτέρας Ῥώμης μεταθεὶς τὴν βασιλείαν εἰς τὸ Βυζάντιον, ἀφότου τὸν Μαξέντιον περὶ τὰς κάτω Γαλλίας κατετροπώσατο τῇ ἐπιδείξει τοῦ σταυρικοῦ σημείου τὴν νίκην ἄνωθεν μνηστευθείς, τοὺς ἀξιολογωτέρους τῶν εὐπατριδῶν καὶ τιμίων ἐν ταύτῃ τῇ Νέᾳ Ῥώμῃ μεθ᾽ ἑαυτοῦ παραλαβών, μετῴκισέ τε καὶ συμπολίτας ἑαυτοῦ ἀπειργάσατο, λαμπρὰς οἰκίας τούτοις ἐπιδειμάμενος κατὰ τὴν ἐμφέρειαν τῶν ἐν τῇ παλαιᾷ Ῥώμῃ πολυτελῶς κατεσκευασμένων οἴκων.

8 Ἐκ τούτων οὖν, ὡς ὁ λόγος αἱρεῖ καὶ ἡ τοῦ γένους ἀναφορὰ περιάγει, οἱ Φωκάδες αὐτοὶ καταγόμενοι τήν τε περιφάνειαν ἄνωθεν ἔσχον καὶ τὸ τῆς ἀνδρίας ἀλκιμώτατον καὶ ἀνύποιστον ἐκ τῶν ὀνομαστῶν ἐκείνων Φαβίων,

leadership, manly strength of arms, and family distinction. They prospered for ninety-two continuous generations, maintaining supremacy over all the others, as no one could compete with or compare to the family of the Phokades in bravery, martial feats, the greatest consular appointments, and notable military commands.

Now, if one were to go back to the very source and beginning of those ninety-two generations—a total time span of generations that takes us down to the reign of the blessed emperor, lord Nikephoros Phokas[256]—one will find that they descend from the thrice-blessed Constantine the Great, who prevailed in power over all other emperors for his superb military exploits as well as for his zeal on behalf of religion, so much so that he is considered equal to the apostles, a foundation stone and bulwark of the Christians' spotless faith. When he moved [218] the seat of imperial power from Elder Rome to Byzantion, after routing Maxentius in lower Gaul by wooing victory from on high to his side with the display of the sign of the Cross,[257] Constantine took with him to New Rome the most notable and honorable patricians and installed them there, making them his fellow citizens and building resplendent mansions for them in the image of the luxurious houses that existed at Elder Rome. 7

Based on all this, as the story goes and as can be surmised from the family ancestry, the Phokades are the descendants of those most famous Fabii, and draw from them their fame and valiant, irresistible courage; it is they who are the source 8

ὥς που διὰ βίβλου τινὸς παλαιᾶς ἐχειραγωγήθην ποτέ, τὴν ἀρχὴν τοῦ γένους ἐφέλκοντες. Οὗτοι δὲ οἱ Φάβιοι ἐν τῇ παλαιᾷ Ῥώμῃ τὰς πρώτας ἔσχον ἀρχὰς καὶ τιμὰς καὶ ῥίζα πάντων τῶν εὐγενῶν καὶ κατὰ χεῖρα καρτερῶν ἐγνωρίζοντο καὶ οὐδεὶς τούτων ἐσφάλη ποτὲ περὶ πολέμους καὶ κινδύνους ἀγωνιζόμενος· ἀλλὰ τὸ εὐγενὲς καὶ ἐπίδοξον οὐκ ἐν τῇ τοῦ γένους εἶχον ἐπισημότητι μόνῃ, ἀλλὰ κἀν τῇ τῶν πράξεων διέφερον λαμπρότητι καὶ πολλῶν ἀναγκῶν καὶ κινδύνων ἀφύκτων σχεδὸν τὴν Ῥώμην διὰ τῆς οἰκείας ἀρετῆς καὶ μεγαλοφροσύνης καὶ ἀνδρίας ἐρρύσαντο.

9 Ἐκ τούτων οἱ Σκηπίωνες καὶ ὁ Ἀφρικανὸς Σκηπίων, ὁ τὸν ἀκαταμάχητον ἐκεῖνον Ἀννίβαν τὸν καὶ αὐτὴν τὴν Ῥώμην πολιορκῆσαι | μέλλοντα περιφανῶς τροπωσάμενος καὶ τὴν πόλιν ἐκείνου τὴν Καρχηδόνα μεγάλην καὶ πολυάνθρωπον καὶ ἀνθρώποις νομιζομένην ἀνάλωτον ἄρδην καταστρεψάμενος, ἥτις καὶ Ἀφρικὴ κατωνόμασται, ὃς τῆς τοιαύτης πόλεως καταστρεφομένης παρὰ τῶν ἀμφ' αὐτόν, οὐ μόνον μὴ ἐπαρθῆναι τῇ νίκῃ λέγεται ἀλλὰ καὶ δακρύων πληρῶσαι τοὺς ὀφθαλμούς, ἐνθυμηθέντος τὸ ὁμηρικὸν ἐκεῖνο ἔπος, καὶ γλώσσῃ περιλαλεῖν τὸ «*ἔσσεται ἦμαρ ὅταν ποτ' ὀλώλῃ Ἴλιος ἱρή*» καὶ τὰ ἑξῆς. Καὶ διερωτώμενος τοῦ χάριν τοῦτο λαλεῖ, ἀπεκρίνατο ὡς· «Ἔσται καιρός ποτε ὅταν ἴσως καὶ ἡ πατρὶς ἡμῶν πολιορκίας περιπέσῃ δεινοῖς.» Οὕτως οἱ παλαιοὶ στρατηγοὶ τὰς τοῦ μέλλοντος εὐλαβοῦντο τύχας καὶ τοσαύτην φροντίδα ὑπὲρ τῆς σφῶν πατρίδος ἐτίθεντο.

of their line, as I was led to believe from a certain old book. These Fabii, then, held the highest offices and honors in Elder Rome and were recognized as the root of the entire nobility and of all men mighty at arms. None of them ever failed while contending in war or danger. Nonetheless, their nobility and love of glory was not simply a function of the family's prominence; rather, it stemmed also from the exceeding splendor of their actions for, through their innate virtue, magnanimity, and courage, they delivered Rome from many a dire situation and nearly inescapable dangers.

The Scipiones issued from them, more specifically Scipio 9
Africanus, who gloriously [219] defeated the invincible Hannibal, the man who was planning a siege of Rome herself, and then utterly destroyed his city, Carthage, which was great, populous, and believed among men to be impregnable, and is now called Africa. When a city of such size was being destroyed by his men, it is said that not only did he not relish the victory but, rather, his eyes filled with tears when he recalled and recited the Homeric verse according to which *"There will be a day when sacred Ilion will fall,"* and the passage that follows. And when he was asked the reason why he was saying that, he answered that "there will be a time when perhaps our own country will fall victim to a terrible siege."[258] Thus did the generals of old respect the future and its turns of fortune, and showed such great concern for their own country.

10 Ἐκ τούτων, τῶν Φαβίων φημί, καὶ ὁ Ἀσιατικὸς Σκηπίων ἀνέθηλεν ἐπεὶ καὶ ἀδελφὸς τοῦ Ἀφρικανοῦ ἦν. Ἐκλήθη δὲ Ἀσιατικὸς ὅτιπερ εἰς τὴν Ἀσίαν ἐκ τῆς Εὐρώπης διαπεραιωθεὶς μετὰ δυνάμεως μετρίας ῥωμαϊκῆς, Ἀντίοχον ἐκεῖνον τὸν ἐπικληθέντα Ἐπιφανῆ μυριάνδροις στρατιαῖς γεγαυρωμένον γενναίως κατηγωνίσατο καὶ τῆς Ἀσίας πάσης ῥωμαλέως κατεκυρίευσε καὶ ὑπόσπονδον τοῦτον τοῖς Ῥωμαίοις πεποίηκε καὶ θρίαμβον ἐν τῇ Ῥώμῃ κατήνεγκεν ἐπινίκιον.

11 Ἐκ τούτων ὁ Αἰμίλιος Παῦλος, ὃς τὸν Μακεδόνων βασιλέα Περσέα καλούμενον, ἀπόγονον δὲ τοῦ Μεγάλου Ἀλεξάνδρου τυγχάνοντα, πολέμῳ νικήσας δι᾽ ἡμερῶν εἴκοσι, τοῖς Ῥωμαίοις ὑποχείριον σὺν γυναιξὶ καὶ τέκνοις ἀπέδειξε καὶ | τὸν περσικὸν πλοῦτον ἐντεῦθεν συναγαγών, οὐδὲ μέχρι καὶ ἐκπώματος χρυσοῦ ἢ ἀργύρου εἰς τὸν ἴδιον βίον εἰσήγαγεν, ἀλλὰ πάντα τῇ πόλει καὶ τῷ φίσκῳ προσήνεγκε, δι᾽ ἁμαξῶν δισχιλίων τὰ λάφυρα πάντα τοῖς πολίταις καθυποδείξας καὶ διὰ τῆς ἀγορᾶς προεκκομίσας εἰς τὸ δημόσιον καὶ τοῦτο μόνον κερδήσας τῶν τοιούτων τροπαίων, τὸ μετὰ δίφρου βασιλικοῦ κατὰ τὸ εἰθισμένον λαμπρῶς θριαμβεῦσαι, προπορευομένων αὐτοῦ τῶν τοσούτων λαφύρων καὶ προσεχῶς τοῦ ἅρματος τῶν τε ἄλλων ἐκκρίτων Μακεδόνων καὶ τοῦ αἰχμαλωτισθέντος βασιλέως αὐτοῦ δὴ τοῦ Περσέως μετὰ τέκνων καὶ γυναικός. Οὐ γὰρ πρὸς ἀργυρίου καὶ πλούτου ἐπίκτησιν οἱ εὐγενέστατοι Ῥωμαῖοι τοῦ κατ᾽ ἐκεῖνο καιροῦ ἠγωνίζοντο, ἀλλὰ δι᾽ εὔκλειαν μόνην καὶ ἀνδρείας ἐπίδειξιν καὶ τῆς ἰδίας πατρίδος σωτηρίαν τε καὶ λαμπρότητα.

From them, I mean the Fabii, stemmed also Scipio Asiaticus, who was a brother of Africanus. He was called Asiaticus because he crossed over to Asia from Europe with a modest Roman force and bravely defeated Antiochos, who was called Epiphanes and was boasting of the swarms of his armies. Thus he vigorously conquered all of Asia, making it subject to the Romans, and then he celebrated a victory triumph in Rome.[259] 10

Also from them stemmed Aemilius Paulus, who in a twenty-day war defeated the king of the Macedonians named Perseus, who was a descendant of Alexander the Great, and displayed him to the Romans as a captive, along with his wife and children.[260] [220] Gathering Perseus's wealth after the war, he kept for himself not a single gold or silver cup, but rather handed everything over to the city and treasury. He paraded all this booty before the citizens on two thousand carts and delivered it, through the marketplace, to the state coffers. One thing alone he gained from all these trophies, namely the customary right to an ostentatious triumphal parade on a royal chariot, the vast amounts of loot processing before him, while behind his chariot were the noble Macedonians as well as the captured king himself, Perseus, with his children and wife. For the noble Romans of that time did not strive for money and the acquisition of wealth but simply for renown, the demonstration of their manliness, and their country's safety and splendor. 11

12 Τοιούτους κλάδους ἡ τῶν Φαβίων ῥίζα περιφανεῖς ἀναδεδωκυῖα, χρόνοις ὕστερον οὐκ ὀλίγοις καὶ τοὺς Φωκάδας ἡμῖν ἐπιδέδωκεν, ὥσπερ μεταφυτευθέντας ἐξ ἑτέρας γῆς εἰς ἑτέραν ἐπίτοκον ἄρουραν· ἡ γὰρ διὰ πάντων ἀκρότης καὶ τὸ τῶν πράξεων συμφυὲς καὶ ὁμόζηλον καὶ ἡ τῶν ὀνομάτων παρίσωσις ἀπαράγραπτον αὐτοῖς μαρτυρίαν τοῦ γένους καὶ ἀναμφίβολον δείκνυσιν. Εἰ δὲ καὶ ἰβηρικὴν συμφυΐαν ἐξ ἑνὸς μέρους τοῖς Φωκάσι παρομαρτεῖν λέγεται, καὶ τοῦτο μᾶλλον πιστότερον τὸν λόγον ἡμῶν διατίθησιν· οἱ γὰρ Ἴβηρες ἐκ τῆς Κελτικῆς ἀνεφάνησαν | γῆς, ἡ γὰρ Ἰβηρία κυρίως καὶ αὐτὴ ἡ Κελτιβηρία πρὸς τὰ δυσμικὰ μέρη τῆς Ῥώμης διάκεινται πρὸς τὸν ἑσπέριον ὠκεανόν, ἥτις νῦν Ἱσπανία κατωνομάζεται. Τῆς Ῥώμης γὰρ ὑπὲρ τὴν Ἰταλίαν κειμένης, τὰ μὲν πρὸς ἥλιον ἀνίσχοντα μέρη ἄνω Γαλλίαι διονομάζονται, τὰ δὲ πρὸς ἥλιον δύνοντα μέχρις Ἄλπεων ὀρῶν κάτω, ὅπου νῦν ἡ Νεμιτζία γνωρίζεται, τὸν ἴδιον ἄρχοντα ῥῆγα κατονομάζουσα, τὰ δὲ πρὸς ἐγκάρσια μέρη τῶν Ἄλπεων ὡς πρὸς νότον ἄχρι τοῦ ἑσπερίου ὠκεανοῦ Ἰβηρία καὶ Κελτιβηρία ἐλέγοντο, τῶν εἰσρεόντων ἐκεῖσε ποταμῶν τῇ χώρᾳ χαρισαμένων τουτὶ τὸ ὄνομα. Ἐκεῖθεν γὰρ τὸν μὲν βουλόμενον τὴν μὲν παρακειμένην ἀκτὴν παραπλεῦσαι πρὸς τὰς κάτω Γαλλίας ὁ τῶν Ἡρακλειῶν στηλῶν πορθμὸς ἐκδέχεται, τὸν δὲ πρὸς ἀνατολὰς ἐνδοτέρω δηλονότι τῆς χώρας ἐπεκτεινόμενον τοῦ αἰγιαλοῦ, πρὸς τὰ μέρη τῶν Βρεττανικῶν νήσων καθοδηγεῖ καὶ προτρέπεται, τῷ δὲ βουλομένῳ πρὸς τὰς τῶν Μακάρων νήσους ἀπᾶραι ὁ ἀπόπλους ἀχανὴς παρατείνεται, ἀπέχουσι γὰρ τῆς γῆς μέτρον μιλίων χιλίων. Δύο δὲ

Such were the glorious branches that sprang from the root of the Fabii, which, after quite a few years, gave us the Phokades also, as if transplanting them from one plot of land to another, fertile one. And their excellence in every field, the like nature of their acts and zeal as well as the similarity in their names[261] offer irrefutable and undeniable proof of their lineage. And if indeed it is said that an Iberian connection attaches on one side to the Phokades, this is all the more in support of my argument. For the Iberians originated in the Celtic lands, [221] and Iberia proper along with Celtiberia lies to the west of Rome by the western ocean and they are now both called Spain.[262] As Rome lies above Italy,[263] those lands looking to the rising sun are called upper Gaul, while those facing the setting sun, all the way to the limits of the Alps, are called lower Gaul, where today one finds Nemitzia,[264] whose king is known as the *rex*. The lands transverse to the Alps to the south, extending all the way to the western ocean, are known as Iberia and Celtiberia, taking their names from the rivers that flow through that land. From these lands, whoever wishes to sail along the adjacent coast all the way to lower Gaul goes through the strait of the Pillars of Herakles, while he who moves toward the east, as the coast extends inward, will be led toward and eventually reach the British isles. The one who wants to sail toward the Islands of the Blessed must sail over a vast distance, for they are some thousand miles distant from the land. There are 12

αἱ νῆσοί εἰσιν, οὐ πολὺ ἀλλήλων ἀπέχουσαι, παντοίων ἀγαθῶν καὶ ποικίλων διηνεκῶς βρίθουσαι καὶ πόαν μαλακὴν καὶ εὐώδη δι᾽ ὅλου τοῦ ἔτους τρέφουσαι. Ἀπῳκισμέναι γὰρ οὖσαι τῆς κοσμικῆς ἰλύος καὶ τῆς τοῦ ἀέρος ἐπιμιξίας, ἥτις ἐκ τῶν δυσόδμων τῆς γῆς αὐχμῶν ἐπιγίνεται, οὐδόλως μεταλαμβάνουσαι, ὑγιεινότατον καὶ ἄλυπον τοῖς ἐκεῖσε ἀνθρώποις | καὶ κτήνεσι τὸν βίον πεποίηνται καὶ διατριβὴν ἡδίστην καὶ ἀπράγμονα καὶ χαρίεσσαν πάντῃ καὶ εὐζωΐαν παρέχουσιν.

13 Οἱ οὖν τὴν Ἰβηρικὴν οἰκοῦντες ἄνδρες ἀνδρειότατοί τε ὄντες καὶ ἰσχυρῶς παλαμώμενοι διαπαντὸς τοῖς Ῥωμαίοις ἀντεπολέμουν καὶ καρτερίας ἔργα καὶ ἀρετῆς κατ᾽ αὐτῶν ἐπεδείκνυντο. Καὶ δυσχερῶς αὐτῶν οἱ Ῥωμαῖοι μεγίστῳ καὶ ἀνυποίστῳ θάρσει καὶ ἀνεκδιηγήτοις ὁρμαῖς ἐκυρίευσαν ὡς διὰ χρόνου σπονδὰς ἐπιτελεσθῆναι τούτοις καὶ ἀναμὶξ σύνθεσιν ἐξ ἐπιγαμβρείας καὶ μετοικιῶν πρὸς ἀλλήλους. Διὸ καὶ ὁ μέγας ἐν βασιλεῦσι καὶ παναοίδιμος Κωνσταντῖνος μοῖραν οὐκ ἐλαχίστην ἐκεῖθεν ἐκ τῶν ἑσπερίων Ἰβήρων ἀποτεμόμενος, εἰς τὴν ἑῴαν μετῴκισεν ἐν τοῖς τῆς Ἀσσυρίας μέρεσι καὶ ἔκτοτε τὴν κλῆσιν τῆς Ἰβηρίας ἡ δεξαμένη τούτους χώρα προσέλαβε. Πρότερον γὰρ Ἀσσύριοι καὶ ταύτην ᾤκουν τὴν χώραν, ἔπειτα Μῆδοι, μετὰ δὲ χρόνους ἱκανοὺς οἱ Ἀρμένιοι, καὶ οὐκ ἂν εὕροι τις ἐπὶ τῶν ἄνω χρόνων Ἴβηρας μνημονευομένους ἐνταῦθα ἐν παλαιαῖς ἱστορίαις, εἰ μὴ ἐξ οὗπερ ὁ Μέγας Κωνσταντῖνος τούτους αὐτόθι κατῴκισεν.

two of these islands, not too far from each other, teeming with all manner of goods and covered throughout the year by soft and fragrant grass. As they are located at a distance from the world's filth and the air's pollution, which is generated by the foul and dry odors of the earth, they are not affected by them and offer the people {222} and animals that live on them a healthy life devoid of sorrow, so that being there is most pleasant, carefree, joyous in all ways, and happy.

The men who live in Iberia are most brave and mighty, 13
and they had in the past been in continual and total war with the Romans, performing feats of endurance and bravery against them. The Romans managed only with great difficulty to conquer them through their own irresistible bravery and unrivaled impetus. Eventually they made treaties and their people mixed through intermarriage and mutual emigration. It is for this reason that the greatest among the emperors, the most celebrated Constantine, selected a not inconsiderable portion of the western Iberians and resettled them in the east, in the regions of Assyria. Henceforward the country that received them has been called Iberia. Previously this country too had been inhabited by the Assyrians, then by the Medes, and after numerous years by the Armenians, and one cannot find any reference to the Iberians in the old histories except after the period when Constantine the Great settled them there.[265]

28

Ἐκ τούτων οὖν εἴπερ οἱ ἐκ τοῦ γένους τοῦ Φωκᾶ μετάληψιν εἶχον γένους, ὡς ὁμοχώρων γενομένων ποτὲ καὶ αὐτοχθόνων ἀπὸ τῆς ἐν τῇ Ῥώμῃ συμφυΐας καὶ συναυλίας, οὐδεμία διαφορὰ εὐγενῶν ἀπ᾿ ἀλλήλων καὶ ἀνδρείων συνεληλυθότων εἰς μιᾶς συμπλήρωσιν κοσμιότητος. | Καὶ τὰ μὲν τοῦ γένους τῶν Φωκάδων, ὅσα γε ἥκει κατὰ τὰς προσεχεῖς ἡμῶν γενεάς, περίφημά τε καὶ περιβόητα καὶ μαρτυρεῖ τούτοις τά τε τῶν ἄνωθεν διηγήματα καὶ ὁ βασιλεὺς κῦρις Νικηφόρος ὁ Φωκᾶς, ὃς τὰ Ῥωμαίων πράγματα κατειληφὼς ἐν στενῷ κομιδῇ καὶ ἀπόρῳ περιϊστάμενα τῇ τῶν Σαρακηνῶν καὶ Ἀράβων ἐπιστρατείᾳ, καὶ πρὸ τῆς βασιλείας ἀνεκτήσατό τε καὶ ἀνεζώωσε, πολλοῖς πόνοις καὶ ἀγῶσι πολεμικοῖς καταστρατηγήσας τῶν ἐναντίων ἄχρι Νικαίας ληϊζομένων τὴν ἑῴαν καὶ εἰς τὴν τῶν Κιλίκων κατακλείσας αὐτούς· εἶτα καὶ τὴν μεγίστην νῆσον τῆς Κρήτης ἀνασώσας τῇ Ῥωμαίων ἀρχῇ, πρᾶγμα δυσμεταχείριστόν τε καὶ δυσκατόρθωτον, εὐσεβὴς δὲ ὢν τὰ πρὸς τὸν Θεὸν καὶ βουλεύσασθαι διαγνωστικώτατος καὶ στρατηγὸς ἀνδρειότατος, τὰ μὲν ἐκ Θεοῦ καὶ θείας δυνάμεως, τὰ δὲ συμβουλίαις ἀρίσταις καὶ στρατιωτικαῖς γενναιότησιν, εἰς τέλος εὐκταιότατον καὶ μακάριον συνεπέραινεν.

Chapter 28

Nikephoros Phokas's conquest of Crete (961)

If, indeed, it is from them that the family of Phokas drew its origin, then, as they had once lived in the same land and became autochthonous based on their grafting onto Rome and cohabitation, there is no difference in nobility and courage between them, for they had come together into one harmonious and complementary union. [223] As for the family of the Phokades, those from the generations closest to us are celebrated and known to all. As witnesses to this we may cite both the old accounts and the emperor lord Nikephoros Phokas himself,[266] who took charge of the affairs of the Romans when they were in a tight spot because no solution was in sight to the invasions of the Saracens and Arabs. Even before he became emperor, he reconquered lands and breathed new life into the state with his many toils and military struggles by which he defeated enemies who had been rampaging in the east all the way to Nikaia, and hemmed them in the land of the Kilikians. He then restored the great island of Crete to the rule of the Romans, a most difficult feat to undertake and accomplish. He was pious in all affairs that pertained to God, most discerning in his decisions, and most brave as a general. Some of his achievements he brought to a most desirable and felicitous conclusion through God and divine power, while others he accomplished through his

Ἵνα δὲ γνοῖεν οἱ ἐντυγχάνοντες τοῖσδε τοῖς γράμμασι τί βούλεται ἡμῖν τὸ τῆς εὐσεβείας ἐγκώμιον ἐν τοῖς στρατιωτικοῖς παραγγέλμασι, προσθήσομέν τι τῷ διηγήματι.

2 Μέλλοντος αὐτοῦ διαπεραιωθῆναι στόλῳ βαρεῖ πρὸς τὴν Κρήτην κἀκεῖσε τὸν ἀπόπλουν ποιήσασθαι, συνῆλθον αἱ τριήρεις καὶ τὸ τῶν ὁλκάδων πλῆθος εἰς τὸ τῶν Φυγέλλων λεγόμενον κατατόπιον. Καὶ γενομένης τῆς ἐμπλωΐσεως ἐνταυθοῖ, | ἠρώτησεν ὁ Φωκᾶς δομέστικος ὢν πάσης Ἀνατολῆς τηνικαῦτα καὶ τῷ τῶν μαγίστρων ἀξιώματι ἔντιμος, πῶς ὁ τόπος ἀφ᾽ οὗπερ ἐξορμῆσαι μέλλει κατονομάζεται. Καὶ ἐπείπερ ἐμεμαθήκει ὅτι Φύγελλα τούτῳ τὸ ὄνομα, οὐ κατεδέξατο τοῦτο ποιήσασθαι ὁρμητήριον, ἀλλὰ πέραν ἐκ πολλοῦ διαστήματος ἀκρωτήριον τοῖς ὀφθαλμοῖς ἐπελθών, ἐπύθετο περὶ τούτου ποῖον τοῦτό ἐστι καὶ ὅπως προσαγορεύεται· καὶ μαθὼν ὅτι Ἁγία τῷ ἀκροθινίῳ τὸ ὄνομα, τὰ μὲν ἐμβεβλημένα πάντα τοῖς πλοίοις ἐν τοῖς Φυγέλλοις πάλιν ἀπερεύξασθαι τὰ πλοῖα πεποίηκε, τὸν δὲ στόλον ἅπαντα τῇ γῇ Ἁγίας προσοκεῖλαι, διαταξάμενος ἐκεῖσέ τε τὴν ἐμπλώϊσιν καὶ τὴν ἐξόρμησιν τῆς ναυτικῆς δυνάμεως, συμβόλῳ χρηστῷ καὶ ἀγαθῷ χρηστηρίῳ τῷ τόπῳ τῆς ἁγιωσύνης χρησάμενος καὶ τὸ Φυγέλλων ὡς φυγὴν προαινιττόμενον ἀποτιναξάμενος.

3 Διατοῦτο καὶ χρονίσας ἐν τῇ νήσῳ τῇ Νηῷ λεγομένῃ μετὰ τοῦ στόλου παντός, οὐδένα μὲν εἶχε τὸν ὁδηγήσοντα πρὸς τὴν νῆσον τὴν Κρήτην, διὰ τὸ ἀγνοεῖν πάντας τὴν ὁδὸν ἐκείνην ἐκ τοῦ χρόνοις πολλοῖς μὴ παροδεῦσαι ἐκεῖσε πλοῖον ῥωμαϊκόν. Ἀοράτως δὲ νῆαι καρπαθικαὶ δύο τὸν κατάπλουν ἐπ᾽ αὐτὸν ποιησάμεναι προωδοποίησαν αὐτῷ

excellent plans and military valor. And so that those who happen to read these lines may understand the contribution that an encomium for piety makes to a discussion of military affairs, I will add the following story.

When he was about to cross over to Crete with a large armada and was preparing to depart, the triremes and numerous transports were assembled at the entrepôt known as Phygella. And when the vessels had assembled there, [224] Phokas, who was then *domestikos* of the entire east and honored with the title of *magistros,* asked the name of the place from where they were about to depart. And when he learned that its name was Phygella, he refused to use it as a launching point for the operation, but turned his eyes to a distant promontory and inquired about that, what it was like and what its name was. When he heard that the peak's name was Hagia, he had everything that had been loaded onto the ships at Phygella taken back out and had the entire fleet moor in the area of Hagia, ordering that it should be the place from which the naval force would embark and depart. In this way he used the sanctity of the place as a potent sign and auspicious omen, rejecting Phygella for it hinted at flight.[267] 2

Later he was delayed with the entire fleet on the island of Neos[268] because he lacked a pilot to guide him to the island of Crete, given that no one knew that sea lane as for many years no Roman ship had sailed in that direction. Just then, out of nowhere, two Karpathian vessels approached him with information about the route and led him toward Crete, 3

τὴν ὁδοιπορίαν καὶ εἰς Κρήτην ἀπήγαγον, τοῦ Θεοῦ πάντως τὰ κατ' αὐτὸν διϊθύνοντος, ὡς εὐαρεστουμένου τῇ εὐλαβείᾳ τῆς πίστεως. Καὶ ὅπως μὲν μετὰ τὸ τῇ νήσῳ προσμῖξαι καὶ οἵαις | ἐχρήσατο μηχαναῖς καὶ στρατηγικαῖς ἐμπειρίαις πρὸς τὴν τοῦ πλήθους καὶ τὴν τῶν ὁλκάδων διάσωσιν, μὴ ὄντος λιμένος τῇ Κρήτῃ, ἀλιμένευτος γὰρ πᾶσά ἐστι, μακρὸν ἂν εἴη διεξελθεῖν, ὃ δὲ παραδοξότατόν ἐστι καὶ πρὸς τὴν τοῦ ἀνδρὸς εὐσέβειαν λέξων ἔρχομαι.

4 Περιταφρεύσας τὰ ἴδια πλοῖα πλησίον τοῦ κάστρου τοῦ Χάνδακος, τοῦτο γάρ ἐστι τῆς Κρήτης τὸ ἰσχυρότατον καὶ ἡγεμονικώτατον φρούριον, ἐκάθητο πρὸ τῆς πόλεως ὡς ἀπὸ σταδίων τριῶν. Δημηγορῶν τοῖς ὄχλοις καὶ τοῖς συστρατιώταις καὶ συνταγματάρχαις καὶ ναυάρχαις ὅσα τῷ καιρῷ καὶ τοῖς περικειμένοις ἀγωνίσμασι πρόσφορα, ἐκ μηχανημάτων δὲ τοῖς τείχεσιν ἐπικαθημένων σφενδονηθεῖσα πέτρα μέσον τούτων μετὰ πολλοῦ τοῦ ῥοίζου κατέπεσε, μηδένα μὲν ἀδικήσασα τῶν Ῥωμαίων, φόβον δὲ καὶ ἔκπληξιν οὐ μετρίαν τοῖς ὅλοις ἐνστάξασα. Ὁ δὲ Φωκᾶς οἰκείαις χερσὶ τὸν ἀπορριφέντα λίθον ἀνακουφίσας καὶ δείξας τοῖς παροῦσιν ὡς εὐμεγέθης ἡ χερμάδης ἐστὶ καὶ τοσοῦτον ἀπέπτη διάστημα ὅσον οὐδενὶ τῶν πετροβόλων ὀργάνων ἐν τοῖς καταπονηθεῖσι περὶ Κιλικίαν κάστροις ἐκλακτίσαι προσγέγονε, παρηγγύησε πᾶσιν ἀνδρικώτερον διατεθῆναι καὶ συντονώτερον ὡς εἰς ἄνδρας ἐληλακόσι Λαιστρυγόνας ἢ Κύκλωπας, πρώτην δὲ φυλακὴν καὶ ἀνδρίαν ἀκαταγώνιστον ἔθετο καὶ ἄγκυραν ἀσφαλεστάτην ὑπέδειξε τὴν εἰς τὴν θεομήτορα καὶ πάναγνον δέσποιναν | καταφυγὴν καὶ παράκλησιν, καὶ αὐτίκα μηδὲ βραχύ τι

although it was God who was really guiding him, pleased with the reverence of his faith. And if I were to recount how they landed on the island and the [225] devices and stratagems he used to secure the army and the transports, given that there is no harbor on Crete as this whole island is without a harbor, it would take me a long time. Instead, I will mention only the most wondrous event, which speaks to the man's piety.

Having enclosed his ships with a moat in the vicinity of the fort of Chandax—for this is the most powerful and commanding castle on Crete—he camped before the city at a distance of three stadia. While he was addressing the host, his fellow soldiers, commanders, and admirals, on what was advantageous at that moment for the coming struggle, just then a rock, hurled from the engines sitting atop the walls, landed with a great thud in their midst. Even though it did not harm any of the Romans, it frightened and astounded everyone to a not inconsiderable degree. As for Phokas, he lifted the catapulted rock with his own hands and showed to those present how large a boulder it was and how great a distance it had covered, greater, in fact, than the distance that any of the catapults of the castles they had conquered in Kilikia had ever covered, and he entreated them all to be more manly and alert, for they were campaigning against men who were like Laistrygonians or Kyklopes.[269] And he suggested to everyone that their first line of defense, their invincible courage, and most secure anchor was to seek refuge with the Mother of God, the All-Pure Lady, [226] and plead with her. Immediately, without any delay, he ordered that a church be 4

μελλήσας ναὸν ἐκεῖσε τῆς Παναχράντου δεσποίνης καὶ Θεοτόκου δομηθῆναι προσέταξε. Καὶ πολλῶν ὄντων τεχνιτῶν ἐν τοῖς πλοίοις καὶ χειρῶν ἐν μυριάσιν ἀριθμουμένων, ναὸς ἀπηρτίσθη διὰ τριῶν ἡμερῶν περικαλλὴς καὶ σεβάσμιος, σφαιροειδῆ τὸν ὄροφον ἔχων καὶ περιπτέροις κεκοσμημένος καὶ κίοσι καὶ προνάοις καὶ κόσμῳ διηνθισμένος μαρμάρων καὶ μορφαῖς ἁγίων περιαστράπτων καὶ ὅλως ἀπηρτισμένος εἰς ὡραιότητα, καὶ προσέταξε σημῆναι τὸ ἐπαγωγὸν πρὸς εὐσέβειαν. Καὶ καταμαθόντες οἱ ἐν τῷ ἄστει τὴν τοῦ ξύλου φωνήν, ἐθαύμασάν τε τὸ ταχὺ καὶ σύντονον τοῦ οἰκοδομήματος καὶ τὸ προσφώνημα τῆς εἰς δοξολογίαν ἀγούσης σάλπιγγος καὶ θορύβου πλησθέντες καὶ ταραχῆς, μερίδα τὴν νῆσον τῆς ῥωμαϊκῆς δυνάμεως προϋπετόπασαν ἔσεσθαι.

5 Τούτοις τοῖς ἔργοις τῆς εὐσεβείας παρακληθεὶς ὁ Θεὸς τὴν ὑποκρυπτομένην τῶν Σαρακηνῶν <ἐπιβουλὴν> καὶ ἄρδην ἀπολέσαι μέλλουσαν αὐτὸν σὺν τῇ στρατιᾷ φανερὰν ἀπειργάσατο. Ἦν γὰρ συγκείμενον τοῖς τε τοῦ Χάνδακος Σαρακηνοῖς καὶ τοῖς τὴν χώραν οἰκοῦσι, πολλὴ γὰρ ἡ χώρα τῆς Κρήτης καὶ πολυάνθρωπος, ἑβδοματικῶν ἡμερῶν δρόμον καὶ πλείω τὸ μῆκος ἔχουσα εὐζώνῳ ἀνδρί, διὰ μιᾶς ἡμέρας ὀρθριώτερον ἀπὸ συνθήματος ἐπιτεθῆναι τοῖς Ῥωμαίοις καὶ μέσον αὐτοὺς | ἐμβαλεῖν ὡς μηδὲ πυρφόρον, ὃ δὴ λέγεται, πρὸς τὴν Ῥωμαίων ἐπανελθεῖν. Καὶ ἦν τοῦτο εὐχερὲς μὲν τοῖς ἐναντίοις καὶ κράτιστον, ἄφυκτον δὲ τοῖς Ῥωμαίοις πρὸς ἧτταν παντελῆ καὶ κατακοπήν. Ὁ δὲ ποιῶν τὸ θέλημα τῶν φοβουμένων αὐτὸν Θεός, ἕτερον τοῦτο παθεῖν ἀσεβῆ καὶ ἀσυλλόγιστον στρατηγὸν

built there in honor of the all-immaculate Lady and Mother of God. As there were numerous craftsmen on the ships and willing hands numbering in the thousands, a beautiful and holy church was erected in three days. It had a domed roof and was adorned with lateral aisles, columns, and antechambers, decorated with marble and the shining images of saints, and altogether arranged to produce a beautiful effect. Subsequently, he ordered the wooden gong to be struck that called everyone to prayer. When the inhabitants of the city heard the sound of the wood, they marveled at the speed and intensity of the construction as well as at the sound of the trumpets that introduced the liturgy. They were filled with concern and commotion, as they surmised that the island would become part of the Roman domain.

God, entreated by those pious works, openly revealed the 5
secret plan of the Saracens, which would have resulted in the complete destruction of both Nikephoros and the army. For there was an agreement between the Saracens of Chandax and those living in the countryside—Crete is a large land, populous, taking a lightly encumbered man a week or more to walk its length—that they should attack the Romans early in the morning at a previously agreed-upon signal, [227] and surround them so that not even the fire priest, as the proverb goes,[270] would escape back to the land of the Romans. And it would have been easy for the enemy to implement this effectively and impossible for the Romans to avoid total defeat and destruction. God, however, who does the will of those who fear him, judged that it was fitting for this to befall some other, impious and imprudent

ἄξιον εἶναι ἐδίκασεν, εὐλαβῆ δὲ καὶ δίκαιον οἷος ἦν ὁ Φωκᾶς, οὐδαμῶς. Διατοῦτο καί τισι τῶν Σαρακηνῶν δύο σκοπὸν ἐντίθησιν αὐτομολῆσαι πρὸς τοὺς Ῥωμαίους καὶ τῷ Φωκᾷ καταμηνῦσαι τὴν τοιαύτην ἐπιβουλήν, οἳ καὶ προσελθόντες αὐτῷ καὶ τὸ ἀπόρρητον φανερώσαντες, ἐπιεικέστερον πεποιήκασι.

6 Μηδαμῶς οὖν ὑπερθέμενος, ἀνίστησι τὸ στρατόπεδον κἀκεῖθεν ἄρας, νυκτὸς ἀθρόως ἐπεισπίπτει τοῖς ἔξωθεν κατεστρατοπεδευμένοις ἔτι τυγχάνουσι καὶ καταπλήξας αὐτοὺς τῷ ἀλαλαγμῷ καὶ τῇ ἐκτάξει τῆς στρατιᾶς καὶ ταῖς ἑκατέρωθεν προσβολαῖς, φυγεῖν ἀτάκτως ἠνάγκασε· καὶ πολὺν φόνον αὐτῶν ἐργασάμενος καὶ πᾶσαν τὴν πανοπλίαν αὐτῶν καὶ αὐτοὺς ἀπολωλεκώς, διέλυσεν ἅπαντα τὸν ἐκεῖθεν φόβον καὶ πᾶσαν τὴν δύναμιν τῆς νήσου παρέλυσεν. Ἀγνοούντων δὲ τῶν ἐντὸς τὸ συμβεβηκός, πόλεμον αὐτοῖς πολιορκητικὸν εὐθὺς ἐπανέσεισεν, οἱ δὲ τῆς βεβουλευμένης[13] αὐτοῖς φυγῆς ἀντεχόμενοι καὶ τῶν ἐκτὸς προσδοκῶντες τὴν ἔφοδον, παρεσκευάζοντο πρὸς τὴν ἔξοδον, ὡς δὲ καὶ ὁ Φωκᾶς πετροβόλοις ὀργάνοις τοὺς ἐπὶ τῶν τειχῶν ἀντημύνατο κἀκεῖνοι λίθους | ἔβαλλον κατ᾽ αὐτοῦ, προστάξας αὐτὸς κεφαλὰς τῶν κατακοπέντων ἔναγχος ἀνταπέστελλεν. Οἱ δὲ ταύτας ἰδόντες καὶ τῷ παραδόξῳ καταπεπληγμένοι, ἄλλοι δὲ καὶ γνωρίσαντες συγγενῶν ἢ φίλων καὶ ὁμογνίων τυγχάνειν τὰ κάρηνα καὶ τὸ πάθος μὴ ἐνεγκόντες, τὰς τρίχας κατέτιλλον καὶ τὸ θράσος εἰς θρῆνον μετέβαλον. Εἶτα πολλοῖς στρατηγήμασι καὶ σοφίσμασι καὶ ταύτην τὴν πόλιν παραστησάμενος ὁ Φωκᾶς, οὕτω πᾶσαν τὴν νῆσον ὑποτελῆ καὶ ὑπόφορον τοῖς Ῥωμαίοις

commander, but in no way a just and pious one, like Phokas. For this reason, he inspired two of the Saracens to desert to the Romans and inform Phokas of this plan. Having come to him and revealed this secret, they made him more cautious in his approach.

Without any delay he roused the army and left, attacking 6
suddenly and in the middle of the night those who were still camped outside, and he surprised them with battle cries, the arrangement of the army, and with attacks on all sides, forcing them to flee in disorder. He killed many of them and destroyed all their equipment along with them, utterly dispersing the threat from that direction and paralyzing all the forces of the island. As those within the walls were unaware of what had happened, he immediately rejoined the siege. But they were sticking by the plan to sally forth on which they had decided, expecting the attack of those who were outside the walls, and so they prepared for their sortie. As for Phokas, he assailed those on the walls with his stone-throwing engines while they threw rocks [228] at him, at which point he ordered that the heads of those who had been killed previously be hurled back. When they saw these and were struck by the stunning event, realizing that the heads belonged to relatives and friends and compatriots, they were unable to endure the grief and began tearing their hair, and their boldness turned to despair. Then with many stratagems and crafty devices he conquered that city too; Phokas thus subjected the entire island to the yoke and fisc

ἀπέδειξε καὶ Χριστιανῶν καὶ ὀρθοδόξων ἀντὶ Σαρακηνῶν πεποίηκεν οἰκητήριον.

7 Καὶ νῦν ἔστιν ὁ κατασκευασθεὶς παρ' ἐκείνου περικαλλὴς ναὸς καὶ ἐπ' ὀνόματι τῆς Θεοτόκου τιμώμενος καὶ τοῦ Μαγίστρου λεγόμενος καὶ αὐτὸς ὁ Φωκᾶς ἀνεστηλωμένος ἐν τούτῳ νικητὴς καὶ τροπαιοῦχος, δεῖγμα τῆς ἀνδρίας αὐτοῦ καὶ εὐσεβείας, τῆς τηλικαύτης νήσου παριστῶν τὴν κατάκτησιν. Καὶ εἶδον τοῦτον ἐγὼ τῇ νήσῳ ἐπιδεδημηκὼς καὶ ἔστιν ἐμφερὴς πάντῃ τῷ προμνημονευθέντι βασιλεῖ κῦρ Νικηφόρῳ τῷ Βοτανειάτῃ, πίστεως ἀκριβοῦς σύμβουλον τοῦ εἶναι τοῦτον ἐκείνου ἀπόγονον. Εἰ δὲ μὴ διὰ τὴν εὐσέβειαν αὐτοῦ καὶ εὐλάβειαν συνῆν αὐτῷ ἡ θεία ἀντίληψις, πάντως ἄπορος ἂν ἐγεγόνει καὶ ἡ πρὸς τὴν Κρήτην ὁδὸς καὶ ἡ τῶν βεβουλευμένων τοῖς ἐναντίοις φανέρωσις καὶ ἢ ἄπρακτος ὑπεχώρησεν ἢ κατάβρωμα τοῖς πολεμίοις ἐγεγόνει καὶ καταπάτημα· ἔχων δὲ δι' ἀρετῆς | τὸ θεῖον συναντιλαμβανόμενον, τά τε τῶν ἐναντίων ἐμυήθη ἀπόρρητα καὶ κατορθωμάτων καὶ αὐχημάτων ἀπήλαυσε.

8 Τῶν δὲ λοιπῶν αὐτοῦ προτερημάτων ποιεῖσθαι κατάλογον περιττὸν πάντως τῇ παρούσῃ γραφῇ, πλήρης γὰρ τούτων πᾶσα γραφή τε καὶ ποίησις· ὅπως ἑκατοντάχειρας μυριάδας Ἀράβων δύο ἀκαταμαχήτων, ὥσπερ τις ἀσώματος, καταστρέψας πόλεις ἀμυθήτους ὑποσπόνδους πεποίηκε, τήν τε Μεγάλην Ἀντιόχειαν καὶ Μελιτηνήν, Ταρσόν τε καὶ Γερμανίκειαν καὶ τὴν ἐν ταῖς Μόψου κρήναις καὶ αὐτὴν Ἄδαναν καὶ τὰς περιοίκους πάσας, αἳ λόγῳ συντετμημένῳ ῥηθῆναι οὐ δύνανται· ἐκεῖνα δέ μοι ἐρρήθη, ὡς τοῖς πολλοῖς συγγραφεῦσιν ἀδιεξόδευτα.

of the Romans and made it a home for Orthodox Christians rather than for Saracens.

The beautiful church that he built is still standing and is 7
honored in the name of the Mother of God; it is called "of the Magistros." Phokas himself is represented in it as a victor and winner of trophies, a monument to his courage and piety, making an offering of the conquest of that great island. When I visited the island, I saw the image myself, which in all ways resembles the aforementioned emperor, the lord Nikephoros Botaneiates, perfect proof that he is in fact the descendant of that man. And had Divine Providence not assisted Phokas because of his piety and fear of God, the route to Crete would have remained completely closed to him, the plans of the enemy would not have been revealed, and he would have either retreated, having accomplished nothing, or fallen victim to our enemies and been trampled by them. But having [229] God on his side because of his virtue, he was initiated into the enemy's secrets and accomplished noteworthy feats.

It is altogether unnecessary in this account to catalogue 8
the rest of his achievements. Every work of prose and poetry is full of them, as for instance when he, like some incorporeal force, destroyed twenty thousand indefatigable Arabs, who were like hundred-armed giants, and subjected countless cities, the great Antioch as well as Melitene, Tarsos, Germanikeia, Mopsoukrene, and Adana itself along with all their surrounding regions, which cannot be presented here in summary fashion. I have presented those events which have been missed by most writers.

29

Ἀλλ᾽ οὗτος μὲν πάρεργον γενόμενος γυναικὸς καὶ τοῦ ἰδίου ἀνεψιοῦ Ἰωάννου τοῦ Τζιμισκῆ, οἷα τὰ τοῦ Θεοῦ κρίματα, πολλὴν τοῖς ἀνθρώποις ἀφῆκεν ἀνίαν καὶ τῇ Ῥωμαίων ἐπικρατείᾳ στυγνότητα· οἱ δὲ τοῦ γένους αὐτοῦ ἐδιώχθησαν μὲν ὑπὸ τῶν μετέπειτα βασιλέων διὰ τὸ βάρος τῆς τύχης καὶ τὸ τῆς ἀνδρίας ἀξίωμα περιώνυμον. Ἔμεινε δὲ τῇ μετέπειτα γενεᾷ, ὥσπερ τις σπινθὴρ ὑπαυγάζων, τὸ γένος τῶν Βοτανειατῶν ἐν τῷ στρατῷ διαλάμπων τοῦ κῦρ Βασιλείου τοῦ Πορφυρογεννήτου, ὃς τεσσαρακοστὸν ἔτος τοῖς Βουλγάροις ἀντιτασσόμενος καὶ μυρίοις πόνοις καὶ ὅπλοις ἀντιπαραταττόμενος, | ἕνα μόνον εἶχε βοηθὸν καὶ συλλήπτορα, βουληφόρον ἅμα καὶ στρατηγὸν καὶ ἱππότην καὶ δεξιὸν ἀρχιστράτηγον, τὸν Βοτανειάτην Νικηφόρον, ὃς πάππος ἦν τῷ προλελεγμένῳ βασιλεῖ.

2 Τέλος δὲ τοῦ πολέμου, μετὰ τὸ καταπολεμηθῆναι καὶ ἡττηθῆναι τὸ τῶν Βουλγάρων ἔθνος ὑπὸ τῆς αὐτοῦ δεξιᾶς, ἦν γὰρ τηνικαῦτα τῷ περιβλέπτῳ τῶν βεστῶν ἀξιώματι τετιμημένος, ἐλαμπρύνετο δὲ καὶ τῇ τοῦ δουκὸς περιφανεστάτῃ ἀρχῇ, τὸν εὐγενῆ καὶ ἀληθέσι στρατιώταις ἐράσμιον θνήσκει μαχόμενος θάνατον. Τρεψάμενος γὰρ τοὺς Βουλγάρους καὶ διώκων ἐν τῇ κλεισούρᾳ τῇ λεγομένῃ τοῦ

Chapter 29

The father and grandfather of Nikephoros Botaneiates

Phokas, however, was done in by his wife and his own nephew, Ioannes Tzimiskes[271]—such was the judgment of God!—which left people in great sorrow and created sadness in the lands of the Romans. His relatives were persecuted by the succeeding emperors because of the burden of their good fortune and the notable fame of their bravery. Yet the family of Botaneiates survived like slow-burning embers among the ensuing generations, resplendent in the armies of the lord Basileios who was born in the purple.[272] He fought the Bulgarians for forty years and confronted them in his myriad toils and armed contests, [230] having only one assistant and partner, the counselor, general, knight, and skilled field marshal Nikephoros Botaneiates, grandfather of the aforementioned emperor.

Toward the end of the war, when the Bulgarians had been 2
outmarshaled and defeated by his mighty hand—he was honored at that time with the conspicuous rank of *vestes* and distinguished by the most illustrious command of a *doux*—he died in battle a death most noble, coveted by true soldiers. For after routing the Bulgarians and pursuing them in

Κλειδίου, οὐκ ἀνίει σφάττων καὶ κατατιτρώσκων αὐτοὺς ἕως εἰς ἀκρωρείας ἀνελθών, ἔνθα καὶ ἑτέρους ἑώρα Βουλγάρους καταφυγόντας, ἐσφάλη τῆς ἱππασίας τοῦ ἵππου κατολισθήσαντος ἐν πλαξὶ λιθίναις καὶ σὺν αὐτῷ κατακρημνισθέντος, ὥστε καταπλαγέντας τοὺς ἐναντίους τὴν ἀνυπέρβλητον ὁρμὴν τοῦ ἀνδρὸς μηκέτι τοῖς Ῥωμαίοις τολμῆσαι εἰς χεῖρας ἐλθεῖν, ἀλλὰ τὸν μὲν ἄρχοντα τούτων, Σαμουὴλ κατονομαζόμενον, σύντρομον φυγεῖν καὶ ἀποθανεῖν ἐν τῇ λιμνίᾳ νήσῳ τῆς Πρέσπας, τοὺς δὲ λοιποὺς ἅπαντας ὑποσπόνδους ἑαυτοὺς ἐγχειρίσαι τῷ βασιλεῖ καὶ γενέσθαι δούλους δι᾽ ἀρετὴν ἑνὸς ἀνδρὸς καὶ γενναιότητος μέγεθος.

3 Ἐπεὶ καὶ ὁ τούτου υἱὸς Μιχαὴλ καὶ πατὴρ τοῦ βασιλέως μέγα τι καὶ ὑπεράνθρωπον ἐνεδείξατο καρτερίας καὶ ἀνδραγαθίας | κατὰ τῶν ἀντιπάλων προτέρημα. Πλήθους γὰρ ἀμυθήτου Βουλγάρων ἐπιστρατεύσαντος τῇ Θεσσαλονικέων μητροπόλει, οὐ κατεπλάγη πρὸς τὰς τοσαύτας δυνάμεις αὐτῶν καὶ τῶν τειχῶν ἐντὸς ἑαυτὸν περιέστειλεν ἀλλ᾽, οἷά φασιν εἰπεῖν αὐτὸν τὸν Ἀλέξανδρον, ὡς εἷς μάγειρος πολλῶν προβάτων ἀγέλας οὐ δέδοικε, ταῦτα διανοησάμενος καὶ εἰπών, ἐξῆλθε μετ᾽ ὀλίγων τῶν παρατυχόντων αὐτῷ συστρατεύεσθαι. Ἔχων γὰρ τὴν τοιαύτην ἡγεμονίαν πατρῴαν καὶ τῷ ζήλῳ μονονουχὶ ἐκπυρακτωθεὶς καὶ ἅμα μένους καὶ φρονήματος εὐγενοῦς καὶ ἀκαταμαχήτου πνέων καὶ τοσοῦτον νικῶν τῷ τῆς ἰσχύος διάρματι, ὅσον οἱ ἀντικείμενοι τῷ πλήθει καὶ ταῖς πανοπλίαις ἐδόκουν ἁβρύνεσθαι, πρὸς μάχην ἐκ τοῦ εὐθέος αὐτοῖς ἀντιπαρετάξατο καὶ μετὰ πολλῆς τῆς ῥύμης καὶ τοῦ

the narrow pass known as Kleidion,[273] he did not let up in his slaughter and killing of the enemy until he reached a summit, where he saw some other Bulgarians who had fled there. At that point his horsemanship failed him and his horse slipped on the stone slabs, bringing him down with it, so that the enemy, amazed at the man's irrepressible charge, no longer dared to engage the Romans in hand-to-hand combat. And their leader, who was called Samuel,[274] fled in terror to the lake island of Prespa where he died, while the rest of them all submitted to the yoke of the emperor and became his subjects, all because of the great courage and virtue of one man.

Moreover, his son Michael, the father of the emperor, 3
performed an incredible and even superhuman feat of steadfastness and bravery [231] against the enemy. For when a vast host of Bulgarians marched on the metropolis of Thessalonike, he did not shut himself behind the walls, surprised by the size of those forces, but rather remembering and repeating the saying that Alexander is said to have uttered, according to which a cook does not fear many flocks of sheep, he sallied out with a few of those who happened to be campaigning with him. Holding his command on account of his father and fired up in his zeal, breathing warlike ardor and noble, indefatigable will, and surpassing them in the power of his charge to the same degree that his opponents boasted of their numbers and armaments, he immediately joined the enemy in battle with a great charge, giving free rein, which

ἀκρατοῦς ῥυτῆρος εἰς μέσους τοὺς πολεμίους γενόμενος, ἅπαν τὸ πεδίον ἐκεῖνο σωμάτων νεκρῶν κατεσφαγμένων ἐπλήρωσε, μηδενὸς δυνηθέντος ἀθάνατον πληγὴν ἐκ τῆς τούτου χειρὸς ἀπενέγκασθαι. Ἐπήρχοντο μὲν γὰρ αὐτῷ κατὰ φάλαγγας οἱ πολέμιοι, πανταχόθεν τῷ σώματι τούτου τὰς ἀκμὰς τῶν ξιφῶν ἐπερείδοντες, οὐδαμῶς δὲ τῆς ἱππικῆς ἕδρας αὐτὸν ἀποκρούσασθαι ἴσχυον, ἀλλὰ φασγάνῳ τὰ δόρατα τούτων ἀποτέμνων καὶ τὰς σαρίσσας, οὕτω τοὺς πολεμήτορας ὑπὸ γῆν κατηκόντιζεν, οὗ μὲν κεφαλὴν ἐν μιᾷ πληγῇ σὺν τῇ χειρὶ διατέμνων, ἄλλον δὲ δεικνύων ἡμίτομον, τὸν δὲ καὶ καρατομῶν, καὶ μυρίοις εἴδεσι πληγῶν καταστρέφων καὶ καταπλήττων | αὐτούς. Οἱ δὲ Βούλγαροι πλῆθος ὄντες ἀνεξερεύνητον καὶ ἀριθμῷ καθυποβληθῆναι μηδόλως δυνάμενον, περισχόντες αὐτὸν εἰς μέσον, ὥσπερ ὑδάτων πολλῶν ἀχανὲς πέλαγος, οὕτως αὐτὸν ἀποπνῖξαι καὶ εἰς ἀδιεξόδευτον βυθὸν καταποντίσαι διηγωνίζοντο, οἷαπέρ τισι κύμασι, τοῖς τύμμασι τῶν δοράτων καὶ τῶν ἄλλων πολεμικῶν ὀργάνων συνεχῶς αὐτὸν ἐπιπλήττοντες· ἀλλ᾽ ἐκεῖνος βρυγμῷ λέοντος κατ᾽ αὐτῶν ἐξορμῶν καὶ τοὺς ἐπεισπεσόντας ἐξαισίοις ἀναχαιτίζων πληγαῖς, ὁδὸν ἑαυτῷ ἐποίει καὶ πρόσβασιν ἑκατέρωθεν. Καὶ μετὰ τὸ γνῶναι πάντας τὸ τούτου ἀκρατὲς καὶ πρὸς τὰς ἀνδραγαθίας εὐσταθὲς καὶ ἀνίκητον, οὐκέτι πρὸς ἀντικαταστάσεις ἀγχεμάχων ἀπὸ χειρῶν εἰς χεῖρας πρὸς μάχην αὐτῷ συνίσταντο, ἀλλὰ χορείαν μονονουχὶ συστησάμενοι σὺν θαύματι μεγάλῳ δι᾽ ἑκηβόλων ὀργάνων τὸν πόλεμον συνερρήγνυον, ἕως αὐτὸς τοῖς ὑποχωροῦσιν ἐπιφερόμενος, ἧτταν αὐτῶν μεγίστην καὶ τροπὴν ἀπειργάσατο καὶ

brought him into their very midst. He filled that entire battlefield with the bodies of the slain, as no one struck by his hand was able to avert death. The foes kept coming against him in serried phalanxes, attempting to pierce his body from all sides with the tips of their swords, but none managed to unseat him from his horse, for he cut through their spears and pikes with his sword, throwing his enemies to the ground. Some lost their head and arm to a single one of his blows, others he cut in half, and some he cut into pieces, destroying and terrorizing them with a huge variety of wounds. [232] But the Bulgarians, whose innumerable host could not be reduced to a mere number, surrounded him like the waters of a boundless sea and strove to drown him and drag him to the bottomless abyss, the blows from their spears and other weapons of war continuously assailing him like waves. Yet he, with the roar of a lion, rushed against them and repulsed his attackers with stupendous blows, opening a path for himself and access for his retreat on either side. And when they all came to recognize his irresistible will and invincible and unwavering heroism, they no longer attempted to come into direct contact with him in hand-to-hand combat. Instead, in their amazement, they virtually formed a circle and continued the fight with long-distance weapons until he came against those who were retreating and brought defeat to them and put them to flight. This

τοσοῦτον ὅτι μετὰ τὴν νίκην ἀπιδὼν πρὸς τὸ πλῆθος τῶν πεσόντων καὶ τῶν φευγόντων καὶ οἷον αὐτῷ ἔργον ὑπὲρ ἀνθρωπίνην ἰσχὺν ἐξείργαστο, σκοτοδινίας πλησθεὶς καὶ φύσεως ῥευστῆς εἶναι τοῖς ἀνθρωπίνοις δεινοῖς καὶ πάθεσι κατακλινομένης ὑποδεικνύς, αὐτομάτως ἐκ τοῦ ἵππου πρὸς γῆν καταρρεύσας, συννένευκε διάβροχος μὲν καὶ λελουμένος ὢν τῷ τῶν πολεμίων ἀπλέτῳ καὶ ποταμίῳ αἵματι, οὐχ ἧττον δὲ καὶ τῷ οἰκείῳ καὶ | μαρτυρικῷ περιρρεόμενος λύθρῳ. Ἐθαύμασαν αὐτὸν ὑπερφυῶς καὶ ὑπερηγάσθησαν τό τε πολέμιον καὶ πᾶν τὸ Ῥωμαϊκὸν καὶ δῆμοι πάντες ἀνθρώπων πρὸς τοῦτο ἐξεθαμβήθησαν.

4 Τὸ δὲ γένος τῶν Θετταλῶν ἑώρτασε μὲν ὑπὲρ ἅπαντος τὴν τῆς πόλεως λύτρωσιν, ἔθυσε δὲ Θεῷ καὶ τῷ μεγαλομάρτυρι Δημητρίῳ τὰ σῶστρα, ἔθυσε δὲ καὶ αὐτῷ τῷ τούτου θεράποντι Μιχαὴλ τῷ Βοτανειάτῃ τὴν ἐξ ἰσοθέων ἀγώνων ἐπινίκιον εὐφημίαν καὶ εὔκλειαν. Ἐζήτει δὲ τὸν ἀθλητὴν ἡ σωθεῖσα πόλις δι᾽ αὐτοῦ καὶ διὰ σπουδῆς ἐποιεῖτο τὴν τούτου εὕρεσιν καὶ ζητοῦσα σὺν ἐπιμελείᾳ καὶ διαδρόμῳ πολλῷ εὗρεν αὐτὸν κείμενον ἐν ὡπλισμένῳ καὶ ἀνδρείῳ φρονήματι καὶ τὸ ξίφος τοῖς δακτύλοις περιεχόμενον καὶ μηδαμῶς ἀφιέμενον, ἕως μετὰ πολλῆς θεραπείας καὶ τεχνικῆς ἐπιστήμης ἀφῆκε μὲν τὸ ξίφος ἡ χείρ, τῶν ὀνύχων τῇ παλάμῃ προσηλωθέντων αὐτοῦ τῷ ἐμμανεῖ τῆς κατὰ τῶν πολεμίων ἐπείξεως· αὐτὸς δὲ δορυφορούμενος καὶ μεγίσταις εὐφημίαις καὶ κρότοις καὶ δορυφόρων ἀλαλαγμοῖς καὶ ἐγκωμίων πλοκαῖς καταστεφόμενος ὡς ἀριστεὺς ἀπαράμιλλος, εἰς τὴν πόλιν ἐθριάμβευσε, τοῦ κάρου ἤδη ἀνενεγκών, καὶ πᾶσαν τὴν Ῥωμαίων χαρᾶς καὶ θυμηδίας πεπλήρωκεν.

defeat was so great that when he saw after this victory the mass of the dead and the number of those in flight, he realized that he had performed a superhuman deed, was struck by dizziness, and, proving that he possessed a vulnerable nature, sensitive to human pain and suffering, he suddenly collapsed from his horse to the ground, bowing his head, drenched and bathed in the abundant blood of the enemy which was running in rivers, and no less covered in his own [233] martyrial bloody gore. The enemy, along with every Roman and all communities of men, marveled at him and loved him exceedingly, and were astonished at this.

The people of Thessalonike celebrated more than anyone 4
else the deliverance of their city, making thanksgiving offerings to God and to the great martyr Demetrios, and they also prayed and sang victory hymns for the glory and fame of the servant of God, Michael Botaneiates, for his Godlike battles. And the city that had been saved by his hand eagerly sought its champion and organized a diligent search which, after covering much ground, found him lying in full armor and manly demeanor, clutching his sword with his fingers and utterly unwilling to part with it. His hand was able to release the sword only after much tending and application of skill, for his nails had dug into his palm in his mad attack against the enemy. Escorted by a retinue and with the loudest acclamations, cheers, the ululations of his guards, and adorned with words of praise as an unparalleled hero, he processed in triumph to the city, having recovered from his dizziness, and filled the land of the Romans with joy and mirth.

5 Ὁ δὲ τὰ σκῆπτρα τῆς ἀρχῆς ἐγκεχειρισμένος κῦρ Βασίλειος ἀναφέρων μὲν καὶ πρὸς τὸ τοῦ γένους αὐτοῦ ἐπίσημον καὶ περίδοξον, ἀναφέρων δὲ καὶ πρὸς τὰς πατρῴας ἀνδραγαθίας καὶ τὴν τοῦ | παρόντος κατορθώματος ἐκπληττόμενος ἀσύγκριτον ἔπαρσιν, υἱὸν αὐτὸν ἀπεκάλει καὶ μέλος ἴδιον καὶ τὸ ὄνομα τούτου διὰ γλώττης εἶχε καὶ ὁρῶν ἐπόθει τοῦτον καὶ ποθῶν ἐτίμα καὶ πιστότατον ἅμα καὶ οἰκειότατον καὶ στρατιώτην ἀκαταγώνιστον εἶχε καὶ ἐλογίζετο καὶ διαλλακτῆρα τῶν μεγίστων καμάτων καὶ πολέμων ἐτίθετο ἀσφαλῆ, ὡς τῇ παρουσίᾳ τούτου φευγόντων τῶν ἐναντίων καὶ νῶτα διδόντων εὐθύς. Ὅθεν καὶ σὺν αὐτῷ μὲν καὶ τῷ πατρὶ τὴν κατὰ τῶν Βουλγάρων ἤρατο νίκην καὶ τῆς Βουλγαρίας, δυσκαταμαχήτου καὶ πολλῆς καὶ δυσαλώτου γινωσκομένης παντάπασι καὶ μηδενὶ τῶν βασιλέων ὑποταγείσης ἐπὶ πολὺ καὶ παρὰ τοῦτο μὴ ἀνιείσης τῇ Βύζαντος τὸ ἀνέσιμον καὶ τὴν χορηγίαν τῶν ἀναγκαίων, λαμπρῶς καὶ σὺν πολλῇ τῇ ἀκμαιότητι ἐκυρίευσε. Καὶ κατέστη τῇ Ῥωμαίων βασιλείᾳ πρὸς ἑσπέραν ἐν εὐπραγίᾳ καὶ γαλήνῃ τὰ πράγματα καὶ ἀντὶ τῆς πρὶν ἐνδείας δαψιλῆ τὴν ἀφθονίαν καὶ τὴν εὐκληρίαν εὐθύμως ἀπείληφεν.

6 Ἐπὶ δὲ τῆς ἑῴας διακυκωμένων τῶν Ἀβασγῶν καὶ ἀντιδοξούντων τῷ βασιλεῖ καὶ προφανῶς ἀνταιρόντων, ἐθάρρουν γὰρ οὐ τῷ πλήθει μόνον ἀλλὰ καὶ τοῖς τῶν ὅπλων ἰσχυροτάτοις προβλήμασιν, ὡς μὴ ἑαυτοὺς μόνον ἀλλὰ καὶ τοὺς ἵππους τεθωρακισμένους καὶ ἀτρώτους πανταχόθεν περικαλύπτοντες, πάλιν αὐτὸς ὁ Βοτανειάτης πρωταγωνιστὴς καὶ πρόμαχος ἐγνωρίζετο καὶ τοῦ κρατοῦντος

CHAPTER 29

The lord Basileios, who was entrusted with the scepters of power, thinking of this man's nobility and the glory of his family, thinking also of his father's feats of courage, and [234] struck by the incomparable scale of the present feat, addressed him as his son, a limb of his own body, had his name always on his tongue, loved him when he saw him, and, in his love, honored him. He treated him as a most loyal soldier, his own man, invincible, and considered him a reliable guarantor in the greatest contests and wars, for in his presence the enemy fled and immediately turned their backs. As a result, with his help and that of his father, Basileios accomplished the victory over the Bulgarians, brilliantly conquering Bulgaria with a supreme effort, though the land was large and had proven difficult for anyone to defeat and conquer and had succumbed to none of the emperors for some time, as a result depriving the City of Byzas of peace and the provisioning of essential goods. The Roman Empire in the west thereby found its affairs restored to good order and peace, and in place of their former poverty they now happily enjoyed abundant plenty and prosperity. 5

Meanwhile, in the east, the Abasgians[275] were growing restless, opposed themselves to the emperor, and openly rebelled, taking courage not only in their numbers but also in the most powerful defense provided by their arms, given that not only they themselves but their horses too were armored to the hilt and impregnable, caparisoned on every side. At this time that same man, Botaneiates, was once more marked as a leader and as the ruler's first defender and 6

ὑπέρμαχος. | Τοῦ γὰρ βασιλέως κατ᾽ ἐκεῖνο τὰς ῥωμαϊκὰς δυνάμεις ἐλάσαντος, καταπληκτικοὶ μὲν ἀγῶνες καὶ μάχαι περιφανεῖς καὶ πανημέριοι συνερράγησαν, οὐδεμιᾶς δὲ τούτων ὁ Βοτανειάτης ἐναπολέλειπτο ἀλλ᾽ ἠγωνίζετο μὲν ὥσπερ τις ἑκατοντάχειρ καὶ δεύτερος Ἡρακλῆς ἢ ὑπὲρ τὸν Ἡρακλέα ἐκεῖνον τοῖς ἄθλοις ἐπιγαννύμενον, οὐ γὰρ τρισκαιδέκατον ἆθλον ἀλλ᾽ ἑκατονταπλάσιον ἤνυεν, ἔνθα δὲ κάμνον ἑωρᾶτο καὶ καταπῖπτον κέρας ῥωμαϊκόν, ἐκεῖσε καταλαμβάνων αὐτὸς ἀνεκτᾶτο τὸ ἀνιώμενον καὶ θάρσους πληρῶν εὐτολμότερον ἐποίει καὶ νικᾶν παρεσκεύαζε.

7 Ταῦτα οὐκ ἐπὶ μιᾶς ἐκστρατείας τῆς κατὰ τῶν Ἀβασγῶν αὐτῷ διηγώνιστο, ἀλλὰ καὶ ἐπὶ δευτέρας, δὶς γὰρ ὁ βασιλεὺς τοῖς Ἀβασγοῖς τὸν πόλεμον ἐπιτέθεικε. Καὶ τῇ μὲν πρώτῃ μαχησμὸς ἁπλῶς περιγέγονε καὶ ἧττα τῶν Ἀβασγῶν, οὐ παντελὴς δὲ καταστροφή, τῇ δευτέρᾳ δὲ σφοδρᾶς γενομένης καὶ φιλοτίμου τῆς παρατάξεως, οὐδεὶς μὲν Ῥωμαίων θανάτῳ περιπέπτωκεν, ἢ ὅσον εὐαρίθμητοι καὶ τῶν ἀσήμων τινές, τραυματίαι δὲ πολλοὶ κατεφάνησαν, τῶν δ᾽ Ἀβασγῶν φόνος ἀπείριτος γέγονε, τῶν μὲν ἐν τῇ συμπλοκῇ τοῦ πολέμου θανατωθέντων, τῶν δὲ ἐν τῷ φεύγειν πεσόντων· παντελοῦς γὰρ γενομένης αὐτῶν τροπῆς καὶ διώξεως, ἀκορέστως οἱ Ῥωμαῖοι δίκην ἀγρίων προβάτων τούτους κατέθυον. Ὁπότε καὶ ὁ τούτων ἐθνάρχης, Γεώργιος ἡ κλῆσις αὐτῷ, ἐπὶ λόφου ἱστάμενος καὶ τὸ τῶν Ῥωμαίων καταπλαγεὶς σύνταγμα καὶ συγκίνημα καὶ παρ᾽ | ἐλπίδας τὴν ἧτταν τῶν ἰδίων θεώμενος, ἐν χερσὶ γὰρ ἔχειν ἐδόκει τὴν νίκην καὶ τοῖς ἀμφ᾽ αὐτὸν παρῄνει ζωγρίαν πρὸς αὐτὸν τὸν τῶν Ῥωμαίων βασιλέα κομίσαι καὶ μὴ

champion. [235] The emperor led the Roman forces to this area, which initiated an outbreak of massive contests and glorious battles lasting for entire days. Botaneiates was not absent from a single one, but instead fought like the hundred-armed giants of legend or a second Herakles or, rather, even superior to that Herakles who boasted of his labors, for he did not perform just the thirteenth labor but rather hundreds of them. When he saw that the Roman wing was retreating in exhaustion, he instantly rushed to the spot and revived the distressed army, filling it with courage, making it more daring, and setting it up for victory.

He did not accomplish these feats in the course of this 7
single campaign against the Abasgians, but also during a second one, for the emperor waged war twice against them.[276] On the first occasion there was one clash and a defeat of the Abasgians, but no complete annihilation, while on the second there was a violent and glorious engagement in which no Roman was killed, with the possible exception of a few men from the lower ranks, yet many were wounded. On the side of the Abasgians, however, there was infinite carnage, some dying in the course of the battle and others falling in flight, for when their rout and pursuit was complete the Romans kept slaughtering them insatiably like wild sheep. Whereupon the leader of their nation, by the name of Georgios,[277] who was standing on a hill, was stunned by the discipline and organized movement of the Romans [236] and, watching the defeat of his people, something that he had not anticipated—for he felt that he had victory in hand, and had even commanded his men to capture and bring to him the Roman emperor and not cut him down with their

σιδήρῳ τεμεῖν, ἀμεταστρεπτὶ καὶ αὐτὸς εἰς φυγὴν ὥρμησε δρομαίῳ καὶ ἀελλόποδι ἵππῳ, τὴν ἑαυτοῦ πιστεύσας σωτηριώδη καταφυγήν, τὸν υἱὸν αὐτοῦ Παγκράτιον ἐνέχυρον δοὺς τῷ βασιλεῖ δοῦλον. Ἐντεῦθεν τὰ χρηστὰ πάντα τοῖς Ῥωμαίοις κατά τε Ἀσίαν καὶ Εὐρώπην συνήντησεν, ἐντεῦθεν τῷ Βοτανειάτῃ τὸ περιβόητον καὶ περίλαμπρον ὄνομα καὶ ἡ πρὸς τὰ βασίλεια φιλία περιποιεῖται καὶ χάρις ἐπίμονος.

8 Τί δέ; Οὕτως ἔχων εὐκλείας καὶ εὐπραγίας ὁ ἀνὴρ καὶ παρὰ πάντων θαυμαζόμενός τε καὶ δοξαζόμενος καὶ τοῖς ἐξ ἔργων μεγαλουργήμασι σεμνυνόμενος, μέγα φρονῶν ἦν ἐπὶ τοῖς ἑαυτοῦ κατορθώμασι καὶ ἀλαζονείᾳ κατεπαιρόμενος τῶν πολλῶν καὶ τοῖς ἀστικοῖς ὡς ἀγοραίοις τισὶ καὶ ἀόπλοις μὴ εὐθύμως καὶ προσηνῶς ὁμιλῶν καὶ συναυλιζόμενος ἀλλ', ὥσπερ τινὲς τῶν κεκρατημένων τῷ πάθει τῆς κενοδοξίας, ἑαυτὸν ὑπεραίρων καὶ τῷ κόμπῳ τερατευόμενος τὸ ἀνόμοιον, οἷα φιλεῖ τοὺς πολλοὺς ποιεῖν τῶν στρατιωτῶν; Οὐμενοῦν. Οὐδ' εἶδέ τίς ποτε Μιχαὴλ τὸν Βοτανειάτην πολίτου κατεπαιρόμενον ἢ μυκτῆρα τοῦτον τινὸς καταχέοντα ἢ ἔξω αὐτὸν ποιοῦντα τῆς τῶν πολιτῶν συναυλίας καὶ συμφυΐας ἢ ἀστειότητος ἀποδέοντα ἢ καλοκαγαθίας καὶ γαλήνης καὶ μειδιάματος | μεστοῦ χαρίτων ἑαυτὸν ἀποξενοῦντά ποτε, ὡς εἶναι θαῦμα μέγιστον τοῖς ἀνθρώποις καὶ ἀξιέραστον· ὅσον γὰρ τοῖς στρατιωτικοῖς ἀγῶσιν ἀνύποιστος ἦν καὶ θυμοειδὴς καὶ καταπληκτικὸς τὴν ὁρμήν, τοσοῦτον ἐν ταῖς ἀνέσεσι καὶ ταῖς λεγομέναις ἐκεχειρίαις[14] καὶ ταῖς κατὰ τὴν βασιλίδα διατριβαῖς ἡδύτατος καὶ μειλίχιος καὶ φιλόστοργος πρὸς τοὺς Βυζαντίους,

weapons—he, then, also rushed headlong into flight, entrusting his escape and deliverance to his swift storm-footed horse,[278] leaving his son Pangratios as a hostage and servant to the emperor.[279] From then on, all was well with the Romans in both Asia and Europe, while Botaneiates was graced with a famous and glorious name along with continuous favor and influence at the court.

What then? Did this man, who enjoyed such repute and success, was admired and celebrated by everyone, and exalted by the greatness of his feats, think highly of himself on account of his achievements and act arrogantly toward ordinary people? Did he address the residents of the City and treat them as if they were vulgar market types and unarmed civilians, without courtesy or respect? Or did he, like those who are held fast by the vice of vainglory, exalt his own person and emphasize his special status with boasts, as many soldiers like to do? Not at all! No one ever saw Michael Botaneiates behave arrogantly toward another citizen, look down his nose at anyone, remain aloof from the normal company and gatherings of the citizens, or lack urbanity, a noble bearing, a calm demeanor, and the [237] gracious smile that was part of his nature. Thus he was regarded by all people as a great marvel, worthy of adoration, for inasmuch as he was invincible, spirited, and stunning in his momentum when it came to military contests, so much more was he pleasant, gentle, and affectionate toward the people of 8

καὶ λόγους ἀστείους φιλῶν καὶ τοὺς ἀστεϊζομένους προσοικειούμενος καὶ ἀπαξιῶν ἑαυτὸν ἑτέρῳ καλεῖσθαι ὀνόματι ἢ τῷ τὴν ἐπωνυμίαν παρέχοντι αὐτῷ ἐκ τῆς Πόλεως. Διατοῦτο καὶ παρὰ πάντων ἠγαπᾶτο διαφερόντως καὶ κοινὸν ὄφελος καὶ ἐκαλεῖτο καὶ ἐγινώσκετο πανδαισία τε καὶ εὐφημία κοινή, στρατιώτης τε ἀπαράμιλλος καὶ πολίτης ἀσύγκριτος· ἦν γὰρ πρὸς τούτοις καὶ μεγέθει διαλάμπων καὶ ὄψει, ταπεινώσει τε φρονήματος καὶ συναναστροφῆς κοσμιότητι καὶ μειδιάματος ἱλαρότητι, εἰς ἄκρον δόξης καὶ περιλάμψεως ἑαυτὸν ἀνυψῶν τῇ κοινῇ τοῦ πλήθους εὐλογίᾳ καὶ συντονίᾳ τῆς ἀνυμνήσεως.

30

Ἐκ δὴ τούτων τῶν ἀρίστων καὶ μεγίστων ἕξεων αὐτοῦ καὶ ἐντεύξεων καὶ ὧν μετ᾽ αὐτὸν ὁ τούτου ὡραιότατος κλάδος ἔν τε τοῖς στρατιωτικοῖς ἀγωνίσμασι καὶ τροπαίοις καὶ τοῖς πολιτικοῖς διακοσμήμασι καὶ ἀρρήτοις ἐγκαλλωπίσμασι, συγγενῆ γὰρ πάντα καὶ ὁμότροπα καὶ ὁμοφυῆ τῷ πατρὶ ὁ υἱὸς ἐπεδείκνυτο, διπλοῦν τὸ τῆς ἀγάπης καὶ τὸ τῆς ἐρασμιότητος | ταῖς τῶν ἁπάντων ψυχαῖς ἐγένετο καὶ

Byzantion in times of leisure, when he was, as they say, "off duty," and spent time in the Imperial City. He liked urbane conversation, made friends with those who had a sense of humor, and thought it unworthy to be addressed by any name other than the one he derived from the City.[280] It is for this reason that he was exceedingly loved by everyone and was both called and known to be a benefit for all, a feast of all good things and an object of universal praise, an incomparable soldier and inimitable citizen. Moreover, in addition to all this, he was distinguished for his great stature and appearance, his modest composure, the elegance of his manners, and the mirth of his smile. And he raised himself to the heights of glory and resplendence with the blessings of all the populace, who sang hymns for him with all their heart.

Chapter 30

The revolt of Nikephoros Botaneiates

Because of these most excellent and great attributes and manners, and also those wondrously displayed by his most beautiful offspring in both military contests and victories as well as in civic excellence and ineffable adornments—for the son proved to be like his father in all respects, sprung as he was from the same source—the love and affection that everyone held for him in their souls [238] was doubled. This

παγκόσμιος ἦν πόθος καὶ μία γλῶσσα τὸ στέφος αὐτῷ τῷ υἱῷ τῆς βασιλείας ἀξίως ἐκ πολλοῦ τοῦ χρόνου ἐπιφημίζουσα. Καὶ οἱ μὲν εἰδότες αὐτὸν καὶ ἄκρως ἐξησκημένοι τὴν ἄκραν αὐτοῦ εὐτολμίαν τε καὶ ἀνδρίαν καὶ αὖθις πάλιν τὴν ἀγαθότητα καὶ πλουτοποιΐαν καὶ τὸ πρᾶον καὶ τὸ ὁμιλητικὸν καὶ ἀστεῖον καὶ εὔχαρι, ἀφ᾽ ἑαυτῶν εἶχον τὴν μαρτυρίαν, κεχηνότες ἀεὶ καὶ δι᾽ εὐχῆς ποιούμενοι τὸ τῆς βασιλείας τούτῳ περίοπτον κράτος ἔσεσθαι, οἱ δὲ μὴ εἰδότες ἢ πρὸς ὀλίγον γινώσκοντες ἐξ ἀκοῆς τυγχάνοντες ἐρασταὶ οὐχ ἧττον ἐκείνων τὴν ὑπὲρ αὐτοῦ ἐπιθυμίαν καὶ τὴν διάθεσιν ἔτρεφον.

2 Ὡς δ᾽ ἡ φήμη τῆς αὐτοῦ ἀναρρήσεως τὴν βασιλίδα κατέλαβε, μετέωροι πάντες γεγόνασι καὶ χαρμονῆς ἐνεπλήσθησαν καὶ ἦν ἰδεῖν τοὺς ἀνθρώπους πτερὰ περιθεῖναι ἑαυτοῖς, εἰ οἷόν τε ἦν, βουλομένους, καὶ πρὸς αὐτὸν ἀποπτῆναι καὶ παίδων ἐπιλαθέσθαι καὶ γυναικῶν καὶ αὐτῶν οἰκιῶν, ὃ δὴ καὶ πολλοὶ τῶν ἀστικῶν πεποιήκασιν· ἀλογήσαντες γὰρ καὶ φόβου παντὸς τοῦ τότε κρατοῦντος εἰς τὸ Βυζάντιον καὶ τιμωρίας δι᾽ αἵματος καὶ οὐσιῶν καὶ τῶν τοῦ γένους φιλτάτων καὶ τῶν ἐν μέσῳ τῆς ὁδοῦ κόπων καὶ μηδὲ τῶν ὁδοσκοπούντων καὶ τῆς ὑπαίθρου κρατούντων Τούρκων τὸ πλῆθος δείσαντες, συχνοὶ καθ᾽ ἑκάστην ἀπηυτομόλουν πρὸς αὐτόν, πρᾶγμα πρὶν γενέσθαι μὴ πιστευόμενον. Οὐδέπω γάρ τινά τις εἶδεν ἀπὸ τῆς βασιλευούσης | εἰς ἐπαρχίαν προσρυέντα τινὶ ἀντάραντι καὶ τότε ὅτε μηδὲ πολέμιοι τὴν πᾶσαν χώραν κατεῖχον καὶ ταῖς ὁδοῖς ἁπάσαις ἐφήδρευον, μᾶλλον δὲ ἀπ᾽ ἐκείνων εἰς τοὺς κατὰ τὴν βασιλίδα κρατοῦντας πολλοὺς εἰσρέοντας.

affection for him was universal and spoke with one tongue, long since acclaiming the son as worthy to wear the imperial crown. As for those who knew him, who were exceedingly well acquainted with his exceptional daring and courage as well as his goodness, generosity, gentleness, conversational skill, urbanity and grace, they were firsthand witnesses of his character and thus always gaped in eager expectation and even prayed that the most conspicuous authority of imperial power would be given to him. Those who did not know him, on the other hand, or knew him but a little, became his admirers just by hearing about him and nurtured for him, no less than the others, a longing and favorable disposition.

When the news of his proclamation reached the Imperial 2
City, everyone's hearts were lifted, filled with joy. And it seemed that people would have put on wings, were such a thing possible, so willing were they to fly toward him, forgetting about their children, wives, and their households, which many of the inhabitants of the City actually did. For setting aside all fear of the emperor who then reigned in Byzantion, the punishments that would be paid in blood and property, and the reprisals against their closest relatives, fearing neither the travails of the journey nor the multitude of Turks who held the rural areas and watched the roads, many people defected to him on a daily basis, a thing that people would not have believed before it actually happened. For no one had ever seen someone leaving the capital [239] for the provinces to join a rebel, even in the days when the enemy was not in control of the entire countryside, setting ambushes on all the roads. Rather it was from the rebels that many usually defected to those holding power in the Imperial City.

3 Νῦν δὲ ἄνω ποταμῶν τὸ πρᾶγμα κεχώρηκε. Τοῦ χάριν; Ὅτι τοὺς μὲν κρατοῦντας τυράννους ἔγνων οἱ ἄνθρωποι καὶ ἀδίκως καὶ ἀφελῶς τὴν βασιλείαν ἰθύνοντας, τὸν δ' ἐκτὸς ἀρετῇ διαλάμποντα καὶ ἀληθείᾳ καὶ πραότητι καὶ δικαιοσύνῃ κατακοσμούμενον καὶ ἱκανὸν βασιλείας κράτος ἐν καιροῖς ἀνωμάλοις ἀσφαλῶς διακυβερνῆσαι, κράτος τῇ τῶν κρατούντων κακονοίᾳ πρὸς ὄλισθον οὐ μικρὸν καὶ βάραθρον ἀπωλείας ἤδη συννεῦον καὶ ἀνωθούμενον. Τῶν τοίνυν ἀνθρώπων οὕτως ἐχόντων γνώμης καὶ προαιρέσεως, συνεπεψηφίζετο καὶ Θεὸς ἄνωθεν καὶ δεξιὰ πάντα τούτῳ καὶ πρὸ τῆς ἐπιδημίας θαυμαστὰ διετίθετο, ὡς καὶ αὐτὴν τὴν μητέρα καὶ τοὺς συγγενεῖς ἅπαντας τοῦ κρατοῦντος ἐκείνῳ τὴν βασιλείαν ἐπιτρέπειν συγκατατίθεσθαι καὶ διαπέμπεσθαι πρὸς αὐτὸν καὶ τὰ ἐπιβατήρια ψάλλειν αὐτῷ καὶ διαδονεῖν μετὰ τῆς λοιπῆς τῶν πολιτῶν ὁμηγύρεως.

4 Τὸ δὲ δὴ κρεῖττον καὶ λόγου παντὸς ὑψηλότερον ἢ παραδοξότερον ὅτιπερ οἱ Τοῦρκοι τῆς Ἀνατολῆς πάσης κυριεύσαντες ἤδη, τοῖς αὐτομολοῦσι πρὸς τὸν Βοτανειάτην πολίταις ἅμα καὶ ἀγροίκοις ἐμποδὼν οὐ καθίσταντο, ἀλλά τινες μὲν | ἀοράτῳ δυνάμει τοὺς πολεμίους ἐλάνθανον, οἱ δὲ πλείους ἐνέπιπτον μὲν αὐτοῖς, πρὸς δὲ τὸν νῦν βασιλέα μανθάνοντες αὐτοὺς κατεπείγεσθαι, συνεχώρουν αὐτοῖς καὶ ἀβλαβεῖς διετίθουν, εὐλαβῶς καὶ φιλίως πρὸς τὴν αὐτοῦ βασιλείαν καὶ προσηγορίαν παρὰ πᾶσαν ἀνθρωπίνην ὑπόνοιαν διακείμενοι.

5 Καὶ ἡ μὲν Κωνσταντινούπολις καὶ οἱ τῶν ἐκτὸς ἐπιεικέστεροι οὕτω κραδαινομένας εἶχον τὰς οἰκείας ψυχὰς καὶ

But things were now topsy-turvy.[281] And why was that? On the one hand, the people knew the rulers to be tyrants, who reigned in an unjust and irresponsible fashion, while on the other hand, the one outside the walls shone with virtue, was adorned all over by truth, gentleness, and justice, and was deemed capable of steadily ruling the state in such turbulent times, a state that, as a result of the malice of those in charge, had declined not a little and was teetering on the brink of a deep precipice of ruin. These thoughts and opinions that people held were ratified by God from above, who had always wondrously made everything smooth for that man even before his arrival to the point where he disposed even the emperor's mother[282] and all his relatives to consent that the throne pass to him; and they sent a delegation to him to accompany his arrival with hymns and to celebrate it along with the rest of the throng of City residents. 3

And the greatest and most inexplicable event—at any rate, it was utterly unforeseen—was that the Turks, who had by then conquered the entire east, did not hinder the City residents and the farmers who were defecting to him. Some [240] escaped the notice of the enemy with the help of an invisible power, while most did come upon them, but when the Turks heard that they were rushing toward the one who was now emperor, they let them pass unharmed, for they were, against all human expectation, reverently and fondly disposed toward his rule and name. 4

As for Constantinople and the most reasonable of those who were outside it, their souls were in a tumult and 5

συννενευκυίας πρὸς τὴν αὐτοῦ ἐπικράτειαν, ὁ δὲ βασιλεὺς οὐδὲν τῶν θείων κριμάτων καὶ δοξοποιῶν εἰς νοῦν βαλλόμενος, οὔτε τῶν κακίστων ἀπείχετο πράξεων· καὶ μήτε τὸ τοῦ ἀνδρὸς ἀξίωμα καὶ τὴν ἐκ τῶν ἔργων ἰσχὺν καὶ τὴν ἄκραν εὐγένειαν αἰδούμενος ἦν καὶ ἐννοῶν κοινωνὸν τῆς βασιλείας λαβεῖν καὶ τοὺς θύραθεν πολεμίους κατατροπώσασθαι δι᾽ αὐτοῦ καὶ τοῖς ὑπηκόοις τὴν ἐλευθερίαν περιποιήσασθαι, ἀλλὰ τῶν Τούρκων ὡς οἰκειοτάτων καὶ φιλίων ἀντιποιούμενος, διεπέμπετο πρὸς αὐτοὺς καὶ δώροις ἀμέτροις καὶ παντοδαπαῖς ὑποσχέσεσι διηρεθίζετο κατ᾽ αὐτοῦ, ὥστε παντὶ σθένει καὶ μηχανῇ καταγωνίσασθαι τοῦτον καὶ ἢ μαχαίρας ἔργον ποιήσασθαι εἴτ᾽ αἰχμάλωτον θέσθαι καὶ ὤνιον τοῖς μισοῦσιν αὐτόν. Ἀλλ᾽ οὐκ ἦν πρὸς Θεοῦ τὸ τηλικοῦτον ἄνδρα τοῖς κρείττοσιν ἔργοις κεκοσμημένον ἐπιεικῶς τοῖς ζητοῦσιν αὐτὸν ἐπιθυμίας ἀδίκου παραστῆσαι ὑπόθεσιν. Διατοῦτο καὶ ταῖς μὲν ὑποσχέσεσι τοῦ βασιλέως ἐθέλγοντο καὶ παρεκινοῦντο οἱ Τοῦρκοι, ἡ | δὲ θεία ἀντίληψις ἄλλως αὐτοῖς διετίθει τὴν ἔκβασιν, προσήρχοντο γὰρ μᾶλλον τῷ Βοτανειάτῃ καὶ τὴν δούλωσιν ἐπηγγέλλοντο καὶ συμμαχεῖν ὑπισχνοῦντο καὶ τῇ μοίρᾳ τούτου συνέταττον ἑαυτούς· ὅσοι δὲ πρὸς ἀντικαταστάσεις καὶ μάχας ἐτράποντο, παρ᾽ αὐτοῦ καὶ τῶν ἰδίων στρατιωτῶν ἐξόχως ἡττώμενοι, πολλοὺς μὲν τῶν οἰκείων ἀπέβαλον, ἄλλοι δὲ φόβῳ βληθέντες φυγῇ τὴν σωτηρίαν αὐτῶν ἐπραγματεύοντο, πολλοὶ δὲ τῶν Ῥωμαίων ἀντικαταστῆναι τούτῳ θελήσαντες, αὐτοῖς φρουρίοις ἑάλωσαν.

6 Τρίτην δὲ ἄγοντος τοῦ Ὀκτωβρίου μηνὸς καὶ μέλλοντος τοῦ Βοτανειάτου τὴν βασιλικὴν ἐπιστῆσαι σκηνὴν καὶ

consented to the prospect of his rule. The emperor, however, was not mindful of the glorious judgments of God nor did he refrain from committing the most evil acts. He did not even respect the man's rank, the power that he had gained through his deeds, and his exceedingly noble origins, and had no intention to associate him with his imperial power so that he could defeat the empire's external enemies with his help and secure freedom for his subjects. Rather, he treated the Turks as if they were his friends and allies and dispatched to them innumerable gifts and all kinds of promises, instigating them against him so that they would fight against him with all their forces and stratagems. His aim was that they would either kill him by the sword or take him into captivity and then sell him to those who hated him. It was not, however, God's will that such a great man, so impeccably adorned with the most magnificent deeds, be surrendered over to those who sought to subject him to their unjust desires. Thus, even though the Turks were tempted and incited by the promises of the emperor, [241] Divine Providence altered the outcome of the matter for them. For they approached Botaneiates instead and declared their submission to him, promising an alliance, and they joined themselves to his side. As for those Turks who opted for confrontation and battle, they were soundly defeated by him and by his personal retinue, losing many of their men, while others, struck by fear, sought salvation in flight. Moreover, many Romans who tried to stand up to him were captured themselves along with their forts.

On the third day of the month of October, as Botaneiates 6
was about to erect his imperial tent and had given orders for

ταύτης σκηνοπηγίαν προτρεψαμένου γενέσθαι διὰ τὴν ἔξοδον καὶ τὴν εἰς τὴν βασιλεύουσαν πρόοδον, ἐν πεποιθήσει γὰρ ἦν ὡς δρομαίως τῆς βασιλευούσης βασιλικῶς ἐπιβήσεται, θαῦμά τι καὶ τέρας ἐξαίσιον ἐν ὀφθαλμοῖς καθωράθη πάντων· ἄϋλον γὰρ πῦρ, ὡς ἀπὸ πηγῆς ἀναβλύζον καὶ πρὸς ἀέρα χεόμενον, πρὸς τὴν ἑῴαν κατεφάνη περὶ πρώτας νυκτὸς φυλακὰς καὶ ἦν ὁ ἀὴρ φλογὸς καθαρᾶς πεπλησμένος καὶ φέρων τὸ τοῦ πυρὸς ῥεῦμα μέχρι Χαλκηδόνος καὶ Χρυσοπόλεως, καταπληκτικὸν καὶ λίαν ὑπερφυές· οὐδέπω γὰρ οὐδεὶς εἶδε πῦρ ἄϋλον ἐπὶ γῆς ὡς ἀπὸ πηγῆς ἀναβλύζον καὶ τὸ περιέχον ἅπαν ἐκπυροῦν καὶ ἀποσπινθηρίζον οὐχ ἥκιστα. Ἀπὸ δὲ Χρυσοπόλεως τὸν τοῦ Στενοῦ πορθμὸν ὑπερβεβηκός, πῇ μὲν τὰ ἐν | Βλαχέρναις ἀνάκτορα περιέλαβε, πῇ δὲ τὴν ἄλλην ἀρκτικὴν ἐπιφάνειαν, καὶ περιεσώθη μέχρι πολλοῦ, πᾶσιν ἀναφανδὸν ἐπικηρυκευόμενον παρουσίαν ἐκ τῆς ἑῴας μεγάλης δυνάμεως. Οἱ δ' ἐπιστημονικώτεροι τῶν θεωμένων καὶ συμβολικῶς τὸ δέον ἐπιγινώσκοντες, ἀπὸ Λάμπης λαμπτῆρα φωσφόρον ἐπιδημῆσαι τοῖς βασιλείοις προεσήμαινον, ὥστε χρηματίσαι τοῖς μὲν ἀγαθοῖς καὶ τὰ ὑπὲρ αὐτοῦ φρονοῦσι φῶς καὶ θυμηδίαν καὶ χαρὰν ἀνεκλάλητον, τοῖς δὲ κατ' αὐτοῦ μελετῶσι καὶ ἀντιταττομένοις αὐτῷ, φλόγα τῷ ὄντι πυρὸς κατατήκουσαν τούτους καὶ κατακαίουσαν· καί γε τῆς συμβολικῆς προρρήσεως οὐ διήμαρτον, δηλώσει δὲ προϊὼν ὁ λόγος.

the tent to be set up on account of his departure and advance toward the capital—for he had confidence that he would reach the capital quickly and in imperial style—a wondrous omen and marvelous occurrence was witnessed by everyone. An immaterial fire, as if gushing out of a spring and spilling into the air, appeared in the east at the time of the first night watch. The air was filled with a pure flame that it then carried like a fiery stream all the way to Chalkedon and Chrysopolis, an amazing and extraordinary thing, for no one had ever seen immaterial fire on earth, gushing out as if from a spring and burning everything around it and emitting a great spray of sparks. From the area of Chrysopolis it crossed the narrow straits, and part of it engulfed the [242] palace at Blachernai while another part covered the areas to the north. The phenomenon lingered for a long time and it was a most public omen declaring the arrival from the east of a great force. But those observers who were more knowledgeable and attempted to understand the event in symbolic terms saw it as a sign of the arrival at the palace of a luminous light-bringer from the area of Lampe,[283] who would bring light, mirth, and unspeakable joy to the virtuous and those who were favorably disposed toward him, while himself becoming the flame of a true fire that would utterly burn and consume those who plotted and took a stand against him. In this symbolic interpretation they were not wrong, as the account will show.

31

Τοῦ δὲ Ὀκτωβρίου μηνὸς παρεληλυθότος, ἀποστατική τις κακόνοια τὴν ἑσπέραν αἰφνιδίως περιεδόνησεν. Εἰς γὰρ Ἐπίδαμνον, τὸ νῦν κεκλημένον Δυρράχιον, τὴν δουκικὴν ἔχων ἀρχὴν Νικηφόρος πρόεδρος ὁ Βρυέννιος καὶ ταύτης παραλυθείς, βασιλέως ἑαυτῷ περιέθηκεν ὄνομα καὶ τοῖς ἐκεῖσε στρατιώταις καὶ ὀπαδοῖς καὶ συστρατιώταις χρησάμενος, ἔξεισιν ἐκεῖθεν πρὸς Ἀδριανούπολιν. Ὁ τούτου αὐτάδελφος, Ἰωάννης ὀνομαζόμενος, τινὰς τῶν ἑσπερίων δυνάμεων εἰς τὴν ἰδίαν ἐπιβουλὴν καταρτίσας, μεθ' ὧν ἦσαν Βαράγγων καὶ Φράγγων πλήθη πολλά, τῷ αὐταδέλφῳ συνθέσθαι παρέπεισε, σὺν αὐτοῖς δὲ καὶ τὸν κατεπάνω τῆς αὐτῆς πόλεως, συγγενέα | τούτου καὶ συμφυλέτην ὑπάρχοντα. Καὶ πρὸ τοῦ καταλαβεῖν εἰς Ἀδριανούπολιν, τὴν εὐφημίαν αὐτῷ καὶ τὴν βασιλείαν προδιεγράψαντο ἀνοήτως πάντως καὶ πάσης ἀσφαλοῦς παρατηρήσεως ἄνευθεν· ἢ γὰρ ἄν, εἰ μὴ καὶ οἱ κρατοῦντες ἐν Βυζαντίῳ ἀνοητότεροι ὑπῆρχον, ταχέως ἂν παρελύθη καὶ κατεπολεμήθη τὰ τῆς τοιαύτης ἐπιβουλῆς, αἱ γὰρ ἄλλαι θρακῷαι πόλεις καὶ μακεδονικαὶ πλήν τινων συνετήρουν ἔτι τοῦ πάθους αὐτὰς ἔξω καὶ παρὰ βασιλέως ἐπαγγελίας ἐγγράφους καὶ παραγγελίας προσέμενον ἐπὶ καταστροφῇ τῶν ἀποστατῶν, διὰ τὸ καὶ τὸν Βρυέννιον ἔτι μακρόθεν

Chapter 31

The revolt of Nikephoros Bryennios

When the month of October had come to an end,[284] a malicious rebellion suddenly shook the west. For at Epidamnos, which is now called Dyrrachion, he who held the authority of *doux,* the *proedros* Nikephoros Bryennios, upon being discharged, assumed for himself the title of emperor and with the help of the soldiers there, his supporters, and his own fellow soldiers, departed from there and marched toward Adrianople. His brother Ioannes inducted into the rebellion some of the forces of the west, among whom were great numbers of Varangians and Franks, whom he convinced to side with his brother. Furthermore, along with them he recruited the *katepano* of that city, who was a relative [243] and compatriot of his.[285] Even before he arrived in Adrianople,[286] they declared him emperor and acclaimed him without much thought or concern for careful planning. For had the rulers in Constantinople not been even more naive, this rebellion would have been speedily countered and overcome, as the other cities of Thrace and Macedonia, but for a few, kept their distance from this trouble, expecting from the emperor the dispatch of written statements and orders for the crushing of the rebels, especially as

καθεστάναι τῆς τοῦ Ἀδριανοῦ. Ἦν δὲ τῷ βασιλεῖ καὶ στρατὸς ἰδιαίτατος ἀπὸ συγκλύδων ἀνδρῶν ἀθροισθεὶς καὶ τῇ γυμνασίᾳ προσλαβὼν τὸ εὐδόκιμον, οὓς καὶ Ἀθανάτους ὁ βασιλεὺς οὗτος ὠνόμασε. Καὶ διαπάντων εὐχερῶς εἶχεν ἐπιθέσθαι τοῖς γε ἐν τῇ Ἀδριανουπόλει χωρὶς τοῦ προσδοκωμένου ἡγεμόνος καθυλακτοῦσι καὶ ἢ τρέψασθαι τούτους καὶ εἰς ἀσφάλειαν ἑαυτῷ περιστῆσαι τὰ πράγματα ἢ τάς γε λοιπὰς πόλεις εἰς τὴν ἑαυτοῦ κατοχυρώσασθαι πίστιν καὶ ἀντίξουν ἔχειν ἐν τῇ ἑσπέρᾳ κατὰ τῶν ἐναντίων βοήθημα. Ὁ δὲ ἀνοίᾳ καὶ ἀμελείᾳ καὶ τὸ κατασκευαζόμενον διὰ πολλῶν ἡμερῶν ἐγγύθεν αὐτοῦ ἠγνόησεν ἀπειροκάλως σκαιώρημα, τριῶν γὰρ ἡμερῶν οὐ πόρρω τῆς Πόλεως ἡ Ἀδριανούπολις ἀπέχει διάστημα, καὶ μετὰ τὸ γνῶναι ἀναπεπταμένως καὶ μετ᾽ εὐηθείας διατεθείς, τοὺς ἐναντίους ἰσχυροὺς ἀπειργάσατο, ὡς εἶναι τὰ πλείω τῶν τοὺς | ἐχθροὺς ἐπαιρόντων καὶ μεγαλυνόντων εἰς ὕψος ἐξ ἀμελείας καὶ ὑστερήσεως τῶν ἀντιτεταγμένων αὐτοῖς, καθὰ προδιείληπται. Εἰ δὲ δεῖ τἀληθὲς εἰπεῖν, δι᾽ ἑτέρων καμάτων καὶ ἀντιπαρατάξεων ἑτέρῳ τὴν βασιλείαν ὁ παντέφορος ὀφθαλμὸς ἀξίῳ ταύτης ἐπραγματεύετο.

2 Ἔγωγε οὖν ἐν τῇ Ῥαιδεστῷ τηνικαῦτα παρατυχών, ἐπίσκεψιν ἐκεῖσε καταλαβὼν τῶν κτημάτων μου, τὰς μὲν γινομένας φήμας ἀκοῇ παρελάμβανον, ἠπίστουν δὲ τοῖς λεγομένοις ὅτι διὰ πολλῶν ἡμερῶν ἐφημίζοντο, συμβάλλων κατ᾽ ἐμαυτὸν ὅτι ἐπείπερ ἡ Ῥαιδεστὸς τοσοῦτον ἀπέχει διάστημα τῆς Ἀδριανουπόλεως ὅσον ταύτης ἡ μεγαλόπολις, πάντως ἄν, εἰ ἀληθὲς ἐτύγχανε τὸ θρυλλούμενον, ἐμεμαθήκει ἂν ὁ βασιλεὺς τοῦτο καὶ τάχεως ἐποιήσατο

Bryennios was at the time still far from the city of Hadrian. Moreover, the emperor had his own army, which was formed from men of diverse origin and had gained, through rigorous training, a good reputation. These the emperor named the Immortals. He was therefore well placed to attack those who were howling in Adrianople in the absence of their still-anticipated leader and either to rout them and so secure his position, or at least to confirm the loyalty of the rest of the cities to himself and use them as a bulwark in an offensive against his enemies in the west. Yet because of his naïveté and carelessness he foolishly remained unaware of the plot that was being hatched over the course of many days in close proximity to himself—for Adrianople is no more than three days distant from the City—and even when he was apprised of it, he made his enemies stronger by his clumsy and stupid response. Consequently, as we already remarked, most of one's [244] enemies' advantages and sources of growth are due to the deficiencies and carelessness of those who oppose them. If we were to tell the truth, however, the All-Seeing Eye was directing the imperial office to a different person, one worthy of it, through the struggles and confrontations of other people.

As for myself, I happened to be in Raidestos at the time, 2
visiting my lands in the area, and though I heard the rumors, I could not believe what was being said, because the news was being bandied about for many days. I thus thought to myself that Raidestos is as far away from Adrianople as Adrianople is from the capital and so, if the story were true, the emperor would certainly have been informed of it and would

τὴν διόρθωσιν, πανταχοῦ γραμμάτων βασιλικῶν ἐπιφοιτώντων ταῖς πόλεσι. Καὶ κατατοῦτο ἔμενον ἀτρεμής, εἶτα καὶ θαρρῶν τῇ πίστει τῶν ἐν τῇ Ῥαιδεστῷ πολιτῶν, ὡς φυλαττούσῃ τοῖς βασιλεῦσι τὰ τῆς εὐγνωμοσύνης ἐνέχυρα. Ἔλαθον δὲ περιπεσὼν ἀπροόπτως διὰ τῶν εἰκότων συλλογισμῶν μικροῦ δεῖν μεγίστῳ τινὶ παραπτώματι.

3 Γυνὴ γάρ τις ἐν τῇ Ῥαιδεστῷ τὰ πρῶτα φέρειν κατὰ πάντων σπουδάζουσα, συγγένειαν ἐκ τοῦ ἀνδρὸς πρὸς τὸν Βρυέννιον τοῦτον συνάπτουσα, λαθραίως πολλοὺς ὑπέσυρε τῶν Ῥαιδεστηνῶν δώροις τούτους καὶ ὑποσχέσεσιν, ὡς εἰς αὐτὴν μεταθέσθαι συμπείσασα καὶ συνωμοσίαν ἐξ ἰδιοχείρων | καὶ ὅρκων συστήσασθαι. Ὅτε δὲ τὸ ἔργον τῆς συνωμοσίας ἐπλήρωσε καὶ εἰς τὸ αὔριον ἀναγορεῦσαι τὸν Βρυέννιον τὰ τῶν συναραμένων αὐτῇ διεσκέψατο, εἷς τούτων χάριτας ἔκ τινων προηγησαμένων χρηστῶν ὁμολογεῖν ἔχων μοι, προσῆλθεν ἀωρὶ τῶν νυκτῶν καὶ τὴν ἐπιβουλὴν ὑπεσήμανεν. Αὐτὸς δὲ πολλὰ δυσχεράνας καὶ πολὺν ὀνειδισμὸν τούτων καὶ μυκτῆρα καταχεάμενος ὡς καταπροδόντων τὴν ἑαυτῶν σωτηρίαν καὶ τὸ τῆς πίστεως σύμβολον, ἀνυπονοήτως μὲν αὐτὸν καὶ μετ᾽ ἐπιεικείας ἀπεπεμψάμην, μελετήσας δὲ παραυτίκα τὴν πόλιν ταύτην καὶ τὴν ἐπιβουλὴν ἐκφυγεῖν, ὥρμησα μὲν ὡς εἶχον ἡμιόνων καὶ ἵππων καὶ ἀνθρώπων καὶ τῆς ἄλλης παρασκευῆς, ἐκ ταύτης ἀποφοιτῆσαι σπουδαίως κατὰ τὸ λεληθός· οὐ μὴν ἠδυνήθην δὲ διὰ τὸ προκατασφαλισθῆναι τὰς πύλας τῆς πόλεως μοχλοῖς σιδηροῖς καὶ ὁπλίταις παρὰ τῆς τοῦ Βατάτζη γυναικὸς ἣν ὁ ἀνωτέρω λόγος ἐδήλωσεν, ἕως δι᾽ ἀπειλῶν πολλῶν καὶ μηνυμάτων καταπείσας αὐτὴν ὅτι

have speedily taken corrective measures, sending imperial missives to all of the cities. For this reason I remained unperturbed, as I also trusted in the loyalty of the citizens of Raidestos, that the town would remain firm in its loyalty to the rulers out of gratitude. However, I fell victim to my own rational thinking, and was almost led unawares to take a major misstep.

For a certain woman, who sought to stand above every- 3
one else in Raidestos and was related to Bryennios through her husband,[287] managed to furtively convince many of the citizens of Raidestos with gifts and promises to side with her and join the conspiracy with [245] statements written in their own hand and with oaths. When she had found the men for her conspiracy and considered having those who had joined with her declare Bryennios emperor on the next day, one of them, who owed me a favor on account of some services I had previously rendered him, came to me in the middle of the night and revealed the plot. I was personally much aggrieved and cast much opprobrium upon them, pouring out my contempt for their betrayal of their salvation and the symbol of our faith.[288] Then, without raising any suspicion in him I sent him off politely. Planning to flee immediately from that city and the plot, I rushed off with whatever mules, horses, men, and other equipment that I happened to have with me, seeking to escape in haste without being noticed. This, however, proved impossible because the city gates had been secured in advance with iron bolts and soldiers by the wife of Batatzes, whom I just mentioned. In the end, after many threats and arguments I

πρὸς πόλεμον αὐτῇ συρραγήσομαι, τῆς ἡμέρας ἐπιφοιτώσης συνεχωρήθην τὴν ἔξοδον, τὸ ἄδηλον φοβηθείσης μετὰ τῶν ταύτης υἱέων τῆς τοῦ πολέμου ἐκβάσεως.

4 Ἐξῆλθον οὖν ἐκεῖθεν καὶ τῆς εἰς τὴν βασιλίδα φερούσης ἁψάμενος, πάντα τὰ ἔμπροσθεν εὗρον γαλήνης μεστὰ καὶ τοὺς τοῦ βασιλέως στρατιώτας διεσκεδασμένους εἰς παραχειμασίαν ταῖς ἄλλαις πόλεσι καὶ μηδένα κυδοιμὸν ὑποπτεύοντας. Σπουδαίως οὖν | εἰσελθὼν εἰς τὴν βασιλεύουσαν, πρὸ τοῦ τὴν ἰδίαν οἰκίαν καταλαβεῖν, παρῆλθον εἰς τὰ βασίλεια καὶ τῷ λογοθέτῃ Νικηφόρῳ πρὸς λόγους ἐλθών, πάντα τὰ συνενεχθέντα προσήγγειλα καὶ τὸ ποιητέον αὐτῷ συνεβούλευσα καὶ ὡς ὅτι τάχιστα χρὴ τήν τε Ῥαιδεστὸν χρυσοβούλλῳ λόγῳ κατακοιμίσαι καὶ φιλανθρώποις δεξιώσεσιν οἰκειώσασθαι καὶ τὰς ἄλλας πόλεις ὡσαύτως καὶ τὸ στρατιωτικὸν ἐς ταὐτὸν συναθροῖσαι καὶ παραλῦσαι τὴν τῶν πλείστων πρὸς τὸν ἀποστάτην συνάθροισιν. Ἀπῆν γὰρ ἔτι τῆς Ἀδριανουπόλεως οὐ μικρὸν ἄποθεν, ὅτε καὶ τῷ Βασιλάκῃ, τῷ ἀποσταλέντι μετ᾽ αὐτὸν δουκὶ Δυρραχίου, παρατυχὼν ἐντὸς τοῦ ἄστεος τῆς Θεσσαλονίκης περὶ τῆς ἀρχῆς ἠμφισβήτησε· καὶ εἴπερ δεξιῶς τοῖς πράγμασιν ὁ Βασιλάκιος τῷ τότε ἐχρήσατο, κατεπολέμησεν ἂν τοῦτον ἐν ἀρχῇ τῆς ἀποστασίας σαλεύοντα. Ὁ δὲ λογοθέτης ἐν μειδιάματι ποιούμενος τὰ παρ᾽ ἐμοῦ τούτῳ μετὰ σπουδῆς εἰσηγούμενα, μετεωρισμοῖς τισὶ καὶ ἀναβολαῖς τὰ μηδὲ μικρᾶς ὑπερθέσεως δεόμενα παραδέδωκεν, ἕως τοῦ πάθους φλεγμαίνοντος τὴν ἰατρείαν ἐπεχείρησε μέν, ἔγνω δὲ μάτην παρακινῶν τὰ ἀκίνητα καὶ τότε πάλιν ᾔσθόμην ὡς καλῷ[15] τὸ κακὸν ἰᾶσθαι ὀλίγοι τῶν ἐν ἡμῖν ἀνθρώπων δεδύνηνται.

convinced her that I would start a war against her, and she permitted me to leave in the morning, out of her fear for the uncertain outcome of the war and for her sons.

I thus left that place and, keeping to the road that leads 4
toward the Imperial City, found everything in that direction to be peaceful and the emperor's soldiers scattered among the different cities for the winter, unsuspecting of any disturbance. I therefore [246] hurried into the Reigning City and, before I even set foot in my own home, went to the palace and spoke with the *logothetes* Nikephoros. I reported all that had happened and advised him what to do: that he should speedily bring calm to Raidestos with a *chrysoboullon* and secure its loyalty with displays of compassion and understanding, and to do likewise with the other cities, all the while calling up the army for the same purpose, to stem the flow of so many people toward the rebel. For he was still far from Adrianople, and, when in the city of Thessalonike he ran into Basilakes, the man sent to replace him as *doux* of Dyrrachion,[289] they quarreled over the position. And if Basilakes had handled the matter skillfully at that time, he would have overpowered this man at the very inception of his rebellion. But the *logothetes,* responding with a smile to all that I had earnestly proposed to him, procrastinated and put off matters that could not be afforded even a short postponement, so that by the time he tried to apply a remedy the disease was most inflamed. Then he realized the futility of trying to move the immovable,[290] and at that point I again sensed that few of the men among us were able to use good in order to cure evil.[291]

5 Καταλαβὼν οὖν εἰς Τραιανούπολιν ὁ Βρυέννιος, συνηντήθη παρὰ τοῦ ἀδελφοῦ καὶ τῶν συναραμένων αὐτῷ Φράγγων καὶ μακεδονικῶν παρατάξεων. Παρήχθησαν δ' αὐτῷ καὶ | τὰ τῆς βασιλείας παράσημα, οἵ τε ἵπποι μετὰ τῶν δίφρων καὶ τὰ ἐρυθρὰ καὶ βασίλεια πέδιλα. Καὶ κατασφαλισάμενος πάντας ὅρκοις καὶ συνθήκαις συχναῖς μὴ ἂν ἀθετῆσαι τοῦτον ἄχρι καὶ τελευταίας πνοῆς, οὕτω τὴν ἁλουργίδα μετ' εὐφημίας καὶ δορυφορίας ἀπειλήφει πολλῆς καὶ τοὺς πόδας τοῖς ἐρυθροῖς μεταμείψας πεδίλοις καὶ εἰς αὐτοβαφὲς ἐπαναβὰς ὄχημα, μετὰ πολλῆς ἀγερωχίας καὶ φρονηματισμοῦ καὶ τῆς τοῦ στρατοῦ βοῆς καὶ ἠχῆς εἰς Ἀδριανούπολιν ᾤχετο, ἄρτι τοῦ Νοεμβρίου μηνὸς ἐπιστάντος, ὅτε κατηφὴς ὁ ἀὴρ ἐκ τῆς τοῦ μεγάλου φωστῆρος ὑποχωρήσεως πρὸς τὸ ταυρικὸν ζώδιον ἀπιόντος καὶ στυγνὸς καταφαίνεται.

6 Αἰχμάλωτος δὲ τηνικαῦτα ληφθεὶς ὁ πρόεδρος Κωνσταντῖνος ὁ Θεοδωροκάνος, ἀνὴρ ἔνδοξος καὶ γένους ἐπισημότητι καὶ βίου λαμπρότητι καταφανὴς καταγινωσκόμενος, οὐ καλῶς μὲν οὐδὲ δικαίως παρ' αὐτοῦ προσεδέχθη καὶ ὡς εἷς τῶν ἀγενῶν παρωράθη, οὐ μὴν δὲ σωματικὴν τιμωρίαν ὑπέστη, καίτοι γε ταύτην ὑποπτεύων διὰ προηγησαμένας ἔχθρας καὶ μάχας κεφαλικάς. Φυγαδευθεὶς δὲ πρός τινα τῶν μακεδονικῶν πόλεων, μετ' οὐ πολὺ τῷ χρεὼν ἐλειτούργησεν, εἴτε φυσικῷ θανάτῳ εἴτ' ἐξ ἐπιβουλῆς κερασθέντος οὐδεὶς ἀκριβῶς ἐπίσταται.

7 Ἐν δὲ τῷ μέλλειν εἰσελάσαι τὸν Βρυέννιον εἰς Ἀδριανούπολιν, πᾶσα σχεδὸν ἡ πόλις τὴν προεκκειμένην περίχωρον κατελάμβανε καὶ ἦν τὸ πλῆθος ἀγεληδὸν διακεχυμέ-

CHAPTER 31

5 Arriving at Traianoupolis, Bryennios met up with his brother and the Franks and the Macedonian regiments which had joined his rebellion. The [247] insignia of imperial power were produced for his use, both the horses with the triumphal chariots and the purple imperial sandals. After he secured everyone's loyalty with oaths and multiple agreements, to the effect that they would not abandon him even to their very last breath, he then donned the purple mantle in the midst of great acclamations and a large surrounding crowd. Slipping the purple sandals onto his feet, he mounted the chariot of the same color, standing proud with spirits high, and, in the midst of the army's roar and clamor, he set out for Adrianople. The month of November had already set in, a time when the sky appears downcast and sullen as a result of the great light-giving star's retreat toward the sign of Taurus.

6 At that time the *proedros* Konstantinos Theodorokanos was captured,[292] a glorious man widely recognized for the nobility of his family and the brilliance of his career. But he was not treated nobly or even with justice by Bryennios and he was disregarded as if he were an ignoble commoner. He did not suffer bodily harm, however, though he feared it on account of old enmities and personal disputes. Finally he escaped to one of the Macedonian cities, and soon afterward he completed his allotted time, either dying a natural death or a victim of poison, no one really knows.

7 When Bryennios was about to enter Adrianople, almost the entire city came out and occupied the areas flanking the approach. The crowd standing dispersed on the [248] plain

νον εἰς τὸ | πεδίον, τὴν πρόοδον αὐτοῦ ἐκδεχόμενον. Ὡς δ' ἀνεφάνησαν τὰ σημεῖα καὶ προεχώρουν αἱ παρατάξεις αὐτοῦ βαρεῖαν ἀπαγγέλλουσαι τὴν αὐτοῦ ἐπιφοίτησιν καὶ τὰ κέρατα πανταχόθεν φοβερόν τι καὶ καταπληκτικὸν ἐπεσήμαινον, κἀκεῖνος ἐν παρασήμοις παρὰ πλείστων δορυφορούμενος κατελάμβανε. Διατάξαντες δὲ ἑαυτοὺς στοιχηδὸν οἱ πρὸς θέαν ἐξιόντες πολῖται, οἵ τε στρατιῶται τὰς ἀσπίδας προτείνοντες καὶ τὰς αἰχμὰς τῶν ὅπλων ἐπισυναίροντες, ἠχή τε τῶν βυκίνων καὶ τῶν σαλπίγγων ἐγίνετο καὶ τὸ τῆς εὐφημίας ἤρθη παρὰ πάντων περίοπτον. Ἔδοξαν οἱ πλείους τὴν παρουσίαν αὐτοῦ βασιλέως μεγίστου καὶ δυνατωτάτου καθίστασθαι, κἀκεῖνος ὑπεράνω παντὸς λόγου ἑαυτὸν λογισάμενος, μεστὸς ἐλπίδων καὶ αὐχήματος εἰς τὴν ἐνεγκαμένην αὐτὸν εἰσελήλυθε πόλιν. Ἦσαν δὲ ταῦτα, ὡς ὕστερον τὸ πρᾶγμα τὸν ἔλεγχον δέδωκε, πιθήκων ἢ γεράνων ὁρμήματα καὶ νεανιεύματα· ἔνθα γὰρ Θεὸς οὐ συνευδοκεῖ καὶ ψηφίζεται καὶ πρᾶξις εὐθυτάτη καὶ θεοφιλὴς διάνοια τὴν ἄνωθεν οὐκ ἐκκαλεῖται βοήθειαν, φροῦδον ἅπαν καὶ ἀσθενὲς τὸ παρ' ἀνθρώπων γενόμενον.

8 Ἐν δὲ τῇ Ῥαιδεστῷ, πρὸ τοῦ τὸν Βρυέννιον καταλαβεῖν εἰς Ἀδριανούπολιν, ἐπικρατησάσης τῆς Βατατζίνης, ἐδιχονόουν γάρ τινες πρὸς τὴν αὐτοῦ ἐπιχείρησιν, ἀνηγορεύθη ὁ Βρυέννιος. Καὶ πρῶτον ἔργον τοῖς ἐγχωρίοις ἐγένετο τὸ καθελεῖν καὶ καταβαλεῖν εἰς γῆν τὸ κοινὸν ἀτόπημα καὶ ἀδίκημα | καὶ τοῦ ἀπὸ λογοθετῶν δύστηνον ἐπινόημα καὶ τῇ εὐθηνίᾳ ἐπιβουλεῦον, τὸν καινουργηθέντα φημὶ ἐκτὸς τοῦ ἄστεος φούνδακα καὶ κατεπόθη μέχρις ἐδάφους

resembled a large herd as it awaited his arrival. When his pennons came into view and his regiments advanced announcing his imposing arrival, and when the horns blared from all sides presaging something awesome and wondrous, at that point he appeared in full regalia, surrounded by a large escort. When the townspeople who had come out to witness the event arranged themselves in rows, the soldiers extended their shields and lifted the points of their weapons into the air in unison, the horns and trumpets blared, and acclamations were loudly chanted by everyone. The majority thought that his appearance was that of a great and most powerful emperor, and he believed himself to be superior to anything words can describe. Full of hopes and pride, he entered the city of his birth. But the sequel to these events proved that all of this was nothing but the impetuousness and immaturity of monkeys or cranes.[293] For where God does not give his approval and support, and where a most correct plan of action and pious disposition does not invoke help from above, all human action is futile and weak.

As for Raidestos, where Batatzina had taken charge be- 8
fore Bryennios reached Adrianople, even though some disagreed with his plans, he was acclaimed emperor there too. And the first deed of the locals was to destroy and pull to the ground that universal insult and injustice, [249] the *logothetes*' horrible invention, that threat to the common good. I am referring to the *phoundax* recently constructed outside the city, which, indeed, was torn down to the very

διαρρυείς. Τοῦ δὲ κάστρου Πανίου ἔτι μὴ συναπαχθέντος αὐτοῖς, ἐπεστράτευσαν οἱ τῆς Ῥαιδεστοῦ κατ' αὐτοῦ καὶ δι' ἡμερῶν τινῶν παραστησάμενοι αὐτό· τινὰς μὲν τῶν ἔνδον ἠμύναντο, τοὺς δὲ ἄλλους ἐπὶ χώρας κατέλιπον. Ἔκτοτε δὲ οὐ διέλιπον ἐκ τῆς ἀποστατικῆς μοίρας εἰς τὴν Ῥαιδεστὸν παραβάλλοντες στρατιῶται, καὶ μᾶλλον ἀλλογενεῖς, καὶ τοὺς περικύκλῳ ἀγροὺς λυμαινόμενοι προφάσει τάχα τῆς τοῦ κάστρου φυλακῆς καὶ διατειχίσεως· ἤθελε γὰρ καὶ αὐτοὺς ἡ Βατατζῖνα δι' ὄγκον ὑπερηφανίας καὶ ἀποτροπὴν τῆς ὑποπτευομένης αὐτῇ ἐπιβουλῆς καὶ παρακινήσεως. Συνετηρήθη δὲ καὶ ὁ ναύσταθμος τοῦ τοιούτου κάστρου σκόλοψι καὶ περιπάτοις ξυλίνοις καὶ ἄλλοις ὀργάνοις τῶν ἀλλοτρίων νεῶν ἀποτρεπτικοῖς· πολλῶν δὲ ὄντων ἐν τῷ αἰγιαλῷ οἰκημάτων, καταστροφὴ τούτων δι' ὑπονοουμένην κατεπράχθη ἐπίθεσιν καὶ ἁπλῶς πάντα ταραχῆς ἐπέπληστο καὶ συγχύσεως. Ἠισθόμην δὲ καὶ αὐτὸς τῶν τοιούτων κακῶν ὡς τὴν ἀποστασίαν ἀποφυγών, τῆς ἐντὸς τοῦ κάστρου οἰκίας καὶ τῶν ἀγροτικῶν μου κτημάτων διαρπαγὴν τῶν ἐν αὐτοῖς οὐ τὴν τυχοῦσαν ὑποστάντων.

9 Ὁ δὲ Βρυέννιος τάξεις καὶ ἀρχὰς τῇ βασιλικῇ δορυφορίᾳ | χρειώδεις ὑποστησάμενος καὶ τιμὰς ὅσαι τούτῳ ἐδόκουν ὁσημέραι καταπραττόμενος, ἐφαπλῶσαι τὴν χεῖρα καὶ μέχρι Βυζαντίου διεμελέτησε καὶ ἑαυτῷ προεκκαθᾶραι καὶ λειῶσαι τὴν εἰς τὰ βασίλεια εἴσοδον. Τιμήσας οὖν τὸν ἴδιον αὐτάδελφον Ἰωάννην τῷ τῶν κουροπαλατῶν ἐπιφανεῖ ἀξιώματι, δυνάμεις ἁδρὰς ἐνεχείρισε καὶ πρὸς αὐτὸ τὸ Βυζάντιον ἐξαπέστειλε, πίσυνος ὢν ὡς ἐπείπερ οἱ πολῖται τὸν βασιλέα σὺν τῷ λογοθέτῃ δι' ὀργῆς καὶ μίσους ἀτενοῦς

ground. Moreover, given that the fort of Panion had not yet sided with them, the forces at Raidestos marched against it and within a few days they had captured it. Some of the inhabitants they fought with, but the rest who were in the country they left alone. After that there was no shortage of soldiers from the regiments of the rebel arriving in Raidestos, especially foreigners, who plundered the surrounding fields with the excuse that they were guarding the fort and building up the ramparts. Batatzina desired their presence also because of her excessive pride and in order to ward off the threats and plots that she suspected were directed against her. Moreover, the harbor of that fort was repaired with posts, wooden walkways, and other contraptions to repel enemy ships. As there were many dwellings by the shore, these were destroyed because of the expected attack. Simply put, everything was in great turmoil and confusion. And as one who had fled the rebellion, I myself suffered these evils, for my house inside the fort and my estates in the country with everything on them were heavily plundered.

Bryennios then granted advantageous ranks and offices 9
to his imperial bodyguard [250] and every day awarded such titles as he thought necessary. He next thought about how he could extend his reach all the way to Byzantion, to clear a path for himself and smooth out his entry into the palace. Honoring his own brother Ioannes with the conspicuous dignity of *kouropalates,* he entrusted him with ample forces and sent him to the said Byzantion, trusting that the citizens were angry at and even deeply hated the emperor and the *logothetes* and would go over to their side when his

ἔχουσι, προσέξουσί τε αὐτῷ μετὰ τηλικαύτης στρατιᾶς παρατεταγμένῳ καὶ προσδέξονται σὺν ὁμολογίαις ἐντὸς καὶ οὕτως ἀδεῶς ἐπιφοιτήσει αὐτὸς ἐν ἑτοιμασίᾳ βασιλικῇ καὶ ἀποδοχῇ. Ἀλλ᾽ ἦν ὁ σκοπὸς ἔξω τῆς τοῦ μέλλοντος ἀποβάσεως. Τῆς μὲν γὰρ στρατιᾶς τὸ συγκεκροτημένον καὶ πολυάνθρωπον εἶχέ τινα πρὸς τοὺς ἐκτὸς φοβερὰν ἐπιφάνειαν καὶ μᾶλλον ὅτι καὶ τῇ Περίνθῳ, τῇ νῦν Ἡρακλείᾳ καλουμένῃ, προσπαραβαλὼν ὁ τοῦ Βρυεννίου αὐτάδελφος, μὴ συγκατανευούσῃ πρὸς τὴν τοῦ Βρυεννίου ἀνάρρησιν διὰ τὸ καὶ στρατιώτας ἔνδον ἔχειν βασιλικούς, κατακράτος εἷλε καὶ πολλοὺς ἀνεῖλεν αὐτῆς καὶ τὰ ἐκτὸς μετὰ τῶν ἔνδον ἐδῄωσεν. Ὑπεχώρησε γὰρ καὶ ὁ ἐν Σηλυμβρίᾳ ἐφεδρεύων Ἀλέξιος πρόεδρος ὁ Κομνηνός, δομέστικος ὕστερον τῆς Δύσεως προβληθείς, μετὰ τῶν συνόντων αὐτῷ στρατιωτῶν καὶ τῇ βασιλευούσῃ σπουδαίως ἐπανελήλυθεν. Οἱ δὲ τὴν βασιλίδα οἰκοῦντες οὐδαμῶς πρὸς τὴν τῆς στρατιᾶς ἐπιφοίτησιν κατεπλάγησαν, ἀλλ᾽ οὕτως εἶχον περὶ | αὐτὴν ὡς ἂν εἴ τινες κριοὶ καὶ βουκολίων ἀγέλαι πρὸς κολωνοὺς ἢ σεμιράμια τείχη τὰς ἰδίας προσαράττουσι κεφαλὰς ἢ κηφῆνες περιβομβοῦσιν ἄνδρας γιγαντολέτορας. Οἱ μὲν γὰρ τὴν ἀρχὴν καταλαβόντες τῷ βασιλεῖ κατεφάνησαν τὴν ἐν Βλαχέρναις προκαταλαβόντες ἀκρόπολιν καί τινας ἀκροβολισμοὺς καὶ προσβολὰς ἐκ τῶν τόξων καὶ πετροβόλων ὀργάνων εἰργάσαντο, ἔπραξαν δὲ οὐδὲν ἢ ὅσον ἐπίδειξίν τινα τῆς ἀνταρσίας προενεγκεῖν. Ὀπισθόρμητοι δὲ γεγονότες, τραυματισθέντων καί τινων ἐξ αὐτῶν, καὶ τοῖς ἄλλοις τείχεσι πλησιάσαντες, ὑβριστικὰς φωνὰς ἢ παροινίας παρὰ τῶν πολιτῶν ἠνωτίσαντο καὶ

brother arrived at the head of such a large army in formation, and that they would receive him into the City, after coming to an agreement with him. And thus, without any anxiety on his part, he too would arrive and preparations would have been made to receive him in a way fitting for an emperor. But the future did not turn out the way he intended. Certainly, the sheer size and order of his army horribly intimidated those who were outside the City, especially when Bryennios's brother seized Perinthos, which is now called Herakleia and had not accepted Bryennios's accession because it had imperial soldiers in it. He took it by force, killing many of its people and looting both its environs and the city itself. Moreover, the *proedros* Alexios Komnenos, who was to be promoted later to *domestikos* of the west,[294] and was lying in wait at Selymbria, retreated and, with the soldiers under his command, returned in haste to the Reigning City. As for those dwelling in the Imperial City, they were in no way surprised by the arrival of that army, but rather treated [251] it as if a few rams or herds of cattle were butting their heads against the columns or the walls of Semiramis,[295] or as if they were drone bees buzzing around men who were giant-killers.[296] Those who had usurped authority appeared to the emperor when they seized in advance the acropolis at Blachernai,[297] but they staged only a few skirmishes, shooting from their bows and stone-throwing engines, making little more than a display of the rebellion. When a few of them were injured, they retreated and approached other sections of the walls, but here they heard the citizens issue insulting cries and violent taunts, and they

ἀκοντίοις καὶ λίθοις ἀπεσοβήθησαν καὶ μίμοις γελοίων καθυπεβλήθησαν καὶ τῆς ἀποκηρύξεως ἐν πολλαῖς ἡμέραις πρὸ τῆς πόλεως στρατοπεδευσάμενοι πληροφορίαν ἐδέξαντο· εἶχε γὰρ ἅπαντας ἔρως ἐπιμανὴς τοῦ Βοτανειάτου καὶ τὴν ἐκείνου βασίλειον ἐπιδημίαν ὡς ἐπιδημίαν Θεοῦ προσεδέχοντο.

Μηδὲν δὲ τῶν ὧν ἤλπισεν ὁ τοῦ Βρυεννίου αὐτάδελφος εὑρηκὼς καὶ τὴν εἰς τὴν βασιλεύουσαν εἴσοδον ἀπογνούς, διεπεραιώθη τὴν τοῦ Ἁγίου Παντελεήμονος γέφυραν καὶ θέμενος ἐν τοῖς τοῦ Στενοῦ μέρεσι τὴν παρεμβολήν, παρῆλθε συντεταγμένος ὡς τῷ βασιλεῖ καὶ τοῖς λοιποῖς πολίταις ἐκ τοῦ προφανοῦς διοπτικώτερον φανησόμενος, καὶ τὸν αὐτάδελφον εὐφημίαις κατὰ διαδοχὴν ἑκάστου λόχου ἐτίμησεν. | Ὡς δὲ τὸν ἀέρα πλήττων μόνον ἐδείκνυτο καὶ ὄνος ἦν πρὸς λογικοὺς καὶ λογισμῷ κρείττονι κατεστρατηγημένους ὀγκώμενος, ὀργῇ καὶ θυμῷ τὴν ψυχὴν ἐκκαυθεὶς καὶ βακχικόν τι καὶ σιληνιακὸν πεφρονηκώς, πῦρ ἐνῆκε ταῖς παρακειμέναις οἰκίαις ἀπὸ τοῦ Ἁγίου Παντελεήμονος μέχρι τῶν Ἀναπλεομένων μερῶν τοῦ Στενοῦ. Καὶ ἡ φλὸξ ἀρθεῖσα πάσας σχεδὸν τὰς οἰκίας πλὴν ὀλίγων κατεδαπάνησεν, ὡς καὶ εὐκτηρίους οἴκους καὶ περικαλλεῖς οἰκίας καὶ ναοὺς ἐπισήμους πυρὸς γενέσθαι θεομισοῦς παρανάλωμα, καὶ μᾶλλον τῶν ἰουδαϊκῶν, διὰ τὸ ξύλοις κατηρτίσθαι πάσας, οὐδεμία διέφυγε τὴν τοῦ πυρὸς ἐρωήν. Ἐῴκει δὲ οὗτος τῷ μέλλοντι μὲν ἀποσβέσαι πῦρ, ἐλαίῳ δὲ κατ᾽ αὐτοῦ χρωμένῳ καὶ τὴν ἰσχὺν ἐντεῦθεν μεῖζον ἐπαίροντι· μισοῦντας γὰρ αὐτὸν τοὺς πολίτας καὶ τὸν τούτου αὐτάδελφον, εἰς πλεῖον μῖσος ἐκ τῆς ἀτοπωτάτης ἠρέθισε

were driven away with javelins and stones, and were made a laughingstock, as in a mime performance. After camping before the City for many days, they understood how thoroughly they had been rejected. For everyone was gripped with a mad longing for Botaneiates, and they all awaited his imperial advent as if it were the advent of God himself.

Finding nothing of what he had hoped for and despairing of even entering the Reigning City, Bryennios's brother crossed the bridge of Saint Panteleëmon[298] and placed his camp in the region of the straits, marching past in formation in order to be more visibly conspicuous to the emperor and rest of the people. He then honored his brother with acclamations from each company in order. [252] But as it was evident that he was only beating against the air, like an ass puffing himself up before rational beings marshaled by a superior reason, his soul burned with anger and wrath and his mind was overcome by a bacchic and Silenic frenzy, so he set fire to the houses in the vicinity from Saint Panteleëmon all the way to the Anaplous region of the straits. Once the flames were fanned, they consumed almost all the homes except for a few, so that places of prayer, elegant mansions, and distinguished churches became the fuel of this loathsome fire. Above all, not one of the Jewish houses escaped the force of the fire, as they were all built with timber. He was like a man who wishes to extinguish fire by pouring oil on it, thereby dramatically increasing its strength. The citizens already detested him and his brother, but now he earned an even greater hatred with this thoughtless act. Realizing that

πράξεως. Ὡς δ᾽ ἔγνω ἑαυτὸν μάτην ἐπὶ κακοῖς αὐλιζόμενον καὶ διαύλους σκηνὰς ἐργαζόμενον καὶ τῷ χειμῶνι δεινῶς μετὰ τῶν συστρατευομένων αὐτῷ πιεζόμενον, ἀναστήσας τὴν στρατιὰν πρὸς ἑσπέραν ἐβάδιζε. Καὶ αὐτὸς μὲν σὺν δυσὶ παρατάξεσιν εἰς τὸ τοῦ Ἀθύρα πολίχνιον κατεσκήνωσε, τὸ δὲ λοιπὸν πλῆθος εἰς παραχειμασίαν διέδωκεν.

11 Ὀψὲ δὲ καὶ βραδέως ὁ βασιλεὺς ἐπεμνήσθη τοῦ Ῥουσελίου καὶ τῆς αὐτοῦ γενναιότητος, πύματον ἄρα καὶ ἔξωρον τὸ λυσιτελοῦν προστησάμενος. Ἔχων γὰρ αὐτὸν ἐν παραφυλακῇ | καὶ δεσμοῖς διὰ τὸ καὶ πρὸ ἡμερῶν τινῶν ἁλωθῆναι, φυγαδείαν ἑλόμενον ἐπὶ τῷ πρὸς τὸν Βοτανειάτην αὐτομολῆσαι τῇ Λάμπῃ ἐνδιατρίβοντα, ἠναγκάσθη τότε ὁ βασιλεὺς τῶν πραγμάτων ὥσπερ ῥευμάτων θαλαττίων ἐπικεχυμένων αὐτῷ, βοηθὸν τὸν ἄνδρα καὶ συλλήπτορα προσλαβεῖν. Τῆς οὖν φρουρᾶς αὐτὸν ἐξελὼν καὶ πολλοῖς πρὸς αὐτὸν ἐπαγωγοῖς χρησάμενος ῥήμασι καὶ ἀμνηστίαν τῶν προτέρων κατασκευάσας καὶ πολλαῖς ὑποσχέσεσι καὶ δώροις καὶ τιμαῖς καταμαλάξας τὴν τούτου ψυχὴν καὶ πρὸς εὔνοιαν μεταθέσθαι καὶ πίστιν παρασκευάσας ἀπόρθητον, εἰς τὴν κατὰ τῶν ἐναντίων ἀντιπαράταξιν διηυτρέπισε. Καὶ ἀπὸ τῶν τειχῶν μὲν διαλεχθῆναι πρότερον τοῖς συνοῦσι Φράγγοις τῷ Βρυεννίῳ πεποίηκεν, ὡς δ᾽ οὐκ ἔπεισε τούτους καὶ προεχώρουν εἰς τὰ ὀπίσω πρὸς τὰ τῆς ἑσπέρας ἐνδότερα· ὅτε φήμη τις προσήγγειλε τὸν τοῦ Βρυεννίου αὐτάδελφον ἀφυλάκτως ἐντὸς τοῦ Ἀθύρος ἐπισκηνοῦν, συμβούλιον γέγονεν ἐπελθεῖν αὐτῷ ἐξεφόδου, στρατηγοῦντος τοῦ προέδρου Ἀλεξίου σὺν τῷ

he was pointlessly wasting his time there and doing harm, with his tents in a constricted space, and as winter was pressing hard on those enlisted under his command, he decamped and marched his army to the west. He encamped with two regiments at the small town of Athyra, while the rest of the army was dispersed to winter quarters.

Slowly, and late in the game, the emperor remembered 11
Rouselios and the man's courage, finally, and in the nick of time, deciding to do what was to his advantage. For he had him in chains and under surveillance, [253] as he had been arrested just a few days previously, caught as he was escaping toward Botaneiates, who was quartered at Lampe. The emperor was then compelled by the state of affairs, like sea currents swelling around him, to take this man on as his helper and assistant. He thus brought him out of prison, used on him many flattering words, arranged an amnesty for what had previously happened, and softened his soul with many promises, gifts, and honors, thereby turning him to a favorable disposition and instilling in him unshakable loyalty. He thereby prepared him for the clash with the enemy. First, he made him speak from atop the walls with the Franks who were with Bryennios, but he did not persuade them and so they marched deeper into the western hinterland. When the news was announced that Bryennios's brother had dropped his guard while billeted at Athyra, it was decided to attack him suddenly, with the *proedros* Alexios in command along

Ῥουσελίῳ, μετὰ τῶν ἐν τῇ βασιλίδι στρατιωτῶν. Ὅρκοις οὖν φρικωδεστάτοις τὰ πιστὰ δεδωκὼς τῷ βασιλεῖ ὁ Ῥουσέλιος ἐν τῷ πανσεβάστῳ σηκῷ τῶν Βλαχερνῶν αὐτῷ συνδυάσαντι, νυκτὸς ἐξῆλθε τῆς πόλεως.

12 Ῥωσικὰ δὲ πλοῖα τὴν ἀπὸ θαλάσσης παραγγελθέντα ἐπίθεσιν, σύνθημα παρέσχον τοῖς κατ' ἤπειρον στρατιώταις ἵν' ὀρθριώτερον ἅμα τῷ Ἀθύρᾳ προσβάλωσι, | καὶ κατακλείσαντες ἔνδον τὸν ἀντικείμενον μετὰ τῶν συνόντων αὐτῷ πάντων καὶ καταγωνισάμενοι τρέψωσι καὶ ὑπὸ τὴν σφῶν αὐτῶν χεῖρα ζωγροῦσαν ἢ φονεύουσαν ἅπαντας ὡς ἐν δικτύῳ ποιήσωσι. Καὶ ἦν ἡ μελέτη σταθηρὰ καὶ στρατηγικὴ καὶ τοῦ θηράματος σύνοχος, εἰς τέλος δὲ μὴ περισωθεῖσα τὸ τῆς νίκης διέφθειρε τρόφιμον. Συνήρχοντο μὲν γὰρ ἐν ταὐτῷ τό τε πεζικὸν καὶ ναυτικὸν στράτευμα, προελθόντες δὲ πρὸ τοῦ ἄστεος οἱ τῆς πεζικῆς μοίρας στρατιῶται καὶ ἀποπλανηθέντες ἐκεῖθεν ἐπὶ κατασκοπῇ καὶ καταλήψει δῆθέν τινων Μακεδόνων αὐλιζομένων ἐν πορρωτάτω ἀγροῖς, ἐκείνων μὲν οὐκ εὐστόχησαν καὶ ἀπέτυχον τῆς ἐπιβουλῆς, τοῖς δὲ Βαράγγοις οὐ συνεδύασαν ὅτε τῷ Ἀθύρᾳ προσέβαλον. Ὅμως δ' οὖν οἱ μὲν Βάραγγοι τὰς πύλας αὐτοῦ βιασάμενοι ἐντὸς εἰσεπήδησαν καὶ πανόπλοις ἐπιφοραῖς, ἔτι πρωΐας οὔσης, τοὺς τοῦ Βρυεννίου κατηγωνίσαντο. Ἱππότες δὲ ὄντες ἐκεῖνοι, τῶν ἵππων ἐπιβάντες εἰς φυγὴν ἐξωρμήκασι, μὴ ὄντων δὲ τῶν ἐν ἠπείρῳ στρατιωτῶν κατ' ὄψιν αὐτῶν καὶ ὑπάντησιν, διέφυγον τὴν πανωλεθρίαν. Ὕστερον δ' ἐπιφανεὶς ὁ Ῥουσέλιος σὺν τῷ προέδρῳ Ἀλεξίῳ, ἐδίωξαν μὲν κατόπιν, βουλόμενοι δὲ τὸν διωγμὸν ἐπιτεῖναι καὶ πολλοὺς σφῆλαι τῶν

with Rouselios, leading the soldiers from the Imperial City. Joining the emperor in the all-venerable church of Blachernai and offering him the most dreadful oaths to confirm his loyalty, Rouselios left the City at night.

The Rus' ships that had been deputed to the naval assault 12
gave the signal to the soldiers on land to attack Athyra early in the morning [254], so that by blocking their opponent inside with all his supporters, overcoming and routing them, they would with their own hands either capture or kill them all, as if they had cast a net. And the plan was solid, tactically sound, and appropriate to the prey, but by not being carried through to its conclusion it marred the benefits of victory. For as the infantry and naval forces came together, the soldiers of the infantry units arrived first before the city but were distracted at that point by scouting and, supposedly, arresting certain Macedonians who were billeted in some distant estates. But they missed that other target and failed in their plan, and so did not join up with the Varangians when they attacked Athyra. The Varangians, however, forced the gates and hurled themselves inside the city in full gear, and so defeated Bryennios's forces while it was still morning. The latter, being cavalry, jumped on their horses and rushed into flight, and as the ground forces were not there to meet and confront them, they evaded total defeat. Then, as Rouselios appeared along with the *proedros* Alexios, they gave chase, for they wished to press the rout and kill many

ἐναντίων κατασεσεισμένους τῷ φόβῳ καὶ φεύγοντας ἀμεταστρεπτί, παρὰ τῶν ἰδίων οὐκ εἰσηκούσθησαν δεδιότων τὸ ἀποτέλεσμα. Ἔπεσον δέ τινες Μακεδόνες ἐν τῷ κάστρῳ παρὰ τῶν Ῥῶς, ἄλλοι | δὲ ζῶντες ἠχμαλωτίσθησαν, ὁμοίως δὲ καὶ παρὰ τῶν ἱπποτῶν. Συνηθροίσθη δὲ καὶ λαφυραγωγία ἐκ τῆς ἐκείνων ἀποσκευῆς καὶ τοῦ αὐταδέλφου τοῦ Βρυεννίου ὀχήματα πράσινα καὶ ὅπλα καὶ σήμαντρα.

32

Ἐπανελθόντων δὲ τῶν τοῦ βασιλέως στρατιωτῶν εἰς αὐτόν, χαρά τις τοῦτον καὶ τοὺς περὶ αὐτὸν περιέλαβε, τοῖς δὲ Βυζαντίοις οὐδὲν τούτων θεραπεῦον ἐδείκνυτο, ὅτι τὴν τοῦ βασιλέως μάχην καὶ τοῦ Βρυεννίου κινάριν ἐλογίζοντο. Εἶλε γὰρ πάντας κατ' ἄκρας ὁ πόθος τῆς τοῦ Βοτανειάτου χρηστότητος, ἐπείπερ ἐγίνωσκον αὐτοῦ τὸ γένος περιφανὲς καὶ πρὸς τοὺς πολεμικοὺς ἀγῶνας ἐπίδοξον καὶ χρηστὸν τοῖς πολίταις καὶ σύντροφον, καὶ αὐτὸν δὲ παραπλησίαν ἔχοντα τῷ γένει τὴν γνώμην καὶ τὴν ἀνδρίαν καὶ τῆς ψυχῆς τὸ ὑγιὲς ἐγκαλλώπισμα· οὐδεὶς

of the enemy who were shaking in fear and were in headlong flight. They were, however, not heeded by their own soldiers, who still feared the outcome. Some of the Macedonians were killed by the Rus' in the fort, while others [255] were taken alive. Likewise with the cavalry. Loot was thus gathered from their baggage train as well as the green carts, weapons, and standards of Bryennios's brother.

Chapter 32

The fall of Michael VII Doukas and the accession of Nikephoros III Botaneiates (1078)

When the emperor's soldiers returned to him, he and his associates were filled with joy, but to the citizens of Byzantion this appeared to offer no solace, as they cared about the clash between the emperor and Bryennios as much as they cared about eating artichokes.[299] For all were overcome by an extreme longing for Botaneiates' goodness, since they knew his family to be illustrious and full of glory in martial contests, kindly and close to the citizens, and knew that he himself was like the rest of his family in his attitude, courage, and the healthy beauty of his soul. For no tough and

γὰρ πόλεμος ἀγωνιστικὸς καὶ βαρὺς εἶχεν αὐτὸν ἔξω τῶν ἐπ' αὐτῷ ἀνδραγαθημάτων, οὐδεμία παρασκευὴ τῶν ἄκρων ἀπείρατόν τε καὶ ἄγευστον, ἀλλὰ καὶ δουκικὰς ἀρχὰς καὶ αὐτὰς μεγίστας φρονήσει καὶ ἀνδρίᾳ καὶ ἀγαθότητι κατεκόσμησε, καὶ ἡ Πόλις αὐτὸν ἠγάπα διὰ τὴν ἄγαν ἐπιείκειαν καὶ πραότητα καὶ τὸ τῆς χειρὸς ἐν πολέμοις καὶ ὅπλοις ἀκαταγώνιστον καὶ ἐν δώροις ἀσύγκριτον καὶ τὸ δεξιὸν καὶ εὔχαρι καὶ τὸ πάσης ἀλαζονείας καὶ ὑπερηφανίας τυγχάνειν αὐτὸν ὑψηλότερον καὶ τὸ δὴ μεῖζον, ἀνέγκλητον, οὐδέπω γὰρ ἀδικίαν κατενεκλήθη παρά τινος παρ' ὅλαις ταῖς | αὐτοῦ πράξεσι. Καὶ μάρτυς αὐτὸς ὁ συγγράφων, ἐγώ, ὅτι δικαστὴς διὰ χρόνων πολλῶν γενόμενος καὶ πᾶσι, στρατιώταις καὶ πολίταις καὶ ἄρχουσι, κατά τε τὴν βασιλεύουσαν κατά τε τὰς βασιλικὰς ἐκστρατείας δικάσας περὶ διαφόρων φάκτων καὶ ὑποθέσεων, ἐν οὐδενὶ δικαστηρίῳ τοῦτον εὗρον ἁλώσιμον περὶ μικροῦ ἢ μεγίστου κατηγορούμενον πράγματος. Ἄπαγε, ἀλήθειαν ἐπὶ μάρτυρι Θεῷ καὶ οὐ ψεῦδος κολακικὸν ἀποφθέγγομαι.

2 Πρὸς τοῦτον οὖν ἀποβλέπον τὸ τῆς πολιτείας συνάθροισμα, πρᾶγμά τι τολμᾷ τῶν πώποτε γενομένων ὑπερφέρον καὶ μέγιστον· τοῦ γὰρ βασιλεύοντος εἰς τὰ ἐν Βλαχέρναις ἀνάκτορα κατὰ τὴν Κυριακὴν προκαθημένου καὶ χρηματίζοντος καὶ πάσης τῆς συγκλήτου παρισταμένης αὐτῷ, οἱ ἐν τῷ μεγάλῳ τεμένει τῆς τοῦ Θεοῦ Σοφίας ἐκκλησιάζοντες, πάντα φόβον τοῦ βασιλέως ἀποσεισάμενοι καὶ δημοκρατουμένους ἑαυτοὺς οἰηθέντες, πείθει γὰρ ὁ πόθος καὶ τῶν ἀνεφίκτων κατατολμᾶν, ἀναγορεύουσι τὸν Βοτανειάτην βασιλέα λαμπρᾷ τῇ φωνῇ, τῇ ἐπαύριον τῆς

hotly fought war ever saw him perform below his level of heroism, nor was he in any way unprepared to serve in the highest offices; rather, he had adorned the position of a *doux* and even higher offices with his prudence, courage, and virtue. The City loved him for his extreme mercy and gentleness as well as for his manly hands, which were invincible in wars and in weapons and incomparable in handing out gifts. He was well disposed, graceful, and superior to all pride and arrogance. What was even greater, he had never been accused of anything: in all his deeds he had never been charged with injustice by anyone. [256] I myself who am writing this am a witness to this, having been a judge for many years and having presided over trials of all manner of people, namely soldiers, citizens, and magistrates, both in the Reigning City and in the course of imperial campaigns, and also regarding different types of cases and proceedings. In no court did I find him convicted or accused of either a small or a more serious affair. Forsooth, I speak the truth, God be my witness, and not sycophantic lies.

All elements of the state and society had their eyes set 2
upon him, and they dared something great that surpassed anything that had happened before. While the emperor was at the Blachernai palace on Sunday, presiding and holding court with the entire Senate in attendance, those who were attending services in the great temple of God's Wisdom threw off all fear of the emperor and, imagining themselves in a state of democracy—for fervent desire can convince one to attempt the impossible—in a loud voice they declared Botaneiates emperor; this was on the day after the candlelit

λαμπαδηφόρου τῶν Θεοφανίων, ἤτοι τῶν Φώτων ἑορτῆς, ἔτι τούτου ἐν τῷ ἰδίῳ καθημένου πολίσματι κατὰ τὴν τῶν Ἀνατολικῶν ἐπαρχίαν καὶ μηδεμιᾶς ἐκ τούτου προσδοκωμένης τῆς ἐκδικήσεως. Οἰηθείη δ᾽ ἄν τις ὅτι χρυσοβούλλιον ἀναγνωσθὲν τούτου καὶ τὰ θυμήρη καθυπισχνούμενον διεθέρμανε τοὺς πολίτας πρὸς τὴν αὐτοῦ ἀναγόρευσιν. Οὐκ ἔστι τοῦτο, οὐκ ἔστι. Προλαβὼν γὰρ ὁ κρατῶν | Μιχαὴλ τοῦτο πεποίηκεν, ἀλλ᾽ ἐπαναγνωσθὲν ἐν τῇ ἐκκλησίᾳ οὐ μόνον εὐχαριστίαν οὐκ ἤνεγκεν, ἀλλὰ καὶ ὕβριν αὐτῷ πρὸς πάντων καὶ ἀναισχύντους φωνὰς προσεξένησε. Καὶ ὁ Βρυέννιος δὲ τοιαῦτα πολλὰ διεπέμψατο, ἀλλ᾽ οὐδεὶς προσέσχεν αὐτοῖς, καίτοι τῆς πόλεως ἀγχοῦ καθισταμένου αὐτοῦ ἐν ἰσχύϊ καὶ δυναμένου τοῖς ἔνδον παραβοηθῆσαι ταχέως εἰ πρὸς αὐτὸν ἀποκλίνοιεν. Ὅπου δὲ τὸ θεῖον συνεπινένευκε διὰ τὴν τούτου ἀρετὴν καὶ χρηστότητα, ἐκεῖσε καὶ ἡ τῶν ἀνθρώπων ὁρμὴ καὶ θέλησις βέβηκεν, ἀπλανεῖς ἐχόντων τοὺς χαρακτῆρας τῆς τοῦ ἀνδρὸς φύσεώς τε καὶ πράξεως.

3 Πρὸς ταῦτα συνῆκε μὲν ὁ κρατῶν οὐδαμῶς, οὐδὲ τὰς παραδοξοποιΐας ταύτας εἰς νοῦν ἀνήνεγκεν ἰσχυρότερον καὶ θείαν ὀμφὴν ἢ κρίσιν τῶν οὕτω συντρεχόντων ἡγήσατο τὴν ἐπίρροιαν, ἀλλὰ μύων ὡσανεὶ τοὺς τῆς διανοίας ὀφθαλμοὺς ἰταμώτερός πως ἐγίνετο καὶ ἀντίξους τοῖς πράγμασι, μᾶλλον δὲ ταῖς ἐκ τοῦ θείου συμβολικαῖς ἐπιδείξεσι. Καὶ τὰ μὲν ἄλλα ὅσα μειρακιωδῶς διεσκέπτετο, συντρέχοντος ἐν πᾶσι Νικηφόρου τοῦ λογοθέτου τοῦ δρόμου, μηχανορράφοις τισὶν ἢ ἀστρονόμοις καὶ διοσημίας τινὰς ἐπαγγελλομένοις καὶ ἀφιδρυμάτων προρρήσεσιν ἐκ

procession of Epiphany, that is, the Feast of Lights,[300] even though he was still in his hometown in the province of the Anatolikoi and they could not expect to be defended by him. One might think that some *chrysoboullon* of his was read out that made pleasing promises and inflamed the citizens to proclaim him. Yet that was not the case, it simply was not. Instead it was the one in power, [257] Michael, who rushed to do exactly that, but when it was read out in the church not only did it not please anyone, it instead caused everyone to hurl insults at him and shameless slurs. Bryennios also had sent many of these missives, but no one paid any attention, even though he was in close proximity to the city with his forces and could have swiftly assisted those within, had they inclined toward him. Wherever, then, the divine displayed its approval of a man's virtue and honesty, there also the inclination and desire of all people were directed, as they had reliable signs of the man's nature and deeds.

But the ruler drew no conclusions from all this, nor did 3
he ponder these paradoxical developments more intently in his mind or understand that a divine voice and judgment were guiding the flow of such events; rather, as if he had shut his mind's eye, he became more reckless, contrary to what was appropriate to the situation or, rather, to the ominous signs of God's intention. As for all the rest that he considered in his childish state of mind, with the support always of Nikephoros, the *logothetes tou dromou,* I believe it is now redundant and pointless to recount, namely his consultation of crafty schemers, astronomers, peddlers of divine signs

τελετῶν προσανέχων καὶ δημοκόποις ἢ δεισιδαίμοσι, λέγειν νῦν περιττὸν καὶ ἄκαιρον ἥγημαι, ὅσα δ' ἐκ τοῦ προφανοῦς ἐτυράννει καὶ βιαιότερον ἢ κατὰ | βασιλέως χρηστότητα συνεκρότει, ταῦτα τῷ λόγῳ παραδιδόναι καὶ μνήμης ἀξιοῦν οὐκ ἀνάξιον.

4 Τῆς γὰρ κοινῆς γλώσσης ἀπαρεσκομένης πρὸς τὴν τοῦ βασιλεύοντος ἀγνωσίαν καὶ ἀκυβέρνητον ἔπαρσιν καὶ δι' αὐτῆς πανταχόθεν ἐπισυρρεῖν τὰ δεινὰ διαλεγομένης, ὡς ἑκατέρωθεν τὴν βασιλίδα τῶν πόλεων περιηχεῖσθαι ταῖς τῶν σιδήρων αὐγαῖς καὶ τομαῖς καὶ τῇ σπάνει τῶν ἀναγκαίων τὸ πλεῖστον μέρος τὸ ζῆν ἀπορρήγνυσθαι, τριῶν γὰρ νομισμάτων ὁ τοῦ σίτου μέδιμνος ἐπιπράσκετο, καὶ τῶν θανόντων οὐκ ἦν εὐχέρεια πρὸς τὸ θάπτεσθαι, συνῆλθον εἰς ταὐτὸ οἱ τῆς ἀρχιερατικῆς ἀξίας τῷ ἀρχιποίμενι τούτων καὶ πατριάρχῃ Κοσμᾷ καὶ περὶ τῶν ἐνεστώτων ὡς τὸ εἰκὸς ἐβουλεύοντο καὶ τῷ Βοτανειάτῃ τὴν νικητήριον ψῆφον ἐπὶ τῷ ἄρχειν βασιλικῶς προσετίθεσαν, οὐ προδήλως μέντοι καὶ προπετῶς διὰ τὸ ἐκ τοῦ βασιλεύοντος δέος, ἀλλ' ἐκ συλλογισμῶν καὶ λογικῶν παραθέσεων καὶ τρόπων ἐπιεικῶν συναγόντων εἰς τὴν αὐτὴν ἔννοιάν τε καὶ ξύρροιαν τὸ προτιθέμενον βούλευμα. Εἷς δὲ τῶν ἄλλων γνώσει διαφέρων καὶ λογιότητι καὶ τὸ παρρησιαστικὸν κεκτημένος ἐκ φύσεως, τὴν προεδρίαν μὲν ἔχων τῆς τοῦ Ἰκονίου καθολικῆς ἐκκλησίας, Ἀσκάλωνα δὲ πατρίδα τῆς Φοινίκης αὐχῶν καὶ παρὰ τῶν ἄνωθεν ὡς κορωνίδα κεκτημένος τὸ εὐσεβές, τρανότερόν τε καὶ διαλεκτικώτερον τῷ βουλευτηρίῳ τὴν οἰκείαν γνώμην ἐνσημηνάμενος, | ἔχθιστος ἐλογίσθη τῷ τε λογοθέτῃ καὶ τῷ βασιλεῖ καὶ αὐτίκα

and ritual oracular prophecies, demagogues and superstitious men. But his conspicuous tyrannical acts, those that were more violent than befit [258] the benevolence of an emperor, these I will put into words, as I deem them not unworthy of remembrance.

Public opinion was displeased with the emperor's ignorance and unbridled arrogance and believed that he was at fault for the evils that poured in from all sides, so that the Queen of Cities resounded on both sides from the blows and the glare of iron weapons, and the greater part of the population was dying because of the dearth of necessities, as one *medimnos* of grain was being sold for three gold coins,[301] and it was no longer easy to bury the dead. The archpriests assembled and consulted as was appropriate with their archshepherd, the patriarch Kosmas,[302] regarding what was happening, but they also added their deciding vote in favor of Botaneiates, that he should rule as emperor. They did not do this in a flagrant or hasty fashion, out of fear of the emperor, but rather they were led to one and the same conclusion by reasoned consideration, rational debate, and a proper mindset, which converged in their proclaimed decision. One of them who surpassed the others in wisdom and erudition, being by nature bold in speaking—he presided over the cathedral church at Ikonion though his origins were in Phoenician Askalon[303]—having inherited the crown of piety from his ancestors, declared his opinion in a clearer and more argumentative form before the council, [259] thus immediately marking himself as the worst enemy of the *logothetes* and the emperor, who immediately dispatched 4

τοὺς ἄξοντας αὐτὸν ἀνάρπαστον ἐξαπέστειλαν. Ὁ δὲ προγνοὺς τὸ τῆς ὀργῆς ἀκατάσχετον, ἐντὸς εἰσέδυ τῆς δευτέρας σκηνῆς τοῦ μεγάλου ναοῦ τῆς Ἁγίας Σοφίας, ἥτις ἅγια μὲν ἁγίων τοῖς πάλαι κατωνομάζετο, ἡμῖν δὲ τοῖς τῆς νέας διαθήκης πρὸς τούτῳ καὶ θυσιαστήριον καὶ ἄδυτον καὶ ἱλαστήριον, καὶ τῶν θείων ἀπρὶξ ἐχόμενος, τόπον ἀσυλίας τὴν θείαν ἐποιεῖτο ἀντίληψιν. Ἀλλ᾽ οἱ πεμφθέντες εἴτ᾽ ἐξ ἰδίας ἀσεβείας καὶ θηριωδίας εἴτ᾽ ἐκ παραγγελίας τοῦ πέμψαντος, μηδὲν εὐλαβηθέντες μηδ᾽ ὑποπτήξαντες τὴν ὄντως θεότευκτον σκηνὴν καὶ τῶν οὐρανίων ἀντίτυπον, ἀλλὰ τῷ θυμῷ μεθυσθέντες καὶ βακχικόν τι καὶ ἀρειμάνιον συμφρονήσαντες, ἢ τό γε ἀληθέστερον εἰπεῖν, ἀφρόνως ἐπινοήσαντες, εἰς αὐτὸ τὸ καὶ ἀγγέλοις αἰδέσιμον φονίως εἰσελαύνουσιν ἱλαστήριον καὶ τὸν ἀρχιερέα ξιφήρεις ὄντες ἀνάρπαστον ποιησάμενοι, τῷ βασιλεῖ παριστῶσιν· ὁ δὲ ἀνήκεστον μὲν οὐδὲν εἰς αὐτὸν διεπράξατο, τήν τε παρρησίαν τοῦ ἀνδρὸς αἰδεσθεὶς καὶ τὸ ἐν λόγοις εὐδόκιμον καὶ τὴν ἀπὸ τοῦ θείου νέμεσιν καὶ τὸν ἐκ τοῦ θυσιαστηρίου καταπλαγεὶς ἑλκυσμόν, τὸ δὲ τῆς παρανομίας καὶ ἀτοπίας ἐκληρώσατο μῖσος ἐκ πάσης ἡλικίας καὶ τύχης καὶ φύσεως.

5 Καὶ ὡς μὲν οἱ ἀρχηγοὶ ἐκ τοῦ τοιούτου μύσους δίκας | οὐκ εἰς μακρὰν ἔτισαν, μὴ δυνηθέντες τὴν θείαν ταύτην αὐλὴν σωτηρίας ὁδὸν καὶ εἴσοδον ἑαυτοῖς ὑπογράψαι καὶ πόρρω ταύτης ἀποκρουσθέντες, τιμωρίας θεοσύλαις πρεπούσας ἠνέγκαντο, κατὰ καιρὸν ὁ λόγος δηλώσει σαφέστερον· ἕτερον δὲ πάλιν παρηνομήθη τῷ βασιλεῖ, παφλαζούσης τῆς ἀκμῆς τοῦ κινδύνου, τῆς τοιαύτης ἀτοπίας οὐκ

men to arrest him. But he foresaw the implacable nature of their rage and entered the second tabernacle of the great church of Holy Wisdom—which used to be called the Holy of Holies in the past, while we, the people of the New Testament, refer to it also as the altar, sanctuary, and mercy seat—holding fast to the holy altar, then, he made God's succor his place of sanctuary. But those who had been dispatched, either because of their own impiety and brutishness or following the command of the one who sent them, showed no reverence nor cowered before that tabernacle which was truly made by God, that replica of the heavens; they grew drunk with anger and turned their minds over to bacchic brutality, or, to be more precise, made up their minds without thinking, and burst with murderous intent into this place of mercy revered even by the angels. With swords in hand, they arrested the archpriest and brought him into the presence of the emperor.[304] The latter did no harm to him, respecting the man's fortitude in speaking out, his reputation for learning, and the vengeance of God, and, besides, he was stunned at the way he had been dragged from the altar. Nevertheless, for his illegal and inappropriate behavior he earned hatred from people of all ages, status, and sex.

In time my account will more clearly explain how the rul- 5
ers came to justice for such a defilement [260] not long after, as they were unable to turn that sacred court into a gate and pathway of salvation for themselves, but were instead pushed far away from it, a fitting punishment for their sacrilege. The emperor then committed another crime while the danger was reaching a boiling point, one not inferior to the

ἔλαττον. Τί δὲ τοῦτο; Τοὺς δοκοῦντας εὐπορωτέρους εἶναι τῶν ἄλλων θείους σηκοὺς ἀπεσύλησε, τὰ τούτων ἱερὰ σκεύη σὺν αὐτοῖς τοῖς θείοις εὐαγγελίοις διὰ τὸν περικείμενον αὐτοῖς κόσμον ἐξ ἐπιτάγματος ἀσεβοῦς ἀφελόμενος, μήτε τῶν τῆς φρικτῆς ἱερουργίας καὶ μυστικῆς τραπέζης ἀποσχόμενος κρατήρων ἢ κανῶν ἢ λοιπῶν περιρραντηρίων μήτε πέπλων καλυπτόντων τὰ ἱλαστήρια μήτ᾽ ἄλλης σκευῆς θείων πραγμάτων φεισάμενος. Καὶ ταῦτα τῷ παλατίῳ μετενεγκών, *θησαύρισμα* πυρὸς καταφλέγοντος καὶ κρίμα θανάτου ἑαυτῷ *ἐθησαύρισε*, μηδὲν γὰρ ἀπονάμενος ἐξ αὐτῶν ἢ ὅσον ἀμοιβὰς ἀπαισίους καὶ θεήλατον ὀργὴν καὶ παρακοπὴν ἐπισπάσασθαι καὶ τἆλλα πάντα τοῦ βασιλικοῦ πλούτου μετ᾽ ἤχου συναπεβάλετο. Τὸ γὰρ πρόσχημα τῆς ἀπορίας οὐκ εἶχεν αὐτῷ συμβαλλόμενον, ὅτι καὶ χρυσὸς αὐτῷ καὶ ἄργυρος κατακεκλεισμένος οὐκ εὐαρίθμητος ἦν. Καὶ ὁ μετ᾽ αὐτὸν βεβασιλευκὼς περιῃρημένον ἅπαντα τὸν τοῦ παλατίου πλοῦτον εὑρὼν καὶ διηρπασμένον ἐν τῷ καιρῷ τῆς ἀποκηρύξεως τούτου καὶ ἀπελάσεως, τὴν | μεγάλην οὐκ ἠμβλύνθη καὶ βασιλικωτάτην προαίρεσιν, ἀλλ᾽ ἀφθόνοις χερσὶ καὶ μεγαλοδώροις πάντας ὑπὲρ πᾶσαν ἐλπίδα ἰσχυρῶς κατεπλούτισε καὶ φιλοτίμοις δεξιώσεσι καὶ ῥόγαις μυριοταλάντοις στρατὸν κατὰ τοῦ ἀντικειμένου Βρυεννίου καὶ τῶν ἄλλων τυράννων μέγιστον παρεκίνησε καὶ οὐδὲν αὐτῷ ἄπορον ἢ ἐνδεὲς τὸ παράπαν συνήντησεν, ὡς εἶναι δῆλον καὶ ἀληθῆ τὸν παλαιὸν καὶ συνετώτατον λόγον, ὅτι *ὅπου προαίρεσις ἀγαθή, τὸ κωλῦον οὐδέν*, μάλιστα δὲ βασιλεῖ τῶν ἄλλων ὑπερφέροντι τὸ πλούσιον. Καὶ οὐδεὶς εἶδέ ποτέ τινα

previous one. What was it? He plundered those sacred temples that were thought to be wealthier than the others, removing through an impious decree their sacred vessels along with their Holy Gospels on account of their valuable decorations. Nor did he refrain from taking the lamps of the awesome liturgy and the mystical altar, or spare the chalices, or the instruments for sprinkling, or the cloth drapes of the holy altar or any other sacred vessel. These he transferred to the palace, *storing up for himself a treasure*[305] of burning fire and a judgment of death. For he drew no profit from this other than horrible rewards as well as divine wrath and frenzy against him, which caused him to lose the whole of the imperial wealth with a resounding crash. For he did not have the excuse of a lack of funds to cite in support of his actions, as he had locked up vast amounts of silver and gold. The one who ruled after him[306] found all the wealth of the palace looted and taken away at the time when this one[307] was denounced and expelled, [261] yet this did not dull his great and most imperial intention, which was to significantly enrich everyone by opening up his bountiful hands with magnificent gifts beyond anyone's wildest dreams. With his graceful overtures and salaries worth a myriad talents, he put into motion a massive army against his opponent Bryennios and the other rebels, facing no shortage of funds whatever or penury. Thus was confirmed the ancient and most wise maxim, that "*where there is good will there is also no obstacle,*"[308] which is even truer for an emperor, who is richer than everyone else. No one has seen such a man in penury; rather,

τούτων πενόμενον, ἀλλ' ὅσον ἐξάντλητα παρ' αὐτοῦ δι' εὐποιΐας τὰ χρήματα καὶ χρεωλυσίας πεποίητο, τοσοῦτον παρὰ τοῦ βασιλεύοντος ἄνωθεν ἐπιχορηγεῖται τούτῳ, πηγὴ καὶ ποταμὸς χρυσῶν ἀνεξάντλητος. *Ἀληθινὴ* γάρ ἐστιν *ἄμπελος* ὁ τῆς ἀφθόνου μεταδόσεως Κύριος, τοσοῦτον ἐπαυξανόμενος ὅσον περιτέμνει τὸν πλοῦτον καὶ σκορπίζει δι' ἀγαθότητα.

6 Ἀλλὰ τὰ μὲν περὶ τοῦ σοφοῦ βασιλέως κατὰ καιρὸν λέξεται ὕστερον, ὅτε τοῦτον ἡ Πόλις λαμπρὰ λαμπρῶς ὑποδέξεται καὶ μυρίαις τιμήσει ταῖς εὐφημίαις καὶ πανηγύρεσιν, ἐν δὲ τοῖς ἑσπερίοις μέρεσι φεύγων μὲν ὁ τοῦ Βρυεννίου αὐτάδελφος μετὰ τῶν ἀμφ' αὐτὸν τῇ Ῥαιδεστῷ προσεπέλασε καὶ ταύτης ἐντὸς εἰσελήλυθεν, οἱ δὲ Πατζινάκοι τὴν τῶν Μακεδόνων ἀποστασίαν ἰδίαν εὐπραγίαν καὶ εὔνοιαν λογισάμενοι, μετὰ πλήθους οὐκ ἐλαχίστου τῇ Ἀδριανουπόλει | προσήγγισαν καὶ ταύτην περικαθίσαντες, τὸν παρὰ τῶν Μακεδόνων προχειρισθέντα βασιλέα πατάξειν ἠπείλουν μετὰ τῶν συναραμένων καὶ συνδραμόντων αὐτῷ, ἄλλους δέ τινας ταχυδρομεῖν ἠσκημένους κατὰ τῆς χώρας ἐξέπεμψαν, οἳ πᾶσαν ὁμοῦ κατελωβήσαντο καὶ διήρπασαν, φόνον μὲν πολὺν τῶν ἐν ἀγροῖς ποιησάμενοι, κτηνῶν δὲ ἀμυθήτων ἀγέλας ἐλάσαντες καὶ οὐδὲ ἓν εἶδος κακώσεως παραλιπόντες τοῖς κάμνουσιν. Ὁ δὲ Βρυέννιος ἐν πλήθει καὶ ἀγερωχίαις τὸ πρόσθεν καυχώμενος, ἀγενὴς ἐφάνη πρὸς τοὺς βαρβάρους καὶ ἄτονος καὶ τὸ τεῖχος τῆς τοῦ Ἀδριανοῦ καταφυγὴν εἶχε μόνην, οὐ τὴν τῶν ὅπλων ἀντίθεσιν, ἕως λιμὸς βαρύτατος ἐντὸς κατατρύχων αὐτὸν καὶ τοὺς σὺν αὐτῷ μετὰ πάσης τῆς ἵππου καὶ τῶν ὑποζυγίων

to the degree that he spends his money on good deeds and debt relief, to that same degree does the Emperor on high—a spring and inexhaustible river of gold—furnish him with what he needs. For the Lord, who gives amply, is *a veritable grapevine,*[309] growing to the measure that one prunes the wealth and spreads it with a good intention.

But all that pertains to this wise emperor will be de- 6
scribed in time, once the splendid City has received him in splendor and honored him with a myriad acclamations and celebrations. Meanwhile, in the western parts, the brother of Bryennios and those who were with him fled to Raidestos and entered it. But the Pechenegs considered that the rebellion of the Macedonians was a boon and benefit for themselves and so in great numbers they approached [262] Adrianople, camped around it, and threatened to crush the emperor put forward by the Macedonians and all those who were sworn to his cause and had joined him. They also sent out others, who were trained in making rapid forays, into the hinterland, and they looted and destroyed everything, killing many rural folk, taking away countless herds of animals, and generally not neglecting to inflict any kind of evil on the poor wretches. As for Bryennios, who previously boasted of his numbers and feats of heroism, he appeared to the barbarians as ignoble and idle; he used the wall of the city of Hadrian as his sole refuge, rather than the clash of arms, until a grievous famine in the city afflicted him along with his men and all their horses and pack animals. This

αὐτῶν, ἠνάγκασε τοῖς βαρβάροις συνθέσθαι καὶ πάντα πρᾶξαι τὰ παρ᾽ αὐτῶν προστατττόμενα. Συναθροίσας οὖν χρυσίον ἁδρὸν ἐξ ἑαυτοῦ καὶ τῶν συναποστατησάντων αὐτῷ, τοῖς Πατζινάκοις ἀντίλυτρον δέδωκεν οὐ μεῖον τῶν εἴκοσι ταλάντων ἤτοι κεντηναρίων περιϊστάμενον, σὺν αὐτῷ δὲ καὶ ὑφασμάτων καὶ ἀργυρῶν σκευῶν οὐκ ἐλάχιστον χρῆμα καὶ τοῦτον τὸν τρόπον ἀπαναστῆναι τοὺς Πατζινάκους ἐκ τῆς πολιορκίας διέθετο. Μένων δὲ κατὰ χώραν ἠργυρολόγει τοὺς πειθομένους αὐτῷ, πρὸς μὲν τοὺς ἐναντίους καὶ ἀλλοφύλους οὐδὲν γενναῖον ἐπιδειξάμενος, ἀλλ᾽ ὥσπερ τις πτὼξ ἐν ὕλῃ, οὕτως ἐν τοῖς τείχεσι τῆς Ἀδριανουπόλεως κρυπτόμενος, πρὸς | δὲ τοὺς ὁμοφύλους ἐπιγαυρούμενος ἀκρατῶς καὶ πολυειδεῖς ἀπαιτήσεις καὶ τιμωρίας κατασκεδάζων αὐτῶν καὶ μᾶλλον τοὺς ξένους ξεσμοῖς ὑποβάλλων ἵν᾽ ἐκ τῶν σωμάτων αὐτῶν οὐχ αἱμάτων ἀλλὰ χρημάτων ἀνερευνήσῃ πηγάς.

7 Ὁ δὲ Βοτανειάτης οὐχ οὕτως, ἀλλὰ τοὺς εἰς αὐτὸν εἰσρέοντας ξένους ἢ ἄλλοθέν ποθεν αὐτῷ παρεμπίπτοντας οὐ μόνον ἀτιμωρήτους καὶ ἀναφεῖς κατελίμπανεν, ἀλλὰ καὶ δώροις ἐτίμα καὶ μεγίστοις καὶ περιλάμπροις τοῖς ἀξιώμασι καὶ σιτήσεις ἐχορήγει, τὴν χρείαν ἐκ πολλοῦ τοῦ περιόντος νικώσας αὐτῶν. Ὅθεν καὶ ὁ δικάζων ἀδεκάστως Θεὸς δεξιὰν τὴν ψῆφον τῷ δεξιῶς χρωμένῳ τοῖς πράγμασιν ἐπεβράβευσε καὶ ὅπως, ἤδη ῥητέον.

8 Ἐν τοιούτοις τῶν πραγμάτων ἀμφιδοξούντων ἔξεισι τῆς ἰδίας πόλεως ὁ Βοτανειάτης, τῆς πρὸς τὴν βασιλίδα φερούσης μετ᾽ εὐψυχίας ἁπτόμενος. Δύο δὲ τῶν ὑποστρατήγων αὐτοῦ κράτος ἔχειν πολεμικὸν καὶ πλῆθος στρατιωτικὸν

forced him to come to an agreement with the barbarians and do everything that they commanded. Collecting a sizable amount of gold from his own reserves and from his fellow rebels, he offered the Pechenegs a ransom that amounted to no fewer than twenty talents, or *kentenaria,* to which he added numerous fabrics and silver vessels, and in this way he disposed the Pechenegs to raise the siege. Remaining in this region, he squeezed silver out of those who remained loyal to him but did nothing brave against his enemies and the foreigners. Instead, like a hare in the bushes, he remained hiding within the walls of Adrianople, [263] boasting to his own people without restraint, heaping all manner of demands and punishments on them, and submitting foreigners especially to lashes of the whip, as if money would flow from their bodies rather than blood.

Botaneiates, however, did not behave in this fashion. In- 7
stead, he not only left unharmed and untouched the foreigners who flocked to him, or anyone who came to him for some reason, but he also honored them with gifts and bestowed upon them the greatest illustrious offices and public salaries, so that he met and even exceeded their actual needs by far. Hence God, who judges impartially, rewarded the man who handled affairs properly with his support. How he did so, I will now explain.

With matters hanging in the balance like this, Botanei- 8
ates came out of his hometown and set out in high spirits upon the road leading to the Imperial City. However, two of his lieutenants, who boasted of their military might and the

βρενθυόμενοι, τὴν ὑποχώρησιν ἔκλεψαν καὶ λιποταξίου γραφὴν ἀπηνέγκαντο, πανταχόθεν ἄπιστοι καὶ ἀχάριστοι καὶ ἀγνωμοσύνης φανέντες ἀνάμεστοι· οὐ γὰρ ᾠήθησαν οἱ κακοδαίμονες οὐδ᾽ εἰς νοῦν ἔβαλον τὸ τῆς θεηγορίας διάταγμα, ὡς οὐ σώζεται βασιλεὺς διὰ πολλὴν δύναμιν, ἀλλὰ δειλιάσαντες πρὸς τὰς τῶν Τούρκων παρατάξεις αἳ τῷ Βοτανειάτῃ ἐφήδρευον, τὴν πρὸς αὐτὸν στοργὴν ἐξωμόσαντο καὶ παραβάται | τῶν ὅρκων καὶ τῶν συνθηκῶν ἐχρηματίσαν. Ἀλλ᾽ οὗτος ἀτρέστῳ καὶ εὐγενεῖ τῷ φρονήματι, τῇ θείᾳ ψήφῳ τὰ κατ᾽ αὐτὸν ἐπιτρέψας, οὐδένα λόγον τούτων πεποίηκεν, ἀλλὰ συμβαλὼν τὰς πονηρίας καὶ ἀτασθαλίας αὐτῶν καὶ ὡς ἄλλους Ἀλωέας καὶ λωβητῆρας εὐθύμως τούτους ἀποσεισάμενος, ἵνα μὴ καυχήσωνται συμβαλέσθαι τούτῳ πρὸς τὸ προκείμενον σπούδασμα καὶ τὴν τῆς βασιλείας ἀνάβασιν καὶ αὐτοὶ τὰς εὐεργεσίας ἀναξίως κομίσωνται, τῆς ὁδοιπορίας ἀπάρχεται.

9 Οἱ δ᾽ ἐφεδρεύοντες, πολλοὶ καὶ πανταχόθεν συρρέοντες, ὠρύοντο μὲν ὡς σκύμνοι καὶ καθυλάκτουν ὡς κύνες, εἰς χεῖρας δὲ τούτῳ ἐλθεῖν καὶ πόλεμον συρράξαι φόβῳ καὶ φρίκῃ συνείχοντο, καίτοι πολλάκις εἰς τοῦτο μεταβῆναι μετακαλούμενοι. Ἀλλ᾽ ὥσπερ ἐπὶ τῶν Ἰσραηλιτῶν γέγραπται τῆς Ἐρυθρᾶς τμηθείσης θαλάσσης ἀβρόχως αὐτοὺς διαπεραιωθῆναι διὰ ξηρᾶς, ὡς τείχους ἐκ δεξιῶν καὶ τείχους ἐξ εὐωνύμων ἱσταμένου τοῦ ὕδατος, οὕτως ἐνταῦθα τεθαυματούργηται· ὡς γὰρ ῥεῦμα πανταχόθεν συντρέχοντες καὶ παρατειχίζοντες αὐτὸν οἱ πολέμιοι, ψαῦσαι τούτου καὶ πόλεμον θαρρῆσαι οὐκ ἀπετόλμησαν, ἐν ὁμοιώσει δὲ δορυφόρων τὰς παραπομπὰς ἐπεποίηντο. Ὅσοι δὲ

number of their troops, abandoned him stealthily and so earned the charge of desertion, proving themselves in the eyes of everyone to have been disloyal and ungrateful and ill advised. For they did not understand, the wretched ones, nor keep in mind the divine commandment according to which the emperor is not saved because of his great strength. Instead, fearing the Turkish forces, which were waiting to ambush Botaneiates, they betrayed their affection for him and became [264] the transgressors of their oaths and agreements. Yet he, with unshaken and noble conviction, submitted his fate to the divine verdict, paying no attention to those men, for he recognized their malice and wickedness and cheerfully renounced them as latter-day Aloeis and destroyers,[310] so that they could not boast of having contributed to the plan at hand and his elevation to the throne, and thereby accrue benefactions unworthily. And so he began his march.

As for those lying in ambush, who were numerous and 9
had assembled from every direction, they raged like wild cubs and howled like dogs, and yet they refrained from engaging him in hand-to-hand combat and war out of fear and awe, even though they were ordered many times to do just that. But as is written about the Israelites, that the Red Sea parted with the waters standing like a wall both to the right and to the left, so that they could cross on dry land without even getting wet, such a miracle occurred in this case too; for the enemy flowed in a stream from all sides and walled him in, but did not dare to touch him or brave battle with him, escorting him with the formation of a personal

πολεμήσοντες ἤλασαν, ἢ πίπτοντες οἰκτρῶς τὴν ψυχὴν ἀπεβάλοντο ἢ τὴν ἧτταν ὡς ἐξ ἀκαταμαχήτου δυνάμεως ἀνελόμενοι, οὐκέτι δευτέρως ἐπιχειρεῖν ἐδοκίμασαν. Πᾶσα δὲ πόλις ἐπερχόμενον αὐτὸν ἐν | ὑψηλῷ καὶ θείῳ βραχίονι ἀσπασίως καὶ σὺν πολλῇ τῇ εὐφημίᾳ καὶ τοῖς ἀλαλαγμοῖς ὑπεδέχετο.

10 Μισθοφορικὸν δ᾽ ἐκ τῆς τοῦ ἀντιθέτου βασιλέως ἀποστολῆς τῇ κατὰ Βιθυνίαν Νικαίᾳ ἐπιξενούμενον καὶ συντηροῦν τῷ βασιλεῖ τὴν πόλιν δῆθεν ἀπερικτύπητον, πρὸ τριῶν ἡμερῶν καταλιπὸν τὸ ἐπίταγμα καὶ τῆς τοῦ πέμψαντος εὐηθείας κατορχησάμενον, μετὰ δουλικοῦ καὶ συντάγματος καὶ σχήματος ἀπήντησε τούτῳ τῷ Κοτυαείῳ προσμίξαντι καὶ τὴν δουλείαν ὁμολογῆσαν καὶ τὸ τῆς πίστεως τρανολογῆσαν ὑπόδειγμα, προεπορεύετο καὶ προεκινδύνευε τούτου μετὰ τῶν ἰδίων ὅπλων καὶ ἵππων καὶ τῆς ἄλλης παρασκευῆς. Διὰ θαύματος δ᾽ ἐποιεῖτο πῶς οἱ θρασεῖς καὶ πολεμικώτατοι Τοῦρκοι τιθασσοὶ καὶ χειροήθεις γεγόνασι καὶ τὴν δουλικὸν ζυγὸν ὑπελθεῖν κατατίθενται καὶ περινοστοῦσι μὲν ἱππαζόμενοι, δορυφόρων δὲ τάξιν ἀποπληροῦντες εἰσί.

11 Καὶ ταῦτα μὲν ἐθαυματουργοῦντο μέχρι Νικαίας αὐτῆς, τοῦ προσκυνουμένου σημείου ἐπ᾽ ὀνόματι τοῦ Ἀρχιστρατήγου προηγουμένου πάντων καὶ προφυλακτικῶς τὰς ὁδοὺς ὑπανοίγοντος καὶ τὴν εἰς αὐτὸν πίστιν τοῦ βασιλεύοντος στερρὰν καὶ ἀκλόνητον ὑπεμφαίνοντος καὶ τὴν χάριν διδόναι θαυμασίαν ἐξ ἔργων παραδεικνύοντος· τῇ δὲ Νικαίᾳ τῷ βασιλεῖ προσεγγίσαντι, χορεία τις ἐναρμόνιος τοῖς ἐγχωρίοις συνέστη καὶ κρότος εὐφημίαις ὑπέρσεμνος,

bodyguard. And those who closed to fight him either fell and pitiably gave up the ghost, or accepted defeat as if struck by an irresistible force, and they did not attempt the same thing a second time. And every city received him gladly and with many acclamations and ululations as he marched by, [265] supported as he was by the lofty arm of God.

A mercenary force that had been sent by the opposing 10
emperor Michael to quarter in Nikaia, in Bithynia, and supposedly keep the city unharmed for the emperor, abandoned its mission before three days had passed and made a mockery of the naïveté of the one who had sent them.[311] In a formation that signified submission, they greeted his rival instead when he reached Kotyaeion and swore service to him, conspicuously displaying their loyalty. They marched in the vanguard and took on the risk of that position with their own arms, horses, and other equipment. He deemed it a miracle that the insolent and most warlike Turks had become tame and manageable, had agreed to accept the yoke of service to him, and ranged around him on horseback, constituting a new rank of bodyguards.

This miracle persisted all the way to Nikaia itself, with 11
the adored sign of the Cross preceding the entire column in the name of the Supreme Commander[312] and, in a protective fashion, opening up the roads, broadcasting the solid and unshakable faith of the emperor in him, and demonstrating the miraculous grace that had been granted to him on account of his actions. When the emperor approached Nikaia, a harmonious choir was constituted by the locals and a most

πάντων χαρμόσυνα θυόντων καὶ χαριστήρια καὶ τῆς σωτηρίας προκηρυττόντων | τὰ σύμβολα, ὡς καὶ αὐτοὺς ἐκπλαγῆναι τοὺς πολεμίους καὶ τότε βεβαιοτέραν τὴν ὁμολογίαν ἐπισυντάξασθαι τῆς δουλώσεως. Καὶ γὰρ ἐπιβάντος αὐτοῦ τῆς τοιαύτης πόλεως μετὰ τῆς οἰκείας δυνάμεως καὶ τὰς βασιλικὰς εὐεργεσίας καὶ στρατηγίας σαφῶς διατιθεμένου καὶ διατάττοντος καὶ τιμαῖς περιβλέπτοις καταγεραίροντος τοὺς ἀστικούς τε καὶ ξενικοὺς καὶ ὅσοι τῆς στρατιᾶς καὶ τῆς ἄλλης διαμονῆς παρετύγχανον περὶ τὸν τῆς Νικαίας περίβολον, οἱ Τοῦρκοι δουλικῶς ἐστρατοπεδεύσαντο καὶ τὴν εἰς αὐτὸν ἐπιταχθέντες εἴσοδον, τῷ στήθει τὰς χεῖρας συνέπλεκον καὶ τὴν θέαν τούτου μεγίστην εὐεργεσίαν ἐτίθεντο καὶ ξυμπονεῖν αὐτῷ καὶ ξυμπράττειν τὰ θυμήρη κατεπηγγέλλοντο.

12 Διὸ καί τινες τῶν εὐπατριδῶν τῆς Περσίδος ἀδελφοὶ κατὰ σάρκα καὶ φύσιν ὑπάρχοντες καὶ τὴν τοῦ Κουτλουμούση ἐπωνυμίαν ἐκ πατρῴας προσηγορίας ἐφέλκοντες, τῆς σουλτανικῆς δὲ μερίδος καὶ ἐξουσίας ἀντιποιούμενοι καὶ τῷ ἐθνάρχῃ τῶν Οὔννων ἀντιταττόμενοι καὶ κατὰ τοῦτο τῇ Ῥωμαίων προσφοιτήσαντες γῇ καὶ κράτος ἑαυτοῖς ἀντίθετον ἐκείνῳ περιποιούμενοι, προσῆλθον αὐτῷ κατὰ Νίκαιαν. Καὶ ὅπερ ἂν οὐδενὶ βασιλεῖ τῶν Περσῶν, γένους ὄντες βασιλικοῦ, οὔτε Ῥωμαίων κατεδέξαντο πρᾶξαι, τοῦτο πρὸς αὐτὸν παραδόξως ἀπέδειξαν, γόνυ τε κλίναντες καὶ προοδοποιεῖν αὐτῷ τὴν εἰς τὴν βασιλίδα ὁδοιπορίαν σὺν πολλῇ πεποιθήσει διασημαίνοντες. Οὓς δὴ καὶ λόγοις καὶ τρόποις εὐσυνέτοις κοσμιωτέρους καὶ εὐνοϊκωτέρους | ἀπεργασάμενος, οὕτως εἰς τὴν ἑαυτοῦ

solemn acclamation, with everyone joining in a joyous and thankful celebration and proclaiming [266] the signs of their anticipated salvation, to the point where the enemies themselves were stunned and made the declaration of their submission even more firmly. And when he entered that city with his personal retinue, manifestly arranging and distributing imperial benefactions and military commands and bestowing illustrious honors upon the people of the town, upon the foreigners, and upon as many of the soldiers or others who for any reason happened to be in the vicinity of Nikaia, then the Turks encamped submissively, and when they were offered access to him, they crossed their hands over their chest and considered the sight of him to be the greatest benefaction, declaring that they would share in his labors and do his will.

It is for this reason that two nobles from Persia who were 12
brothers in the flesh as well as in their character, who had inherited the name of Koutloumous from their father,[313] and were contending for the sultan's authority and power and opposing the leader of the Huns, came to the land of the Romans and, after setting up a state of their own against him, visited Botaneiates at Nikaia. And what they, who were of royal blood, would not have deigned to do before any king of the Persians or any Roman, this they surprisingly did to honor him, I mean bending their knee and boldly declaring that they would open up the roads to the Imperial City for his march. With his wise words and manners, [267] he made them more tractable and favorably disposed to him,

δούλωσιν καὶ πίστιν διεθέρμανε καὶ τῆς αὐτοῦ βασιλείας ἐραστὰς ἀπειργάσατο, ὡς καὶ ἄλλους, ὃ δὴ λέγεται, γενέσθαι ἐξ ἄλλων καὶ τοῖς σὺν αὐτῷ Ῥωμαίοις ὁμονοῆσαι καὶ μιᾶς γενέσθαι συμφυΐας καὶ δεσποτείας ἐν τῇ ἑνώσει τῆς πίστεως καὶ εἰλικρινοῦς διαθέσεως. Τότε γὰρ πεπλήρωται τὸ προφητικόν, ὅτι *πρόβατον μετὰ λύκων συμβοσκηθήσονται καὶ παρδάλεις μετὰ ἐρίφων*.

13 Καὶ τί τὸ ἐντεῦθεν; Στρατιώτας Ῥωμαίους μετ᾽ αὐτῶν ὁ Βοτανειάτης παραμετρήσας καὶ μίξας, ἓν αὐτοὺς πεποίηκε σύνταγμά τε καὶ στράτευμα καὶ εἰς τὴν ἀντιπέρας ὄχθην τῆς βασιλευούσης ἀπέστειλεν, οἳ καὶ προελθόντες καὶ περὶ τὴν Χαλκηδόνα καὶ Χρυσόπολιν πηξάμενοι τὰς σκηνάς, ἄρτι τοῦ Μαρτίου μηνὸς τῆς πρώτης ἰνδικτιῶνος ἐν ταῖς πρώταις καλάνδαις τυγχάνοντος, πολλὴν θυμηδίαν τοῖς πολίταις ἐνῆκαν, μαθοῦσιν ὅτι τοῦ Βοτανειάτου ἀπόστολοι οὗτοι καὶ στρατιῶται κατέλαβον. Ἦραν γὰρ φωνὴν ἅπαντες καὶ χάριτας ἀπένεμον τῷ Θεῷ, καθότι ῥωμαϊκὰς εἶδον δυνάμεις καὶ τοιαῦτα περιπετάσματα τῷ τόπῳ τούτῳ ἐπιδημήσαντα· χρόνος γὰρ παρελήλυθεν ἱκανὸς ἀφότου Ῥωμαίους οὐκ ἔσχεν ὁ τόπος ἐκεῖνος ἐπιφανέντας τὸ σύνολον. Τούρκων γὰρ ἐπὶ τῶν ἡμερῶν τοῦ Μιχαὴλ ἐγίνετο καταγώγιον καὶ πολλῶν αἱμάτων χριστιανικῶν μολυντήριον, καὶ τὸ πᾶν ἔρημος καὶ | ἀοίκητος καὶ ἄβατος ἦν. Ὡς δ᾽ ἐφάνησαν τότε τὰ τῆς ῥωμαϊκῆς ἐπικρατείας ἐπίσημα, πάντας ὁμοῦ τοὺς Βυζαντίους εἰς θάρσος μεῖζον καὶ νίκης ἐλπίδας ἐπέστησαν, ὅτι καὶ αἱ παράλιοι πόλεις ἅπασαι τοὺς τοῦ Βοτανειάτου πεζοὺς στρατιώτας παραγενομένους εὐθύμως ἐδέξαντο, τό τε τῶν Πυλῶν ἄστυ καὶ τὸ

kindling in this fashion their willingness to serve him loyally and making them into passionate lovers of his rule, so that, as the saying goes, they became different men from their prior selves. They became of the same mind with the Romans who were with him, and of the same stock and lordship in the union of their loyalty and sincere disposition. And the prophet's words were fulfilled, that *the sheep and the wolf would graze together, and the leopards with the kids.*[314]

And what happened next? Botaneiates separated out some Roman soldiers and mixed them with these men, making them into one regiment and army and sent them to the shore opposite the Reigning City, so that when they arrived and set up their tents around Chalkedon and Chrysopolis—it happened to be the first day of the calends of the month of March of the first indiction[315]—they caused much joy among the citizens when the latter learned that these men were Botaneiates' emissaries and soldiers. They all thus lifted their voices and gave thanks to God, as they saw Roman forces and tents having arrived in this place, because a long time had passed since the area as a whole had seen any Romans. In the days of Michael it had become a Turkish settlement, polluted by the shedding of much Christian blood, altogether deserted, [268] uninhabited, and inaccessible. So that when the standards of Roman authority appeared, they raised the Byzantines' courage and hopes for victory, especially as the coastal cities had all received Botaneiates' arriving infantry soldiers in good cheer, the city of 13

ἐν Πραινέτῳ καὶ αὐτῇ Νικομηδείᾳ, ἧς ὁ στρατηγὸς πρὸ τῆς Νικαίας τῷ Βοτανειάτῃ μετὰ περιχαρείας ἀπήντησεν. Οὐδὲ τὸ ἐν Ῥουφινιανοῖς πολίχνιον, καρτερώτατον καὶ δυσμαχώτατον ὂν καὶ στόμα τῆς μεγαλοπόλεως κείμενον, φροντίδα τοῦ Μιχαὴλ διὰ τὴν πρὸς τὴν βασιλίδα ἐγγύτητα καὶ προσέχειαν ἔθετο, ἀλλὰ καὶ αὐτοὺς πεζοὺς αὐτοῦ στρατιώτας ἐντὸς ὑπεδέξατο. Καὶ δι' ὀλίγου καὶ ἀκαριαίου καιροῦ πάντα τὰ τῆς ἐκείνου αἱρέσεως ἐπληρώθησαν καὶ πρὸς αὐτὸν πᾶσα ἡλικία καὶ φύσις μετέθετο. Οὕτω θεία τις δύναμις πάντας συνώθει καὶ συνήργει πρὸς τὴν τοῦ ἐρχομένου βασιλέως οἰκείωσιν, ἐπεὶ καὶ οἱ περὶ τὸν βασιλεύοντα Μιχαήλ, ἐξ ὅτουπερ οἱ τοῦ Βοτανειάτου τὴν πόλιν κατεῖδον κἀκεῖνος προσήγγισε, τῶν τοῦ Βρυεννίου κατά τινας ξυμβολὰς παρὰ προσδοκίαν περιεγίνοντο.

14 Στρατιώτας γὰρ ὁ Βρυέννιος ἀποστείλας εἰς τὴν τῆς | Κυζίκου χερρόνησον, τῆς αὐτῆς μὲν ὑποταγῆς ἐπειρᾶτο τοὺς ἐγχωρίους ποιήσασθαι καὶ δασμοφορεῖν αὐτοὺς ἤρξατο· στόλος δ' ἐκ τῆς βασιλίδος καταλαβών, τούτους κατεπολέμησε καὶ πολλοὺς τῶν ἐκ Κυζίκου ἀνακομίζων, ἀφηρέθη τούτους πρὸς τῇ ἀκτῇ παρὰ τῶν τοῦ Βοτανειάτου στρατιωτῶν, ἤδη καταλαβόντος τὰς Προποντίους ἀκτὰς καὶ τὰς καθ' Ἑλλήσποντον. Ἀλλὰ καὶ ὁ Λατῖνος Ῥουσέλιος ἀποσταλεὶς τὸ δεύτερον κατὰ τοῦ αὐταδέλφου τοῦ Βρυεννίου μέχρις Ἡρακλείας Θράκης, ἀπολέμητος σὺν τοῖς στρατευομένοις καταλέλειπτο καὶ τὴν πόλιν ταύτην ὀχύρωμα τοῦ ἰδίου στρατεύματος ἐποιήσατο, προφυλαττόντων πάντων καὶ προοδοποιούντων τῷ Βοτανειάτῃ τὰ νικητήρια. Τὸ δ' ἀπὸ τοῦδε παρεσκευάζετο μὲν

Pylai, the one at Prainetos, and Nikomedeia itself, whose commander joyously went out to greet Botaneiates in front of Nikaia. Even the small town of Rouphinianoi, which is well fortified and difficult to attack and lies upon the very route to the Great City, disregarded Michael despite its close proximity to the Imperial City and accepted Botaneiates' infantry soldiers themselves within its walls. And in a short time, indeed instantaneously, all of his designs were fulfilled and people of every age and sex sided with him. Thus did some divine force work in his favor and impel everyone to join the advancing emperor, for even those with emperor Michael, from the moment when the men of Botaneiates saw the City and he himself approached it, against all expectation overcame the forces of Bryennios in several skirmishes.

Bryennios dispatched soldiers to the [269] promontory of 14
Kyzikos in an attempt to subordinate the locals to his own authority and began imposing taxes on them. But a fleet from the Imperial City arrived and defeated them. As it was bringing back many of the captives from Kyzikos, it was forced to give them up at the shore by the soldiers of Botaneiates, who had already occupied the shores of the Propontis and the Hellespont. Even the Latin Rouselios, who had been sent for a second time against the brother of Bryennios all the way to Thracian Herakleia, remained aloof from the war along with those who campaigned with him and made that city into a fortified outpost for his own army, as everyone was securing and preparing the victorious advance for Botaneiates. From that moment on the emperor—I

ὁ βασιλεὺς αὐτόν, λέγω τὸν θεοπρόβλητον Βοτανειάτην, εἰς τὸ χωρεῖν πρὸς τὴν βασιλεύουσαν ἐκ Νικαίας, πολὺ δὲ πλῆθος συρρέον ἐκ τῆς μεγαλοπόλεως πρὸς αὐτὸν ἐφοίτα καὶ διεσώζετο παρὰ τῶν Τούρκων τὴν ἀπο θαλάσσης μέχρι Νικαίας νεμομένων περίχωρον, ὡς γὰρ ἐρωτῶντες αὐτοὺς πρὸς τὸν βασιλέα ἥκειν σπουδαίως ἐμάνθανον, εὐθὺς τούτους ὡς ὁμοδούλους καὶ συνήθεις πρὸς τὴν ὁδοιπορίαν παρέπεμπον ταχινώτερον.

Ἡμερῶν δέ τινων διαγενομένων, οὐκ ἤνεγκε τὸν πόθον ἡ εὐδαίμων καὶ προκαθεζομένη τῆς ἑῴας μητρόπολις καὶ τὸ τῆς δουλικῆς στοργῆς περιούσιον καὶ τὸ πρὸ τῆς πόλεως προκαθῆσθαι σκηνίτας τοὺς ἐκείνου προασπιστάς τε καὶ στρατηγοὺς ἐν ἐκεχειρίᾳ καὶ ἀπραξίᾳ ἐν δεινῷ ποιησαμένη, τὴν ὠδῖνα τῆς βουλήσεως ἐκρηγνύει καὶ κοινῇ ψήφῳ πάντες οἱ ἐν αὐτῇ τὸν Βοτανειάτην αὐτοκράτορα Ῥωμαίων καὶ δεσπότην ἀναγορεύουσι | μετὰ πολλῆς καὶ ἀκατασχέτου τῆς συνδρομῆς καὶ περιηχῆς, ἄρτι τῶν τοῦ Εὐαγγελισμοῦ τῆς θεομήτορος ἐπιβατηρίων ἐφισταμένων. Καὶ παρῆλθον ἅπαντες εἰς τὸ κοινὸν καὶ μέγιστον τοῦ Θεοῦ οἰκητήριον κἀκεῖσε μετὰ τῆς συνόδου συγκροτοῦσιν οἱ τῆς συγκλήτου λογάδες τὴν εὐφημίαν ὑπερφυῆ καὶ μετέωρον, προεξάρχοντος τούτοις καὶ αὐτοῦ τοῦ πατριάρχου Θεουπόλεως Μεγάλης Ἀντιοχείας, τῇ βασιλίδι ἐνδιατρίβοντος. Καὶ πᾶς ὁ κλῆρος συννεύει καὶ ὅσοι τῆς ἀγορᾶς καὶ τῶν Ναζιραίων οἱ δοκιμώτατοι, ὁπότε καὶ ὁ Ῥουσέλιος πολεμήσας τοῖς ἀμφὶ τὸν τοῦ Βρυεννίου αὐτάδελφον κατακράτος αὐτοὺς ἐτροπώσατο, τοῦ καιροῦ μαρτυροῦντος πάντως ὅτι τῷ Βοτανειάτῃ καὶ τὰ τῆς νίκης

mean the God-promoted Botaneiates—was preparing himself to advance from Nikaia to the Reigning City, and a large crowd poured out of the Great City to join him. Their lives were spared by the Turks who controlled the area from the sea all the way to Nikaia, for when the latter asked and learned that those people were rushing toward the emperor, they immediately hastened them on their journey as being his fellow servants and of like mind.

A few days passed, and the blessed Metropolis that presides over the east could no longer restrain its longing or the abundance of its affectionate devotion; holding it to be an outrage that his defenders and generals were sitting in tents before the City idly and at peace, the birth pangs of its desire came upon it, and by a common vote, everyone in the City proclaimed Botaneiates emperor and master of the Romans [270] with a great and unrestrained determination and cheering; this was on the eve of the day of the Annunciation to the Mother of God.[316] And all of them came to the public and greatest house of God where the leading men of the Senate, along with the holy synod, issued an extraordinary and even heavenly acclamation, under the leadership of the patriarch of Theoupolis himself, that is of the Great Antioch, who happened to be in the Imperial City.[317] And the entire clergy joined in along with the men of the marketplace and the most prominent Naziraioi.[318] At that very time, Rouselios fought with the army of Bryennios's brother and routed it decisively, the timing of the event surely testifying that even this victory was offered to Botaneiates by God. At

ταύτης θεόθεν κεχάρισται. Καὶ τηνικαῦτα κατὰ φατρίας διαιρεθέντες οἱ τῆς πολιτείας ἐπώνυμοι καὶ πάντες οἱ τῆς Ῥωμαίων φυλῆς, ὥσπερ ἄνωθεν ἐκ θείας δεξιᾶς στρατηγούμενοι, συνταγματάρχαις τε αὐτόματοι ἐχρήσαντο, καὶ τῶν μὲν ἀνακτόρων, ἃ τὸ Μέγα Παλάτιον λέγεται, κυριεύουσιν ἐξεφόδου στρατιῶται ἐκ τοῦ Βοτανειάτου περαιωθῆναι παρασκευάσαντες καὶ τὸ φυλάττον ἐκεῖσε μισθοφορικὸν πολέμῳ καταπαλαίσαντες· καθαιροῦσι δὲ καὶ τὸν βασιλεύοντα Μιχαὴλ φυγόντα εἰς τὰ ἐν Βλαχέρναις ἀνάκτορα καὶ πρὸς τὸν μοναχικὸν μετασκευάζουσι βίον καὶ τῇ μονῇ τοῦ Στουδίου μετ᾽ εὐτελοῦς τοῦ ὑποζυγίου προφυλακτικῶς παραπέμπουσιν, ὃς δὴ καὶ ἐμονάρχησε χρόνους ἓξ καὶ μῆνας ἕξ. Καὶ προϊστῶσιν ἀρχὰς ὅσαι τήν τε τοῦ παλατίου φρουρὰν καὶ τὴν ἀγορανομικὴν εὐταξίαν διακοσμεῖν | ἔμελλον, μήτε τὸν στόλον ἐάσαντες ἀκυβέρνητον ἀλλὰ κἀν τούτῳ δρουγγάριον ἐπιστήσαντες.

16 Οὕτω δὲ τῶν κατὰ τὴν Πόλιν πραγμάτων ἐχόντων καὶ βασιλέως καθαιρεθέντος ὁπλιτικὸν ἔχοντος ἐκ μισθοφορᾶς ἐν μυριάσι συναριθμούμενον, καὶ τοῦ Βοτανειάτου πολεμικῶς καὶ μαχίμως τὴν ὑπὲρ τῆς κοινῆς τῶν Ῥωμαίων εὐετηρίας ὁρμὴν ἐξαρτύσαντος, ἀναίμακτον ἅπαν καὶ ἀνώλεθρον συνεπεράνθη τὸ ἀποτέλεσμα, ὡς μηδὲ ῥῖνα τινὸς αἵματος γενέσθαι διάβροχον, ὅπερ δεῖγμα τῆς εἰς Θεὸν αὐτοῦ πίστεως καὶ τῆς ἐκ Θεοῦ προχειρίσεως τούτου σαφέστατόν τε καὶ οἰκειότατον, ἀλλὰ τὸν μὲν ἀπὸ βασιλέων ἔσχεν ὁ τῆς θεομήτορος ἐν Βλαχέρναις σηκὸς ἱερώτατος καὶ περιέσωσεν, ἐν αὐτῷ τὴν τρίχα καὶ τὸν κόσμον ἐκτιναξάμενον· τὸν δ᾽ ἀπὸ λογοθετῶν καὶ τὸν τούτου

that time too, the leading men in the City and all who belonged to the Roman race divided themselves into political subunits as though marshaled by the heavenly hand of God, and spontaneously appointed their regimental commanders. Then the imperial residence, which is called the Great Palace, was taken by storm by the soldiers of Botaneiates, after they had arranged for the crossing and subdued in battle the mercenary army guarding the place. They deposed the emperor Michael who had fled to the Blachernai palace, converting him to the monastic life and sending him under guard to the monastery of Stoudios on a humble mule. This man had reigned for six years and six months. And they installed new authorities that would keep the palace guard in good order and ensure that the markets were functioning in a like manner, [271] nor did they allow the fleet to be ungoverned, but appointed a *droungarios* to command it.

The affairs of the City were in this state, the emperor had 16
been deposed even though he possessed a force of mercenary infantry that numbered in the myriads, and Botaneiates, in a martial and warlike manner, completed his operation for the common salvation of the Romans. Everything was accomplished without bloodshed or destruction, without even so much as a nosebleed, which is a definitive and fitting sign of his faith in God and of his appointment by him. The former emperor, on the other hand, was enclosed and safeguarded in the most holy church of the Mother of God at Blachernai, where he relinquished his hair and renounced the world. As for the former *logothetes* and his

προασπιστὴν Δαυΐδ, τὸ τοῦ μεγάλου ἑταιρειάρχου κεκτημένον ὀφφίκιον, ὃς ἐκ παραγγελίας αὐτοῦ τοῦ ἀπὸ λογοθετῶν τὸν ἀρχιερέα τῆς ἱερᾶς τραπέζης ἐν τῷ θυσιαστηρίῳ τῆς τοῦ Θεοῦ Λόγου Σοφίας βιαίως ἀνείλκυσεν, οὐδεὶς θεῖος δόμος ἐδέξατο καὶ περιέστειλεν ἔνδοθεν· ᾐδέσθησαν γὰρ προσελθεῖν καὶ προσρυῆναι ἐκείνοις ὧν τὴν καταφυγὴν ἄλλοις αὐτοὶ ἀπηγόρευσαν καὶ ὧν ὕβριν καὶ ἀτιμίαν ἐκ προπετείας ἀτασθάλου κατέχεον, ἀλλὰ τῶν ἵππων ἐπιβάντες σὺν ὀλίγοις τῶν ἀμφ' αὐτούς, πρὸς ἑσπέραν ἐξώρμησαν. Καὶ καταλαμβάνουσι τὸν Ῥουσέλιον εἰς Ἡράκλειαν ἤδη τῆς κατὰ τῶν ἀντιπάλων νίκης τὰ χαριστήρια θύοντα, | ὕστερον δὲ μετὰ τὸ ἐπανελθεῖν τὸν Ῥουσέλιον, ποιναῖς περιπίπτουσι, τῆς δίκης μετελθούσης αὐτούς.

17 Οἱ δ' ἐν τῇ βασιλευούσῃ φυλακὰς ἀμφοτέροις τοῖς ἀνακτόροις ἐπιστήσαντες, ὡς προείρηται, προσέμενον τῷ μεγάλῳ τεμένει καὶ ἐπιστολὰς τῷ Βοτανειάτῃ δουλικὴν ἐχούσας τὴν ῥῆσιν ἀνέπεμπον καὶ τὴν ἐπιδημίαν ὡς Θεοῦ τῷ ὄντι ποθεινῶς ἐπετάχυνον. Καὶ ἦσαν ἐπὶ τρισὶν ἡμέραις ἀβασίλευτον τηροῦντες τὴν πόλιν καὶ ἄσυλον καὶ τοῦτο μονονουχὶ ἐπιφωνοῦντες συχνῶς ὅπερ καὶ ἐπὶ τοῦ ἐμοῦ Χριστοῦ οἱ παῖδές ποτε μετὰ κλάδων εὐφήμουν, τὸ «Εὐλογημένος ὁ ἐρχόμενος ἐν ὀνόματι Κυρίου βασιλεὺς εὐσεβέστατος». Ὃ καὶ παραδοξότατον τοῖς ὅλοις διεγινώσκετο καὶ οὐδενὶ τῶν ἁπάντων εἰς γνῶσιν ἐλήλυθεν ἢ ἱστορία παραδέδωκεν, ἵνα χηρεύουσα βασιλεύουσα πόλις μηδένα τῆς ἀρχῆς λογίσηται ἄξιον ἢ τὸν ἐρχόμενον ἔξωθεν καὶ προερχόμενον μετὰ βασιλικῆς πεποιθήσεως. Ὅθεν καὶ ὁ στόλος ἅπας ἄχρι Πραινέτου μετὰ συντάξεως ἀποπλεύ-

henchman David, who had acquired the office of *megas hetaireiarches* and had, at the order of the *logothetes,* violently dragged the archpriest from the holy altar in the sanctuary of the church of God's Holy Wisdom,[319] no sacred edifice received them or sheltered them inside. For they shied away from approaching or stealing into the places where they themselves had prohibited others from seeking refuge and on which they had heaped such sacrilege and dishonor with their sinful recklessness. Instead, mounting horses with a few of their men, they hastened toward the west. And at Herakleia they reached Rouselios, who was praising God for his victory over the enemy; [272] but later, after Rouselios's return, punishments were imposed on them as justice caught up with them.[320]

Those in the Reigning City established guards in both palaces, as was mentioned earlier, and were waiting in the Great Church, sending letters to Botaneiates written in submissive terms and seeking to hasten his desired arrival as if he were truly God. And they kept the City in order without a ruler for three days, repeatedly chanting the words that the branch-bearing children had once proclaimed for my Christ: "Blessed is he who comes in the name of the Lord, a most pious emperor."[321] This was considered by everyone most extraordinary, nor did anyone know of such a thing happening in the past or of any history book that recorded it, namely that the Reigning City would be bereaved of its ruler and deem no one worthy of rule but one coming from the outside who was advancing with imperial confidence. For this reason, the entire fleet departed for Prainetos in 17

σας, εὐφημίαις τοῦτον οὐρανοβάμοσιν ἐμεγάλυνε, καὶ πολλοὶ τῶν ἐν ἐξουσίαις πολιτῶν, οἷς τὸ βαδίζειν καὶ ἀποτάδην ἀσύνηθες ἦν, προτρέχοντες ἄχρι Νικαίας πεζοί, τῷ βασιλεῖ τὰ εὐαγγέλια θερμῶς μετὰ πολλοῦ τοῦ ἄσθματος προηγόρευον, μηδένα φόβον τῶν Τούρκων εἰς νοῦν λαμβάνοντες, οἳ τὸν ἐν μέσῳ χῶρον ἀγεληδὸν περιέτρεχον.

33

Ἐν δὲ τῇ Πραινέτῳ διαναπαυσάμενος ὁ βασιλεύς, πρὸς ἑσπέραν | γὰρ ἐκεῖσε κατέλαβε, παννύχιος πᾶσιν ὡμίλει καὶ περιχαρῶς προσεδέχετο καὶ τιμαῖς ἀπλέτοις καὶ χαρίσμασιν ἀναριθμήτοις αὐτοὺς ἐκόσμει καὶ κατελάμπρυνεν. Εἶτα πρωϊαίτερον τῆς βασιλικῆς νεὼς ἐπιβάς, εὐθὺ τῆς βασιλευούσης ἐξώρμησε σαλπίγγων καὶ βυκίνων περιηχήσεσι καὶ κρότοις κυμβάλων καὶ φωναῖς εὐφήμοις καὶ μεγαλουργίαις ἀπείροις τὴν <παρουσίαν> καταπληκτικῶς ἐνδεικνύμενος. Ἡ δὲ θάλαττα πᾶσα κατεδενδροῦτο τοῖς πλοίοις καὶ ἐμιμεῖτο ἀγρὸν παντοίοις δένδροις συνηρεφῆ καὶ κατάκομον· μέτρον γὰρ οὐκ ἦν τῶν προϋπαντώντων αὐτῷ καὶ τὴν εὐφημίαν ὑπεραιρόντων καὶ ᾀδόντων τὴν

formation, exalting him to the heavens with acclamations, while many of the citizens in positions of authority, for whom walking any long distance was unusual, ran ahead all the way to Nikaia on foot, ardently proclaiming the good news to the emperor with panting breath, paying no heed to their fear of the Turks, who were ranging like a herd in the intervening areas.

Chapter 33

The many benefactions of Nikephoros III Botaneiates

The emperor was resting at Prainetos where he had arrived toward evening, [273] but he spent the night speaking to and joyfully receiving everyone, honoring and dignifying them with ample honors and countless favors. Then, early in the morning he boarded the imperial barge and made straight for the Reigning City, his presence wonderfully announced by the sounds of trumpets and horns, the playing of cymbals, voices in acclamation, and by vast spectacles of a magnificent nature. The sea was all like a forest planted with ships and took on the appearance of a field densely covered with all manner of trees. And there was no limit to those who came out to greet him and who acclaimed him and

τῶν ἐπιβατηρίων χαρμόσυνον ἑορτήν. Μικροῦ γὰρ πᾶν γένος ἀνθρώπων καὶ ἡλικία πᾶσα χορείας καὶ πανηγύρεις ὑμνοπόλων ἐστήσαντο καὶ ἀπαρχὰς τῆς ἑαυτῶν ἀνακλήσεως τῷ Θεῷ καθιέρωσαν. Τοῦτον τὸν τρόπον μέχρι τῶν ἀνακτόρων πλεύσας καὶ κατὰ γῆν μείζονι τῇ φρυκτωρίᾳ καὶ τῷ περιβοήτῳ θαύματι καὶ συγκινήματι καὶ τοῖς ἐγκωμίοις ἁπάντων καταστεφθείς, αὐτῶν ἐπιβαίνει τῶν ἀνακτόρων καὶ τὸ ἄκρατον κράτος τῆς βασιλείας ἐν ἐξόχοις τερατουργήμασιν ἐπενδύεται.

2 Τὸ δ' ἀπὸ τοῦδε, τίς λόγος ἐκφράσει καὶ διηγήσεται; Τὸ ἐν ἀξιώμασι καὶ τιμαῖς περιβλέπτοις καὶ μεγαλοπρεπέσι διηνεκὲς καὶ ἀνένδοτον καὶ τὸ ἐν δώροις καὶ χαρίσμασιν ὑπερφέρον καὶ ὑπερεκχυνόμενον, ὡς λῆρον εἶναι τὸν Πακτωλὸν ἐκεῖνον καὶ Χρυσορρόαν, οἳ τὴν τῶν Λυδῶν παραρρέοντες | γῆν, χρυσὸν τοῖς ῥεύμασι παρασύρειν ἱστόρηνται· οὐδὲ Νειλῷα ῥεύματα πάντα πρὸς τὸ ἄκρον τῆς τῶν δωρημάτων αὐτοῦ περιουσίας παρεμετροῦντο. Καὶ τὸ θαῦμα τοῖς ὅλοις ὑπερθαύμαστον ἦν, ὅθεν τὰ τοῦ πλούτου καὶ τῆς ἀφθονίας ταύτης τοῖς ἀνακτόροις ἐπήντλητο· εἰ γὰρ κρουνοὶ χρυσῶν ῥείθρων ἄρτι νέον ἐξ ὑποβρυχίων τούτου μερῶν ἐπηγάσθησαν, οὐκ ἂν εἰς τοσαύτην μετάδοσιν καὶ προαίρεσιν ἐν ὀλίγαις ἡμέραις ἀρκέσαι ηὐτόνησαν. Νῦν δὲ τῆς φύσεως μὴ δεδωκυίας τοιαῦτα, φαίνεται τὴν ὑπέρφωτον χύσιν τῆς τριλαμποῦς Τριάδος ὑπὲρ φύσιν κατάλληλον τῇ προαιρέσει τὴν χορηγίαν αὐτῷ προμηθεύεσθαι τῶν τηλικούτων πλουτοποιῶν ἐπιδόσεων καὶ τῶν ἀπείρων πρὸς ἄπειρα πλήθη φιλοτιμημάτων καὶ δεξιώσεων. Τὸ γὰρ εὐτελὲς δῶρον πεντεκαίδεκα λιτρῶν

celebrated his arrival with joyous and festive songs. For virtually the entire race of human beings and every age group broke into dancing and celebration by composing hymns, thanking God as the source of their salvation. Sailing to the palace in this fashion, he made landfall amid blazing beacon lights, expressions of amazement and emotion, and was wreathed by the praise of all. He entered the palace itself and was invested with the absolute authority of imperial power under extraordinary omens.

As for what happened next, what narrative can express 2
and describe it? The continuous and unrelenting flow of offices and illustrious and magnificent honors, along with the flood of excessive gifts and favors, made the Paktolos and Chrysorroas Rivers, which flow through the land of the Lydians [274], seem like mere trifles, though it is said that they carry gold along in their currents. Not even all the currents of the Nile measured up to the sheer abundance of his gifts. Everyone was struck dumb with amazement as to the palace's source of this wealth and superfluity, for even if new fountains of streams of gold had suddenly gushed forth from their subterranean origins, they would not have sufficed for a few days of such intense giving and generosity. Given that all this did not come from Nature, it appears that a most resplendent outpouring of the thrice-bright Trinity supernaturally furnished him with a supply, appropriate to his intention, of such enriching grants and the infinite favors and gifts that he gave to that infinite crowd. For the most meager of his gifts was a fifteen-pound bag of gold, while in the

ὑπῆρχεν ἀπόδεσμος, ἀκινήτων κτήσεων ἑκατοντάλιτροι δωρεαί, πρὸς οὓς δὲ καὶ δὶς τοσούτων καὶ τρίς, ὀφφικίων παντοίων ἐπαντλήσεις καὶ παροχαὶ καὶ ἵνα τι συνελὼν εἴπω, πᾶν εἶδος χαρισμάτων τοῖς προβαλοῦσιν ἐπεψηφίζετο. Οὐ γὰρ ἐν περιλάμπροις ἀξιώμασι μόνον τῶν βασιλικῶν εὐεργετημάτων τὸ γέρας ἐδείκνυτο, ἀλλὰ καὶ ἐν ὀφφικίοις καὶ ἀγροῖς καὶ χρυσίοις καὶ ἀποσκορακίσει ἐπηρειῶν καὶ παντὶ τῷ ποθουμένῳ τε καὶ συμφέροντι. Οὐδεὶς γὰρ ᾔτησε τῶν ἁπάντων ὃς οὐ παραυτίκα τῆς αἰτήσεως ἔτυχε, καὶ μᾶλλον ἱεροὶ ναοὶ καὶ θεῖα τεμένη καὶ φροντιστήρια πάντα καὶ ἱλαστήρια. Κοινὸν | γὰρ ἦν τὸ τῆς εὐδαιμονίας ἐν ἅπασι καὶ κοινὴ τῆς εὐεργεσίας ἡ ἐπιμέλεια. Ἐφ' οἷς καὶ ἀπορία πάντας κατεῖχε καὶ θάμβος ἐξαίσιον, πῶς τοῦ προβεβασιλευκότος Μιχαὴλ πενίαν θρηνοῦντος ἀεὶ καὶ ἀπορίαν δεινὴν καὶ ἀδύνατον αὐτῷ τὴν χεῖρα καθεστάναι πρὸς εὐεργεσίαν μικρὰν ἐπιλέγοντος διὰ τὸ τῆς βασιλείας τάχα δυστύχημα, ἐκ ποίων πηγῶν οὗτος ὁ μετ' ἐκεῖνον τὰ Ῥωμαίων σκῆπτρα ἐγχειρισθείς, τοσαύτας ἀνεκδιηγήτους εὐεργεσίας καὶ δόσεις καὶ πλουτοποιὰ χαρίσματα ἐνεδείξατο καὶ τιμὰς ὑπὲρ ψάμμον καὶ χορὸν οὐρανίων φωστήρων.

3 Καὶ τῶν μὲν ἄλλων ἡμερῶν τὰς τιμὰς διὰ τὸ πλῆθος καὶ τὸ ἀόριστον σιγῇ παραδέδωκα, τὰ δ' ἐπὶ τῇ τῶν Βαΐων Κυριακῇ πάντας ἀμωσγέπως ἐξέπληξαν· πᾶσα γὰρ ἡ σύγκλητος, ὑπὲρ μυριάδας ἀνδρῶν παραμετρουμένη, κατ' ἄνδρα καὶ κεφαλὴν μεγάλων ἠξιοῦντο τιμῶν τετραρίθμους καὶ πενταρίθμους βαθμοὺς ὑπερβαινουσῶν, ὡς μηδὲ αὐτὸν τὸν πρωτοβεστιάριον ἐκ τοῦ βασιλέως δύνασθαι

form of immovable property there were donations worth a hundred pounds, to some people twice and three times that. There were outpourings and offerings of all kinds of offices; in a word, every type of grant was awarded to those who asked for it. And the gifts were not limited to the resplendent titles of imperial benefactions but also offices, fields, gold bullion, and exemptions from duties, basically everything desirable and advantageous. For no one asked, who did not immediately receive all that he had asked for, especially the holy churches, the divine shrines, all the monasteries, and the sanctuaries. [275] Happiness was common for all, and care was taken that the benefactions go to all. For this reason, everyone was overcome with puzzlement and extraordinary wonder, for the previous emperor Michael was always lamenting his poverty and the pressing lack of funds, and that he could not extend his hand to make a small benefaction on the alleged grounds of the miserable condition of the state. So from what source did this man, who was entrusted with the scepters of the Romans after him, perform such great and unprecedented benefactions, grants, enriching gifts, and honors more numerous than the grains of sand or the chorus of the celestial stars?

I have passed over in silence the honors that he bestowed 3
on the other days because of their unlimited number. What took place on Palm Sunday,[322] however, surprised everyone in one fashion or another, for the whole Senate, which included more than a myriad of men, was awarded such great honors that each man was individually promoted four or five steps up in the ranks, so that not even the *protovestiarios* himself could keep up in receiving from the emperor the

παραλαμβάνειν τοὺς τιμωμένους καὶ τὰς ἀξίας ἐπιφωνεῖν, ἀλλὰ συναπατᾶσθαι παρὰ τῶν τιμῶν συχνῶς καὶ ὑποστρέφειν ἐπὶ τὴν προβολὴν καὶ αὖθις ἀνθυποστρέφειν ἢ καὶ ἐπὶ τοῦ αὐτοῦ ἱστάμενον, ἀλλ' ἐπ' ἄλλοις καταλαμβάνοντα ἐπισπεύδειν αὐτὸν τὰς τιμωμένων ἐκφωνήσεις καὶ μόχθον σχεῖν τηλικοῦτον ὅσος αὐτῷ καὶ τὴν φωνὴν περιέκοψεν.

4 Εἴπω τι ἀστειότερον. Οἱ ἀργοὶ καὶ πένητες τῆς βασιλευούσης, οἱ ταῖς ἐπισκεπέσι τῶν λεωφόρων, αἵπερ | ἔμβολοι λέγονται, περινοστοῦντες καὶ ἐμφωλεύοντες καὶ παρασίτων τάξιν ἢ κολάκων ἢ τό γε ἀληθέστερον εἰπεῖν, προσαιτῶν ἐπέχοντες, συνήθως ἔχοντες ταῖς οἰκίαις τῶν τιμωμένων ἐπιφοιτᾶν καὶ προφημίζειν ἐν εὐχαριστίᾳ μεγαλουργῷ τὴν βασιλέως χάριν καὶ τὸ τῆς τιμήσεως ἐπιφανὲς καὶ περίολβον, καὶ αὐτοὶ ἐκ πενήτων γεγόνασι πλούσιοι καὶ εὔποροι ἐξ ἀπόρων τῇ συνεχείᾳ καὶ τῷ πολυαρίθμῳ τῶν τιμωμένων, ἁδρὰν καθ' ἑκάστην χρυσίου ποσότητα παρὰ τούτων ἐκκομιζόμενοι. Γίνεται γὰρ ἡ δόσις παρὰ πάντων τῶν εὐδαιμονούντων ὡς ἐξ ἐράνου, ἣν καὶ συνήθειαν τοῦ Χριστοῦ ἀστεϊζόμενοι λέγουσι, προϊούσης δὲ τῆς εὐεργεσίας εἰς ἀναρίθμητον στῖφος, καὶ πρὸς τὸ πανταχόθεν περιτρέχειν τῆς Πόλεως καὶ λαμβάνειν καὶ οὗτοι ἀπέκαμον, κἂν ἐπικερδὴς ἦν ἡ αἰτία τῆς διὰ πάντων ἐπιφοιτήσεως· ἡ γὰρ ἀμετρία τῶν πόνων πείθει καὶ κέρδους τοὺς οὕτω κεκμηκότας περιφρονεῖν.

5 Ἀλλ' ἐπὶ μὲν τῶν πολιτῶν καὶ τῶν σὺν αὐτῷ κἀν τῇ βασιλευούσῃ προϋπόντων στρατιωτῶν τὰ τοιαῦτα ἐτερατουργοῦντο καὶ ξενοτρόπως ἐπράττοντο· ἐπὶ δὲ τῆς ἐθνικῆς μερίδος ὑστέρει τὸ κατορθούμενον; Οὐ μὲν οὖν,

names of those honored and in announcing their new ranks, but he kept being sent rank after rank: he would turn back to the promotion, and then immediately turn back again, or stand in the same place, but there he was overtaken by even more offices and so he hurried to announce those being honored, and in the end he had to work so hard that he lost his voice.

I will mention something even more delightful. The unemployed and poor in the Reigning City, those frequenting and lurking in the avenues' porticos, which [276] are called *emboloi,* who live as parasites and flatterers, or, to speak more truly, as beggars, were in the habit of hanging around the homes of those in office and extolling, in a spirit of magnificent gratitude, the emperor's favor and the conspicuous and blessed nature of their offices. Well, even they became rich where before they were paupers and well-off where before they had nothing, all because of the constant stream and sheer number of honorees, receiving on each occasion an ample quantity of gold from them. For all those who enjoy good fortune give to charity, which in jest they call "Jesus's tip." As these benefactions now reached an innumerable throng, the latter tired of running through all areas of the City to receive them, even though the reason for their visits everywhere was to gain something; still, endless toil convinces those who grow weary in this way to disdain even profit. 4

These kinds of extraordinarily portentous and newfangled things were happening to the citizens and the soldiers who were on his side and had preceded him into the Reigning City. Was his accomplishment any less, however, when it came to the foreigners? Not at all; rather, these rewards were 5

ἀλλ᾽ ἐπ᾽ ἐκείνων μᾶλλον τὰ βραβεῖα προσεπετείνοντο. Οἱ γὰρ Κουτουλμούσιοι Τοῦρκοι μετὰ πλήθους οὐννικοῦ ἐν Χρυσοπόλει κατασκηνούμενοι, πλειόνων ἀγαθῶν, ὡς τὴν δουλικὴν στοργὴν καὶ πίστιν τηροῦντες τῷ βασιλεῖ, παραπήλαυον. Καὶ οἱ προεξάρχοντες | τοῦ στρατοῦ αὐτῶν, ἀμηράδας οἶδε τούτους καλεῖν καὶ σελαρίους ἡ τῶν Τούρκων φωνή, τὴν βασιλίδα καταλαμβάνοντες ἐν δουλικῷ τῷ σχήματι καὶ φρονήματι, τὰς χεῖρας καὶ τοὺς κόλπους ἐξῆγον πεπλησμένας χρυσῶν καὶ ὑφασμάτων πολυτελῶν. Καὶ αὐτοῖς τοῖς Κουτουλμουσίοις καθημερινή τις ἡ ἐκ τῶν βασιλικῶν θησαυρῶν καὶ ἀναρίθμητος ἐπίρροια ἐπεγίνετο καὶ διατοῦτο τυμπάνων ἠχὴ καὶ εὐφημία παρὰ τοῦ φοσσάτου τῶν Τούρκων πολυειδὴς ἐκ Χρυσοπόλεως ἀνεπέμπετο καὶ πανταχόθεν εὐφημίαι καὶ χάριτες συνεκροτοῦντο καὶ τὴν Πόλιν ἐστεφάνουν καὶ τῆς προτέρας ἀνεκτῶντο στυγνότητος, ὡς ἀνάπλασιν μιμεῖσθαι τὴν τοῦ θεοσδότου τουτουὶ βασιλέως ἐπιδημίαν καὶ τὴν μεγαλουργίαν τῆς πράξεως.

6 Τὸ δὲ πάντων θαυμασιώτερον, ὅτι μηδὲ τὸ παλάτιον εὗρεν ὃ <ὁ>[16] πρὸ αὐτοῦ κατεῖχεν ἄσυλον καὶ ἀπόρθητον, ἀλλ᾽ ἀποσεσυλημένον καὶ περιῃρημένον τοῖς ὅλοις καὶ παντὸς χρυσοῦ καὶ ἀργύρου καὶ ὑφάσματος ἐψιλωμένον, παντάπασιν ἐν τῇ συγχύσει τῆς ἐκείνου καταστροφῆς ἀπογυμνωθέν. Ὅσα δὲ μᾶλλον εὗρε τοῦ ἀπὸ τῶν ἐκκλησιῶν ἀφαιρεθέντος παρὰ τοῦ προβασιλεύσαντος κόσμου καὶ τῶν κειμηλίων, περισωζόμενα πάντα ταῖς ἐκκλησίαις καὶ τοῖς θείοις σηκοῖς ἀνταπήνεγκε, μὴ δείσας ὅλως ἀπορίαν καὶ τῷ καιρῷ τὰ πρόσφορα τῆς χρείας προσενεγ-

extended especially to them. For the Turks of Koutloumous, who were encamped at Chrysopolis with the Hunnish host, enjoyed a multitude of goods for maintaining their obedient affection and loyalty to the emperor. The leaders [277] of their army, whom the Turkish language calls *emirs* and *selarioi*,[323] arrived at the Imperial City in the guise and disposition of servants and left with their hands and pockets filled with gold and luxurious cloths. The Koutloumousians themselves received a daily and immeasurable stipend from the imperial treasures and for this reason the manifold sounds of drums and cheers could be heard from the army of the Turks at Chrysopolis. Praise and thanks echoed in all places, wreathed the City, and ameliorated the previous gloominess, as the arrival of this God-given emperor and the magnificence of his deeds seemed like a restoration.

The most wondrous aspect of it all was that he had not 6
found the palace, which his predecessor had held, intact and inviolate, but rather broken into, despoiled of everything, plundered of all its gold, silver, and precious cloths, and stripped bare in the confusion of that one's downfall. As for all that he did find there, namely the ornaments and sacred vessels that had been removed from the churches by his predecessor, he salvaged it and returned it all to the churches and the divine houses, being entirely untroubled by the lack of resources but covering the necessary expenses of the

κών· ὅπου γὰρ Θεὸς τὸ θεραπευόμενον, ἅπαν ἕτερον ἐν δευτέρῳ ἐτίθετο.

7 Ἕτερον δὲ τούτων οὐκ ἔλαττον εἰς ἐγκώμιον. Ἐν ταῖς | παραλίοις ἀκταῖς ταῖς τὴν βασιλίδα περιζωννυούσαις τῶν πόλεων προτειχίσματα διὰ ξύλων ἐκ χρόνων μακρῶν γενόμενα καὶ τῇ γείτονι θαλάσσῃ οἷον περιπλεκόμενα ἢ περιπτυσσόμενα ἢ τοὺς ἑλιγμοὺς αὐτῆς ἀντωθούμενα, καὶ ταῖς καταίρουσιν ὁλκάσι καὶ τοῖς ἐκ γῆς ἐμπόροις εὐμάρειαν πρὸς τὴν στάσιν καὶ τὴν τῶν συναλλαγμάτων σύστασιν παρεχόμενα, σκάλαι τῇ κοινῇ διαλέκτῳ κατονομάζονται, δεσπότας εἶχον καὶ ἄλλους τινάς, ἐπὶ πλέον δὲ τῶν λοιπῶν δεσποτείαν ἐκέκτηντο τά τε πτωχοτροφεῖα καὶ νοσοκομεῖα καὶ οἱ λοιποὶ εὐαγεῖς οἶκοι καὶ φροντιστηρίων διάφορα, οὐ μόνον δ' ἐν τῇ βασιλευούσῃ ἀλλὰ καὶ ἔν τισι τῶν ἐπινείων αὐτῆς. Καὶ ἁπλῶς αἰγιαλοὶ πάντες δεσπότας εἶχον τοὺς ἐξ ἠπείρου δεσπόζοντας κατὰ τὰ πάτρια νόμιμα καὶ τὰς βασιλικὰς διατάξεις αἳ τὰ πρόθυρα τῆς θαλάσσης τοῖς παρακεκτημένοις ἐν τῇ γείτονι χέρσῳ παρέχουσι.

8 Τούτων ὁ πρὶν βασιλεύων πάντας τοὺς δεσπότας τῆς κυριότητος ἰταμῶς ἀπεστέρησε, προφάσεις ἐπανατείνας ἑώλους τε καὶ γεγηρακυίας καὶ ὅλον ἐχούσας τὸν ἐνδομυχοῦν εὐκατάγνωστον, συνεργοῦντος αὐτῷ θερμότερόν τε καὶ βιαιότερον τοῦ τῆς τῶν Νεοκαισαρέων ἐκκλησίας προβεβλημένου. Τυραννικῶς γὰρ μᾶλλον ἢ ἀρχιερατικῶς τὸν ἐμπιστευθέντα τούτῳ θρόνον τῆς τοῦ βασιλικοῦ σακελλαρίου προβολῆς διοικῶν, ἐμισήθη τε παρὰ πάντων καὶ διὰ τὰς ἀπηνεστέρας πράξεις ἀπηνεστέραν | μικροῦ δεῖν ἐκινδύνευσεν εὑρεῖν τὴν ἀπόβασιν, ἀποκηρυττόμενος

times, for where God is worshipped, everything else he considered secondary.

There was also a different matter that was no less worthy 7
of an encomium. Along the {278} shores that gird the Queen of Cities, wooden docks constructed in years long past appear to entangle themselves in the sea that comes right up to them, or to enfold it, or push back against its waves. These enabled the merchant ships sailing in and those trading in the produce of the land to moor and conduct their transactions, and they are known in common parlance as *skalai* and had different owners. Primarily, however, their owners tended to be the poorhouses, hospitals, other charitable institutions, and monasteries, not only in the Reigning City but also in some of its neighboring port towns. The entire coast was generally owned by those on the land according to our ancestral laws and the imperial decrees which grant the gateways to the sea to those who own the land neighboring the shore.[324]

The previous emperor audaciously deprived all these 8
owners of their rights over the piers, offering old and outdated pretexts that were transparent in their intention, and in this he had a more ardent and violent accomplice in the man who had advanced to the head of the church of Neokaisareia.[325] For he held the position of imperial *sakellarios,* which had been entrusted to him, in a manner more tyrannical than archpriestly, was hated by everyone, and only narrowly avoided {279} suffering a most harsh punishment in return for his most harsh actions, being renounced by his

καὶ παρὰ τῶν πλείστων συλλειτουργῶν καὶ ἀρχιερέων ὡς τῆς μετ᾽ αὐτῶν κοινωνίας ἀνάξιος, διὰ τὸ τοῖς κοσμικοῖς προσομιλεῖν ἀγριώτερον καὶ θεσμοὺς πατέρων καὶ ἀποστολικοὺς ἀθετεῖν κανόνας καὶ μυρίαν τῷ βίῳ καὶ τοῖς εὐαγέσιν οἴκοις καὶ θείοις ἐπιφέρειν τὴν συμφοράν. Καὶ εἰ μὴ κατέλυσε τὰ τοιαῦτα τούτου ἐγκλήματα ὁ τότε κρατῶν αἰτήσει τῇ πρὸς τοὺς ἀρχιερεῖς καὶ μεγίσταις ταῖς ἀξιώσεσι καὶ αὐτὸς φυγαδίας ἐκ τῆς κοσμικῆς κακοποιΐας καὶ τοῦ θρόνου τῶν λαϊκῶν ἐγεγόνει, κἂν ἔκειτο καθῃρημένος καὶ σπίλῳ ἀτιμίας καταχραινόμενος. Ἀλλὰ καὶ ὡς *οὐκ ἤνεγκε τὸ πῦρ ὁ κηρός*, καὶ τοῦ φιλοχρίστου βασιλέως ἐπιδημήσαντος, φρίκη θανάτου καὶ διαλύσεως τῆς ζωῆς αὐτῷ ἐπεγένετο περὶ τὸ τοῦ Πόντου στόμα, ἔνθα τι φρούριον ἔστιν, ἀτίμων ἀνδρῶν κακὸν ἐντάφιον, τὴν ἐκεῖσε καταστροφὴν κομισάμενος, ὡς καὶ τὴν κόνιν αὐτοῦ ἀντὶ ἐπιτυμβίων χοῶν τοῖς λίθοις ἀτιμασθῆναι τῶν μισούντων αὐτοῦ τὸ κακόηθες. Ἀλλ᾽ ὁ φιλόχριστος οὑτοσὶ βασιλεύς, πόρρω τὴν τοῦ πρώην βασιλεύσαντος μικρολογίαν ἐκτιναξάμενος καὶ δεῖν ἀποδεδόσθαι τὰ τοῦ Θεοῦ τῷ Θεῷ ἐπειπὼν καὶ μηδεμίαν φειδὼ τοῦ δημοσίου καὶ τῆς κατεπειγούσης χρείας προσφόρως θέμενος, ὃ καὶ ἀξιεπαινότατον, πολλῆς τῆς ἐκ τούτων ἐνορωμένης προσόδου, ἀποκαθιστᾷ τὰς τοιαύτας παραλίους σκάλας τοῖς πρώην δεσπόταις, ἐξ ὧν ἀπεσπάσθησαν, καὶ χρυσοβούλλῳ γραφῇ τὸ ἀμετάθετον καὶ ἀπερικτύπητον τούτων αὐτοῖς ἐμπεδοῖ. Καὶ γίνεται πᾶσι βοηθὸς | καὶ ἀντιλήπτωρ καὶ οὐ μόνον βασιλεὺς ἀλλὰ καὶ πατὴρ ἀγαθός· ἀνίχνευε γὰρ διαπαντὸς καὶ φροντίδα μεγίστην ἐτίθετο τὸ ἅπαν ἐξᾶραι ἀπὸ προσώπου τῆς γῆς ἀδίκημα καὶ ἀνόμημα.

fellow prelates and archpriests as unworthy of sharing communion with them on account of his rabid involvement in secular affairs. He violated the laws of the Fathers and the Apostolic Canons, and caused a myriad misfortunes to the lives of people and to the charitable institutions of the Church and the divine houses. And if the previous ruler had not absolved him of these crimes of his with a petition to the archpriests making the greatest demands, and had the man himself not fled from his wrongdoing and secular office, he would have been deposed and stained with dishonor. But much as *the candle does not bear the fire,*[326] with the arrival of the Christ-loving emperor, he was overcome by the horror of death and the end of life at the mouth of the Pontos, where there is a fort, a wretched tomb for dishonored men, thus reaping his death there. And even his dead body did not receive a proper burial but was dishonored with a stoning by those who hated his evil nature. But the Christ-loving emperor cast the previous emperor's pettiness far away, and stating that what belonged to God had to be returned to God and showing no concern at all for the public treasury and its urgent needs—which was praiseworthy, for one could expect much revenue from these places—he restored the coastal *skalai* to their previous owners from whom they had been taken away, and confirmed with *chrysoboulla* that they could not be transferred or violated. And he became everyone's helper [280] and protector, not only an emperor but a good father, for he investigated everything and was extremely concerned to remove from the face of the earth every injustice and illegality.

9 Τέλος δὲ τῶν βασιλικῶν εὐεργετημάτων καὶ διαδόσεων οὔτε κόρος τὸ σύνολον ἦν, οὔτ' εἰπεῖν αὐτῷ ἐξεγένετο τὸ παρ' Ἀλεξάνδρου τοῦ Μακεδόνος ἐνίοτε προφερόμενον, ὅτε μὴ εὐεργετήσας ἔτυχε, τὸ «*Σήμερον οὐκ ἐβασίλευσα*»· πᾶσα γὰρ ἡμέρα παντὸς δωρήματος τελείου καὶ παροχῆς ἀφθόνου τοῦτον ἔχει παροχέα καὶ ἀφθονώτατον πρύτανιν καὶ διὰ πάσης ἀφορμῆς ἐχώρει, ἐφ' ᾧ μηδένα τῆς ἐκ τούτου εὐποιΐας ἀπολειφθῆναι ἀπείρατον. Ἐπῄνει γὰρ καὶ τὸν τοξότην ὡς εὐστόχως βάλλοντα καὶ τὸ βέλος ἐπὶ σκοποῦ συντιθέμενον, καὶ τὸν λογχίτην ὡς ἀκραιφνέστατον διαδορατίζοντα καὶ τὴν λόγχην εὐθυβόλως ἐπισυστρέφοντα, καὶ τὸν ἱππότην ὡς τοῖς νώτοις τοῦ ἵππου ἀτρεμαίως ἐπικαθήμενον ἐν τῷ θεῖν, καὶ τὸν ὁπλίτην στρατιώτην ἐν ἅπασι, καὶ τὸν ψιλὸν καὶ ἀπέριττον ὡς εὐτολμίας μαρτυρίαν εἰσάγοντα καὶ τῇ διώξει τὸ θήραμα προκαταλαμβάνοντα, καὶ τὸν σοφὸν ὡς μεμυημένον τὰ κρείττονα, ἠλέει δὲ καὶ αὐτὸν τὸν ἄσοφον ἢ καὶ ἄφρονα ὡς ἔκπτωτον τοῦ βελτίονος. Φρόνιμον ὑπερῇρεν ὡς εὐβουλίας δοκιμώτατον ὄργανον, τόν τε μετεωρολόγον | ἐν φιλοσόφοις ὡς ὑπεραναβαίνοντα τὰ προσεχῶς καθορώμενα, καὶ τὸν διαλεκτικὸν ὅτι διαιρετικῶς ἐπιβάλλει τοῖς πράγμασι καὶ τὸ πρόσφορον ἀπονέμει τῇ τῶν ὑποκειμένων συνουσίᾳ πραγμάτων, καὶ τὸν ἡνιοχοῦντα ἐν ἱππικοῖς ὅτι τεσσάρων ἵππων ἡνιοχείαν καὶ διακυβέρνησιν ἀποδείκνυσιν καὶ τὸν δρομέα διὰ τὸ τάχος, ἀλλὰ καὶ τὸν ἀργὸν τῆς ἀργίας συμπαθῶς κατῳκτίζετο καὶ τῆς εὐεργεσίας οὐκ ἐδείκνυεν ἄμοιρον. Εἴπω τι μεῖζον· καὶ μέχρι βαναύσων τεχνῶν τὴν ἀγαθοεργίαν ἐφήπλωσεν, ὅτι κἀκεῖνοι τῇ πολιτείᾳ καὶ τοῖς

His imperial benefactions and distributions had neither end nor satiety, nor could he utter the words Alexander the Macedonian sometimes said when he happened not to have benefited someone, namely "*Today I have not reigned,*"[327] for every day that passed saw him provide all kinds of perfect gifts and ample offerings. Any conceivable opportunity revealed him to be a most generous ruler, who sought to leave no man without experience of his benevolence. He thus even praised the archer for shooting accurately and placing his arrow on the target; the lancer for wielding his lance most excellently and for directing his weapon to a straight hit; the cavalryman for sitting steadily on the back of a horse in full gallop; the armed infantry man for all that he did; and the lightly armed skirmisher for giving proof of his daring and outrunning his prey in pursuit. He praised the wise man for being initiated in higher matters and even pitied the unwise man, or even the fool, for falling short of better things. The prudent man he extolled as the best instrument for good counsel, and, from among the philosophers, [281] he praised the observer of the skies for looking beyond what was immediately discernible and the dialectician for approaching things in an analytical way and applying the appropriate methods to the examination of each field of study; the charioteer in the races for driving and mastering four horses; the runner for his speed; but he also had compassion for the idle man on account of his inactivity and he too received a share of the bounty. I shall add something more important. He extended his good deeds all the way to the vul- 9

ἀνθρώποις διακονοῦσι τὰ χρήσιμα. Καὶ ἁπλῶς θεία τις ἐν τῷδε τῷ βασιλεῖ περιηχεῖτο ἐπίβασις καὶ λόγον ἀνθρώπινον νικῶσα προμήθεια.

10 Οἴομαι δὲ ὥς τινὲς τῶν ἀκροατῶν λογισμῷ τινὶ προσπαλαίσουσιν ἐγκωμιαστικῶς ταῦτα καὶ μὴ διηγηματικῶς συγγραφῆναί μοι, εὐνοίᾳ δῆθεν τῇ πρὸς τὸν κρατοῦντα δουλεύοντι, καθότι καὶ τοῖς ἄλλοις βασιλεῦσι τὸ τιμᾶν καὶ δωρεαῖς ἀμείβεσθαι τὴν τῶν ὑπηκόων πίστιν περιεγίνετο. Εἰ τοῦτο δὲ ἐννοήσαιεν, οὐκ ἂν διανοηθεῖεν καλῶς. Τὸ μὲν γὰρ καὶ τοὺς πρώην βασιλεύσαντας ἐννοεῖν τοῖς ὑπηκόοις καὶ παρέχειν εὐεργεσίας, οὐδ᾿ αὐτὸς ἀπαναίνομαι καὶ πολλάκις ἐν οἷς περὶ αὐτῶν γέγραφα, τὴν μνήμην τῆς αὐτῶν περιέλαβον πράξεως, τὸ δ᾿ ἐπὶ τῷ Βοτανειάτῃ ἐν ταῖς τιμαῖς καὶ τοῖς τῶν δωρημάτων | χαρίσμασι καὶ τῇ πηγῇ τοῦ ἐλέους εὐδόκιμον καὶ ὑπέρτερον καὶ λόγου παντὸς ἀνώτερον τοῦτο ἐπ᾿ αὐτῆς τῆς ἀληθείας ἀνυποκρίτως ἐξαίρω καὶ τοῦτο διὰ σπουδῆς πεποίημαι πᾶσι παραστῆσαι κατάδηλον καὶ ταῖς μετέπειτα γενεαῖς δι᾿ ἀναγνώσεως καὶ μνήμης ὡς ὑπόδειγμα κάλλιστον ἀπαθανατίζεσθαι καὶ τὸν οὕτω καλῶς καὶ ἰσοθέως τὰ τῆς βασιλείας διϊθύνοντα πράγματα, πάντων ἀποδεῖξαι φιλανθρωπότερόν τε καὶ εὐεργετικώτερον καὶ φιλοθεΐας ἀνάμεστον καὶ ἀσύγκριτον τοῖς πρὸ αὐτοῦ βασιλεύσασιν, ὅτι ἐν τοιαύτῃ τῶν πραγμάτων στενοχωρίᾳ, πάντας τοὺς ἐν τῷ πλατυσμῷ κρατοῦντας τῆς βασιλείας διαφερόντως ὑπερηκόντισε. Καὶ γὰρ καὶ τὰς ἐπιστήμας καὶ τέχνας ἢ ψυχικὰς ἀρετὰς πολλοὶ μὲν τῶν ἀνθρώπων μετέρχονται καὶ δεικνύουσιν, ἐκείνων δὲ τὰ βραβεῖά εἰσι καὶ οἱ τῶν ἐγκωμίων στέφανοι πλέκονται τῶν

gar crafts, for they provide society and people with what is necessary. Simply put, a certain divine presence imbued this emperor and his solicitude surpassed human reasoning.

I think, however, that some in our audience may argue 10
that all this has been written by me to praise and not only to narrate, that I am allegedly currying favor with the ruler, given that past emperors also honored and rewarded with gifts the loyalty of their subjects. But if they think this, they have not grasped the matter well. Certainly, I would not deny that previous emperors have taken thought for their subjects and provided them with benefactions, and I frequently recorded such occasions in what I wrote about them, preserving the memory of their deeds. Yet under Botaneiates the honors, favors, gifts, [282] and the fount of compassion has been so outstanding, superlative, and surpassing of all reason that I praise it based on the truth itself and without any guile; and I diligently seek to represent it clearly for everyone now and to immortalize him as the most beautiful model for future generations who may read my work and remember him, and to demonstrate that he who governed the affairs of state so well and like a God was more philanthropic in his benefactions and incomparable in the fullness of his love for God when set beside those who reigned before him. Despite the great penury in the state's affairs, he overshot all who had held the reins of power in times of abundance. For many people partake in and reveal their knowledge of science and the arts or their virtues of the soul, yet the prizes go to, and the wreaths of praise are woven for, those who surpass others in the superiority and

τοὺς λοιποὺς ὑπερβαλλόντων τῷ ἀπαραμίλλῳ καὶ ὑπερφυεστάτῳ τῆς πράξεως, ὁ δὲ τοιοῦτος βασιλεὺς καί τι ἐξοχώτερον· εἶχε καὶ τῶν τῆς βασιλείας παρασήμων μεγαλειότερον· εἰ γάρ τις εἶδε τὸν ἐπὶ ταῖς ὀφρύσιν αὐτοῦ κατὰ τὸ μέτωπον τόπον, σταυρικὸν σημεῖον αὐτοφυὲς ἑώρα τῇ κοιλότητι τῶν ἐγκαρσίων μερῶν ἀποτελούμενον ἀκριβῶς, ὡς τροπαιοφόρον τοῦτον ἐξ ἔργων αὐτῶν καὶ σημειοφόρον ἐκ θείας πλαστουργίας γνωρίζεσθαι.

11 Διὸ δὴ καὶ πάντες οἱ ἀντικείμενοι καὶ μὴ πειθαρχοῦντες αὐτῷ καὶ δουλικῶς προσκυνοῦντες, ἰσχυρῶς τῇ τούτου ῥομφαίᾳ καὶ τοῖς στρατοπέδοις κατέπεσον, οἱ δὲ καὶ αὐτεπάγγελτοι τὴν δουλείαν ἠσπάσαντο. Εὗρε γὰρ τὴν Ῥωμαίων | ἀρχὴν πολλοῖς τυράννοις περιαντλουμένην κατά τε τὴν ἑῴαν καὶ τὴν ἑσπέραν, ἔτι δὲ τῆς τούτων[17] φλεγμαινούσης ἀποστασίας καὶ δαπάνης οὔτι σμικρᾶς ἀλλὰ πολυόλβου καὶ μυριοταλάντου δαψίλειαν τῶν πραγμάτων ἐπιζητούντων ἐπί τε τοῖς στρατιωτικοῖς ὀψωνίοις καὶ ταῖς ἄλλαις τῶν καιρῶν ἀφορμαῖς καὶ προφάσεσιν, οὐ πρὸς τὸ μέγεθος τούτων καὶ τὴν τοσαύτην χρείαν ἐπέβλεψε καὶ σμικρολογίας δεινότητι ἑαυτὸν ἐπιδέδωκεν, ἀλλ᾽ ἐν πλάτει καρδίας καὶ πίστεως τὸ πλάτος ἐπιτείνων τῆς πρὸς τὸ θεῖον εὐαρεστήσεως, χρεῶν ἀποκοπὰς τῷ δήμῳ παντὶ καὶ τοῖς ἐν τέλει νομοθετεῖ καὶ τίθησι τὸ δόγμα οὐκ ἐπὶ ῥητοῖς τισὶ χρόνοις, ὥσπερ ἔνιοι τῶν πρὸ τοῦ βασιλέων ἐπιταφίοις ἡμέραις εἰργάσαντο, καὶ καταλιμπάνει χρόνους τινὰς εἰς τὰ ἔμπροσθεν τοῖς τοῦ δημοσίου συνηγόροις καὶ πράκτορσιν ἐσομένους ἐντρύφημα καὶ τῷ δημοσίῳ πρόφασιν ὠφελείας καὶ ἀπαιτήσεως, ὡς ἂν οἱ μὲν χρονιώτεροι χρεῶσται

unparalleled nature of their actual deeds. As for this emperor, he possessed something more refined and even grander than the emblems of imperial power, for if one looked at the space on his forehead above his eyebrows, one would see the sign of the cross emerging naturally and precisely in the hollows of his perpendicular wrinkles, which marked him as someone who bore trophies actually formed upon him and as a standard-bearer fashioned in this way by God.

For this reason all his opponents who did not submit to 11
prostrate themselves before him in the manner of servants were overcome by his sword and armies, while the rest embraced their subjection of their own volition. For he had found the empire of the Romans [283] overwhelmed by many rebels in both the east and the west, and while their rebellions were still swelling and the scarcity that was afflicting the public sphere required not small expenses but rather abundant and costly resources for military expenditures and for all the other causes and needs of the time, he did not take note of the size of those demands and the great need or abandon himself to the harshness of miserliness. Rather, in a great-hearted and faithful way he sought to please God even further by issuing legislation that forgave debt for the entire populace as well as for officials. He made this law apply not only for a set number of years, as some of the emperors before him had done during the days of Easter, nor did he make an allowance, which would have delighted the lawyers and agents of the state, that for a certain number of years to come they could make claims based on

τοῦ δημοσίου τὰς ἀφεσίμους ἑορτὰς ἑορτάζωσιν, οἱ δὲ νεώτεροι πρὸς τὴν ἀποτυχίαν ἐπιστυγνάζωσι καὶ φθόνου λαβὴν ἔχωσι τὴν τῶν ἐλευθερωθέντων ὑπόθεσιν, ἀλλὰ πάντων ὁμοῦ τῶν χρόνων μέχρι τῆς αὐτοῦ ἀναρρήσεως καὶ μικρόν τι πρὸς τὰς ὀφειλὰς προρρίζους ἀπέτεμε καὶ συμπαθείας πάντας καθαρωτάτης ἠξίωσε, χρυσοβούλλῳ λόγῳ χρυσοῦν ἐπιπλέξας δεσμὸν κωλυτικὸν δι᾽ ὅλου τοῦ τῶν ὀφλημάτων βαδίσματος, προσανελὼν ἐν τούτῳ καὶ τὸ χάριν σχιδευμοῦ | διασείεσθαι τοὺς ἀνθρώπους καὶ ἀνωφελὲς αὐτοῖς τίθεσθαι τὸ τῆς ἐλευθερίας διάταγμα· ᾔδει γὰρ τοῦτο τὸ ἔργον ἐπὶ τοῦ Δούκα πολλοὺς διαλωβησάμενον καὶ τὴν μερικὴν τῶν χρόνων ἐλευθερίαν ἀνελεύθερον τοῖς πολλοῖς ἐργασάμενον. Ἔστησεν οὖν ἐντεῦθεν πᾶσι τοῖς πολιτευομένοις καὶ πανταχῇ γῆς κατοικοῦσι Ῥωμαίοις τὸν φόβον τῶν ὀφλημάτων καὶ τῷ ὄντι ἐλευθέρους τούτου ὁ βασιλεὺς καὶ πολίτας Ῥωμαίους εἰργάσατο, οὐ χρυσοῦν δακτύλιον αὐτοῖς παρασχὼν ἢ ῥάπισμα κατὰ κόρρης, ὡς τοῖς ἐλευθερουμένοις τὸ πρόσθεν ἐγίνετο, ἀλλὰ χρυσοῦ πηγὰς καὶ ταλάντων πλημμύρας αὐτοῖς ἀποχαριζόμενος καὶ τὸ τοῦ πρὶν βίου ἀβίωτον, εὔδαιμον τούτοις καὶ μακάριον εἰς τὸ ἑξῆς ἐργαζόμενος.

the public interest and its demands, for in that case long-term debtors to the fisc would celebrate their release, while those who incurred their debts more recently would be despondent at their bad luck and have reason to be spiteful toward those who were relieved. No, he cut debts to the root for all years together leading up to his ascension and for a short time thereafter, deeming everyone worthy of a total absolution. He issued a *chrysoboullon* that wove a golden barrier against the advance of all debt and also forbade that people be harassed [284] with confiscations, which would have effectively cancelled the decree concerning freedom from debt. For he knew that in the reign of Doukas this had ruined many and had turned a limited freedom from debt for many people into a form of unfreedom. This emperor, then, put an end to the fear of debt from this moment on for all Roman citizens, wherever on earth they lived, and, by making them free of it, truly made them into Roman citizens, not by offering them a golden ring or a slap on the head, as was done in the past with freedmen, but by granting them founts of gold and floods of talents and by making sure that what had previously been an unlivable life was from now on a pleasant and blissful one.

34

Οὕτως οὖν εὐσεβείας καὶ θεοφιλίας ἔχοντος αὐτοῦ καὶ εὐψυχίας μεγίστης καὶ μεγαλουργίας ἀντεχομένου, ἔδει μὴ ἐκ χειρὸς Κυρίου πολλαπλασίας τὰς ἀντιδόσεις λαβεῖν καὶ μέχρι πολλοῦ τοὺς τυράννους καὶ τυραννόφρονας καὶ ἀλάστορας ἀντερίζειν αὐτῷ καὶ τῆς βασιλείας ἀμφισβητεῖν; καὶ ποῦ τοῦτο Θεοῦ ἦν, τοῦ δικαίᾳ ψήφῳ τὸ πᾶν διϊθύνοντος καὶ τῷ τοῦ ἐλέου μέτρῳ ἀντιμετροῦντος τὸν ἔλεον; Οὐκ οὖν, οὐδ᾽ ἡ θεία ψῆφος τὴν ἀπόφασιν ἀνεβάλετο καὶ τὸν Βρυέννιον βασιλειῶντα κατὰ τὴν Μακεδονικὴν ἐν Ἀδριανουπόλει καὶ τὴν Βριαρέως ἰσχὺν ἀγερωχοῦντα καὶ ἐγκαυχώμενον καὶ τῷ βασιλεῖ τὰ δευτερεῖα φέρειν καὶ ὑπείκειν μὴ ἀνεχόμενον, ὑπὸ | χεῖρα τούτου πολέμῳ κραταιοτέρῳ πεποίηκεν, οὐδὲν τοῦ βασιλέως πρότερον δεινὸν κατ᾽ αὐτοῦ μελετήσαντος καὶ τῆς τοῦ εὖ ζῆν ἐκείνῳ ἀφορμῆς καὶ σωτηρίας φθονήσαντος, ἀλλὰ προκαταλαβόντος τὴν ἐκείνου θηριωδίαν φιλανθρωπίᾳ καὶ πρέσβεις ἐκπέμψαντος τὴν εἰρήνην διακηρυκευομένους αὐτῷ καὶ ἀντάλλαγμα ταύτης τὴν καίσαρος τύχην προφέροντας ἵνα μὴ τὸ σχῆμα τῶν πεδίλων καὶ τῆς ἄλλης περιβολῆς ἐναλλαγήν τινα δέξηται. Ἐπεκύρου δὲ τούτου καὶ τὰς τιμὰς ἃς τοὺς συναραμένους αὐτῷ τετίμηκε καὶ

Chapter 34

The end of the revolt of Nikephoros Bryennios

Thus, endowed with piety and love of God and possessing great kindness of soul and magnificence, was he not entitled to receive many times in return from the hand of God? Was it not unlikely that the rebels and those who embraced their rebellion, whose deeds called for retribution, would resist him for long and reject his claim to the imperial throne? How could that have been the will of God, who governs all with justice and repays mercy with commensurate compassion? This could not be, nor did the divine will delay its verdict, placing Bryennios into his hands after a fierce battle. The latter had been reigning over the Macedonian lands in Adrianople, boasting and priding himself that he was as strong as Briareos[328] and not wishing to submit and be in second place to the emperor [285]. The emperor had previously planned no aggressive move against him, nor had he begrudged his prosperity and security. Rather, anticipating his brutality with kindness, he sent envoys heralding peace to Bryennios and offering in exchange for it the rank of *kaisar* so that the style of his sandals and the rest of his attire would not even have to be changed. Furthermore, the emperor confirmed the ranks which the rebel had bestowed on

ἀμνηστίαν τῶν πεπραγμένων κακῶν περιεποιεῖτο καὶ πᾶν θυμῆρες αὐτῷ διαπράξασθαι καθυπισχνεῖτο ὁ βασιλεύς. Ὁ δὲ ἄτεγκτος ἦν καὶ ἀτεράμων καὶ ὑπερήφανος καὶ τῆς βασιλείας μὴ ἀφιστάμενος, πολλὰς ἀπειλὰς καὶ θυμοφθόρους ἐπιστολὰς ἀντεπῆγε καὶ χριστιανικοῖς αἵμασι κρῖναι τὴν ἀμφισβήτησιν ἤθελε· καὶ σαρξὶν ἀνθρωπίναις κόσμον ἑαυτῷ περιποιῆσαι βασίλειον καὶ πᾶσαν τὴν κτίσιν περιδονῆσαι ἢ δεύτερος φανῆναι τοῦ εὐγενεστάτου βασιλέως καὶ γενναιοτάτου ᾑρεῖτο καὶ διεσπούδαζεν ὅπλα καὶ μάχας εὐτρεπίζων καὶ τοῖς πολίταις χαλεπὰς ἀποταμιευόμενος ἀμοιβὰς καὶ ἅπαν ἀνατρέψαι τὸ Ῥωμαϊκὸν βαρβαρικῶς λογιζόμενος. Διὸ καὶ πάλιν ὁ γαληνότατος βασιλεὺς καὶ ὄντως μαθητὴς τοῦ *τὴν εἰρήνην βραβεύοντος* βασιλέως καὶ βασιλεῦσι τὸ κράτος παρέχοντος, δευτέραν πρεσβείαν ἐξέπεμψε παραινῶν αὐτῷ τὸ συμφέρον φρονῆσαι καὶ μὴ ἐξ | ἀπονοίας σφαλῆναι περὶ τὰ καιριώτατα.

2 Ἦν δὲ ὁ Βρυέννιος ἐκεῖνος ὁ φυσῶν τὰ μεγάλαυχα καὶ κινῆσαι τὴν γῆν καὶ τὴν θάλασσαν ἀπειλῶν. Ἀμέλει τοι καὶ καταστρατηγηθεὶς τῷ θυμῷ, τῆς Ἀδριανουπόλεως ἔξεισι σὺν πολλῇ τῇ βοῇ καὶ ἐξάλματι καὶ τὰς δυνάμεις ἐκτάξας κατὰ τοῦ βασιλέως θυμομαχῶν ἐπορεύετο. Ἀκούσας δὲ περὶ τούτων ὁ βασιλεύς, τῆς ἀβουλίας αὐτὸν ἐταλάνιζε καὶ τοῦ πάθους ᾤκτειρε καὶ ὡς μεμηνότι καὶ κορυβαντιῶντι σαφῶς φάρμακον ἐπῆγε τῆς νόσου ἀλεξητήριον. Τί δὲ τοῦτο ἦν; Τρίτη πρεσβεία τὴν ὁρμὴν τοῦ πολέμου ἀπείργουσα. Πέπομφε γὰρ ἕνα τῶν πιστοτάτων αὐτῷ καὶ εἰπεῖν καὶ ἀκοῦσαι πεπαιδευμένον καὶ πεῖραν ἐν τοῖς τοιούτοις ἐκ πλείονος ἔχοντα, Ῥωμανὸν πρωτοπρόεδρον καὶ μέγαν

those who had joined his rebellion, issued an amnesty for all the evils they had done, and promised to fulfill anything that he desired. But the other man was stubborn, immovable, and arrogant, and would not renounce the imperial position, sending many threatening and soul-wrenching letters in return, since he wanted to settle the dispute through the spilling of Christian blood. For he preferred to make for himself imperial regalia of human flesh and to shake the whole of creation to its foundations rather than appear to be in second place after this most noble and most brave emperor. He prepared arms and made ready for battle, storing up harsh rewards for the citizens, and thought to overturn the entirety of the Roman world in a barbaric fashion. For this reason, the most serene emperor, who was in truth a student of the Lord, who *presides over peace*[329] and gives emperors their authority, sent out a second embassy entreating him to consider what was expedient and not [286] to err regarding these most crucial matters simply out of irrationality.

Bryennios, however, was the one who was exhaling boast- 2
ful pride and threatening to move both the earth and the sea. In any case, overcome by his wrath, he marched out of Adrianople with great clamor and commotion, arranged his forces, and advanced against the emperor fuming in anger. Hearing about this, the emperor deemed him unhappy for his lack of judgment, pitied his wrath, and applied a protective remedy as if he were dealing with a deranged maniac in corybantic frenzy. What was that? A third embassy to halt the onset of war. For he dispatched one of his most loyal men, who was trained both in speaking and listening and had ample experience in such affairs, Romanos the

ἑταιρειάρχην, ὃς καὶ ἀφικνούμενος πρὸς τὸν τύραννον, οὐκ εὐθὺς ἐδέχθη, ὡς ἐκ βασιλέως ἀποστελλόμενος, καὶ λόγου ἠξιώθη κατὰ τὸ σύνηθες τοῖς στρατευομένοις περὶ τὰς ὑπαίθρους σκηνάς, ἀλλ᾽ ἐκ διαστήματος ἡμέρας τοῦ πρόσω βαδίζειν κωλυθείς, μεθ᾽ ἡμέρας τινὰς μετεπέμφθη πρὸς τὴν ἐρώτησιν. Ἔξωθεν δὲ δεξάμενος τοῦτον ἔφιππος ὁ Βρυέννιος πεζὸν εἶδεν ἐν ἀκάνθαις ἱστάμενον καὶ παρὰ τῶν ἀμφ᾽ αὐτὸν κατειρωνευόμενον. Μηκέτι δὲ τὰς συνθήκας δεξάμενος, ἀτίμως τοῦτον ἀπέπεμψεν, ὅπερ οὐδ᾽ εἰς ἐθνάρχου τῶν εὐτελεστέρων πρέσβυν νόμος τοῖς ἀληθῶς βασιλεῦσι ποιεῖν· ἱερὸν γὰρ σῶμα ὁ πρέσβυς λελόγισται, οἷα τοῖς ἀντιθέτοις μεσίτης | γινόμενος καὶ τὴν εἰρήνην διαπορθμεύων καὶ πολλὰ τῶν ἀμφισβητημάτων ὡς ἐπίπαν καταπραΰνων καὶ πολεμικὰς περιστάσεις ἀποσοβῶν. Ἔπεσε δὲ τηνικαῦτα ἐξ αὐτομάτου ἡ τοῦ Βρυεννίου σκηνή, τοῦ ὀρόφου ταύτης παραλυθέντος κυκλόθεν ἀοράτοις χερσίν, ὅπερ καταστροφῆς αὐτοῦ σύμβολον ἀψευδὲς τοῖς συνετοῖς διεγνώσθη, ἐπεὶ καὶ πρό τινων ἡμερῶν ἔκλειψις τῆς σελήνης γεγονυῖα τὴν πτῶσιν αὐτοῦ καὶ αὐτὴ κατεμήνυσε. Τεκμαίρειν γὰρ τὴν σελήνην εἰς τοὺς ἀποστάτας οἱ περὶ τὰς τῶν φωστήρων δινήσεις δεινοὶ καὶ μαθηματικοὶ λέγουσι καὶ τὸ πάθος ταύτης πάθος τοῦ ἀποστατοῦντος προκαταγγέλλειν.

3 Ἐπανελθόντος δὲ τοῦ τοιούτου πρέσβεως, καταγελάσας ὁ βασιλεὺς τῆς τοῦ Βρυεννίου θρασύτητος, ἔργων πολεμικῶν καὶ στρατηγημάτων ἐπιμελῶς εἴχετο καὶ τὴν τοῦ τυράννου κατάλυσιν εὐθαρσῶς προηγόρευεν, ἐκ τῆς ἄνω ῥοπῆς καὶ βουλῆς καὶ τῆς ἰδίας εὐβουλίας καὶ γενναι-

protoproedros and *megas hetaireiarches.*[330] When he reached the rebel, he was not immediately received as an emissary of the emperor, nor was he granted an audience as is usual among those who are encamped in tents outdoors. He was rather prevented from proceeding with his mission for the duration of a day and only after a number of days was he granted an audience. Bryennios received him outside seated atop his horse, while he had to stand in a bed of thorns and was being mocked by the people around him. Still rejecting the terms, he dismissed him dishonorably, in a way that custom would not allow even true emperors to treat the envoy of a most lowly barbarian leader, for the ambassador is thought to be a sacred person, as he is a mediator between opposing sides, [287] brokers peace, assuages many contentious issues, and averts the conditions of war. At that time Bryennios's tent collapsed of its own accord, as invisible hands loosened the bonds of its roof on all sides, and this was interpreted by those with insight as a sure sign of his demise, given that only a few days earlier an eclipse of the moon had occurred which also presaged his impending downfall. For those who are astronomers and experts in the motion of the heavenly bodies say that the moon reveals the fate of rebels and that changes in its condition announce changes in the rebel's fate.

When this ambassador returned, the emperor laughed at 3
Bryennios's insolence. He then diligently occupied himself with deeds of war and stratagems and boldly predicted the rebel's defeat, basing his infallible conviction that he would prevail on the inclination and will of the divine as well as

ότητος τῆς νίκης ἔχων ἀψευδῆ τὰ ἐνέχυρα. Ἀλλὰ καὶ οἱ ἐν τέλει πάντες δι᾽ ὀργῆς ἐποιήσαντο τὴν τοῦ Βρυεννίου ἀπανθρωπίαν καὶ ἀδιάκριτον γνώμην, μὴ διακρίναντος τήν τε τῶν προγόνων τοῦ βασιλέως εὐγένειαν καὶ τὴν ἄνωθεν περιλάμπουσαν αὐτοὺς ἐν τοῖς πολεμικοῖς ἀνδραγαθήμασιν ἀρετὴν καὶ τὰ κατὰ τῶν ἐχθρῶν ἀγωνίσματα καὶ παλαίσματα καὶ τὴν αὐτοῦ τοῦ βασιλέως λαμπρότητα καὶ ὑπεροχὴν ἐν ἀξιώμασι καὶ πολεμικοῖς ἀγωνίσμασι καὶ τὸ ἀγενὲς τῆς ἑαυτοῦ φατρίας καὶ συγγενείας, | ὅτιπερ δουκικὰς ἀρχὰς ἐχόντων τῶν Βοτανειατῶν κἀν τῇ δύσει καὶ διαβοήτων ὄντων περὶ τὰ κράτιστα, οἱ τούτου πρόγονοι οὐδὲ παραστῆναι τούτοις ἠδύναντο καὶ τάξιν πληρῶσαι ὑπηρετῶν, ἀφανεῖς ὄντες καὶ μηδὲ τοῖς εὐτελεστέροις τῶν ἀξιωμάτων ἐν τάγματι στρατιωτικῷ συνταττόμενοι, οὐδ᾽ ὅτι ἐκ τῆς ἑῴας εὐπατρίδης ὁ βασιλεὺς πέφυκεν, αὐτὸς δ᾽ ἑσπέριος καὶ δυσγενής ἐστι κατὰ σύγκρισιν. Καὶ διατοῦτο κοινῶς αὐτὸν ἀπεκήρυττον ἅπαντες καὶ ὅρκῳ πληροφορήσαντες μέχρις αἵματος διαγωνίσασθαι κατ᾽ αὐτοῦ, τὰ εὔορκα ψηφίσασθαι τῷ ἐπουρανίῳ βασιλεῖ καθικέτευον.

4 Ἀλλ᾽ ὁ βασιλεὺς τὰ πρὸς τὸν πόλεμον ἐξαρτύων καὶ πάντα κατὰ λόγον καὶ τρόπον συνέσεως καταρτίζων ἐν τῷ ἀσφαλεῖ καὶ δυνάμεις ῥωμαϊκὰς ἐκ Κρήτης συναθροίσας εἰς τὸ πρὸ τῆς Πόλεως πεδίον καὶ Τούρκους διαπεραιωσάμενος καὶ καταριθμήσας τοῖς ἑαυτοῦ στρατιώταις, οὓς ὁ πρὸ αὐτοῦ βασιλεὺς ὁ Μιχαὴλ πολλαῖς ἐπαγγελίαις καὶ δώροις ἀμέτροις οὐκ ἠδυνήθη συμπεῖσαι καὶ περαιῶσαι πρὸς τὰ ἑσπέρια, ἐπείθοντο γὰρ καὶ ὑπέκυπτον τῷ Βοτανειάτῃ μᾶλλον ἢ ἑαυτοῖς, ὡς ἕλκοντι πάντας πρὸς τὸν

his own good judgment and bravery. All those in office were also outraged over Bryennios's inhumanity and undiscerning judgment, for he recognized neither the nobility of the emperor's ancestors, nor their virtue, which shone upon them from above[331] in their martial exploits and their struggles and contests against the enemy, nor the emperor's own brilliance and superiority in offices and martial contests, and the ignobility of his own clan and relatives. [288] For while the Botaneiatai had held the office of *doux* in the west and were famous for the way they had exercised its authority, his own ancestors could not compare to them even in their capacity as servants, for they were unknown and did not hold even the most petty ranks in military orders. Furthermore, while the emperor was a patrician from the east, he was, by comparison, a lowborn westerner. Thus everyone in unison renounced him and swore an oath that they would resist him to the death, imploring the heavenly King to confirm the sincerity of their oaths.

The emperor was now making preparations for war, arranging everything according to reason and in a prudent 4
fashion for security. He assembled Roman forces from Crete in the plain before the City and ferried Turks across the straits and enlisted them among his own soldiers, those whom the previous emperor Michael had failed to persuade to be ferried across to the western parts despite his many promises and countless gifts. But they were persuaded and submitted to Botaneiates more than to their own will, for he attracted everyone with a longing for his very person.

πόθον αὐτοῦ, ἀρχηγὸν τοῦ πολέμου προχειρίσασθαι διεσκέπτετο· ἱκανώτατος δὲ ὢν συμβαλεῖν τὸ δέον καὶ κατανοήσασθαι ἄνθρωπον, ὁ Βοτανειάτης τὸν νωβελλίσιμον Ἀλέξιον τὸν Κομνηνόν, ὃς τὸν Ῥουσέλιον ἐν τῷ θέματι τῶν Ἀρμενιακῶν εὐμηχάνως ἐχειρώσατο καὶ διέσωσεν | εἰς τὴν βασιλεύουσαν, ἄξιον τῆς τοιαύτης ἡγεμονίας ἔκρινε καὶ δομέστικον τοῦτον προχειρισάμενος μετὰ τῶν αὐτοῦ δυνάμεων ἐξαπέστειλε, νέον μὲν τὴν ἡλικίαν, φρονήσει δὲ καὶ διανοίας σταθηρότητι γεραρὸν καὶ πρὸς μάχας καὶ πολέμους ἑδραῖον καὶ ἀπερικτύπητον καὶ τῇ πρὸς τὸν βασιλεύοντα πίστει θανατηφόρους πληγὰς μὴ δειλιῶντα καὶ ταπεινούμενον, ὃς τὰς δυνάμεις ἀνειληφὼς κατὰ τοῦ Βρυεννίου μετὰ παρασκευῆς καὶ βουλῆς τῆς δεδομένης αὐτῷ παρὰ τοῦ βασιλέως ἐβάδιζε. Καὶ πρὸς τόπον Γαλαβρύην ἐπονομαζόμενον διαναπαύων τὸν στρατόν, ἔμαθε παρὰ τῶν σκοπῶν ὡς ὁ Βρυέννιος ἐγγίζει πανστρατιᾷ τῆς Μεσήνης ἀπαναστάς. Ὁ δὲ Τούρκους ἐξαποστείλας νυκτὸς ἐπιφανῆναι πρὸς ἡμέραν τοῖς ἐναντίοις ἐκέλευσε καὶ φόβον ἐνσεῖσαι τούτοις καὶ ταραγμὸν ἐκ τῆς σκοπιᾶς φαντάζοντας πόλεμον καὶ οὕτω κατασεῖσαι μὲν τὰς τῶν ἀντιθέτων ψυχάς, ταραχὴν δὲ τῷ στρατοπέδῳ ἐμποιῆσαι τούτου ἀνυπόπτως ἔτι βαδίζοντι καὶ οὕτως ὑποστρέψαι καὶ μὴ πρὸς χεῖρας τούτοις ἐλθεῖν, εἴ τινας δὲ εὕροιεν ἀποσπάδας, τούτοις ὡς ὁ καιρὸς διδοῖ χρήσασθαι.

5 Τούτου δὲ γενομένου, οἱ μὲν τοῦ Βρυεννίου στρατιῶται ταράχου πλησθέντες τὰς ψυχὰς κατεσπάσθησαν, οἱ δὲ Τοῦρκοι πολλοὺς ἀποσπάδας καταβαλόντες κἀν τούτῳ τῷ ἔργῳ τοὺς Βρυεννίτας καταμοχλεύσαντες, ὑπέστρεψαν εἰς

Botaneiates decided to appoint a commander for the war, and, being most capable of realizing what had to be done and of finding the right man for it, he thereby determined that the *nobellisimos* Alexios Komnenos was worthy of this command, he who had cunningly apprehended Rouselios in the Armeniac *thema* and safely brought him [289] to the Reigning City.[332] Appointing him *domestikos,* he sent him out with his own forces. He was young in age but mature in mind and steady of thought, reliable and unbeatable in battles and war, and so loyal and deferential to the emperor that he would not hesitate to take deadly blows on his behalf. Taking up command of the army, he marched out against Bryennios with the equipment and orders given to him by the emperor. As he was resting the army at a place named Galabrye, he learned from his scouts that Bryennios and his entire army were approaching, having departed from Mesene. He dispatched some Turks at night with orders to appear before the enemy during the day and put fear into them, to rattle them by giving their scouts the impression that they were seeking battle, and in this way to shake the enemy's morale and fill their army with commotion, as it was marching without suspecting that the enemy were nearby. But then they were to turn back without giving battle, unless they should happen upon any detached units, in which case they were to act as circumstance required.

When this happened, the soldiers of Bryennios were in 5
fact thrown into disorder and their morale was shaken, while the Turks eliminated many of them who were detached from the main army, thereby disrupting the supporters of

τὸν ἴδιον στρατόν, τὸν πόλεμον ἐγγίζειν αὐτῷ καταγγέλλοντες. Ὁ δὲ διαταξάμενος τὰ προσήκοντα καὶ πάντας παραγγελίαις στρατηγικαῖς | κατασφαλισάμενος καὶ τὸν τόπον τοῦ πολέμου τόπον ζωῆς ἢ τάφου γενέσθαι τούτοις βεβαιότερον παρεγγυησάμενος καὶ παρὰ τῶν στρατιωτῶν λαβὼν τὰ πιστὰ καὶ ἄγειν αὐτοὺς κατὰ τοῦ τυράννου μετὰ προθυμίας ἀκηκοώς, συντεταγμένην ἔχων τὴν στρατιὰν ἐπορεύετο. Φανέντων δὲ τῶν σημείων ἀμφοῖν καὶ τὸ ἐνυάλιον ἀλαλαξάντων ἑκατέρων, πόλεμος συνέστη καρτερὸς καὶ ἐπίδοξος· οἱ μὲν γὰρ τοῦ βασιλέως θράσει καὶ προθυμίᾳ τὸ πλῆθος τῶν ἐναντίων περιεφρόνουν καὶ ἐν δευτέρῳ ἐτίθεντο, οἱ δὲ περὶ τὸν Βρυέννιον πολυπλασίους ὄντες, ἐφιλονείκουν ἀνθίστασθαι καὶ διατοῦτο γέγονε φόνος ἐξ ἀμφοτέρων πολὺς καὶ φόβος οὔτι μικρός. Ὡς δὲ τοῦ καιροῦ προϊόντος, ἐξαίσιόν τι χρῆμα ἐδόκουν οἱ τοῦ βασιλέως στρατιῶται καὶ λοχαγοί, τοῖς δόρασιν ἐμπίπτοντες τῶν ἐναντίων καὶ τὰς φάλαγγας αὐτῶν διακόπτοντες, ἤρξαντο πάσχειν ἐκεῖνοι τὰς ψυχὰς καὶ κατὰ μικρὸν ὑπορρεῖν, ἐξαιρέτως δὲ τὸ προσὸν αὐτῷ σκυθικόν· εἶχε γὰρ συμμαχοῦν Πατζινάκων πλῆθος πολύ, οἳ καὶ ὀπισθόρμητοι γεγονότες, τὰς σκηνὰς τῶν Μακεδόνων ἐσκύλευσαν καὶ διήρπασαν.

6 Ὡς δ᾿ ἑώρα ὁ Βρυέννιος τῶν ταγμάτων αὐτοῦ τὴν ἧτταν καὶ τὸ τεθορυβημένον καὶ σφαλερόν, τοὺς κρατίστους ἄρας τῶν λόχων καὶ τὰ τῶν ταγμάτων αὐτῷ παρεπόμενα, αὐτὸς δι᾿ ἑαυτοῦ τὸν ὑπὲρ παντὸς ἀγῶνα κροτήσειν ὥρμησεν· ὁ δὲ τοῦ βασιλικοῦ στρατοπέδου τὴν ἡγεμονίαν ἐπέχων, συντεταγμένας ἔχων | δυνάμεις, τὴν τούτου

Bryennios. They then returned to their own army, announcing the impending battle. Alexios gave all the appropriate orders, securing the army with a strategic battle order, [290] and indicated in no uncertain terms that the field of battle would be a place of life or death for them. Receiving declarations of loyalty from the soldiers and hearing that they would willingly be led against the rebel, he marched with the army in formation. And when the standards appeared to both of them and the battle cry was raised from the two sides, a strongly contested and glorious battle was joined, as the emperor's men with boldness and an eager spirit scorned the great number of the enemy and held them of lesser account, while those with Bryennios, being many times more numerous, rivaled each other in resistance. As a result, there was much killing on both sides and great terror everywhere. As time passed, the soldiers and unit commanders of the emperor gave evidence of a most wondrous heroism, falling on the spears of the enemy and so disrupting their phalanxes, so that the latter started losing morale and slowly giving way, especially the Skythians who were with him, for he had a large allied Pecheneg host, who now in retreat looted and plundered the tents of the Macedonians.

When Bryennios saw the defeat of his regiments, their 6
confusion, and perilous situation, he took the best of his units and the units that attended him and personally rushed to join in the battle over the ultimate prize. But the commander of the imperial army, [291] having his forces in order,

προσβολὴν ἰσχυρῶς ἀπεκρούσατο, καὶ συστάντος πολέμου, φιλοτιμουμένων ἀμφοτέρων περὶ τῆς νίκης, καταπληκτική τις συντονία καὶ μάχη γέγονεν. Ὡς δ᾽ οἱ τοῦ βασιλέως στρατιῶται τὸ καρτερὸν καὶ ἀνένδοτον τῆς ἀνδρίας εἰσέφερον καὶ πληγῶν καὶ θανάτου ἀλογοῦντες ἐδείκνυντο καὶ βαλλόμενοι μᾶλλον πλέον κατὰ τοῦ πολεμήτορος ἠγριαίνοντο καὶ πλείους τῶν τοῦ Βρυεννίου ἀνῄρουν καὶ κατηκόντιζον, σύνθημα δοὺς τοῖς τὸν λόχον ἔχουσι Τούρκοις ὁ Κομνηνός, οὓς εἰς καιρὸν ἀπεκρύψατο χρείας, παραβοηθῆσαι τοῖς οἰκείοις προσέταξεν· οἳ καὶ παρ᾽ ἐλπίδα φανέντες ἐπὶ τοῦ λόφου καὶ τοῖς ἐναντίοις ἐπιχυθέντες καὶ τοῖς τοξεύμασι βάλλοντες ἐκ μέρους τοῦ τὸν λόφον ἐγκάρσιον ἔχοντος, τροπὴν αὐτῶν μετὰ τῶν συμπολεμούντων Ῥωμαίων εἰργάσαντο. Καὶ τηνικαῦτα ἑάλω μὲν ὁ Βρυέννιος ζῶν, οἱ δὲ περὶ αὐτὸν διασκεδασθέντες ἡγεμόνος κακοῦ κακίστας εὗρον τὰς ἀντιχάριτας· ἔπεσον γὰρ καὶ συχνοί, ἑάλωσαν δὲ οὐχ ἥττονες καὶ μᾶλλον οἱ τῶν ἄλλων προέχοντες. Ὁ δὲ Βρυέννιος αἰχμάλωτος ἀχθεὶς τῷ παρὰ βασιλέως εἰληφότι τὴν τοῦ πολέμου ἐξουσίαν, πολλὰ τῆς δυσβουλίας καὶ τῆς ἀνοίας κατεγνώσθη, ὅτι τὸ μέτρον αὐτοῦ περὶ τὰς πράξεις ἠγνόησε, ταχέως δὲ τῷ βασιλεῖ τοῦτον πέμψας, καὶ τὰ τῆς νίκης εὐαγγέλια διὰ γραφῆς συνεξέπεμψεν.

7 Ὁ δὲ βασιλεὺς ἀσμένως τὴν ἀγγελίαν δεξάμενος καὶ τῇ Παναχράντῳ δεσποίνῃ καὶ Θεοτόκῳ τὰς προσηκούσας ἀπονείμας εὐχαριστηρίας, διὰ ταχέων ἐκπέμπει | δημίους τοὺς ὀφθαλμοὺς τοῦ Βρυεννίου ἐκκόψοντας ἐν ᾧπερ τόπῳ τουτῳὶ συναντήσουσιν· ᾔδει γὰρ ἀσύμφορον εἶναι τὸν

powerfully resisted his charge and, as the contest was joined and both sides strove for victory, a stunningly intense battle ensued. While the soldiers of the emperor demonstrated the staunch tenacity of their courage and disregarded their wounds and death—for being struck only enraged them further against the enemy and they killed even more of Bryennios's men, spearing them to death—Komnenos gave a signal to his unit of Turks, whom he had kept in reserve for use in a moment of need, ordering them to assist his men. They suddenly appeared on a hilltop, pouring down on the enemy while shooting their arrows from a point on the hill where the ground cut it at a right angle, and, along with the Romans who were fighting with them, caused a rout. At that point Bryennios was captured alive while those around him scattered, and the outcome was for them as bad as for their leader, for many fell and no fewer were captured, especially those who were higher ranked. Bryennios was led captive before the one whom the emperor had entrusted with command of the war, and was thoroughly condemned for his evil plans and foolishness because of which he had lost all sense of proportion in his actions. Alexios promptly sent him to the emperor, dispatching with him a written announcement of the victory.[333]

The emperor received the announcement gladly and gave 7
fitting thanks to the all-pure Lady, the Mother of God. He quickly dispatched [292] executioners to cut out Bryennios's eyes wherever they should encounter him. For he knew that

βασιλειῶντα τοῦτον τοὺς ὀφθαλμοὺς ἔχειν, ὡς μὴ δυνάμενον ἀληθῶς ἐν ἰδιώτου σχήματι ἠρεμεῖν, ἀλλὰ πράγματα προξενεῖν. Καὶ πολλοὺς δι' αὐτὸν κατηγορίαις θανασίμοις μὴ ἀνασχόμενος ὑποβάλλεσθαι, τῆς τῶν πολλῶν σωτηρίας καὶ τῆς αὐτοῦ ἠρεμίας καὶ ἀναπαύσεως τοὺς ὀφθαλμοὺς αὐτοῦ ἀντηλλάξατο. Καὶ δείξουσιν ἀληθῆ τὸν λόγον τὰ μετὰ ταῦτα γεγονότα παρὰ τοῦ βασιλέως εἰς τοῦτον εὐεργετήματα.

8 Τέως δὲ παραστὰς εἰς τὴν ὑστεραίαν τῷ βασιλεῖ ὁ Βρυέννιος τοὺς ὀφθαλμοὺς ἔχων διαβρόχους τῷ αἵματι, ὁπότε καὶ αὐτὸς ὁ ταῦτα συγγράφων χαριστήριον λόγον ἀνέγνων τῷ βασιλεῖ, οὐκ ἀδίκως οὐδ' ἀνευλόγως παρ' αὐτοῦ ὠνειδίσθη, ἔφη γὰρ πρὸς αὐτόν·

9 «Ὦ δυσμείλικτε καὶ δυστυχέστατε ἄνθρωπε, τί τοῦτο ἐποίησας καὶ ἀντὶ τῆς εἰρήνης καὶ τῆς δεδομένης σοι παρ' ἡμῶν εὐτυχίας, ἧς οὐκ ἦς ἄξιος, τὴν μάχην ἠσπάσω καὶ ἀφειδῶς ἔσχες πρὸς τὰς σφαγὰς τῶν Χριστιανῶν, ἢ οὐκ ᾔδεις, θνητὸς ἄνθρωπος ὤν, λόγους ἀπαιτηθησόμενος τῆς τῶν πεσόντων σφαγῆς; Ἐμοὶ μὲν γὰρ τὸ κράτος θεόθεν ἐπεψηφίσθη καὶ τῇ θείᾳ ψήφῳ πάντες οἱ τῆς βασιλευούσης ἀκολουθήσαντες, ἀναιμωτὶ καὶ χωρὶς κινδύνων βασιλικῶς ἐν εὐθυμίαις καὶ χάρισιν εἰς τὰ βασίλεια ὑπεδέξαντο, προϋπαντήσαντες μετὰ τοῦ στόλου παντὸς καὶ τοσοῦτον θαλάσσης | ἀνακομίσαντες πλοῦν. Καὶ τὸ βασίλειον διάδημα ἐκ θείας χάριτος ἐπεβραβεύθη μοι καὶ ἡ τοῦ Θεοῦ κρίσις ἤδη τὸν ἔλεγχον καὶ τὸ ἀποτέλεσμα τῆς ἀποφάσεως δέδωκε. Σὺ δὲ προσεχὴς τῇ βασιλευούσῃ τυγχάνων καὶ διὰ τοῦ ἰδίου αὐταδέλφου δυνάμεις στρατιωτικὰς

it was disadvantageous for a man who sought the imperial throne to retain his sight, as he was truly incapable of settling down as a private individual, but would stir up trouble. And as he could not bear to bring capital charges against many people for his sake, he purchased the salvation of the many and his own peace and repose in exchange for that man's eyes. That this was true is proven by the emperor's benefactions toward him afterward.[334]

Presenting himself before the emperor on the following day, his eyes still drenched with blood—at which time I who am writing this presented an oration of thanks to the emperor—Bryennios was neither unjustly nor without reason castigated by Botaneiates, who said to him: 8

"O most obdurate and unfortunate man, why did you do this, and instead of peace and the happiness that we granted you, of which you are not worthy, you chose battle and veered without restraint into the slaughter of Christians? Or did you not know that, being a mortal man, you would have to account for the slaughter of those who fell? Power was given to me by God and everyone in the Reigning City obeyed the divine verdict and received me into the palace as an emperor, without bloodshed, without perils, in joy and in mirth, coming out to greet me with the entire fleet and escorting me over such a long [293] sea voyage. The imperial diadem was awarded to me by divine grace and the judgment of God had already tested and validated that decision. As for you, you happened to be near the Reigning City, invested it with armed forces under your brother's command, and 9

ἐπιστήσας αὐτῇ καὶ πολλὰ θυραυλήσας, οὐ μόνον ἀνάξιος ἐκρίθης τοῦ πράγματος, ἀλλὰ καὶ ὕβρεσιν ἠτιμάσθης πολλαῖς καὶ παροινίαις ἐβλήθης. Καὶ κατὰ τοῦτο οὐκ ἔδει σε μετὰ τὴν ἐμὴν ἀναγόρευσιν τὰ κρίματα τοῦ Θεοῦ καταιδεσθῆναι καὶ συμβαλεῖν καὶ διανοήσασθαι τὰ συμβεβηκότα ὅτι ὑπὲρ ἀνθρωπίνην εἰσὶν ἰσχύν; Ἀλλ' ἐλύττησας καὶ κατὰ τῶν δεδογμένων αὐτῷ τῷ Θεῷ καὶ κατ' ἐμοῦ τοῦ παρ' ἐκείνου προβεβλημένου καὶ πάσης ὁμοῦ τῆς βασιλευούσης καὶ ὅπλα ἐτόλμησας ἆραι καὶ ἀνθρωπίνων σαρκῶν ἀπογεύσασθαι διεσκέψω καὶ θεόμαχος ἐν τοσούτῳ γενέσθαι καὶ τῆς ἱερᾶς συνόδου καὶ τῆς συγκλήτου πολέμιος καὶ πάντων τῶν πειθαρχησάντων τοῖς θείοις νόμοις καὶ κρίμασιν. Ὢ τῆς ἀνοίας τῆς σῆς, ὅτι μηδὲ τὸ πρόχειρον τοῦτο συνῆκας καὶ κατενόησας, ὡς τὸ ᾀδόμενον στοιχεῖον τὸ Ν' ἁπλοῦν μόνον καὶ οὐ διπλοῦν τοῖς ταῦτα κατασκοποῦσιν εὑρίσκετο.»

10 Καὶ πολλὰ ἕτερα δημηγορήσας εὐφυῶς ὁ κρατῶν καὶ καταγνοὺς τούτου μακρὰν τὴν εὐήθειαν, ἀπέλυσεν αὐτὸν εἰς τὸν καταγέλαστον θρίαμβον μετὰ τῶν πρώτων τῆς συμμορίας αὐτῶν. Ἕτερον δὲ οὐδένα τῶν ἄλλων δι' αἵματος ἠνέσχετο τιμωρῆσαι ὁ βασιλεύς, ἀλλὰ καὶ μᾶλλον ἰσόθεον πρᾶγμα | πεποίηκε, πάντας τοὺς συναποστατήσαντας τῷ Βρυεννίῳ, στένοντάς τε καὶ τρέμοντας τοὺς περὶ ἐπιβούλων νόμους καὶ τὴν τῶν ἡμαρτημένων δεινὴν ἐπεξέλευσιν, συμπαθείας καθολικῆς ἀξιώσας καὶ τὰς οὐσίας αὐτοῖς δι' ἄφατον εὐσπλαγχνίαν οὐκ ἀποκεκληρωκώς, πλὴν τριῶν ἢ τεσσάρων οἷς τὸ τοῖς οἰκείοις ἐμφιλοχωρεῖν οὐκ ἀκίνδυνον ἦν, ἀλλὰ καὶ τούτοις ἀντιπαροχαῖς ἑτέρων

waited outside the gates for a long time, but not only were you judged unworthy of your goal, you were also disgraced by many insults and assailed with taunts. On the basis of that, should you not have respected and consented to the verdict of God after my acclamation and should you not have understood that what happened lay beyond human control? Instead, you rabidly raged against both what God himself had decreed and against me, who have been put forward by him, and against the entire Reigning City, and you decided to raise arms and to taste human flesh, becoming, in this way, an enemy of God, the Holy Synod, the Senate, and of all who submit to divine laws and verdicts. O this insanity of yours, you did not even understand this simple thing, that those who study these matters know that the letter *n* in the verses is single and not double."[335]

10 The ruler cleverly lectured him like this at length, condemning the extent of his naïveté, and then released him to be shamefully paraded along with the leaders of his gang. On none of the others, however, did the emperor decide to impose corporal punishment; rather, he did something that made him equal to God himself: [294] all those who rebelled with Bryennios, who were moaning and trembling because of the laws against conspirators and the harsh vengeance that awaited those who committed that sin, he deemed worthy of total amnesty. Out of ineffable compassion he did not deprive them of their property either, though he made an exception for three or four of them, whom it would not have been safe to leave in possession of their property, but even in their case he gave them others in exchange, making his

ἰσοτάλαντον τὴν φιλοτιμίαν εἰργάσατο. Οὐ μόνον δ᾽ ἐν τούτοις τὸ φιλότιμον ταῖς βασιλικαῖς εὐσπλαγχνίαις ἐστήσατο, ἀλλὰ καὶ τιμαῖς παντοδαπαῖς αὐτὸν κατεκόσμησεν, ἐνίους δὲ καὶ χαρίσμασιν, ὡς πάντας ἔκπληξιν κατασχεῖν τῷ ἀνεξιχνιάστῳ τῆς αὐτοῦ ἀγαθότητος.

35

Οὕτω μὲν οὖν θύοντος τοῦ βασιλέως τὰ χαριστήρια καὶ τῷ Θεῷ τὴν εὐαρέστησιν διὰ τῆς ὑπερβαλλούσης εὐποιΐας εἰσφέροντος, οὐκ ἤνεκγεν ὁ τοῖς ἀγαθοῖς βασκαίνων δαίμων τὴν τοσαύτην τῶν ἀνθρώπων εὐδαιμονίαν καὶ τὸν πλοῦτον τῆς ἀγαθότητος διαταράξαι κατὰ τὸ εἰθισμένον αὐτῷ μελετήσας, ἀνίστησι τοῖς τὴν φυλακὴν ἔχουσι τοῦ παλατίου θυμοφθόροις ἀνδράσι καὶ ἐθνικοῖς, κακίστην ὁρμὴν καὶ τόλμαν μιαιφόνον καὶ ἀγριότητος γέμουσαν. Περὶ δείλην γὰρ ὀψίαν ἀσπίσι καὶ ὅπλοις κατὰ τὸ ἀρχῆθεν ἐπικρατοῦντες τὴν παράστασιν ἐνώπιον τοῦ κρατοῦντος καὶ τῆς τάξεως ἀποπληροῦντες τὸ συνεχές, ὁρμῇ μεγάλῃ καὶ φονικῇ καὶ θυμῷ | ζέοντι κατ᾽ αὐτοῦ τοῦ βασιλέως ἐξώρμησαν, προκύπτοντος ἐπ᾽ αὐτοὺς ἐν ὑπερῴῳ τινὶ τῶν

benefactions equal to what they had lost. Nor was the generosity of his imperial compassion limited to that, for he also adorned Bryennios with all kinds of honors, while to some he offered grants, so that everyone was overcome with wonder at the inscrutable nature of his goodness.[336]

Chapter 35

More plots and rebellions against Botaneiates

In this way did the emperor offer thanks and please God through his overwhelming munificence, but the demon begrudging the virtuous could not bear to behold such happiness prevailing among people and so he planned, as was only in his nature, to confound this wealth of goodness. He spurred within the raging spirits of the foreign men who guard the palace[337] an evil impulse and an audacity full of murder and savagery. Around dusk, while holding, according to tradition, their shields and weapons and presenting themselves in tight formation before the ruler, they rushed against him with a great and murderous charge, burning [295] with rage, as he was leaning out over them from one of

βασιλικῶν διαδρόμων ὑπαίθρῳ. Καὶ οἱ μὲν τόξοις χρησάμενοι βέλη κατὰ τούτου ἀφῆκαν, οἱ δ' ἄλλοι ταῖς ἀναγούσαις εἰς αὐτὸν ἐπερεισάμενοι κλίμαξιν, ὠθισμῷ μεγάλῳ τὴν κατ' αὐτοῦ ξιφήρεις ἐβιάζοντο ἄνοδον. Τότε δὴ καί τις τῶν πλησίον αὐτοῦ ἱσταμένων ὑπογραφέων τὴν τοῦ βέλους ἀκμὴν ἥρπασε κατὰ τοῦ τραχήλου καὶ τὸ ζῆν αὐτίκα περιωδύνως ἀπέρρηξεν. Ὁ δὲ βασιλεύς, ἀπαράσκευος ὢν διὰ τὸ τῆς ἐπιβουλῆς ἀπρόοπτον καὶ ἀνέλπιστον, οὐκ εἶχε μὲν καρτερὰν συμμαχίαν εἰς τὴν αὐτῶν ἀποσόβησιν, συνήθης δὲ ταῖς ὁπλομαχίαις τυγχάνων καὶ ταῖς κατὰ πόλεμον ἀντιπαρατάξεσιν, οὐκ ἐθροήθη καὶ δρασμὸν ἐβουλεύσατο, ὃ πάντως πεποίηκεν ἂν ἕτερος ἐν μέσῳ βελῶν καθεστώς· ἀλλ' ἀναλαβὼν ἑαυτόν, σὺν ὀλίγοις τοῖς ἐκεῖσε περιτρέχουσιν ἐν κόσμῳ καὶ τάξει καὶ ἀτρέστῳ φρονήματι ἐρρωμένως ἠμύνατο. Καὶ τοὺς ἀπανθρώπους βαρβάρους θυμῷ ζέοντας ἀδίκῳ καὶ βεβακχευμένους τῇ μέθῃ, περὶ δείλην γὰρ ἦν ὀψίαν, ὅτε τούτοις ἀφῄρητο τὸ φρονεῖν διὰ τὴν ἄγαν οἰνοφλυγίαν καὶ τὴν τοῦ ἀκράτου μετάληψιν, ἀκρατῶς γὰρ τούτου μεταλαμβάνουσι, τῶν κλιμάκων ἀπεώσατο καὶ ἀνυποίστῳ φορᾷ κατὰ γῆς ἐπὶ τραχήλου καὶ κεφαλῆς κατηκόντισεν, οἱ δὲ καὶ αὖθις ἀπηναισχύντουν καὶ φιλονεικοῦντες ἦσαν πρᾶξαί τι θεοβλαβείας ἔργον ἐξάγιστον. Ὡς δὲ κατὰ μικρὸν ἐπισυνηθροίζοντο οἱ τῷ βασιλεῖ τὴν φρουρὰν ἀποπληροῦντες Ῥωμαῖοι, συνέστη μὲν πόλεμος ἐπὶ χρόνον τινά, τὴν | ἥττω δὲ οἱ βάρβαροι κληρωσάμενοι τῶν οἰκείων ἐπάλξεων ὡς φρουρίου τινὸς ἀντείχοντο, ἀπονενέμηται γὰρ αὐτοῖς ἄκρα τις ἐν τῷ παλατίῳ μετέωρος εἰς κατοίκησιν, ἕως ἀπειρηκότες τῇ βασιλικῇ

the elevated and exposed passageways of the palace. Some, using bows, shot arrows at him, while others attempted to climb the stairs that led up to him and forced the ascent with their swords and much pushing and jostling. It was at that moment also that one of the secretaries who was standing beside him was struck in the neck by the point of an arrow and forthwith ended his life in excruciating pain. The emperor was unprepared because of the sudden and unexpected nature of the attack, and did not have a strong enough force at hand to suppress it. Yet, as he was used to hand-to-hand combat and the confrontations of war, he did not panic and did not consider fleeing, as anyone else would surely have done if he were being shot at on all sides. Gathering his wits, he defended himself valiantly along with a few others who were present, fighting with disciplined order and fearless purpose. He pushed those inhuman barbarians away from the stairs—they were burning with unjust wrath and were already thoroughly drunk, as it was late in the evening, when they lose the ability to think on account of their excessive guzzling of unmixed wine, for they cannot drink enough of that—and, with his irresistible force, hurled them to the ground on their necks and heads. But they became utterly shameless and were contending over who would do the most abominable injury to God. But slowly the Romans who made up the emperor's guard gathered and battle was joined lasting a long time, [296] whereupon the barbarians had the worst of it. Still they resisted, using their own ramparts as a kind of fort—for an elevated citadel in the palace is set aside for their habitation—until, worn out by the

δυνάμει καὶ δεξιᾷ τὰς ἑαυτῶν κακίας ἐξέληξαν καὶ συγγνώμην αἰτήσαντες εὗρον ἐπικαμπτομένην αὐτοῖς τὴν τοῦ βασιλέως εὐμένειαν.

2 Οὕτως οὖν καὶ ταύτην τὴν ἐπιβουλὴν θεοτεύκτῳ εὐψυχίᾳ καταγωνισάμενος, παντὶ μὲν πλήθει τῶν σωματοφυλακτούντων βαρβάρων τιμωρίαν οὐκ ἐπεστήριζε, δεομένους δὲ μᾶλλον καὶ τὰς ὄψεις εἰς γῆν ἐπερείδοντας κατῳκτείρησε, συμπαθείας τε ἐπηξίωσε καὶ ὑποθήκαις χρησταῖς φρονεῖν παρεσκεύασεν ὡς οὐκ ἂν αὐτὸν ζητοῦσαι περιτρέψαι δυνηθεῖεν πολλαὶ μυριάδες ἀνδρῶν ἐκ Θεοῦ λαβόντα τὴν ἡγεμονίαν. Τινὰς δὲ τούτων, ὅσοι πρὸς τὴν τοῦ βελτίονος μεταβολὴν ἀπεγνωσμένοι ἦσαν ἰδεῖν καὶ τῇ κρίσει καὶ ἀναζητήσει τοῦ βασιλέως καὶ ταῖς προσηκούσαις ἀπειλαῖς καὶ παρ᾽ αὐτῶν τῶν ὁμοφύλων ἠλέγχθησαν, φρουρούς τινων ἐρυμάτων ὡς ἀποβλήτους ἀπέστειλε, τοιαύτῃ φιλοτίμῳ φυγῇ ζημιώσας τοὺς ἄφρονας.

3 Οὐ πολὺ τὸ ἐν μέσῳ καὶ Μιχαὴλ μοναχὸς ὁ ὑπέρτιμος, ὁ ἐπὶ τῶν πολιτικῶν πραγμάτων προστάς, τὸ γένος ἕλκων ἐκ Νικομηδείας, τὴν ζωὴν ἐξεμέτρησε, δυσάρεστος ἄνθρωπος καὶ ὑψαύχην καὶ μὴ πάνυ τι ξυντιθέμενος ταῖς τοῦ | βασιλέως φιλοτίμοις εὐποιΐαις, τὸν σφαγέντα ὑπογραφέα προοίμιον ἐσχηκὼς τῆς αὐτοῦ τελευτῆς. Τῆς γὰρ ἐκείνου ὑπηρεσίας ἐτύγχανε καὶ διατοῦτο δήπου λόγος ἐκράτησεν ὡς ἐκ μέσου τοῦτον πεποίηκεν ὁ Θεός, οἷα τὰς βασιλικὰς δωρεὰς καὶ εὐεργεσίας διακωλύοντα.

4 Ἐν ὅσῳ δὲ ταῦτα ἐπράττετο καὶ γαλήνη τις σταθηρὰ ἐκ τῶν τυράννων ὑπεσημαίνετο, ἕτερόν τι σκῶλον ἢ ζιζάνιον διαφθεῖραι τὸν σῖτον φιλονεικοῦν ἐκ τῆς Ἐπιδάμνου

emperor's strength and skill, they put an end to their mischief and asked for forgiveness, and then they found that the emperor's leniency inclined in their favor.

In this way, then, did he defeat this plot too with the courage that God inspired in him. He did not seek the punishment of the entire unit of the barbarian guards, but rather took pity on them as they were imploring him and kept their eyes lowered to the ground, deeming them worthy of compassion. He corrected their thinking with his prudent advice, explaining to them that not even many myriads of men would be able to topple him, if they sought to do so, given that he had received his authority from God. Some of them, who were seen to reject his attempt to improve them and were convicted by their own compatriots as well as by the judgment and the inquiry conducted by the emperor, after they were threatened in the right way, he cast out and assigned to guard certain forts. With such honorable exile did he punish the thoughtless among them. 2

Not long after, the monk Michael, the *hypertimos,* who had been placed in charge of the administration and whose family origin was from Nikomedeia, ended his life.[338] He was an arrogant and unpleasant man and was not much in agreement with [297] the emperor's generous benefactions. The killing of the secretary, in fact, presaged his own death, for the man happened to be in his service and, because of this, the belief prevailed that God took him away for holding up the imperial grants and benefactions. 3

While all this was happening and a steady calm had emerged after the rebellions, another impediment, a weed that sought to ruin the harvest,[339] arose and spread from the 4

πόλεως ἀνεφύη καὶ διετάννυτο. Ὁ γὰρ ἐκεῖσε ὑπὸ τοῦ προβεβασιλευκότος ἀποσταλεὶς δούξ, ὁ πρωτοπρόεδρος Βασιλάκης, μετὰ τὸ φθάσαι παρελθεῖν τὸν Βρυέννιον καὶ ἀπελθεῖν εἰς Ἀδριανούπολιν, καταλαβὼν τὸ Δυρράχιον, στρατιὰν ἐκ πασῶν τῶν ἐπικειμένων ἐκεῖσε χωρῶν συνελέγετο· καὶ Φράγγους μεταπεμψάμενος ἐξ Ἰταλίας φιλοτίμοις δεξιώσεσι τῆς ἑαυτοῦ μερίδος καὶ συμμορίας ἐτίθετο δεξιῶς· ἤθροιζε γὰρ χρυσίον ἐκ πάσης αἰτίας καὶ τρόπου παρὰ τῶν πειθομένων καὶ καταδυναστευομένων αὐτῷ καὶ κατάλογον θέμενος, πρόφασιν ἐποιεῖτο τῆς τοιαύτης ὁπλίσεως τὴν κατὰ τοῦ Βρυεννίου ὡς ἀποστάτου ἐπίθεσιν.

5 Ἐπὰν δ᾽ ἔγνω πολύ τι στρατόπεδον συναγηοχὼς καὶ ἀξιόμαχον δύναμιν, εἶχε γὰρ καὶ Ῥωμαίων πολλῶν στρατιωτικόν, Βουλγάρων τε καὶ Ἀρβανιτῶν, καὶ οἰκείους ὑπασπιστὰς οὐκ ὀλίγους, ἄρας ἐκεῖθεν πρὸς τὴν Θεσσαλονίκην ἠπείγετο. Ἤδη δὲ καὶ αὐτοῦ ταύτην καταλαμβάνοντος, | φήμη προσήγγισε τούτῳ ὅπως ὁ Βοτανειάτης παρὰ πάσης τῆς συγκλήτου βουλῆς καὶ τῆς συνόδου καὶ τῶν δημοτικῶν καὶ παρὰ πάντων ὁμοῦ αἱρεθεὶς βασιλεὺς αὐτοκράτωρ ἀνηγορεύθη καὶ ὅπως μάχῃ κρατερᾷ νενικηκὼς τὸν Βρυέννιον τῶν ὀφθαλμῶν ἀπεστέρησεν, ὅπλα κεκινηκότα καὶ κατ᾽ αὐτοῦ ἀντάραντα καὶ τὰ δευτερεῖα μὴ ἀνασχόμενον σχεῖν. Ὁ δὲ διαταραχθεὶς πρὸς τὴν φήμην καὶ τὴν καινοτομίαν τοῦ πράγματος, γράμματα μὲν ἐξέπεμψε τῷ βασιλεῖ τοὺς τῆς δουλώσεως θεσμοὺς ὑπεμφαίνοντα, ἔπραττε δ᾽ ἐν τῷ λεληθότι τὰ τῆς ἀνταρσίας ἐπίδηλα. Τό τε γὰρ πλῆθος τοῦ καταλόγου συνηθροισμέ-

city of Epidamnos. For the *doux* sent there by the previous emperor, the *protoproedros* Basilakes, arrived at Dyrrachion after Bryennios had departed and reached Adrianople,[340] and he was assembling an army from all the lands in the area. He brought Franks over from Italy and skillfully persuaded them to join his own side and conspiracy with generous gifts. He collected gold on every pretext and in any way from those who had submitted and whom he exploited, and instituted a military roll, using the attack on the rebel Bryennios as a pretext for his recruiting.

When he decided that he had assembled a large army and 5
battle-worthy force—for he had a large army of Romans, Bulgarians, and Arvanitai,[341] as well as a not insignificant personal retinue—he departed from Dyrrachion and hastened toward Thessalonike. As he was arriving at that city, [298] news reached him that Botaneiates had been chosen emperor by the entire assembly of the Senate, the synod, and the people, and had been acclaimed by all together; also, that he had defeated Bryennios in a mighty battle and deprived him of his eyes for deploying arms, rising up against him, and not accepting a secondary position. He panicked at this news and at the sheer novelty of the thing, and so he sent the emperor letters presenting the terms of his submission, but secretly he did everything to signify that he was in rebellion. For he had assembled to his side the whole host of

νον εἶχε μεθ᾽ ἑαυτοῦ καὶ τοὺς Πατζινάκους εἰς συμμαχίαν ἠρέθιζε διὰ μηνυμάτων καὶ δι᾽ ἀντιγράφων, καὶ κελευσθεὶς εἰσελθεῖν ἀπονοίᾳ τὴν πρὸς τὸν κρατοῦντα εἰσέλευσιν μετεώριζεν.

6 Ὡς δ᾽ ὁ βασιλεὺς ἔγνω τὴν τούτου προαίρεσιν, μὴ θέλων αὐτὴν παραδειγματίσαι ἢ στηλιτεῦσαι τῆς ἀνταρσίας τὸ βλάσφημον, ἀπέστειλέ τινα τῶν ἐγγυτάτων αὐτῷ μετὰ καὶ χρυσοβούλλου γραφῆς πάντων τῶν φθασάντων κακῶν ἀμνηστίαν ἐπαγγελλόμενος καὶ νωβελλισίμου βραβεύων αὐτῷ τιμὴν καὶ πολλῶν ἑτέρων ἀξιωμάτων καὶ ὑπεροχῶν οὐκ ἐλαχίστων δαψίλειαν κατεμπεδούμενος τῇ γραφῇ. Ὁ δὲ τὰς ἐν χερσὶν εὐεργεσίας περιφρονῶν, ἀνηνύτοις καὶ ἀδήλοις ἑαυτὸν περιέσαινε καὶ διατοῦτο ὕστερον ἀνόνητα μετεκλαύσατο· μηδὲ γὰρ δεξάμενος τὴν τότε τοῦ βασιλέως προσπάθειαν μηδὲ τῷ τοῦ Βρυεννίου παραδείγματι βελτίων | ἑαυτοῦ γεγονώς, τὸν χρόνον διὰ κενῆς παραγκωνίζεσθαι ἤθελε καὶ ἀπάταις οὐκ εὔφροσι τὴν ἑαυτοῦ σωτηρίαν καταπροΐεσθαι.

7 Ὅθεν καὶ μισήσας ὁ βασιλεὺς τὴν αὐτοῦ κακοήθειαν, τῷ τῶν ἑσπερίων ταγμάτων ἄρχοντι τῷ νωβελλισίμῳ δηλαδὴ Ἀλεξίῳ καὶ δουκὶ τῆς Δύσεως, ὃν δὴ τηνικαῦτα καὶ τῷ πανσεβάστῳ τοῦ σεβαστοῦ τετίμηκεν ἀξιώματι, τὸν κατὰ τούτου ἐπέτρεψε πόλεμον, ὃς τὰς δυνάμεις ἀνειληφώς, εὐθὺ τῆς Θεσσαλονίκης τεταγμένως ἐφέρετο καὶ φρουρὰν ἐν τῷ Περιθεωρίῳ τοῦ Βασιλάκη καταλαβών, πολέμῳ ταύτην ἀνήρπασεν· οὐ γὰρ χεῖρας ἐδίδουν καὶ τοῖς θελήμασι τοῦ κρατοῦντος ὑποκύπτειν ἠβούλοντο, οὓς καὶ δεσμώτας πέμψας τῷ βασιλεῖ προοίμιον ἀγαθὸν τῆς τοῦ

his military roll and he was instigating the Pechenegs to ally themselves to him through messages and replies, and when he was summoned to come to the City, in his folly he kept postponing his attendance upon the emperor.

But when the emperor became aware of his purpose, not wishing to make an example of it or to castigate the blasphemy of the mutiny, he dispatched one of his most intimate associates with a *chrysoboullon* stipulating amnesty for all the evils committed up to that point and awarding him the honor of *nobellisimos,* as well as confirming in writing many other offices and an abundance of no small privileges. But the other man despised the benefactions in hand, dithered about in pointless aimlessness, and because of this he later regretted this futility, for he neither accepted the emperor's overtures nor chastened himself [299] with the example of Bryennios. He wanted to procrastinate, and with his foolish deceits he worked against his own security. 6

The emperor now came to hate his maliciousness and appointed the commander of the western units to lead the war against him, that is the *nobellisimos* Alexios,[342] the *doux* of the west, whom at that time he honored with the wholly august dignity of *sebastos.* When he took command of his forces, he immediately set out in formation for Thessalonike and, happening upon one of Basilakes' garrisons at Peritheorion, he captured them after a battle, for they were not offering their hands in surrender, nor did they wish to submit to the will of the ruler. Sending these men captive to the emperor, he 7

ἀποστάτου καταστροφῆς ἐποιήσατο. Προβιβάζων δὲ τὴν στρατιὰν καθεξῆς μέχρι τῆς Θεσσαλονίκης ἀπαθὴς παρελήλυθεν, ἔκ τινος δὲ διαστήματος τὸν χάρακα θεὶς ἀντιπέραν τοῦ ποταμοῦ τοῦ λεγομένου Βαρδαρίου, καθὼς ὁ βασιλεὺς αὐτὸν διὰ γραμμάτων ἐδίδαξε, διανυκτερεύσειν ἐκεῖσε καὶ διαναπαῦσαι τὸν στρατὸν διεσκόπησεν. Ὁ δὲ Βασιλάκης νυκτίλοχος γενέσθαι διασκεψάμενος καὶ κατακράτος τοὺς ἀντιτεταγμένους ἑλεῖν τῷ ἀπροσδοκήτῳ τῆς ἐν σκότει ἐπιφοιτήσεως, σκότος μᾶλλον ἑαυτῷ διηνεκὲς ἐπροοιμιάσατο, διαγνωσθείσης γὰρ τῆς ἐνέδρας αὐτῷ, προεφυλάξαντο μὲν οἱ τῆς βασιλικῆς μοίρας στρατιῶται, τὴν τοῦ ἡγεμόνος παραγγελίαν τε καὶ ἐγρήγορσιν παραθαρρύνουσαν ἔχοντες· ἀποτυχὼν δὲ τῆς ἐπιβουλῆς ὁ ἀντάρτης, | πολέμῳ χαλεπῷ περιέπεσε καὶ κατακράτος ἡττηθεὶς καὶ τῶν ἰδίων πλείστους ὅσους ἀποβαλών, καὶ μᾶλλον τῶν Φράγγων, καὶ αὐτὸς κατὰ πρόσωπον τῷ δουκὶ ἀντιταχθεὶς καὶ παρ' αὐτοῦ καταπονηθείς, εἰς τὴν τῆς Θεσσαλονίκης ἀκρόπολιν διαπέφευγεν, οἰόμενος τῷ τοῦ φρουρίου περιτειχίσματι κέρδος τι ἑαυτῷ περιποιήσασθαι καὶ ἀνάκτησιν. Ὁ δὲ σεβαστὸς μηδὲν ὅλως μελλήσας τὴν ἅλωσιν τοῦ φρουρίου τοῖς ἀμφ' αὐτὸν προετρέψατο, οἱ δὲ προσβολὰς ἐνεργεῖς ποιησάμενοι καὶ τοὺς ἔνδον Θεσσαλονίκης συμφρονήσαντας ἔχοντες, ταχὺ τούτου περιεγένοντο καὶ τῆς ἀκροπόλεως ἐκυρίευσαν καὶ κατασχεθεὶς οὗτος καὶ σιδηροδέσμιος γεγονὼς καὶ τῷ τῶν τυράννων νόμῳ κατάκριτος, ἀπεστάλη τῷ βασιλεῖ διὰ τῶν δημοσίων ἵππων φερόμενος.

8 Τῆς δ' ἀγγελίας ταύτης προκαταλαβούσης τὰς βασιλικὰς ἀκοάς, πρόσταγμα γέγονε τὰς κόρας ἐκκεντηθῆναι

provided an auspicious beginning for the destruction of the rebel. Advancing the army toward Thessalonike, he reached it without harm and set up his camp at a certain distance, on the far shore of the river called Bardarios—all this according to the instructions that the emperor sent to him by letter—and planned to billet the army there for the night and rest. As for Basilakes, he decided on a night ambush and to overwhelmingly defeat his opponents by attacking them unexpectedly in the dark. Instead, this presaged the permanent darkness that he would endure, for his ambush had been detected, given that the soldiers of the imperial army had been taking precautions, encouraged by the orders and the vigilance of their leader. Failing in this plan, the mutineer [300] stumbled into a tough fight. He was overwhelmingly defeated, losing many of his men, especially among the Franks; he had even confronted the *doux* in person and been defeated by him. He now escaped to the citadel of Thessalonike, thinking that he would find some kind of advantage in the walls of the fort and a restoration of his fortunes. But the *sebastos* bid his men to capture the fort without delay, and they made energetic assaults and had the people inside Thessalonike on their side. Soon they took it and gained control of the citadel. He was captured, bound with iron fetters, indicted according to the laws on sedition, and sent to the emperor, carried on horses of the public post.

But the news had already reached the imperial ears, and 8
so a decree was issued to pierce the pupils of the mutineer's

τῶν ἀποστατικῶν ὀφθαλμῶν· καὶ τούτου γενομένου, καθ' ἣν συνήντητο πάροδον, ἤχθη δι' ἁμάξης ἐλεεινὸς φόρτος καὶ δυστυχὲς καταγώγιον. Αἱ δὲ τοῦ βασιλέως πρὸς τὸ θεῖον εὐχαριστίαι καὶ πρὸς τοὺς ὑπηκόους εὐεργεσίαι καὶ πανημέριοι φιλοτιμίαι τὸ ἀνένδοτον εἶχον ἀεὶ καὶ ὡς διὰ πρανοῦς διεχέοντο.

9 Ἐν ᾧ δὲ τὰ στρατεύματα ἐν Θεσσαλονίκῃ διεκαρτέρουν, Σκύθαι τῆς ἐρημίας τούτων ὡς ἑρμαίου δραξάμενοι, τῇ Ἀδριανουπόλει προσήγγισαν καὶ τοῖς ἐκτὸς τοῦ τείχους οἰκήμασιν ἐπιρράξαντες, παραβοηθούντων αὐτοῖς καὶ ἀπὸ τοῦ μαχιμωτάτου | ἔθνους τῶν Κομάνων πολλῶν, πῦρ ταύταις ἐνῆκαν καὶ πυριφλέκτους πολλὰς ἀπέδειξαν, ὀργιζόμενοι τῷ Βρυεννίῳ ὅτι πρέσβεις αὐτῶν ἐπὶ τούτου παρὰ τῶν Ἀδριανουπολιτῶν ἀνῃρέθησαν. Τοῦ δὲ στρατοῦ σπουδαίως καταλαμβάνοντος, δρασμὸν οἱ βάρβαροι ἔθεντο καὶ οὐκέτι τοῖς ῥωμαϊκοῖς ὁρίοις ἐπελθεῖν παρετόλμησαν.

10 Ἐν δὲ τῷ ἔτει τούτῳ δουλικὴν ὡμολόγησε πίστιν τῷ βασιλεῖ ὁ κουροπαλάτης Φιλάρετος ὁ Βραχάμιος. Οὗτος γὰρ ἐν τόποις δυσβάτοις καὶ ὀρεινοῖς καὶ τῶν τουρκικῶν παρόδων ἀπῳκισμένοις τὰς οἰκήσεις ποιούμενος, τείχεσι πλείστοις τοὺς στενωποὺς περιέλαβε καὶ κατοχυρώσας τὰς διεκβάσεις, ἀνάλωτον τοῖς ἐκεῖσε χώραν ἀπὸ τῶν ἐναντίων εἰργάσατο καὶ πλῆθος Ἀρμενίων καὶ ξυγκλύδων ἀνδρῶν συλλεξάμενος, δύναμιν ἑαυτῷ περιμάχητον ἀπειργάσατο καὶ τῷ προβεβασιλευκότι ἀκαταδούλωτος ἦν καὶ κατ' ἐξουσίαν τὰ ἑαυτοῦ προμηθούμενος καὶ πόλεις βασιλικὰς εἰς ἑαυτὸν οἰκειούμενος καὶ εἰς μῆκος ἐξαίρων τὴν ἰδίαν κατάκτησιν. Καὶ τότε μὲν οὕτως· τοῦ δὲ Βοτανειάτου

eyes. And this was done where he was intercepted by the order. He was conveyed on a cart, a pitiable load and miserable cargo. The emperor would then not cease offering thanks to God or benefactions to his subjects, bestowing gifts upon them all day long, as if they were flowing down a hill.

While the army was stationed in Thessalonike, the 9
Skythians took their absence as an opportunity, approached Adrianople, and attacked the houses that were outside the walls,[343] with the assistance of a multitude from the most warlike [301] nation of the Cumans. They set these houses on fire and many were destroyed in the flames, since they were angry with Bryennios because their envoys to him had been killed by the people of Adrianople. But when the army arrived in haste, the barbarians turned to flight and no longer dared to cross the Roman border.

In that same year, the *kouropalates* Philaretos Brachamios 10
declared his submission and loyalty to the emperor.[344] This man had made his base in impassable mountainous lands that were at a distance from the Turkish invasion routes; he fortified the narrow passes with many walls and secured the defiles, making the lands there impregnable to the enemy. Assembling a multitude of Armenians and men of different origins, he created for himself a battle-worthy force and had resisted the previous emperor's attempts to subdue him, arranging matters for himself as he saw fit, bringing imperial cities under his power, and extending his rule over great distances. That was then. But when Botaneiates had been

τὴν αὐτοκράτορα περιεζωσμένου ἀρχήν, δοῦλος αὐτεπάγγελτος γέγονε καὶ ὑπηρέτης ἐν πᾶσι πειθήνιος καὶ πᾶν τὸ προσταττόμενον ἐπιμελῶς ἐργαζόμενος· καὶ λόγους διὰ γραφῆς δέδωκε τῆς προτέρας σκληρότητος, ὅτι γλίσχρως καὶ οὐ βασιλικῶς τὰ κατ᾽ αὐτόν τε καὶ τοὺς ἄλλους ὁ προβεβασιλευκὼς μετεχειρίζετο πράγματα, ταῖς ὑποθημοσύναις τοῦ λογοθέτου καταδουλούμενος.

11 | Τοῦ χρόνου δὲ προϊόντος, ἐπεὶ καὶ κατὰ τοῦ λεγομένου Λέκα τοῦ τοὺς Πατζινάκους ἐνσείοντος, Ῥωμαῖος γὰρ ὢν ἐξ ἐπιγαμβρείας αὐτοῖς ηὐτομόλησε, καὶ κατὰ τοῦ τὴν ἐν Μεσημβρίᾳ διακυκῶντος Δοβρομηροῦ γῆν, στρατιὰν ἐπαφεῖναι ὁ βασιλεὺς ἔμελλε, δείσαντες οὗτοι τὸ τοῦ βασιλέως εὐσθενὲς καὶ ἀπρόσμαχον καὶ τὴν ἐκ Θεοῦ δεδομένην ἰσχὺν αὐτῷ καὶ τοῖς τῶν ἄλλων σωφρονισθέντες κακοῖς, καὶ πρὸ τῆς <ἀνταρσίας> τῷ δουλικῷ ζυγῷ τοὺς αὐχένας ὑπέκλιναν καὶ προσῆλθον ἱκέται τὴν σωτηρίαν ἑαυτῶν ἐξαιτούμενοι. Ἀλλ᾽ ὁ βασιλεὺς οὐ μόνον αὐτοῖς τὸ αἰτηθὲν ἐχαρίσατο ἀλλὰ καὶ ἀξιώμασι περιλάμπροις καὶ δωρεαῖς οὔτι μεμπταῖς φιλοτιμησάμενος, εὐχαρίστους καθάπαξ πεποίηκε καὶ πίστιν αὐτοῖς καὶ δούλωσιν ἀθόλωτον ἐγκατέσπειρεν.

12 Οἱ δὲ περὶ τὸν Ἴστρον Σκύθαι, καὶ αὐτοὶ τῇ φήμῃ τῆς τοῦ βασιλέως εὐγενείας καὶ ἀνδρίας καὶ τῆς συστρεφομένης ἐπ᾽ ἀμφότερα δεξιᾶς, δωρηματικῆς τε ὑπὲρ τῶν οἰκετῶν καὶ δορυβρέμονος κατὰ τῶν ἀντιθέτων ἐχθρῶν εἰς διανοίας συνελθόντες εὐσχήμονας, πρέσβεις ἀπέστειλαν εἰς αὐτόν, τὰ πιστὰ καὶ οὗτοι τῆς ἑαυτῶν ὑπακοῆς παρεχόμενοι. Καὶ τὴν πληροφορίαν εἰσάγοντες οἱ πρέσβεις

invested with sole imperial authority, Philaretos of his own volition became his servant and retainer, submissive in all things, and diligently did all that he was ordered to do. He also offered a written explanation for his earlier harshness, namely that the previous emperor managed his relationship with him and with the others in a stingy and not an imperial fashion, enslaved as he was to the counsels of the *logothetes*.

[302] Time passed, and the emperor was preparing to dis- 11
patch an army against a man called Leka,[345] who was inciting the Pechenegs—for he was a Roman, related to them by marriage, who had deserted to them—and against Dobromir, who was stirring up confusion in the land of Mesembria. These men feared the emperor's strength, his invincibility, and the power given to him by God, and, being chastened by the misfortunes of the others, they bent their necks to the yoke of submission before they mutinied and came as suppliants begging for their salvation. But the emperor granted them not only what they requested but also generously gave them illustrious offices and gifts not to be scorned, in this way making them grateful to him once and for all, and sowing in them the seeds of loyalty and pure submission.

Also, the Skythians by the Danube sent envoys to him to 12
offer pledges of their obedience, for they had come to their proper senses when they too learned of the emperor's reputation for nobility and courage and the dual power of his right hand, which was generous toward suppliants but could also bear a lance against enemies who opposed him. The envoys who brought this message even cruelly beat in his

καί τινας ἀποστάτας πρέσβεις συνδυάσαι τοῖς Πατζινάκοις ἐπὶ τοῦ προβεβασιλευκότος διαγνωσθέντας ἐνώπιον αὐτοῦ δεινῶς κατῃκίσαντο, τὸ σχίσμα πάντως παραδεικνύοντες καὶ τὴν ἀπ᾽ ἐκείνων προφανεστάτην | ἀπόστασιν. Ἔκτοτε τοίνυν οὐκέτι πρὸς ἐπιδρομὰς καὶ ἁρπαγὰς χωρῆσαι καί τι τῶν ῥωμαϊκῶν παραβλάψαι χωρίων ἐτόλμησαν.

36

Ἀλλ᾽ ὅ με μικροῦ διέλαθεν ἄν, τοῦτο τῷ λόγῳ προσθήσω. Ἄριστος ὢν ὁ βασιλεὺς εἴπερ τις ἕτερος τύχας ἀνορθῶσαι καὶ παρηγορίαν ἐμποιῆσαι τῷ δυστυχήματι καὶ ἀδοξήσαντας ἀνθρώπους εἰς εὐδοξίαν συμφέρουσαν καὶ πρόσφορον τῇ καταστάσει τούτων ἀνενεγκεῖν, οὐδὲ τὸν καθαιρεθέντα καὶ ἀποκηρυχθέντα βασιλέα Μιχαὴλ εἰς ἀλαμπῆ τύχην καὶ ζοφερὰν καταλέλοιπεν, ἀλλὰ τῷ ἀρχιποίμενι Κωνσταντινουπόλεως συμβούλῳ χρησάμενος, ἀνάγει τοῦτον ὡς προγενόμενον μοναχὸν εἰς ἀρχιερατικὴν ἀξίαν καὶ τοῦ βήματος δείκνυσι καὶ οὐκ εὐτελοῦς ἐκκλησίας τοῦτον πρόεδρον τίθησιν ἀλλὰ λαμπρᾶς καὶ περιφανοῦς, τῆς τῶν Ἐφεσίων μητροπόλεως ἀποδειχθῆναι παρασκευάσας αὐτὸν τοῦτον καὶ τοῦ ἁγιωτάτου πατριάρχου Κοσμᾶ, γηραιοῦ καὶ προβεβηκότος ἀνδρὸς καὶ εἰς ἄκραν ἐληλακότος

presence certain treasonous envoys who had been found in communication with the Pechenegs in the time of the previous emperor, thereby indicating in a striking manner the gap that distanced them clearly from those others. [303] From then on, they no longer dared to proceed with their raids and plundering or in any way harm the Roman territories.

Chapter 36

The domestic policies of Botaneiates

Here I shall add to my account something that I almost forgot to note. Given that the emperor was superior to everyone else at restoring fortunes, offering solace to those who had suffered misfortune, and bringing men who had lost their status back to the honor that befitted them and a level that suited their position, he did not abandon the deposed and denounced emperor Michael to a murky and gloomy fate. Instead, he took the advice of the archshepherd of Constantinople and raised him, as he had already become a monk, to the rank of an archpriest, appointing him to the altar and making him the primate not of some insignificant church but of a resplendent and famous one, the metropolis of the Ephesians, with the consent and approval of the most holy patriarch Kosmas—an elderly man advanced in age who had reached the highest level of virtue

ἀρετὴν καὶ ὑπεραναβεβηκότος τὴν τῶν κάτω κειμένων ἔφεσιν, καὶ τῶν ὁσιωτάτων μητροπολιτῶν συνευδοκησάντων καὶ συμψηφισαμένων καὶ συλλειτουργησάντων αὐτῷ. Ἐδόκει γὰρ ἡ ἀξία κατάλληλος τῇ φύσει τοῦ πρὶν βασιλεύσαντος διὰ τὸ προσὸν αὐτῷ ἀφελὲς καὶ ἀπείρατον τῶν βιωτικῶν καὶ πρὸς τὴν γνῶσιν τῶν βασιλικῶν πραγμάτων ἀδιεύθετον.

2 | Οὐ μὴν δὲ ἀλλὰ καὶ τὴν μητέρα τούτου πλέον ὁ Βοτανειάτης ἤπερ ἐκεῖνος ἐτίμησε καὶ ἐσέμνυνε καὶ τὰ θυμήρη ταύτῃ ἀφθονώτερον ἀπειργάσατο· ἐκεῖνος γὰρ μοναχὸν ἀποδείξας ἐκ βασιλίσσης καὶ μελαμφοροῦσαν ἐκ πορφυρίδος καὶ περιχρύσου περιβολῆς καὶ ἀειφυγίαν ταύτης κατέκρινε. Καὶ ἦν ἔξω τῆς Πόλεως τόπον ἐκ τόπου ἀμείβουσα μετὰ τῶν αὐταδέλφων αὐτοῦ. Καὶ οὐδὲ συνεχώρει τὰς θηλείας, ὡραίας οὔσας πρὸς γάμον, ἐς ἀνδρὸς φοιτῆσαι νομίμου καὶ τὸ τῇ φύσει κεχρεωστημένον ἀφοσιώσασθαι. Ὁ δὲ Βοτανειάτης ἐντὸς τῆς Πόλεως συνοικεῖν μετὰ τῶν παίδων αὐτὴν συνεχώρησε καὶ ἴσα καὶ μητέρα ἐτίμα καὶ τοὺς παῖδας αὐτῆς ἐπιφανεστάτοις ἐλάμπρυνεν ἀξιώμασι καὶ συνεχεῖς δωρεὰς αὐτῇ καὶ παντοίας εὐεργεσίας κατέπεμπε καὶ τριῶν σεκρέτων καὶ τῶν ἄλλων χρηστῶν κυρίαν ταύτην ἀπέφηνε καὶ πολυταλάντων εἰσόδων ἠξίωσεν· ἀλλὰ καὶ τὰς θυγατέρας αὐτῆς πρὸς γαμικὴν ὁμιλίαν ἐλθεῖν συνεχώρησε καὶ τοῖς πρώτοις τῶν συγκλητικῶν τὸ κῆδος τούτων συμπλακῆναι κατένευσε. Καὶ ὅλως χαρμονῆς καὶ θυμηδίας τὴν δυστυχοῦσαν ἐπὶ τοῦ βασιλεύσαντος παιδὸς καὶ θρηνοῦσαν ὁ ἀλλότριος καὶ ξένος τοῦ αἵματος αὐτῆς βασιλεὺς ἐνέπλησε καὶ περίοπτον πλέον ἤπερ τὸ πρότερον ἔδειξεν.

and had overcome all desire for earthly things[346]—and of the most holy metropolitans, who performed the holy liturgy along with the patriarch. For such an office was deemed to be appropriate to the nature of the previous emperor, on account of his innate naïveté and inexperience with worldly affairs and his inability to understand imperial matters.

[304] Not only that, but Botaneiates also honored and 2
exalted Michael's mother[347] more than even he ever had, abundantly fulfilling her wishes, for her son had turned her from an empress into a nun, exchanging the purple and gold of her imperial vestments for a black robe, and had sentenced her to perpetual exile. She lived outside the City, moving from place to place with his brothers. And he did not even allow the girls, who were ripe for marriage, to unite with a husband in lawful matrimony and dedicate themselves to their natural duties. Botaneiates, however, allowed her to live along with her children in the City, honored as though she were his own mother, adorned her children with the most illustrious offices, sent her continuous gifts and all kinds of benefactions, and appointed her the mistress of three state bureaus, to enjoy the large sums of their revenue as income and their other advantages. He allowed her daughters to marry too, and consented that the marriage arrangements be entrusted to the leading senators. And so the emperor, who was basically an outsider, unrelated to her by blood, filled this woman, who had lived in misery and lamentation while her child reigned, with joy and mirth and made her more distinguished than she had ever been.

3 Ὃ δὲ τὴν τοῦ βασιλέως προαίρεσιν ὑπερτέραν ἀνθρωπίνης διανοίας ἐξέφαινε, τοῦτο δὴ καὶ ῥητέον. Ὁ τοῦ | προβεβασιλευκότος αὐτάδελφος ὁ Κωνστάντιος, ἀντίπαις ὢν ἔτι, τῆς βασιλευούσης πόλεως καὶ τῶν ἀνακτόρων παρὰ τοῦ συγγόνου ἀπείργετο καὶ πρὸς τὴν ἀντιπέραν ἠλαύνετο θάλασσαν. Ὁ δὲ Βοτανειάτης πατρὸς ἐπ᾽ αὐτῷ σπλάγχνα καὶ διάθεσιν ἐνδεικνύμενος, καὶ τῶν ἀνακτόρων ἐντὸς εἰσεδέχετο καὶ σύνδειπνον ἐποιεῖτο καὶ φθόνον ἐπ᾽ αὐτῷ ἢ ὑποψίαν τινὰ λαμβάνειν οὐκ ἤθελεν, ὅθεν καὶ τῶν προσόντων αὐτῷ χρημάτων τε καὶ κτημάτων οὐδεμίαν περικοπὴν ἐποιήσατο. Τοιοῦτος ἦν ὁ Βοτανειάτης, τὴν ψυχὴν καθαρὸς ὑπὲρ ἥλιον καὶ τὴν γνώμην ἀπειρόκακον ἔχων καὶ πάσης ἐλευθέραν ὑπονοίας δεινῆς. Ἀλλὰ καὶ ὥς, εἰ μή τις ἀνεξερεύνητος χάρις περιεῖπεν αὐτόν, οὐκ ἂν εἰς τοσοῦτον συμπαθείας ἐλήλυθεν ὡς καὶ προφανῆ ἀντίδικον καὶ πολέμιον καὶ ὡς ἀκμὴν νεότητος ἐπιβεβηκότα καὶ ἀτόπους ὁρμὰς καὶ ἀναπεμπαζόμενον τὴν πρὸς εὐδαιμονίαν τῆς βασιλείας καὶ τὸν καθαιρέτην τοῦ γένους αὐτοῦ γενόμενον, προσοικειοῦσθαι καὶ πάροδον διδόναι, συνιέναι αὐτῷ καὶ συνευωχεῖσθαι καὶ κοινωνεῖν αὐτῷ καὶ τοῖς βασιλείοις συναναμίγνυσθαι. Ὁ δὲ τὴν βασιλέως εὐεργεσίαν κακοποιΐαν ἐξ ἀχαριστίας ἡγούμενος καὶ μηδ᾽ εἰς νοῦν ἐμβαλὼν ὅτι ἐξὸν ὂν τῷ βασιλεῖ καὶ ὀφειλόμενον πάντως ἄρδην ἀπολέσαι τοῦτον καὶ ὡς ἐχθρὸν καὶ ἀντίδικον, οὐδὲν τοιοῦτον διενοήσατο καὶ ἄνετον αὐτῷ τὴν ζωὴν καὶ τὴν διαγωγὴν εὐδαίμονα καὶ πλουσίαν ὡς τὸ πρὶν καταλέλοιπεν, ἰοβόλον εἶχε τὸν ἔνδον ἄνθρωπον καὶ κότον ἔτρεφε κατὰ τοῦ | φιλανθρώπως καὶ κηδεμονικῶς αὐτὸν περιποιουμένου. Καὶ τρέφων αὐτὸν μὲν κατὰ τὸ βεβουλευμένον

CHAPTER 36

The following must also be said because it proves that the 3
emperor's benevolence was superior to mere human thinking. The brother of the previous emperor, Konstantios,[348] [305] had been exiled from the Reigning City and the palace by his brother and was sent to the opposite shore while still a child. But Botaneiates exhibited a paternal disposition and affection for him, received him inside the palace, invited him to his dinner table, and did not wish to nurture any ill will or suspicion toward him, for which reason he did not in any way curtail his money and property. Such a man was Botaneiates, clearer than the sun in his soul, with a will utterly unstained by evil and free of all harsh suspicion. And if some sort of inexplicable grace had not taken hold of the emperor, he would not have sympathized with that boy to such an extent nor would he have brought him closer, offering him access to his person, personal audiences, a place at his table as an associate, or allowed him to join him in the palace, for he was an obvious competitor and enemy, just then reaching the peak of his youth and full of irrational urges, ruminating on the blessedness of imperial office and the man who had dethroned his family. Governed by his ingratitude, he thought that the emperor's benefactions were an act of malice, and it never entered his mind that, while the emperor could and even should have utterly destroyed him as an enemy and a competitor, he had instead not even contemplated such a thing, and had granted him a comfortable life and a lifestyle as happy and rich as in the past. His inner being was venomous and he harbored a grudge against the man who had [306] cared for him in a compassionate and parental way. Nevertheless, while nurturing this grudge, he did no harm to him as he would have liked, though still he brought

οὐκ ἔβλαψε, κόσμῳ δὲ παντὶ τὴν λύμην ἐπήνεγκε καὶ αὐτὸς τὰ τῶν ἀχαρίστων εἰ καὶ πραότερον διὰ τὴν τοῦ βασιλέως ἐπιείκειαν πέπονθε. Καὶ ὅπως τῷ λόγῳ διαληψόμεθα.

4 Ἐπείπερ ὁ βασιλεὺς τοιούτοις ἀγωνίσμασι καὶ τροπαίοις τὰ τῆς ἑσπέρας καλῶς διατέθεικεν, ἐνόσει δὲ τὰ τῆς ἑῴας καὶ ταῖς Τούρκων ἐπιδρομαῖς καὶ τῇ συνθήκῃ τῶν κοινωνησάντων Ῥωμαίων αὐτοῖς καὶ κατὰ τῶν ὁμογενῶν ἐπανισταμένων, ἐστήριξε τὸ πρόσωπον καὶ πρὸς τὴν τῶν ἐκεῖσε κατάστασιν· καὶ σκεψάμενος ῥωμαϊκὰς δυνάμεις διαπεραιῶσαι πρὸς τὴν Ἀσίαν, φιλοτίμοις μὲν δωρεαῖς καὶ ὀψωνίοις τὰ συνήθη πολλῷ τῷ περιόντι νικῶσι πολλοὺς τῶν στρατιωτῶν φιλοτιμησάμενος καὶ ὁπλίσας εἰς τὴν κατὰ Βιθυνίαν ἐξέπεμψε Νίκαιαν. Ἐπεὶ δ' ἐκεῖνοι πρὸς τὰ ἐνδότερα τῆς Ἀνατολῆς ἐπιστρατεύειν οὐκ εἶχον εὐθαρσῶς, ὡς πλείονος τάχα παρασκευῆς ἐπιζητουμένης τοῖς πράγμασι, μετεπέμψατο καὶ ἑτέρους στρατιώτας ὁ βασιλεὺς οὓς Ἀθανάτους ἐκάλουν, πλῆθος μὲν ὄντας οὐκ εὐαρίθμητον καὶ τόξον εὖ ἠσκημένους καὶ τἆλλα πολεμικὰ διὰ πείρας ἔχειν ἐκ τῆς συνεχοῦς γυμνασίας ὑπειλημμένους, ἀταξίᾳ δὲ καὶ ἀπιστίᾳ δουλεύοντας τούτους φιλανθρώποις ὁμιλίαις καὶ παραγγελίαις ὁ βασιλεύς, μᾶλλον δὲ δωρηματικαῖς εὐποιΐαις πρὸς τὸ ἐρρωμενέστερον | καὶ ἰσχυρότερον καταστῆσαι σπουδάσας, εἰς Χρυσόπολιν διαπορθμευθῆναι πεποίηκε. Καὶ ἦν ἐλπὶς ἑνωθῆναι τούτους μετὰ τῶν προηγησαμένων στρατιωτῶν καὶ εἰς πλῆθος ἀρθῆναι μέγα καὶ τῶν Τούρκων τὴν ἑῴαν ἐλευθερῶσαι καὶ τοὺς ταραττομένους ὑποκλινεῖς ποιῆσαι καὶ πρὸς ὑπακοὴν

defilement upon the whole world and suffered the wages of an ingrate, even if less harshly than he deserved because of the emperor's clemency. How this came about I will now explain.

The emperor had properly settled the affairs of the west 4
through his toils and victories, but conditions in the east festered because of the raids of the Turks and their alliance with Romans who sided with them and rose up against their own countrymen. So he now directed his gaze toward the situation in those areas. He thought to ferry Roman forces over to Asia, and so he rewarded many of the soldiers with generous gifts and supplies that far surpassed the usual ones, and, having armed them, he dispatched them to Nikaia in Bithynia.[349] But as they did not have it in them to campaign boldly into the interior of the east, on the grounds that there was allegedly need for greater preparation before such an enterprise, the emperor dispatched more soldiers, the ones whom they call the Immortals, a host that was quite large in size and well trained in archery and experienced in other martial pursuits through constant training. But as they served in disorder and were disloyal, the emperor made an effort to strengthen and embolden them [307] with friendly harangues and exhortations and, above all, with gifts and benefactions; he then had them ferried to Chrysopolis. And there was a hope that once they were united with the soldiers who had already arrived, thus constituting a large host, they would free the east from the Turks, subject those who

μεθαρμόσασθαι καὶ καταστῆσαι τοῖς ἐκ τοῦ βασιλέως ἡγεμονικοῖς καὶ μεγαλόφροσι στρατηγήμασι τὸ τηλικοῦτον μέρος τῆς οἰκουμένης καὶ εἰς γαλήνην καὶ νηνεμίαν περιστῆσαι καὶ ἄνεσιν.

Ὁ δὲ Κωνστάντιος ἐναντία τούτων πάντων φρονήσας καὶ διανοησάμενος καὶ μηδὲ τὴν θείαν δίκην εὐλαβηθείς, εἰ τοσούτων κακῶν τῷ τε κόσμῳ, καὶ αὐτῷ βασιλεῖ καὶ τοῖς καλῶς βασιλευομένοις πρόξενος γένηται, καὶ μηδὲ τὴν ἀποτυχίαν ὑποπτήξας τοῦ ἐγχειρήματος, νεωτερίζει κατὰ τοῦ βασιλέως καὶ τῆς κακίστης ἀποστασίας τοῖς στρατιώταις, ὢ τῆς ἀποπληξίας καὶ τοῦ ἀνοσιουργήματος, μεταδίδωσι. Πρότερον γὰρ συμβούλοις τοῖς πονηροτάτοις ἐκ τούτων καὶ δήμου ἀνάπταις χρησάμενος, ὕστερον ἀφίσταται πρὸς αὐτοὺς ἐν Χρυσοπόλει τὴν παρεμβολὴν ἔχοντας· καὶ τὸ πλῆθος ἐνσείσας βασιλέα τοῦτον ἀναγορεῦσαι δι᾽ ἀποστατικῆς μεθοδείας περιεργάζεται, τοῦ λοιποῦ στίφους τῶν μὴ συγκοινωνησάντων αὐτῷ τῆς ἀθέσμου βουλῆς τῷ παραδόξῳ τῆς ἀκοῆς διαπορηθέντος καὶ ἀμφιβόλου γενομένου. Καὶ μήτε τοῦ δεδομένου τούτοις ἀρχηγοῦ παρατυχόντος ἐκεῖσε διὸ τὸ τῇ βασιλευούσῃ ἔτι ἐπιδημεῖν, στάσις ἐμφύλιος γέγονε καὶ ἤρξατο ἀπὸ τρίτης φυλακῆς | τῆς νυκτὸς ἕως μεσημβρίας αὐτῆς. Εἶτα συμφρονησάντων τοῖς ἀποστάταις βίᾳ καὶ οὐ πειθοῖ τῶν ἀντιδοξούντων τὸ πρότερον, ἔπαθε μὲν οὐδεὶς τῶν ἐν τῇ βασιλευούσῃ καὶ τὴν ψυχὴν κατεσείσθη, δημοτικὴν δὲ φλυαρίαν καὶ μειριακῶδες ἄθυρμα λογισαμένου τοῦ βασιλέως τὸ γεγονός, συνήχθη πᾶσα ἡ γερουσία καὶ τῆς συγκλήτου βουλῆς τὸ ἔκκριτον, τὴν πίστιν αὐτῶν ἐπιβεβαιοῦντες τῷ βασιλεῖ καὶ

were creating confusion, restore them to obedience, and that the emperor's leadership and ambitious military plans would establish calm, quiet, and security over such a large part of the world.

But Konstantios was opposed to all this and thought to undermine it. Fearing neither divine justice, as he was to cause so many evils for the world, the emperor himself, and all who were ruled by him so well, nor suspecting that his plan would fail, he rebelled against the emperor and inducted the soldiers into his most evil mutiny. O the madness of this vile deed! At first he took the advice of the most cunning among the soldiers, who also incited the civilian populace, and later he went to them at their camp by Chrysopolis. He tried to instigate the army to acclaim him emperor through a rebellion, while the rest of the host that was not part of his lawless plan was at a loss when they heard the incredible news and was unsure what to do. And as the commander appointed over them happened not to be on the spot, because he was still in the capital, civil strife broke out; it began during the third watch [308] of the night, and lasted until noon of that day. Then, those who had earlier dissented became of the same mind as the mutineers through coercion and not persuasion. But no one in the capital was troubled or panicked because of this, since the emperor treated what had happened as the folly of the crowd and child's play. The whole of the Senate and the leaders of the council were convened, confirming their loyalty to the emperor, and in-

πληροφοροῦντες μέχρις ὀστέων καὶ μυελῶν κινδυνεύσειν ὑπὲρ αὐτοῦ καὶ πανδημεὶ τοὺς ἀλιτηρίους καταγωνίσασθαι. Συνήχθησαν δὲ καὶ οἱ τὴν στρατεύσιμον ἡλικίαν ἔχοντες καὶ ὅσοι τῆς βασιλικῆς δορυφορίας ἀκατάπληκτον ἔχοντες τὴν ὁρμὴν καὶ προκινδυνεῦσαι τοῦ φιλανθρώπου βασιλέως καὶ φιλοικτίρμονος προθυμούμενοι.

6 Ὁ δὲ τὴν ἁπάντων ἐπαινέσας προαίρεσιν καὶ γνοὺς οἵαν εὐγνωμοσύνην ἔχει πρὸς αὐτὸν τὸ ὑπήκοον, τούτου γὰρ χάριν οἴομαι τὸν τάραχον τουτονὶ παρατολμηθῆναι, ἵνα φανερὸν τὸ παριστάμενον πᾶσι γένηται, ναυσὶ μὲν πολεμικαῖς τὸν τούτου πορθμὸν κατωχύρωσε, μείζονι δὲ παρασκευῇ τὰ κατὰ τῶν ἀποστατῶν ἐξαρτύων, ὅμως καί τινας ἀπέστειλε πρὸς αὐτοὺς πυνθανομένους τί βούλεται τούτοις τὸ στασιῶδες τουτὶ καὶ ἀπώμοτον. Οἱ δὲ τὴν ἄστατον παροινίαν αὐτῶν καὶ ἀδόκιμον γλωσσαλγίαν καὶ παρακεκινδυνευμένην ἀπόνοιαν ὁμολογήσαντες, συγγνώμην τε ᾔτουν λαβεῖν καὶ τῶν πεπλημμελημένων συγχώρησιν καὶ τῆς συμπαθείας ταύτης ἐνέχυρον, τὴν εἰς τοὐπίσω περαίωσιν ἐπεζήτησαν καὶ οὕτως αὐτὸν τὸν πρωταίτιον τῆς κοσμικῆς κακοπαθείας | παραδοῦναι κατέθεντο. Παριδὼν οὖν ὁ βασιλεὺς τὴν τῶν ἐσφαλμένων αὐτοῖς κακοήθειαν, τῶν ἐγκλημάτων τούτους διὰ πλήθους ἐλέους ἀπέλυσε, καὶ χειρωσάμενος τὸν ἀλάστορα, δημίων αὐτὸν χερσὶν οὐ παρέδοτο καὶ πάσης σωματικῆς τιμωρίας ἀλλότριον διετήρησε, δικαίων δὲ ἀνδρῶν χεῖρες αὐτὸν εἰσδεξάμεναι, τῆς κοσμικῆς ἰλύος ἐλευθεροῦσι δι' ἀποκάρσεως, μεταταξάμενος δὲ πρὸς τὸν μοναδικὸν βίον, καὶ φυγῇ ἐζημιώθη νησιώτης γενόμενος καὶ μαθὼν ὅσον κακόν ἐστι τὸ πρὸς τοὺς εὐεργέτας ἢ συμπαθοῦντας ἀγνωμονεῖν.

formed him that they would fight for him until their very bones and marrow were exposed, and that all of them together would crush those wretches. Those who were of an age for conscription were assembled along with those in the imperial guard whose zeal was irrepressible, and they were eager to put themselves in the first line of defense on behalf of the philanthropic and merciful emperor.

He praised everyone's zeal and realized how grateful his 6
subjects were toward him, for I believe that this tumult was instigated for this very reason, namely so that this would become evident to everyone. He fortified the narrows with warships against him, and while he was making great preparations against the rebels, he still dispatched some men to them to inquire what was the purpose of their rebellion and why they had broken their oaths. They admitted that they had been unreliable and deranged, that they had used improper words and veered dangerously away from reason, and they asked to receive forgiveness, absolution for their offensive behavior, and guarantees that they would be treated mercifully. They requested to be ferried back and under those terms they agreed to surrender the primary instigator of this [309] cosmic calamity. The emperor overlooked the evil nature of their mistakes, absolved them of their crimes in the vastness of his mercy, and, having brought that accursed man under his power, did not turn him over to the hands of the executioners but preserved him safe from all corporal punishment. Instead, the hands of just men received him, who through tonsure freed him of all earthly concerns. He was enrolled into the monastic life and punished with exile to an island. Thus he learned how evil it is to be ungrateful toward one's benefactors and those who treat you kindly.

7 Οὗτος ἐκ πολλῶν καὶ μεγάλων ἕτερος ἆθλος τῷ βασιλεῖ κατὰ πάρεργον ἀνυσθείς, καὶ τὸ μὲν ἔργον τοῦτο τοιοῦτον καὶ ὅσον ἀνήκει πρὸς αὐτὸν βασιλέα, οὐδὲν παρεσίνατο, τὴν δ᾽ ἑῴαν πᾶσαν μεγάλης κακίας καὶ λώβης ἐπλήρωσεν. Ὡς γὰρ ὕποπτοι κατεφάνησαν οἱ πρὸς ἐκστρατείαν ἀποστελλόμενοι καὶ νεωτέρων πραγμάτων ἐφίεσθαι κατεγνώσθησαν καὶ παρὰ τοῦτο μηδὲ τάξεις καὶ λόχους φυλάττειν καὶ νόμους στρατευμάτων ὑπενοήθησαν καὶ τῇ ἑσπέρᾳ πάλιν γεγόνασι μεταπόμπιμοι, μεμενήκασιν οἱ ἐχθροὶ τὰ φίλα ἑαυτοῖς κατὰ Χριστιανῶν ἐργαζόμενοι καὶ παρακινοῦντες πλέον ἢ πρότερον τὴν ὀργὴν καὶ πολιορκοῦντες τὰ φρούρια καὶ πάνδεινα κακὰ τοῖς ἐμπίπτουσιν ἐργαζόμενοι. Τί τούτου γένοιτ᾽ ἂν σχετλιώτερον καὶ παρανομώτερον, ὅταν τοῖς ἐχθροῖς τοσαύτην ῥοπὴν ὁ τοῦ βασιλέως ἀντίρροπος δέδωκε καὶ τηλικοῦτον | κυκεῶνα τῇ Ῥωμαίων ἀρχῇ συνεκέρασε; Δέδεικται γὰρ ἐκ τούτων ὅτι τῶν προτέρων τοῦ γένους αὐτοῦ δυστήνων κατορθωμάτων καὶ τῆς κοσμικῆς καταλύσεως τοῦτο κορωνὶς κατέστη καὶ τέλος ἀπαίσιον καὶ τελευταία πληγὴ καὶ τῆς ἑῴας ἐρήμωσις.

8 Ἀλλ᾽ ὁ μὲν οὕτως καὶ πεποιηκὼς καὶ παθών, ὄνειδος ἑαυτῷ καὶ ἁμαρτάδα δεινὴν περιήνεγκεν· ἄρτι δὲ τοῦ Ὀκτωβρίου μηνὸς τῆς τρίτης ἰνδικτιῶνος ἐνισταμένου, κεραυνὸς ἐπισκήψας ἐν τῷ μεγάλῳ κίονι τοῦ Κωνσταντινιακοῦ φόρου, οὗ κατὰ κεφαλὴν ἀφίδρυμα μέγιστον χαλκοῦ πεποιημένον, Ἀνήλιος δὲ λεγόμενον, ἵδρυται. Μέρος μέν τι τοῦ κίονος ἐν τῇ ἀκρότητι τῆς κεφαλίδος διέτεμε, ζωστῆρας δὲ τούτου τρεῖς, σιδηροῦς μὲν τὰ ἔνδον, χαλκῷ

This was yet another accomplishment of the emperor, one of many great accomplishments that he achieved almost as a side note. The event in itself did not affect him, to the extent that it concerned him personally, but it filled the entire east with great evil and harm. Since those who were sent to campaign there proved to be suspect and convicted of inciting rebellion, they were also considered incapable of either maintaining order and formations or respecting military regulations, so they were sent back to the west. The enemies now raged in doing the harm that they like to inflict on Christians, stirring up their wrath well beyond its earlier levels, besieging forts, and bringing the most evil misfortunes upon those whom they encountered. What could be more despicable and illegitimate than that the emperor's opponent should give the enemy such a free hand [310] and brew such a poison for the Roman Empire? It is shown by all this that among his family's earlier wretched achievements and its destruction of our worldly power, this was the crowning moment and horrible result, the mortal wounding and desolation of the east. 7

Having thus acted and suffered, he brought shame on himself and committed a grave sin. At the beginning of the month of October of the third indiction,[350] lightning struck the great column in the forum of Constantine, at the top of which stands a huge bronze statue known as the Anelios.[351] The lightning cut through part of the top of the column and severed three straps that were made of iron on the inside 8

δὲ περιειλημμένους ἔξωθεν, κατέρραξε καὶ διέκοψεν, ἀνθρώπων δὲ οὐδένα οὐδὲ τῶν ἀλόγων ζώων ἐλωβήσατό τι, οὐδέ τι ἴχνος καπνὸν τεκμαιρόμενον τὸν κίονα ὕβρισεν, ἀλλ' ἡ τοῦ κεραυνοῦ σφοδρότης, ὥσπερ τις ἀνεμιαία τὴν φύσιν τυγχάνουσα, τὴν δ' ἰσχὺν δυσπαράδεκτος, οὕτως ἀνυβρίστως τὸ τηλικοῦτον ἔργον καὶ τὴν τοῦ σιδήρου καὶ χαλκοῦ στερρότητα ὡς τὸ λάχανον ἐξεθέρισε.

9 Καὶ τὰς αἰτίας τῶν κεραυνῶν ἄλλοι μὲν ἄλλας ἐδίδουν, ἕτεροι δὲ ἀνομοίας. Οἱ μὲν γὰρ μαθηματικοὶ ποτάμιον εἶναι τοῦτο πῦρ ἐκ φυσιολογίας ἐφθέγγοντο τῇ τῶν νεφῶν συγκρούσει καὶ διαρρήξει γεννώμενον, λεπτομερὲς δ' ἐς ἄγαν καὶ τοῖς ἀντιτύποις μᾶλλον | τῇ ἀρρήτῳ φορᾷ καὶ ἐκτινάξει προσαρασσόμενον, τὴν ῥῆξιν βιαίαν καὶ ἀπότομον ἐμποιεῖν. Τοσαύτην δ' εἶναι τῷ κεραυνίῳ πυρὶ τὴν φυσικήν, φασι, λεπτομέρειαν, ὡς μηδὲ δύνασθαι καταβλάπτειν τὸ μανὸν ἢ ὁπωσδήποτε οὖν πόρους ἔχον σῶμα ἢ βραχείας ὀπάς, ὁποῖα εἰσὶ τά τε τῶν ὑφασμάτων πέπλα καὶ ὅσα τοιαῦτα, καὶ τοσοῦτον ὅτι κἂν τύχῃ λινοῦς ἀπόδεσμος ἢ βαμβύκινος ἢ ἑτέρας ὕλης ἐξυφασμένον κράσπεδον ἀπόδεσμον ἔχον χρυσίου, ἐμπέσῃ δὲ κεραυνὸς εἰς αὐτό, τὸ μὲν χρυσίον ἀλλοιοῖ καὶ ὡς ἐν χωνείᾳ φλογὸς ἕνα βῶλον ποιεῖ, τὸ δὲ τοῦ ὑφάσματος σωμάτιον ἀβλαβὲς καταλιμπάνει. Καὶ ἐπὶ τοῦ ἀνθρώπου δὲ ὡσαύτως, διὰ γὰρ τῶν ἀδήλων πόρων τοῦ σώματος αὐτοῦ εἰσερχόμενον, τὰ μὲν ἔνδον αὐτοῦ ὡς ὑλικώτερα καὶ πόρους μὴ ἔχοντα κατανέμεται, τὸ δ' ἔξωθεν σῶμα πολλάκις οὐ καταφλέγει καὶ εὑρίσκεται κοῦφον τῶν ἐντοσθίων σπλάγχνων καθάπαξ λειπόμενον. Οἱ δὲ ἰδιῶται μέγιστον ἑρπετὸν δρακοντῶδες ἀντέλεγον

and sheathed in bronze on the outside, cutting them but harming no human being or any animal, nor leaving any sign of smoke on the column. Instead, the violence of the lightning—in nature like a whirlwind and in power difficult to comprehend—ripped through the hardness of the iron and bronze as if it were cutting through cabbage, but without leaving a trace.

As for the causes of lightning, each person offered a different explanation, all different from each other. For those who study these matters suggest, on the basis of the science of nature, that it is a river of fire generated by the collision and disruption of clouds.[352] The lightning is extremely fine and strikes against [311] objects in its path with incredible force and thrust, bursting through them violently and suddenly. And they say that the lightning fire is so naturally fine that it cannot harm objects of loose texture or any porous body or with small pores, like veils among fabrics and other similar things. Thus if it happens that lightning falls upon a strip of linen, cotton, or some other material under which is layered gold, it melts the gold and turns it into a metal blob, as if in a fiery furnace, but leaves the material of the fabric unharmed. The same is true with people, for lightning enters the body through its invisible pores and burns up the interior organs because of their greater solidity and the fact that they have no pores, while often the exterior of the body is not burned and is found hollow, left behind without its entrails. But laymen counter this theory by saying 9

τὴν αἰτίαν τῶν τοιούτων εἰσάγειν παθῶν, ἁρπαζόμενον μὲν ὑπὸ ἀοράτου τινὸς δυνάμεως, ὄνυξι δὲ καὶ δυνάμει τῆς ἐν αὐτῷ τραχύτητος καὶ τῶν ἑλιγμῶν τὰ προστυχόντα διαρρηγνύειν, ὅπου δηλαδὴ τύχῃ τὰς ἀντιπτώσεις καὶ ἀντισπάσεις αὐτοῦ προσερείδειν καὶ ἀντιβαίνειν τοῖς ἕλκουσι.

10 Καὶ τὸ μὲν ἐκ τοῦ ἀέρος δεῖγμα τοιοῦτον καὶ τοσοῦτον τοῖς φιλοπράγμοσιν ἐμποιοῦν, ὁ δὲ βασιλεὺς τῶν προτέρων | ἐχόμενος καὶ νύκτωρ καὶ μεθ᾽ ἡμέραν τοῖς καθολικοῖς πράγμασιν ἐπαγρυπνῶν καὶ δικῶν ἀκροατὴς ἐν ταῖς ἀνέσεσι καθιστάμενος καὶ *κρίνων ὀρφανὸν καὶ δικαιῶν χήραν* κατὰ τὸν θεῖον λόγον, καὶ παντοδαπαῖς ἐπιδόσεσι χαρισμάτων καὶ τιμῶν καταγεραίρων διαπαντὸς τὸ ὑπήκοον, οὐδὲ τὸν νυκτερινὸν χρόνον ἔξω τῶν ἑαυτοῦ σπουδασμάτων ἐτίθετο, ἀλλὰ τοῖς βιβλίοις καὶ τοῖς ἀναγνώσεσιν ἐπιδιδοὺς ἑαυτὸν πολυΐστορα καὶ μεμυημένον τὰ θεῖα περιΐστα καὶ τὰ ἀνθρώπινα.

11 Ἐμέλησε δ᾽ αὐτῷ καὶ νομικῶν διαταγμάτων καὶ διορθώσεως τῶν ἀμφισβητουμένων δογμάτων καὶ καταστολῆς τῶν τικτομένων ἐξ αὐτῶν κυδοιμῶν. Διὸ καὶ τοῦ περὶ τῶν μαινομένων συνοίκων κεφαλαίου διακλονηθέντος ποτέ, θεραπείαν ἀκριβεστάτην τῇ ἀμφισβητήσει κηδεμονικῶς ἐπεζήτησε καὶ εὑρὼν ὅτι ὁ ἐν ἀοιδίμῳ τῇ λήξει βασιλεὺς κῦρις Λέων ἔγραψε μὲν νεαρὰν περὶ τούτων, συνεχώσθη δὲ τῷ χρόνῳ καὶ ἄπρακτος ἔμεινεν, ἀνήγειρε ταύτην πεσοῦσαν καὶ τὸ κράτος ἐπεψηφίσατο, κάλλιστα προσθεὶς τὰς αἰτίας καὶ πρὸς τὸ μεγαλοπρεπές τε καὶ δικαιότερον ἐξ ἀφορμῶν εὐλόγων περικαλλύνας τὸ θέσπισμα, ὅρους τε τάξας τῆς μανίας καὶ τρόπους καὶ χρόνους ὑπομονῆς καὶ

that the cause of the damage is a huge dragonlike serpent which is seized by some invisible force and tears apart anything that it encounters with its claws and the strength of its roughness and coiling motions, when it happens, that is, that its resistance and spasms thrust violently and drag against those who attract it.

Such was the nature and the importance of the omen 10
from the air, at least for those who are interested in these matters. As for the emperor, he continued [312] as in the past to remain vigilant night and day over the totality of the administration. In his free time, he gave audience to court cases, *judging the orphan and rendering justice to the widow,* as scripture says,[353] and continuously gave to his subjects all sorts of grants, gifts, and honors. Nor were his nights exempt from activity, for that was when he gave himself over to books and reading, becoming erudite in many fields and initiated in both divine and human matters.[354]

He occupied himself also with legal enactments, resolv- 11
ing ambiguous decrees and eliminating the confusions to which they give rise. It is for this reason that, when the law regarding spouses who have gone insane caused a controversy, he sought in a paternal fashion to find a most precise solution for the dispute. Discovering that the most revered blessed emperor, the lord Leon,[355] wrote a new law about the matter that had been obliterated by time and had fallen out of use, he raised it up out of obscurity and confirmed its validity, offering a perfect account in the preamble of its rationale, and by his reasoned explanations, he adorned the decree with magnanimity and greater justice. He defined insanity and the manner and the time limit during which a

τηνικαῦτα τὸ διαζύγιον προτρεψάμενος, ὅταν θηριωδῶς ἡ νόσος ἐκμαίνηται καὶ τὸ συνοικοῦν τι καθορᾶται ἀφόρητον καὶ ὁ χρόνος τὴν ἐλπίδα τῆς θεραπείας ἀπείπῃ καὶ τὸ δεινὸν ὑπεραίρηται.

12 | Φιλάνθρωπος δὲ ὢν ἐς τὸ ἄγαν ὁ βασιλεύς, καὶ νόμον ἕτερον ἀνεζώωσε θανόντα κἀκεῖνον καὶ θάνατον πολλοῖς ἐκ τῆς θνητότητος ἀπότομον καὶ ἀμεταμέλητον παρεισάξαντα. Τίς δὲ οὗτος, ὁ λόγος δηλώσει προϊών. Ὁ ἐν βασιλεῦσιν ἀοίδιμος Θεοδόσιος, στασιασάντων ποτέ τινων κατ᾽ αὐτοῦ, μεγάλῳ θυμῷ καταφλεχθεὶς τὴν ψυχήν, θάνατον τούτων ἀνυπερθέτως κατεψηφίσατο· εἰς ἑαυτὸν δὲ γενόμενος, μᾶλλον δὲ καὶ παρά του τῶν θεοφόρων ἀνδρῶν μετὰ παρρησίας ἀπελεγχθεὶς καὶ ὡς μιαιφόνος τῶν ἐκκλησιαστικῶν περιβόλων ἀποκλεισθείς, μετάμελον ἔθρεψε, καὶ τὸν ἐλέγχοντα δι᾽ αἰδοῦς ποιησάμενος καὶ ἀγαπήσας αὐτὸν ὡς σοφός, εἴπερ ἀληθὲς τὸ «*ἔλεγχε σοφὸν καὶ ἀγαπήσει σε*», γόνυ τούτῳ ἔκλινε καὶ συγγνώμην μετὰ πολλῆς οἰμωγῆς καὶ συντριβῆς ᾔτησε. Καὶ τῶν πεπλημμελημένων ἀξίαν ποιησάμενος τὴν μετάνοιαν καὶ πλέον ἤπερ ἐχρῆν ἰδιώτῃ ταπεινωθείς, συμπάθειαν ἔλαβε παρὰ τοῦ ἀνδρός, ἦν δὲ οὗτος ὁ μέγας Ἀμβρόσιος ὁ τῶν Μεδιολάνων ἐπίσκοπος, καὶ τῆς καθολικῆς ἐκκλησίας καὶ τῆς κοινωνίας εἶς γενέσθαι παρ᾽ αὐτοῦ κατηξίωται. Ἔκτοτε οὖν τὸ ἀπηνὲς καὶ ἀπότομον καὶ ἄχρονον τῆς τιμωρίας κινδυνῶδες καὶ ἀπάνθρωπον λογισάμενος, χρόνον ὡρίσατο τὴν ἀναβολὴν τῆς τιμωρίας παρέχοντα, θεσπίσας μὴ πρὶν δι᾽ αἵματος κολάζεσθαι ἄνθρωπον ἢ τριάκοντα ἡμερῶν παρῳχηκέναι διάστημα μετὰ τὴν κατ᾽ αὐτοῦ τελευταίαν ἀπόφασιν.

spouse had to endure it patiently; then a divorce could be granted, when the disease raged maniacally, cohabitation was seen to be unbearable, time has shown that all hope of a cure is vain, and the hardship is exacerbated.

[313] The emperor was extremely merciful and so he revived yet another law that had likewise expired, which had caused many people to die in a sudden and irrevocable way simply because it itself had expired. What this was, my account will now tell. The blessed emperor Theodosios, when some people had rebelled against his authority, became inflamed with a great anger in his soul and ordered their immediate execution.[356] When, however, he recovered his composure, or rather when he was censured by one of the godly men who spoke boldly and frankly and excluded him from church precincts as a murderer, he repented. Being himself a wise man, he both loved and felt shame before the one who had censured him—as the saying is true that *if you censure the wise man, he will love you*[357]—and knelt before him and asked for forgiveness with much lamentation and contrition. Having repented in a measure proportionate to his crimes, abasing himself more than would have been required of a private person, he received forgiveness from that man—this was the great Ambrose, bishop of Milan—and was deemed by him worthy of reentering the fold of the universal Church and taking communion. Henceforth, he believed that harsh, precipitous, and instant punishment was dangerous and inhuman, and so he decreed that punishment had to be postponed for a set period of time, legislating that no man could be executed before a span of thirty days had elapsed after the final verdict against him. Since then, however, time 12

Ἔκτοτε δὲ ὁ χρόνος | ἀπήμβλυνε καὶ καθύβρισε τὸ φιλάνθρωπον τουτὶ νομοθέτημα καὶ εἴτε ὡς τοῖς βασιλεῦσιν ἀγνοούμενον εἴτε μὴν ὡς καταφρονούμενον ἀπαρρησίαστον ἔμεινε καὶ ἡ καταδίκη τοὺς δειλαίους κατακρίτους εὐθέως ἀνήρπαζε καὶ ταχεῖαν αὐτοῖς τὴν πληγὴν ἐσχεδίαζεν.

13 Ὁ δὲ φιλανθρωπότατος οὑτοσὶ βασιλεὺς ἀφορμὰς φιλανθρωπίας εὑρίσκειν βουλόμενος καὶ τῷ ἐλέῳ τὸν ἔλεον ἀντικαταλλάττεσθαι, οὐχ ἑαυτῷ μόνῳ παρεφυλάξατο τὴν τῆς νομοθεσίας ταύτης ὑπόθεσιν καὶ τὴν ἀναβολὴν εἰς ἑαυτὸν ἀπεκρύψατο, τὸ φιλάνθρωπον οὐ κοινὸν ἀλλ' ἴδιον ποιησάμενος διὰ φιλαυτίας ἐπίδειξιν, ἀλλὰ καὶ τοῖς μετὰ ταῦτα βασιλεῦσι τηρεῖσθαι τοῦτο θερμότατα βουλευσάμενος καὶ εἰς πάντας χεθῆναι τὸ ἀγαθὸν καὶ ὁδεύειν φιλοτιμούμενος, καὶ νεαρὰν προδήλως ἐξέθετο κυροῦσαν μὲν τὸν τοῦ μεγάλου Θεοδοσίου νόμον εἰς τὸ διηνεκές, ἀναιροῦσαν δὲ τὸ τοῦ θυμοῦ ἀκαμπὲς καὶ ἀμείλικτον διὰ τοῦ μὴ ταχέως τὰς δι' αἵματος ψηφηφορίας εἰς ἔργον ἀποβαίνειν στυγνότητος. Καὶ τοῖς μετὰ ταῦτα βασιλεῦσιν ἀγαθὸν ἐπαφῆκεν ἐφόδιον πρὸς τὴν αὐτῶν ἐξιλέωσιν καὶ τὴν τοῦ ἐπουρανίου βασιλέως θεραπείαν καὶ εὐαρέστησιν καὶ ἀνέγνω τὸν νόμον ἐπὶ τῆς συγκλήτου βουλῆς καὶ σύμψηφον ἔσχε ταύτην καὶ λίαν εὐάρεστον. Ἔγνω γὰρ φρονήσει διαφέρων καὶ θεοειδεῖ ἀγαθότητι ὡς ἡ ἀκμὴ τοῦ θυμοῦ πυρὸς δίκην τὴν καρδίαν αὐτὴν κατανεμομένη, πάντων ἀφειδεῖν ἐκβιάζεται καὶ σαρκῶν ἀνθρωπίνων καταμασᾶσθαι καὶ ποταμοὺς αἱμάτων ὑπερπηδᾶν | ἢ καὶ προσεπιγάννυσθαι τοῖς οὕτω δρωμένοις ἀσυμπαθῶς· ὄρεξις γὰρ

[314] blunted and scorned this clement law which remained unenforced either because the emperors did not know of it or else they despised it, so that perdition immediately carried off those wretches who had been condemned and swiftly arranged for their execution.

So this merciful emperor, who wanted to find even more 13
grounds for compassion and to repay mercy with mercy, not only adhered for his own part to the stipulations of this law, practicing postponement himself, which would have made his mercy into a private affair fit for vain display but not a public good. Rather, he decided passionately that those who ruled after him should respect it and that this good should be extended so that it benefited everyone. He issued a new law which affirmed for all time the law of Theodosios the Great that countered the inflexibility and implacability of anger by not allowing verdicts of corporal punishment to proceed swiftly to their cruel implementation. He thus bequeathed to future emperors a noble means by which they might atone as well as please and worship the heavenly King. He read the law aloud to the assembly of the Senate, all of whom were in agreement and greatly pleased by this. For he knew, being superior in both intellect and Godlike virtue, that anger, at its peak, takes over the heart like fire and forces it to disregard everything else, chewing up human flesh and leaping over rivers of blood, [315] or exults in such deeds without any compassion. For anger is an urge to hurt

ἐστιν ἀντιλυπήσεως ὁ θυμός, ἡ δὲ ὄρεξις δυσχερῶς ἐκ τοῦ προχείρου κατακοιμίζεται. Διατοῦτο καὶ τῷ τῆς ὀργῆς ἀκράτῳ χαλιναγωγίαν ὁ σοφὸς αὐτοκράτωρ τόνδε τὸν νόμον τιθέμενος, τὴν τῆς τιμωρίας ἀνεβάλετο ἔκβασιν ἕως ἂν ὁ θυμὸς τῷ βασιλεύοντι πεπανθῇ, τριακονθημέρου προβαίνοντος διαστήματος καὶ τηνικαῦτα, εἰ μὲν ἔλεος αὐτῷ ἢ μετάμελος εἰσέλθῃ τοῦ τὴν κεφαλικὴν δεξαμένου ἀπόφασιν, εἶναι τοῦτο Θεοῦ καὶ μένειν τὸν ἄνθρωπον ἀθιγῆ, ἴσως δὲ καὶ ἀθῷόν ποθεν εὑρισκόμενον· εἰ δ' οὐκ, τότε πεπληροφορημένον εἶναι τὸ πρᾶγμα, ὡς ἐπείπερ οὐδέν τι κατεδυσώπησεν ὁ χρόνος τὸν ἀνάκτορα καὶ Θεὸς εἰς τὸ πάθος αὐτοῦ συμψηφίζεται. Εἰ γὰρ ἐν τῷ παφλάζοντι τῆς ὀργῆς δέξεται μὲν ἄνθρωπος θανατηφόρον πληγὴν ἢ χειρὸς ἐκτομὴν ἢ ὀφθαλμῶν ἐκκοπήν, ἀνεθεὶς δὲ τῆς ὀργῆς ὕστερον, ὁ κρατῶν μετάμελον ἕληται καὶ τὴν ἀπόφασιν ἀνακαλέσασθαι βουληθῇ, τίς ἡ τοῦ μεταμέλου ὠφέλεια; τίνες δ' ἐριννύες μεταμελητικαὶ τὸν κολαστὴν οὐκ ἐλάσουσι; ποία δὲ καὶ τὸν παθόντα λύπη οὐ διαδέξεται ὅτι πρὸς τὴν ἀνάκλησιν ἀπερράπισται; Ταῦτα οὖν ὁ βασιλεὺς μεγαλοφρόνως κατασκεψάμενος, καὶ προσθήκην ἰδίαν τῇ νεαρᾷ ταύτῃ προσανεμάξατο, συντάξας ἐν αὐτῇ ἵνα μετὰ τὴν τριακονθήμερον ὑπομιμνήσκηται πάλιν ὁ βασιλεὺς καὶ οὕτω τὸ πέρας ἀποτελῆται ἢ συγχωρῆται τῆς ἀποφάσεως.

14 | Ἐπεὶ δὲ τῆς σωματικῆς τιμωρίας ἐποιήσατο πρόνοιαν δεδωκὼς καιρὸν τῇ ὀργῇ καὶ φιλανθρωπίαν συγκεράσας τοῖς ἀνθρωπίνοις κακοῖς, ἀπεῖδε καὶ πρὸς τὴν ἐπεισκωμάσασαν λύμην οὐ πρὸ πολλῶν τούτων ἐνιαυτῶν καὶ

in return and such an urge can only with difficulty be quieted in a hurried fashion. It is for this reason that the wise emperor established this law as a rein for rage's unbridled nature, postponing the implementation of a punishment until such a time as the wrath of the emperor might be assuaged, over the course of thirty days. And if mercy for the person about to suffer capital punishment, or even a change of mind, should happen to come about, that would then be God's decision, and the person would remain untouched, and even for some reason he might be found to be innocent. If not, then the punishment is implemented, given that time did not soften the ruler and God ratified the verdict of his anger. But if a man receives a fatal blow, or the severance of a hand, or the gouging of his eyes at the height of the emperor's anger, and then, when his rage later dissipates, the ruler regrets his decision and desires its revocation, what would be the benefit of such a change of mind? Which Furies of Remorse would not hound such a punisher? And will the victim not be pitied for losing the benefit of that remorse? This was what the emperor magnanimously considered and so made his own addition to that law, stipulating in it that an emperor should be reminded once again at the end of thirty days and, thus, either carry out the verdict or revoke the decision.

[316] After he arranged matters regarding corporal pun- 14
ishment, making it possible for anger to mix with mercy in the midst of human misfortune, he also turned his attention to the offense that had appeared not too many years before,

διαφθείρουσαν τὴν τάξιν τῆς τῶν ὑπηκόων πίστεως καὶ σύγχυσιν αὐτῇ παρενείρουσαν καὶ τὴν βασιλικὴν ὑπηρεσίαν εἰς ἀπορίαν καὶ φροντίδα χαλεπὴν περιβάλλουσαν. Καὶ γὰρ ἔργοις αὐτοῖς μεμαθηκὼς ὡς τῇ κοινῇ φύσει τοῦ κατὰ καιρὸν βασιλέως δουλεύοντος καὶ τῷ τοῦ μεγάλου βασιλέως καὶ δημιουργοῦ τῶν ἁπάντων προστάγματι τῶν ἐνθένδε μεθισταμένου, ἀνθ' ὧν ὤφειλεν ὁ μετ' αὐτὸν βασιλεὺς τοὺς εὐαρεστήσαντας ἐκείνῳ μέχρι παντὸς καὶ τὴν εὐγνωμοσύνην τῆς δουλείας ἐνδειξαμένους καὶ τὸ τῆς παραστάσεως ἀκλινὲς καὶ τὸν καύσωνα τῆς ἡμέρας καὶ τὸν παγετὸν τῆς νυκτὸς ἀνατλήσαντας ταῖς παννύχοις καὶ πανημερίοις φροντίσι, τῆς προσηκούσης κηδεμονίας καὶ προσπαθείας καταξιοῦν καὶ ὡς ἀγαθοὺς δούλους καὶ πιστοὺς εὐποιεῖν καὶ τὴν φλόγα τῆς τοῦ δεσπότου στερήσεως βασιλικοῖς καταψύχειν φιλοτιμήμασι καὶ τὸν θρῆνον αὐτῶν μεταποιεῖν εἰς τὸ χαριέστερον, βαρὺς μᾶλλον αὐτοῖς ἀναφαίνεται καὶ ταῖς οὐσίαις αὐτῶν πολλοῖς ἱδρῶσι καὶ πόνοις ἐπικτηθείσαις ἐπιβουλεύει φιλοκερδῶς καί που καί τινας τούτων ὑπερορίους ποιεῖ, μὴ τὰ ἐν ποσὶ καθορῶν καὶ τὸ παράδειγμα δεδιὼς ὡς καὶ εἰς αὐτόν, μᾶλλον δὲ τοὺς ὑπ' αὐτὸν | ἀναφερόμενον ἄντικρυς.

15 Τοῦτο διοπτικῶς ἐπιγνοὺς σπουδὴν ἐποιήσατο τὴν νόσον ταύτην ὡς εἰς δεινὴν ἐλαύνουσαν χαλεπότητα στῆσαι καὶ νόμον ἀντιστῆσαι ταύτῃ τοῖς οὑτωσὶ πάσχουσι βοηθὸν καὶ συλλήπτορα, καὶ τοῖς βασιλικοῖς ὑπηρέταις καὶ αὐτοῖς βασιλεῦσιν εἰσάγοντα τὴν χάριν δικαίαν καὶ ἔννομον καὶ φροντίδος τοιαύτης αὐτοὺς ἀπαλλάττουσαν καὶ τὴν εὐγνωμοσύνην καὶ θεραπείαν περιποιοῦσαν ἀπόρθητον τῷ

which had corrupted the good order in the loyalty of the subjects by sowing confusion, and had made it impossible for the imperial services to function, at any rate not without difficulty. For he had learned from the events themselves that when the emperor reigning at any time succumbed to our common human nature and departed from this life in accordance with the decree of the Great King, the Creator of All, his successor, instead of showing proper solicitude for the associates of his predecessor, those men who had pleased him in all respects, who demonstrated their gratitude through their service, whose support was unwavering, who endured to work all night and all day, through the heat of the day and the cold of night; instead, then, of honoring their devotion, treating them well as virtuous and faithful servants, and attempting to console them for the loss of their master with imperial benefactions and convert their lamentations into joy, he rather reveals himself to them as harsh, greedily threatens the fortunes that they had acquired with much sweat and toil, and even sends some into exile, not seeing clearly what is going on right before his eyes or fearing that he was setting a bad precedent for himself too, or rather one that would work against his own people. [317]

Examining this matter closely, he took care to halt this 15
offense that was creating such problems and set against it a law that would help and succor those who were victimized in this way. It introduced just and legal treatment for imperial servants, and even for the emperors themselves, relieving them from such anxieties and making their devotion and gratitude absolute through the confidence it inspired

θάρρει τοῦ φυλάττεσθαι τοὺς τοῦ βασιλέως θεραπευτὰς καὶ μετὰ τελευτὴν αὐτοῦ πάσης δεισιδαιμονίας ἀθιγεῖς καὶ κακοποιΐας. Ὅθεν πανταχόθεν τῷ πάθει τούτῳ θεραπείαν θηρώμενος, νεαρὰν νομοθεσίαν ἐκτίθησι πρόρριζον ἐκτέμνουσαν τὸ κακοθελὲς τοῦτο καὶ παρανομώτατον ἐπιχείρημα, φάμενος ὅτι πάντων ἀτοπώτατόν ἐστιν ἵν' οἱ μὲν δουλεύοντες ἰδιῶται ἀγροίκοις δηλονότι καὶ πολίταις καὶ ἄρχουσι μετὰ τελευτὴν αὐτῶν λεγάτοις τιμῶνται καὶ φιδικομίσσοις καὶ πρεσβείοις, ἔνιοι δὲ καὶ κληρονομίαις, καὶ μετὰ τῆς τούτων προσθήκης ἔχωσι καὶ τὰς ἰδίας κτήσεις ἀνωτέρας παντὸς ζητήματος καὶ προβλήματος, οἱ δὲ τῶν βασιλέων θεραπευταί, οἷς μείζων ὁ κάματος καὶ τὸ αὐτοκρατορικὸν δέος διηνεκῶς περιγίνεται, πρὸς τῷ καὶ τοιαύτης ἀποτυγχάνειν ἐπιτελευτίου φιλοτιμίας καὶ τῶν οἰκείων ἀποστερῶνται παρὰ τῶν μετέπειτα βασιλέων καὶ τῶν τούτοις περιτρυχόντων ὑπηρετῶν καὶ ὡς κακοῦργοι καὶ προσάντεις οἱ καλῶς διακονήσαντες ἀπελαύνωνται οἰκιῶν | τε καὶ πόλεων.

16 Διαταῦτά τοι καὶ νόμον περὶ αὐτῶν ἀνεγράψατο τὴν τοιαύτην πλεονεξίαν καὶ δεινοπραξίαν διακωλύοντα, ὡς εἰς πάντας τοὺς βασιλικοὺς ἀνθρώπους ὑφέρπουσαν καὶ τοῖς βασιλεῦσι τὴν δουλείαν ἀποστεροῦσαν τῶν πλείστων καὶ ἀγαθῶν ἀνδρῶν φόβῳ τῆς πικρᾶς καὶ βιαστικῆς ἐπιθέσεως ταύτης. Καὶ μηδενὸς τούτων ὁ θειότατος οὗτος βασιλεὺς ἐδογμάτισε καὶ ἐθέσπισεν εἴτε οὐσίας ἀφαίρεσιν εἴτ' ἐναλλαγὴν καταστάσεως εἴτ' ἄλλην τινὰ βλάβης καὶ κακώσεως περιπέτειαν, εἰ μὴ ἐκ δοκιμασίας καὶ διαγνώσεως καὶ νόμοις ἡρμοσμένην τε καὶ συνᾴδουσαν ἀπόφασιν

that an emperor's servants would be protected intact from all irrational fear and malice even after his own death. Hunting everywhere for a solution to this problem, he set forth a new legislative initiative that cut this evil and most unjust practice to the root, affirming that it was the most absurd thing that private servants, I mean the servants of farmers, citizens, and magistrates, were honored after the death of their masters in legacies, *fideicomissa,*[358] and compensations, and sometimes even in their wills; and, having added these goods to their property, they hold their own possessions free of challenge or controversy; yet the attendants of the emperors, whose toil is greater and who live constantly in awe of imperial power, in addition to the fact that they fail to receive even that deathbed benefaction, are, moreover, deprived of their own property by succeeding emperors and *their* servants, who harass them, and those who had served well are exiled from their houses and [318] cities like criminals and enemies.

For this reason, he introduced a law regarding these matters that blocked this avarice and evil practice, because it lay in wait for all of an emperor's men and deprived emperors of the service of the majority of virtuous men, given their fear of this bitter and violent assault. This most divine emperor proclaimed and decreed that none of them should suffer either the confiscation of their property or a change in their status or any other ordeal of injury or harassment, unless it were based on an inquiry, examination, and verdict made in accordance with the laws. Thus, all the citizens and the 16

ἀπενέγκοιτο. Οὐκοῦν καὶ πάντες εὐχαρίστως τὸ τοῦ δόγματος ἐννομώτατον καὶ δικαιότατον οἱ τῆς πολιτείας καὶ ὅσοι τῆς συγκλήτου βουλῆς δεξάμενοι καὶ ἀποδεξάμενοι, εἰς ἐπήκοον γὰρ ἀνεγνώσθη πάντων, πολλαῖς εὐφημίαις καὶ κρότοις τὸν εὑρετὴν τῶν καλλίστων καὶ ἐλευθερωτὴν τῶν ἀνθρώπων ἐτίμησάν τε καὶ ὕμνησαν, ὡς καὶ κοινὸν εὐεργέτην ὄντα τοῖς κοινοῖς παραγγέλμασι καὶ θεσπίσμασι καὶ ἰδίᾳ πάντας κατὰ τὸ συνεχὲς ἐπευφραίνοντα καὶ τὰ οἰκεῖα χαριζόμενον δίκαια· πολλοὺς γάρ, μᾶλλον δὲ ἅπαντας, ταῖς προαφῃρημέναις τούτων οὐσίαις ἀποκατέστησε καὶ κάθοδον αὐτῶν ἐξ ὑπεροριῶν ἐψηφίσατο καὶ κειμένους ἤδη καὶ τεθυμένους ἐζώωσε καὶ πνοὴν ἐνέπνευσεν ἧς τὸ πρόσθεν ἐστέρηντο.

17 Καὶ τί χρὴ τὰ πολλὰ λέγειν; Εἰ πάσας κατὰ μέρος τὰς τούτου μεγαλουργίας ἀναγράπτους ποιεῖν ἐπιβάλλοιμι, ὅμοιος | ἔσομαι τοῖς τὸ Ἀτλαντικὸν βουλομένοις ἀπαρύσασθαι πέλαγος· ὁ γὰρ αὐτὸς βασιλεὺς καὶ τυράννους καταβληθέντας καὶ ὑποταγέντας αὐτῷ οὐ μόνον συμπαθείας καὶ φιλανθρωπίας ἠξίωσεν, ἀλλὰ καὶ μεγίσταις εὐεργεσίαις ἐψυχαγώγησεν, ὥσπερ δὴ τὸν Βρυέννιον καὶ τοὺς τούτῳ ὁμόφρονας, λαμπροῖς ἀξιώμασι τελεσιουργήσας καὶ τὰς ἰδίας οὐσίας ἐάσας αὐτοῖς ἀνεπιχειρήτους καὶ προσθήκας διὰ βασιλικῶν δωρεῶν ἀφθόνους αὐτοῖς περιποιησάμενος καὶ πάντων ἐπιλαθέσθαι παρασκευάσας τῶν λυπηρῶν, ὅπερ οὐδεὶς τῶν πώποτε βασιλέων ποιήσας εὑρίσκετο, καὶ πολεμίους προσφυγόντας εὐμενῶς προσεδέξατο καὶ χώραν αὐτοῖς δημοσίαν ἀπένειμε καὶ φιλοτίμου διατριβῆς μεταδέδωκεν.

senators gladly received and accepted the most lawful and just nature of the law—for it was read aloud before everyone—and they honored and praised this inventor of the best things and liberator of mankind with many acclamations and cheers for being a common benefactor in his general laws and ordinances, individually gladdening everyone without cease and granting to each what was justly his. And to many, or rather to everyone, he restored the fortunes that had been confiscated and decreed that they could return from exile, so he restored to life those who had been sacrificed and killed and breathed new life into them, something of which they had previously been deprived.

And why should I speak at length? If I were to devote my- 17
self to putting down on paper his great deeds one by one, I would [319] resemble those who desire to drain the Atlantic Ocean. For this same emperor suppressed rebels, and when they submitted to him, he not only deemed them worthy of mercy and compassion but also lifted their spirits with the greatest benefactions, for example, Bryennios and those who had joined him, to whom he awarded resplendent offices, allowing them to keep their personal properties without diminution, in fact he augmented them and made them ample through imperial gifts, making them forget all their sorrows, a thing that no previous emperor can be found to have done. He also graciously received enemies who sought refuge with him, gave them public lands, and guaranteed for them an honorable existence.

18 Εὐσεβέστατος δὲ ὢν τὰ πρὸς Θεὸν εἰς τὰ μάλιστα, βασιλικαῖς πανηγύρεσί τε καὶ χάρισι καὶ φωτοχυσίαις τάς τε δι᾽ ἔτους δεσποτικὰς ἑορτὰς ἐς τὸ ἀκριβὲς κατελάμπρυνε καὶ τὰς τῶν μαρτύρων μνήμας καὶ τῶν ἄλλως εὐαρεστησάντων Θεῷ τελεταῖς πανδήμοις καὶ παννύχοις χοροστασίαις ἐν δαψιλεῖ τῷ φωτὶ περιφανῶς κατεσέμνυνε. Καὶ τοσοῦτον ἐξήρτητο καὶ περιεγάννυτο ταῖς θείαις ταύταις λαμπρότησιν, ὅτιπερ ὀρθριώτερος περὶ πρώτας ἀλεκτρυόνων ᾠδὰς τοῖς ὑμνοπόλοις ἐπιφαινόμενος καὶ τοῖς συνεκκλησιάζουσι βουλευταῖς καὶ συγκλητικοῖς, οὐδὲ τῷ βασιλείῳ θρόνῳ ἑαυτὸν ἐπεδίδου, ἀλλ᾽ ὄρθιος ἱστάμενος ἄχρι τέλους τῆς ὑμνῳδίας, ἥτις καὶ μέχρι τρίτης ὥρας τῆς ἡμέρας τῷ περικαλλεῖ τῶν ὕμνων καὶ | ἰσαγγέλῳ προέκοπτε, Θεῷ μὲν τὰς εὐχὰς ἐπετέλει καὶ πρὸς ἐκεῖνον ἀνεπτέρου τὸν νοῦν, τοῖς δ᾽ ὑπηκόοις τὰς εὐεργεσίας καὶ δωρεὰς καὶ τιμὰς ποταμηδὸν προσεπέχεεν. Εἶτα καὶ τῆς μεσημβρινῆς μυσταγωγίας, εἶτ᾽ οὖν λειτουργίας, ἀρχομένης παραχρῆμα τοῦ τὴν ἑωθινὴν τελεσθῆναι δοξολογίαν, οὐκ ἀπείχετο τῆς εἰς Θεὸν παραστάσεως ἕως καὶ αὕτη συνετελέσθη μέχρι παντὸς τοῖς ἱερατεύουσιν εὐλαβῶς.

19 Καὶ οὐ μόνον ἐν τοῖς ἀνακτόροις τὸ τῆς τοιαύτης θεοσεβείας τούτῳ ἐπράττετο, ἀλλὰ καὶ ἐν ταῖς πανδήμοις ἑορταῖς τε καὶ προελεύσεσιν, ὅταν τῷ μεγάλῳ τεμένει τῆς τοῦ Θεοῦ Ἁγίας Σοφίας ἐπιφοιτῶν ἦν μετὰ δορυφορίας καὶ δόξης οὐρανοβάμονος ἢ τῷ Ἀποστολικῷ καὶ μεγάλῳ ναῷ ἢ ἑτέρῳ τῶν ἔξωθεν. Τῶν γὰρ πρὸ τοῦ βασιλέων μετὰ τὴν τοῦ θείου Εὐαγγελίου ἀνάγνωσιν ἀπαναχωρούντων ἐκεῖθεν σπουδαίως ἐπὶ ἀνακτήσει τοῦ κόπου καὶ ἀποθέσει τῆς

He was most pious in what concerned God, exceedingly so in fact, and he meticulously ornamented the annual feasts in honor of the Lord with imperial fairs, celebrations, and dazzling lights. He also grandly adorned the commemorations of the martyrs and those who had pleased God in other ways with celebrations that were attended by the entire city and with all-night vigils that were abundantly lit. He was so devoted to and exhilarated by these divine festivals that he made his appearance to the cantors, the magistrates, and the senators attending church so early in the morning that the cocks had barely crowed. Nor did he sit upon the imperial throne but rather stood upright until the end of the matins service, which would last, what with the beauty and angelic nature of the hymns, even until the third hour of the day. [320] He prayed to God and elevated his mind toward him, while on the other hand he poured out a stream of benefactions and gifts toward his subjects. And then the noon mystagogy began, that is to say the liturgy, immediately upon the end of the morning doxology of God's glory, and he continued to stand like this before God until this service too had been brought piously to a complete end by the officiating clerics. 18

And this piety of his was performed not only in the palace but also in the public feasts and processions, when he was in attendance at the great precinct of God's Holy Wisdom with his retinue and in celestial glory, or at the great Church of the Apostles, or some other outside the walls. Those who had reigned before him had left these places in haste after the reading from the gospels, to seek relief from their weariness, to divest themselves of their garments, made heavy by 19

ἐκ τῶν λίθων καὶ μαργάρων βαρυτάτης σκευῆς καὶ ἀπαλλαγῇ τῶν ἀπλέτων θορύβων, αὐτὸς οὐδὲν τοιοῦτόν ποτε διεπράξατο οὐδὲ τῆς θείας μυσταγωγίας τὴν οἰκείαν ἀνάπαυσιν καὶ τρυφὴν προετίμησεν, ἀλλ᾽ ἕως τέλους τῆς ἱερᾶς λειτουργίας εὐπαγὴς ἵστατο Θεῷ προσανέχων ὄμματι ἀκλινεῖ καὶ τὸν ἐκείνου ἀπομιμούμενος ἔλεον, ἐν οἷς τὰ γέρα καὶ τὰς τιμὰς ἐφήπλου πᾶσι τοῖς πιστῶς προσεδρεύουσι. Τοιοῦτος γὰρ ἦν εὐσεβέστατος καὶ πιστότατος αὐτοκράτωρ καὶ τῷ ὄντι φιλόχριστος, πραότατός τε εἴπερ τις | ἄλλος καὶ λόγου καιρὸν καὶ σιωπῆς ἐπιστάμενος, καὶ τοσοῦτον ὅτι καὶ δικάζων καὶ διάγνωσιν ἐπιφέρων καὶ τῶν ἀντικρινομένων φωνὰς ἀτάκτους ἀφιέντων πολλάκις πρὸς ἀλλήλους καὶ πληκτικάς, αὐτὴν ἐκείνην ἐτήρει τὴν τῶν λόγων ἠχὴν ἐμμελῆ τε καὶ ἔμμουσον καὶ ὀργῆς ἴχνος ἢ βοῆς μείζονος ἐν αὐτῷ οὐκ ἐπολιτεύετο· ὕβρεις δὲ οὐ μόνον τισὶν οὐκ ἐπέτριβεν, ἀλλὰ καὶ τοὺς ὑβριστὰς ἐμίσει, ἦν γὰρ ἐπιτιμῆσαι μὲν πρᾶος, ἐπαινέσαι δὲ παιδευτικός.

Εἰ δὲ καὶ οἱ διὰ πολλῶν τῶν ἐνιαυτῶν τούτῳ ἐξυπηρετησάμενοι πρὸς τὸ ἦθος αὐτοῦ καὶ τὴν καλοκαγαθίαν μετερρύθμισαν τὰς γνώμας αὐτῶν καὶ πεπαιδευμένοι κατὰ τοσοῦτον γεγόνασι, χάρις πάντων τῷ βασιλεῖ τῷ οὕτως αὐτοὺς καταρτίσαντι. Καὶ γὰρ οἱ τούτου οἰκειότατοι καὶ ἐγγύτατοι, ὅσοι μὲν γνώσει καὶ λόγῳ τῶν ἄλλων διέφερον, ἀτυφίαν ἐπεδείκνυντο καὶ δημοτικὴν πρὸς πάντας ἀναστροφὴν καὶ ἀλαζονείας ὑπῆρχον ἀνώτεροι τῇ γνώσει μὴ ἐπαιρόμενοι· ὅσοις δὲ πρὸς τὸ στρατιωτικώτερον ἡ διαγωγὴ ἐπεπαίδευτο, ῥωμαλεώτατοι μὲν κατὰ χεῖρας ἐτύγχανον, τὸ δὲ ἦθος οὐ κατὰ στρατιώτας εἶχον σκληρὸν καὶ

precious stones and pearls, and to escape the immense noise of the crowd. But he never did anything like this and never preferred his own rest and pleasure over the holy rites; rather, he stood firm until the end of the sacred liturgy, keeping his attention fixed on God without distraction, and emulating his mercy in that he handed out prizes and honors to all who attended him with such faith. This, then, was what this most pious and faithful emperor was like, in truth a friend of Christ, milder than any [321] other, knowing when to speak and when to remain silent, even when he was presiding over a trial to issue a verdict: when, as often happened, the opposing sides were shouting in disorder and offensively against each other, he maintained the same melodious and musical timbre in his voice and never was a shred of wrath or loud shouting ever a part of his behavior. Not only did he not use insults against anyone but he hated those who did, while he was gentle in criticism and edifying in his praise.

And if in fact those who had been in his service for many 20
years adjusted their character to his personality and nobility and were so educated in this way, this can all be attributed to the emperor who thus instructed them. For his closest associates, who were distinguished from the others by their knowledge and reason, demonstrated a lack of arrogance and accessibility to everyone; they rose above arrogance and revealed no pride on account of their wisdom. As for those who were more oriented toward a military life, they were physically stronger, while in character they were not like

ἀτίθασσον, ἀλλ' ἥμερον καὶ εὐπρόσιτον. Κοινῶς δὲ πάντες ταῖς εὐεργεσίαις τῶν ἀνθρώπων ἐπευφραινόμενοι, οὐδέποτε τὸν βασιλέα τῶν εὐεργεσιῶν ἀπέχεσθαι συνεβούλευσαν, ἀλλὰ καὶ μᾶλλον αὐτοὶ μεσιτείαις χρησταῖς καὶ ἐπαίνοις καὶ τοῖς ἄλλοις ἐπαγωγοῖς πρὸς | μείζονας εὐποιΐας τὸν βασιλέα κατεδυσώπουν ἰέναι καὶ χρηστότερον γίνεσθαι καὶ τοῖς ἑπταικόσι συμπαθῆ καὶ φιλάνθρωπον, ὥστε ἀληθὴς ἡ γνώμη αὕτη ἐστὶν ἡ λέγουσα ὅτι φιλεῖ τὸ ὑποχείριον πάντως ζήλῳ τῆς τοῦ ἄρχοντος γνώμης βιοῦν. Ἓν[18] δὲ τῷ βασιλεῖ τούτῳ ἐλάττωμα συνεπίσταμαι, τὴν ἀπληστίαν, ὅτι τῆς κοσμικῆς καὶ ἐπιγείου βασιλείας ἐπιτυχών, καὶ τῆς ἐπουρανίου καὶ ἀϊδίου βασιλείας ἀκρατῶς ἔχεταί τε καὶ περιέχεται διὰ τῶν μεγίστων αὐτοῦ ἀγαθοεργιῶν καὶ ὁλοψύχως τῶν ἐκ ταύτης ὑπερκοσμίων ἀγαθῶν οὐκ ἀφίσταται.

21 Ἔγωγε οὖν αὐτόπτης τούτων καὶ διαγνώμων γενόμενος, ἐν γνώσει πάντα καὶ ἀληθείας ἰσότητι γέγραφα, ἵνα μὴ ὡς ὁ κατορύξας τὸ τάλαντον τοῦ κυρίου αὐτοῦ πονηρὸς δοῦλος κατακριθῶ ἢ ὡς ὁ τὸν φωτεινότατον λύχνον ὑπὸ τὸν μόδιον κρύψας, ὡς ἂν τὰ ἐν ἱστορίας ὕφει τυγχάνοντα καὶ ταῖς μετέπειτα γενεαῖς ἄληστον τὴν μνήμην τῆς τοῦ μεγάλου τούτου βασιλέως ὑπεροχῆς καὶ τῶν ἀπαραμίλλων ἔργων αὐτοῦ καὶ ἀθάνατον συντηρῶσι καὶ πρὸς μίμησιν τοὺς ἀναγινώσκοντας ἕλκωσι τῶν καλλίστων καὶ ὑπερφυεστάτων πραγμάτων, πρὸς τοιοῦτον ἀποσκοποῦντας παράδειγμα θεοείκελον. Καὶ ταῦτα μὲν ἐκ πολλῶν ὀλίγα ὅσα δηλονότι μέχρι τοῦ δευτέρου ἔτους τῆς αὐτοῦ βασιλείας θαυμασίως ἐπράχθησαν, τὰ δ' ἐπιόντα καθεξῆς ὁ λόγος δηλώσει τρανότερον.

soldiers, hard and untamable, but tame and approachable. All of them together took pleasure in making benefactions for mankind and never advised the emperor to refrain from them, but rather they too, all the more so, entreated the emperor with their timely intercessions, praises, and other forms of persuasion [322] to perform even greater good works and become more generous and compassionate and merciful with those who had erred. So that this maxim was proved true, the one which says that "the subject eagerly desires to live according to the precepts of the master." To this emperor, then, I ascribe one fault, greed, for while he has attained secular and worldly dominion, he is also insatiably seeking to take hold of the eternal kingship of heaven through his supreme acts of benevolence, and he does not cease to desire its otherworldly goods with all his soul.

I, then, witnessed all these things firsthand and served as 21
their arbiter, and I have written what I know after weighing it in the scales of truth, so that I not be condemned like the cunning slave who buried the money of his master or like the one who hid the bright lamp under the bushel basket.[359] Drawn up in the form of a history, these words will both preserve intact and immortalize for future generations the memory of the prominence of this great emperor and his unparalleled deeds, inspiring their readers to imitate the most beautiful and extraordinary things, as they behold such a Godlike model. These things are but a few of the multitude that he had wondrously performed down to the second year of his reign. What came after, my account will gloriously present in the sequel.

Note on the Text

Unlike the *Ponema* with its rich manuscript tradition, the *History* survives in only two copies, the *Coislinianus gr.* 136 and *Scorialensis* T.III.9. Of the two, the latter is truncated, missing a significant part of the final segment of the *History*, which concerns the reign of Nikephoros III. In both manuscripts the *History* is placed next to the more widely copied *Synopsis of Histories* by Ioannes Skylitzes. While we can only speculate about the editorial process that linked the two texts, it is perhaps significant that the *History* was extensively mined, in parts reproduced verbatim, by the continuator of Skylitzes in his account of events from 1057 to 1080.

There are some possible allusions in other documents to lost copies of the *History*. A later entry in the *Diataxis* dated to 1084, after Attaleiates' death, refers to a copy of the "author's chronicle" written on paper and donated to the monastery by the *praipositos* Ioannes. A thirteenth-century book-catalogue added to an eleventh-century manuscript of Heliodoros refers to an unnamed work by Attaleiates.[1] Finally, since both surviving manuscripts must, according to the work of experts, be dated to the early twelfth century, and given that identical spelling mistakes that cannot have been present in a carefully prepared original are found in both of them, scholars posit the existence of at least one

missing copy, linking the prototype with the extant twelfth-century manuscripts.

The *History*'s "textual genealogy" brings us to the question of the socio-professional milieu that produced the surviving manuscripts. According to paleographical work by P. Canard, L. Perria, and G. Cavallo, neatly summarized by Pérez Martín in her edition, the handwriting of the Escorial manuscript is similar to that of the monk Basileios Anzas in a Patmian manuscript of 1081.[2] Basileios's surname was shared by Niketas, a *krites* of the *velon* of the late eleventh century, and also by "the *vestes* and *quaestor* lord Michael," a man involved in Attaleiates' intrafamily property transfers, according to the *Diataxis*.[3] It is therefore likely that we owe the survival of the *History* to the initiative of a copyist personally associated with Attaleiates' professional and social circle. In that case, the *Diataxis*'s reference to a cotton-paper copy deposited in the library of Attaleiates' monastery becomes even more significant, given that cotton paper, which was standard material in the chancery of the eleventh century,[4] suggests that this professional milieu was the intended audience of the *History*.

A copy of the *History* was no doubt presented to the emperor Nikephoros III Botaneiates, yet it does not appear that the work circulated widely outside the circle of judges and monks associated in one way or another with Attaleiates and his monastery. Like Michael Psellos's *Chronographia* and Nikephoros Bryennios's *Materials for History*, which survive in but one copy each, the *History* seems to have had a select and narrow readership. It was used by the continuator of Skylitzes and Zonaras and it affected twelfth- and thirteenth-century readings of eleventh-century history; yet unlike the

Ponema, it never became a standard reference text for later generations of Byzantine readers.[5]

For most of the nineteenth and the whole of the twentieth century, the standard edition of the text was that of I. Bekker, published in 1853 in the series *Corpus Scriptorum Historiae Byzantinae,* with a Latin translation. In 2002, Pérez Martín published an improved edition (which we use here), with a Spanish translation and detailed introduction and commentary. Her work is the standard reference point for Attaleiates studies today.

Notes

1 For these two references, see Pérez Martín, *Historia,* lvi–lvii.

2 Ibid., lviii–lxi.

3 *Diataxis* 336 for Anzas; Krallis, *Michael Attaleiates,* ch. 1 for the social context.

4 N. Oikonomides, "Writing Materials, and Books," in A. Laiou, ed., *The Economic History of Byzantium* (Washington, D.C., 2002), 2: 589–92.

5 Pérez Martín, *Historia,* lv–lvii.

Notes to the Text

The Greek text we have used is that edited by Inmaculada Pérez Martín (see below for bibliographical citations), to whom we are grateful for publishing it in the first place and for contributing it to accompany our translation. In half a dozen places we have divided the text into paragraphs differently than she does. In addition to correcting a number of minor typographical errors and mistakes in accentuation and punctuation, we have suggested a few different readings of the Greek text; our significant variations from the Pérez Martín text are noted here.

1 We prefer the ms. reading ἐνηδύσμασι (over ἐν ἡδύσμασί).

2 The text is probably corrupt. Stratis Papaioannou proposes ὑφίσταται κατὰ τὴν γραφὴν, with Wisdom 2:24, 3:1.

3 We have corrected κατέκεισε to κατέσεισε.

4 We have emended πολεμίοις to πολέμοις.

5 We have corrected παλινῳδίαν to παλινοδίαν.

6 We have corrected συμβουλῇ to συμβολῇ.

7 We have emended γόνου κλίνουσιν of Pérez Martín to γόνυ κλίνουσιν.

8 We have added a question mark here.

9 We have placed a comma rather than a period here.

10 We have retained the mss. reading δέκα καὶ ὀκτὼ μοδίων (instead of the correction ὀκτὼ δέκατα μοδίου), even though it is problematic; see n. 247 in the Notes to the Translation.

11 We prefer the mss. reading ἀκρίτην (over ἄκριτον).

12 We prefer the ms. reading τὸν ζητούμενον (over τὸ ζητούμενον).

13 We prefer the emendation τῆς βεβουλευμένης (over τὰς βεβουλευμένας).

14 We prefer the reading ἐκεχειρίαις of Polemis to Pérez Martín's reading of ἐκεχειρίας, following B.

15 We prefer the ms. reading καλῷ (over the emendation κακῷ); see n. 291 in the Notes to the Translation.

16 We have added ὁ, following Polemis.

17 We prefer the ms. reading τούτων (over the emendation τούτου).

18 We have emended ἐν in the Pérez Martín edition to ἓν, following Polemis.

Notes to the Translation

1 Cf. Gregorios of Nazianzos, *Or.* 43.1 (*Funeral Oration for Basileios of Kaisareia*).

2 Cf. Gregorios of Nazianzos, *Or.* 15.9 (*In Praise of the Maccabees*).

3 Cf. Gregorios of Nazianzos, *Or.* 38.10 (*On Christmas*); Attaleiates is comparing Botaneiates to God.

4 See esp. 15.1–6 and 36.8–9 below.

5 See 9.3–4 below.

6 Cf. Diodoros of Sicily, *Historical Library* 1.1.1.

7 Cf. Agathias, *Histories* 3.1.

8 Cf. Leon the Deacon, *History* 1.1; ultimately Herodotos, *Histories* 1.1; outside of historiography, Gregorios of Nazianzos, *Or.* 44.1.

9 The Arabs of North Africa and Sicily.

10 Maniakes had been placed in command of southern Italy in 1035 but, after notable successes in Sicily, was recalled in 1040/1 and imprisoned.

11 An antiquarian term referring probably to the Normans (from ancient Alba, near Rome), not modern Albanians.

12 I.e., the Byzantine provinces in Italy.

13 In 1040/1.

14 Modern Sofia.

15 December 10, 1041.

16 Zoe was the daughter of Konstantinos VIII (r. 1025–1028) and so the niece of Basileios II (r. 976–1025).

17 Michael IV had restored this monastery of Saints Kosmas and Damianos, in Eyüp, outside the walls of Constantinople, perhaps in order to be cured of his illness by these healer saints.

18 Matthew 11:11. The hand of the Baptist was a relic in the church of the Virgin Peribleptos.

19 In 1034.

20 April 17, 1042.

21 This was the office of the *eparchos* of the City.

22 I.e., Hagia Sophia.

23 Founded by Basileios I in 880.

24 This refers to a forced monastic tonsure.

25 April 18, 1042.

26 I.e., the inhabitants of Constantinople (Byzantion).

27 The forum of Constantine.

28 The *eparchos* was Anastasios.

29 I.e., Hagia Sophia.

30 Patriarch Alexios (r. 1025–1043), formerly of the Stoudios monastery.

31 Along the Golden Horn, in the northwest region of the City.

32 Since 1029.

33 A public square.

34 His name was Konstantinos.

35 April 20, 1042.

36 Michael IV had banished him to Mytilene seven years earlier.

37 Monomachos would be Zoe's third husband, after Romanos III and Michael IV.

38 This was Stephanos Pergamenos, a eunuch with no military experience. The battle took place in March 1043.

39 This was Leon Lampros, governor of the *thema* of Melitene.

40 In July 1043. The Rus' leader was Vladimir, son of Yaroslav.

41 I.e., Sunday.

42 I.e., Greek fire.

43 I.e., *nomophylax*. The first was Ioannes Xiphilinos, later patriarch (see 16.2 below).

44 This was Konstantinos (later Michael) Psellos. His title was Consul (*hypatos*) of the Philosophers; Attaleiates varies it as *proedros*.

45 I.e., the Devil, or some such concept.

46 The mss. here read "at any rate, he did suppress it."

47 An allusion to the feast of the Elevation of the Cross.

48 I.e., Sunday, September 27, 1047.

49 Attributed to Menander; also in Maurikios, *Strategikon* 7.12a.1.

50 Referring to the Greek myth of Epimetheus (Afterthought) and Prometheus (Forethought).

51 The Cretans were proverbial liars.

52 Its exact location is uncertain.

53 Ioannes Batatzes.

54 A mustering point on the via Egnatia.

55 Near Adrianople.

56 I.e., December 25, 1047.

57 Only Tornikios and Batatzes were blinded.

58 Probably in the winter of 1046/7 or else 1048/9. The Pechenegs were a nomadic people who settled north of the Black Sea toward the end of the ninth century but began to attack Byzantium directly only in the eleventh.

59 Cf. Jeremiah 13:23; Plutarch, *A Selection from the Impossible Things* 52.

60 An archaizing term for the Romans.

61 His name was Nikephoros.

62 In June 1050.

63 Konstantinos Arrianites.

64 The identity of this man is uncertain. The date is 1051–1052.

65 A pass in the eastern Haimos range, separating the territories of the former kingdom of Bulgaria from those of the Byzantine Empire.

66 The identity of this man is uncertain.

67 This mountain appears to be otherwise unknown.

68 Its location is uncertain.

69 In 1051–1052.

70 His name was Basileios.

71 I.e., Yoke.

72 The following episode was probably inserted later and is written in an elevated rhetorical style.

73 In reality the Oxus.

74 Tughril Beg, the second ruler of the Seljuk dynasty, was not of servile origin; he had become lord of Persia by 1040.

75 I.e., Georgia, that is, Kartli, Kacheti, and Imereti.

76 Stephanos Leichoudes, son of Konstantinos Leichoudes. This happened around 1045.

77 A much-debated reform of 1053–1054.

78 A Georgian prince.

79 Tughril Beg; *sultan* is an Arab word. This was the battle of Kapetru (1048).

80 In 1054.

81 I.e., Greek fire.

82 On January 7/8 or 11, 1055.

83 Saint Georgios of Mangana; see immediately below.

84 In 1053, a gift from the ruler of Egypt.

85 I.e., the residents of Constantinople (Byzantion).

86 An odd image; perhaps the text is corrupt and was originally about how an elephant may be killed by its drivers.

87 I.e., a giraffe.

88 Nikephoros Proteuon, governor of Bulgaria. He was arrested at Thessalonike on his way to Constantinople and exiled to a monastery.

89 Zoe had died in 1050.

90 Leon Paraspondylos was regarded unfavorably by other contemporaries.

91 Cf. Isaiah 40:3.

92 August 31, 1056.

93 I.e., *logothetes.*

94 This was Ioannes Opsaras. Bryennios ordered Opsaras to give the soldiers a raise, and the latter refused.

95 Specifically Lykanthes, a thematic general.

96 In 1057.

97 August 20, 1057. Ten stades is equivalent to a little more than a mile.

98 Possibly a passage added later by Attaleiates (the unspecified

subject of the following sentence is Komnenos, not Botaneiates).

99 I.e., Isaakios, but the ambiguity reveals the intruded nature of the material on Botaneiates.

100 Patriarch from 1043 to 1058; he had hoped for a political career before defeat forced him to become a monk.

101 Eudokia Makrembolitissa, Doukas's second wife, was the daughter of Keroularios's sister.

102 I.e., Hagia Sophia.

103 Michael VI had required all his higher officials to swear an oath that they would not support Komnenos.

104 They were Nikephoros and Konstantinos (who came down from the upper story of Hagia Sophia, where the patriarch was).

105 August 31, 1057.

106 On either September 1 or 4, 1057.

107 I.e., Hagia Sophia.

108 I.e., the feast of Saint Michael (Keroularios's namesake) on November 8, 1058.

109 The monastery of the Nine Orders (that is, of angels), located somewhere west of the city walls.

110 These soldiers were Varangians.

111 First to the island of Prokonnesos in the Sea of Marmara and then to Imbros.

112 Genesis 22:17; Hebrews 6:14.

113 2 Corinthians 10:5.

114 2 Timothy 2:15.

115 Hebrews 11:40.

116 Keroularios died on January 21, 1059. Attaleiates implies that he died on December 20, 1058. He means the Sunday before Christmas, which in the Orthodox calendar is dedicated to the memory of all who "pleased God."

117 See 12.6 above.

118 Patriarch from 1059 to 1063.

119 Presumably Leichoudes' accession as patriarch.

120 I.e., probably the Hungarians.

121 By a false etymology, Lobitzo is derived from Greek *lôbê*, "outrage," "damage."

122 September 24, 1059.

123 A location on the Asian shore of the Bosporos.

124 November 24–25, 1059.

125 Ioannes Komnenos was the father of the future emperor Alexios I (r. 1081–1118), who was barely two years old at this time.

126 Manuel Komnenos, the son of Isaakios's brother Ioannes, was about fourteen at the time; the reference is probably to Theodoros Dokeianos, son of Isaakios's anonymous sister, who was about twenty-five.

127 See 11.7 above.

128 He died possibly on May 31, 1060, after six months and six days in the monastery.

129 The "not" has been added to the text by its editor I. Pérez Martín.

130 Attaleiates tacitly rejects the view that it signified Isaakios's punishment.

131 Psalm 83(84):12.

132 I.e., Michael VI the Old.

133 April 23, 1060 (some say 1061).

134 From the first words of Heliodoros's *Aithiopika*, a favorite text in Byzantium.

135 Psalm 32(33):10–11.

136 Ioannes Doukas, a figure of much importance during this reign.

137 I.e., Hagia Sophia.

138 His identity is unknown.

139 Gregorios of Nazianzos, *Or.* 43.26 (*Funeral Oration for Basileios of Kaisareia*).

140 Doukas had four sons and three daughters; one of each of them was "born in the purple."

141 This was Eudokia Makrembolitissa.

142 The defeat of the Turkish leader Samouch cannot be dated; Chorosalaris is a corruption of Chorasan *salar*, the latter signifying a general.

143 In 1045, Ani was annexed to the empire in the complicated process of the absorption of the Armenian principalities.

144 This was Alp Arslan (r. 1063–1073) in 1064.

145 This was probably Gregorios Pakourianos, who later served Alexios I.

146 August 16, 1064.

147 In Greek, *chremata, chresis,* and *chresimotes.*

148 In the autumn of 1064.

149 The Uzes were a Turkic Oghuz people who followed the Pechenegs in settling north of the Black Sea.

150 Probably the Rus', following Leon the Deacon, *History* 9.6.

151 Much of this account is modeled from the sixth-century historian Agathias (see below).

152 Probably *Kyrie eleeson* (Lord, have mercy).

153 Agathias, *Histories* 5.3.9.

154 I.e., the First Ecumenical Council of Nikaia (325 CE).

155 I.e., May 1065, but in reality in 1066.

156 This was Halley's comet.

157 May 22 or 23, 1067.

158 Eudokia Makrembolitissa.

159 Ioannes VIII Xiphilinos (r. 1064–1075); he was the first *nomophylax* (see 5.5 above).

160 In Bithynia.

161 Mesopotamia is here the name of a Byzantine *thema,* not the entire region between the Tigris and the Euphrates. The date was 1067.

162 The Turcoman chief Ibn Khan al-Turkumani.

163 I.e., Michael VI (r. 1056–1057); for the nickname, see 11.8 above.

164 In 1061.

165 This was Nikephoros Botaneiates; see below.

166 In 1065.

167 I.e., probably the Hungarians.

168 This prior acquaintance of the Hungarians with Diogenes took place in 1059.

169 A pun on the name Diogenes, which means "born of Zeus."

170 Euripides, fr. 15.2.

171 December 25, 1067.

172 I.e., Hagia Sophia.

173 In 1067.

174 I.e., the Senate.

175 I.e., Konstantinos X Doukas, who, before he died, made his wife swear that she would not remarry.

176 I.e., January 1, 1068.

177 January 1 was the feast day of Saint Basil, to whom was ascribed the authorship of a version of the liturgy.

178 Constantine the Great had endowed his city with a capitol, also called the Philadelphion, at the main juncture of the Mese, but it is unclear what function it served in this period.

179 I.e., the sons of Konstantinos X Doukas.

180 This was Alp Arslan (r. 1063–1073).

181 Or "appeared to have already departed."

182 This was a son of the emperor Konstantinos X Doukas and is not to be confused with the son of the *kaisar* Ioannes, his cousin Andronikos, who later played a role in the defeat at Mantzikert (see 20.23–24 below).

183 The text is obscure at this point.

184 Compare 14.11 above.

185 For Amertikes, see 16.4 above.

186 I.e., the Varangian Guard.

187 I.e., the Roman Empire (Ausones being an archaic term for the Romans).

188 A pun on the name of Antioch.

189 This is otherwise unattested but is no doubt some sort of intestinal ailment.

190 That is, January 1069.

191 April 12, 1069.

192 I.e., a German.

193 I.e., the Byzantine *thema,* not the area between the Tigris and the Euphrates.

194 This was Philaretos Brachamios, who created a state for himself in southeast Asia Minor after the defeat at Mantzikert in 1071.

195 Hesiod, *Works and Days* 763–64.

196 I.e., the year 1069/70.

197 This was the nephew of the emperor Isaakios Komnenos (r. 1057–1059) and brother of the future emperor Alexios I Komnenos (r. 1081–1118).

198 Saint Michael the Archangel had diverted a river at Chonai by splitting a rock to save a hermit and the shrine.

199 This was Arisghi or Chrysoskoulos, Alp Arslan's brother-in-law.

200 It was this army sent by Alp Arslan that had sacked Chonai.

201 This was a sixth-century ceremonial hall in the palace used for receptions.

202 This is the first Sunday of Lent, which fell on March 13, 1071.

203 I.e., "Pitiful City."

204 This stinginess presumably affected those in his immediate company; perhaps we are meant to understand that the rest of the army did encamp in the fields.

205 I.e., Cold Spring.

206 I.e., Germans.

207 In 1049.

208 This was Roussel de Bailleul.

209 This was Alp Arslan.

210 This was a people from Central Asia.

211 John 15:20–21, 16:2. This is usually read for the feasts of martyrs in the Orthodox calendar.

212 This was Nikephoros Basilakes.

213 I.e., the sky.

214 I.e., an imperial cross.

215 I.e., the aforementioned cross.

216 August 26, 1071.

217 Andronikos Doukas, son of the *kaisar* Ioannes.

218 Romans 2:11; Galatians 2:6.

219 The son was Michael VII Doukas (r. 1071–1078).

220 I.e., "the Narrows."

221 See 18.2 and 18.5 above.

222 In May or June 1072.

223 Matthew 12:20.

224 Possibly a reference to Diogenes' monastic status (*schêma* can refer to the monastic habit) or else to the archangel Michael, the emperor's namesake.

225 June 29, 1072.

226 August 4, 1072.

227 I.e., his funeral.

228 Cf. Matthew 13:25–40.

229 Also known by the diminutive Nikephoritzes.

230 Some believe this was Michael Psellos, but this is impossible.

231 Nikephoros was *doux* of Antioch in ca. 1063 and 1067.

232 I.e., May 1067.

233 Ioannes Doukas; this was probably in 1073.

234 Isaakios Komnenos, brother of Alexios.

235 The Norman Ursel (or Roussel) de Bailleul.

236 In 1074.

237 Maleses had been captured by the Seljuks at the Battle of Mantzikert.

238 This battle took place in 1074 or 1075.

239 A vestal virgin.

240 Luke 12:47.

241 2 Kings 22:6; Psalm 17:5–6.

242 Alexios Komnenos was then eighteen years old. This campaign took place in 1075 or 1076.

243 Toutach, an emir.

244 The Greek term is *pronoiai,* but probably not yet used in its later technical sense (a temporary grant of land by the emperor to one of his favorites, from the revenues of which the latter had to provide services to the state, including military service).

245 The Hebdomon was a parade ground and mustering point seven miles from the City (as its name indicated). The monastery was that of Saint John.

246 *Phoundax* came from Greek *pandocheion* via Arabic *funduq.*

247 A *modius (modios)* was a unit for measuring both land and grain. Pérez Martín has proposed emending the text here to "eight tenths of a *modios* to one *modios* per gold coin" (ἀπὸ ὀκτὼ δέκατα μοδίου εἰς ἕνα μόδιον τοῦ νομίσματος), referring not to the

price paid by the customers but that obtained by the producers when they sold the grain to the *phoundax* operators.

248 One of the two manuscripts reads six pounds of gold.

249 In 1074.

250 Possibly in 1076.

251 In 1075.

252 A region near the Forum Tauri, named after the "Deaconess," in legend a sister of the patriarch Sergios I (r. 610–638).

253 In 1078, but the revolt began in late 1077, so whatever this date is, it is not that of his acclamation in the province.

254 The saying appears in this form in a commentary on Aristotle's *Rhetoric* (H. Rabe, ed., p. 24); in similar forms in Diodoros of Sicily, *Historical Library* 7.4.3; Georgios the Monk, *Chronicle* p. 289.

255 The following genealogy is entirely fictitious.

256 The military emperor Nikephoros II Phokas (r. 963–969).

257 At the battle of the Milvian bridge in 312, but this was near Rome itself, not in Gaul.

258 Homer, *Iliad* 6.448; for the episode before Carthage, see Polybius 38.21; Diodoros of Sicily 32.24; Appian, *Roman History* 8.132. Attaleiates here conflates Scipio Africanus (who defeated Hannibal at Zama in 202 BCE) and Scipio Aemilianus (who destroyed Carthage in 146 BCE).

259 He defeated Antiochos III at the battle of Magnesia in 189 BCE, not Antiochos IV Epiphanes.

260 He defeated Perseus at the battle of Pydna in 168 BCE (and was the father of Scipio Aemilianus).

261 I.e., with the Fabii.

262 The Byzantines called both Spain and Georgia "Iberia."

263 "Italy" here being Byzantine (southern) Italy.

264 Germany.

265 But they are mentioned in Strabon, *Geography* 11.2.19.

266 Nikephoros II Phokas (r. 963–969).

267 Attaleiates connects Phygella (on the western coast of Asia Minor) with the Greek word *phyge* (flight); *hagia* means "holy."

268 I.e., Ios, also called Nios, an island in the southern Aegean.

269 Cf. Homer, *Odyssey* 9.296ff. and 10.82ff. Both the Laestrygonians and the Cyclops hurled rocks at Odysseus and his men.

270 A proverbial expression describing the total destruction of one side in a battle.

271 Nikephoros II Phokas was murdered in 969, at the instigation of his wife, Theophano, and successor, Ioannes I Tzimiskes (r. 969–976).

272 Basileios II (r. 976–1025).

273 The battle of Kleidion, a pass near the Strymon River, took place in 1014.

274 Samuel of Bulgaria (r. 988–1014).

275 A people in the Caucasus region, in northwest Georgia (also known as Abchasians).

276 In 1021–1022.

277 Giorgi I (r. 1014–1027), son of Bagrat III.

278 A Homeric characterization.

279 Later Bagrat IV (r. 1027–1072).

280 I.e., "citizen."

281 A proverb, ultimately from Euripides, *Medeia* 410.

282 I.e., Eudokia Makrembolitissa.

283 A town whose name was related to the words for "shine" or "glow."

284 In 1077.

285 This was Katakalon Tarchaneiotes.

286 At Traianoupolis (see 31.5 below).

287 This was Ioannes Batatzes.

288 I.e., the crosses on which they had presumably sworn their oaths of loyalty to the emperor.

289 This was Nikephoros Basilakes, soon to rebel himself.

290 A proverb.

291 The mss. have "use good to cure evil," but Pérez Martín has emended this on the basis of the ancient saying, "Use one evil to cure another" (e.g., Thucydides 5.65.2; also Herodotos 3.53.4). But it is possible that Attaleiates was offering a variation of that

saying, and the ms. reading may fit the thrust of his argument better.

292 Possibly the son of Basileios, a hero in the fight against the Rus' in 1043 (see 5.4 above).

293 Proverbial animals.

294 See 34.4 below.

295 The legendary queen who founded Babylon.

296 Drone bees have no stingers.

297 The text is possibly corrupt at this point.

298 A bridge across the Golden Horn near its northwestern extremity.

299 This is an emendation of Pérez Martín; the passage is possibly more generally corrupt.

300 January 7, 1078.

301 A *medimnos,* or *modios,* was a unit for measuring both land and grain. See 25.5 above for its price.

302 Patriarch from 1075 to 1081. The meeting took place in March 1078.

303 His name is unknown.

304 See 32.16 below.

305 Matthew 6:20.

306 I.e., Botaneiates.

307 I.e., Michael VII Doukas.

308 Cf. Basil of Caesarea, *Homilia exhortatoria ad sanctum baptisma* (PG 31.437.15).

309 John 15:1.

310 Otos and Ephialtes were the sons of Iphimedeia, queen of Aloeus, by Poseidon. They were giants who attempted to storm Mount Olympos (and failed); cf. Homer, *Odyssey* 11.308–16; Leon the Deacon, *History* 5.3.

311 This was a Turkish group under Süleyman, the son of Koutloumous.

312 The archangel Michael.

313 A Seljukid ruling family, related to the family of Alp Arslan (Koutloumous was a cousin of Tughril Beg, and Süleyman and

Mansur were two of his sons). A member of this family was responsible for the foundation of the Athonite monastery of Koutloumousiou, bearing the family name. Botaneiates basically gave them Nikaia in exchange for their help.

314 Isaiah 11:6.

315 The beginning of March 1078.

316 The Annunciation was celebrated on March 25, 1078.

317 Patriarch Aimilianos of Antioch had been expelled from his see in 1074.

318 I.e., monks.

319 See 32.4 above.

320 Nikephoros was first exiled, then executed.

321 The acclamations shouted as Christ entered Jerusalem on Palm Sunday; cf. Psalm 117:26; Matthew 21:9.

322 April 1, 1078, but the dates of Botaneiates' entry into the City are unclear.

323 See 14.1 above.

324 See Leon VI, *Novella* 56.

325 This was Michael of Neokaisareia, a bishopric in Pontos.

326 Psalm 67:2.

327 Cf. Dio Cassius, *Historiae Romanae (excerpta Planudea)*, exc. 2.

328 A violent giant in myth; cf. Homer, *Iliad* 1.402–6.

329 Colossians 3:15.

330 This was Romanos Straboromanos.

331 Or "from the beginning."

332 See 25.2 and 26.3–4 above.

333 This was the battle of the River Halmyros.

334 See 34.10 and 36.17 below.

335 Attaleiates here plays on the single *n* in Botaneiates' name as opposed to the double *n* in that of Bryennios. This alludes to some oracle regarding the succession of a type favored by the Byzantines.

336 The last phrase is typically used for God (cf. the parallel between Botaneiates and God in the preface).

337 This refers to the Varangian Guard.

338 Some believe that this was Michael Psellos, but this is impossible.
339 Cf. Matthew 13:25–40.
340 See 31.4 above.
341 I.e., Albanians.
342 This is the future emperor Alexios I Komnenos (r. 1081–1118).
343 In June or July 1078.
344 See 18.12–13 above.
345 A Paulician (heretic) from Philippopolis.
346 Patriarch Kosmas (r. 1075–1081).
347 I.e., Eudokia Makrembolitissa.
348 Called Konstantinos in some sources.
349 In early 1079.
350 In 1080.
351 The column still stands; the statue, a colossal Apollo Helios with a rayed crown, also called Anthelios, fell in 1106.
352 Cf. Aristotle, *Meteorology* 2.9.
353 Deuteronomy 10:18; Isaiah 1:17.
354 See 1.3 above.
355 Leon VI (r. 886–912).
356 The soldiers of Theodosios I massacred the people of Thessalonike in 390.
357 Proverbs 9:8.
358 Like a legacy *(legaton),* a bequest of a part of the deceased's property.
359 Cf. Matthew 25:15–29; Luke 8:16.

Byzantine Emperors and Patriarchs

Byzantine emperors (886–1118)

886–912	Leon VI "the Wise"
912–913	Alexandros
913–959	Konstantinos VII "Porphyrogennetos"
920–944	Romanos I Lekapenos
959–963	Romanos II
963–969	Nikephoros II Phokas
969–976	Ioannes I Tzimiskes
976–1025	Basileios II
1025–1028	Konstantinos VIII
1028–1034	Romanos III Argyros
1034–1041	Michael IV "the Paphlagonian"
1041–1042	Michael V "Kalaphates"
1042–1055	Konstantinos IX Monomachos
1055–1056	Theodora
1056–1057	Michael VI "the Old Man"
1057–1059	Isaakios I Komnenos
1059–1067	Konstantinos X Doukas
1067–1071	Romanos IV Diogenes
1071–1078	Michael VII Doukas

1078–1081	Nikephoros III Botaneiates
1081–1118	Alexios I Komnenos

Patriarchs of Constantinople (1025–1184)

1025–1043	Alexios of Stoudios
1043–1058	Michael I Keroularios
1059–1063	Konstantinos III Leichoudes
1064–1075	Ioannes VIII Xiphilinos
1075–1081	Kosmas I
1081–1084	Eustratios Garidas

Glossary of Offices, Titles, and Technical Terms

Most of the following information is based on the relevant entries in *The Oxford Dictionary of Byzantium,* ed. A. P. Kazhdan (Oxford, 1991). Our glossary, however, focuses on the eleventh-century phase of the history of these terms, whose meaning was in continual evolution, and on the way they are used by Attaleiates. The reader should be aware of the distinction between offices that carried actual responsibilities, whether military, judicial, fiscal, or administrative, and dignities or titles that were honorific and did not entail any function, though they may have provided an annuity from the imperial treasury.

allagion (pl. *allagia*): a military unit of 320–400 men.

Arithmoi: alternative name for the *vigla,* which, since the eighth century, was one of the imperial *tagmata* (q.v.). It was a contingent of elite troops assigned to the protection of the imperial palace.

chrysoboullon (pl. *chrysoboulla*): a document bearing the emperor's "gold seal," used to grant privileges, ratify treaties, issue laws, or generally communicate imperial decisions.

domestikos (of the east, of the west): originally the commander of the *tagma* (q.v.) of the *Scholai* (q.v.). The position evolved into a high command of the imperial field armies, which, in the tenth century, split between eastern and western fields of responsibility.

doux: by the eleventh century this was usually the commander of one of the larger military districts that emerged mainly in newly conquered territories. The *domestikos* of the *Scholai* (q.v.) was also sometimes called a *doux.*

droungarios: a rank in the thematic armies, originally denoting the leader of a *droungos* (1,000 men), but the number of men under this command had gradually decreased. In the navy, a *droungarios* commanded the fleet at Constantinople.

eparchos: the prefect, i.e., governor of Constantinople, an official with judicial authority over the capital who was also in charge of public order, supervised the guild system, and ensured the City's provisioning.

epi ton deeseon: a legal official tasked with collecting petitions addressed to the emperor and drafting answers to them.

epi ton kriseon: a legal official created as part of Konstantinos Monomachos's legislative reforms between 1043 and 1047. Attaleiates gives the *epi ton kriseon* a supervisory role over the provincial courts.

indiction: among other dating systems concurrently in use, the Byzantines divided time into fifteen-year cycles (based originally on the cycles of the tax census). Each year of a particular cycle was a numbered indiction, so, e.g., the seventh indiction was the seventh year of that cycle (out of fifteen).

kaisar: by the eleventh century *kaisar* (from Latin *Caesar*) was a title reserved mostly for the emperors' sons or other influential members of the imperial family, possibly denoting an heir. In Attaleiates' time the title by itself referred to its holder Ioannes Doukas, brother of the emperor Konstantinos X Doukas.

katepano: commander of a military unit. By the end of the tenth century and during the eleventh century, the governors of major military provinces such as Italy, Mesopotamia, Bulgaria, and the region of Antioch held that position.

kentenaria: a sum of one hundred Roman pounds; at seventy-two gold coins to the pound, it was the equivalent of 7,200 coins.

kleisoura (pl. *kleisourai*): territorial units, usually centered on strategic mountain passes, under the command of a *kleisourarches*.

kouropalates: a high-ranking dignity (from Latin *cura palatii*) below those of *kaisar* and *nobellisimos* (q.v.) in the ninth and tenth centuries. Generals unaffiliated with the ruling family sometimes held this dignity in the eleventh century.

krites (pl. *kritai*): an official with mainly judicial but also administrative and fiscal duties. Some *kritai* presided over their own courts, though legal expertise and training cannot always be assumed. In some provinces, in the tenth and eleventh centuries *kritai* succeeded the generals *(strategoi)* as chief administrators.

krites of the hippodrome: a professional judge who may have held his tribunal at the hippodrome (or alternatively at the "covered hippodrome" of the palace).

krites of the army: the *krites tou stratopedou* first appears in Attaleiates (an office that he held). From his account, it seems that this official dealt with disciplinary issues that emerged during a campaign and on civilian-military relations.

krites of the *velon:* a member of a twelve-man panel functioning in Constantinople as one of the empire's highest tribunals, after the tenth century. The *kritai*'s name may originate from the location of their court behind a large awning (*velum*) at the hippodrome.

logothetes: "director of a bureau," a title that rose to prominence after the decline of the praetorian prefect in the seventh century. A *logothetes* would supervise various aspects of the administrative apparatus, his *logothesion*. Under Alexios Komnenos, various bureaus (*logothesia*) were placed under the supervision of a *megas logothetes*.

logothetes of the waters: an official mentioned only in Attaleiates' *History,* in connection with his friend Basileios Maleses, though his precise functions are unclear.

logothetes tou dromou: the director of the bureau of the *dromos,* responsible for ceremonial, the emperor's safety, intelligence-gathering, and

the supervision of foreign affairs. Sometimes this official functioned as the emperor's chief of staff or prime minister.

magistros: a high-ranking dignity for most of the ninth and tenth centuries, the *magistros* lost some of its prestige in the course of the eleventh century and was granted to middle-rank courtiers and officials.

megas hetaireiarches: commander of the *Hetaireia,* an imperial *tagma* (q.v.) in charge of palace security.

nobellisimos: a dignity ranked in the late ninth century between those of *kaisar* and *kouropalates* (q.v.). Previously reserved for the imperial family, in the last third of the eleventh century it was also conferred upon supreme military commanders, such as the future emperor Alexios Komnenos.

orphanotrophos: the director of an orphanage, who belonged to the clergy in the early Byzantine period. While this remained true for the provinces, in the capital the *orphanotrophoi* eventually became members of the secular hierarchy and often held other offices in the bureaucracy.

patrikios: a high-ranking dignity alluding to the Republican Roman patriciate. Awarded to the highest-ranking officials in the tenth century, it gradually lost its prestige in the course of the eleventh century, slipping into obscurity by the twelfth.

praipositos: from Latin *praepositus sacri cubiculi,* the late Roman grand chamberlain, the highest-ranking eunuch serving the emperor. In the middle Byzantine period his functions were taken over by the *parakoimomenos.* The *praipositoi* were eunuchs involved in palace ceremonial and seem to have become extinct after 1087.

proedros: a high-ranking dignity first appearing in the tenth century. It was granted broadly in the eleventh century but disappeared after the mid-twelfth.

protasekretis: the head of the imperial chancery. Among his most important responsibilities was the drafting of *chrysoboulla* (q.v.).

protoproedros: a dignity resulting from the inflation of that of *proedros* (q.v.).

protosynkellos: an ecclesiastical position resulting from a title inflation of that of *synkellos.* These were patriarchal confidants who frequently succeeded to the patriarchate.

protovestes: a dignity resulting from the inflation of that of *vestes* (q.v.) in the context of the eleventh-century title inflation.

protovestiarios: a post for palace eunuchs, second to that of *parakoimomenos.* In the eleventh century, it was held in conjunction with important positions in the administration. Konstantinos Leichoudes held it while running the government under Konstantinos IX Monomachos.

raiktor: a high-ranking courtier who could be a eunuch or a priest. The position often appears in combination with other high-ranking military or civil offices (from Latin *rector*).

roga (pl. *rogai*): a form of salary paid mostly in cash to soldiers and civil officials. It could also be a government annuity obtained through the purchase of an office or title. As of the eleventh century, a *roga* often accompanied the dignities granted to foreign rulers. The *rogai* of the highest-ranking officials and title-holders were paid in a ceremony held at the palace in the week before Palm Sunday.

sakellarios: in the eleventh century the imperial *sakellarios* was the general comptroller of various administrative bureaus; the Church had one of its own, who in this period supervised the monasteries of Constantinople.

Scholai: one of the first two *tagmata* (q.v.) created by Konstantinos V in the eighth century.

sebastophoros: an office or title introduced in the tenth century and conferred mainly on eunuchs. Its functions remain unclear; possibly it designated the man who held the emperor's banner.

sebastos: the Greek rendition of Latin *augustus,* this term reappeared in the eleventh century as an honorific dignity that later became the foundation for Alexios I Komnenos's reform of court titles.

sekretikoi: the officials of a *sekreton* (q.v.) (cf. English *secretary*).

sekreton: a bureau of the imperial administration.

Stratelatai: a *tagma* (q.v.).

tagma (pl. *tagmata*): a regiment of professional soldiers under direct imperial command created in the eighth century by Konstantinos V as a check on the power of the generals *(strategoi)* of the *themata* (q.v.) and the thematic armies. By the late tenth century, the *tagmata* were quartered throughout the lands of the empire, but by the eleventh century the term was used to refer generally to all imperial armies, as the distinction between thematic and tagmatic units faded. Therefore, we translate *tagmata* as "units" when it is used in a general sense and leave *tagma* only when one of the older known units is named after it.

thema (pl. *themata*): one of the provinces of the empire, whose number had multiplied by the late eleventh century; the term also referred to the army stationed in a given province, though this system of military organization was in terminal decline in Attaleiates' time, as the empire had come to rely on full-time professional or mercenary soldiers.

vestarches: a title first recorded in the tenth century and associated with high-ranking palace personnel. By the eleventh century, it stood somewhere between the *magistros* and *vestes* (q.v.) and was conferred on *kritai* of the *velon* (q.v.). By the end of the century, the related title *protovestarches* was being granted to notaries, indicating a decline in the *vestarches*' importance. The title seems to have disappeared sometime later.

vestes: a title that first appears in the tenth century and was granted to prominent members of the military establishment. By the end of the eleventh century, it had lost some of its prestige and was given to foreign mercenaries such as Rouselios and midlevel officials, as Attaleiates was when he held it.

GERMAN EMPIRE
HUNGARY
Cumans
Pechenegs
Alans
Venice
Ravenna
CROATIA
ZETA
Split
Rome
Naples
Salerno
Benevento
Serdica
Achrida
Thessalonike
Constantinople
Nikaia
Cherson
GEORGIA
Trebizond
Ani
Mantzikert
Kaisareia
Palermo
Syracuse
Attaleia
Antioch
Edessa
Aleppo
Mosul
Tripoli
Damascus
Baghdad
ʿABBĀSID CALIPHATE
Jerusalem
Alexandria
Cairo
FĀṬIMID CALIPHATE
THE BYZANTINE EMPIRE 1040
Map by Ian Mladjov
GERMAN EMPIRE
HUNGARY
Cumans
Pechenegs
Alans
Venice
Ravenna
CROATIA
ZETA
Split
Rome
Naples
Salerno
Benevento
NORMANS
Serdica
Achrida
Thessalonike
Constantinople
Nikaia
Cherson
GEORGIA
Trebizond
Ani
Mantzikert
SALJŪQID SULṬĀNATE
Kaisareia
Palermo
Syracuse
Attaleia
Antioch
Edessa
Aleppo
Mosul
Tripoli
Damascus
Baghdad
ʿABBĀSID CALIPHATE
Jerusalem
Alexandria
Cairo
FĀṬIMID CALIPHATE
THE BYZANTINE EMPIRE 1081
Map by Ian Mladjov

THEMES OF THE BYZANTINE EMPIRE 1040

Don
Dnieper
Tamatarcha
Cherson
KLIMATA
Alans
Black Sea
ABASGIA
K'ut'aisi
IBERIA (GEORGIA)
Lori
Sinope
Amastris
Trebizond
Kars
Ani
ARMENIAKOI
Kerasous
ARMENIA
PAPHLAGONIA
PONTOS
CHALDIA
Amaseia
Neokaisareia
Gangra
Artze
Dokeia
Koloneia
Theodosioupolis
Keltzene
BOUKELLARIOI
Maurokastron
Sebasteia
Mantzikert
Kamacha
TARON
Ankyra
Charsianon
Chliat
Tephrike
MESOPOTAMIA
Mous
GALATIA
Romanopolis
Van
Halys
VASPURAKAN
Zompos
Kaisareia
Tzamandos
Melitene
Āmid
Mayyāfāriqīn
KAPPADOKIA
Keramos
Koron
Koukousos
Lykandos
Māridīn
Ikonion
Germanikeia
Samosata
Tigris
Naṣībīn
Herakleia
Podandos
Anazarbos
Telouch
Edessa
LYKAONIA
Adane
Mopsouestia
Harrān
Mosul
ISAURIA
Tarsos
Alexandron
Hierapolis
Klaudioupolis
Azas
Seleukeia
Side
KILIKIA
Antioch
Artach
Aleppo
Raqqah
SYRIA
ʿABBĀSID CALIPHATE
Larissa
Euphrates
Laodikeia
Hamāh
ʿĀnah
Leukosia
Antarados
Ḥimṣ
Tadmur
Tripoli
Cyprus
Byblos
KOILE SYRIA
Berytos
PHOINIKE
Sidon
Damascus
Tyre
Map by Ian Mladjov

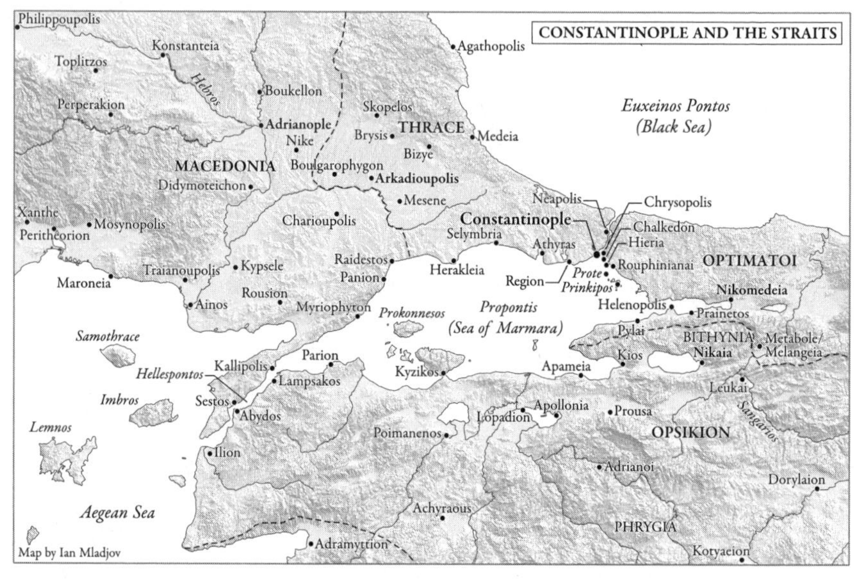
CONSTANTINOPLE AND THE STRAITS
Philippoupolis
Konstanteia
Toplitzos
Hebros
Boukellon
Perperakion
Adrianople
Nike
Skopelos
Brysis
THRACE
Medeia
Agathopolis
Euxeinos Pontos
(Black Sea)
Bizye
MACEDONIA
Boulgarophygon
Arkadioupolis
Didymoteichon
Mesene
Neapolis
Chrysopolis
Xanthe
Mosynopolis
Perutheorion
Charioupolis
Constantinople
Chalkedon
Selymbria
Hieria
Athyras
Raidestos
Rouphinianai
OPTIMATOI
Traianoupolis
Kypsele
Panion
Herakleia
Region
Prote
Prinkipos
Maroneia
Rousion
Nikomedeia
Ainos
Myriophyton
Prokonnesos
Propontis
(Sea of Marmara)
Helenopolis
Prainetos
Pylai
Samothrace
BITHYNIA
Metabole/
Melangeia
Parion
Kios
Nikaia
Kallipolis
Apameia
Hellespontos
Kyzikos
Lampsakos
Leukai
Sestos
Imbros
Apollonia
Prousa
Abydos
Lopadion
Sangarios
Lemnos
Poimanenos
OPSIKION
Ilion
Adrianoi
Dorylaion
Aegean Sea
Achyraous
PHRYGIA
Adramyttion
Map by Ian Mladjov
Kotyaeion

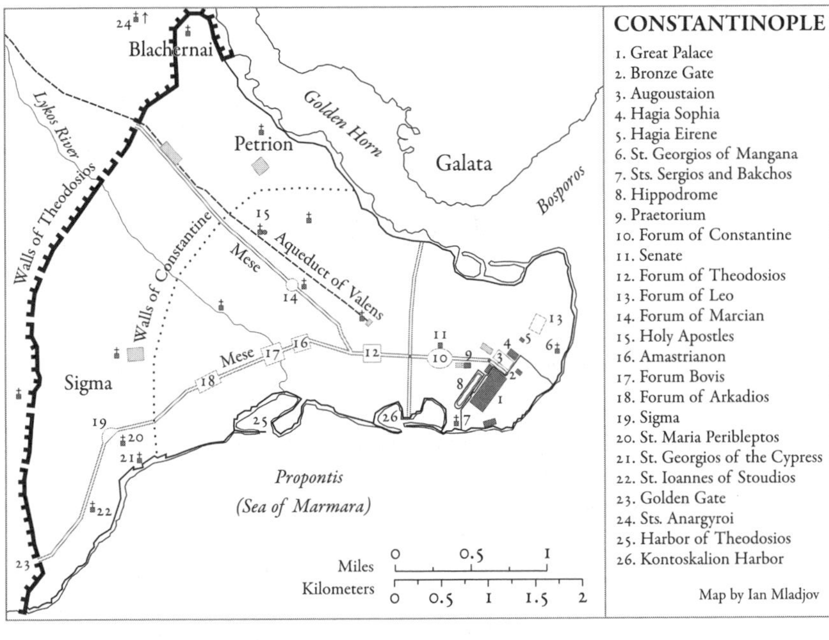
CONSTANTINOPLE
1. Great Palace
2. Bronze Gate
3. Augoustaion
4. Hagia Sophia
5. Hagia Eirene
6. St. Georgios of Mangana
7. Sts. Sergios and Bakchos
8. Hippodrome
9. Praetorium
10. Forum of Constantine
11. Senate
12. Forum of Theodosios
13. Forum of Leo
14. Forum of Marcian
15. Holy Apostles
16. Amastrianon
17. Forum Bovis
18. Forum of Arkadios
19. Sigma
20. St. Maria Peribleptos
21. St. Georgios of the Cypress
22. St. Ioannes of Stoudios
23. Golden Gate
24. Sts. Anargyroi
25. Harbor of Theodosios
26. Kontoskalion Harbor
Map by Ian Mladjov
Blachernai
Petrion
Galata
Golden Horn
Bosporos
Lykos River
Walls of Theodosios
Walls of Constantine
Mese
Aqueduct of Valens
Sigma
Propontis
(Sea of Marmara)
Miles
Kilometers
0
0.5
1
1.5
2

Bibliography

Editions and Translations (in chronological order)

Bekker, I. *Michaelis Attaliotae Historia.* Bonn, 1853, in the series Corpus Scriptorum Historiae Byzantinae, with Latin translation.

Grégoire, H. "Michel Attaliate, Histoire." *Byzantion* 28 (1958): 325–62. Partial French translation.

Polemis, I. Μιχαὴλ Ἀτταλειάτης: Ἱστορία. Athens, 1997, in the series Κείμενα Βυζαντινής Ιστοριογραφίας, vol. 8. Modern Greek translation and some corrections to Bekker's text.

Pérez Martín, I. *Miguel Ataliates: Historia.* Madrid, 2002, in the series Nueva Roma, vol. 15. New critical edition with full introduction, historical notes, and Spanish translation.

Scholarship on Attaleiates

Amande, C. "L'encomio di Niceforo Botaniate nell' historia di Attaliate: modelli, fonti, suggestioni letterarie." *Serta Historica Antiqua* 2 (1989): 265–86.

Cresci, L. R. "Anticipazione e possibilita: moduli interpretativi della storia di Michele Attaliata." In *Storia e tradizione culturale a Bisanzio fra XI e XII secolo: Atti della prima giornata di studi bizantini sotto il patrocinio della Associazione italiana di studi byzantini,* ed. R. Maisano, pp. 71–96. Naples, 1993.

———. "Cadenze narrative e interpretazione critica nell' opera storica di Michele Attaliate." *Revue des Etudes Byzantines* 49 (1991): 197–218.

Hinterberger, M. "Φόβῳ κατασεισθῆς: Τα πάθη του ανθρώπου και της αυτοκρατορίας στον Μιχαήλ Ατταλειάτη. Το αιτιολογικό σύστημα ενός ιστορικού του 11ου αιώνα." In Η αυτοκρατορία σε κρίση (;) Το

Βυζάντιο τον 11ο αιώνα (1025–1081), ed. V. Vlyssidou, pp. 155–67. Athens, 2003.

Kaldellis, A. "A Byzantine Argument for the Equivalence of All Religions: Michael Attaleiates on Ancient and Modern Romans." *International Journal of the Classical Tradition* 14 (2007): 1–22.

Kazhdan, A. "The Social Views of Michael Attaleiates." In *Studies on Byzantine Literature of the Eleventh and Twelfth Centuries,* A. Kazhdan, ed., with S. Franklin, pp. 23–87. Cambridge, 1984.

Krallis, D. "Attaleiates as a Reader of Psellos." In *Reading Michael Psellos,* ed. C. Barber and D. Jenkins, pp. 167–91. Leiden, 2006.

——. "'Democratic' Action in Eleventh-Century Byzantium: Michael Attaleiates' 'Republicanism' in Context." *Viator* 40 (2009): 35–53.

——. *Michael Attaleiates and the Politics of Imperial Decline in Eleventh-Century Byzantium.* Tempe, Ariz., 2012.

——. "Sacred Emperor, Holy Patriarch: A New Reading of the Clash between Emperor Isaakios I Komnenos and Patriarch Michael Keroularios in Attaleiates' History." *Byzantinoslavica* 67 (2009): 169–90.

Lemerle, P. "La Diataxis de Michel Attaliate (mars 1077)." In *Cinq études sur le XIe siècle byzantin,* P. Lemerle, ed., pp. 65–112. Paris, 1977.

Markopoulos, A. "The Portrayal of the Male Figure in Michael Attaleiates." In Η αυτοκρατορία σε κρίση (;) Το Βυζάντιο τον 11ο αιώνα (1025–1081), ed. V. Vlyssidou, pp. 215–30. Athens, 2003.

Subject Index

Byzantines are wherever possible listed under their family names, except for emperors, empresses, and patriarchs.

Index of Terms and Offices